ROBERTO MARINHO
A GLOBO NA DITADURA

Leonencio Nossa

ROBERTO MARINHO
A GLOBO NA DITADURA

Dos Festivais às bombas no Riocentro

VOLUME 2

EDITORA
NOVA
FRONTEIRA

Copyright © 2025 by Leonencio Nossa

Direitos de edição da obra em língua portuguesa no Brasil adquiridos pela Editora Nova Fronteira Participações S.A. Todos os direitos reservados. Nenhuma parte desta obra pode ser apropriada e estocada em sistema de banco de dados ou processo similar, em qualquer forma ou meio, seja eletrônico, de fotocópia, gravação etc., sem a permissão do detentor do copirraite.

Editora Nova Fronteira Participações S.A.
Av. Rio Branco, 115 – Salas 1201 a 1205 – Centro – 20040-004
Rio de Janeiro – RJ – Brasil
Tel.: (21) 3882-8200

Dados Internacionais de Catalogação na Publicação (CIP)

N897r   Nossa, Leonencio

Roberto Marinho: a Globo na ditadura – dos Festivais às bombas no Riocentro – volume 2 / Leonencio Nossa. – Rio de Janeiro: Nova Fronteira, 2025.

608 p.

ISBN: 978-65-5640-429-5

1. Biografia – jornalismo. I. Título.

CDD: 070.92
CDU: 070(092)

Conheça outros livros da editora:

André Felipe de Moraes Queiroz – Bibliotecário – CRB-4/2242

Sumário

Linha do tempo..9

1. "Nessun Dorma" 15
2. A dança conforme a música...26
3. Força bruta não resolve 50
4. A conquista de São Paulo 65
5. Voo noturno..89
6. A dor..105
7. Jogos de Copa..111
8. "Arrependidos" 127
9. O partido de Roberto...148
10. Facada "inventada" 164
11. Agentes duplos..176
12. Noite do fogo...209
13. Gramática política em cores...229
14. "Desta vez, *O Globo* não obedece" 253
15. Aposta na abertura..266
16. A rede 292
17. O tenentista ferido 318
18. "Não sou um mero jornalista"..336

19. Bomba na janela	365
20. Pacote de abril	379
21. "Se eu vir, mando embora"	393
22. Encantado pela social-democracia	405
23. O leão da Praça Onze	418
24. A máquina	436
25. Equilibristas	462
26. Não interfiro na novela	495
27. O espólio da Tupi	508
28. "Se a TV mostrou, é verdade"	523
Notas	549
Fontes de consulta	575
Índice remissivo	583

"Eu não tenho história."
Roberto Marinho,
revista *Visão*, 1979.

Linha do tempo

Anos que antecedem a ascensão do império de Marinho – 1965 a 1972

1965
26 de abril. A TV Globo, canal quatro, Rio, entra no ar. A concessão foi obtida por Marinho ainda no governo de Juscelino Kubitschek.
Maio. Compra da TV Paulista, do Grupo de Victor Costa, canal cinco, rebatizada de Globo São Paulo.
Dezembro. Walter Clark, diretor geral da TV Rio, é contratado pela Globo. Ele formaria, tempos depois, com Boni e Joe Wallach a tríade que comandaria a emissora nos primeiros anos de funcionamento.
O Brasil tem 1,6 milhão de aparelhos de televisão.
Criada a Empresa Brasileira de Telecomunicações, a Embratel, que passa a operar o sistema de comunicações e que faria parte da Telebrás. A empresa pública de controle privado estava prevista desde a implantação do Código Brasileiro de Comunicações, de João Goulart, no decorrer da antiga campanha pela nacionalização do sistema.

1966
Janeiro. Temporal arrasa o Rio. A Globo conquista a simpatia dos cariocas com a transmissão em tempo real da enchente.
Existem, no Brasil, 2,3 milhões de televisores.
Março. A Companhia Telefônica Brasileira, que operava desde o Império e controlava a maior parte dos telefones do país, foi estatizada pelo governo Castelo Branco, um processo iniciado na gestão de Juscelino Kubitscheck.
20 de abril. Roberto Marinho depõe numa CPI instigada pelo concorrente Diários Associados e por Carlos Lacerda e formada pela Arena e pelo MDB. A comissão propõe ao regime proibir a parceria da Globo com o grupo norte-americano Time-Life, com o argumento de que a sociedade com empresas estrangeiras feria a Constituição de 1946.

1967
28 de fevereiro. Castelo Branco publica o decreto-lei número 236, que regulamenta e deixa transparente a restrição legal a empréstimos estrangeiros na área das comunicações. A Globo inicia o processo de rompimento do acordo com o Time-Life.
A RBS, de Maurício Sirotsky, se torna afiliada da TV Globo, que expande seu sinal para o sul do Brasil.
A *Buzina do Chacrinha* entra na programação da emissora.
O governo de Costa e Silva cria o Ministério das Comunicações, abrigando o Departamento Nacional de Telecomunicações, o Dentel, criado por Goulart para monitorar o setor.

1968
Realização do III Festival Internacional da Canção, no Maracanãzinho, com a vitória da música "Sabiá", de Chico Buarque e Tom Jobim. "Pra não dizer que não falei das flores", de Geraldo Vandré, fica em segundo.
Compra do canal do empresário Pipa do Amaral, em Belo Horizonte, para a criação da Globo Minas.
A Embratel avança na instalação de antenas de telefonia micro-ondas, interligando o país do Recife a Porto Alegre. O sistema pratica-

mente acabou com o problema de congestionamento na área, reduziu o preço dos telefonemas interurbanos e, diante da ociosidade das linhas em horários não comerciais, pôde ser usado pelas emissoras de TV para transmitir seus programas.

Ao contrário da Tupi, emissora com estrutura em todas as grandes capitais, a Globo passa a fazer seus primeiros grandes investimentos na nova tecnologia micro-ondas. A montagem da rede de micro-ondas permite centralizar toda a produção apenas no Rio.

São 3,2 milhões de aparelhos de TV ligados no país.

1969

28 de fevereiro. Inaugurada a antena de trinta metros de diâmetro da Estação Terrena de Tanguá, no Rio, que dá início às transmissões internacionais por satélite. Começa a era do Intelsat, consórcio formado pelo Brasil e outros dez países. A chegada do homem à Lua é transmitida ao vivo nas grandes cidades brasileiras.

13 de julho. Incêndio na sede da Globo em São Paulo.

1.º de setembro. O *Jornal Nacional* é transmitido para Rio, São Paulo, Recife, Belo Horizonte, Porto Alegre e Curitiba.

14 de outubro. Estreia da novela *Véu de noiva*, de Janete Clair. Início da conquista do mercado paulista de publicidade.

1970

1.º de janeiro. Morte de Paulo Roberto, um dos quatro filhos de Roberto Marinho, em acidente automobilístico, em Cabo Frio.

A TV Globo compõe com a Record, a Tupi e a Bandeirantes um *pool* de transmissão via satélite dos jogos da Copa do México.

O sinal da Globo é retransmitido no Amazonas pela TV Ajuricaba.

Estimativas mostram 4,5 milhões de televisores nas casas e comércios brasileiros.

1971

20 de abril. Inauguração da TV Globo Brasília.

21 de abril. Início do *Jornal Hoje*.

8 de julho. No artigo "A TV Globo e o grupo 'Time-Life'", Roberto Marinho anuncia o pagamento aos americanos pela parte deles na emissora e informa que a empresa era "genuinamente nacional". "E não o é apenas agora, mas desde o início", escreveu, "jamais havendo tido qualquer orientação externa quanto à sua orientação, informação e gestão".

13 de setembro. Sob pressão da censura, a Globo informa ao governo militar que 90% de sua produção era gravada com um mês de antecedência, sem improvisação. A emissora também afirmou que empregava 2,5 mil pessoas no Rio, em São Paulo, Belo Horizonte e Brasília, com nove mil dependentes, e não devia impostos.

20 de setembro. *O Globo* publica série sobre a morte do guerrilheiro Carlos Lamarca. O CIE, centro de repressão da ditadura, critica o noticiário do jornal.

29 de outubro. Incêndio na sede da Globo, no Jardim Botânico.

No final do ano, Evandro Carlos de Andrade assume a chefia de *O Globo*. Ele torna-se uma espécie de tutor dos filhos de Marinho, especialmente Roberto Irineu e João Roberto.

A DÉCADA DE ASCENSÃO DO IMPÉRIO DE MARINHO – 1972 A 1981

1972

19 de fevereiro. Por decisão da ditadura, a Globo transmite em cores a Festa da Uva, em Caxias do Sul, no Rio Grande do Sul, reduto do ministro das Comunicações, Hygino Corsetti. Início da expansão do sistema PAL-M, adaptação brasileira de uma tecnologia europeia de transmissão colorida.

8 de abril. A novela *Selva de pedra*, de Janete Clair, atinge a maior audiência da televisão até então. Dos aparelhos de TV ligados, praticamente todos estavam sintonizados no capítulo 152 da trama, quando a identidade da mocinha é revelada.

22 de abril. Inauguração da Globo Recife.

2 de julho. *O Globo* é publicado pela primeira vez num domingo. O número de televisores chega a 6,2 milhões.

1973
22 de janeiro. *O bem-amado*, de Dias Gomes, é o primeiro folhetim totalmente em cores.
5 de agosto. O programa *Fantástico* entra na grade dos domingos.

1974
10 de janeiro. Queda de Roberto Marinho do cavalo na Hípica, na Lagoa.
30 de agosto. *O Globo* dá o furo do processo de abertura lenta e gradual do governo Geisel.
Exibição do primeiro programa especial de Roberto Carlos na Globo.
Há 8,7 milhões de aparelhos de televisão no Brasil.

1975
Abril. Estreia *Gabriela*, folhetim inspirado na obra de Jorge Amado.
28 de agosto. A novela *Roque Santeiro* é censurada.
A TV Gazeta, de Alagoas, da família de Arnon de Mello, retransmite o sinal da Globo.

1976
Último programa de Silvio Santos na Globo.
4 de julho. Novo incêndio nos estúdios da Globo no Rio.
TV Gazeta, do Espírito Santo, e Centro América, de Mato Grosso e Mato Grosso do Sul, passam a integrar a Rede Globo como afiliadas.
Por pressão da ditadura, a Globo acaba com a parceria com a TV Iguaçu, de Paulo Pimentel, no Paraná.
Outubro. *A escrava Isaura*, novela de Gilberto Braga, inspirada no clássico de Bernardo Guimarães, vai ao ar. Depois, a trama é vendida para a Europa, América Latina e Ásia.
O total de aparelhos de TV chega a 11,6 milhões.

1977
13 de março. O programa *Os Trapalhões* é transferido da Tupi para a Globo.

Maio. A novela *Gabriela* faz sucesso em Portugal.

28 de maio. Demissão de Walter Clark da direção geral da TV Globo. Roberto Marinho assume a direção da emissora. O filho, Roberto Irineu, torna-se vice-presidente.

1978
10 de julho. *Dancin' Days*, folhetim de Gilberto Braga, protagonizado por Sônia Braga, atinge 59 pontos no Ibope, a maior audiência até então. A novela instiga nos meios universitários um amplo debate sobre identidade cultural, regionalismo e sociedade de consumo, com críticas à Globo.

São 14,8 milhões de televisores no país.

1979
29 de janeiro. *Pai herói*, de Janete Clair, ultrapassa *Dancin' Days*, com 69 pontos no Ibope.

27 de junho. *O Globo* publica o texto do projeto da anistia política. Os brasileiros dispõem de 16,7 milhões de aparelhos de TV.

1981
O Globo informa que autores do atentado do Riocentro pertenciam ao DOI-Codi. Roberto Marinho é convocado para depor no Exército.

O Brasil conta com 18,3 milhões de televisores.

1. "Nessun Dorma"

Na noite de um domingo de primavera, o público nas arquibancadas do Maracanãzinho esperava o anúncio da vitória da música "Pra não dizer que não falei de flores" no Festival Internacional da Canção, promovido pela TV Globo. "Caminhando", como a composição ficou conhecida, tinha uma melodia simples, dois acordes, quase uma marcha na forma e na mensagem, em tempos de ditadura e repressão.

"Vamos conhecer agora a vencedora", anunciou o locutor, "Sabiá". Uma vaia ecoou no ginásio lotado. A música de Geraldo Vandré, preferida da torcida e defendida pela claque trazida pelo cantor de São Paulo ao ginásio, na Zona Norte do Rio, ficou em segundo lugar, atrás da canção de Chico Buarque e Tom Jobim.

Ao subir ao palco, naquele 29 de setembro de 1968, Vandré pediu o fim das vaias e respeito aos vencedores. "Por favor, gente, a vida não se resume a festivais." Cynara e Cybele, intérpretes da música escolhida pelo júri, mal conseguiram cantar diante dos gritos repetidos de "marmelada", relataria *O Globo* na edição da segunda-feira. "Júri escolheu 'Sabiá' e o povo 'Caminhando'", publicou o jornal.[1]

O ginásio tinha passado por ampla reforma paga pela emissora de Roberto Marinho, com mudanças no palco, inclusão de milhares de cadeiras e pintura. A emissora entrava no ramo dos festivais de música, um modelo difundido na Europa e nos Estados Unidos, adotado pela primeira vez no Brasil pela TV Excelsior e, diante da boa recepção, repetido pela Record. Em busca de audiência, as próprias emissoras incentivavam até mesmo as vaias, registravam os críticos.

A vaia prolongada, porém, ultrapassou limites. No concorrente *Jornal do Brasil*, o crítico de televisão Fausto Wolff classificou a reação do público como "triste", "cruel", "desrespeitosa" e "absurda". Num diagnóstico do resultado, o jornalista afirmou que os compositores eram dois dos "maiores" nomes da MPB, o júri merecia respeito e Vandré fora beneficiado pela plateia de simpatizantes de São Paulo e pelo momento político. "Tratava-se de classificar a música de protesto, criando um invisível regulamento para o Festival: música para ganhar tem que falar em canhão, sangue, revolução, etc. Atitude pretensamente antifascista, visivelmente fascista."[2]

Walter Clark, diretor da emissora, contou ter sido pressionado por um ajudante do general Siseno Sarmento, comandante do I Exército, nos preparativos do festival.[3] Mas a integridade do júri não deixava dúvidas em relação ao resultado final. Carlos Lemos era do *JB*, Bibi Ferreira trabalhava para a Tupi, Ziraldo fazia protesto escancarado, Isaac Karabtchevsky, Alceu Ariosto Bocchino, Ricardo Cravo Albin, Billy Blanco e Ari Vasconcelos entenderam que a música de Tom e Chico era a legítima canção brasileira. Os jurados saíram sob escolta do ginásio.

A história, por sua vez, deixou o Maracanãzinho em fúria. Ainda naquele domingo, sete jovens foram presos pelo DOPS por picharem um muro próximo ao Maracanã com críticas, após o anúncio de que a música de Vandré seria proibida nas rádios. O pedido partiu do general Luís de França Oliveira, secretário de Segurança da Guanabara, num ofício ao ministro da Justiça, Gama e Silva. Até ali, a censura não atingia a escala de produção das emissoras de rádio e TV.[4] As vaias, e mesmo as ameaças de cortes, aparentemente inofensivas, ajudavam a aumentar a audiência. Tudo fazia parte do negócio — a censura ainda não se revelava um problema empresarial.

Muitos artistas não dormiram naquela noite intensa da final no Maracanãzinho. A vitória de "Sabiá" foi comemorada, ainda no domingo, no Antonio's, na Bartolomeu Mitre, no Leblon, pelo grupo de Chico Buarque e Tom Jobim.

Na sexta-feira seguinte, os músicos do festival foram recebidos por Stella e Roberto Marinho num jantar de gala na residência do Cosme

Velho. Mais de 600 pessoas compareceram à festa,[5] que se tornou uma versão privada da consagração de Geraldo Vandré. O governador da Guanabara, Negrão de Lima, e o ministro do Planejamento, Hélio Beltrão, estavam lá para representar o poder político.

De terno e gravata borboleta, Roberto e o diretor do festival, Augusto Marzagão, ficaram na porta, cumprimentando os convidados. Stella andava pelo salão do térreo da casa com um vestido cinza prateado. Fez questão de posar para foto ao lado de Vandré e Tom Jobim, os dois de *black-tie*.[6] Chico também foi a caráter. Cynara e Cybele estavam na residência, assim como Elis Regina, Vinicius de Moraes, Milton Nascimento, Dorival Caymmi e Beth Carvalho.

Negrão de Lima deixou o Cosme Velho logo depois do jantar. Ele perdeu o ponto alto da festa. O compositor de "Caminhando" levantou-se de uma das mesas do jardim, pegou o violão e foi ser protagonista da noite na casa de Roberto Marinho.

"VEM, VAMOS EMBORA..."

Foi "aplaudidíssimo", relatou o colunista Ibrahim Sued.[7] O dono da casa e do festival tinha motivos para comemorar. Roberto Marinho viu a Rádio Globo bater recorde de ouvintes. As apresentações no Maracanãzinho foram transmitidas ao vivo por uma cadeia de 180 emissoras. Ele ainda podia festejar a performance da TV. Embora estivesse longe da audiência desejada, sem sinal na maioria dos estados, a Globo, Canal 4, "marcou" ponto, disseram os críticos, pelas imagens mais nítidas que as dos programas dos concorrentes e mostrou-se tecnicamente melhor aparelhada.

A coluna de Nina Chavs, no *Globo*, publicou, numa página inteira, uma jovem segurando cartas de baralho com caricaturas de celebridades do Rio, sendo a principal delas o "rei" Chico, "o pão-doce musical", descreveu. Vandré não foi desenhado por Lan. Sem deixar de lado a preferência, Nina afirmou que o autor de "Caminhando" merecia mesmo o prêmio de "orquestração".[8] O discreto Chico refutou o rótulo e a tentativa de tratar o momento como uma versão da história da "rivalidade" entre as cantoras Marlene e Emilinha construída pela publicidade na Era do Rádio.

Geraldo Vandré virava símbolo de uma geração massacrada, Chico e Tom eram os autores de uma música linda e sofisticada que contou, como nenhuma outra, o tempo dramático. Do outro lado do negócio da música, estava Roberto Marinho. A imagem do dono de uma emissora que apoiava a ditadura começava a ser construída por setores da opinião pública e da política. O negócio da música formava, no entanto, um elo entre todos eles.

Marinho apostava na qualidade técnica e no apelo artístico na disputa com as concorrentes no mercado da comunicação, aparentemente, alheio ao retrato de um homem antagônico ao de uma geração da cultura que encontrou refúgio justamente na estrutura montada pela TV. Estava focado na massa. Por conta do dinheiro investido pelo grupo americano Time-Life, a Globo se diferenciava, pela organização, de outras emissoras do Rio. As salas e os estúdios estavam sempre limpos, o departamento de engenharia mostrava eficiência nas horas de queda de energia e a diretoria buscava os artistas mais populares e estava atenta aos figurinos e cenários.

A produção de novelas e, consequentemente, a venda de discos de trilhas sonoras ainda eram incipientes. O modelo dos festivais, com vaias e julgamentos brutos, garantia aos artistas um público consumidor. Os mais destacados deles estavam fichados pelos órgãos de segurança, fator que agravava o problema financeiro e a falta de renda.

O empresário por trás do novo momento da música popular brasileira tinha outras preferências. Roberto Marinho comprava LPs e fitas cassete de clássicos da ópera. O gosto não indicava uma origem aristocrática. Ele cresceu na casa da avó materna, a italiana Cristina Guerra, no bairro operário de Vila Isabel. Nas pequenas residências de famílias de imigrantes dos subúrbios cariocas, os discos de Enrico Caruso, o cantor de "O Sole Mio" e "Cuore ingrato", predominavam nas vitrolas. "Minha avó era mulher de poucas letras, mas de uma grande sensibilidade para a música", escreveu o empresário no esboço de uma autobiografia.[9] "Foi com ela que aprendi a apreciar os grandes tenores da época", relatou. "Quando ouvi Caruso, pela primeira vez, naqueles velhos discos, fiquei fascinado com a potência e o maravilhoso timbre de sua voz."

Na infância e juventude, Marinho ouvia também samba e choro. Alberto Nepomuceno e Chiquinha Gonzaga frequentavam a redação de *A Noite*, primeiro jornal lançado por Irineu Marinho. O próprio Roberto foi amigo de Sinhô, que duelava com Pixinguinha pelo título de "rei do samba" oferecido pelo jornal.

Dos nomes mais contemporâneos da música, o empresário gostava de ouvir Maria Callas, reclusa naquele final de anos 1960. Ela chegou a ensaiar com o jovem tenor italiano Luciano Pavarotti, mas nenhuma gravação foi divulgada. "Nessun dorma", ária de Turandot, de Giacomo Puccino, conquistava o mercado internacional numa gravação de Pavarotti.

A letra musical conta a história de uma princesa chinesa. Turandot disse ao pai, Altum, que só se casaria com quem adivinhasse três charadas. Se errasse, o pretendente teria a cabeça cortada. Depois de muitas decapitações, apareceu um certo Calaf. Ele acertou as perguntas, para desespero da princesa. Calaf propôs que Turandot adivinhasse seu nome caso não quisesse se casar. Numa noite, a princesa pôs seus súditos para ajudá-la a dar resposta certa — "Não durma", daí o título da ária. Ninguém conseguiu saber. Calaf mesmo informou seu nome, mas ela já estava apaixonada por ele.

Dois meses depois do festival e da festa na casa dos Marinho, o general Costa e Silva reuniu o ministério no Palácio Laranjeiras, no Rio, para assinar, a 13 de dezembro de 1968, o Ato Institucional mais duro da ditadura. O AI-5 aumentava os poderes do presidente, cassava parlamentares, suspendia garantias constitucionais, implantava a censura. Ainda na véspera, *O Estado de S. Paulo* criticou em editorial a situação do estado democrático. O texto "Instituições em frangalhos" resultaria na apreensão de exemplares e na entrada de censores na redação. A partir daí, o matutino recorreu a trechos de *Os Lusíadas* para preencher os buracos nas páginas abertos pela ditadura. O *Jornal da Tarde*, também da família Mesquita, usou receitas de bolos.

No Rio, Chico Buarque foi chamado para depor. Nara Leão virou alvo preferencial. Caetano e Gilberto Gil acabaram presos. A nova rotina de ameaças e depoimentos nas delegacias chegava às redações de *O Globo* e demais jornais.

A máquina do AI-5 começou a ser operada em janeiro do ano seguinte, com mais uma leva de cassações. A ditadura "aposentou" os ministros Victor Nunes Leal, Evandro Lins e Silva e Hermes Lima, do

Supremo Tribunal Federal, e Peri Beviláquia, do Superior Tribunal Militar. A baixa no Congresso incluiu 24 deputados federais e dois senadores do MDB — a medida dizimou o partido oposicionista — e 11 deputados da Arena, além de um vereador emedebista. A lista tinha ao menos dois nomes de deputados do MDB emblemáticos: Mário Covas, de São Paulo, líder da bancada da legenda, e Raul Brunini, da Guanabara, ligado a Roberto Marinho e a Carlos Lacerda, jornalista decisivo na consolidação da Rádio Globo.

No setor da imprensa, a figura mais influente na relação de cassados era Niomar Muniz Sodré Bittencourt, a dona do *Correio da Manhã*. Ela teve seus direitos políticos suspensos por dez anos. O ato tinha um grau elevado de simbolismo.[10] A República aturava o jornal desde 1901, quando o gaúcho Edmundo Bittencourt, sogro de Niomar, lançou o matutino e duelava literalmente com figurões da política nas ruas. Nenhum outro jornal conseguiu ser o espaço escolhido pelos agentes públicos para falar.

O Globo publicou um sorumbático editorial para falar do *day after* do ato. "O governo muda a cara e o temperamento. Deixa de sorrir para encarar o seu papel com extrema gravidade", destacou o texto. "A mudança é, nas circunstâncias, um bem. Aqui no *Globo* tínhamos, repetidas vezes, feito advertências sobre os perigos da filosofia panglossiana. Agora, o risco está no outro lado: no perigo da angústia depressiva."[11]

A história da violência política surgia novamente com força para Roberto Marinho. Nos seus primeiros anos à frente de *O Globo*, na década de 1930, ele jogou seu jornal na batalha contra insurgentes comunistas que tentaram assaltar as unidades militares no Rio, em Natal e no Recife. Ao mesmo tempo, considerou que era necessário ter a mesma atitude em relação aos integralistas.

O controle dos meios de comunicação pela ditadura de Getúlio, opositor de Prestes, líder comunista, e logo em seguida de Plínio Salgado, chefe do integralismo, sustentava, garantia e mesmo forçava, com a censura e a publicidade estatal, a escolha pelo caminho do meio. Agora, com a escalada do terror por parte do governo militar, em que os extremistas de direita estavam na mesma toada de Costa e Silva, a busca pelo centro, a postura de se afastar de um polo e de outro, era uma opção que precisava ser construída.

A tensão política prevalecia nas redações. *O Globo* adotou a ambivalência no seu noticiário. As páginas do jornal misturavam títulos alarmistas sobre movimentos comunistas no exterior, declarações oficiais de autoridades, promessas de volta à "normalidade" do presidente e frases pinçadas nos discursos triunfalistas da própria caserna para reprovar o poder da violência política.

Na TV de Roberto Marinho, a música era uma base do projeto de expansão do sinal e consolidação da grade. "Quando o festival acabou, compositores e cantores saíram do Brasil, como Caetano Veloso, Jorge Ben (também conhecido como Jorge Ben Jor), Gilberto Gil e outros cujos nomes eu esqueço. Alguns foram para a Inglaterra. Perdemos muitos artistas no ramo da música", observa Joe Wallach, executivo que administrava a parte financeira da emissora, em entrevista para este livro.

Depois da prisão, Caetano e o parceiro musical Gilberto Gil foram para Londres. Chico Buarque e a mulher Marieta Severo tomaram o rumo de Roma. Do exílio, Chico mandou uma música composta em parceria com Vinicius de Moraes: "Gente Humilde", para a novela *Véu de noiva*, a primeira de muitas que enviou à emissora.

Meses depois, Chico arriscou voltar ao Brasil. Vinicius o aconselhou a retornar com barulho. Fazer um programa na TV de Roberto Marinho era um possível escudo para não ser preso.[12] Ele acertou com a emissora a produção de um especial. O compositor e Marieta retornaram em março de 1970. Traziam nos braços a filha Silvia, nascida na Itália.

O desembarque no Galeão contou com uma recepção efusiva de amigos. "Já estava sentindo falta da vadiagem", disse Chico no Antonio's. "O meu uísque é sem gelo, Manolo. Já se esqueceu de mim?", disse o cantor diante da câmara da equipe da Globo que gravava *A volta de Chico*, título provisório do programa.[13]

O musical *Chico Buarque Especial* iniciou a gravação em externa na emissora, com uma unidade móvel, uma "sucata" nas palavras do produtor Clemente Netto, adquirida da TV Rio. "Eu comecei a rodar esse programa desde a chegada do Chico, às 5 horas da manhã, plano a plano", lembrou Clemente. "Desmonta aquela traquitana enorme, vai para o Arpoador, monta, até chegar na casa do Chico, que foi o último take, uma partida de botão." O adversário era Chico Anysio, e o juiz, Vinicius de Moraes.[14]

Durante as gravações, uma equipe do jornal *O Globo* tentava arrancar do músico uma entrevista. Diante da insistência, ele aceitou conversar, mas ao lado de Vinicius e da filha do amigo, Suzana de Moraes. Contou que nada produziu na Itália. "Depois que cheguei fiz o samba 'Apesar de você', estou alinhavando outro com Vinicius", disse.[15]

Num primeiro momento, a letra da música havia sido liberada pela censura. Mas depois, jornalistas se referiram ao samba como um protesto ao regime. A ditadura, então, proibiu a canção. Estoques de discos foram retirados das lojas e do depósito da gravadora Phillips. Chico, no entanto, tinha vendido alguns milhares de compactos.

O especial do compositor coincidiu com a criação de um programa musical na Globo. O *Som Livre Exportação*, dirigido por Augusto Marzagão. Na lista de participantes do "debate-show", o diretor incluiu o autor de "A banda", além de Vinicius, Ivan Lins, Gonzaguinha, Paulinho da Viola, Clementina de Jesus, Tim Maia, Os Mutantes e Waldick Soriano. A meta da emissora era colocar no ar um "festival permanente".[16] O programa tinha como raiz o Movimento Artístico Universitário, o MAU, criado na Zona Norte do Rio. Aldir Blanc, Gonzaguinha e Ivan Lins faziam parte do grupo. Eduardo Ataíde, um dos organizadores, contou numa entrevista que, sozinho, o MAU era um "polvo de tentáculos presos". "Agora soltamos os tentáculos do polvo e atingimos as mais diversas camadas da sociedade: atingimos o povo."

Uma ação da ditadura de impacto na música popular brasileira foi a retirada da TV Excelsior do ar. A pioneira dos festivais sofria acusações dos técnicos da censura de burlar as proibições e transmitir trechos de programas cortados pelo regime. Não se tratava de uma decisão burocrática. Os seus principais acionistas, Mário Wallace Simonsen e Celso Rocha Miranda, donos de dezenas de empresas, eram vistos como homens próximos de João Goulart. Ainda assim, a decisão de suspender a emissora de televisão era algo incomum na história nacional das relações entre governo e a iniciativa privada. Os dois empresários mantinham parcerias com setores estratégicos, do sistema de telecomunicações ao mercado do café, principal fonte de exportação agrícola. Antes, a cúpula do regime suspendera os voos da Panair do Brasil, uma das empresas do grupo, decisão ainda mais drástica e polêmica do ponto de vista do negócio. Tirar do ar uma emissora de TV causou bem menos incômodo na opinião pública de um país em que a maioria da população não tinha aparelho em casa.

Na grade da Globo, Chico Buarque apresentava um programa patrocinado pela Shell. Ao final do contrato, a TV não renovou com o compositor. Nos corredores da emissora, o rompimento foi tratado como um caso de censura por pressão política ou econômica, ou as duas coisas. Diretor da Globo, José Bonifácio Sobrinho, como Boni ainda era chamado no começo de sua trajetória na Globo, refuta a crítica de que teria tido participação no episódio. "Vivíamos uma crise financeira. A Shell cancelou o contrato, e ele foi embora", afirma. Boni diz que a decisão foi de João Carlos Magaldi, na época responsável pela publicidade da distribuidora de combustíveis. "O Magaldi fez o contrato e o distrato. A Globo não participou disso. Mas teve o estremecimento."

Se as emissoras enfrentavam pressão para mostrar sintonia com o regime, os artistas sofriam não apenas a censura do governo, mas um patrulhamento ideológico. No Brasil polarizado e de extremos, a asfixia atingia inclusive os compositores de "Sabiá", letra que falava de exílio e saudade, uma tradição da poesia de Gonçalves Dias.

O momento musical era de explosão artística em diversas frentes. A Bossa Nova, de João Gilberto, Tom Jobim e Nara Leão, dividia espaço agora com a Tropicália de Caetano Veloso e Gilberto Gil, o rock de Rita Lee e a nova geração periférica de Gonzaguinha — que fazia as pazes com o pai, Luiz Gonzaga, o cantor dos sucessos dos anos 1950 que voltava a ter grande público, após anos de atritos. Turbulentas seriam sempre as relações entre a Globo e os músicos. Nas reclamações dos artistas, pagamentos, contratos e exigências da censura se misturavam.

As divergências entre a TV e os músicos apareceram mais tarde no documentário *Muito além do Cidadão Kane*, de Simon Hartog, febre nas faculdades de jornalismo e mesmo nas redes de ensino médio do Brasil.[17] Numa das passagens, Chico Buarque criticou o empresário e sua emissora. "A censura proibia as minhas músicas, a censura que era oficial, do governo. Agora a Rede Globo se encarregou de ser mais realista do que o rei, proibindo o meu nome", disse. "Acho que ele

(Marinho) é mais poderoso que o Cidadão Kane, inclusive", criticou. Ele referia-se ao protagonista que dá título ao filme clássico de Orson Welles, inspirado no magnata americano da comunicação William Randolph Hearst.

Numa visão oposta, Boni é sucinto na descrição de seus desentendimentos com os músicos e isenta o dono da Globo. "Dr. Roberto nunca fez qualquer tipo de pressão, mas Chico e Caetano tinham essa postura de achar que fazia, mais o Chico", afirma.

Das declarações do cantor, um crítico do empresário, e do diretor, quase um guardião de memória, emergem um Roberto Marinho de contornos absolutos e superlativos. Chico e Boni, de certa forma, apagam da história da Globo trechos de suas próprias memórias — o compositor ignorou seus programas na emissora, suas participações nas trilhas de novelas e suas entrevistas ao jornal; e o diretor, as conversas reservadas com o dono da TV, que ao menos chancelava as decisões tomadas por seus executivos, em momentos de ataques da ditadura ou de tranquilidade política.

O tempo era de risco nas escolhas na programação, de discordâncias culturais, da autocensura e dos contratos da emissora considerados, muitas vezes, draconianos pelos artistas. Tom Jobim tentava acalmar os amigos da MPB. Boni relata ter ouvido o pai da Bossa Nova dizer textualmente: "o pessoal da TV Globo não é como vocês estão pensando. A Globo é uma coisa; o dr. Roberto é outra coisa."

Tom sugeria aos companheiros da música que havia duas emissoras distintas no Jardim Botânico: uma formada pelos amigos de conversas no Antonio's, executivos e produtores da TV e que tinham a mesma visão política deles, e a segunda, a operada por Marinho.

O maestro fazia malabarismo. Mas Roberto Marinho era a Globo, sim. O grupo dele pagava os contratos dos artistas do festival, assim como a folha de redatores e editorialistas — profissionais capazes tanto de produzir textos de exaltação à força artística de uma geração quanto de chamar o movimento estudantil na Universidade de Brasília de "Oligarquia de terroristas".[18]

Aceitar a existência de Globos distintas no tempo da ditadura talvez fosse um bom negócio para todo mundo, inclusive para Roberto Marinho. Nesse tempo, o empresário buscava se aproximar dos poderes e levantar uma empresa que abria espaço a uma polifonia de vozes — premissa de qualquer negócio na área da televisão. O coro podia silenciar ou aumentar a impostação conforme as ondas da censura e da repressão.

Ao percorrer gabinetes do poder, Marinho não estava atrás, necessariamente, de empréstimos. O duto de recursos de publicidade das grandes estatais era operado de forma incipiente naqueles anos seminais.

2. A dança conforme a música

Nas conversas mais difíceis, Roberto Marinho se portava, num primeiro momento, como um contador de histórias. Com voz lenta e timbre agudo, falava de casos divertidos das ruas de um Rio antigo, fantasmagórico, ainda iluminado pelos lampiões a gás, lembranças de artistas de circo e domadores de leões. Ele recorria a ensinamentos dos velhos redatores de *O Globo* sobre a espera e a prudência. Quando a pessoa ao lado baixava a guarda, entrava, então, no assunto. Tentava segurar o tom assertivo, que muitos consideravam sua marca nos negócios e nas relações.

É como se tivesse o direito da primeira tacada na sinuca, distribuir as bolas. O argumento para comandar o diálogo, desde o início, era sua longa experiência na imprensa. Aos 21 anos, após a morte do pai, Irineu, ele tinha a responsabilidade de assumir a chefia da família — a mãe e quatro irmãos — e do jornal. Um grupo de veteranos tocou a redação do vespertino e tutelou o filho do patrão enquanto o vadio da Praça Tiradentes não entendia o jogo interno e a disputa política lá fora.

Nos anos de formação e depois na ditadura de Getúlio, o parceiro de Dom Hélder Câmara no mata-mata do bilhar demonstrava autossuficiência, uma certeza do caminho da bola até a caçapa. Lutador de boxe amador e frequentador das aulas de jiu-jítsu dos irmãos Gracie, atacou desafetos de Irineu e deu soco em censor na redação. A amizade com o escritor Henrique Pongetti, porém, garantiu que a personalidade, agressiva, incorporasse o bom humor da crônica, o gênero que enxergava a cidade do Rio e seus tipos de forma menos dura, no dia a dia e nos encontros reservados.

Aos poucos, em tempos de golpes e instabilidades econômicas, ele multiplicou o negócio familiar. O eterno competidor virou dono de revistas em quadrinhos, da Rádio Globo e, na maturidade, da TV, quando, na casa dos 60 anos, passou a comandar o maior grupo de comunicação do país.

Roberto mantinha-se em constante prontidão na blindagem de sua TV, que corria risco de sair do ar, num tempo de governos autoritários e instáveis. A presença na disputa na cúpula do regime levava em conta uma antiga aproximação ao castelismo, setor da caserna mais aberto ao empresariado, e à influência da emissora naquele momento. Depois de anos de estagnação e problemas técnicos, a Globo atingiu grande audiência e passou a ter lucros elevados, pela força empreendedora de seu dono; escolha de profissionais que entendiam de um ramo, praticamente, ainda a ser criado; e absoluta falta de concorrentes, durante o período decisivo de expansão de linhas transmissoras da Embratel. O empresário deixou de ser apenas um dono de jornal para influenciar a vida dos brasileiros.

Na eterna turbulência brasileira, o interesse dos Marinho pelo mercado de histórias com imagem, som e movimento foi uma constante. Muito embora o pioneirismo de Roberto na consolidação da TV tenha contribuído para apagar o que o pai, sempre alçado por ele à condição de ídolo, representou nos primórdios do audiovisual. No começo do século XX, Irineu chegou a montar uma produtora de filmes policiais, a Veritas.

No governo democrático de Getúlio, Roberto retomou, ainda que nem se lembrasse mais dessa façanha do pai, o antigo projeto. Ele obteve a primeira concessão para operar um canal de TV. A autorização, entretanto, foi retirada pelo presidente Eurico Gaspar Dutra. No mandato de Juscelino, logo depois, o empresário conseguiu outra concessão para atuar no Rio. João Goulart lhe deu um canal em Brasília, antes de ser deposto pelos militares. Ainda que na ditadura tenha tido dificuldades em adquirir outras estações de TV, Roberto Marinho comprou de empresários particulares outras emissoras para compor a rede: a emissora de São Paulo e a de Recife, que pertenciam às Organizações Victor Costa; e a Globo Minas, vendida pelo empresário João Batista do Amaral. Estava formado o núcleo da Rede.

Esta biografia descreve a história do empresário a partir de 1969, período de recrudescimento da ditadura e início da alavancada da TV Globo, tempo dos aparelhos com ruídos e chiados. Nesse momento, ele estava na condição de quem não prosseguia num ramo, mas abria um negócio, de dimensões bem maiores do que o pai almejara. O perfil prossegue até 1981, fase de grande audiência e poder da emissora, dias de distensão e aceleração da queda do regime. É um corte histórico curto, porém, um período em que o cavaleiro da Hípica do Rio, a Globo e o Brasil passaram por sobressaltos de quebrar costelas, literais ou metafóricos. A aventura do audiovisual e do entretenimento, que tinha raízes nos velhos cinematógrafos do Rio, o país de Roberto e seu pai, recomeçava.

A Globo tornou-se a primeira produtora de conteúdo televisivo na América Latina, e o Brasil passou de uma nação rural para urbana, sem perder a tradição do patriarcado, da violência e das disputas assimétricas sociais, étnicas e partidárias. A elite econômica, em parte capitaneada pelas grandes famílias patrimoniais, formada nos governos de Getúlio, deixou de ser exportadora de café para representar o mercado financeiro.

Roberto Marinho nunca fez um ritual de sucessão no seu grupo empresarial. Roberto Irineu, João Roberto e José Roberto, todos batizados com o nome do pai, só chegaram ao poder alguns anos antes da morte dele, quando a Globo entrava em situação de *default*, na mira de aves de rapina robustas dos bancos. Mesmo a casa de Angra dos Reis, no litoral sul fluminense, onde o empresário ditou reportagens e, sem exageros, episódios da política, nos fins de semana, foi vendida para fazer caixa e segurar banqueiros.

O empresário morreu aos 98 anos sem saber da saúde da Globo. Quando saiu da crise, a emissora era quase uma outra empresa, de estrutura, administração e pessoal diferentes daquela de Roberto, agora com um conteúdo mais agressivo nas disputas externas. Os irmãos Marinho trocaram peças-chave do jornalismo e do entretenimento da rede, chegaram a divulgar um editorial para apresentar sua visão da história brasileira, e da ditadura — Irineu tinha a dele, Roberto teve a dele.

Nos dias atuais, mantém-se, no entanto, a essência do negócio de conteúdo no entorno de uma ideia, aparentemente ultrapassada, de integração nacional, que aproveitou o crescimento da estrutura de antenas planejada por governos civis e montada por militares. A Globo é a emissora hegemônica em língua portuguesa. O sinal de frequência cria padrões no uso de roupas, na escolha de músicas, nas conversas das ruas e na linguagem das relações políticas e, sobretudo, afetivas. A conquista do espaço de intimidade de indivíduos e grupos por uma empresa era uma transformação — ainda longe de análises históricas claras para definir a atuação de Roberto Marinho no período autoritário. Um coadjuvante qualquer ele não foi. O jornalismo, a academia e a política sempre buscam descrevê-lo.

Numa entrevista, o empresário disse, textualmente, que não tinha história. A vida dele era o jornal, mais tarde, o jornal e a Globo. Este livro faz um perfil de Roberto Marinho a partir de relatos de jornalistas, técnicos, artistas e publicitários, entre outras categorias profissionais que fizeram a sua rede de comunicação, com alguma diferença ao modelo clássico do gênero biográfico.

No governo de Castelo Branco, ele foi um dos muitos empresários de certa influência e estatura mediana que transitavam na nova ordem. Com a chegada de Costa e Silva ao poder, quando a repressão do regime ficava mais pesada, quem tinha algum acesso ao Palácio do Planalto era Rogério Marinho, por conta de relações familiares. O irmão caçula de Roberto era casado com Elizabeth, filha do general José Pessoa. O bloqueio parece ter furado, pois, a partir dali, Roberto tornou-se próximo de Hélio Beltrão, ministro do Planejamento de Costa e Silva.

Marinho era o empresário que aparecia com óculos escuros e terno, às vezes de gravata borboleta, em jantares e solenidades oficiais, ao lado dos generais, sempre numa aparente proximidade. Na construção do mito, ministros influentes, ex-ministros ou técnicos do segundo escalão do governo eram tratados com a mesma marca de representantes do regime, com os quais procurava ter ligações. Nunca demonstrou preocupação com a imagem de um homem da ditadura.

Os ex-ministros do ciclo militar Euclides Quandt, das Comunicações, e Delfim Netto, da Fazenda e do Planejamento, chefes de áreas de interesse do empresário, não davam abertura para a Globo. O coronel Quandt, um militar austero nos gestos e na política, defendia um modelo de televisão com ao menos três grandes grupos e minava todos os seus pedidos de aumento de sinais.[19] Ele e Roberto Marinho se enfrentavam de forma dura nas reuniões em Brasília. O economista Delfim, ligado ao Bradesco, de Amador Aguiar, aparecia diariamente nas páginas de economia de *O Globo*, que adotava a mesma linha do caderno dos concorrentes. Em seu jogo de poder, o operador do Milagre Econômico alimentava a narrativa de relações estreitas com Marinho. Ele preferia, no entanto, a intimidade de Manoel do Nascimento Brito, do *Jornal do Brasil*, onde trabalhava um amigo pessoal, o executivo Bernard Campos.

"O Delfim não se dava com o Roberto", lembra o consultor da área de exportação Carlos Tavares, amigo de pescaria do empresário em Angra dos Reis e também do ex-ministro em Paris, durante o tempo em que Delfim esteve no comando da embaixada brasileira na capital francesa. "Roberto Marinho detestava Delfim; os filhos, a mesma coisa", comenta o empresário Pedro Grossi, amigo e ex-assessor do menino prodígio do regime.

Ainda nos primeiros anos do mandato de Médici, o empresário tinha contato com dois auxiliares diretos do presidente. Os ministros João Leitão de Abreu, da Casa Civil, e João Figueiredo, do Gabinete Militar, eram homens fortes no Palácio do Planalto. Foi por meio do general Figueiredo, um antigo conhecido da Hípica, na Lagoa, que Marinho aproximou-se de Leitão de Abreu. Os ministros compensavam o completo desinteresse de Médici em conceder audiências a lideranças empresariais e políticas. Marinho tinha maior interesse, no entanto, que fizessem pontes nas pastas da Justiça, responsável pela censura, e das Comunicações. O empresário não tinha relações próximas com os titulares dos ministérios, Alfredo Buzaid e Hygino Corsetti, antecessor de Quandt.

Um antigo conhecido de Roberto, o general Idálio Sardenberg, chefe do Estado Maior das Forças Armadas, também era uma fonte importante de Marinho no Planalto. Ele o conheceu quando o oficial presidiu a Petrobras, no governo de Juscelino Kubitschek. Bem municiado de apoios e aliados no núcleo decisório, o empresário tinha dificuldades de conversar justamente nos setores que mais lhe interessava.

O empresário fazia viagens discretas a Brasília. Nem sempre avisava aos diretores do jornal e da emissora das sucursais da capital. Pegava um avião e voltava ao Rio num bate-volta. Na capital federal, a censura era assunto central nas conversas, um obstáculo à indústria de jornalismo e entretenimento. Os cortes começaram a preocupar a Globo quando a análise dos conteúdos deixou de ser uma atribuição dos estados e passou a ser centralizada numa delegacia federal, no Rio. As negociações dos funcionários da TV para liberar os produtos ficaram ainda mais difíceis.[20] Pelas normas da ditadura, os *scripts* tinham de chegar à delegacia 72 horas antes da entrada do programa no ar. A estrutura do órgão, no entanto, não devolvia as peças a tempo.

A burocracia do regime de classificar um programa por horário tornava mais cara e caótica a linha de produção da emissora. A dificuldade dos diretores de atender à censura aumentou dois anos depois. Ainda em janeiro de 1968, a ditadura decidiu que todos os *scripts* tinham que passar pelos censores em Brasília. O prazo de envio do material também aumentou para dez dias de antecedência. Fazer TV tornava-se quase impraticável.

Os roteiros do programa *Dercy de verdade*, apresentado por Dercy Gonçalves, só foram lidos e classificados como "livres" 20 dias depois do envio a Brasília. Dos 60 programas enviados ao órgão da censura na capital federal no começo daquele ano, apenas dois voltaram e, ainda assim, quase um mês após o envio do material. A emissora decidiu correr o risco de exibir parte da programação sem o certificado de classificação emitido pelo governo. Eram exibições ilegais.

O problema ocorria, sobretudo, com as novelas. A emissora mandou aos censores os dez primeiros capítulos do folhetim *O santo mestiço* dez dias antes da data prevista para começar a gravação. A censura, porém, demorou semanas na análise dos diálogos que poderiam ir ao ar de forma "livre". A novela contava a história de San Martín de Porres, um frade dominicano que viveu no Peru, no século 17, que se tornou o primeiro santo da América do Sul canonizado pelo Vaticano.[21]

Em carta ao Ministério da Justiça, Roberto Marinho tentou liberar os capítulos da novela para horário livre. Ele escreveu que a decisão de fazer a censura apenas em nível federal causava "as maiores perturbações" no núcleo de produção da emissora. "Ousaríamos dizer a V. Exa.

que é praticamente impossível que esse processo seja usado, não só pela TV Globo como pelas demais emissoras, sem que as suas programações entrem em colapso", disse. "Nessas condições, vimos pedir a V. Exa. que seja revogada aquela decisão."[22]

O transtorno da censura só aumentou a confusão nas gravações. A novela produzida pela Globo, em São Paulo, teve cenas externas gravadas em Cabo Frio. Escrita pela cubana Gloria Magadan, dirigida por Fabio Sabag e protagonizada por Sérgio Cardoso, no papel de Martín, e Rosamaria Murtinho, a Tenente Isabel, a produção foi um fiasco e arrastou-se até junho.

Roberto Marinho e outros donos de jornais e emissoras de rádio e TV receberam, em caráter confidencial, uma lista de "recomendações" de censura. O documento proibiu matérias e notícias sobre prisões e censuras políticas, críticas aos Atos Institucionais, cassações de mandatos, manifestações e greves. A ditadura ainda vetou entrevistas com políticos cassados, lideranças da UNE, UME, FUEB, entre outras entidades estudantis.

O ministério determinava até formas de noticiar o dia a dia do governo. A preocupação era com as informações em off, os "vazamentos" na cobertura política. Os jornais deveriam evitar o emprego de expressões como "fontes fidedignas", "pessoa ou político bem informado", "fontes autorizadas da Presidência", "assessores". Era obrigado a indicar com "precisão" a fonte ou origem das notícias.[23]

Chacrinha e Dercy receberam suspensão de 15 dias.[24] Abelardo Barbosa era um nome de peso na programação da Globo. Atingia 8 milhões e 500 mil aparelhos ligados.[25] O motivo do gancho: ele tinha feito descrições do que seria o apartamento típico de uma família na Avenida Paulista e o de um imóvel de dois amantes no centro de São Paulo. "O da Paulista, aquele chinelo, aquele pijama, aquele prato de sopa... O da cidade, aquela poltrona, aquela bebida, aquela vitrola, aquela luz."

Já Dercy, ao receber em seu programa os cantores Eduardo Araújo e Silvinha, recém-casados, comentou sobre a magreza dele e questionou se a artista estava sentindo enjoos. "Os milhões e milhões de expectadores dos programas do Chacrinha sabem que eles são inocentes, não tem o menor sentido dissolvente ou condenável", argumentou Roberto Marinho no esboço de uma carta guardada em seu arquivo.

Caetano Veloso deixou temporariamente o autoexílio em Londres para uma rápida viagem ao Brasil, quando cantou no programa de auditório *Buzina do Chacrinha*, apresentado nas noites de domingo na emissora de Marinho pelo seu "mano", como tratava o pernambucano Abelardo Barbosa. *O Globo* publicou que ele estava no país para "rever" a família e sua "amada" Bahia, mas Chacrinha e os produtores do *Som Livre Exportação* "conseguiram" demovê-lo de seu plano de apenas repousar. O jornal anunciou que o "Fim de semana é na Globo" com a apresentação do cantor na TV. "E não é qualquer programa que consegue levar o 'papa' Caetano Veloso", destacou o jornal. [26]

Na ótica de parte dos artistas, o palco do Chacrinha era tratado como uma espécie de território neutro dentro da emissora. É como se não houvesse contradição na presença de perseguidos do regime e críticos da Globo no programa de auditório de mais audiência da emissora, observa Boni. "'Para o Chacrinha, eu vou, para a Globo, não.' Era o que diziam."

Nos programas, Chacrinha usava roupas coloridas e uma buzina amarrada no pescoço, utilizada na desclassificação de calouros. Ele foi contratado pela Globo para apresentar o *Buzina do Chacrinha* e a *Discoteca do Chacrinha*. "Vai pro trono ou não vai?", perguntava o apresentador à plateia. O calouro podia ir para a glória ou receber, além da buzinada, um abacaxi.[27]

Chico Buarque, outro cantor a assinar contrato com a emissora, foi a atração de luxo do programa dominical de Silvio Santos, que ia do meio-dia até a noite, produzido nos estúdios da Globo em São Paulo, a antiga TV Paulista.[28] Neste período, o cantor já estava autoexilado em Roma. Havia, entretanto, uma ponte aérea entre o exílio e os estúdios da emissora que mais crescia no momento do Milagre Econômico.

A "Era dos festivais" começou a perder força. Os programas musicais, no entanto, permaneceram firmes na programação da Globo. Os artistas migraram do Maracanãzinho para o palco do *Som Livre Exportação*. O musical ia ao ar nas noites de quinta-feira. Elis Regina e Ivan Lins apresentavam o programa, dirigido por Solano Ribeiro e Augusto César Vannucci.

A crítica do caderno de cultura do concorrente *Jornal do Brasil* aprovou o musical. "Pode-se afirmar com segurança que *Som Livre Ex-*

portação veio revolucionar as relações até então existentes entre TV e música", destacou texto de Valério Andrade. "O programa da Globo decretou a falência da fórmula radiofônica, rompendo a impossibilidade cênica, violentando as fronteiras limitativas do palco e dando à execução musical o devido tratamento plástico."[29]

Chico Buarque demonstrava preocupação com a imagem da MPB. Um amigo que frequentava com ele o Antonio's, o cronista José Carlos de Oliveira, o Carlinhos de Oliveira, escreveu no *JB* que Chico teria reclamado de um texto em que ele criticou o contrato de João Gilberto, um dos pais da Bossa Nova, com a Globo. Carlinhos tinha chamado o músico de "chato". Na crônica, Carlinhos explicou que não tratava de se comentar um "temperamento arredio" e "amor ao silêncio" por parte de João Gilberto, mas o fato de o cantor estar "atrelado" à TV Globo e ao patrocinador.[30]

O *Globo* tratava Chico com deferência. O problema da censura política foi enfoque de outra entrevista do cantor ao jornal de Roberto Marinho. O texto "Chico não é mais o mesmo" registrou um longo desabafo do artista. "De cada três músicas que faço duas são censuradas. De tanto ser censurado, está ocorrendo comigo um processo inquietante. Eu mesmo estou começando a me autocensurar. E isso é péssimo", disse o cantor. Outra reportagem do jornal registrou o incômodo do compositor com o papel de "garoto-propaganda". "Chico Buarque não faz mais televisão. Além de preferir o contato ao vivo, Chico quer se preservar", destacou o texto. "Tenho de me preservar", disse o compositor ao jornal.[31]

Mais tarde, Marieta Severo relatou que Chico enfrentou uma "barreira" na emissora.[32] "Era uma época de censura muito braba. Não se falava de Chico na Globo." Ela estimou que o compositor ficou cerca de dez anos fora da grade. Nesse tempo, censura oficial, autocensura e divergências contratuais se imbricavam.

Chico e amigos músicos se movimentavam diante dos obstáculos impostos pelo regime e se encontravam para conversar e acertar parcerias no Antonio's. A poucos quilômetros dali, na Hípica, na Lagoa, Roberto Marinho saía mais cedo do jornal para treinar com seu animal.

O cavaleiro deixava de ser mais um empresário de estatura mediana, a emissora ultrapassava os três grupos pioneiros da televisão no Brasil: os Diários Associados, com sua TV Tupi, de Assis Chateaubriand; as Emissoras Unidas, formada pela Record e Rio, de Paulo Machado de Carvalho; e a Organização Victor Costa, controladora da TV Paulista, do radialista ligado ao governo Vargas.

Nesse tempo, Victor Costa tinha sido fulminado pelo câncer, e Chateaubriand, por uma trombose. O fim das redes de TV de Getúlio e de Chatô abria espaço para a escalada do império de Roberto Marinho. O dono da Globo seria de fato o novo "Rei do Brasil", o nome mais influente e poderoso da história da indústria da TV fora dos Estados Unidos, como os próprios americanos costumavam mencionar.

A geração mais nova de empresários do rádio e da imprensa não quis apostar no mercado da televisão. À frente do *JB*, Manoel Francisco do Nascimento Brito hesitava entrar para valer no negócio. A Tupi era limada por executivos transformados como herdeiros por Chateaubriand. Os paulistas muito menos quiseram saber de imagem em movimento. Otávio Frias, da *Folha de S.Paulo*, chegou a adquirir a TV Excelsior, mas saiu do empreendimento. Os Mesquita, donos do tradicional *O Estado de S. Paulo*, foram instigados pelo ex-governador da Guanabara Carlos Lacerda, adversário de Marinho, a fazer parceria com americanos, mas foi em vão.

A residência de Roberto e Stella Marinho, no Cosme Velho, estava na lista do Itamaraty para receber chefes de estado.[33] A parceria funcionava assim: a pasta economizava seu parco orçamento, e os donos dos imóveis ganhavam prestígio na realização de almoços e jantares. Desde o pós-guerra, o dono da Globo e sua mulher receberam o presidente americano Eisenhower, o português Craveiro Lopes e o italiano Gronchi. Por lá passaram ainda o general Mac Clarck, a fadista Amália Rodrigues e a primeira-dama argentina Evita Perón.

Na parte superior da residência, os quartos não eram tão amplos — dois filhos dormiam em cada quarto. Um grande salão no térreo, feito para recepções, fazia a diferença, com seus móveis coloniais escuros e suas pratarias e santos barrocos. O vermelho, a chamada cor do poder, estava nos sofás, nas cortinas, nos tapetes, nos personagens e nos casarios dos quadros de Portinari, Di Cavalcanti e Tarsila do Amaral.

Nos anos dos governos de Getúlio, Eurico Gaspar Dutra e Juscelino, a casa do Cosme Velho era um dos salões de dança da cidade. As noites na residência foram animadas pelos nomes mais influentes da música, de Pixinguinha a Ângela Maria. Na ditadura, as festas tornaram-se menos frequentes. O casamento de Roberto e Stella dava sinais de desgaste.

Em tempo de autoritarismo, Roberto incluiu na sua coleção de arte, espalhada pelo palacete, inspirado numa sede de engenho pernambucano, esculturas de Frans Krajcberg, óleo sobre tela de Tomie Ohtake, uma pintura sombria de Marc Chagal e têmpera de Alfredo Volpi. Em cores sem vida, era ainda um quadro de Iberê Camargo. Os quadros foram acrescidos ao acervo que contava com desenhos de meninos com pipas no céu aberto, o mar azul de José Pancetti, santos sorrindo, casinhas coloridas, a mata e o Pão de Açúcar com araras e cachos de bananas.

Numa parede no centro da residência, Roberto Marinho pendurou um retrato de Stella, óleo sobre tela do amigo Candido Portinari. Amigo ainda mais próximo, Pancetti deu de presente de casamento aos donos da mansão "O boneco", a figura de um garoto de cabeça baixa, que vez ou outra Roberto dizia ser a obra favorita da coleção.

Nos fins de semana e à noite, o empresário tinha encontros reservados na mansão com editores de *O Globo*. A presença de executivos da TV no Cosme Velho era mais rara. Joe Wallach, diretor de administração da emissora, levou tempo para ser recebido na casa. A relação entre o executivo americano e o empresário demorou a se estreitar.

O dono da emissora não confiava no diretor colocado pelos sócios do Time-Life. "Engraçado que ele e eu tínhamos temperamentos muito em comum", comenta Joe. "Roberto Marinho era um homem inteligente. Ele podia avaliar pessoas magnificamente bem. Moderado, forte, nunca levantou a voz. Modesto", ressalta. Depois, o executivo pondera: "os nossos perfis eram mais ou menos o mesmo".

O sinal da Globo ainda se limitava ao Rio e áreas de estados vizinhos quando Joe começou a trabalhar na administração da emissora. Na antiga capital federal, o Canal 4 era o último em audiência entre os quatro da cidade. Os dois primeiros diretores de produção de programas escolhidos por Roberto tiveram a sua confiança, mas não eram do ramo. Mauro Salles fez carreira no jornalismo impresso, e Rubens Amaral, no rádio.

Uma escala para entender a influência da Globo era o tratamento recebido pela emissora por parte do lucrativo mercado de distribuição de filmes americanos. Os vendedores fugiam de negócios com a empresa, que na época nada representava nas pesquisas de audiência.

Joe Wallach foi enviado ao Brasil pelo grupo Time-Life para monitorar o uso de 6 milhões de dólares aplicados na parceria com Marinho na instalação de uma TV que produzisse notícias. O executivo desembarcou no Rio em julho de 1965, três meses depois da entrada da emissora no ar. Ele encontrou uma estação com uma folha de pagamento de 700 artistas, sendo 70 componentes de uma orquestra. A maioria não comparecia ao trabalho.

Quase toda produção na Globo era ao vivo. No início, tinha câmeras para gravação em estúdios — os equipamentos eram pesados, o que dificultava realizar externas. A emissora demorou um pouco a ter — e algumas outras emissoras já tinham, como a Tupi — o videoteipe, o que possibilitava a gravação prévia e a diminuição de programas ao vivo. Mas logo os programas de dramaturgia e entretenimento começaram a usar a tecnologia.

O videoteipe, chamado VT, uma fita plástica com camada magnética para registrar imagens, estava difundido em outras emissoras havia tempo. A inauguração de Brasília, em 1960, por exemplo, tinha sido filmada em rolos quadruplex, os primeiros modelos de fitas de televisão. No jornalismo é que demorou um pouco mais. Mas o Jornal Nacional, lançado em 1969, acelerou a utilização do videoteipe no jornalismo.

"Quando cheguei ao Brasil, eu achei tão diferente", lembra Joe. "Eu gostei imensamente do jeito do brasileiro. O trabalho era difícil no início, porque tive que aprender a língua; depois, quatro, cinco meses, eu estava falando português."

Joe tinha experiência atrás das câmeras. Trabalhava no setor administrativo da estação do grupo Time-Life em San Diego quando a empresa o enviou ao Rio. Na juventude, aprendeu a manusear armas bem mais potentes. Foi tenente do exército dos Estados Unidos na Segunda Guerra Mundial. Aos 21 anos, estava na floresta de Ardenas, no leste da Bélgica, quando os nazistas surpreenderam os aliados numa contraofensiva. Mais de 600 mil alemães entraram em áreas dominadas pelos americanos, ingleses, canadenses, franceses e belgas. O contingente de Hitler acabou derrotado pela força aérea inimiga. Porém, os americanos saíram da Batalha do Bulge com cerca de 20 mil combatentes mortos, na pior baixa de sua campanha na Europa. Joe estava entre os 70 mil feridos.

A atuação do Time-Life no mercado nacional virou alvo fácil de antigos adversários de Roberto Marinho. O jornalista e líder da Arena, Carlos Lacerda, e o grupo de Assis Chateaubriand montaram uma campanha na imprensa e na arena política para o governo militar suspender a parceria. Eles alegavam que o artigo 160 da Constituição em vigor, de 1946, proibia sócios estrangeiros no setor. A ofensiva apelou para o racismo, com termos ofensivos contra Roberto, homem pardo, neto de uma mulher de origem africana. Joe Wallach estava envolvido demais com o Rio e a emissora. Teve de enfrentar o idioma num interrogatório de uma CPI no Congresso sobre a participação do capital estrangeiro na imprensa.

Deputados da Arena, partido governista, e do MDB, oposicionista, aprovaram um relatório contra o negócio. O governo do general Castelo chancelou a decisão de proibir a parceria. Joe tornou-se, então, o interlocutor nas negociações de encerramento do contrato. De fiscalizador do Time-Life virou um elo entre os dois grupos. Roberto hipotecou a mansão que possuía no Cosme Velho e outros imóveis na busca de um empréstimo para comprar a parte dos americanos. A custo de financiamentos, manteve a aposta na TV. O executivo americano virou seu funcionário e amigo.

O esforço de Joe de se adaptar a uma empresa desorganizada, à cidade e ao país sensibilizaram o dono da Globo, ao mesmo tempo que lhe dava a sensação de ter próximo um profissional na administração da emissora. O executivo do Time-Life que lhe parecia um espião agora frequentava o Cosme Velho, tratado como alguém que ultrapassava os limites do ambiente de trabalho. "Roberto Marinho confiou em mim", afirma.

O diretor de administração da Globo tinha a missão de buscar dinheiro. Em São Paulo, convidou Roberto Montoro, vendedor de programas de TV e filmes de Hollywood, a trabalhar na emissora. Montoro concordou, mas exigiu que pudesse levar junto Walter Clark, nome conhecido no mercado. O jovem publicitário de vinte e poucos anos administrava a eficiente TV Rio, no antigo prédio do Cassino Atlântico, na Francisco Otaviano, em Copacabana, na região do Arpoador, quase Ipanema.

Ao ouvir do americano a exigência de Montoro para contratar Walter, Roberto Marinho até se surpreendeu. Jamais procuraria o diretor com fama de prodígio, por achar que não conseguiria tirá-lo da emissora concorrente.

"Walter vendia de tudo para os anunciantes, qualquer programa, tinha um charme incrível", lembra Adilson Ponte Malta, que trabalhava na área técnica da emissora, próximo ao publicitário.

Aberta na década de 1950, a TV Rio transformou-se numa estação identificada com o propagado jeito de ser dos cariocas — leve e de bom astral. Com o comando de Walter, a estação liderou horários nobres. A emissora exibiu a novela *O direito de nascer*, gravada pela Tupi, em São Paulo, um sucesso de audiência. Entretanto, a administração era um caos. Os salários atrasavam, os equipamentos ficavam cada vez mais obsoletos e ultrapassados. Ainda assim, nas mãos do diretor, a emissora ocupava com facilidade o segundo lugar no mercado da antiga capital, atrás apenas da Tupi, de Assis Chateaubriand. A TV Rio pertencia a João Batista do Amaral, o Pipa, que, com o cunhado Paulo Machado de Carvalho, montou uma empresa de outdoors e uma rede de rádios em São Paulo. O Canal 13, número da frequência da emissora, ganhou audiência com a transmissão de lutas de boxe, shows de sambistas comandados por Osvaldo Sargentelli e artistas de rádio. Chacrinha despontou com programas de calouros. A emissora tinha ainda em sua grade apresentadores populares, da irreverente Dercy Gonçalves ao polêmico Flávio Cavalcante.

O anúncio da contratação de Walter surpreendeu o mercado. Ao saber da notícia, Jorge Adib, que representava a produtora de filmes CBS, se apressou em dar a informação à distribuidora americana. A empresa pressionava para ele deixar de atender à emissora de Roberto Marinho, que patinava na audiência. Na praça de São Paulo, o descendente de libaneses tinha o diferencial de falar inglês fluentemente. O domínio da língua o aproximou de investidores de Nova York e representantes de Hollywood. Com o novo diretor, o Canal 4 assumiria a liderança no

Rio em apenas seis meses, apostou. "O Walter era um diretor comercial irresistível. Sabe o que é irresistível? Você conhece algum tipo irresistível? Irresistível."

Walter Clark era o homem de vendas. Na adolescência, trabalhou no comercial da Rádio Tamoio, de Chateaubriand. Depois, foi atuar na Agência Interamericana, a principal empresa de publicidade do Rio. Aos 19 anos, entrou na recém-aberta TV Rio e lá criou programas para atender grandes anúncios que ele próprio sugeria às agências. "Walter tinha ideias, ousadia e capacidade de transmitir coragem aos caras de sua equipe", observa Adib.

A indústria automobilística estava em consolidação, mas já gastava em publicidade, lembra o distribuidor de filmes. As emissoras ganhavam dinheiro com propagandas de bancos e fabricantes de sabonete e pasta dental. Colgate, Kolynos e Gessy Lever patrocinavam ou mesmo produziam as novelas, que tinham um público formado por todos os membros de uma família. Walter buscava ir além do mercado de anúncio do varejo, ele foi atrás especialmente de montadoras de automóveis, bancos e cervejarias.

O batismo do diretor na nova emissora ocorreu nas enchentes que atingiram o Rio, em janeiro de 1966. A cidade enfrentava um dos maiores flagelos de sua história recente. Walter mandou os cinegrafistas retirarem as pesadas câmeras Auricom, de 16 mm, batizadas de "Globetes", dos estúdios para registrar a tragédia. Os equipamentos foram instalados em diversos pontos da Zona Norte e da Zona Sul. Uma câmera foi posicionada para filmar continuamente uma pequena cascata de um morro atrás do prédio da emissora. A imagem era mostrada quando não havia outras cenas, de dia e de noite. Tornou-se um símbolo de um esforço que incluía o público.

Os estúdios viraram centro de coleta de alimentos e roupas. A Globo começava a nascer como uma marca do Rio. A emissora concentrou a solidariedade às famílias atingidas e conquistou parte do carinho que o carioca tinha pela TV Rio, já em decadência. Com o fim das chuvas cinco dias depois, a emissora de Roberto Marinho passou do quarto para o primeiro lugar de audiência na cidade.

A cobertura da enchente levou a emissora a ocupar, no horário da noite, o primeiro lugar no Rio, lembraria Joe Wallach. Era possível passar à frente da poderosa Tupi, consolidada com estúdios e estações em quase todos os estados do país e no Distrito Federal.

No ano seguinte, Walter convidou um amigo da Tupi para ajudá-lo na empreitada de expandir a Globo. Tinha trabalhado com José Bonifácio de Oliveira Sobrinho, o Boni, na TV Excelsior, em São Paulo, onde conseguiram realizar programas com certa audiência.

Jorge Adib também conhecia Boni, foi seu chefe numa rápida passagem do publicitário pela Agência Multi Propaganda. "Ele era um puta comunista, todos os redatores eram", conta.

Na juventude, Boni fez um estágio em publicidade em rádio e televisão na NBC, nos Estados Unidos. "Logo me colocaram no jornalismo. O noticiário mais importante deles tinha uma dupla de apresentadores, Chet Huntley, baseado em Nova York, e David Brinkley, em Washington. Produção era uma coisa, televisão era outra coisa. Eu fui lá olhar."

Nas conversas com colegas da Tupi, Boni despistava sobre o convite feito por Walter para repetir o que tinham feito na Excelsior. Ao diretor Daniel Filho, ele chegou a discursar contra a "concentração" de bons profissionais numa única empresa. "Não podemos fechar o mercado, Walter precisa deixar o mercado aberto. É bom ter a Excelsior, é bom ter a Tupi, é bom ter a Globo. Eu vou tentar não ir. Vamos ver se a gente consegue levantar a nossa emissora."

Com um apartamento para quitar, Daniel enfrentava na Tupi o drama do atraso dos pagamentos. Ele encostou Boni na parede:

"Aposta uma caixa de uísque comigo que você não vai?"

Boni respondeu que estava apostado uma caixa de Black Label.

A presença de Walter no comercial e nas vendas e de Boni na parte de produção era a alavancada da Globo. Daniel Filho se juntou a eles mais tarde.

Boni vivia também em aperto financeiro. Morava de aluguel num apartamento de um quarto na Zona Sul do Rio. "Eu tinha acabado de me separar, deixei tudo para a minha mulher", relata. Ia para a Globo num fusquinha oferecido por Dercy Gonçalves. O veículo não durou muito tempo.

"Dercy, roubaram meu carro, vim de táxi."

Walter tinha experiência na produção "louca" da TV Rio, uma emissora em que o dono aparecia apenas para recolher o lucro. Boni, por sua vez, era um publicitário com experiência em veículos organizados. "Eu vinha de uma outra linha, de emissoras diferentes, da agência de publicidade, também tive empresa. Conhecia um pouco de administração e finanças, o que não passava na cabeça do Walter e do Arce", avalia, referindo-se ao executivo uruguaio José Ulisses Arce, contratado por Clark.

Marinho tinha ânsia de tirar a Globo do emaranhado de problemas. "Entramos na emissora num tempo de falta de dinheiro, de necessidade de construir aquilo. O dr. Roberto esperava resultado. Era uma situação extremamente tensa", lembra Boni. "Quando se fala na genialidade do Boni e do Walter Clark, é muito importante que se mencione a capacidade, o saco, a paciência, a sabedoria de um homem chamado Roberto Marinho", observa Jorge Adib. "Ele foi firme, conseguiu aguentar esses caras, as loucuras e perrengues de gênios complicados demais", relata.

No comando da programação da Globo, Walter buscava avançar numa programação nacional. O anúncio limitado ao mercado da cidade do Rio, formado apenas por supermercados, imobiliárias, eventos e restaurantes, não sustentava a expansão de um negócio.

Por outro lado, Boni fazia a programação levando em conta estudos. Era o publicitário focado no consumidor. "Ele dominava a pesquisa como ninguém e fazia os produtos que agradavam ao público. Fazia encomendas de produtos ao Daniel Filho, ao Carlos Manga, aos garotos que vieram depois na direção, como o Roberto Talma", lembra Adilson Pontes Malta.

A princípio, Walter não depenou a TV Rio na montagem da Globo. Não havia dinheiro para trazer as maiores atrações. Por outro lado, o rádio carioca era um celeiro de artistas e jornalistas talentosos e mal remunerados em busca de oportunidades. As emissoras de televisão não absorviam todos e a de Pipa Amaral, em especial, permanecia na eterna situação de sucateamento e falta de perspectivas. A diferença agora é que, no fim da tarde, não chegava mais à emissora um jovem diretor com anúncios vendidos para programas que nem existiam.

A TV brasileira, e em especial a Globo, fez um atalho para não precisar gastar na formação de atores e técnicos. As emissoras buscaram a tecnologia e a arte de fazer jornalismo e entretenimento nos quase escombros da Rádio Nacional e dos veículos que tinham surgido em seu entorno, a grande estrutura estado-novista. Nos anos 1940 e 1950, a máquina produzira *A voz do Brasil* e as radionovelas, os programas de auditório. Tinha sido assim nos Estados Unidos no pós-guerra, quando as empresas de televisão absorveram a geração de Edward Murrow, estrela de credibilidade do rádio no *front* para transformá-la em ícone da informação televisiva.

O coronel Wilson da Silveira, que respondia pela parte técnica da TV Rio, foi para a Globo no rastro de Walter. Tempos depois, levava Adilson Pontes Malta, um estudante de engenharia de 22 anos. "Eu fiquei cinco anos e meio na TV Rio. A empresa piorou muito. Era uma época que ninguém tinha compromisso profissional. Os donos passavam no caixa e levavam o dinheiro dos salários", conta Adilson.

Walter Clark injetava ânimo nos colegas da Globo. Logo, o nome do publicitário ficou associado ao da emissora no mercado. Era como se controlasse uma empresa dentro do guarda-chuva de Marinho. O dono não dava mostras, até ali, de constrangimento ou desconforto com a liderança de seu executivo. O trabalho nos bastidores da ditadura e nas grandes negociações com empresários do Rio e de São Paulo para manter a Globo em funcionamento, à espera de um salto, lhe pareciam desafios maiores.

O jovem diretor recebeu um conselho do cronista Nelson Rodrigues, um dos mais antigos amigos de Roberto Marinho: "nunca espere do Roberto mais do que um sujeito pragmático possa lhe dar. Mas se você faturar, ele vai ficar satisfeito e não vai lhe faltar. Entre todos os patrões com quem trabalhei, ele é o mais correto. É um homem em quem você pode confiar."[34]

Roberto Marinho estava sempre posto a falar mais devagar e pausadamente para Joe entender. Mais que confiança, o empresário dependia de um profissional com maturidade para controlar Boni e Walter, que podiam ter explosões de fúria e humor. A necessidade de ter uma pessoa experiente entre os "malucos", como Roberto chamava os executivos, tornou a relação do executivo americano com o dono da Globo mais próxima. "Eu era mais ou menos dez a 12 anos mais velho do que os dois. Eles tinham na faixa de 30 anos, e eu, 42", observa Joe. Ali, sempre perto, Roberto Irineu, primogênito de Marinho, estava nessa época com 22 e com vontade de ter uma chance de trabalho na indústria que o pai criara. Mas teria que esperar.

O americano, no entanto, não se deixava cair na armadilha clássica do confronto de gerações. Joe reconhecia as habilidades de Walter e Boni na programação de TV e, por isso, suportava os arroubos da dupla. "Eu tentei com o tempo organizar a administração da Rede Globo, com a ajuda deles", conta. "Isso foi mais ou menos a minha função na empresa, ser o moderado no grupo. Cada um queria fazer uma coisa diferente. E eu tentei buscar a amizade entre todos."

O esforço de Joe para aglutinar pessoas é ressaltado por Roberto Irineu. O filho mais velho de Roberto Marinho observa que o pai não tinha preocupação obsessiva com a gestão e a escolha da equipe. "O papai confiava, para administrar a empresa, em pessoas ruins e que não entendiam bem de gestão. O melhorzinho era o Joe, mas era antigo. A genialidade do Joe não era administração de empresas, mas saber agregar pessoas, escolher pessoas maravilhosas para trabalhar em conjunto. Mas de gestão, mesmo, de empresas, esse grupo não entendia."

Na Segunda Guerra, Joe Wallach enfrentou bombardeios, viu amigos serem mortos, civis mutilados. O veterano de guerra não sentia empatia com os militares brasileiros que diziam enfrentar uma batalha contra o comunismo. "Era muito diferente para mim, eu não entendia o fato de os militares fazerem censura, por exemplo", relata. "Dr. Roberto Otto Lara Resende ajudava, era quem conversava com os militares quando havia diferenças em relação à Globo. Ele que tratava com os militares para o nosso benefício."

O judeu americano, herói de combate, que passara pela área da comunicação em Nova York, no país da liberdade de expressão, caía no Brasil da ditadura. A situação era propícia a um choque de cultura e realidade.

Na composição de forças na Globo, Walter e Arce atuavam juntos. No caso de Boni e Joe, talvez o mais exato seria dizer que havia uma afinidade: eram profissionais com disposição para um trabalho prolongado e exaustivo. A produção que ia ao ar ficava nas mãos de Boni e Walter. "Uma doce irresponsabilidade do dr. Roberto foi confiar na gente", diz Boni. Na sequência, porém, o executivo revê o pensamento: "ele não confiou na gente. Ele não tinha outra saída. Quem ele colocou antes não deu certo."

Boni admite que tinha dificuldades de definir a estratégia na empresa. "O Wallach pensava de uma maneira; eu, de outra; Arce e o Walter, de outra. Nós éramos companheiros de trabalho, mas com linhas de pensamento distintas." Diante de tantos conflitos nas relações, Roberto Marinho chancelou a formação de um comitê executivo de decisões, composto pelos quatro operadores. "A gente tinha objetivos e metas. Não era uma loucura vaga. Era uma loucura objetiva", diz o executivo. "Para mim era a última experiência. Eu tinha sido diretor da Tupi e da Rádio Bandeirantes, passei pela TV Excelsior, montei o Telecentro da Tupi. Não tinha outra chance. E o Joe não podia voltar para os Estados Unidos, pois tinha saído da Time-Life."

A audiência da Globo visava a um público médio. Ao longo da história, toda vez que Irineu Marinho e seu filho Roberto apostaram em produtos rebuscados do ponto de vista de cultura ou política, fracassaram. Os mais antigos lembram da criação da rádio, que começou com programas de música clássica para satisfazer o empresário e logo teve de rodar canções populares dos cantores da Nacional.

Em seu jornal, Roberto não abria mão de "puxar as orelhas" de profissionais, por mais "famosos" e "competentes" que fossem, quando resvalavam para um estilo elitista e pouco acessível. "Jornal, para ele, tem de falar a língua que o seu leitor fala", registrou a revista *Visão*. "A língua do Estácio, da Tijuca, de Vila Isabel, do Méier, do Engenho de Dentro, do Cachambi, de Bangu, de Botafogo, de Copacabana, de Ipanema, da Gávea, de Jacarepaguá."[35]

No passado mais distante, Irineu não tinha origem nobre para alimentar o clichê de barão da mídia. O filho de um imigrante português e uma mulher mestiça integrava um grupo de intelectuais, advogados e jornalistas pardos e negros do Rio, no começo do século XX, que tinha o abolicionista José do Patrocínio como sua principal referência e o cronista João do Rio, a grande novidade. Tentava ocupar um naco no mercado da imprensa e da literatura. Nas dependências de um prédio no Centro da cidade, construído por um empresário para formar jovens pobres, Irineu imprimiu *A Noite*. O seu primeiro jornal era voltado aos leitores do subúrbio e das ocupações das margens dos trilhos da Central do Brasil e da Leopoldina.

Irineu evitava tomar posições políticas assertivas, como o amigo Patrocínio, alijado pela nova ordem branca que surgiu após a abolição e a República. A linha editorial de *A Noite*, um jornal de centro, porém, não evitou que Irineu fosse tratado com preconceito por concorrentes ou mesmo por setores da opinião pública. Vez ou outra, algum articulista escrevia que ele deveria "voltar à cozinha" — um tratamento racista. Ele evitava rebater os ataques.

Discreto, Irineu era um homem "esguio" e "afanoso", sempre apressado, que mal sorvia o café nas rodas de conversas, segundo descrição do clássico *História da Imprensa no Brasil*. Roberto Marinho reclamava desse trecho do livro. O autor da obra, o historiador de esquerda Nelson Werneck Sodré, foi sucinto nas referências a Irineu. Menos pelo posicionamento político do empresário e mais, talvez, pela visão ácida em relação ao filho dele, Roberto, que mereceu bem mais citações — críticas.

Mais tarde, Irineu vendeu sua participação majoritária no jornal a um sócio para se tratar de uma doença pulmonar, típica de quem enfrenta o contato com o chumbo nas gráficas. Ele tinha promessa de recompra. Embarcou num navio com a mulher, Francisca, e os cinco filhos rumo à Europa. Foi a oportunidade de uma única experiência familiar em uma viagem longa. Voltou sem dinheiro. O acordo com o sócio não foi cumprido, e ele lançou *O Globo*. Semanas depois, o jornal circulava na praça, quando o empresário morreu de forma súbita.

A essência do produto de jornal herdada por Roberto nunca foi a linguagem dos intelectuais da Rua do Ouvidor e dos empresários das rodadas de uísque na sede da Hípica. Irineu buscou leitores abandonados e ignorados pelos matutinos sisudos da cidade, porta-vozes do poder, civis ou militares, não importava. Por formação, não tinha interesse no noticiário sensacionalista e ferino ao estilo das revistas de costumes. Também não queria repetir os editoriais das folhas operárias e anarquistas. Dessas, aproveitava as formas e clichês de retratar a realidade bruta da vida e, se possível, os profissionais que estavam por trás das notícias, quem melhor sabia fazer jornal de massa — o filho pôde contratar "subversivos" nos períodos de censura e fechamento de jornais comunistas nos governos autoritários de Vargas e de Dutra e, agora, da ditadura militar.

Produzir uma notícia era um negócio, Roberto aprendeu. O leitor imaginado, desejado e pensado era o carioca que estava no centro da cidade durante um dia de labuta, que podia morar no Flamengo, no subúrbio, nos trilhos da Leopoldina e da Central e na Zona Norte, no tempo da prosperidade da Zona Sul. Uma linguagem única para atender esse leitor, que eram vários, tornou-se um exercício diário em seus veículos de comunicação. Esse leitor era a maioria consumidora de produtos de quem anunciava e bancava folhas de pagamento, despesas de produção e crescimento da empresa.

Roberto Marinho tinha na memória, sobretudo, o modelo de negócio adotado pelo pai. Irineu conseguia sobreviver no jornalismo impresso porque estava sempre buscando parcerias com as antigas mídias do audiovisual, como gravadoras de música e cinematógrafos. O Rio que produzira Machado de Assis não tinha leitores suficientes para bancar um projeto ambicioso de imprensa. Então, o empresário não se limitava a produzir matérias de lançamentos nos teatros e cinemas. Ele diversificava o trabalho com a realização de voos de balões, a promoção de concursos de samba e blocos carnavalescos e, até mesmo, a produção tentadora de filmes policiais. A produtora Veritas não foi à frente, mas deixou um legado na busca dos melhores artistas e técnicos do setor. No esboço de uma autobiografia, Roberto chegou a citar as "tentativas cinematográficas" do pai, por quem sempre teve idolatria.[36]

Até mesmo a origem do dinheiro que garantiu o início do jornal *A Noite* veio do entretenimento cultural. "Havia por essa época, no Rio de Janeiro, um certo Celestino Silva, empresário teatral que montou espetáculos de grande sucesso e com eles fez uma verdadeira fortuna", contou Roberto.[37] "Foi ele quem tomou a iniciativa de procurar meu pai, a quem dedicava afeição especial, para oferecer-lhe, por empréstimo, a quantia de vinte e cinco contos de réis. O oferecimento, feito com simpatia, foi aceito sem constrangimentos."

O bordão de que na TV nada se cria, tudo se copia, do apresentador Abelardo Barbosa, o Chacrinha, pode ser visto como a síntese de uma Globo que aproveitou experiências das mais diversas nos primeiros 15 anos da televisão no Brasil. Na ótica da história do entretenimento no Rio, talvez não possam faltar as aventuras dos irmãos Paschoal, Afonso e Gaetano Segreto, que produziam filmes e abriram o setor dos cinematógrafos no Rio, nem as de Francisco Serrador Carbonell, que acreditou ser possível ganhar muito dinheiro atraindo multidões às antigas sessões do cinema Serrador, na Cinelândia, centro do Rio. E, se não fosse o discurso de Roberto Marinho de limitar, na memória do Grupo Globo, a figura do pai à de um dono de um jornal, Irineu entraria nesse passado do audiovisual.

Nos primeiros tempos da Globo, críticos diziam que a emissora era uma reprodução da TV Rio — logo, de um projeto de Walter Clark. "Nenhum pouco", avalia Boni. "Era a reprodução da Tupi, de São Paulo, da TV Rio, das experiências que todos nós tivemos. Levamos todos os problemas e somas de erros", relata.

A princípio, Roberto Marinho ficava distante da produção e da grade de programas. Frequentava pouco os estúdios da emissora no Jardim Botânico. Não interferia diretamente no conteúdo produzido. Mas estava presente e entrava diretamente nas conversas para atrair campeões de audiência das emissoras concorrentes.

Ele próprio definiu que seu papel na TV era procurar fornecedores e autoridades. Nas conversas com políticos, atuava no papel de bombeiro, para frear investidas da censura, e de empreendedor, no complexo jogo de ampliação da frequência. A ditadura temia o risco de um monopólio que engolfasse seus tentáculos nos estados. Numa partida em que as cartas ainda não estavam na mesa, o empresário tentava destravar liberações de roteiros, pedidos de exibições em horários livres e conseguir mais espaço na estrutura de transmissões da Embratel

"Dr. Roberto Marinho, que naquela época cuidava diretamente dos negócios, quase nem aparecia na emissora. Confiava plenamente", relatou Ilka Soares, casada com Walter nessa época.[38] "Foi a melhor coisa que ele fez, porque realmente a coisa deu certo. Não foi nem demorado o crescimento da Globo. Foi quando começou a mudar a programação, botar gente que realmente sabia fazer televisão. Porque antes colocavam gente de rádio para fazer as coisas."

O relato da atriz das novelas *Bandeira dois* e *Anjo mau* expõe a história de uma emissora conduzida sem centralismo. Mais ausente dos estúdios e palcos do Canal 4, Roberto estava envolvido nas questões de fundo da Globo. Afinal, as conversas com bancos para saldar a dívida com o Time-Life ainda tomavam boa parte de seu tempo. O crescimento da emissora dependia de contatos políticos, estreitamento de relações e acesso a gabinetes de figuras influentes em Brasília e no Rio. Viajava à capital federal para conversas no Congresso e no Ministério das Comunicações, a Minas e ao Nordeste para consolidar a rede.

Nos anos em que Walter Clark e Boni operavam a máquina de produzir novelas, musicais, programas de auditório e telejornais, Marinho aparecia no mesmo noticiário, na companhia do apresentador Chacrinha, dos humoristas Jô Soares e Chico Anysio e dos cantores da MPB, para apresentar show da emissora em regiões agrestes, onde não havia ainda antenas para captar a frequência da Globo, nas inaugurações de estações e prédios no tempo de montagem da rede. Ao avanço do sinal da emissora, a presença nos eventos do quarteto de atores Tarcísio Meira, Glória Menezes, Regina Duarte e Francisco Cuoco garantiam a presença de público nos eventos disputados por chefetes do interior, parlamentares e governadores.

Nas rodas de bares da Zona Sul, executivos da TV costumavam dizer, entre um uísque e outro, que Marinho evitava contato com Walter e Boni. O hábito do empresário de trabalhar na sua sala, de móveis escuros e decoração funcional, em *O Globo*, na região do centro do Rio, e na mansão do Cosme Velho, na Zona Sul, durante a semana, talvez levasse em conta a comodidade e o costume. Muitos de seus negócios eram feitos na sombra. O jornal era o carro-chefe do empreendimento, uma marca de décadas, conhecida no mercado. O empresário não enxergava a televisão sem o olhar no retrovisor, a tradição que o diferenciava no novo mundo da imagem e do som.

3. Força bruta não resolve

Ao falar de sua vida, Roberto Marinho costumava dizer que preferia o jornal à TV. Era natural manter um afastamento de um espaço ainda incômodo como o da televisão e optar pelo cumprimento de sua jornada de trabalho num ambiente em que estava inserido desde jovem. No cotidiano do empresário, no entanto, *O Globo* não se limitava a um lugar familiar ou um apego ao passado, narrativa mais ouvida. O vespertino se constituía na ponta de lança da rede de negócios, um cartão de visitas nas reuniões e audiências oficiais nos palácios e uma fonte geradora de informações para a condução das empresas.

Pela manhã, telefonava ao diretor da redação do jornal para conhecer as pautas que seriam tocadas no decorrer do dia. À noite, ligava em busca de informações sobre as matérias de primeira página. Chegava cedo à sede do vespertino e saía altas horas.

Ficava sempre perto dos editorialistas e das reportagens mais longas. O conteúdo que expressava a linha do jornal era uma espécie de salvo-conduto no caso de ataques à emissora de televisão em tempo de turbulências. A figuras do primeiro escalão do governo militar e a queixas de expoentes da burocracia militar e da censura, costumava dizer que o editorial do vespertino era o que de fato pensava. Ele estabelecia as diretrizes e visões do jornalismo da Globo na redação do jornal.

À frente do vespertino estava Moacir Padilha. Intelectual de direita, culto e equilibrado, com referências feitas na época por empresários da imprensa, passara quase uma década no *Jornal do Commercio* antes de chegar a *O Globo*. Ele era filho do deputado federal pelo estado do Rio Raimundo Padilha, um parlamentar com histórico ligado à extrema direita. No passado distante, militou no integralismo, a versão brasileira do fascismo, depois seguiu carreira na UDN e na Arena.

Nesse tempo, Roberto trocou a lancha Arisco, de 21 metros de comprimento, por um barco mais preparado para longas viagens. Após pesquisar em revistas náuticas, comprou o My Tamarind, uma embarcação de 32 metros, com sala para dez pessoas e cabines individuais. O movimento popular e estudantil de maio de 1968, na França, adiaria a compra do barco, que estava em um estaleiro no sul do país. Era momento de guerra fria e de questionamentos sociais e de costumes. A onda de protestos se espalhou mundo afora.

A revolução de costumes e de geração levava estudantes às ruas de Paris, do Rio ou mesmo de uma Brasília em consolidação urbana, sufocada pelo poder militar. Da sucursal de *O Globo* na capital, chegavam reportagens contra o movimento estudantil organizado na Universidade de Brasília e as passeatas "monstros" lideradas por Honestino Guimarães e José Antônio Prates, após a morte do secundarista Edson Luís pela polícia da Guanabara, no Rio. "Orgia, subversão e terror degradam a UnB", destacou uma das matérias. Um núcleo de espionagem e repressão já tinha sido instalado no campus. A edição do jornal chancelava o moralismo autoritário.

Os ventos de mudanças entravam na redação de *O Globo*. No inverno de 1969, Nina Chavs, editora do suplemento feminino ELA, procurou Moacir Padilha. A jornalista pediu autorização para sua equipe usar calças compridas na redação. "Hoje, é mais fácil e barato usá-las", explicou. "Não são mais como aquelas de antigamente, justas e 'boazudas'. São discretas, usadas com suéter, com camisas de lã."

Nina disse que o "pantalon-largo" permitiria às profissionais estarem dentro do "estilo" quando saíssem da redação e fossem para jantares e coquetéis. Tratava-se, observou, de um "esquema econômico", que as livraria das "famigeradas meias que a cada dia desfiam" e não havia, disse a colunista, "tutu" que resistisse. "Nossa promessa é de extrema discrição e vai ficar bacaninha", afirmou. "Seremos, enfim, as primeiras da *press* a entrar no estilo que hoje se difunde. Mas em nosso caso só no inverno."³⁹

Aos poucos, a equipe começou a usar calças no trabalho. A redação contava com poucas mulheres, que enfrentavam o comportamento machista dos colegas. Era um espaço bruto, caótico, carregado de fumaça de cigarro, barulhento, em que as frases eram uma sucessão de verbos, adjetivos e palavrões.

A mineira Honorina Borges de Andrade, que adotava o pseudônimo Nina Chavs e que tirou o "e" do sobrenome do marido depois da separação, respondia por uma das poucas áreas do jornal consideradas modernas e atualizadas. Ainda em 1964, ela recebeu do empresário a incumbência de criar um suplemento híbrido, a princípio de duas páginas, que misturava coluna social e comportamento feminino. Quando o produto apareceu nas edições de sábado de *O Globo*, outros jornais contavam havia tempo com cadernos voltados às mulheres. O *Diário de Notícias* dava 12 páginas para sua seção, o *Jornal do Brasil*, dez, o *Correio da Manhã* e *O Dia*, oito, e *O Jornal*, seis.

Publicado em um *Globo* que sentia inveja do *JB*, ELA mostrava soluções gráficas ousadas, fotos abertas, gírias e neologismos. Nas frases sempre curtas, Nina destilava ironia, às vezes fina, em certas situações beirando o deboche. Os textos dosavam sofisticação e leveza, os comentários traziam informações culturais refinadas, ainda que pedantes. Os grã-finos do Rio e os políticos surgiam nas notas muitas vezes sem proteção, com pitadas de maldade. A colunista publicava notas de assessorias com complementos incômodos, transformando release em matéria. Negrão de Lima, governador da Guanabara ligado a Juscelino, recebeu diploma honorário de benemérito do Clube Militar — e garantiu uma relação de paz com a caserna — depois de oferecer um terreno na Lagoa (no limite com o Leblon), onde antes existia a favela do Pinto (removida em 1970). Foi batizado pela população de Selva de Pedra, em analogia à novela que era exibida na Globo naquela época e que foi considerada uma das maiores audiências da televisão brasileira. Tal associação contaria com o empreiteiro Borges Fortes para construir apartamentos.⁴⁰ Miguel Lins, presidente do BEG, o banco do estado, deveria abrir o olho com o chamado "olho grande". "Estou sabedora do esquema de bastidor que tenta afastá-lo", contou Nina. "Nada tem a ver com Delfim", ressaltou, para depois soltar frases sem muito decoro do ministro. O jornalismo dela enxergava os poderes militar, econômico e civil além dos brindes de champanhe.

Ao contrário de Ibrahim Sued e Zózimo do Amaral, nomes influentes do colunismo social, Nina não foi cultuada. Talvez por ser associada à futilidade própria do setor, um problema que os colegas homens não enfrentavam. Dela, os amigos gostavam de falar, no elevado grau do machismo, de uma suposta relação, no início da carreira, com Afonso Frederico Schmidt, poeta e lobista, homem próximo de Roberto Marinho, guru de Juscelino Kubitschek, amigo de quem tinha poder ou capacidade de ascender. As relações de Ibrahim com socialites, "panteras", no vocabulário dele, porém, eram exaltadas.

Nina ganhou uma sala própria no jornal e montou uma estrutura de editoria. Com o tempo, passou a publicar, todos os dias, uma página chamada O Globo Feminino. A coluna ELA saía aos sábados, em quatro páginas do segundo caderno. A jornalista recebia as informações das repórteres e redigia os textos. Uma das auxiliares era Hildegard Angel, filha de uma amiga, a estilista Zuzu Angel.

A jovem hippie, de vestidos longos, sandálias e bolsa de guizo, achava o ambiente do jornal cortês. Às sextas-feiras, uma das missões da repórter era levar a coluna ELA a Moacir Padilha, para uma primeira leitura. O texto malicioso de Nina deixava o reservado diretor do jornal sempre rubro e encabulado. A situação era incômoda também para a tímida assistente, que tinha de esperar toda a leitura.

No gabinete, no andar acima da redação ou em sua *garçonnière*, no mesmo prédio do jornal, Roberto Marinho recebia amigos, empresários, autoridades e negociantes. Usava terno e gravata. De uma vida dedicada ao trabalho, não era um exemplo de sofisticação máxima no mundo dos ricos do Rio, na opinião de alguns — a visão de trabalho estava condicionada a uma cultura de poder do branco, que apenas regia a orquestra. Mas ele procurava se atualizar sobre mudanças na moda e na área da imprensa.

Nina era sua principal auxiliar na compra de gravatas e nas informações do mercado. Nos almoços e jantares pelo Rio, estava sempre atenta para captar algum movimento que poderia ser interessante para os negócios do chefe. "Em um almoço na Pan-American, eu soube, ontem, que o *Jornal do Brasil* vem sendo entregue nos Estados Unidos no mesmo dia que aqui no Rio, quinhentos exemplares, por assinaturas", escreveu a Roberto Marinho. "Um brasileiro recebe de avião diário da Pan-American em Miami, no próprio aeroporto, e os distribui até N. York, Washington", contou. "Domingo, no *Jornal do Brasil*, saiu anúncio enorme, de empresa de Miami, resultante, claro, deste sistema. Não seria o caso de *O Globo* também contratar os serviços desse brasileiro em Miami e mandar nosso jornal no mesmo voo?"[41]

No caso de Nina, essa relação paternal tinha de ser alimentada com frequência por Roberto Marinho — ela não parava de enviar cartas. Ao mesmo tempo, permitia ao empresário ter muitos olhos no mercado. Era também uma olheira de publicações europeias. Procurava relatar tendências.

A colunista adotou o hábito de mandar cartas e bilhetes, embora morasse na mesma cidade do patrão, uma forma de evitar os encontros presenciais, abreviados pela falta de tempo de Marinho, e assim poder valorizar a informação. Nas correspondências, ela pedia aumento, licenças e férias — "mando cartinha porque não tenho coragem de enfrentar um pedido desses pessoalmente", explicou numa das exaustivas mensagens ao solicitar uma folga em julho.[42] Em muitas delas, o tom era agressivo: "Dr. Roberto, imagino que o sr. tenha quinhentos problemas. Acontece que eu também tenho os meus", disse. "E, desde 15 de janeiro, aguardo a nossa prometida conversa para acerto do salário."[43]

Marinho procurava administrar os "jabás" e acordos feitos por fora pela colunista. Afinal, era uma jornalista que tinha como fontes os mais ricos da cidade e do país, precisava estar próxima deles e, de certa forma, se sentir no mundo de lá. Vez ou outra, ela informava ao chefe que estava de viagem para a Itália, Paris e Londres, a convite de empresas aéreas estrangeiras ou brasileiras. Certa vez, comunicou que iria à Europa "colher" amostras de tecidos de algodão para ser lançados no Brasil. "Quem me pediu isso e me financia a viagem é Fernando Gasparian", contou, referindo-se ao dono da fábrica América Fabril.[44] "Claro que aceitei logo de saída o convite, pois, há dois anos, sem que ele me solicitasse, trouxe para eles a amostra da estamparia 'provence', que foi tão sucesso aqui, de venda e de uso", relatou. Nina falava com cuidado, e Roberto Marinho ouvia com a consciência de que não podia bancar integralmente uma "dondoca" — termo inventado no ELA — capaz de manter o suplemento.

O empresário administrava ainda os atritos entre os colunistas. Ibrahim era mestre em ataques surpresas a Nina. Em carta a Marinho, ela chegou a responsabilizar o colega por ter que sair de férias por recomendação médica: "é problema de exaustão e sistema nervoso; ainda meio abalada por aquele incidente com o nosso companheiro", disse. Quando ela dava uma informação pela metade, geralmente para preservar fontes, o "Turco" a chamava de "Periferia mal informada". "Não podemos jamais, mesmo que não levássemos tão a sério nosso trabalho, ser tidos como 'periféricos'", reclamou a jornalista a Marinho.[45]

Hildegard Angel contou, em depoimento, que Ibrahim era violento, chegou a dar uma "surra" na colunista numa boate.[46] "Ele foi uma pessoa que teve a habilidade de cortejar a elite e o poder", relatou. Sabia encantar sem deixar de lado a "truculência". Não permitia "invasões" no seu terreiro.

Quando Rogério Marinho, irmão de Roberto, censurou uma nota de Nina sobre o general Mourão Filho, o militar fanfarrão que precipitou o golpe, a jornalista foi reclamar com o chefe, não necessariamente pelo corte do texto. "Sei interpretar muito bem o pensamento de *O Globo*", escreveu. "Entretanto, a mágoa maior foi saber que o dr. Rogério entregou à sua secretária o texto da coluna para que ela o lesse e julgasse."[47]

A vaidade e o estilo despojado de Nina chocavam com a personalidade de Rogério Marinho. Embora o tratasse quase sempre com carinho paternal, ela chamava o diretor de *O Globo* de "censor". Mais exato seria afirmar que ele cumpria um papel de olheiro do irmão Roberto. Das matérias com viés político que pudesse causar problema com o regime a registros de comportamento, passava a caneta, riscava as folhas datilografadas dos textos, de cima para baixo. Não agia diferente na leitura do ELA. O executivo estava atento a possíveis vendas de notas, uma obsessão alimentada pela concorrência interna entre os colunistas. Um diretor de teatro chegou a procurá-lo para reclamar que a jornalista cobrara propina para falar de sua peça.[48] Os inimigos de Nina na redação se fartavam com as acusações. À distância, Ibrahim se divertia. Ele fazia peças publicitárias de uísque, automóvel e cigarro. A demanda aumentou especialmente após ganhar um programa de entrevistas na Globo — Nina há muito almejava ter seu espaço na emissora.

A cada texto censurado, a colunista mandava carta ao patrão. "Dr. Roberto, o dr. Rogério picou a minha página de cortes", reclamou numa ocasião. "Estou esperando as suas ordens para restabelecer as notícias cortadas, e se demora(r) atrasamos a oficina."[49] Nesse dia, Rogério alterou dois títulos de matérias do suplemento. Um deles, de um texto sobre comportamento da juventude carioca, sofreu uma mudança drástica. "Os jovens que nos perdoem, mas velhice é fundamental" foi trocado para "No jovem país do futuro, a velhice é idade feliz".

Roberto não abria mão de Nina, uma profissional que ditava moda e se tornava indispensável aos novos ricos do Rio, ávidos em conhecer costumes das famílias tradicionais, boa parte delas rebaixadas na ordem econômica após a Revolução de 1930, o Estado Novo e a transferência da capital para Brasília.

Pragmático, o empresário buscava manter no seu quadro de pessoal o amigo Ibrahim, jornalista de uma linguagem voltada a um país formado por realidades periféricas e elites brutas, no olhar de uma tradição. O jornalista era um dos remanescentes da equipe ainda do tempo da redação no Largo da Carioca, onde *O Globo* funcionou de 1925 a 1955. Era o mesmo caso de Rogério. Se o irmão caçula de Roberto não tinha olhos para enxergar novas realidades, ao menos podia oferecer lealdade.

A rotina de cartas de Nina para Roberto indica que havia uma queda de braço entre a jornalista e Rogério e que ela costumava ganhar, tanto que não parava de mandar reclamações para o chefe. A preocupação do diretor do vespertino em evitar problemas, seja com o governo militar ou o leitor, o transformava, diante da redação, numa personalização da autocensura. Era ele, porém, quem primeiro ia à delegacia acompanhar depoimento de repórter ou tentar soltar alguém da equipe. De fato, tinha acesso a alguns círculos militares influentes — o sogro, o general José Pessoa, foi simplesmente quem implantou a Doutrina de Segurança Nacional no país.

Durante viagens ao exterior, a colunista mantinha-se atenta ainda aos movimentos de personalidades brasileiras para contar ao dono do jornal. "D. Hélder Câmara largou seu verbo-acusador por aqui; ouvi suas palestras de Lion, Orleans e Paris, pelo rádio", escreveu Nina, num período de férias na Europa.⁵⁰ "Quer ele se assumir no lugar deixado por Martin Luther King. Após as palestras recolheu dinheiro para a campanha da paz de Alberwathy."

Desde o início da ditadura, uma tradição, ainda dos anos 1950, se rompeu em *O Globo*. Dom Hélder Câmara deixou de comparecer às festas de aniversário do jornal, eventos em que tirava fotos ao lado da matriarca Dona Chica e jogava sinuca com o seu compadre, Roberto Marinho — o caçula do empresário, José Roberto, era seu afilhado. O então bispo auxiliar do Rio atuou durante quase três décadas na cidade, onde ficou conhecido pelas campanhas para comunidades pobres. Os atritos com Dom Jaime Câmara, o arcebispo, tornou sua permanência insustentável. Ele, então, foi transferido para a diocese de Olinda e Recife.

A geografia não era a única justificativa do afastamento entre os dois amigos. Enquanto Dom Hélder se posicionava de forma cada vez mais contundente contra autoridades militares de Pernambuco e denunciava práticas de torturas nos porões, o jornal de Marinho estampava listas do "terror" feitas pela repressão e publicadas sem filtro por uma "cozinha" acomodada. Nelas, estavam nomes da luta armada, como Carlos Marighella, Joaquim Câmara e Eduardo Collen Leite, o Bacuri. Os guerrilheiros eram apresentados como criminosos.

Logo que o religioso começou a se manifestar contra práticas autoritárias da ditadura em viagens ao exterior, Roberto Marinho pôs *O Globo* na crítica ao velho amigo. Em editorial, o empresário relatou sua longa amizade com o arcebispo de Recife e Olinda e pediu para o amigo rever sua posição. O empresário lembrou que o religioso era padrinho de seu filho caçula e que, depois da transferência para Pernambuco, se ofereceu ao presidente Castelo Branco para desfazer a "atmosfera de incompreensão" com o arcebispo, que não criticava, em especial, a política social do governo. É como se Roberto escolhesse um amigo para o posto de adversário do regime nas páginas do jornal, com qualificação e passado.

O texto assinado por Roberto Marinho ressaltou que o Nordeste, antes "zona explosiva", começava a apresentar um "milagre de recuperação". "Compreendo seus sentimentos veementes diante das injustiças que ainda marcam certos aspectos da vida nessa parte do Brasil. Estarão, todavia, tais manifestações — não evidentemente a obra social — em sua forma ou estilo ou em sua intensidade, temperadas por aquela dose de prudência que é legítimo esperar de um pastor tão carregado de responsabilidades perante não só à Igreja, mas toda a Nação? Não teriam algumas delas sido tão inoportunas e até mesmo aberrantes que justificassem os perfis deformados que têm sido desenhados de sua figura?"

Sem vacilar na relação com os militares, Roberto disse que não conseguia conceber um Dom Hélder "irado". "Não o reconhecendo pregando a violência, exaltando os guerrilheiros, citando como símbolos, não importa de que, assassinos de milhares e milhares de irmãos", escreveu. "Ouso daqui, talvez pretensiosamente, mas em nome de uma amizade que é um dos maiores prêmios que recebi nesta já alongada vida, fazer um apelo a D. Hélder para uma humilde meditação, tão do seu estilo de homem e de sacerdote, sobre as modestas palavras que reúno neste pedaço de jornal. E estendo esse apelo aos que estão julgando D. Hélder pelo que ele está aparentando ser."

O próprio Roberto divulgou em seu jornal a repercussão do artigo nos meios intelectuais e políticos, agora num tom de ambivalência, com uma clara defesa de Dom Hélder. *O Globo* publicou um telegrama do jurista Sobral Pinto que "aplaudia" o texto, "onde com bravura se fez justiça à fé e à caridade do notável prelado". "Sua palavra corajosa veio em boa hora, para desfazer injusta e falsa caricatura que vem sendo atribuída ao zeloso arcebispo e apóstolo".[51]

Nesse tempo, Dom Hélder morava numa casa nos fundos da Igreja das Fronteiras, em Olinda. Ele fez da cidade colonial, construída por portugueses e holandeses, uma trincheira. Na residência, pensava formas de aproximar a Igreja Católica dos grandes rebanhos, refletia sobre o avanço do autoritarismo, escrevia cartas, preparava palestras e organizava movimentos estudantis e de operários. Os muros da residência foram pichados.

O religioso começou a viajar pelo mundo. A partir do cerco do regime militar e das críticas nos jornais brasileiros, ele ganhou maior projeção internacional, e sua campanha contra a tortura de presos políticos influenciou ativistas no exterior. A pregação de uma resistência sem violência foi comparada à de Martin Luther King e Mahatma Gandhi.[52]

O arcebispo reuniu milhares de pessoas no Palácio dos Esportes, em Paris — dez mil nas contas de *O Globo* —, para denunciar a violência da ditadura. O seu nome começou a ser citado nas apostas para o Prêmio Nobel da Paz. Em reação, o governo Médici e os jornais lembravam as relações de Hélder com o integralismo, a versão brasileira do fascismo, décadas antes. O então padre argumentava ter defendido valores espirituais que enxergava no movimento. Foi nesse tempo, no Rio, que Roberto Marinho, crítico tanto dos líderes integralistas quanto comunistas, jogava bilhar com o amigo Dom Helder, então bispo auxiliar do Rio.

"FORÇA BRUTA NÃO RESOLVE."

A declaração do general Antônio Carlos da Silva Muricy, na posse do comando do Estado-Maior do Exército, foi publicada na manchete de *O Globo*. No mesmo dia, Médici, considerado pelo desprezo da negociação política com civis, assumia o comando da III Região Militar, em Porto Alegre, fato que ganhou espaço menor na edição do jornal. Os dois estavam na lista da sucessão presidencial.

Na primeira página, o vespertino publicou um editorial para ressaltar que Muricy era nome histórico da "revolução". "QUE DISSE O GENERAL? 'Manter-me-ei fiel aos princípios democráticos'. E mais: 'Não é a força bruta, não é a violência desnecessária, não é o arbítrio, não é a atemorização pura e simples que produzem resultados positivos e duradouros'. Esclareceu ainda que 'esta é a opção escolhida pelo governo da Revolução.'"

Numa primeira leitura, o editorial podia ser interpretado como a chancela de uma ditadura cada vez mais feroz, dando a ela o rótulo de "democrática". Mas, mesmo na crítica a setores da oposição que considerava radicais, o jornal discordava dos atos institucionais. "ISSO PORQUE, EM NOSSO entender, só há uma possibilidade de sucesso para os extremistas no atual momento: os excessos na repressão."[53]

O texto expunha uma ambivalência ao sugerir a defesa da "Revolução" e, nas linhas seguintes, fazer um elo entre a "arbitrariedade" da ditadura e seus adversários.

A matéria de primeira página apresentava características de um acerto prévio entre fonte e jornal, ao aproveitar uma frase quase solta num discurso longo da rotina burocrática da caserna. Tanto que outros veículos não fizeram registros do pronunciamento do general. Roberto Marinho e Muricy mantinham contato com certa frequência. Eles apareceram numa conversa de muitos risos, na presença de um Nelson Rodrigues com semblante de quem apenas acompanhava o diálogo, na entrega da Medalha do Pacificador, a principal concedida pelo Exército, no pátio do Palácio Duque de Caxias, no Centro do Rio.[54]

A folha de alteração do chefe do Alto-Comando do Exército não deixava dúvidas sobre o posicionamento do militar: foi "revolucionário", nas primeiras horas de março de 1964, e era chamado de "golpista" pelo ex-governador do Rio Grande do Sul Leonel Brizola, uma garantia de afinidade com o empresário.

Agora, o general que aparentemente levou os capistas do jornal a correrem para aproveitar, na primeira página, uma espécie de recaída ou uma brecha de ambivalência dele se postava na encruzilhada. Muricy fazia declarações públicas contra o MDB, padres e "subversivos" e, na sequência, mantinha conversas discretas com lideranças oposicionistas, como Dom Helder Câmara e outras figuras da Igreja progressista. Era o oficial mais graduado entre os procurados por quem tentava ajudar nos casos de desaparecimento ou prisão.

A relação de Dom Hélder e Roberto Marinho continuava estremecida. O *Globo* publicou notícias negativas sobre o périplo do religioso pela Europa. Com informações do *The Guardian* e da AP, o jornal do empresário divulgou que, num encontro de estudantes em Manchester, o arcebispo, "o mais turbulento dos padres", nas palavras do periódico londrino, propôs que jovens seguissem o "exemplo" dos Beatles. Uma blasfêmia.

Na mesma página, *O Globo* publicou fotografia de Dom Hélder erguendo as mãos ao Céu e imagens de George Harrison e sua mulher Pattie na saída de um tribunal após pagar multa pelo uso de maconha, e de John Lennon e Yoko Ono, "logo após" posarem nus para a capa de um disco. O jornal registrou uma conclamação do líder religioso: "Vocês devem completar a mensagem dos Beatles".[55]

A repressão tentou sufocar o arcebispo. Em Pernambuco, o padre Antônio Henrique Pereira, assessor de Dom Hélder, foi preso, torturado e morto. Ao receber a notícia, Roberto Marinho entrou num momento de trégua. Fez um editorial para chamar o caso de "chacina de Recife".

"A opinião pública está chocada com o assassinato do jovem sacerdote católico", abriu o texto. "Trata-se, como observa o comunicado da Arquidiocese de Olinda e Recife, de um 'bárbaro trucidamento', pois o Padre Antônio Henrique, além de sofrer outras sevícias, foi amarrado, enforcado e recebeu três tiros na cabeça."

Mais adiante, num malabarismo narrativo, o editorial destacou que não era "lícito" prejulgar. Autoridades civis de Pernambuco ligadas à ditadura fizeram "especulações" e "acham" que o crime teria sido passional, ressaltou o texto. As autoridades da Igreja, porém, "sustentam" que o caso era político. Havia uma diferença no uso de verbos e palavras pelo jornal. "A consciência democrática e cristã do povo brasileiro condena o crime, seja ele passional ou político. Claro está que, se comprovar a segunda hipótese, a tragédia ganha maiores dimensões."

O editorial sugeriu quem era seu autor ou mentor. "Vimos nestas colunas pregando contra a violência, parta de onde partir. Daí nossa divergência com D. Hélder", destacou o texto do jornal de Roberto Marinho. O editorial citou uma declaração em que o religioso colocava guerrilheiros como Camilo Torres e Che Guevara na mesma posição do pastor Martin Luther King. "É pois em nome da condenação da violência SOB QUALQUER DE SUAS FORMAS", destacou um trecho em letras de forma, que, cheios de autoridade, exigimos a punição dos bárbaros chacinadores do jovem sacerdote pernambucano."[56]

À frente de *O Globo* havia décadas, Roberto Marinho sempre conviveu com "revolucionários" e contestadores da ordem, seja de direita ou de esquerda. Agora, no embate com Dom Hélder, estava em discussão a violência do Estado.

Naquele momento, a Igreja Católica mostrava duas forças distintas — o grupo conservador liderado por Dom Jaime Câmara, arcebispo do Rio, e Dom Agnelo Rossi, de São Paulo, e uma ala progressista, integrada por Dom Hélder Câmara. Figuras como Dom Paulo Evaristo Arns, Dom Ivo e Dom Aloísio Lorscheiter começavam a despontar no trabalho de direitos humanos. Quase numa outra frente, Dom Eugênio Salles, que assumira o arcebispado de Salvador, ainda sem forte presença na imprensa, se mostrava contrário à ligação do clero com a esquerda, mas sem apoiar os católicos da Sociedade de Defesa da Tradição, Família e Propriedade, movimento da base da direita no poder.

No fogo cruzado entre o regime e a frente mais combativa à ditadura, o líder do MDB no Senado, Franco Montoro, de São Paulo, cobrava abertura política e, ao mesmo tempo, punição a sequestradores de aviões.[57] Ele marcava posição contrária à luta armada. A legenda tinha como argumento de sua representatividade a lista de membros cassados pela ditadura, que sufocava a sigla.

Pelas páginas de seu jornal, Roberto Marinho se aproximava da via oposicionista do MDB. As queixas do partido em relação à asfixia da ditadura aos membros da legenda ganhavam espaço n'*O Globo*.[58]

Um editorial enfatizou, ainda em 1969, que todos os poderes eram "limitados" numa democracia, inclusive os da maioria.[59] O texto destacou a "necessidade" de uma oposição no jogo do poder, numa clara discordância do regime em asfixiar o MDB com a cassação de uma leva de dez deputados, entre eles o líder Mário Covas, e travar de vez a criação de diretórios nos estados e municípios, com as perdas dos direitos políticos de prefeitos e vereadores do partido. A "retórica parlamentar" oposicionista, observou o jornal, substituiu ao longo da história "meios" como os assassinatos políticos, as conspirações e as sociedades secretas. "MOSTRA A HISTÓRIA que o maior perigo para um governo consiste em se deixar cercar de gente que não deseja discordar."

O texto ressaltou que os Atos Institucionais de Costa e Silva fixaram prazos para as convenções partidárias e criticou "uma ala radical" do MDB que cometeu "vários erros". Ao final, propôs um "lance inteligente" por parte do general de dar "garantias" para que a "Oposição democrática" não fosse "arrebanhada" pela "Oposição extremista". "O MDB tem agora sobre suas espáduas uma grande responsabilidade histórica", afirmou o editorial, jogando o problema para o partido oposicionista, "a de ajudar a 'plantinha tenra' da democracia sobreviver".

"MDB QUER LUTAR CONTRA
A OPOSIÇÃO EXTREMISTA."[60]

A manchete de *O Globo* se baseava numa declaração do presidente da legenda. O senador Oscar Passos, do Acre, considerava "imprescindível" que o governo oferecesse garantias à reorganização da sigla para "anular" a "oposição extremista" que atuava na clandestinidade. A frase do parlamentar foi instigada pelo editorial do dia seguinte do jornal. "É verdade", disse Passos ao ser questionado sobre a afirmação de que havia uma "oposição extremista".

Na reportagem interna, *O Globo* enfatizou declaração em que Oscar Passos sugeria uma alternativa de enfraquecimento da luta armada que não fosse a política de Segurança Nacional do regime. O jornal ainda ressaltou que o senador entendia que a "oposição extremista" "só" poderia ser vencida por meio da organização em todo o país de uma "oposição democrática", capaz realmente de desempenhar sua função. Pela lógica do texto, o ambiente de violência e "terror" eram efeitos do regime de exceção. "Julgo extremamente difícil", disse o parlamentar acreano, "chegarmos a bom termo em nossa tarefa urgente se o governo não se dispuser a abrandar a legislação punitiva que ainda vigora e atemoriza e que afasta das nossas fileiras aqueles que normalmente gostariam de formar ao nosso lado, mas têm receio de incorrer na ira dos potentados de todos os escalões da hierarquia administrativa do país."[61]

Em ato contínuo, o Conselho de Segurança Nacional apresentou uma leva de 75 cassações. Os principais alvos eram prefeitos e vereadores do MDB. A legenda reclamava justamente que a ditadura tentava impedir o crescimento de suas bases eleitorais. "No momento em que nos esforçamos em todos os recantos do País para executar a reorganização do partido, lutando contra os prazos exíguos, as dificuldades de toda sorte e a insegurança reinante, somos surpreendidos pelas cassações de hoje", afirmou o presidente da legenda, Oscar Passos, em reportagem de *O Globo*.[62]

Nos anos autoritários, o jornal e a TV de Marinho avançavam, com seus textos de adesão e oposição, escritos ou narrados por profissionais de diferentes correntes ideológicas e partidárias. Mesmo a ambivalência de seu dono tinha uma variedade de tons e graus de acordo com o momento histórico. A Globo retratava em seus programas e novelas os poderes da ditadura com contornos facilmente enxergados pelo público, ora reproduzindo modelos estrategicamente discutidos nos gabinetes, ora fazendo caricaturas de personagens e situações, num claro diálogo com as ruas.

Roberto Marinho desenvolveu um projeto de emissora de televisão que atuava entre interesses de elites políticas e econômicas e uma massa cada vez mais inserida no mercado de comunicação, com suas próprias demandas. A Globo do malabarismo político e da gangorra e da publicidade ia além do modelo tradicional americano de TV, tornando-se uma recriação das companhias cinematográficas Vera Cruz e Atlântida.

Por razões históricas e, sobretudo, empresariais, Marinho não se jogou na defesa da política de violência. E, por se posicionar contra o princípio dela, afastou-se ou aproximou-se de setores políticos ou militares, num movimento de maré, com alta e baixa. Ao mesmo tempo, mantinha uma intensa rotina de conversas com generais influentes, e seu jornal estampava, sem filtro, retratos de guerrilheiros ao estilo dos anúncios de velho oeste, obtidos nas delegacias por repórteres que se consideravam tiras.

No final de julho, Roberto Marinho organizou um concerto de música regido pelo maestro Henrique Morelenbaum que lotou o Theatro Municipal do Rio. Três mil pessoas, na estimativa de *O Globo*, acompanharam a apresentação de peças de Bach. De ministros, só compareceram Mário Andreazza, dos Transportes, e Magalhães Pinto, das Relações Exteriores, considerados fora da linha decisória. Da caserna, a única figura de expressão foi o general Siseno Sarmento, comandante do I Exército. Marinho conseguiu, no entanto, mobilizar a classe política. Os presidentes da Câmara e do Senado e uma série de parlamentares da Arena e do MDB compareceram. A influência do empresário ficou ainda visível no corpo diplomático. Charles Elbrick, dos Estados Unidos, foi um dos 26 embaixadores presentes na festa. Ele entrava na lista de alvos potenciais da luta armada, cada vez mais asfixiada nas cidades pela repressão.

4. A conquista de São Paulo

O aumento da audiência da TV Globo passava pela teledramaturgia. Walter chamou a cubana Glória Magadan para comandar um núcleo de produção de novelas. A autora tinha deixado Havana após a Revolução de Fidel Castro. A "velha dama cubana", como era chamada de forma pejorativa pelos artistas, era uma crítica do regime castrista. As novelas dela falavam de países fictícios, com castelos, reis, aventureiros e duelos de espadas. Ela escrevia as histórias e supervisionava o trabalho de outros dramaturgos.

O primeiro folhetim de Glória na emissora foi preparado para ser transmitido no horário das 21h30. Ainda nos primeiros tempos da Globo, a sinopse de "Eu compro essa mulher" era uma reprodução de uma radionovela mexicana e do clássico *O conde de Monte Cristo*, de Alexandre Dumas.

A Globo entrava num mercado de espaços definidos. A teledramaturgia nacional seguia em certo grau o modelo do cinema americano e da telenovela mexicana, com sua produção desvinculada da emissora exibidora. No Brasil, a produção de folhetins ainda estava sob controle das agências de publicidade, que contratavam autores e atores e decidiam as histórias. O setor definia quem era galã ou vilão. Mesmo nas tramas feitas pelas emissoras, as agências costumavam decidir os rumos dos personagens. As *soap operas*, como as novelas eram chamadas em países de língua inglesa, foram batizadas assim porque suas principais patrocinadoras eram as companhias de sabão e produtos de limpeza, que tinham, inclusive, departamentos de teatro, televisão e de textos. "A da Colgate-Palmolive era dirigida pela Glória Magadan", lembra Daniel Filho.[63]

A contratação de Glória pela emissora quebrou a espinha de um modelo de hegemonia das agências de publicidade. A autora trazia para a Globo um fluxo de produções que permitia manter a grade da programação do canal de pé.

Numa reunião antes das gravações da novela *O sheik de Agadir*, ambientada no tempo em que a França foi ocupada pelos alemães, na Segunda Guerra, a autora perguntou quem faria o papel do coronel Otto von Lucken, o vilão. Ao ouvir que o personagem seria interpretado pelo ator Mário Lago, ela reagiu:

"Mário Lago não trabalha em minha novela, é comunista".[64]

O ator tinha longa experiência no rádio e na música. Há tempo era perseguido pela ditadura por suas posições comunistas.

Em outras duas reuniões, a autora voltou a manifestar contrariedade em relação ao nome de Mário. Walter Clark foi enfático:

"Não, o diretor... sou eu. O Mário Lago vai fazer o papel. Porque eu conheço o Mário Lago, sei o profissional que ele é. Ele não vai fazer comício durante a novela."

Mário voltava a ter serviço após dois anos sem trabalho.

Numa manhã, Mário saía de casa cedo para gravar quando foi abordado por um oficial de Justiça, por conta de um título protestado.[65] Ele foi para a emissora pedir ajuda a Walter Clark. O diretor não estava. Ao ver o ator, a assistente, Márcia de Windsor, contou que ouviu Roberto Marinho, numa festa na noite anterior, elogiá-lo.

"Disse que gosta muito de você."

"Ah, é?"

Mário saiu correndo para o telefone. Ligou para o jornal *O Globo*. Conseguiu falar com uma telefonista. A mulher era uma antiga conhecida de sindicato.

"Ah, que tempo aquele!"

"Pois é... o dr. Roberto está aí?"

"Está, acabou de chegar."

A secretária do empresário atendeu e repassou para o chefe.

"Doutor, é o Mário Lago."

"Alô, Mário!"

"Dr. Roberto, é ótimo trabalhar na sua estação. Mas a sua estação tem um defeito."

"Qual é?"

"Paga em dia, doutor."

Os pagamentos eram quinzenais.

"E, às vezes, entre um pagamento e outro, surge uma surpresa, um inesperado, não é?"

Mário, então, relatou o caso da cobrança da dívida.

"De quanto é esse título?", perguntou Roberto.

Mário devia 400 cruzeiros, mas falou 600, para ter algum trocado a mais.

"Vai gravar tranquilo, depois você acerta com o Otacílio a forma de pagar."

Minutos depois, um funcionário da Globo aparecia com o cheque.

O departamento de novelas de Glória Magadan emplacou *A rainha louca*. O folhetim era dirigido pelo polonês Zbigniew Marian Ziembinski. Boni não gostou do ritmo, manifestou desejo de uma outra "pulsação", algo mais americano. Foi procurar o amigo Daniel Filho, que estava na Tupi, para dirigir a trama. Na conversa de reencontro, o diretor da emissora concorrente lembrou a Boni as brigas quase diárias entre os dois. Numa delas, Daniel propôs um acerto na rua, para ser despedido por justa causa. Agora, Boni perguntou se ele acompanhava a novela de Glória Magadan. Daniel respondeu que não assistia e achava a novela "muito chata", "inverossímil", "absurda". Não entendia como alguém podia ficar sentado, todas as noites, vendo aquela "porcaria".

"Eu quero que você dirija", disse Boni.

"Meu Deus do Céu, Boni, eu?"

"Mas você gosta tanto de cinema... Você faz e fala tanto de cinema. Você pode botar essas coisas todas de cinema na novela e mexer um pouco."

O problema é que, na escrita da trama, lembra Daniel, tinha uma "cubana" escrevendo histórias "brabas" e "incoerentes". A dificuldade financeira tomou a decisão. "Eu fui conhecer a TV Globo e me chamou atenção como a emissora era imaculadamente limpa."

Os escritórios, as linhas de edição e os estúdios organizados atraíram o então diretor Daniel Filho. O artista do improviso e do amadorismo do circo se fascinava com o aspecto de linha de produção. A Globo tinha um prédio e instalações técnicas obtidos com a parceria do Time-Life.

A vida do novo diretor não foi fácil no Jardim Botânico. O elenco fez um abaixo assinado para a emissora manter Ziembinski na novela. O velho Zimba, um refugiado da Segunda Guerra, dirigiu peças clássicas do teatro brasileiro. *Véu de noiva*, de Nelson Rodrigues, era uma delas. Daniel teve a sensação de que era visto como um "garoto" de teatro de revista. "É gozado isso. Na TV Excelsior, eu não podia trabalhar porque era um cara do cinema intelectual; na Globo, porque era oriundo do teatro de revista."[66]

O ator Amilton Fernandes orientou Daniel a mandar o pessoal ao diabo. "Vamos fazer o seguinte: na primeira cena que você estiver dirigindo, eu vou errar. Então, me dá uma bronca, eu vou baixar a crista, e nós estamos combinados. Vamos dizer quem é que manda aqui."

"Obrigado, amigo."

Havia outro ator dissidente do grupo de Ziembinski. O protagonista da trama, Cláudio Marzo, que interpretava um indígena americano, queria sair da novela.

"Esse meu papel é uma babaquice, Daniel. Pelo amor de Deus, me tire daqui. Esse índio Robledo que eu faço é uma coisa horrorosa. É um índio que fica ali falando: 'Meu amor, meu amor'."

"Calma, eu vou transformar você no mocinho."

Daniel conseguiu convencer Glória Magadan a desaparecer com o personagem e voltar com o ator no papel de um desconhecido, sempre trajando terno branco, um sujeito que tinha três mulheres. "Quando comecei, dei um ritmo diferente, comecei a bolar umas coisas novas, a procurar uma verossimilhança. Eu comecei a brincar de cinema na novela, comecei a brincar de filme B", avalia Daniel.

O diretor deu um ritmo mais intenso às lutas de espada. Às cenas românticas, ele incorporava informações do cinema — músicas que deram certo em clássicos e planos diferentes. Se inspirava em filmes B, de "textos ruins", como classificava também os das novelas de Glória, mas com uma iluminação melhor. Algumas "loucuras" da autora ele tentava fazer, como a do momento em que a imperatriz saía pela rua e terminava num circo, onde domava um tigre. Daniel levou o animal para filmar um *close*, com ela segurando a cabeça do bicho.

Por razões familiares, Daniel enxergava na figura do tigre um desafio pessoal. João Carlos Daniel nasceu no Largo dos Leões, no Humaitá. Filho de um ator de teatro espanhol, Juan Daniel, e uma bailarina de circo argentina, María Irma, nasceu no mundo do entretenimento e dos cassinos do Rio. Com o fechamento das casas de jogos no governo Dutra, a família abriu um circo. O menino Daniel era o boneco que saía pela portinha falsa do baú do palhaço para delírio da criançada.[67]

Adolescente se apresentava com Luz del Fuego, a vedete que fez fama por posar com cobras, em parques de diversões, circos e teatros. O filho de artistas ganhava também algum dinheiro como eletricista, bilheteiro e indicador de cadeiras para o público. A atriz era amiga de juventude de Roberto Marinho.

Antes de chegar à televisão, Daniel se aventurou em pequenos papéis em filmes de Carlos Manga e Mazzaropi. A origem familiar, a experiência no meio e o domínio da técnica do improviso tornaram o jovem um ator em início de carreira diferenciado. Era para ele que veteranos confessavam seus dramas e suas fragilidades ou miravam o olhar em busca de aprovação em uma cena. Depois, era o Vavá, de *Os cafajestes*, de Ruy Guerra, e Leleco, de *Boca de ouro*, de Nelson Rodrigues, que lhe deram uma roupagem de ator intelectualizado.

Figura expressiva na criação da Globo, Daniel Filho começou a carreira na TV Rio e depois na Tupi — uma funcionava nas dependências do extinto cassino Atlântico, e a outra, na antiga casa de jogos da Urca, onde os pais dele brilhavam nas noites do Estado Novo. A consolidação do diretor ocorreu na Excelsior. Carlos Manga o chamou para dirigir o programa *Chico Anysio Show*, do comediante em ascensão. Ali, na Rio, o novo diretor teve contato especialmente com Walter Clark e Boni. "Daniel é uma das pessoas responsáveis pela modernização da teledramaturgia, junto com Boni e com o mais 'pra frentex' de todos, dr. Roberto Marinho", avaliou a atriz Glória Pires.[68] "Dr. Roberto sempre comprou todas as ondas, era ele quem bancava mesmo as ideias. E acho que Daniel foi o cara que colocou tudo isso em prática, que propunha os temas mais incríveis."

Na Tupi, a novelista mineira Janete Clair cortou relações com Régis Cardoso. O principal diretor da emissora chegou a rasgar um *script* dela. Desnorteada, a autora telefonou para Daniel Filho.[69] Ela contou que sustentava a casa. Dias Gomes, o marido dramaturgo, não podia trabalhar, estava proibido de entrar nas emissoras devido ao clima instaurado pela ditadura. Pediu para ser apresentada a Glória Magadan, diretora do núcleo de novelas da Globo.

Quando percebeu que *Anastácia, a mulher sem destino*, de Emiliano Queiroz, não conquistaria audiência, Glória chamou Janete para terminar o folhetim. O gasto chegava a patamares elevados, com mais de cem atores, em parte por conta da tentativa de Emiliano de ajudar colegas em dificuldades. A novelista contratada inventou um terremoto, que matou quase todos os personagens e pôs em cena apenas nomes para agradar ao público, como Leila Diniz, Cláudio Cavalcanti e Hugo Carvana.

Logo a autora emplacou uma trama própria, *Sangue e areia*. Descendente de espanhol, Daniel Filho foi escalado para dirigir a história do toureiro Juan Gallardo, que vivia um amor com Doña Sol. A dupla protagonista, Tarcísio Meira e Glória Menezes, estreava na emissora, depois de experiências na Tupi e na Excelsior. O casal, marido e mulher na vida real, atuou em parceria com Daniel para produzir os personagens e logo estariam em voos com Roberto Marinho para inaugurar estações de TV pelo país e participar de shows de promoção da emissora.

Daniel e Janete tiveram "afinidade imediata", nas palavras do diretor.[70] "Nós começamos a conversar sobre como íamos fazer *Sangue e areia*, o que queríamos, a maneira de narrar", lembra Daniel. "Foi um casamento total e absoluto! Quer dizer, eu fico até meio constrangido em dizer isso, mas é como é dito em outros lugares, na biografia da Janete, pelos filhos dela também: chegou até a causar certo ciúme ao Dias Gomes; não um ciúme afetivo, mas um ciúme do entendimento que tínhamos em relação a trabalho", conta. "Ela era romanesca, e a minha vontade era transformar aquilo numa coisa mais cotidiana, mais brasileira, que se aproximasse da narrativa cinematográfica."

Quando *Sangue e areia* estava no ar, em janeiro de 1968, o filho caçula de Janete e Dias Gomes, o menino Marcos Plínio, de dois anos e meio, passou mal. Os pais levaram a criança para o hospital, mas ela não resistiu. A autora mergulhou totalmente no trabalho para enfrentar o drama. Três meses depois, o ator Amilton Fernandes, que interpretava o vilão Dom Ricardo, sofreu um acidente fatal de automóvel.

Na chefia do núcleo de novelas da emissora, Glória Magadan tirou Daniel da direção da trama. Depois, o colocou para dirigir uma história escrita por ela, *A gata de vison*, uma tentativa de criar uma trama com mais ação e certa modernidade, inspirada no filme *Os Intocáveis* e na Chicago do crime.

O diretor não suportava o texto da autora cubana, via possibilidade de criar cenas brasileiras contemporâneas apenas na parceria com Janete. Ele não gostou especialmente quando viu Glória fazer uma troca entre casais que estavam agradando ao público: Yoná Magalhães e Carlos Alberto e Tarcísio e Glória Menezes. A autora pôs Glória e Carlos Alberto para fazer a novela *Passo dos ventos*, escrita por Janete, e Yoná e Tarcísio, *A gata de vison*. Os atores reclamaram. "Evidentemente, o público estava acostumado a ver a Yoná com o Carlos Alberto e o Tarcísio comigo", relatou Glória.[71] "A coisa ficou meio capenga. Fez sucesso, mas era um sucesso relativo, no sentido de que eles queriam ver os casais juntos, não separados."

A gata de vison causou burburinho nos estúdios da Globo. Na novela, o protagonista, o policial Bob Ferguson, de Tarcísio Meira, perdeu espaço para o coadjuvante Gino, interpretado por Geraldo Del Rey. Tarcísio abandonou a novela. A confusão só começava. De olhos verdes, o baiano Geraldo, veterano dos filmes clássicos *O pagador de promessas* e *Deus e o diabo na terra do sol*, teria conquistado a autora.

Um dia, Boni apareceu no estúdio de gravação no Jardim Botânico.

"Não bota essa porra no ar. Você está brincando comigo... vai botar essa merda no ar?"[72]

Cansado de reclamar dos textos de Glória Magadan ao próprio Boni, Daniel Filho se irritou:

"Então, faz melhor você. O melhor que eu sei fazer é isso aí. Com isso que tem aí. Eu disse que essa merda não dava certo."

Daniel se retirou do estúdio. Boni foi atrás. Na rua, o executivo gritava:

"Volte aqui, porra, não saia daqui."

O diretor seguiu pela Rua Von Martius e entrou na Pacheco Leão. "Não volto, não. Não vou mais dirigir essa merda, não."

Separada de seu autor favorito, Janete viu a trama de *Passo dos ventos* ser entregue ao diretor Régis Cardoso. O formato da novela tinha marcas de Glória Magadan, usadas pela própria Janete. A história se passava num rochedo no Haiti. O folhetim foi a estreia na Globo de uma das damas mais importantes da teledramaturgia brasileira. Mãe Tuiá era interpretada por Ruth de Souza, atriz originária do teatro que se consolidou em novelas na Tupi, Excelsior e Record.

Certo dia, ela leu numa edição de *Rio*, revista de cultura e sociedade publicada por Roberto Marinho, que Abdias do Nascimento e Aguinaldo Camargo fundaram o Teatro Experimental do Negro. "Ele deu quatro páginas de fotos lindíssimas dos negros ensaiando", lembra Ruth.[73] Ela pegou um ônibus e foi à sede da UNE, no Aterro do Flamengo, onde o grupo se reunia, para tentar um teste. Logo estava na peça *O imperador Jones*, do dramaturgo americano Eugene O'Neill. A estreia foi no Theatro Municipal, justamente na semana de maio de 1945 em que se anunciava o fim da Segunda Guerra. *O Globo* registrou que, mesmo sendo um momento "impróprio", os atores chamaram "atenção" dos círculos intelectuais. "Ecos profundos teve essa tentativa séria de teatro negro de arte — a primeira realizada no Brasil.[74]"

Logo em seguida, Ruth de Souza recebeu convite da emissora para viver Cloé, na novela *A cabana do Pai Tomás*, inspirada no clássico americano. Ela faria par com o protagonista, interpretado por Sérgio Cardoso, ator de sucesso do momento. A Globo gravava as cenas internas no estúdio em São Paulo e as externas na Fazenda São Bernardino, uma antiga propriedade de café, açúcar e farinha no interior de Nova Iguaçu, na Baixada Fluminense.

O folhetim causou protesto. O dramaturgo Plínio Marcos, um expoente do novo teatro brasileiro, afirmou que a produção da novela era racista, sem sensibilidade para a classe artística negra, já consolidada com os trabalhos de formação de Abdias do Nascimento. O ator Sérgio Cardoso usava maquiagem e peruca para parecer negro.[75] A presença de um branco como personagem principal da trama foi imposta pela Colgate-Palmolive à Globo. A emissora preferia o mineiro Milton Gonçalves. Do movimento negro e de teatro da cidade de São

Paulo, o ator trabalhou nas produções de Augusto Boal e em novelas da TV Tupi.

Ruth sempre saiu em defesa de Sérgio Cardoso, que lhe indicou para o papel na trama. "Ele era um grande astro, e, naturalmente, a firma preferiu que fizesse (o personagem), em vez de botar, na época, o Milton Gonçalves, que era contratado da Globo, mas não tinha o nome dele ainda. Essa é a minha opinião", disse.[76] "Eu não vi nada de mais, porque como era uma pessoa tão aberta, tão sem preconceito, e quis fazer um personagem negro... qualquer ator gostaria de fazer."

A atriz reconheceu, porém, que até o papel dela foi reduzido pela pressão publicitária. "Parece que houve algum problema da firma em relação a muitos negros — foi o caso da diminuição do meu personagem. Eu acho, não sei se foi por aí. E ele, então, quis fazer o Pai Tomás, e se pintou, escureceu a pele, botou uma peruquinha com o cabelo crespo. Ele estava perfeito. Ele fez muito bem, porque tinha uma capacidade de mudar de personagem, de tipos, incrível. E aí começou o protesto. Por que não colocaram um ator negro no papel?"

Uma atriz negra contracenava com o galã, logo era a "mocinha" de uma história. O racismo vinha também de dentro do grupo de atores. Ruth relatou que outras atrizes reclamavam porque o nome dela aparecia logo depois do de Sérgio no crédito. "Meu personagem foi sendo diluído, diluído; e no final era uma bobagem, não tinha muita coisa a fazer."[77]

Num camarim da novela, atrizes e técnicos reclamavam do trabalho. Uma delas chegou a dizer que o dono da emissora era muito rico. "Eu quero que o dr. Roberto ganhe muito dinheiro, para dar emprego e pagar o nosso salário", argumentou Ruth.[78]

Uma cabeleireira fez chegar o comentário ao patrão. Roberto Marinho decidiu que a atriz seria funcionária efetiva do quadro da Globo, uma condição para poucas profissionais. Ele pretendia passar a ideia de que a TV era o esforço dos "companheiros".

Ruth se ressentia de papéis secundários no tempo de grandes folhetins da emissora. "É uma história tão complicada que, às vezes, eu até prefiro não comentar", relatou. "O preconceito existe. Os autores escrevem o mundo deles, não o mundo geral. Poucos são os que veem o nosso povo como um total, todo misturado. Independe de ser preto, branco, japonês, tudo misturado", ressaltou. "A visão que você vê todos os dias por aí: o menininho negro é menino de rua; o negro bem forte, grandão é segurança ou é bandido."

Ela apontou o "preconceito". "Todo mundo diz que eu sou boa atriz, ganhei um monte de prêmios, muitas homenagens, todo mundo fazendo críticas maravilhosas, mas nunca me dão um papel que dariam para uma atriz branca", disse.[79] "Isso está provado, está visto e todo mundo sabe. E, às vezes, é aquela coisa que eu podia fazer, que não tinha problema nenhum de raça, mas a atriz branca pega. Negro sempre ganha menos, o contrato é sempre menor. É menor porque o papel é sempre secundário, coadjuvação."

O mercado publicitário tratava a Globo como um canal de sotaque e estilo cariocas. Numa época em que as estatais e mesmo o governo pouco representavam no montante de recursos da publicidade, São Paulo, com suas grandes empresas, correspondia a mais de 70% do dinheiro do setor — o percentual se manteria ao longo do tempo. A produção de novela era uma forma de entrar na praça. Mas para isso a emissora precisava disputar com as agências anunciantes, que também produziam folhetins, e consolidar um núcleo de produções na maior metrópole do país.

Marinho recebeu proposta de comprar a falida e sucateada TV Paulista, no bairro de Santa Cecília. Mais que disputar o mercado paulista, o empresário precisava levar à frente a Globo sediada no Rio, que patinava, limitada ao mercado carioca, se muito, se estendia a Juiz de Fora, em Minas, e ao sul do Espírito Santo. Não era possível avançar na criação de uma grande emissora sem a praça de São Paulo. Ele fechou negócio sem avisar o Time-Life. Desta vez, não teria nem mesmo dinheiro estrangeiro para tirar a emissora da situação de precariedade.

O projeto de Roberto Marinho consistia numa emissora nos moldes da pioneira Tupi, na tradição das empresas americanas de comunicação, com programas de entretenimento e, sobretudo, de jornalismo. Ele comprou uma estação que, embora tivesse nome em São Paulo, não possuía receita comercial, apenas dois prédios interligados no bairro de Santa Cecília, equipamentos antigos e funcionários mal pagos.

A TV Paulista fazia parte do projeto de Getúlio de formar uma rede privada de televisão de apoio político. A concessão do sinal foi dada ao deputado Oswaldo Ortiz Monteiro, do PTB, no governo eleito do líder trabalhista, em 1952. Anos depois, em 1965, após a queda de João Goulart, herdeiro político de Vargas, Monteiro vendeu sua participação majoritária na emissora. Quem comprou foi outro aliado de Getúlio, o empresário Victor Costa, locutor da Era de Ouro da Rádio Nacional, que não chegou a tocar o negócio, por enfrentar um câncer. Um de seus filhos, Victor Júnior, revendeu a emissora para Roberto Marinho, num negócio que incluía ainda outras duas TVs e três rádios.

Quando passou para o controle do empresário carioca, a estação estava sucateada, sem artistas e apresentadores de audiência. O dono da Globo comprara apenas um canal.

No estúdio da capital paulista, havia ao menos um antigo equipamento de videoteipe. Nele, a Globo gravou a sua primeira novela, *Ilusões perdidas*, transmitida a partir de 19h30, de segunda a sábado. O folhetim escrito por Enia Petri e dirigido por Líbero Miguel já tinha tido uma primeira versão, ao vivo, na TV Paulista. A trama contava a história do casal Lídia, a vilã interpretada por Leila Diniz, e Peixoto, papel de Reginaldo Faria.

Depois, a Globo fez acordo com a Excelsior para transmitir em São Paulo novelas da emissora. *A pequena órfã* contava com um elenco de crianças, que eram revezadas por conta do estresse de produção. Foi o caso da protagonista. O diretor pôs uma menina três anos mais velha, e o autor resolveu o problema com uma passagem de tempo na história. Aos cinco anos, Glória Pires, bem antes de se tornar uma das atrizes mais influentes da teledramaturgia brasileira, entrava pela primeira vez num cenário de novela. Os "panelões" de luz provocaram uma crise na pequena, que tinha problema de hemorragia nasal. A gravação foi interrompida.[80]

Herdeiros de Oswaldo Ortiz Monteiro, primeiro dos três donos do canal da TV Paulista, foram mais tarde à Justiça para dizer que a emissora pertencia à família. A venda para a Organização Victor Costa não teria ocorrido de forma legal. Em vida, o deputado do PTB nunca reclamou do negócio. Só após sua morte seus filhos questionaram a transação conduzida, na parte da Globo, por Luiz Eduardo Borghetti, executivo de Roberto Marinho. Era negócio de gaveta, resumiu a dupla de jornalistas Elvira Lobato e Daniel Castro.[81]

O engenheiro em eletrotécnica Adilson Pontes Malta foi um dos técnicos que a Globo enviou do Rio para melhorar as transmissões da emissora em São Paulo. O trabalho ia além do manuseio e manutenção de equipamentos. Certo dia, ele recebeu um telefonema de Roberto Marinho. "Adilson, você que entende desse negócio de tecnologia, eu queria que conversasse com o Luiz Eduardo Borghetti. Ele vai te entregar todas as faturas das coisas que estamos devendo na praça em São Paulo", disse o empresário. "Eu quero que você vá lá conversar com os fornecedores para negociar um parcelamento de dívidas."

Roberto descobriu que não tinha dinheiro para a folha de pagamentos do mês, um problema inexistente na sede do Rio. "Ele nunca deixava atrasar, era uma tradição do tempo do pai dele", conta Adilson.

Borghetti entregou um bolo de papel ao engenheiro. Eram notas de compras de peças de lojas da região da Avenida Santa Efigênia. Com a renegociação, a previsão dos pagamentos foi mantida.

Adilson era um dos funcionários que Walter retirou da TV Rio quando se transferiu para a Globo. Na TV Rio, Adilson conheceu o diretor que era o "pavor" dos funcionários da parte técnica. Depois de longos almoços e encontros em agências de publicidade, o paulista Walter Clark chegava cheio de ideias e pedidos para a equipe de programas que tinha vendido, muitas vezes programas de futebol e eventos.

"Mas isso não está na grade", respondeu Adilson certa vez, agora responsável pela manutenção e pela operação da emissora.

"Se vira, já vendi."

Tempos depois, Adilson foi para a Globo em São Paulo. Trabalhava de segunda a sábado na operação técnica da emissora, na Rua das Palmeiras, no centro da cidade. Aos domingos, depois do almoço, voltava à estação para "afrouxar" fitas de gravação e, assim, economizar material. "Eu tinha a habilidade com aquelas fitas enormes de videoteipe, com cabeças que permitiam 1.800 horas", relata. "Arrumava um jeito de desmontar, afrouxar as fitas e ir um pouco para a frente, conseguindo tirar mais 200 ou 300 horas."

No domingo, 13 de julho de 1969, Adilson demorou mais no trabalho de "afrouxar" fitas na emissora. Passava das 20h30 quando ouviu gritos. Ao sair da sala, havia fumaça no corredor. "Peguem as fitas, peguem as fitas", falavam funcionários, no desespero. A produção até ali da TV era a joia a ser salva no incêndio. O fogo surgiu no térreo, depois no segundo e no terceiro andares, quase ao mesmo tempo.

Em outra área da emissora, no auditório, Silvio Santos apresentava seu programa quando foi avisado. Ele disse aos participantes, no estúdio, que estava esgotado e teria de encerrar; pediu que todos saíssem logo do prédio, com tranquilidade. Mas alguém gritou "fogo", houve tumulto e três pessoas se feriram.

Enquanto tentava salvar material do fogo, Adilson esbarrou a cabeça numa máquina que outro funcionário carregava. A fumaça aumentou. Ele foi para a sala de controle mestre da emissora. Abriu uma báscula para conseguir ar. Mentalizou como podia sair do prédio. Então, voltou ao corredor, no rumo da ponte que ligava o edifício ao do administrativo. Aparando-se com as mãos nas paredes, conseguiu chegar lá e descer por uma escada. Na calçada da rua, ficou tossindo, enquanto os bombeiros chegavam e colegas demonstravam estado de choque.

Os bombeiros vinham de outro incêndio bem próximo. Horas antes, às 17h40, os agentes foram chamados para apagar o fogo no Teatro Paramount, um prédio dos anos 1920, na Avenida Brigadeiro Luís Antônio, usado pela TV Record, Canal 7. A apresentadora Cidinha Campos tinha acabado de gravar seu programa.

Ainda naquela noite, Roberto Marinho recebeu a notícia do incêndio em sua emissora. Ele telefonou para Joe Wallach avisando que a TV estava em chamas.[82] O executivo entrou no carro, pegou Walter e Arce e, juntos, foram para São Paulo. Na Via Dutra, o veículo deu problema. Prosseguiram a viagem num ônibus da linha comercial da Viação Cometa.

"Viajamos a noite toda. Só chegamos às dez da manhã. O prédio estava em cinzas. Boni já estava lá, trabalhando", relata Joe.

Na segunda-feira, eles estavam na sede da Bandeirantes em busca de ajuda para gravar programas nos estúdios da emissora concorrente. O empresário João Saad pediu que voltassem. Na manhã de quarta, às 9h30, a estação do Canal 13 no Morumbi ardia em fogo. A TV Excelsior ofereceu suas instalações às três concorrentes. "Era muita coincidência ter três incêndios em quatro dias", observa Adilson.

A atriz Ruth de Souza só soube no dia seguinte do incêndio.

"Me leva para a TV Globo, na Rua do Arouche", disse a um taxista.[83]

"Mas a TV Globo queimou toda ontem."

Ao chegar lá, assustada, Ruth ainda viu o "corre-corre". "Boni decidiu que tínhamos de descer para o Rio para fazer o capítulo do dia seguinte. Tinha gente que veio com a roupa do corpo", lembrou. "Tinha quatro crianças, tinha cachorro — veio tudo nos ônibus para trabalhar. Chegamos aqui no estúdio, não tínhamos nem onde ficar: uns iam para hotel, outros iam para casa da família, dos amigos. Nós dormíamos no estúdio."

O transmissor da Globo no Pico do Jaraguá, em São Paulo, foi alvo de atiradores, que tentaram sem sucesso derrubar a torre. A polícia chegou a tempo de os homens fugirem.

Certos de que a emissora tinha sido alvo de grupos da luta armada de esquerda, Boni, Joe e Walter passaram a andar, em São Paulo, com revólver na cintura. A preocupação maior era com o executivo americano. O embaixador Charles Burke Elbrick seria sequestrado meses depois, em setembro, no Rio, por membros da Aliança Libertadora Nacional, a ALN, e do Movimento Revolucionário 8 de Outubro, o MR-8. "Foi Boni quem deu revólveres a todos nós, para nos proteger dos revolucionários", conta Joe. Walter Clark avaliava também que o fogo foi criminoso, colocado pela guerrilha, já que em menos de 48 horas também tinham ocorrido incêndios na Record e na Bandeirantes, em São Paulo. Nunca grupo algum reivindicou a autoria.

Não faltaram cartas a Roberto Marinho para atrelar o incêndio à luta armada. "Deve ter sido ato do terrorismo, o qual, a cada dia, ganha em audácia e em sucesso neste Brasil, em que muitos ainda não acreditam estarmos vivendo a pura e simples 'guerra revolucionária', que tantos males já causou noutras terras próximas da nossa", escreveu Armando Falcão, ex-ministro da Justiça de Juscelino, agora próximo aos militares.[84]

A *Folha de S.Paulo* foi o único jornal que deu chamada na primeira página para declarações do governador Abreu Sodré e do general José

Canavarro Pereira, comandante do II Exército, em São Paulo, que atribuíam os incêndios à guerrilha.[85] Naqueles dias, *O Estado de S. Paulo* se despedia de seu diretor, Júlio de Mesquita Neto — o empresário teve um enterro com direito a voo rasante de quatro aviões da FAB, com as asas das aeronaves fazendo o sinal da cruz. O jornal não deu muito espaço à campanha de "união" contra os "terroristas" e publicou matérias para criticar as condições das estruturas físicas das emissoras e listou uma série de incêndios anteriores nas estações de TV da capital, incluindo um incidente ocorrido no mesmo prédio ocupado agora pela Globo.

Roberto Marinho muito menos se deixou levar pela narrativa. Ele andava preocupado com o seguro, que poderia não ser pago caso se confirmasse a participação da esquerda armada nos incêndios. Também não tinha interesse de fazer associações políticas na metrópole num momento conturbado.

No Rio, a equipe da Globo preparava a última etapa da cobertura da jornada da Apollo 11. A emissora fez parceria com a Tupi para a transmissão da chegada da nave no solo lunar. Uma peça publicitária foi publicada nos jornais. "Uma geração inteira acompanha a viagem de 3 homens. É a vitória da humanidade. Sim, nós podemos! Mas os três homens precisam de você. Precisam ter certeza de que você está ao lado deles. Rezando. Ou torcendo, simplesmente. E é por isso que a TV Tupi e a TV Globo se uniram para transmitir todos os passos finais da conquista da Lua."

O Globo também fez um esforço coletivo. No dia 20, o jornal pôs nas bancas uma edição extra com uma das manchetes mais impactantes da história.

"CAI A BARREIRA DO IMPOSSÍVEL HOMEM NA LUA"

Roberto Marinho entrou numa briga feroz com a seguradora Porto Seguro, a maior do país, para receber a indenização. Mais tarde, em suas memórias, Walter Clark avaliou que o incêndio na emissora em São Paulo foi um bom negócio. Nas suas contas, o valor pago foi de sete milhões de dólares, e a emissora disponibilizava recursos para bancar a compra de novos equipamentos e centralizar no Rio suas produções.

Documentos do processo de indenização não confirmam esse valor. O Instituto de Resseguros do Brasil (IRB) calculou que Marinho deveria receber três milhões e duzentos e trinta e seis mil cruzeiros novos, moeda da época, algo em torno de um milhão de dólares.[86] O seguro só foi pago porque o corretor declarou que o sinistro tinha sido provocado por um curto-circuito.

O incêndio foi um baque nas pretensões da Globo em conquistar o mercado de São Paulo. A emissora levava em conta análises de agências de publicidade de que o público paulista era distinto do carioca, a ponto de se produzir espetáculos musicais diferentes para as duas praças. Nesse tempo, o show do cantor Roberto Carlos passava apenas em São Paulo, e Chacrinha viajava de uma cidade a outra para gravar programas. Por questão tecnológica, as novelas não tinham transmissão simultânea, eram gravadas em fitas, que tinham de ser transportadas pela ponte área.[87]

Diante dos destroços e das cinzas, Walter e Boni argumentaram que o incêndio era uma oportunidade de se construir um grande estúdio em São Paulo. Enquanto isso, Roberto Marinho acionava o seguro, e Joe e os técnicos da equipe de produção procuravam instalações da Vera Cruz, em São Bernardo do Campo, e da Companhia de Cinema Maristela, no Jaçanã. Chegaram à conclusão de que levar as produções para o Rio seria bem mais rentável.

Uma tecnologia recente permitia que a Globo concentrasse toda sua produção em apenas uma cidade. A Embratel já tinha instalado uma linha de micro-ondas entre as duas metrópoles, para expansão da telefonia, e fazia projetos de construção de torres de antenas pelo Brasil afora. O sistema permitia a transmissão de ondas de televisão. As emissoras de TV podiam comprar espaço nessas linhas.

Boni e Walter voltaram ao Rio para convencer Roberto Marinho a construir um novo estúdio em São Paulo. Naquela situação, Joe considerava desnecessário gastar dinheiro com obra. Nessa época, o executivo morava em um apartamento em Ipanema. Trocava de roupa e ia caminhar na praia, na tentativa de esfriar a cabeça.

As divergências ganhavam contornos de tragédia. Walter interpretava um executivo furioso nos embates com Joe. Dionísio Poli, que trabalhava no comercial em São Paulo, concordava com o americano. "O Joe dizia coisas muito razoáveis, e o Walter odiava coisas razoáveis, porque ele acreditava na intuição dele", relatou. "Ele sabia que o Joe tinha razão, mas não podia aceitar, porque seria frear. Então, me lembro, às três da manhã, às quatro da manhã, ele em pé em cima dessa mesa imensa, tirando a camisa, xingando o Joe de americano idiota."[88]

No caso do embate sobre a construção de um novo estúdio em São Paulo, Roberto Marinho concordou com o americano. "Eles estavam querendo comprar outro estúdio em São Paulo, e eu era contra isso", relata Joe. A produção passou a ser concentrada mesmo no Jardim Botânico.

Um único espaço de produção reduzia o preço da grade de programas e tornava novelas e musicais mais interessantes para o mercado consumidor. As demais concorrentes mantiveram o velho sistema de produções espalhadas pelos estados. A tecnologia de micro-ondas possibilitava fazer a expansão sem alterar a essência de um projeto de jornalismo centrado no Rio. "Não acredito em jornal feito longe do dono", sempre dizia Roberto quando ouvia propostas de lançar produtos fora da antiga capital federal.[89]

O funcionamento do coração da Globo no Rio freou uma fragmentação lenta de poder na emissora. Antes, o crescimento constante da estrutura do Canal 5, em São Paulo, aumentava sutilmente a influência de Boni na direção geral. Afinal, ele tinha o controle da sede paulista. Agora, permanecia na sombra de Walter, o diretor abaixo de Roberto Marinho na estrutura da empresa.

Mas o próprio Boni costuma contar que ocupava vazios deixados por Walter na gestão da Globo. "A cada dia que passava, ele me dava mais espaço", relata. "Era questão da urgência de decisões. A gente prometeu que o dr. Roberto ficaria bilionário em cinco anos. Ficou em três. E ele queria em 24 horas."

A decisão de concentrar a produção artística no Rio derrubou o "mito" dos gostos distintos entre o público paulista e o carioca. Mas, enquanto promovia uma batalha pelo dinheiro do seguro, a Globo teve que conviver com o caos nos estúdios do Jardim Botânico. Sem recursos, a produção da novela das sete *A cabana do Pai Tomás* foi transferida definitivamente para o Jardim Botânico e, assim, uma novela das oito que estava para estrear, *Véu de noiva*, teve de ser adiada.

O papel de escritora global tinha sido conquistado mesmo por Janete Clair. Mas Walter Clark ainda afirmava que a pioneira Glória Magadan dava a segurança de fluxo de produção, que começava a apresentar resultados de audiência. Ele tinha receio de perdê-la para a concorrência.

Dentro da Globo, não havia apenas uma briga de linguagem e roteiro. Boni começou a se desentender com Glória por conta de horários de transmissão. A autora era inflexível. Certo dia, Daniel Filho dirigia um programa quando Boni chegou ao estúdio.

"Daniel, você acha que eu, você, a Janete e o Régis conseguimos segurar o departamento de novelas?"

"Eu acho que dá para segurar."

O diretor Régis Cardoso foi retirado por Walter da Tupi, uma ação que ajudou a aumentar os problemas na programação de novelas da emissora concorrente.

Boni e seu assistente, Renato Pacote, foram à casa de Glória para avisar que iriam mudar o horário de sua novela. O executivo argumentou que estava "aprisionado" na programação, que precisava incluir outros programas.

A autora disse que sairia da emissora. Num jogo combinado com Boni, Pacote disse para Glória que, se ela pedisse demissão, Boni não teria como aceitar. Ela, então, pediu a saída da Globo. Ao contrário do que ouvira do assistente, Boni aceitou prontamente. Glória Magadan voltou para a Tupi.

Véu de noiva atingia uma nova fase na teledramaturgia da Globo, um divisor de águas. A emissora agora chegava ao sucesso. O enredo era bem simples. As personagens Andréia, a estreia de Regina Duarte na Globo depois de gravar novelas na TV Excelsior, em São Paulo, e Irene, Betty Faria, disputavam o amor do piloto de automobilismo Marcelo, papel de Cláudio Marzo. Regina, com sua personagem doce e angelical, ganhou fama de "namoradinha" do Brasil. Enquanto Betty vivia nas ruas o impacto de interpretar a vilã da história. A intensidade do enredo levou a atriz a quase apanhar nas ruas do Rio. Os figurinos das personagens eram modernos. Pela primeira vez uma produção da Globo lançava estilo.[90]

O roteiro de radionovela de Janete, com mocinhas e sonhos de casamentos, ganhava ações velozes por parte de um diretor que queria uma produção contemporânea. Daniel disse para Boni que tentaria fazer imagens mais arriscadas e rápidas, ao estilo dos filmes americanos. A preocupação era preservar o melodrama do rádio.

"Meu Deus do Céu, veja o que você vai fazer", disse Boni.

"A imagem vai ficar diferente, mas o melodrama continua no fundo."

Naquele momento, o piloto Emerson Fittipaldi despontava na Fórmula Ford e na Fórmula 3 Britânica, sendo contratado pela Lotus-Ford para a Fórmula 1, principal categoria do automobilismo. As corridas de carro, na era da TV, atraíam ainda mais o interesse dos brasileiros e chamavam atenção do mercado publicitário.

Janete ainda dava largada ao clichê da trama policial do assassinato e seus possíveis executores. O pianista Luciano, interpretado por Geraldo Del Rey, era o morto. A decisão de matar o personagem não foi por acaso. De repente, Geraldo saiu da emissora, a convite de Glória Magadan, que produzia outra novela na Tupi. Quem matou Luciano? A pergunta era feita nas ruas, casas e bares. Janete iniciava o modelo de trama com morte misteriosa para alavancar a audiência.

Pelo relato de Daniel Filho, a autora demonstrava que amava escrever novela e se emocionava com suas histórias. "Janete respeitava o público. Ela era o público, era o primeiro público. Janete escrevia chorando. Os capítulos originais da Janete têm manchas de lágrimas."

Daniel enxergava uma mulher que acreditava "piamente" no amor. O romantismo da novelista se juntava à necessidade de ação de Daniel, quinze anos mais novo. "Eu comecei a dar um pretenso modernismo na imagem, na narrativa, dentro do melodrama que a Janete escrevia. Como eu tinha conseguido traduzir aquela coisa absolutamente inverossímil da Glória Magadan, era mais simples traduzir as coisas melodramáticas, ou profundamente românticas, da Janete Clair, aproximando-as mais do nosso cotidiano. Era muito mais simples porque era mais próximo da gente."

Véu de noiva mostrava personagens do subúrbio. Daniel colocou como música de fundo das cenas de Andrea, Regina Duarte, que vivia no subúrbio do Rio, a música "Gente humilde". Era uma composição de Aníbal Augusto Sardinha, o violonista Garoto, morto décadas antes, que ganhou letra de Vinicius de Moraes, com ajuda de Chico Buarque. Na voz da cantora Márcia e de Baden Powell, a canção virou faixa do disco com a trilha sonora da novela, que vendeu 70 mil cópias.

Véu de noiva trouxe uma inovação musical. O produtor Nelson Motta, que trabalhava na gravadora Phillips, introduziu trilha sonora no folhetim. A MPB entrava na receita de um modelo televisivo que se transformou num produto nacional por excelência. Por consequência, a Globo entrava no setor de discos, por meio da Som Livre.

A emissora foi buscar parceria com um nome conhecido no mercado fonográfico. João Araújo lançara Gal Costa, Caetano Veloso e Elis Regina. Tinha amizade com boa parte dos cantores mais influentes do rádio.

O produtor passou a infância no Leblon, um bairro isolado, de poucas casas, um areal, que antes de ele virar adolescente já se transformava numa mancha de prédios. Os amigos do futebol de fim de semana eram da música, do cinema e do jornalismo. Participava de peladas com Paulo Mendes Campos, Armando Nogueira, Luiz Carlos Barreto e Glauber Rocha. Armando, próximo de Walter Clark, fez uma sondagem. No intervalo de um jogo, perguntou:

"João, você não mexe com esse negócio de disco?"[91]

"Mexo, sim, mexo há não sei quantos anos."

"E o Walter Clark não te procurou? Você conhece o Walter?"

Conhecia de tempos antigos, no ônibus lotação do Leblon para o Centro. Nunca mais o vira.

"Por que você não dá uma ligada para o Walter?"

João acertou sua saída da RGE, onde trabalhava. A Globo, que tinha feito novelas com a Polygram, contratava o produtor para montar uma gravadora própria. Som Livre aproveitava o nome do programa Som Livre Exportação.

João Araújo conhecia Roberto Marinho apenas de festas promovidas por Stella. João doava discos para a campanha "Ajude uma criança a estudar", organizada por ela. Mas Marinho nunca guardou bem o nome de João. "Pede ao Paulo para dar uma subida aqui", dizia à secretária, nos primeiros meses de trabalho do produtor na Globo.

Ao entrar na emissora, João encontrou uma Globo administrada pelo conselho decisório formado por Walter, Boni e Joe Wallach. "O dr. Roberto sempre trabalhou dando muita autonomia às pessoas. Ele dava autonomia e cobrava responsabilidade", contou.[92] "A TV Globo estava vindo de cinco diretores que não haviam dado certo. Era prejuízo atrás de prejuízo. Quando Walter chegou e contratou Boni, os dois fizeram a TV Globo", relata João. "Com isso, o dr. Roberto passou a dar muita autonomia para eles fazerem o que queriam", disse. "A Som Livre foi uma coisa que eles criaram — claro que com o dr. Roberto batizando."

O início da Som Livre foi marcado por atritos. Um produtor da gravadora não aceitou um pedido de Boni para apresentar opções de músicas que seriam usadas na trilha de uma novela. Ele disse que a responsabilidade de fazer a produção era da empresa, e os profissionais da Globo não deveriam "se meter", contou Boni. João Araújo apagou o incêndio,[93] mas a gravadora deixou de ter qualquer poder na escolha das letras.

Mudanças nas novelas também ocorriam para aproveitar as músicas da MPB. O nome da personagem de Betty Faria em *Véu de noiva* foi alterado para Irene. Ela passou a dar pequenas risadas durante as gravações com intuito de se encaixar na letra de Caetano Veloso.

O mercado fonográfico vivia momento de expansão. O país já havia passado pelo período do disco de cera, a "era dos velhos chorões", de Carmem Miranda, de Francisco Alves. Agora, chegava o tempo do vinil, que não quebrava. João Araújo guardaria trauma da publicidade que as gravadoras fizeram para anunciar a novidade.[94]

Num programa ao vivo na TV Rio, o humorista Leon Eliachar pegou um vinil e disse:

"Agora, vamos fazer o lançamento do disco que não quebra!"

E jogou para o alto. O disco caiu numa posição rara e espatifou. "Foi uma coisa horrorosa", lembraria João.[95]

Mas, em alguns anos, o mercado brasileiro de discos movimentaria quase dois bilhões de dólares, relata o produtor. A Som Livre, inserida na máquina de novelas, enfrentou a fúria das gravadoras nacionais e estrangeiras. "Quando o pessoal da indústria ficou sabendo que a Globo iria fazer discos, meu filho, a primeira coisa que eles fizeram foi cortar com os fabricantes", relatou. "Na época, só havia quatro fábricas: a da

RCA, a da CBS, a da Odeon e a da Continental. Então, eles se acertaram e não me deram condições de preço para começar a Som Livre."

O produtor chegou a pensar em desistir.

Na TV, a audiência aumentava no mesmo ritmo dos trechos proibidos pelo governo militar na grade de programação. Um mal que atingia a liberdade de pensamento e a criação artística, por excelência, a censura freava o crescimento das receitas. Agora, era exclusivamente um problema econômico. Os cortes nos roteiros de novelas e nas gravações nos estúdios retardavam a produção e impactavam a relação com os anunciantes.

Walter Clark decidiu colocar um oficial da ativa do Exército num posto semelhante ao de um relações públicas com os militares para blindar a grade de programação da censura. A estratégia deixava a Globo menos exposta a surpresas da tesoura, se prevenindo de possíveis proibições.

O militar escolhido estava no quadro da emissora e com os pés dentro do Exército. O carioca João Paiva Chaves era de uma geração militar que, no governo Juscelino, aproveitou literalmente fardas, casacos e saboneteiras não usados pelos pracinhas na Segunda Guerra. O país mandou navios com soldados e oficiais para uma missão de paz das Nações Unidas no Oriente Médio. A política externa do governo brasileiro via no conflito entre árabes e judeus uma oportunidade de protagonismo.

O Batalhão Expedicionário, conhecido por Batalhão Suez, montou um quartel-general em Rafah, no sul da Faixa de Gaza. O general Carlos Flores de Paiva Chaves, pai de João Batista, era o chefe da tropa da Força de Emergência, UNEF, na sigla em inglês.

A volta dos "boinas azuis" para casa era quase sempre de difícil adaptação. O soldo era baixo, não havia perspectiva atraente na carreira. Um dos veteranos de Suez, o capitão Carlos Lamarca, foi ser treinador de tiros para funcionários do Bradesco. No caso do colega dele, João Paiva Chaves, o caminho foi um emprego no departamento de serviços gerais da Globo. A morte do pai, o general comandante do batalhão, logo depois do retorno, também contribuiu para o desencanto.

A entrada do jovem Paiva Chaves na Globo foi um choque. "Eu achei que a emissora era um mundo de loucos", relatou.⁹⁶ "Depois, eu fui vendo que toda aquela aparente desorganização, aparente imprevidência, ou até talvez desorganização, acabavam dando certo. Tinha alguma lógica naquilo. E isso talvez tenha mudado definitivamente a minha cabeça."

Ele conhecia Roberto Marinho da Sociedade Hípica Brasileira, na Lagoa. Quando o empresário o viu no elevador da emissora, achou estranho. Se cumprimentaram. Numa segunda vez, Marinho disse:

"Paiva Chaves, vem cá."

Saltaram no segundo andar. O militar entrou na sala dele.

"O que você tanto faz aqui na TV Globo?"

"Dr. Roberto, o senhor não sabe, mas eu trabalho para o senhor."

A experiência de três anos no Oriente Médio possibilitou a João Paiva Chaves fluência no inglês. Esse diferencial o fez se aproximar de Joe Wallach, que ainda não dominava o português. Aos poucos, o militar serviu ao americano para diferentes missões. Uma delas foi fazer a montagem e a segurança do Festival Internacional da Canção.

O tempo era de falta de dinheiro. "Não havia recursos para nada. Aquele célebre fornecimento livre de dinheiro para TV Globo pelo Time--Life só acontecia na boca dos concorrentes", contou certa vez.⁹⁷ "Na realidade, havia muita dificuldade, porque a Globo não faturava quase nada."

Trabalhava à noite na Globo e durante o dia no Exército. Com os dois empregos, entrou para o Curso de Estado-Maior e começou a atuar no I Exército. Os superiores sabiam de seu vínculo com a emissora e decidiram aproveitar a experiência dele. O oficial foi jogado para a área de censura. "Só vou pedir a vocês o seguinte: não me botem para fazer censura na Rede Globo, porque não dá."

Ele foi encarregado de monitorar a TV Rio. Também era conhecido na emissora, mas não teve jeito de escapar da missão. Procurou um acordo com um amigo diretor da empresa. "Me mandaram aqui para ser o censor. Vamos combinar o seguinte: eu não vou ver nada a priori. Você não vai fazer nada, porque você vai me deixar mal. Quando você tiver dúvida, vamos conversar."

Paiva Chaves dividia seu tempo entre a função de funcionário da TV Globo, onde ia à paisana, e de censor da TV Rio, de farda. "Trocava de roupa no carro", contou.⁹⁸

Após se formar no Curso de Estado-Maior, Paiva Chaves deixou o cargo de censor. Ele chegava cedo à Globo, mas às 11 da manhã já estava no I Exército, onde permanecia até as 17 horas. À noite, voltava para a TV. O trabalho puxado o cansou.

Ele procurou Walter Clark para dizer que deixaria a empresa. O futuro no Exército era certo, a Globo, nem tanto, avaliava. O executivo da emissora o convenceu a ficar. Paiva Chaves passou a integrar, então, a assessoria do conselho executivo, um grupo de auxiliares diretos de Walter, formado ainda por Joe Wallach, Boni e José Ulisses Arce. Passou a atuar principalmente em problemas de censura.

Paiva Chaves negociava no I Exército e em outros órgãos a liberação de novelas e programas e tentava antecipar informações de cortes. O volume de pedidos aumentou, a ponto de ele considerar que, agora, podia ficar mal dentro do Exército. Então, contratou um colega da reserva para ser seu funcionário. "Eu tinha que me preservar, porque eu era da ativa. Eu não podia chegar lá para defender a TV Globo."

Quando o governo concentrou o serviço de censura em Brasília, Paiva Chaves procurou atuar de forma preventiva, sugerindo prudência na redação. Ele não tinha, porém, ligação com o conteúdo dos telejornais e novelas.

Num tempo em que não havia limites de atuação de um militar da ativa, Paiva Chaves era o elo entre dois grupos de demandas distintas. "Dr. Roberto tinha muito boas relações com os militares. Ao mesmo tempo, ele defendia com unhas e dentes o seu pessoal e procurava, inclusive, desfazer as injustiças", relatou.[99] "Ele tinha um excelente relacionamento com os militares. E os militares precisavam da Globo."

Até ali, a Globo não contava com um telejornal noturno voltado às praças do Rio, São Paulo, Belo Horizonte, Porto Alegre e Curitiba, as principais do país. Um telejornal era o produto que faltava numa programação nacional. A novela estava definitivamente consolidada na grade.

5. Voo noturno

Roberto Marinho escreveu que o pai decidiu publicar *A noite* durante a tarde para aproveitar o movimento na cidade na hora em que os lampiões a gás eram acesos. As lojas ficavam abertas até as 22 horas, contou.[100] A circulação era grande, especialmente nas imediações do Teatro Lírico, e dos cafés-concerto, como o Moulin Rouge, na Praça Tiradentes, pintado na mesma cor vermelha do estabelecimento de Montmartre, em Paris.

Na cidade à beira mar e da paixão pelo futebol, fora a praia e os estádios, a Cinelândia era a mais popular praça de lazer. Os escuros cinematógrafos, onde os "lanterninhas" das casas vigiavam possíveis bolinadores, deram espaço às amplas salas de cinema dos prédios construídos por Francisco Serrador. O produto lançado por Irineu aproveitava o público dessa área do Centro. O jornal passou a ser folheado pelos cariocas ainda na rua, levado debaixo do braço no bonde e lido pela família e amigos antes e depois do jantar.

Roberto se criou em um centro em que os homens andavam com lenço no bolso, terno de linho engomado e cabelos bem cortados. As mulheres se maquiavam, usavam vestidos, colares e brincos. A discrição e polidez chegavam a ser valores. Qualquer extravagância nas palavras e nos gestos podia resultar em julgamentos sociais e morais. Nas memórias do empresário, o Rio e esse tempo eram divertidos, porém formais.

Os espaços sociais tinham limites bem definidos. Ao longo da vida, os tipos mais prezados por ele preocupavam-se com a roupa, a postura e o tratamento nas relações pessoais.

O dono da Globo sempre manifestava o prazer da convivência com Walter Clark. O jovem executivo de sua emissora de televisão tinha charme. Fascinava também em Marinho a disposição e energia criadora do diretor. Outros traços da personalidade de Walter, destacados pelas pessoas mais próximas, incomodavam Marinho, como os excessos nos hábitos e atitudes. A construção de uma TV voltada apenas à diversão também não agradava um empresário acostumado com a mistura de notícia e entretenimento.

Joe Wallach conta a história de um Walter Clark ainda com cara de menino, tímido, pouco afeito a discursos e outras manifestações em público. "Mas, aos poucos, ele aprendeu a aparecer", lembra. O executivo se adaptou ao papel de gestor de uma emissora de TV em expansão. Embora não fosse um construtor de narrativas longas com frases potentes, não teve dificuldades de entrar num universo de prestígio, holofote e poder.

As notas nas colunas de jornais a favor ou críticos à Globo registravam jantares com Vinicius de Moraes e Di Cavalcanti, almoços com Niomar Muniz Sodré, a dona do *Correio da Manhã*, encontros com a alta cúpula da ditadura — suas frases eram sempre em sintonia com o projeto de integração nacional. O nome do executivo estava nas matérias sobre bares refinados que abriam e desapareciam na antiga capital, os *affaires* com atrizes da moda. Em Bauru, cidade do interior de São Paulo onde seu pai, Milton Bueno, administrava uma emissora afiliada, virou nome de rua. No Rio, o Ibope o apontava como um dos favoritos pelos torcedores do Flamengo a presidir o clube.

Walter rejeitava gastos em programas de jornalismo. Em um encontro com Reinaldo Jardim, diretor do departamento de jornalismo que montou na emissora, o executivo foi direto. Ele disse que, para a TV Globo, isto é, para ele, jornalismo era apenas um "capricho" de Roberto Marinho, que seria respeitado, mas apenas tolerado.[101] Em outras palavras, nunca havia dinheiro para as equipes de editores e repórteres, porque o negócio não era rentável. O executivo entrava em contradição com sua história. No início da carreira na emissora, o diretor mostrou *feeling* de repórter ao montar uma grande cobertura da enchente no Rio de Janeiro.

Boni conta ter ouvido de Roberto uma ordem:

"Quando eu construí a TV Globo não foi para fazer diversão, mas jornalismo. Vocês vão fazer a TV que eu sonhei. Então façam rápido."

Walter era chamado por jornalistas antigos da imprensa de "comissário" do Ibope, um "analfabeto provinciano", de "nariz noveleiro".[102] As aparições ao lado da cúpula da ditadura, sempre frequentes, ou declarações de elogios aos generais não pareciam arranhar a imagem de um executivo bem-sucedido. Em parte, talvez, pela rede de amigos intelectuais que ele formava na música, nas artes plásticas, na literatura, no cinema. Era amigo de Otto Lara Rezende, que era amigo de quase todos os escritores influentes, vivia em bebedeiras com Vinicius de Moraes, guru dos novos músicos, e tornara-se até mesmo sócio do produtor Luiz Carlos Barreto em projetos de cinema.

Ele era um publicitário que não achava sentido arrumar problema com o regime. Não tinha a visão do jornalismo forjado nas turbulências e momentos de repressão. Frequentava os salões do poder, a princípio levado pelos braços por Roberto Marinho, não enfrentava olhares de reprovação nem safanões. Vivia no mundo ideal. As únicas queixas vinham mesmo de setores da Igreja e de círculos privados incomodados pelas cenas de novelas.

A pressão interna de Roberto Marinho, no entanto, levou Walter a "tolerar" o jornalismo. Naquele momento, os programas de notícias da emissora totalizavam 37 minutos por dia. Às 19h45 ia ao ar o *Jornal da Globo*, com 15 minutos de duração, de segunda a sábado. As entrevistas eram sempre curtas. Nele se destacava o apresentador, o carioca Jorge da Silva, o primeiro negro a atuar numa bancada de telejornal no país. Majestade, como era chamado pelo tratamento respeitoso em relação às pessoas, despontou na Rádio Jornal do Brasil. O timbre de voz era reconhecido como um dos mais potentes da TV. Numa noite, após gravar o jornal, ele dirigia o carro no Túnel Rebouças quando sofreu um infarto fulminante. Uma multidão acompanhou o enterro do narrador em Inhaúma.[103]

Às 22 horas, Edgardo Ericksen, de Brasília, um afetado diretor, com bom trânsito na ditadura, apresentava o *Ordem do dia*, um editorial para elogiar o presidente e outros generais. Não passava de um minuto. A emissora transmitia depois o *Jornal da Verdade*, em 15 minutos, com matérias inusitadas e pitorescas. Por fim, altas horas da noite, ia ao ar o programa de entrevistas *Ibrahim Sued, o repórter*, que durava sete minutos.

Ibrahim, até pelo horário, não tinha a mesma audiência que o infantil *Topo Gigio*, o programa *Dercy Gonçalves* e o *Jornal da Globo*.[104] Patinava entre os horários com menos televisores ligados, mas se apresentava como um "recordista". Estava sempre nos anúncios de uísque, apartamentos e carros. Ele atraía poderosos à emissora. No primeiro aniversário do programa, houve uma festa no terraço do prédio da empresa.[105] Lá estavam o chanceler Magalhães Pinto e o governador da Guanabara, Negrão de Lima.

Nos jantares no Copacabana Palace, gostava de se mostrar um jornalista diferenciado. A infância e a adolescência de privações na Tijuca e os tempos difíceis em que circulava com uma câmera em busca de reportagens moldavam um personagem. "Sorry periferia", dizia. No início, quando lhe perguntavam de que família era, respondia: "Meu pedigree começa comigo."

Do primeiro encontro com Roberto Marinho, nos idos de 1954, lembrava de um conselho: "Na missão jornalística, amizades ou inimizades não importam. A notícia está sempre em primeiro lugar."[106] O empresário sugeriu, sobretudo, que Ibrahim não abandonasse, agora que tinha uma coluna, a característica de repórter, sem vergonha de tirar do bolso um caderninho e um lápis quando ouvisse uma informação relevante numa mesa com autoridades.

"Ibrahim, você é um grande repórter. Não caia nos erros dos grandes repórteres brasileiros, que passaram a ser articulistas."

Marinho deu um exemplo:

"Veja o Joel Silveira, um dos maiores repórteres do país."

Joel, veterano da cobertura da Segunda Guerra, se notabilizou por grandes reportagens, mas, depois, se tornou colunista e passou a escrever opinião.

A entrada de Ibrahim no ar expôs sua fala coloquial, deslizes da norma culta e gírias, sem o filtro dos redatores de suas colunas no jornal. O jornalista, porém, foi em frente, tornando a condição de "analfabeto", como ele mesmo dizia, um estilo. Era periferia e Zona Sul ao mesmo tempo. O público se identificou com o menino suburbano fascinado pelas luzes de Copacabana. Mesmo as camadas mais ricas e intelectualizadas faziam fila nas noites de autógrafos de seus livros de etiqueta do "homem sem educação", como classificou Hildegard Angel.

Ibrahim tinha proximidade com Yolanda Costa e Silva, mulher do general Costa e Silva. Seria lembrado, nos dias do AI-5, de sair em defesa de jornalistas como Antonio Callado, um dos cassados. Mas se apresentava como ligado ao regime. "Como eu, você pode entrar para a Arena. Também como eu, pode ser um conservador. Se não quiser seguir o meu exemplo, escolha o outro partido. É um direito que lhe cabe. Mas, por favor, não ingresse na esquerda etílica."[107] Ainda que fosse um anticomunista histórico, Marinho não gostava de extravagâncias pessoais.

Walter Clark foi buscar na TV Rio um nome que pudesse reforçar a produção de notícias na Globo. Nos círculos da imprensa carioca, Armando Nogueira ganhou fama de profissional refinado e de sensibilidade em temas complexos. Era fato que tinha longa trajetória em redações quando chegou para chefiar o noticiário da emissora no auge da repressão militar.

Filho de um soldado da borracha, Armando nasceu em Xapuri, no antigo território do Acre. Na capital, Rio Branco, ainda adolescente, fez um curso de piloto de avião. Foi para o Rio realizar o sonho de comandar grandes aeronaves. Acabou no curso de direito na Faculdade Nacional. Depois, entrou para o jornalismo e fez carreira no noticiário esportivo, com coberturas de Copas do Mundo. Armando inovou ao dizer, em 1954, na Alemanha, que o Brasil "perdeu porque mereceu perder". "Todo jogo do Brasil para nós era roubado. Foi um choque cultural", lembrou o amigo jornalista Evandro Carlos de Andrade.[108]

Com sua Rolleiflex, Armando registrou a briga entre brasileiros e húngaros na Batalha de Berna, partida decisiva do torneio. Ele registrou o momento em que o técnico brasileiro Zezé Moreira, um ex-comissário de polícia, deu um chute no ministro do Esporte da Hungria. Zezé nunca mais falou com Armando.

O maior furo dado por Armando no *Diário Carioca* tinha sido justamente o crime da Tonelero. Numa noite, Armando viu o vizinho

Carlos Lacerda conversando na rua com dois homens, possivelmente seguranças. Depois ouviu tiros. O pistoleiro Alcino João do Nascimento, contratado por Gregório Fortunato, chefe da segurança de Getúlio, havia atirado. Armando viu o major Rubens Vaz, que dava guarda a Lacerda, ainda agonizando. "Saí correndo, um pouco com medo, um pouco com a angústia de um repórter. Peguei o telefone do bar da esquina, na Rua Siqueira Campos, e liguei para o jornal. Falei para o Pompeu: 'Carlos Lacerda acabou de sofrer um atentado.' Ele disse assim: 'Eu vou suspender o fechamento do jornal.'"[109]

Pompeu de Souza, o editor, transformou o repórter em testemunha. "Aconteceu um fato do qual eu acabei sendo pioneiro, do ponto de vista da técnica jornalística. Aquela foi seguramente a primeira vez em que, no jornalismo conservador do Brasil, alguém escreveu uma reportagem na primeira pessoa do singular: 'Eu assisti ontem à noite ao atentado ao deputado Carlos Lacerda.'"

Assim, Armando passou a ser um depoente do episódio, com privilégios de acesso ao matador. Alcino era um "absoluto débil mental", registrou. "Ele atirou de no máximo cinco metros. Atirou no Carlos Lacerda e matou o major. Depois eu ficaria sabendo que ele era, inclusive, daltônico", contou. "Ele era um pistoleiro e, uma vez, tinha sido contratado para matar um sujeito de camisa azul e calça cinza, e matou um camarada de camisa cinza e calça verde."

Na TV Rio, Armando produzia o programa *Causa e efeito*. Em debates sobre temas sociais e políticos, o apresentador Léo Batista colocava a "causa" do problema e o colega Heron Domingues mostrava o "efeito".

Ao levar Armando para a Globo, Walter esperava que o amigo fosse um meio termo entre o que Roberto Marinho esperava — jornalismo na veia — e o que podia render de audiência. Contava com Armando para dar à programação da emissora um tom de espetáculo, ao estilo das TVs americanas. O colega não deixava transparecer dúvidas se iria corresponder às expectativas, mesmo vindo de uma longa tradição do jornalismo.

Cronista de futebol no *JB* e diretor de jornalismo da Globo ao mesmo tempo, Armando logo soube que seu papel na emissora era ajudar na criação de um produto de notícias de alcance nacional. Walter e Boni avaliavam que ele deveria abandonar o futebol.

Num almoço no Rio com Boni, Armando, Joe Wallach e Otto Lara Resende, o diretor José Ulisses Arce, ligado a Walter, perguntou:

"Quando vocês vão fazer um jornal nacional?"

Boni argumentou que o custo do link para transmitir o sinal pela Embratel era "caríssimo"; as tarifas, "inviáveis".

"Pelo menos um jornal", retrucou Arce.

Armando interveio:

"Olhe, Arce, não quero ouvir essa história, já avaliamos todos os custos, é inviável."

"Eu vendo. No almoço de amanhã eu dou a notícia", disse Arce.

O executivo procurou José Luiz de Magalhães Lins, o executivo do Banco Nacional, ligado a Roberto Marinho. Num novo almoço, Arce informou que havia conseguido um patrocinador.

"Eu não faço jornal com o nome do Banco Nacional. Isso não é jornalismo", disse Armando.

Boni, então, começou a "catequizar" Armando.

"A gente separa o jornalismo da publicidade, deixa claro", disse o executivo.

A ideia de um jornal nacional de Walter Clark não era, necessariamente, garantir um espaço de jornalismo e influência à Globo, como defendia Marinho. O executivo enxergava a consolidação de um horário capaz de atrair publicidades de grandes empresas interessadas nos consumidores de todo o país, não apenas do Rio e de São Paulo.

A emissora logo pensou num produto de notícias noturno, que fosse acompanhado pelas pessoas em casa. O telejornal ainda se beneficiaria do horário mais barato da linha de transmissão de micro-ondas de telefonia da Embratel. Os preços do sinal pela manhã e à tarde, período de trabalho e negócios, custavam muito.

Um jornal de âmbito nacional poderia formar, com as produções do núcleo de novelas, ainda nas mãos de Glória Magadan, o tripé da programação noturna da emissora. Nesse formato, uma trama amena seria transmitida por volta de 19h30 — a chamada "Novela das 7" —, o telejornal passaria em seguida e um outro folhetim, considerado o principal, de temas mais profundos e dramáticos, iniciaria às 20h30 ou uma hora depois — "Novela das 8". Ainda haveria uma terceira produção, às 22 horas — "Novela das 10".

Além da resistência de Armando, a proposta do telejornal esbarrava nos parceiros da emissora nos estados. Boni e Joe pegaram um avião e foram para Porto Alegre conversar com Maurício Sirotsky, da RBS. Queriam convencer as filiadas a entregar um horário noturno para a transmissão do programa.

"Mas oito horas é o horário que me dá mais poder", reclamou Maurício.

"Faz às sete."

"Mas sete não é a mesma coisa."

"Mas vai ser uma rede."

A ideia era ultrapassar a audiência do tradicional *Repórter Esso*, da Tupi. Entretanto, a contar pela equipe que preparava o novo telejornal, a emissora não fazia um grande investimento. O grupo era pequeno. Armando chamou Alice-Maria para ser seu braço direito. A dupla não convidou repórteres badalados ou experientes de redações de jornais, mas jovens estudantes de jornalismo da PUC. "Havia uma meia dúzia de repórteres que tínhamos recrutado segundo um modelo americano de correspondente de rua, que passava as matérias com a sua própria imagem, que ia eventualmente coberta com imagens na edição", relatou o diretor de jornalismo da emissora.[110] "Mas foi um trabalho de formação profissional muito lento, porque você não pega um calouro e o transforma da noite para o dia em um correspondente falando fluentemente de qualquer lugar."

Foi utilizado o recurso de "ponto eletrônico". "Passamos para o público a impressão de que nós tínhamos uma equipe tão preparada que era capaz de improvisar 20 informações com uma fluência admirável de grandes tribunos. Isso era um artifício que usávamos na formação."

Em reuniões do "alto-comando" da Globo, relatou Armando, com a aprovação de Roberto Marinho, ficou acertado que a emissora faria um jornal nacional para criar a ideia de uma rede, ir além de um canal local.[111] A empresa aproveitaria a rede de micro-ondas interligando o Brasil, montada pelos militares para ampliar a telefonia e por razões de Segurança Nacional. "A TV Globo começou a pensar que, usando aquela infraestrutura da Embratel, poderia fazer a sua imagem chegar simultaneamente a vários pontos do Brasil", disse Armando. "Nunca se faz rede a partir de entretenimento. Você faz uma rede a partir da coisa mais simples que tem: um telejornal. A experiência americana foi assim", observou. "Ao mesmo tempo em que íamos espalhar a nossa imagem, íamos exercitar uma tecnologia que não dominávamos, a comutação de praças."

Os dias que antecederam à entrada do telejornal no ar foi de estresse máximo e preocupação no setor técnico da emissora. As quedas de sinal, os ruídos e fantasmas na tela, comuns nos programas jornalísticos locais, representariam um desastre num programa ao vivo em rede nacional.

A maior preocupação dos técnicos era com a antena da Globo no Alto do Sumaré. Eles reclamavam que outras emissoras não faziam manutenção nem tinham qualquer trabalho preventivo contra a dissipação de faíscas elétricas, que atingiam a torre da Globo com frequência. "Nós sempre nos preocupamos em manter tudo no melhor padrão de qualidade técnica, mas os demais não faziam isso", lembra Adilson Ponte Malta. "Era chato ter problemas durante transmissão para os programas no Rio, mas nada podia ser pior que nas transmissões para todo o país", observa. "Jornal Nacional em dia de chuva e raio era batimento cardíaco 140."

Em meados de agosto de 1969, a imprensa noticiava que Costa e Silva ensaiava um decreto para alterar o AI-5 e restabelecer a volta do funcionamento do Congresso. No sábado 30, entretanto, o general desembarcou no Galeão, no Rio, com um cachecol no pescoço e febre alta. Foi para o Palácio das Laranjeiras e de lá não saiu mais. No domingo, sofreu uma isquemia cerebral.

Em sua edição de segunda-feira, *O Globo* publicou a manchete que "Ministros militares assumem o governo". O *Jornal do Brasil* não circulava nesse dia. A notícia de afastamento do presidente da República coincidiu de entrar na primeira edição do telejornal da emissora de Marinho.

No estúdio da emissora no Jardim Botânico, a equipe de Armando Nogueira estava preparada para a primeira edição do Jornal Nacional. Hilton Gomes e Cid Moreira estavam na bancada pioneira — um ano depois, sairia Hilton e Cid formaria com Sérgio Chapelin a dupla que marcou a história do telejornal. O Jornal Nacional estreou às 19h40, da segunda-feira, 1º de setembro, numa cadeia de transmissão quase nacional. Rio, São Paulo, Curitiba, Porto Alegre, Brasília e Belo Horizonte puderam assistir ao programa. Pela estimativa da época, os estados abrangidos pelo sinal da Embratel representavam um mercado consumidor de 54 milhões de pessoas.

O patrocínio no programa televisivo veio do Banco Nacional e das empresas administradas pelo banqueiro José Luiz de Magalhães Lins, amigo de Roberto Marinho e sobrinho do chanceler Magalhães Pinto.

A noite de estreia do *JN* não foi de chuva no Rio. A ansiedade no estúdio e nas salas dos técnicos era intensa. "No ar, *Jornal Nacional*. A notícia unindo 70 milhões de brasileiros", anunciava um locutor na abertura, usando números ainda do censo do começo da década. Justamente na manhã daquele dia, os técnicos do IBGE fechavam uma pesquisa que apontava um país de 90 milhões de pessoas, número que seria usado meses depois na música da Seleção de Pelé, Carlos Alberto, Gerson e Jairzinho.

"É o Brasil ao vivo aí, na sua casa", disse Cid Moreira.

Tudo era antigo. A produção das matérias não contava com câmeras portáteis, apenas as velhas filmadoras de cinema que exigiam revelação, avaliação e edição das imagens para ir ao ar.

O material enviado pela filiada do Rio Grande do Sul foi determinante para a imagem de um telejornal nacional. Naquele dia, dois gaúchos eram protagonistas do noticiário político — Costa e Silva, em sua agonia, e Médici, comandante do III Exército, cotado para assumir o governo. "A TV Gaúcha abriu e fechou cada emissão do *JN* com uma cobertura objetiva em que se destacava o senso profissional dos repórteres e editores coordenados pelo competente jornalista Lauro Schirmer", lembrou Armando.[112]

Nada era como se noticiava. Ao longo da programação, o quadro de saúde de Costa e Silva foi noticiado com imagens da Junta Militar que assumiu o poder, no Palácio das Laranjeiras. O *JN* estreou relatando um boletim do governo: o general estava "lúcido" e se alimentando "bem".[113] "Estava hemiplégico e mudo", contaria Elio Gaspari.[114]

Tudo era ontem. Na sequência, o telejornal apresentou videoteipe de um gol de Pelé nas Eliminatórias da Copa do Mundo, na vitória de

1 a 0 contra o Paraguai, no dia anterior, que bateu o recorde de público no Maracanã, com 183 mil pagantes. Foram exibidos também comentários ao vivo de políticos, em São Paulo e Curitiba, sobre o afastamento do presidente. A Embratel ainda não tinha interligado ao seu sistema Brasília e Belo Horizonte.

Em sua sala na emissora, Armando desabafou:

"A sensação que eu tenho é de que estou decolando com um Boeing."

Depois, num coquetel na Globo, Armando perguntou a Roberto Marinho:

"O que o senhor achou?"

"Um colosso."

O sonho da montagem da rede parecia viável. O tripé formado por um telejornal e duas novelas não sairia mais da grade da Globo. O modelo de programação começava a moldar o horário noturno do Brasil. Se a ditadura impunha horários de verão, a TV estabelecia períodos de completa impossibilidade de compromissos, dependendo da novela e da expectativa em relação a seus últimos capítulos. A emissora apresentava um padrão de hora para os brasileiros marcarem seus encontros e compromisso, sempre antes ou depois do telejornal ou de uma novela.

Sem que o país soubesse, Costa e Silva estava desenganado pelos médicos. Roberto Marinho mandou um telex para a primeira-dama, Iolanda. "Os jornalistas têm o hábito de manifestar publicamente as suas opiniões e, também, as suas emoções. Hoje fizemos ao seu ilustre maior a justiça que ele merece e manifestamos os votos do povo brasileiro pelo pronto restabelecimento do Chefe da Nação", escreveu. "Mas a Stella pediu-me que expressasse à senhora, diretamente, os sentimentos com que estamos acompanhando o transe por que está passando o seu ilustre marido. Pediu-me, também, para dizer-lhe que estamos rogando a Deus que o Marechal Costa e Silva muito brevemente recupere a sua saúde e volte, para felicidade dos nossos patrícios, à chefia da Nação."[115]

A 2 de setembro, o *Jornal do Brasil* entrava na cobertura do afastamento de Costa e Silva. A manchete enfatizava: "Presidente apresenta sinais positivos de melhora". *O Globo*, nesse dia, deu pouco espaço, na primeira página, à narrativa oficial de que Costa e Silva se recuperava, limitando-se a falar do quadro de saúde do general numa pequena legenda de uma foto em que a primeira-dama Iolanda aparece com óculos escuros e semblante de abatimento. O jornal ressaltou mais a situação de uma "política econômica inalterada" e o fato pitoresco: "Rio volta a ser sede do governo federal".

Um dia depois, o jornalista Carlos Castello Branco, do *JB*, o mais influente colunista de política, escreveu que a "revolução" tinha mesmo entrado em nova etapa e continuavam afastadas, a perder de vista, as possibilidades de abertura política.[116]

Na edição do dia 4, porém, o noticiário do *JB* manteve a narrativa da Junta, divulgada pela Secretaria de Imprensa da Presidência, de que o general se recuperava "além da expectativa". "O processo de recuperação do presidente Costa e Silva vem se desenvolvendo tão bem que os quatro médicos que o atendem estão examinando a possibilidade de suspender a publicação diária do boletim médico e passar a divulgá-lo de dois em dois dias."[117] No mesmo dia, *O Globo* noticiou que o presidente faria fisioterapia para um "completo" restabelecimento.[118] Mas a matéria do alto da página, uma entrevista do ministro do Planejamento, Hélio Beltrão, dava indicações de que a Junta era o governo. "Nada mudou: governo é o mesmo".

A narrativa de rei morto, rei posto não agradou à cúpula militar. Sob pressão, *O Globo* evitou noticiar, nas edições seguintes, o quadro do general. Os ministros Lira Tavares, do Exército, Augusto Rademaker, da Marinha, e Sousa e Melo, da Aeronáutica, que formavam a Junta Militar, despachavam no mesmo palácio onde Costa e Silva era preparado para a extrema unção. O chefe de gabinete, general Jayme Portella, era o elo entre o quarto do moribundo e o salão de despacho dos chamados "três patetas". Foi Portela quem começou a tramar um golpe para evitar que Pedro Aleixo, o civil que era vice-presidente, entrasse no Laranjeiras e ficasse na cadeira. Havia ali uma espécie de sequestro do general que peitou a caserna, se postou como substituto de Castelo e editou o AI-5. Agora, a ditadura era estendida pelos ministros militares, que não tinham interesse em apressar a escolha de um substituto para comandar a "revolução".

Notícia de impacto não faltou para minimizar o drama palaciano. No dia 4, um Cadillac preto, onde estava o embaixador americano Charles Burke Elbrick, colidiu levemente com um Fusca, que atravessou o caminho, numa rua do Rio. Do Volks, desceram cinco guerrilheiros armados. Finalmente a luta armada colocava as mãos no principal nome da diplomacia estrangeira no país, e o sequestro estaria nos principais jornais e emissoras de rádio e TV do mundo. O líder estudantil Franklin Martins, que dirigia o Fusca, tinha planejado o sequestro para forçar a libertação de presos políticos.

Até o envio de uma leva de prisioneiros para o México e a libertação de Elbrick, três dias depois do sequestro, *O Globo* se fartou de matérias sobre a ação guerrilheira, que incluía a "caça aos terroristas", negociações para o resgate, um garrafal "SOLTO", para anunciar a libertação do embaixador, e um trágico "Pena de morte" grafado na primeira página. A Junta Militar havia mudado o Artigo 150, da Constituição redigida já no governo de Costa e Silva, que previa pena capital nos casos de guerras externa, psicológica, revolucionária ou subversiva.[119]

No dia 12, *O Globo* publicou editorial em que afirmou que Costa e Silva tinha tido um "papel positivo" na "história da democracia brasileira", mas a família e os amigos mais chegados já tinham se convencido de que seria "impiedoso" submetê-lo ao "sacrifício" de ocupar a cadeira de presidente. Era preciso, segundo o jornal, "encarar" a questão sucessória de frente.

Num texto que, à primeira vista, elogiava o general — desenganado pelos médicos — e a Junta — que tinha o poder de fato —, o editorialista listou seis pontos que os três ministros militares deveriam cumprir, numa profissão de "fidelidade" a Costa e Silva. O futuro presidente deveria ser escolhido pelo Congresso e, após assumir o cargo, manter a política econômica dos governos Castelo Branco e Costa e Silva, reafirmar publicamente o Estado de Direito democrático, isto é, que permitisse a "existência desinibida de uma oposição ao governo" e, em três meses, se submeter a uma proposta de constituição que conciliasse a "revolução" com a "vocação" democrática do povo brasileiro. O cumprimento desses pontos garantiria a "tranquilidade" ao país.[120]

A 30 de setembro, *O Globo* publicou matéria sobre a infância do general Emílio Garrastazu Médici, em Bagé, no Rio Grande do Sul.[121] O comandante do III Exército, em Porto Alegre, era o favorito no Alto Comando do Exército para suceder Costa e Silva. A escolha do novo presidente não seria feita, no mês seguinte, no plenário do Congresso, em Brasília, como defendeu o jornal de Roberto Marinho, mas no Salão

D. João VI, no Palácio da Guerra, o atual Palácio Duque de Caxias, perto da Central do Brasil, no Rio. A morte cerebral de Costa e Silva só seria confirmada duas semanas depois.

Na manhã de 6 de outubro, o Alto Comando das Forças Armadas confirmou o nome de Médici. Os generais Orlando Geisel e Antônio Carlos Muricy chegaram a ser citados na reunião no Palácio Duque de Caxias. A vitória do militar gaúcho praticamente limava Muricy do jogo político. Na manhã seguinte, o jornal de Marinho publicou em letras garrafais:

"ESCOLHIDO MÉDICI"

A primeira página apresentava um editorial com o modelo que virou um clássico do jornal nos últimos anos: abria com um título adesista — "Unir para consolidar" —, começava com referências positivas à "Revolução", elogiava a suposta capacidade e o passado de "tradição revolucionária" do chefe militar, defendia ações e medidas do regime, mais adiante demonstrava preocupação com alterações de regras na área econômica que pusessem em risco o livre mercado e, por fim, apresentava uma mensagem política. Nesse dia, *O Globo* chegou a afirmar que "determinadas táticas" careciam de "revisão" e uma "urgente" mudança de tônica.

"*NO PLANO IDEOLÓGICO, por exemplo, achamos que já é hora de — embora a luta contra a subversão tenha de ser mantida, e com a mesma energia — não permitir que esse combate condicione DEMAIS a vida nacional*", defendeu o texto.

"*SE AS MEDIDAS NA ÁREA DA SEGURANÇA permanecessem no primeiro plano, o país caminharia para o temor e o consequente desânimo na faixa da produção. E, se tal ocorresse, os subversivos teriam alcançado a preços módicos boa parte de seus objetivos.*"

No auge dos sequestros de aviões, de grande repercussão, o malabarismo do editorial argumentava que priorizar o combate à luta armada era ruim para a economia real. Diferentemente de outros jornais, especialmente *O Estado de S. Paulo* e o *Jornal do Brasil*, os textos de *O Globo* que expressavam a linha do vespertino não ficaram marcados por cortes da censura. Os editorialistas de Marinho criticavam quem ia contra o que consideravam entendimento e moderação, geralmente os "subversivos", mas sem resvalar para a defesa do aumento da repressão. Essa oscilação de apoio ao regime e combate às arbitrariedades nos editoriais tinha uma razão de ser: ainda que Roberto Marinho saísse em defesa do governo, os seus editorialistas, responsáveis pelo "cartão de visita" de sua empresa de comunicação, eram jornalistas históricos de esquerda: Franklin de Oliveira, que trabalhou no editorial de 1968 a 1986, e Luiz Alberto Bahia, de 1969 a 1972.

Presentes na redação do jornal de Marinho naquele final dos anos 1960 e começo de 1970, auge da repressão militar e do terror político, Franklin e Bahia tinham longa experiência nas redações do Rio, vivência na turbulenta política brasileira e desenvoltura intelectual — escreveram livros de reflexão cultural e filosófica. No dia a dia, conseguiam alinhar pragmatismo e requinte nos gestos e palavras.

Antes de entrar para *O Globo*, Luiz Alberto Bahia, um trotskista, atuou durante anos no *Correio da Manhã*, sendo demitido pela posição a favor do regime de Fidel Castro em Cuba e contra Carlos Lacerda. Ainda assessorou San Tiago Dantas, ministro da Fazenda de João Goulart. Por sua vez, Franklin de Oliveira, com passagem pela *O Cruzeiro* e também pelo *Correio*, atuou no governo de Leonel Brizola no Rio Grande do Sul, foi amigo próximo do escritor João Guimarães Rosa e teve os direitos políticos cassados pela ditadura. Atribuída a Marinho, a frase "nos meus comunistas mando eu" surgiu quando o empresário saiu em defesa de Franklin.

Um mês depois da posse de Médici e do editorial de *O Globo*, numa noite de novembro de 1969, a repressão montou uma emboscada para um dos nomes mais emblemáticos da luta armada. O ex-deputado comunista Carlos Marighella compareceu a um ponto marcado pelos freis dominicanos Ivo e Fernando, na Alameda Casa Branca, em São Paulo. Entrou num Fusca azul estacionado na rua para a conversa com os religiosos. O delegado Sérgio Paranhos Fleury estava de tocaia.

À época, a morte do guerrilheiro foi registrada pelos jornais com nuances diferentes. A *Folha de S.Paulo* foi a única que classificou na manchete o líder de esquerda como terrorista de forma direta. "Morre o chefe terrorista Marighella", destacou o jornal, embora *O Globo*, o *Jor-*

nal do Brasil e *O Estado de S. Paulo*, mais factuais e sóbrios nos títulos, tenham usado o termo em seus textos, legendas ou mesmo títulos de reportagens complementares.[122]

Naquela semana, os quatro jornais fizeram uma cobertura do assassinato do guerrilheiro apenas com a versão de Fleury. O DOPS espalhou a narrativa de que Marighella estava acompanhado de um "bando" de 12 pessoas, iniciou um tiroteio e foi morto em combate. Outras duas pessoas teriam morrido na troca de tiros, uma agente e um dentista que passava pelo local. Foi a história divulgada nos jornais, sem diferenças de narrativas. Informações dos religiosos arrancadas sob tortura foram normalizadas pela imprensa e eles, tratados como traidores. Os tiros que mataram a investigadora Estela Borges Morato e o protético Friedrich Adolf Rohmann não teriam partido do Fusca.[123]

Nos meses de intensa turbulência política, a Globo era surpreendida pela procura das agências de publicidade por espaços comerciais nos intervalos do *Jornal Nacional*. O programa de notícias atraiu grandes anunciantes, que agora podiam apresentar seus produtos para todo o país. A consolidação do *JN* firmou Walter Clark como o gênio da programação, embora tivesse sido contrário ao noticiário. O sucesso do produto, na triangulação com os folhetins, foi capitalizado pelo executivo. Boni e Armando Nogueira ficaram encobertos, embora tivessem atuado para a consolidação do novo modelo de grade de programação. Roberto Marinho saía de uma das mais intensas crises da história republicana com um produto jornalístico que lhe dava a dianteira no negócio da imprensa.

6. A dor

Dos quatro filhos de Stella Goulart e Roberto Marinho, o jovem Paulo Roberto era quem tinha a imagem de "rebelde" e "menino complicado". Paulinho travava brigas veladas com o pai, mas evitava competir e bater de frente, diferentemente do irmão mais velho, Roberto Irineu, um barril de pólvora. Não tinha, muito menos, a postura de João Roberto, o terceiro filho, sempre econômico nas palavras, para evitar choques. Por sua vez, José Roberto, o caçula extrovertido, era bem pequeno para entrar em duelos com aquela figura solar.

Roberto Marinho arrancava "os cabelos que não tinha" quando Paulinho manifestava o desejo de ser um pescador em Cardeiros, propriedade com extensa margem de praia que a família possuía no litoral norte fluminense.[124]

Diante dos filhos, Stella tentava contemporizar o clima de competição que o marido transferia do mundo dos negócios, da política e do jornalismo à residência no Cosme Velho.

Ela procurava criar situações para mantê-los sempre por perto na mansão nas proximidades do Corcovado. Motivava intelectuais e os amigos dos filhos a frequentarem a casa. Os mais próximos viam em Stella uma barreira que impedia a concorrência brutal nas relações entre temperamentos distintos.

A propósito, os Marinho são um caso único entre as famílias dos grandes veículos de comunicação do país. Jamais entrariam em disputas internas fratricidas e embates abertos e atuariam sempre em irmandade.

É preciso ressaltar que Roberto teve uma vida longa e casou-se apenas aos 46 anos. O seu império teria muito tempo para se consolidar em suas mãos e nas mãos dos filhos, a ponto de nunca ter perspectivas de turbulências quando a sucessão envolvesse netos, uma segunda leva de acionistas.

Quando Paulo Roberto começou a demonstrar vontade de arrumar um trabalho, Stella procurou Francisco Grael. O diretor de *O Globo* era responsável pela gráfica do jornal.

"Vou mandar o Paulinho aí, porque ele quer trabalhar."[125]

Magro e de cabelos compridos, Paulo Roberto vestiu uma camisa social e pôs uma gravata para ir ao encontro com o diretor.

"Tio Grael, não quero trabalhar com papai. Nem com tio Rogério. Também não quero trabalhar com tio Ricardo."

"Mas aí ficou difícil. Você quer trabalhar onde?"

"Quero trabalhar com o senhor."

Com a supervisão de Francisco Grael, o jovem Marinho logo começou a atuar na equipe que, naquele momento, buscava novas máquinas.[126] A oficina do jornal estava em expansão.

Naquele momento, a situação de Roberto Marinho nos negócios era de tensão e apreensão. A ditadura endurecia com a censura, militares de baixa patente ganhavam poderes nos órgãos de regulação e comunicação. *O Globo*, carro chefe de suas atividades, era visto como um jornal envelhecido, com uma geração mais antiga, desacreditada diante da revolução gráfica, editorial e de estilo, tocada havia tempo pelo *Jornal do Brasil*. O concorrente tinha pontes sólidas com o regime autoritário, mas mantinha boa vendagem e influência política dos setores mais diversos.

Roberto Marinho vivia da expectativa de crescimento da TV Globo, ainda deficitária, mas com uma equipe criativa e envolvente de jovens talentos que aprendiam a fazer televisão quando ninguém ainda dominava a técnica. Uma ducha de água fria foi o incêndio, em julho do mês anterior no estúdio do Canal 5, a antiga TV Paulista que Marinho transformara na Globo São Paulo. Ele brigava com a seguradora por conta da indenização do sinistro.

A boa situação no setor imobiliário, área que investia, e mesmo a publicidade no jornal garantiam extravagâncias na vida familiar do empresário. Nos dias que antecederam o Natal de 1969, Marinho presenteou Paulo Roberto com um Puma, carro sensação entre os jovens da Zona Sul do Rio. Naquele fim de ano, a relação entre pai e filho era de uma aparente trégua.

Às vésperas do réveillon, o empresário decidiu passar a virada de ano longe da família. Ele e Stella estavam distantes. A relação se deteriorara. Marinho informou para alguns amigos próximos que iria pescar. O jornalista Henrique Caban, chefe de redação de *O Globo* por anos, relata que ele foi para o apartamento de Ruth Albuquerque, secretária da embaixada de Portugal, na Rua Sacopã, na Lagoa.[127]

Stella viajou para a fazenda de Cardeiros, em São Pedro da Aldeia, com os filhos Roberto Irineu, João Roberto e José Roberto e parentes do marido. Paulo Roberto acertou com a mãe que iria horas depois, a tempo da confraternização da virada de ano. Ele namorava Elizabeth Campelo, cuja família tinha casa de veraneio em Cabo Frio.

Na manhã de 31 de dezembro, Stella contou a Elizabeth Marinho, sobrinha de Roberto Marinho que passava o final do ano com a tia e os primos, que não se sentia bem. O dia foi de agonia, lembra Elizabeth.

Por volta de 18 horas, Paulo Roberto chegou a Cardeiros. O mal-estar de Stella diminuiu. Mas, minutos depois, ela voltou a demonstrar tensão e angústia.

Stella jantou com os filhos. Após a ceia, os jovens foram para uma festa na casa de veraneio da família de Elizabeth Campelo.

Na madrugada, por volta de 5h30, Paulo Roberto e um amigo, José Sales Coelho, entraram numa Kombi para voltar a Cardeiros. Paulo Roberto tomou a direção do carro enquanto José, sonolento, foi para o banco traseiro.

Num trecho do caminho, no rumo de São Pedro da Aldeia, Paulo Roberto aparentemente dormiu ao volante e perdeu a direção. A Kombi que dirigia saiu da estrada, descendo um barranco. Ele acordou bruscamente, deu uma guinada para voltar à pista, mas o carro colidiu num poste na beira da estrada.[128]

Minutos depois, um motorista num Jeep que passava pelo local parou o carro. Ele levou os jovens ensanguentados ao hospital de

Cabo Frio. Depois, foi à propriedade da família Marinho comunicar o acidente.

José estava lúcido. Tinha sofrido ligeiras escoriações. A situação de Paulo Roberto era grave. À equipe médica, José lamentava não ter viajado no banco da frente para conversar com o amigo e evitar que ele dormisse.

Carlos Lacerda, o adversário implacável de Roberto Marinho, passava o réveillon em Cabo Frio. Ao ser informado do acidente, foi para o hospital prestar assistência.

A família e os amigos de Marinho demoraram a localizar o empresário.

Às 9 horas, Stella recebeu a comunicação da morte de Paulo Roberto.

O filho caçula, José Roberto, estava em casa esperando notícias do hospital quando foi ao quarto de Paulinho e viu a tia Elizabeth arrumando roupas do sobrinho. "Na hora que eu a vi arrumando as roupas, já deduzi", conta. "Aí eu a vi fazendo as malas, apressada, arrumando as roupas dele, aí ela me contou", relata. "A memória apaga tudo. Eu me lembro desse momento, depois não me lembro de mais nada."

José Roberto não teve condições de ir ao cemitério. "Um horror. Eu era muito próximo dele. O irmão que eu era mais próximo era o Paulinho", relata. "O Paulinho me levava para os luaus, tocava violão na praia, essas coisas assim. Foi um baque horrível, eu fiquei arrasado durante um tempo."

Ainda naquele dia, o corpo de Paulo Roberto foi transportado num avião fretado pela família para o Rio. O velório foi aberto numa capela do Cemitério São João Batista, em Botafogo.

Ao ser informado da morte do filho, Roberto Marinho perguntou com uma aflição de culpa adicional:

"Ele estava no Puma?"[129]

No dia 3 de janeiro, o ex-presidente Juscelino Kubitschek e o ex-embaixador Vasco Leitão da Cunha, que passaram o réveillon no Rio, foram ao velório. O ditador Emílio Garrastazu Médici mandou telegrama, assim como o empresário Joseph Noviski Hemy Johston, do *New York Times*. Diretores e funcionários das empresas de Roberto Marinho compareceram em massa.[130] O diplomata José Sette Câmara, diretor do *JB*, representou o jornal concorrente. Também foi ao cemitério o banqueiro Walther Moreira Salles.[131]

No velório, Roberto Marinho e Stella se aproximaram, mas não chegaram a consolar um ao outro, lembraria o banqueiro e amigo da família José Luiz de Magalhães Lins. O momento era de culpas, constrangimentos, silêncio, desespero.

Mesmo nas conversas com pessoas mais próximas, Roberto Marinho evitava falar sobre o filho morto. Nas ocasiões em que o assunto vinha à tona, nos encontros com Antonio Carlos Drummond, o Toninho, executivo da Globo em Brasília, anos depois, o empresário não escondia o abalo. "Ele nunca falou demais sobre isso, mas eu sentia que esse era um assunto que, quando surgia, mexia com ele", relata Toninho. Joe Wallach acompanhou o drama do dono da emissora. Embora tivesse conversas frequentes, Roberto Marinho também evitava falar com ele sobre a morte de Paulo Roberto.

A tragédia tinha chegado a uma família que vivia a angústia do distanciamento de Stella e Roberto Marinho. "O momento da vida da nossa família já era difícil. A relação de meu pai e minha mãe estava deteriorada. Mas eles resolveram ficar morando juntos. O Paulinho morreu nesse momento", relata João Roberto.

A morte de Paulo Roberto acelerou o processo de separação de Stella e Roberto Marinho. Tempos depois, eles decidiram não morar mais juntos. Ela foi viver com os três filhos em uma casa em Laranjeiras. Ele permaneceu na residência do Cosme Velho. Um ano depois, ao viajar para o exterior, Marinho escreveu à mulher:

"Embarco para a Europa praticamente desquitado da mulher que amei imensamente, da mãe dos meus filhos, daquela que meditadamente escolhi para partilhar da minha vida, nos bons e nos maus momentos, como preconiza a Igreja que nos casou.

"Nesta altura da nossa vida e diante de tudo o que nos aconteceu, infelizmente irremediável, não teria o menor sentido rememorar fatos, reviver episódios, em suma, exumar o passado. Deus sabe que procurei ser um bom marido e um bom pai.

"Quero somente deixar-lhe minha palavra de agradecimento por tudo quanto V. me proporcionou, com a sua personalidade tão rica e tão dotada, durante mais de duas décadas em que vivemos juntos e fomos felizes — tão felizes quanto possam ser dois seres fortes e, às vezes, conflitantes.

"Deixo o Rio com a esperança de voltar a ser feliz. Se a idade que tenho, já um tanto avançada, até hoje não conseguiu domar a minha maneira de ser, a força de um caráter que o destino parece pôr à prova quase na adolescência — é indubitável que os anos sempre nos trazem ensinamentos úteis, que nos ajudam a não reincidir nos erros do passado.

"Desejo que V. seja muito feliz. Os nossos filhos são maravilhosos e têm verdadeira fascinação por você. Passada esta fase natural de perplexidade, V. verificará que a nossa separação, tão repudiada, durante anos, ora por um, ora por outro, terá sido benéfica a todos nós, principalmente aos nossos filhos.

"Se no passado nos desentendemos a ponto de sermos levados a uma separação, de agora em diante vamos nos unir no objetivo comum da felicidade e do futuro desses meninos que nos darão — com a ajuda de Deus — cada vez maior orgulho.

"Muito afetuosamente despede-se, Roberto."[132]

Stella mandou para Roberto um objeto que pertencera a seu pai, Paulo Goulart, com um bilhete. O sogro e o genro tinham paixão pelo hipismo. "Roberto, isto é um medidor de altura de cavalos. Pertenceu a papai e achei que talvez você gostasse dessa lembrança. Afinal, na família, você é o único, no momento, que gosta de cavalos. Eu não gostaria de dá-lo a alguém estranho."[133]

O divórcio formal levou anos. Numa carta mais à frente, Stella relatou a Marinho um telefonema que recebera do advogado encarregado por ele de estabelecer os termos do desquite. "Nessa conversa, me foi transmitido o desejo de transformar o nosso desquite em divórcio. Quero esclarecer a você que estou a seu inteiro dispor, não tendo nada contra o nosso divórcio, e que compreendo esse seu desejo. Espero que continuemos a ter um clima de boa amizade por todo o nosso passado e pelo vínculo que existe entre nós, e que nada desfará, que são os nossos filhos muito amados por ambos."[134]

7. Jogos de Copa

Médici mantinha o AI-5 em pleno vigor. O Ato Institucional era a base do governo do general: a ditadura tinha mesmo limado o *habeas corpus* do arcabouço jurídico; as prisões de adversários do regime eram cada vez mais recorrentes; pelo interior brasileiro, guerrilheiros de esquerda treinados em Cuba eram caçados e mortos, num efeito dominó; nas cidades, a máquina da censura avançava na vida dos jornais, revistas e emissoras de rádio e TV. Foi nesse quadro de instabilidade política que, no começo da tarde de terça-feira, 24 de março de 1970, *O Globo* voltou a estampar na manchete a campanha, por meio do MDB, de abertura democrática.

> "OPOSIÇÃO QUER: FIM
> DOS ATOS, ANISTIA
> E REFORMA DA CARTA"

Um grupo de parlamentares do MDB, partido agora presidido por Ulysses Guimarães, parlamentar do extinto PSD, de São Paulo, entregara um documento ao ministro da Justiça, Alfredo Buzaid, reivindicando a "redemocratização" do país, como destacou o jornal. Ulysses ocupava o posto que antes era do senador Oscar Passos.

Na primeira página, *O Globo* expôs abertamente que os oposicionistas queriam "anistia ampla" e "eleições diretas" em todos os níveis. Numa página interna, o vespertino publicou na íntegra o documento do partido, que ainda pedia "respeito aos direitos da pessoa humana" e o "imediato restabelecimento do *habeas corpus*."

O que o jornal de Roberto Marinho propunha era justamente a revogação do instrumento que sustentava o regime. O tom estava acima alguns graus do concorrente direto. No mesmo dia, o *Jornal do Brasil*, numa chamada na parte inferior da primeira página, informou em linhas enviesadas que "Governo e Partidos já estudam leis políticas", sem citar os pedidos principais do MDB. *O Estado de S. Paulo* publicou em página interna que "MDB defende normalização". Por sua vez, a *Folha de S.Paulo* abriu a manchete "Governo abre o diálogo político", sem citar na primeira página as reinvindicações dos emedebistas.

A edição de *O Globo* evidenciava um jornal que optava pelo caminho político do "meio" e do "centro". A posição do vespertino não estava em sintonia com as visões de setores da esquerda, nem com a da direita que estava no poder, que sempre cobrava uma adesão absoluta à ofensiva para "salvar" a nação.

Desde jovem, ainda nos anos 1930, quando o grupo de aliados de Irineu Marinho rachou entre comunistas e integralistas, isto é, entre esquerda e direita, Roberto Marinho tomou a decisão de manter *O Globo* afastado dos extremos tanto de um campo quanto de outro. A linha editorial de seu vespertino tinha a simplicidade de não fugir disso. Manchetes de ódio ou apoio irrestrito a governos eram sinais de alerta para quem buscava o negócio do jornalismo. Ele tinha consciência, segundo seus contemporâneos, que homens fortes da imprensa, de ligações estreitas com o Palácio do Catete, foram à bancarrota nas alterações constantes da maré política.

Diante do passado sempre à espreita, o MDB era o partido adequado a um empresário disposto a mais abertura, quase uma sigla perfeita para a tradição do velho *O Globo* de evitar os excessos. Ainda que, naquele momento, de Milagre Econômico e da popularidade de Médici, não fosse tão claro um regime e um governo de perspectivas finitas. Roberto Marinho, que conheceu Getúlio Vargas, no apogeu e no declínio, sabia que o poder tinha um início e um ocaso.

O jornal de Roberto Marinho reproduzia declarações de lideranças emedebistas que atendiam a demanda de abertura para o negócio da comunicação e, de quebra, "lavava" críticas à ditadura. *O Globo* dos velhos tempos da guerra fria estava atento, entretanto, para destacar a "ameaça" de implantação de uma república comunista, e mantinha o noticiário político e econômico sintonizado com a agenda do Palácio do Planalto. Ainda assim, a oposição em atividade, o MDB, tinha espaço no vespertino que nem sempre a concorrência concedia, embora anunciantes de *O Globo* pudessem ser os mesmos do *Jornal do Brasil* e de *O Estado de S. Paulo*.

Mesmo com tradição familiar de extrema direita, Moacir era um executivo que entendia as múltiplas faces de uma redação de jornal. Ele seguia as orientações de um patrão conservador nos modos e costumes, com experiência na relação com governos autoritários, atento aos movimentos políticos. Roberto Marinho tinha pontes com lideranças do MDB, como Tancredo Neves e Ulysses Guimarães, parlamentares com quem convivera nos círculos do poder da antiga capital. Tancredo havia sido ministro da Justiça de Getúlio. Chegou a intermediar reinvindicações de Marinho junto à área da comunicação do Catete, e Ulysses fora presidente da Câmara no tempo de Juscelino.

Os movimentos do MDB eram noticiados pelo *O Globo* em meio a títulos laudatórios da Arena e manchetes bombásticas de sequestros de aviões comerciais pela guerrilha de esquerda. Só nos cinco primeiros meses de 1970, quatro aeronaves da Cruzeiro do Sul, Varig e Vasp tinham sido desviadas de suas rotas rumo a Havana.

As novas lideranças que surgiam no partido oposicionista, sempre em tom crítico ao regime, disputavam espaço com antigos porta-vozes anticomunistas. Um dos mais influentes deles era o arcebispo do Rio. Dom Jaime de Barros Câmara se apresentava como principal antagonista de Dom Hélder. Mas o esforço do arcebispo progressista de crítica ao regime chegara ao Vaticano. Sem nominar o Brasil, o Papa Paulo VI "deplorou" o emprego da violência nos "regimes católicos". A declaração foi logo interpretada como uma alusão a Brasília.[135]

Em abril, quando um Boeing 737, da Vasp, foi sequestrado, *O Globo* destacou, a partir das primeiras informações, que a ação tinha partido de um hippie, sem referências à luta armada. Na segunda edição, no entanto, o sequestrador principal era apontado como um "homem elegante". Na verdade, tanto o hippie Luís Nucci quanto o guerrilheiro Joaquim Batista, da VAR-Palmares, estavam envolvidos.

A equipe do jornal correu para publicar, nesse novo clichê, uma declaração do cardeal contra Moscou e guerrilheiros mortos, como Che Guevara e Marighella, no programa radiofônico *A voz do pastor*, da diocese do Rio. O recurso era usado com frequência pela redação para atualizar reportagens sobre a luta armada, com direito a imagens bíblicas.

"D. JAIME: MOBILIZAÇÃO JÁ CONTRA HIDRA COMUNISTA"[136]

Dom Hélder ocupava, agora, o posto de voz de mais destaque de uma ofensiva de órgãos de direitos humanos, exilados políticos e intelectuais na imprensa europeia contra a ditadura. Jornais de Londres, Paris, Roma e Madri denunciaram a prática do governo Médici de utilizar a tortura na repressão política.

A máquina do Palácio do Planalto disparou notas para desqualificar as acusações. Os jornais brasileiros deram espaço para o próprio general e seu ministro da Justiça, Alfredo Buzaid, apresentarem a versão oficial. *O Globo* foi um deles:

"MÉDICI: NÃO HÁ PRESOS POLÍTICOS NEM TORTURAS."[137]

Em sua coluna no jornal, Nelson Rodrigues abriu uma seção chamada "Conversas brasileiras" para reproduzir um diálogo com Médici, chamado de "ilustre interlocutor". "Diz a imprensa europeia que a tortura foi institucionalizada, que não chega nem a ser uma impiedade, mas uma técnica", comentou o dramaturgo ao general. "Não sei se chamarei isso de ignomínia ou obtusidade. Não, obtusidade não é", respondeu o entrevistado.[138]

A postura de Roberto Marinho de se distanciar de Dom Hélder e a postura crítica do jornal em relação ao clero progressista não significava, necessariamente, uma parceria fiel com segmentos conservadores do catolicismo. A produção da TV Globo, em especial, não ficou blindada de críticas duras por parte da cúpula da Igreja.

Diante dos ataques às novelas, ele publicava editoriais no *Globo* com intuito de agradar e, assim, frear a ação dos conservadores da Igreja. Marinho contava com o advogado e lobista Jorge Serpa, um católico fervoroso, para agradar especialmente o arcebispo do Rio, Dom Jaime Câmara. "De fato verifica-se nos últimos anos a ocorrência de uma onda sem paralelo no que respeita à difusão da brutalidade e da sensualidade", destacou um dos textos.[139]

Ao mesmo tempo, os censores do governo miraram outras empresas do grupo. Na Rio Gráfica Editora, Roberto Irineu, filho de Marinho, foi informado por um advogado do jornal que todas as revistas teriam de ser enviadas a Brasília setenta e duas horas antes da distribuição nas bancas.[140]

A Rio Gráfica foi aberta por Roberto Marinho em maio de 1952 para centralizar a publicação de quadrinhos, revistas sobre artistas do rádio e da TV, ainda em fase de implantação no Brasil por Chateaubriand, e da *Rio*, de arte e sociedade.

A emissora crescia dentro de um sistema de comunicação implantado pelo governo democrático de João Goulart. Antes de ser deposto, o presidente aprovou o Código de Telecomunicações. A lei 4.117 estabeleceu a criação do Conselho Nacional de Telecomunicações, o Contel, para fiscalizar o setor e a Embratel. A empresa seria dona do Sistema Nacional de Telecomunicações e responsável por instalar antenas país afora para atender uma grande demanda de telefones.

Quando os militares deram um golpe e derrubaram Goulart, havia apenas 1,2 milhão de aparelhos telefônicos no Brasil, menos que na vizinha Argentina, país mais desenvolvido na área no continente sul-americano. O governo anunciou, em 1970, que esse número cresceu em mais 300 mil.[141] Era pouco.

A demanda por telefone e a estrutura que se formava para aumento da oferta de linhas permitiam aos donos de emissoras de televisão avançar seus sinais. A perspectiva era boa. Afinal, fabricantes e lojas de eletrodomésticos tinham descarregado 4,5 milhões de aparelhos de TV no Brasil, número quase três vezes o de telefones, um setor que dependia de um sistema operacional mais complexo para se expandir.

O mundial do México se aproximava. O Brasil vivia dias de expectativa e festa. Na residência do Cosme Velho, um aparelho de TV em cores foi instalado para os jogos da Seleção — havia cerca de mil televisores desse tipo no país. Mas a mansão em estilo colonial não tinha os sons e os barulhos de uma grande família, especialmente em dias de futebol. Stella se mudara com os três filhos. Roberto Marinho, que chegou a morar um tempo numa residência no Alto da Boa Vista, estava de volta. Ele vivia o luto da morte de Paulo Roberto.

A animação estava do lado de fora, nas ruas, na redação dos jornais, nos estúdios de rádios e televisões. Era tempo dos veículos de comunicação de Marinho lucrarem e a emissora de TV, em especial, deslanchar de vez. O país acompanhava o futebol ainda pelo rádio a pilha. *O Globo* e os demais jornais experimentavam agora o envio de matérias por satélite. Até o torneio do Chile, em 1962, quando Garrincha conduziu o bicampeonato, os repórteres mandavam seus textos por telegrama da Western. Quatro anos depois, na Inglaterra, já era possível fazer esse serviço por telex.[142] Mas, no caso da televisão, os jogos vistos pelos telespectadores ainda eram gravações de videoteipe enviadas com dois dias de atraso.[143]

Pelé era a grande aposta para o tricampeonato. O jovem de 17 anos que integrou o time campeão da Copa da Suécia, em 1958, o jogador que praticamente assistiu da arquibancada Amarildo substituí-lo na campanha vitoriosa no Chile, em 1962, e o atleta que fora caçado pelos adversários no torneio seguinte, na Inglaterra, quando o Brasil não passou da primeira fase, agora era o maior astro do esporte.

O técnico João Saldanha havia classificado a Seleção nas eliminatórias e enfrentava uma enxurrada de críticas. A desconfiança no treinador aumentava com a possibilidade alimentada por ele, em entrevistas, de deixar Pelé fora do time que levaria para o México.

A pressão sobre o técnico estava nas páginas dos jornais, nos programas de rádio, nas conversas nos bares e nas ruas. Médici queria que Dario, o Dadá Maravilha, do Atlético Mineiro, fosse convocado, disseram uns. Saldanha disse que não levaria o jogador. Mas deixou claro, em especial, seu desentendimento com Pelé. A aparição do atleta na novela *Os estranhos*, na Excelsior, ao lado de Glória Menezes e Rosamaria Murtinho, aumentou o desgaste da relação com o treinador. Saldanha implicou com o personagem interpretado por Pelé, um escritor que aparecia de óculos. Em conversas com jornalistas, reclamou do fraco desempenho do jogador nos treinos e nas últimas partidas e, sobretudo, de uma possível miopia. A presença do principal nome do esporte na reserva era prato feito para os críticos e os chargistas.

Fato é que João Havelange, o presidente da CBD, a atual CBF, chamou Saldanha para dizer que ele estava fora. No microfone da Rádio Globo, que funcionava no bairro da Glória, Saldanha desabafou:

"Me chamem de provinciano, se quiserem, que o nosso futebol tinha e tem condições para ganhar esse troço. Mas não teria condições de ganhar esse troço com injunções políticas com um time que sai do bolso do colete deste ou daquele cartola. Eu quis modificar isso."

Saldanha admitiu que tentou alterar o esquema tático da Seleção e sugeriu que lhe passou pela cabeça tirar do time o principal jogador. "Eu quis modificar o esquema do jogo, e modificaria de qualquer maneira, à força. Nem que fosse preciso barrar o jogador Pelé, que estava prejudicando o esquema da seleção brasileira", afirmou.[144]

Jorge Lobo Zagallo, bicampeão carioca pelo Botafogo, em 1967 e 1968, foi chamado para suceder Saldanha. Ele convocou Dario e, claro, Pelé. "Se existisse alguma determinação do presidente da República, ele seria titular do time, mas ele sequer ficou no banco", respondia Zagallo.[145]

Na escolha do treinador, ainda em 1969, a opinião pública e os agentes do Serviço Nacional de Informações sabiam da trajetória de João Saldanha no PCB e mesmo na luta armada, nos anos 1950, na guerrilha de Porecatu, no norte paranaense. "Nunca o Médici se meteu na vida do João. Aliás, o Médici era um grande admirador do João", relatou Armando Nogueira, enviado pela Globo à Copa do México.[146]

Antes de o mundial começar, Roberto Marinho ofereceu a Saldanha um bom contrato para comentar as partidas no microfone da Rádio Globo. A jogada pode ter se restringido a uma estratégia comercial. Afinal, ninguém questionava a força da imagem, a experiência jornalística e o conhecimento de futebol do ex-treinador. O empresário garantiu ao técnico uma coluna diária no jornal e a participação em jogos e programas da TV durante o torneio.

Ter o jornalista no "escrete" da emissora podia ser classificado como um gol de placa. Afinal, involuntária ou não, a contratação era uma oportunidade para o empresário mostrar distanciamento do regime num momento duro da ditadura, ao qual tinha a imagem associada, e dizer que não mandava em campo.

Com poucos sinais disponibilizados aos grupos de comunicação brasileiros, as emissoras de rádio e TV tiveram de formar um *pool*. Na área da TV, a Globo se juntou a Tupi, Record e Bandeirantes, todos recebendo patrocínio da Esso, da Gillette e da Souza Cruz. A instalação de uma estação de satélite de Tanguá, na região norte do Rio, em 1969, pela Embratel, permitiu aos brasileiros acompanhar uma Copa ao vivo. As lojas de televisores lotaram.

Às vésperas da Copa, o compositor Miguel Gustavo gravava num estúdio da Rádio Globo a música que seria hino da Seleção. "Pra frente Brasil" venceu um concurso dos anunciantes da transmissão e falava de 90 milhões em ação.[147] Mas apenas cerca de 50 milhões veriam os jogos pela TV.

A Embratel ainda não conseguira interligar os estados por meio de micro-ondas. A estatal tinha a linha do Rio a São Paulo e conseguiria estender até o início do torneio em dois rumos diferentes: para Salvador e Porto Alegre. Uma outra interligaria a capital baiana a Recife e Fortaleza e uma terceira, a Belo Horizonte. Também avançavam as linhas de Uberaba a São Paulo e do Rio a Brasília.[148]

A Copa dava o pontapé também para as transmissões do torneio da FIFA em TV em cores. A ditadura havia posto em execução a estrutura de comunicação e de regulação estabelecida no período democrático. Ficou definido que o sistema de transmissão e recepção seria o PAL (Phase Alternate Line), mais usado na Europa, que permitia imagem em cores.

Na casa de Walter Clark e de sua mulher na época, Ilka Soares, foram instalados dois aparelhos em cores para testes, uma situação "única".[149] "Quer dizer, devia ter na casa do dr. Roberto Marinho também", lembra a atriz. "Eu me intitulei a Dona da Copa do Mundo", relata. "Mas não dá para imaginar como eu encontrei a minha sala. O meu filho contou cento e vinte pessoas."

Foi em preto e branco que a maioria dos brasileiros acompanhou o locutor Geraldo José de Almeida, o Gera, a estrela da TV Globo, apelidar o time brasileiro de "Seleção Canarinho". Armando Nogueira, diretor de jornalismo, e o cinegrafista Gabriel Kondorf, que fazia imagens dos treinos, completavam o time da emissora na Cidade do México. Armando apresentou um boletim diário da Copa no *JN*. "Eu fazia um comentário de dois minutos, colado no jornal", lembrou.[150] "Deus sabe a vergonha que isso me causaria no final, porque era patrocinado pela Souza Cruz", disse. "Foi o episódio em que eu tomei a decisão de deixar de fumar."

Na tela da emissora estava ainda João Saldanha, com seus comentários duros. Implicava até com o *black power*, moda que encantou os brasileiros nas ruas. Argumentava que o cabelo grande amortecia a bola. "Quando anda assim, na rua, eu acho bacana, mas no meu time não joga, não."[151] Jairzinho, ídolo do Botafogo, e possível craque do torneio, ainda jogaria a Copa de cabelos curtos.

O Globo mandou dez profissionais para cobrir o torneio. A equipe foi liderada pelo veterano Ricardo Serran. O Brasil estreou contra a Tchecoslováquia.

"Olha lá, olha lá, no placar", narrou Geraldo. "Deus lhe pague, Pelé! Golaço de Pelé, Saldanha!"

A edição de *O Globo* era sobre a vitória de 4 a 1 contra os tchecos, no dia 4.

> "FÚRIA E
> TÉCNICA ESMAGAM
> TCHECOS."

Mas o editorial da primeira página afirmava que um decreto-lei do governo que instituía censura prévia de livros e periódicos, de número 1.077, era um "retrocesso" na vida política e cultural do país. O "caminho escolhido pelo governo", destacou o texto, "ultrapassou os limites aceitáveis, convertendo-se num novo tipo de abuso, de sinal contrário e, portanto, condenável como todos os excessos."[152]

O jogo contra a Inglaterra, a 7 de junho, bateu o recorde de audiência, que até então era da chegada do homem à Lua no ano anterior. A edição do dia seguinte do jornal também atingiu marca inédita. *O Globo* teve uma tiragem de 400 mil exemplares. A primeira página da edição com os registros da vitória do Brasil sobre os campeões mundiais mostrava Jairzinho comemorando com os colegas de time e uma outra, de Pelé, trocando camisa com o zagueiro e capitão da equipe adversária e uma das manchetes talvez de tom mais épico do noticiário esportivo do país, com sutil referência aos discursos clássicos de Churchill na guerra:

> "BOBBY MOORE ENXUGOU AS LÁGRIMAS NA CAMISA 10 DO 'REI' PELÉ."

Um título na parte interna do jornal fazia um trocadilho político. "Afinal chegou a resposta com o Brasil Grande 1 X 0 no jogo desafio de 1970". A referência direta ao nome da política de desenvolvimento da ditadura para a Amazônia não passou despercebida. "É de fato jornal em ritmo de Brasil grande", escreveu Carlos Fehlberg, secretário de Imprensa do governo Médici, ao elogiar a tiragem recorde.[153]

Nem tudo era euforia militarista. O jornal noticiou, em uma longa reportagem, a tentativa de lideranças do oposicionista MDB de derrubar o decreto da censura prévia. O vice-líder do partido na Câmara, Djalma Falcão, entrou com pedido de consulta ao Supremo Tribunal Federal. Ele argumentou que a medida era "inconstitucional".[154]

Só no último parágrafo a matéria registrou o lado do governo. "É bom que o MDB bata às portas do Supremo", disse o senador governista Eurico Resende. "Essa fórmula é melhor do que aquela que era adotada invariavelmente no passado proscrito: o recurso às greves, às manifestações predatórias e à baderna das ruas e dos campos."[155]

No seu segundo jogo na Copa, o Brasil ganhou de 3 a 2 da Romênia. A partida foi disputada. A manchete de *O Globo* foi sucinta.

> "VITÓRIA SUADA"

Ainda na noite daquele dia, o embaixador alemão Ehrenfried von Holleben foi sequestrado na Rua Cândido Mendes, na Glória, no Rio, por guerrilheiros. *O Globo* virou rapidamente o foco do futebol para a política, com uma manchete enfática na edição do dia seguinte:

"SEQUESTRADO
NA GLÓRIA
EMBAIXADOR DA ALEMANHA"

Com a vitória do Brasil no jogo das quartas de final contra o Peru, por 4 a 2, o jornal usou a manchete da edição do dia seguinte, 15 de junho, para comentar a decisão das semifinais.

"BRASIL NA RETA FINAL
ENFRENTA PENÚLTIMO
OBSTÁCULO: O URUGUAI."

O jornal registrou que Médici assistiu ao jogo no Palácio Laranjeiras, no Rio, acompanhado de 40 pessoas, entre parentes, ministros e assessores. A Embratel instalou uma TV em cores para o general ver a partida.

O governo alemão havia feito pressão para Brasília agir de forma que o diplomata fosse liberto. O ministro das Relações Exteriores do país europeu, Walter Scheel, chegou a dizer que já mantivera contatos "oficiais" e "não oficias" com o Brasil. "Que contatos não oficiais seriam estes: com os sequestradores?", questionou *O Globo*, num editorial para criticar o chanceler e defender a postura de Médici diante dos sequestros de estrangeiros pela guerrilha. O jornal disse que o general teve um gesto "puramente" humanitário de "salvar a vida de um ser humano", ao aceitar a condição dos sequestradores.[156]

O clima de repressão e as notícias de sequestros, em reportagens, editoriais e títulos publicados por uma equipe de jornalistas sufocados pelo momento político, contrastavam com o tempo de festa esportiva.

A edição do dia 18, com detalhes da vitória do Brasil contra o Uruguai, por 3 a 1, na semifinal, lembrava a tragédia do Maracanã. Os italianos eram os adversários da finalíssima depois do país derrotar o "fantasma de 50". A euforia tinha um tom burocrático e factual:

"BRASIL DECIDE COM ITÁLIA"

A edição trazia um depoimento do embaixador alemão, libertado dia 16, na Rua Barão de Mesquita, na Tijuca, sobre os dias no cativeiro. O jornal publicou editorial sobre a exigência dos sequestradores, aceita pelo governo, de libertar um grupo de presos políticos e mandá-lo para Argel. O texto observou que 15 "terroristas" tinham sido trocados pela libertação do embaixador Elbrick, cinco pelo cônsul japonês Okushi e mais 40 pelo resgate de Von Holfeben. O jornal afirmou que havia uma "campanha mundial" "caluniosa" no exterior que retratava um país que havia levado a "truculência" ao "poder supremo".

A TV atingia seu espaço na preferência nacional, mas os grandes intérpretes do futebol ainda eram os narradores do rádio, senhores absolutos das transmissões das vitórias de 1958 e de 1962 e do fracasso de 1966, quando as famílias e os amigos se reuniam em torno de grandes aparelhos radiofônicos nas salas de casa ou nos balcões dos bares. O radinho à pilha, uma outra inovação, agora permitia que os ouvintes acompanhassem os jogos mesmo longe de casa ou do trabalho e nos deslocamentos. Eles ouviam as vozes que estavam acostumados há tanto tempo.

No rádio, a emissora de Roberto Marinho fez parceria com a Nacional e a Gaúcha durante o torneio. Estava formado o Comando Radiofônico da Copa. Os anunciantes eram a Brahma Chopp, Fósforos Pinheiro e Beija-Flor e Grupo Atlântica de Seguros.

Havia poucas linhas de transmissão no México. O uso dos sinais disponibilizados custava uma "fortuna", lembra Luiz Mendes, comentarista da equipe enviada pela Rádio Globo para o México.

Assim, os brasileiros puderam assistir a jogos da Seleção com os dois locutores mais influentes do rádio. Na final, Waldir Amaral, da Globo, dividiu o microfone com Jorge Curi, da Nacional. "Isso nos deu liderança absoluta na Copa", lembrou Luiz Mendes.[157]

Veterano das rádios Tupi, Continental Mayrink Veiga e da potente Nacional, o goiano Waldir Amaral estava no microfone da Globo desde o começo da década anterior. Ele teve na cobertura do México seu grande momento. O bordão "Brasil-sil-sil" se repetiu pelas ruas. "O relóóógio marca", dizia o narrador, tornando ainda mais tensa a vida dos ouvintes nos minutos finais de uma partida.

O Brasil chegou à final com a Itália.

No jogo decisivo, o time de Pelé abriu o placar aos 18 minutos do primeiro tempo. "Prepara-se agora Tostão, cobrou para Rivelino, emendou a boca da meta, pula Pelé, cabeceou, gol, Pelé, camisa número 10", narrou Waldir Amaral.

Roberto Boninsengna empatou aos 37.

Veio o segundo tempo. Era vez de Curi, locutor da rádio mais influente, narrar a etapa decisiva da partida: "Avança Everaldo, rolou para Jair, pela meia canhota domina, Jair, vai penetrando, para Gerson, ajeitou na canhota, gol, gol do Brasil, Gerson, oito é a camisa dele, 21 minutos cravados no segundo tempo, para o golaço de Gerson, canhotinha de ouro do futebol brasileiro, Brasil 2, Itália 1."

Um país estava perto de ganhar o tricampeonato. De Curi foi também a narração do terceiro: "Everaldo entregando na direção de Gerson, penetra Gerson, jogou na área para Pelé, penetrou, cabeceou para Jair, dominou, é gol. Jairzinho terceiro gol do Brasil."

"Quarenta e um minutos de luta, e vamos ter a palavra daqui a pouco de sua Excelência, o senhor presidente da República. Bola entregue na direção de Clodoaldo, dribla um, dribla dois, é o epílogo de uma festa verde-amarela", narrou Curi. "Bola para Rivelino, Rivelino para Jair, correu pela ponta esquerda, atraiu Faquete, lança a pelota para Pelé, Pelé dominou, Carlos Alberto está livre, correu Carlinhos, está livre, goool, Carlos Alberto, camisa número 4", narrou.

"A Seleção Brasileira fez seus seguros no Grupo Atlântica de Seguro, tranquilidade em boa companhia. Haja Brahma para tanta alegria."

"Terrrmina a partida", anunciava o narrador. "Paulo César vai lá e agarra a bola do tricampeonato; guarda, crioulo, guarda que essa é um troféu; brasileiros, 90 milhões de brasileiros; gritem conosco, chorem conosco, emocionem-se conosco, Brasil tricampeão mundial de futebol", gritava, com termos hoje reprovados. Ao fim, apelou ao clichê da vingança do vitorioso: "E os derrotistas, aqueles que apregoaram a derrota da Seleção Brasileira, coloquem a cabeça no vaso sanitário e puxem a água. É hora de festa, é hora de emoção, é hora de Brasil, é hora do tricampeonato."

Na edição da vitória de *O Globo*, João Saldanha publicou um texto de tom melancólico, sem esconder o mal-estar. Citou Pelé apenas uma vez. "Cobrantina de quem disse que Tostão e Pelé não podiam jogar juntos", limitou-se a dizer. "É um timaço de futebol, que adquiriu consistência em suas linhas, sem que lhe roubassem o seu estilo, a sua característica e aí uma das principais razões do sucesso."[158]

Em editorial, o jornal o homenageou. "João Saldanha — o estruturador do esquema, o animador inspirado, Quixote e Sancho e, depois, o colaborador honesto, o conselheiro útil — tem igualmente o seu grande quinhão no triunfo." O texto ainda exaltou Zagallo, os jogadores, a tecnologia da TV via satélite, que permitiu que 700 milhões de pessoas assistissem à Copa, e o general que ocupava a Presidência. "A vitória deveu-se — observou o torcedor Emílio Garrastazu Médici — à prevalência de princípios de que nos devemos armar para a própria luta em favor de desenvolvimento nacional."[159]

Em Brasília, Médici assistiu ao jogo diante de um televisor instalado no Palácio do Planalto. Após a partida, telefonou para o brigadeiro Jerônimo Bastos, representante da ditadura na delegação no México. Bastos fez a ponte para uma conversa do general com Pelé, que acabou indo parar na primeira página ufanista de O *Globo*. A manchete daquela segunda-feira, 22 de junho, veio em letras garrafais:

"MÉDICI: NINGUÉM
SEGURA ESTE PAÍS."

"'Alô, 'rei' Pelé. Aqui é o Presidente. Mando o meu abraço a todos. Terça-feira estou aguardando vocês.' Poucos minutos após o término do jogo, o Presidente Médici iniciava dessa forma, por telefone, seu diálogo com Pelé. O 'rei' ofereceu a vitória ao presidente. Em meio à euforia, em conversa com jornalistas e instado sobre como encarava a ação terrorista, o Presidente declarou: 'Os terroristas não conseguirão nada. Ninguém segura este país.'"

Era a abertura da matéria principal da primeira página do jornal de Roberto Marinho. "Estamos emocionados e oferecemos a vitória ao senhor", respondeu Pelé ao ditador, segundo o vespertino.[160] Depois, Médici ligou para Nelson Rodrigues. "Estou feliz, essa vitória do escrete é a vitória do povo", disse ao telefone, para o colunista, surpreso.[161]

A construção de um Médici que vibrava com a Seleção caiu no gosto da máquina de fazer presidentes do Palácio do Planalto. O interesse do general pelo futebol levou a Globo a transmitir em rede nacional, aos domingos, os jogos do Campeonato Brasileiro, de preferência as partidas do Flamengo e do Grêmio, times do militar — o clube da Gávea, em especial, arrancava na corrida pela conquista dos torcedores que assistiam agora a jogos pela TV. Era um certo casamento arranjado.

Nessa época, a equipe da Globo em Brasília trabalhava num espaço de "caos", lembra Roberto Buzzoni, responsável pela programação da emissora na capital.[162] A TV ia ao ar quase exclusivamente com as fitas de gravações que passavam pelos cortes dos censores. O futebol nos domingos, a partir de 17 horas, era a exceção. "O presidente Médici gostava de futebol e, por isso, nos domingos ele não podia faltar. Era a única parte da programação dominical feita em rede: a transmissão do futebol."

A dificuldade da equipe da emissora na capital se devia, em parte, pelo forte esquema de pressão e censura militar, que incomodava até um profissional que tinha servido ao exército.

Depois que saiu do quartel, o paulistano Roberto Buzzoni montou uma empresa de anúncios em carros de som e alto-falantes nos postes. Num casamento de um parente, encontrou o primo Boni. Na conversa, ficou o convite para ele trabalhar na venda de comerciais da Globo no interior de São Paulo. Mais tarde, depois de fracassar no negócio próprio, Buzzoni aceitou o convite.

A entrada na área de programação da emissora ocorreu bem depois. A primeira experiência na nova função foi ajudar na sucursal em Brasília. Ali, o trabalho era ao lado de técnicos, jornalistas e censores. Ele tinha, entre suas funções, que pegar um carro da emissora pela manhã e ir buscar os agentes para "trabalharem" na estação que funcionava em salas embaixo da torre de TV, no Eixo Monumental, ou nos estúdios, no porão do Conic, um centro comercial da cidade. Os homens assistiam aos videoteipes e davam o veredito dos cortes. Horas depois, Buzzoni os levava para almoçar, retornava e, à noite, por volta de 18 horas, deixava-os em casa.

Sem estrutura, a emissora em Brasília não absorvia as informações do país que se acumulavam nos órgãos de governo da capital. As informações chegavam para os repórteres justamente nos comunicados dos temas proibidos de serem divulgados. Era assim que os profissionais se informavam, na maioria das vezes, sobre ações do regime pelo Brasil afora. "A gente ficava sabendo das coisas que aconteciam no país através da censura: 'Ó, aquele padre que morreu lá no tal lugar, não pode dar. Aquele estudante que mataram lá...'", lembrou o cearense Wilson Ibiapina, primeiro repórter da emissora na capital.[163]

A censura e o futebol, que teve Médici como seu "torcedor" de destaque, eram instrumentos na construção da agenda política por parte do governo. O foco era o "Milagre Econômico", sem um viés crítico.

De marcha da vitória, "Pra frente Brasil" se transformou em música de campanha política do governo. Os institutos econômicos registravam um crescimento demográfico constante e acentuado, independentemente das interrupções econômicas e das instabilidades políticas. A emissora que produzia novelas, programas musicais e telejornais em estúdios improvisados, num prédio construído para abrigar apenas a produção de jornalismo televisivo, no bairro do Jardim Botânico, no Rio, foi no rastro desse país em transformação.

A Arena ganhava força para liquidar o MDB nas eleições daquele ano, que escolheriam deputados e senadores. O partido oposicionista se equilibrava entre cassações e ameaças de prisões de seus membros e ainda enfrentava críticas de que era uma oposição "legal" ou, como se diria mais tarde nos estudos da academia, "consentida". O tricampeonato tinha sido letal ao partido.

8. "Arrependidos"

Logo após a Copa do Mundo, *O Globo* divulgou na primeira página declarações do guerrilheiro Massafumi Yoshinaga Massa, da Vanguarda Popular Revolucionária, numa entrevista coletiva. O título da matéria tinha um tom professoral: "Ex-subversivo aos jovens: a violência não é solução". Considerado braço direito de Carlos Lamarca pelos jornais, Massa atribuiu a Médici sua decisão de "abandonar" o movimento "terrorista". "Vi com meus próprios olhos o trabalho de integração e desenvolvimento nacional empreendido pelos dirigentes do país", disse. "Respondi ao último apelo do presidente Médici: 'que a juventude não maltrate sua generosidade em torno de objetivos que não conduzem a nada.'"[164]

O jovem estava ao lado do secretário de Segurança, coronel Danilo Darcy de Sá da Cunha Melo, e do comandante da Força Pública do Estado, Coronel Danton de Paula Avelino. O concorrente *Jornal do Brasil* publicou também a entrevista de Massa na primeira página. "Homem de Lamarca diz que a esquerda está dividida", destacou o título da matéria. O texto informou que o guerrilheiro "conclamou" os jovens a não se envolverem em atividades subversivas.

A cúpula do regime apostava que as declarações públicas de guerrilheiros presos iriam arrefecer as atividades da luta armada. Tanto que, no dia seguinte, o *JB* publicou, em título de alto de página, que os militares viam na "rendição" de Massafumi o "fim da esquerda".[165]

A 9 de julho, o jornal de Marinho saiu às bancas com uma manchete produzida a partir de interrogatório nos porões do regime.

"SUBVERSÃO SÓ
TEM UM OBJETIVO:
MATAR OU DESTRUIR."

A frase que estampou a primeira página do jornal fazia parte de um depoimento sob tortura de Celso Lungaretti, de 19 anos. "Que todos saibam que essas minorias às quais pertenci organizam-se como verdadeiras sociedades clandestinas de crime e de terror", destacou. O *JB* optou por dar manchete para a decisão do regime de cassar uma nova leva de políticos, publicando as declarações do guerrilheiro ainda na primeira página.[166] A imprensa paulista também noticiou a história. O *Estado de S. Paulo* informou, em página interna, pois priorizava na primeira o noticiário internacional — que "Outro renega o terrorismo".[167] Por sua vez, a *Folha de S.Paulo* contou, um dia depois, que "ex-terrorista" queria incendiar instalações da Petrobras.[168] A "proclamação ao mundo e aos jovens", escrita por Lungaretti, foi veiculada ainda às 22 horas pela TV Globo.

Uma equipe da revista francesa *L'Express* procurou Roberto Marinho para perguntar sobre quem tinha mudado: ele ou o compadre. Na entrevista escrita, o empresário avaliou que quem mudou foi o "Padrezinho", como chamava o religioso na intimidade. Marinho disse que Dom Hélder mudou ao evoluir para "outros planos", conforme suas próprias expressões, a ponto de não enxergar a "terrível" ameaça do materialismo da esquerda, da concepção ateísta do mundo pelos comunistas, do princípio de que o fim justifica os meios.[169]

O empresário disse que não se via mais no "mesmo plano" pessoal do amigo. "Dom Hélder tem suas razões íntimas para assumir o papel de denegridor do Brasil no estrangeiro. Nós, mesmo os seus amigos, temos o direito de discordar dele, e a mim me parece o dever de agora combatê-lo, já que sua atividade está realmente prejudicando nosso país."

A reportagem perguntou a Marinho se ele negava a veracidade das denúncias de tortura nos porões da ditadura narradas por Dom Hélder. "Não represento o governo, mas conheço meu país. Admito que na repressão ao terrorismo impiedoso as autoridades executoras tenham cometido excessos e até violências. Isto, porém, acontece em todas as polícias do mundo. O importante é que as autoridades superiores não aprovem, coíbam tais violências", disse, sem cair na defesa da violência estatal. "Sei que o governo revolucionário brasileiro é constituído de homens de maior dignidade pessoal que, neste momento, já estão acolhendo e mandando a exame as denúncias sobre tais excessos. Esqueceu, porém, Dom Hélder as inomináveis crueldades dos regimes comunistas na Rússia, na China, na católica Polônia e recentemente em Cuba e na Tchecoslováquia. Faz ele de conta que não sabe das atrocidades praticadas pelos vietcongs contra inocentes? Disso tudo faz ele tábula rasa, para expor o Brasil ao estrangeiro como um país de torturadores?"

A questão da violência foi abordada na entrevista. O dono da Globo teve de responder sobre a repressão militar contra os adversários da ditadura. "Sim, (sou) contra a violência de qualquer dos lados", disse, "Mas prefiro combater também o sofisma de Dom Hélder quando fala de duas violências e chega ao ponto de declarar que ama esses guerrilheiros urbanos", completou. Ele citou a morte do "motorista do embaixador" — o agente federal Hélio Araújo, da escolta do suíço Giovanni Enrico Bucher —, e de "companheiros" da luta armada por divergirem de suas decisões.

O empresário ressaltou, porém, que o governo fazia bem em deixar o religioso "livre" em seu movimento e acolher as "denúncias sérias" e reprimir os "abusos". O empresário lembrou que no ano anterior o PIB atingiu taxa de 7% de crescimento e a expectativa era de aumento de 9% em 1970.

Uma matéria de Amaral Netto, divulgada pelo *Jornal Nacional*, buscou desqualificar as denúncias de violência contra presos políticos divulgadas pelas redes de solidariedade. O jornalista e deputado federal da Arena pela Guanabara foi atrás de dois oficiais de um curso de treinamento do Comando da Brigada Antiterrestre, do Exército, em Resende, no Rio, que apareceram em fotografias ilustrativas de reportagens no exterior sobre tortura no Brasil.[170]

As revistas *Stern*, na Alemanha, *Vision*, no México, e *Domenico del Corriere*, da Itália, publicaram as imagens ao lado de fotos de Dom Hélder, sem se referir aos militares como guerrilheiros. No telejornal, Amaral Netto "esquentou" a história e acusou as publicações e o arcebispo de Olinda e Recife de manipulação.

"Responda-me, quem tortura você?", perguntou Amaral Netto, diante da câmera, a um militar que aparece numa das fotos do treinamento.

"O Exército Brasileiro."

Depois, o político mostra uma das publicações:

"Agora, por favor, veja esta foto, atestada por Dom Hélder, com a mão dirigida a ela e com a legenda 'No Brasil impera a violência'."

Na sequência de manipulação, Amaral Netto diz:

"Agora, vamos ver quem é este homem que aparece nestas fotos."

E pergunta ao oficial:

"Seu nome?"

"Enon Aleixo dos Reis."

"Sua profissão?"

"Oficial do Exército Brasileiro."

Por fim, Amaral Netto acusou Dom Hélder de "chantagem" e "fraude". Num tom diferente de crítica, uma reportagem de *O Globo*, no dia seguinte, explicou que as revistas recorreram a um "recurso de paginação" — pôs fotos de militares ao lado de imagens de Dom Hélder, com títulos que enfatizavam a tortura.[171] As matérias contra o arcebispo, no entanto, continuaram.

Dias depois, Dom Hélder escreveu uma carta a Roberto Marinho e uma "nota de esclarecimento" para negar as "hipóteses absurdas" de que suas viagens aos Estados Unidos eram financiadas por Fidel Castro e à Europa por Mao Tsé-Tung. O religioso disse entender que devia pesar sobre o jornal e a TV de Marinho a proibição de difundir seus pronunciamentos e pediu a "fineza" de ler os esclarecimentos que enviava sobre as críticas recebidas. "O Im. entenderá que não lhe peço misericórdia. Mas recuso-me a crer que o Im. admite que, na sua casa, batam na cara de quem tem os braços amarrados. Disponha sempre do amigo em Cristo."[172]

Na nota anexa à carta, Dom Hélder reclamou que os veículos de comunicação de Marinho e de Chateaubriand promoviam uma "campanha nacional de difamação" contra ele, especialmente ao questionar o financiamento de suas viagens para dar palestras e receber prêmios. O religioso afirmou que as passagens e hospedagens eram bancadas por entidades ligadas à Igreja Católica, sem vínculos com grupos políticos.

Em entrevista à revista *Le Ore*, de Roma, Dom Hélder denunciou abertamente a ditadura brasileira. O religioso afirmou que o regime oprimia e torturava guerrilheiros nos porões. Ele declarou que "la violenza (da guerrilha) é giusta".

Le Ore era uma publicação romana de cultura do pós-guerra que, no final dos anos 1960, assumiu posições socialistas e, na década seguinte, quando Dom Hélder concedeu a entrevista, passou a publicar fotos e matérias com um tom erótico.

Após ler a entrevista, Roberto Marinho escreveu uma carta de uma página do próprio punho e assinou outra de duas folhas ao amigo. "Senhor, peço permissão e vênia a Vossa Excelência para lhe passar às mãos algo que, sem a devida explicação, pareceria desrespeito. No entanto, pela carta cuja cópia anexo, Vossa Excelência compreenderá por que procuro pô-lo a par de tão desagradável incidente. Creio, também, que só o faço para que V.E. possa entender minha reação e a do jornal que dirijo em relação a um velho e querido amigo pessoal, que escolhi um dia para padrinho de meu último filho."

Na carta datilografada, não publicada na época, o empresário destacou que, por mais que tenham divergido nas posições políticas e se distanciado, ficou a "lembrança dos vínculos anteriores". "É em nome desse passado que, hoje, não desejo reprimir, direta e lealmente, diante do amigo de ontem, consciente das consequências que esta minha atitude deverá gerar, mais do que uma reprovação, minha total indignação ao ler sua entrevista concedida à revista pornográfica *Le Ore*. Sabe Vossa Excelência, se não esgotou sua sensibilidade para tais questões, que essa publicação se esmera em requintes de erotismo, sadismo e aberrações. E significativamente sua foto surge de par com uma página em que se exibe um ato de perversão sexual."

Roberto escreveu ainda que Dom Hélder não podia desconhecer as características da revista e que um "bispo católico" não deveria afirmar que "não é contra o marxismo". "Consequentemente, já se rompeu entre nós dois aquela ponte, construída pela admiração e pela amizade, pelo respeito e pela compreensão, porque me parece que Vossa Excelência ultrapassou o limite da tolerância com entrevistas como essa." Mas, logo em seguida, disse que poderiam voltar a conversar: "O passado foi muito agradável e profícuo para mim. Quando Vossa Excelência a ele voltar, eu serei o mesmo de antes."

Ao final do texto e da assinatura, Roberto Marinho fez uma anotação para ser incluída possivelmente na versão final do documento. Nesse trecho, ele ressaltou que Dom Hélder foi arrastado pelo "glamour" da publicidade ou por uma "inaceitável paixão", deixando-se utilizar como "instrumento da degradação de nosso próprio sistema de vida, de nossas bases espirituais, um joguete — afinal — a serviço de uma odiosa ideologia".

A prática dos depoimentos dos "arrependidos" continuou a ser adotada pela ditadura. Uma frase atribuída ao estudante de química Rouberdário Diniz Valério, preso no Presídio de Linhares, em Juiz de Fora, serviu de título de uma matéria de *O Globo*. "Se eu pudesse, passaria uma borracha em meu passado", destacava o texto da pomposa "Proclamação ao povo brasileiro". "Você não deve se levar pelo primeiro impulso aventureiro que será disputado com todas as forças, no momento atual, pelas organizações terroristas", dizia a carta, num conselho à juventude.[173]

A repressão atribuiu a Douglas de Carvalho Merenchia, preso em Juiz de Fora, uma carta com relatos sobre a postura dos prisioneiros políticos durante os jogos da Copa do Mundo, escrita a 30 de junho de 1970. "Resolvi escrever esta a autoridades da 4ª RM, quando o Brasil ganhou mais uma batalha em campos estrangeiros. Enquanto todo o Brasil vibrava pela conquista obtida, maus brasileiros, que eu tenho vergonha de dizer que são meus compatriotas, torciam para que o mesmo perdesse. Fiquei sinceramente enojado. Por isso, sem provas concretas, e querendo mesmo auxiliar as autoridades contra esta corja de crápulas, escrevo o que consegui apurar durante oito longos meses nesta prisão."[174]

A tortura de presos políticos, no entanto, chegava à opinião pública internacional. Ao ser eleito para presidir a Sociedade Interamericana de Imprensa, a SPI, um órgão que reunia os mais influentes donos de veículos de comunicação das Américas, o diretor do *JB*, Nascimento Brito, disse que o governo garantiu que não existia "qualquer espécie de tortura". Pelas estimativas dele, 500 pessoas tinham sido presas por atividades contra o governo, mas que não eram presos políticos, e sim "terroristas ou elementos subversivos em sua maioria estudantes, todos eles comunistas militantes".[175]

A uma semana das eleições, em meados de novembro de 1970, a censura bateu na porta de *O Pasquim* e a repressão pôs na prisão na Vila Militar oito jornalistas. Faziam parte do grupo de detidos o diretor Paulo de Tarso e os redatores Flávio Rangel, José Azevedo Fortuna, José Grossi, Luís Carlos Maciel, Paulo Francis, Sérgio Cabral e Ziraldo. A eles se juntou Sérgio Gomes Jaguaribe, o Jaguar, que se entregou após ficar escondido com a atriz Leila Diniz pelo apresentador Flávio Cavalcante, considerado de direita pelos intelectuais.[176]

O motivo da prisão teria sido uma página que mostrava Dom Pedro I na cena conhecida do "Grito do Ipiranga" aos berros: "Eu quero é mocotó", referência a uma música censurada de Jorge Ben. A ditadura cultuava essa imagem.

Num primeiro momento, a blitz e a prisão dos jornalistas foi mencionada em uma pequena nota no *Jornal do Brasil*.[177] No *Globo* nem isso.

O discurso do Brasil Grande, no futebol ou na economia, venceu as eleições. O MDB foi massacrado pela Arena nas urnas. "Oposição perde os seus líderes no Congresso", destacou manchete de *O Globo*. Pelas projeções do jornal, o partido oposicionista, que tinha perspectiva de eleger 20 senadores, só conseguiria sete ou oito novas cadeiras, reduzindo assim a bancada para possivelmente dez membros. No início da legislatura, a legenda tinha 19 membros no Senado. A ditadura havia cassado cinco deles e agora outros não conseguiram se eleger.[178]

O Globo destacou na primeira página que o "MDB estuda a suspensão provisória de atividade".[179] A proposta de emergência foi apresentada por parlamentares da legenda, numa reação ao regime. Tancredo, Ulysses, Amaral Peixoto, Nelson Carneiro e Pedroso Horta argumentaram que o resultado das urnas refletiu muito mais a atmosfera de esmagamento da oposição, pelo governo, do que a vontade livre do eleitorado.

Não era só a Arena e o jornalismo que apelavam para a marca "Brasil Grande", criada pelo poeta e lobista Augusto Frederico Schmidt, ainda no tempo de Juscelino, para a política de desenvolvimento mantida agora pelos militares. A publicidade mergulhava no discurso de prosperidade da ditadura. Num anúncio n'*O Globo*, a Metal Leve, do empresário e bibliófilo José Mindlin, fabricante de pistões para a indústria automobilística, enaltecia que, em duas décadas, período de consolidação da fábrica, o transporte de bonde nas ruas foi trocado por uma frota de 2,5 milhões de veículos. O texto da Marcus Pereira Publicidade destacou que, antes, o país educava mal seus "filhos menores", não garantia emprego aos "maiores" e passava "vexame" ao pedir empréstimo ao "vizinho rico".[180] "Com o nosso apoio, ele achou o caminho da prosperidade. Fez uma revolução em sua vida e venceu. Hoje é chamado por todos de Brasil-Grande e nós achamos que ele precisa chamar-se Brasil Gigante."

A publicidade foi impressa ao lado de uma matéria sobre a visita do presidente da República ao Salão do Automóvel, em São Paulo, com um título sugestivo: "Veículos militares e Fúria atraem a atenção de Médici", numa referência direta ao apelido de um protótipo de carro exposto na feira. No pé da reportagem, o jornal relatou a "preocupação" do general com problemas internos no diretório paulista da Arena, que antes de deixar o lugar ouviu a execução do "Hino Nacional" e da marcha "Pra frente Brasil", músicas igualadas em importância nas cerimônias da ditadura.

Um parêntese. O publicitário Marcus Pereira, que atendia a Metal Leve, vivia nos redutos culturais. A sua agência produzia discos de Paulo Vanzolini e outros compositores da cidade. Lançaria coletâneas de Cartola, do Trio Tapajós, de bandas de pífano de Pernambuco, de damas, como Dona Ivone Lara, Clementina de Jesus e Carmem Silva. Fez um dos mais exaustivos trabalhos de promoção de intérpretes de canções, polquinhas, chulas, toques, batuques, rosários, ladainhas, congadas e benditos do interior e da periferia do país. Não havia nada parecido no cenário desde o esforço de Mário de Andrade, no começo do século, para revelar o tesouro musical brasileiro. A publicidade da agência de Marcus, sintonizada com o regime, era ganha pão. Desiludido, tirou a própria vida anos depois.

Os presos de *O Pasquim* viveram dias dramáticos após as eleições. Na manhã de 7 de dezembro de 1970, o carro Buick Azul que transportava o embaixador suíço Giovanni Enrico Bucher para o trabalho foi fechado por um Aero Willys na rua Conde de Baependi, no bairro de Laranjeiras. Um homem com fuzil apareceu na janela do veículo do diplomata. O agente federal Hélio Araújo abriu a porta para tentar reagir, mas foi baleado — morreu dias depois. Bucher foi sequestrado pela Vanguarda Popular Revolucionária, a VPR, grupo guerrilheiro de um capitão desertado do Exército. Carlos Lamarca tinha abandonado o 4º Regimento de Infantaria, em Osasco, levando um arsenal para fazer luta armada contra a ditadura.

O Globo publicou uma reportagem com nomes de presos políticos dos quais a VPR exigia a libertação em troca da soltura do embaixador. A lista, que teria sido levantada por meio de fontes oficiais, foi deixada, segundo o jornal, na caixa de esmolas da Igreja Santa Terezinha, na Tijuca. A relação incluía, com as "devidas reservas", pois não havia confirmação da polícia, nomes de jornalistas de *O Pasquim* presos desde novembro — Ziraldo, Sérgio Cabral, Paulo Francis, Tarso e Fortuna — e Bárbara de Castro, diretora do semanário que, porém, não estava presa.

O Globo fez uma ressalva. "As autoridades consideram que a inclusão dos redatores de *O Pasquim* visaria causar confusão, pois a atuação deles não seria, notoriamente, vinculada à área da subversão terrorista", registrou.[181] O momento era de tensão política. A luta armada enfrentava uma dura crítica de vozes exaltadas, que ganhavam espaço nos jornais. "O governo brasileiro pode fuzilar os sequestradores do embaixador suíço, que eu, em nome de Deus e da Igreja, darei a extrema unção", garantiu o padre Caio Mário de Castro, de Diamantina, Minas.[182] Não era um caso isolado de ira e oportunismo, depois da confirmação da morte do agente Hélio Carvalho de Araújo. *O Globo*, em especial, ecoava o discurso oficial de que "Nada desviará o governo do propósito de garantir a paz".[183]

Naquela manhã, Roberto Marinho estava em Belo Horizonte, na inauguração de uma antena da Globo na Serra do Curral, no lançamento do Canal 12 em Minas. O narrador da emissora na Copa do México, Geraldo José de Almeida, exclamava o bordão "linda, linda, linda" para ressaltar a integração do estado à rede montada por Marinho. O empresário, por sua vez, evitou fazer discursos.[184]

O advogado Evaristo de Morais Filho, defensor dos jornalistas de *O Pasquim*, e Bárbara de Castro criticaram a citação dos nomes pelo *O Globo*. Ao *Jornal do Brasil*, ela disse que, mesmo com a ressalva de que as autoridades consideraram a inclusão dos nomes dos jornalistas na lista uma forma de causar confusão, o vespertino incorreu num "equívoco", pois não tinham relação com a "subversão terrorista".[185]

Os jornalistas de *O Pasquim* não voltaram a ser citados pelo *O Globo*. Mas, dias depois, quando foi solto, Paulo Francis assinou um texto de duas páginas, personalizando o ataque em Roberto Marinho. "Porcaria", em caixa alta, foi ilustrado com moscas. "RM, quando estávamos presos, plantou, em *O Globo*, um grupo d'*O Pasquim* numa lista falsa de pessoas a serem trocadas pelo embaixador Bucher", escreveu. Francis escreveu que Roberto Marinho era uma "expressão pornográfica" e associou o empresário ao detrito. "Esgoto é uma imagem inexata de RM — abreviamo-lo ao máximo — porque tem uma útil função social. A imagem correta seria poluição pura, inútil e legal."

O jornalista disse que as famílias do semanário ficaram expostas. Ele entrou na delicada questão do racismo. "Posso sentir-lhe a carapinha eriçar-se a essa altura, mas que fique tranquilo, ou melhor, já que isso é impossível, pois tranquilidade presume a presença de uma consciência, que sossegue a única parte sensível do seu corpo", ressaltou. "Falei de carapinha. Quem pensou em insulto aos negros insultou-se a si próprio. A carapinha é um dos símbolos do novo orgulho da raça negra, de Cleaver a Davis, com seus penteados Afro. RM é preto, mas sua coerência na traição é impecável, pois se alia aos mais sujos brancos racistas."

Francis chamou Roberto Marinho de "sequestradorzinho" e devedor de impostos. Avaliou que o empresário tinha a intenção pessoal de banir o grupo de *O Pasquim* do país. "RM tem toda a razão em querer ver-nos longe. Nós nunca mais vamos deixá-lo em paz."[186]

O embaixador suíço foi liberto pelos sequestradores. *O Pasquim* passou a fazer um ataque sistemático a Roberto Marinho.

O Pasquim não poupou o momento trágico vivido por Roberto Marinho, com a morte do filho Paulo Roberto. Numa nota ao estilo corrosivo do periódico, o editor Tarso de Castro escreveu que o empresário "ganhou o direito ao ódio, à safadeza, ao que quiser, naquele primeiro do ano em que morreu Robertinho — eu sei que ele seria nosso amigo — e, com ele, uma meta: só aquele menino poderia botar os Marinho no lado bom da história". "É isto: o Roberto tem direito ao ódio — e eu posso dizer porque nunca precisarei dele."[187] O jornal apelidou o emissário submarino, que despejava esgoto na Zona Sul, de Roberto Marinho.[188]

O terror do estado militar avançava. No sábado de Carnaval de 1971, o zelador de um prédio no Cosme Velho, a poucos quilômetros da casa de Roberto Marinho, encontrou no pátio interno um corpo estirado numa poça de sangue. Pouco antes, ouviu um estranho diálogo. Um homem gritou: "Atira e mata". Ouviu tiros. "Bota a arma do lado dele", disse uma segunda pessoa.[189] Nada indicaria que o revólver, a 30 centímetros do corpo, fosse da vítima.

Antes de entrar na militância e na luta armada contra o regime, o guerrilheiro Aderval Alves Coqueiro, 43 anos, baiano de Aracatu, entrou na leva de "candangos" da construção de Brasília. Mais tarde, foi mecânico em fábricas de automóveis da região do ABC, em São Paulo.

O homicídio chamava a atenção porque Aderval tinha sido um dos presos políticos soltos e banidos em troca da libertação do embaixador alemão Von Hollebon. Era a primeira morte de um exilado que voltava ao Brasil. Um dia depois do homicídio, o *JB* publicou na edição do domingo, dia 7 de fevereiro, na primeira página, que "Banido retorna ao Brasil e é morto no Cosme Velho", notícia baseada numa "nota de poucas palavras" dos órgãos de segurança. "O terrorista Aderval Alves Coqueiro, de 34 anos de idade, conhecido também como Baiano, Haroldo ou Coqueiro, que havia sido banido do país em troca do Embaixador da Alemanha, von Holleben, foi morto a tiros na tarde de ontem, num edifício da Rua Cosme Velho, segundo um comunicado fornecido pelos órgãos de segurança do Governo, que informam ter o subversivo resistido à prisão." Era praticamente o mesmo texto que sairia no concorrente.

Como não saía aos domingos, *O Globo* divulgou o crime na edição de segunda-feira, repetindo o formato do concorrente. Uma pequena foto de rosto do guerrilheiro ilustrou o texto, sem chamada de primeira página. O primeiro parágrafo da matéria destacou: "Os órgãos de segurança estão investigando informações sobre o possível regresso ao Brasil de terroristas banidos, em sequência ao episódio do sábado à tarde no Cosme Velho, quando, ao reagir à prisão, foi morto Aderval Alves Coqueiro."

O jornal manteve a versão de que Aderval foi morto em troca de tiros com a polícia. "Integrante da Ala Vermelha do Partido Comunista, Coqueiro, de 33 anos, conhecido também como Baiano ou Haroldo, e que havia sido banido do território nacional (...) tentou reação violenta ao ser localizado pelas autoridades de segurança, cerca de 13h30m de sábado."

A *Folha de S.Paulo* não noticiou a morte de Aderval em suas edições. Por sua vez, *O Estado de S. Paulo*, sem chamada na primeira página, noticiou o crime na pequena nota "Banido é morto no Rio", escrita na sucursal do jornal na cidade, baseada na versão da polícia de que "o terrorista reagiu violentamente à prisão, tendo sido morto no local": "Agentes de órgãos de segurança travaram ontem no Rio tiroteio com o terrorista banido Aderval Alves Coqueiro, que foi morto depois de demorada luta."

Com poucas diferenças, o noticiário sobre movimentos da repressão e da guerrilha se movimentava num sistema praticamente de *pool*, na imprensa do Rio. O termo "terrorista" constituía, sem dúvida, um recurso a mais de jornalistas, mesmo dos quadros da esquerda, para garantir o fluxo de notícias sobre a luta armada. Uma parte dos profissionais das redações de O *Globo*, do *Jornal do Brasil* e da sucursal do *Estadão*, especialmente nas camadas de chefia, era oriunda da militância do PCB e mantinha relações familiares ou profissionais com lideranças do partido. A rede de jornais comunistas organizada por Pedro Motta Lima, um dos mais respeitados quadros da sigla, ainda no Estado Novo, despejou levas de repórteres no jornal de Roberto Marinho quando os governos decretavam a ilegalidade do partido e o fechamento de suas folhas. Desde o início da ditadura, o movimento comunista se dividiu em caminhos diferentes. O grupo de Luís Carlos Prestes e Motta Lima, cerne do Partidão, optou por não entrar na luta armada, depois de experiências traumáticas do passado de guerrilha. Os ex-deputados Maurício Grabois e Carlos Marighella decidiram pegar em armas, atraindo nomes de destaque do movimento estudantil. A ditadura era implacável com líderes das duas pontas. O exílio, a clandestinidade e a perseguição não definiam tratamentos diferentes por parte da repressão.

Mas a maioria dos integrantes das guerrilhas do campo e das cidades era quadro novo no movimento político, entrara em partidos e grupos dissidentes do PCB, sem ligações partidárias com o grupo dos velhos "camaradas" das redações, de tendência ligada a Prestes e Motta Lima. O exílio e a clandestinidade foram rumos tomados pelos que não pegaram em armas. Desconhecidos de jornalistas da imprensa tradicional, muitos combatentes da luta armada estavam mais vulneráveis à máquina da morte, distantes do apoio de uma rede mínima de solidariedade, natural entre pessoas que se conhecem ou têm referências, de profissionais que sobreviviam ou mesmo se escondiam nas redações, podendo ter ao lado colegas declaradamente simpáticos às fontes da repressão ou mesmo agentes disfarçados. No jogo dramático do jornalismo em tempo de violência política, um mínimo sinal de empatia nos textos sobre mortos podia ser fatal.

Nesses dias, uma novela sobre luta política com armas garantia à Globo a conquista do mercado publicitário de São Paulo. A emissora começava a ter lucros elevados. *Irmãos Coragem* disparou na audiência na capital e na região metropolitana. Aos poucos, avançou pelo interior. No ar das 20 horas às 21 horas, de segunda a sábado, o folhetim sucedera o sucesso *Véu de noiva*. Janete Clair engatava mais uma trama em sequência, e novamente numa dobradinha com o diretor Daniel Filho.

A elaboração dos personagens da novela de Janete tinha características brasileiras. Os atores Tarcísio Meira, no papel de João Coragem, Cláudio Cavalcanti, o Jerônimo, e Cláudio Marzo, o Duda, interpretavam irmãos de uma família de uma cidade fictícia de Coroado, em área de garimpo, no interiorzão do Brasil.

Ao contrário de programas de TV nos Estados Unidos, a telenovela, carro-chefe da audiência da Globo, não encontrou no cinema ou mesmo no teatro suas raízes — as técnicas, a experiência industrial, a capacidade do improviso e a força das interpretações. Janete e Dias Gomes vinham das radionovelas, programas que atraíram grande público nas décadas de 1950 e 1960. A publicidade e a própria emissora de Marinho não faziam uma aposta arriscada de laboratório em busca de audiência.

Em *Irmãos Coragem*, em especial, Janete recorreu à vida política para construir a sinopse. O personagem João encontrou um diamante. O coronel Pedro Barros, interpretado por Gilberto Martinho, roubou a pedra. João decidiu, então, pegar em arma. Ele montou um grupo para reaver o tesouro.

Mais moderado, o irmão Jerônimo entrou no partido de oposição. Por sua vez, Duda virou jogador de futebol — a autora procurou diversificar o roteiro, com receio de que a história do faroeste cansasse o público. Daniel Filho levou a equipe a um clássico de Botafogo e Flamengo, no Maracanã, para gravar as cenas em que Duda entra em campo com a camisa rubro-negra. A torcida estranhou aquele jogador de pernas finas no gramado, não o reconheceu.

A escritora confidenciou que a novela se baseava nos clássicos *Os Irmãos Karamazov*, de Dostoievski, e *Mãe Coragem*, de Bertold Brecht. Havia referência também a *Cem anos de solidão*, de Garcia Márquez. Daniel buscou a fotografia e o movimento de *Duelo ao Sol*, faroeste dos anos 1940, com roteiro de David Selznick e dirigido por King Vidor e Willian Dieterle, e *As três máscaras de Eva*, de 1957, do diretor Nunnally Johnson.

Na novela de Janete, o coronel Pedro Barros, numa versão brasileira de Nero, pôs fogo em Coroado.[190] A cidade cenográfica construída no terreno onde mais tarde seria construído o Barra Shopping teve o fim trágico de Macondo, o povoado do romance do *boom* latino-americano. No final, o personagem de Tarcísio Meira recuperou seu diamante, mas o destruiu. Ele considerava que a pedra era a causa da destruição de sua família. "Irmão, é preciso coragem", dizia a letra da música de Milton Nascimento, cantada com a potência e a emoção de Jair Rodrigues.

Era a "grande virada" da Globo, na opinião de Daniel Filho. A "perfeição" de sua parceria com Janete, a vitória sobre o modelo das narrativas de apaches e incêndios pouco críveis. "Eu queria brincar de cinema. Eu queria fazer um *western* com todos os elementos de um *western*. Não vai mais haver flecha incendiária, mas vou trazer esse *western* para perto do Brasil", relatou.[191]

Diferentemente da telenovela, o instrumento da metáfora não seria usado pela imprensa tradicional nas matérias de assassinatos de adversários do regime militar. Em abril daquele ano de 1971, com a novela de Janete Clair ainda na grade noturna da Globo, mais precisamente no dia 5, o guerrilheiro mineiro Devanir José de Carvalho, de 28 anos, foi fuzilado pela repressão.

Após trabalhar como torneiro mecânico no ABC Paulista, Devanir foi para o Rio de Janeiro, onde era taxista e vivia na clandestinidade. Ele foi preso e assassinado pela equipe do delegado Sérgio Fleury, chefe do DOPS em São Paulo. O ativista Ivan Seixas, outro preso, relatou ter ouvido em interrogatório do agente Carlos Alberto Augusto, o Carlinhos Metralha, que o guerrilheiro sofreu tortura durante três dias para dar detalhes de localizações de companheiros.[192]

O Globo publicou em chamada na primeira página que "Cai outro líder do terror em São Paulo". "A morte de Devanir José de Carvalho ('Henrique' ou 'Juliano'), apontado como organizador do Movimento Revolucionário Tiradentes (MRT) e um dos líderes do terrorismo no Brasil, foi anunciada ontem pelas autoridades de segurança em São Paulo. Devanir, segundo a informação, foi abatido no dia 5, ao resistir ao cerco de agentes que investigavam assalto de que participara no mês passado."[193]

A matéria interna saiu com uma foto de rosto de Devanir e uma outra do suposto arsenal que teria sido encontrado com ele no "aparelho".[194] O texto relatou supostas ações do guerrilheiro com o cuidado de esclarecer que tais atos constavam numa ficha dele nos órgãos de segurança. O jornal divulgou, ainda que de forma enviesada, um outro lado, com o registro da prisão: "Os documentos falsos de Devanir, segundo as informações policiais, não permitiram a imediata identificação, o que só foi possível após a divulgação de um manifesto subversivo no qual era anunciada a prisão do terrorista. Só depois disso, diz a polícia, o corpo foi identificado no necrotério."

A edição do mesmo *Jornal do Brasil* também não contestou no título da primeira página a versão oficial do combate: "Terrorista resiste e morre em São Paulo". "Devanir José de Carvalho, o mais moço de cinco irmãos famosos no mundo do terror, foi morto por policiais do DEIC, em São Paulo, quando resistiu à bala ao cerco a um esconderijo de assaltantes de joalheria, no bairro Tremembé."

O texto interno da matéria foi ilustrado com a foto de Devanir e a legenda: "Devanir e mais quatro irmãos eram terroristas". No terceiro parágrafo foi registrada a versão apresentada pelo "panfleto" da prisão. O jornal deu mais ênfase à versão de que a operação era para o combate a um crime comum.[195]

O Estado de S. Paulo foi outro jornal que destacou na matéria interna a narrativa oficial de que o militante reagira aos agentes: "Foi eliminado mais um líder do terror". Não houve chamada na primeira página, ocupada por seis textos de assuntos internacionais e dois de economia. "Devanir José de Carvalho, líder da organização terrorista Movimento Revolucionário Tiradentes, foi morto por agentes policiais do DEIC, no dia último, segundo revelaram ontem autoridades dos órgãos de segurança. Devanir, conhecido no quadro do terror pela alcunha 'Henrique', participou de 17 ações subversivas (...) Segundo as autoridades, o único indivíduo que se encontrava no interior da casa reagiu a tiros de metralhadora, sendo então abatido por agentes do DEIC."

No sexto parâgrafo, o *Estadão* expôs a versão contrária da polícia, que ressaltou ser dos "panfletos": "As autoridades dos órgãos de segurança afirmaram que somente souberam que se tratava do ex-chefe do MRT no dia seguinte — 6 de abril —, quando grupos terroristas distribuíram panfletos no centro da cidade. No primeiro tópico do panfleto, as organizações subversivas MRT, MR-8 e ALN diziam: 'Ao povo brasileiro. No dia 5 de abril de 1971 caiu prisioneiro da ditadura o companheiro e revolucionário 'Henrique' (Devanir José de Carvalho)..."

A *Folha de S.Paulo* deu uma pequena chamada na parte inferior da primeira página com o título "Roubo de joias leva Polícia a desbaratar um grupo subversivo". No texto, o jornal considerou a operação de combate como um suposto crime comum. O assunto não voltou nas páginas internas. "O terrorista Devanir José de Carvalho ('Henrique'), líder do MRT (Movimento Revolucionário Tiradentes), foi morto pela Polícia em tiroteio em uma casa da Rua Cruzeiro, Alto do Tremembé. Os policiais ali chegaram após proceder à investigação sobre assaltos a duas joalherias do Sumaré."

A história de Devanir foi contada pela imprensa de forma enviesada, num momento de repressão e redações cheias de censores para cortar e impedir registros de notícias como a do guerrilheiro Devanir e de seus irmãos de sangue e luta armada, Joel, Daniel, Jairo e Derly. Após um curto exílio, Joel e Daniel foram fuzilados pela ditadura quando tentavam retornar ao país, em 1974, na região da tríplice fronteira do Brasil com a Argentina e o Paraguai.

A "família terrorista" foi retratada por uma imprensa que se expressava em códigos quase imperceptíveis na leitura dos dias de hoje, geralmente publicados nos finais de matérias. De origem humilde, os Carvalho não tinham o apreço de setores da própria esquerda, que se referiam a eles como "Irmãos Metralha".[196] Tanto nos jornais quanto nas referências de grupos da luta armada, a imagem dos guerrilheiros foi construída, no entanto, com as características de audácia e coragem. Jornais falavam em seis ou sete agentes de segurança mortos por Devanir e uma série de ações em que ele teria participado, como o sequestro do cônsul japonês em São Paulo, Nobuo Okuchi, em 1970.

No passado ou no presente, nas redações sufocadas ou nos grupos que pedem reparação e esclarecimento sobre os porões, os Carvalho não se enquadravam no perfil de protagonistas ideais. Não eram dos quadros das famílias conhecidas da política ou do movimento social das grandes cidades.

Eles tinham origem pobre. Nos anos 1950, quando Juscelino anunciava a urbanização do Brasil, seu Eli José de Carvalho e dona Esther Campos de Carvalho, agricultores em Muriaé, Minas Gerais, se mudaram com os filhos para o ABC, em São Paulo. Lá, a família trabalhava nas indústrias automobilística e gráfica, que começavam a se formar. Após 1964, os jovens entraram para sindicatos e depois ingressaram em partidos políticos, até chegarem à clandestinidade. Eram operários, de uma classe baixa vinda do campo, sem apoio de setores da opinião pública, da política e do clero que formava maioria na cúpula da Igreja.

Dom Jaime Câmara, o arcebispo do Rio, usou o programa semanal *Voz do pastor*, na Rádio Vera Cruz, para atacar as novelas, numa indireta contra a TV Globo. Ele leu carta atribuída a um homem que dizia ouvir o programa num radinho emprestado e ser pai de quatro filhos menores. O missivista reclamou: "O drama de uma criança é um problema para um pai ou mãe responsável. Mas a televisão brasileira invade nossas casas como lama de esgoto. Dia e noite, noite e dia... as revistas completam o resto. O jornal de hoje publica a foto de uma artista que dá a dimensão do antiprogresso deste país."

No ar, o cardeal procurou falar diretamente com o homem. "Na verdade, meu atento e sincero ouvinte, não posso discordar desse pai cuidadoso, preocupado com a formação moral de seus filhos", afirmou Dom Jaime. "Fala-se tanto, atualmente, nas mensagens de teatro, romances, válidas por vezes. Mas, em outras, chega-se mesmo a justificar o injustificável, procurando a existência de algum bom ensino eventual ou imaginário, para legitimar certas produções, novelas e películas contaminadas pela mais baixa pornografia. Isso, apesar da censura oficial, que tanto os incomodados censuram. Parece que o comercial subjuga o moral, o lucro supera o cultural, a vergonha desaparece, o ilícito ganha terreno, nada se opõe a nada, tudo é permitido a todos."[197]

Numa carta ao arcebispo, Roberto Marinho reclamou que o "amigo" e "eminente" cardeal estava criando "embaraços" para a Globo com as autoridades. Ele questionou a autenticidade do missivista que escreveu a Dom Jaime Câmara. "Não estou tão crédulo quanto Vossa Eminência de que o autor dessa carta, de estilo tão escorreito e sintético, seja 'um homem pobre', etc. Nas diferentes organizações jornalísticas que dirijo, é com grande dificuldade que encontro profissionais que escrevam assim."

O empresário escreveu que o juiz de menores Alberto Cavalcante de Gusmão recebeu 30 cartas contra um programa de audiência da TV Globo. O juiz determinou à emissora, relatou Marinho, passar o programa para "horas mortas da noite", decisão derrubada depois pelo Tribunal de Justiça. "Essas cartas foram examinadas, primeiro pela direção da nossa TV, depois pelo Tribunal. Pelo menos dez delas foram assinadas pela mesma pessoa, embora o nome fosse sempre diferente e a caligrafia disfarçada. Os missivistas diziam-se professores, mas as cartas estavam cheias de erros de português... outras eram assinadas por pessoas diferentes, mas continham as mesmas expressões."

Ele sugeriu que o religioso insuflava a censura. "Temos uma moral bastante vigilante nas nossas organizações, mas quando aparece uma advertência de uma personalidade eminente e isenta, que só deseja o aprimoramento das instituições e o bem público, imediatamente sofremos as consequências. A censura começa a criar dificuldades para as nossas novelas, sobre as quais nós próprios impomos sérias limitações de ordem moral."[198]

Em fevereiro, Dom Jaime Câmara morreu, aos 76 anos. Ele deixava vago o posto de voz anticomunista da Igreja do Rio. O general Siseno Sarmento, comandante do I Exército, disse que perdia um "inesquecível amigo". Médici, em telegrama a Paulo VI, escreveu que o cardeal era uma "figura insigne pela atuação apostolar e pela atividade na vida pública brasileira". *O Globo* observou que, nos últimos anos de vida, Câmara era considerado por alguns como um bispo "conservador", mas foi "temido" pelos políticos por ser um bispo "avançado" e "perigoso", o primeiro a subir os morros da cidade."[199]

O delegado Sérgio Fleury acabou caindo numa armadilha letal. Se antes tinha o nome citado apenas nas matérias sobre a repressão aos "subversivos", agora foi tratado pelos jornais por envolvimento em grupos de "esquadrões da morte" no Rio e em São Paulo. As investigações de tortura e execução sumária de presos comuns colocava a equipe de repórteres de *O Globo* no calcanhar do delegado que estava justamente à frente dos combates forjados e das eliminações de guerrilheiros de esquerda, noticiário controlado pela censura. Ele era o mais notório agente no estado, protegido pelo Centro de Informações do Exército, órgão que centralizava a repressão às guerrilhas.

Mais de um ano depois da queda de Marighella, uma manchete de *O Globo* apresentava com exclusividade o processo da morte de Antônio Souza Campos, o Nego Sete, um criminoso comum. A denúncia do procurador Hélio Bicudo à Justiça incluía declarações de um padre, Geraldo Mauzerol, e fotografias que mostravam Fleury e outros policiais, em Guarulhos, em dezembro de 1968, horas antes do fuzilamento.

"CARTA DO PADRE
APONTA 2 CHEFES
DO ESQUADRÃO."[200]

"*O Globo* penetra o segredo dos matadores", destacou reportagem interna do jornal. Uma matéria menor, "A verdade dos acusados", na mesma página, foi aberta com a informação de que "o delegado Sérgio Fernando Paranhos Fleury" "comandou a diligência em que foi morto o líder terrorista Marighella".

Fleury deixava de ser apenas um agente da "Segurança Nacional" para se transformar numa figura frequente no noticiário policial. *O Globo* publicou manchete sobre a decisão do Supremo Tribunal Federal de rejeitar um pedido de *habeas corpus* do delegado. O agente atuava em parceria com os militares do Centro de Inteligência do Exército na caça aos adversários do regime.

Em editorial, o jornal enalteceu a posição do ministro Luís Gallotti, relator do pedido de *habeas corpus* de Fleury, por "apaziguar" a "consciência nacional ofendida", e o promotor público Hélio Bicudo, autor da denúncia, pela "coragem".[201] "Se o Supremo Tribunal Federal travasse a ação da Justiça de São Paulo, ora empenhada em livrar a sociedade da peste do Esquadrão da Morte, este País cristão seria invadido de Norte a Sul por um sentimento de vingança", afirmou. "O NÃO MATARÁS está em pleno vigor no Brasil. Foi o que disseram os senhores ministros. Os Esquadrões da Morte vêm realizando a mais deletéria das obras: conferem naturalidade ao horror."

Veículo da cobertura mais ampla do caso, *O Estado de S. Paulo* publicou uma foto dos ministros Galotti e Trigueiro com uma legenda "Esquadrão é julgado", na primeira página. O *Jornal do Brasil* deu apenas uma nota na primeira página sobre a decisão do Supremo.[202] A *Folha de S.Paulo* também publicou uma pequena chamada. "Mais elogios à economia do Brasil", destacava a manchete do jornal para declarações no âmbito do FMI.[203] Numa reportagem na página 6, a *Folha* divulgou mais um relato de um "arrependido". A matéria de Fleury apareceu na página 19 da edição.

Não foi o fuzilamento de perseguidos políticos que levava Fleury ao encontro da Justiça, mas a execução de Nego Sete e Risadinha, dois personagens do crime comum. Em tempo de autoritarismo, de uma inversão da trágica lógica da realidade brasileira de punir apenas quem comete crime contra elites, ainda que políticas, e deixar impune os atentados contra camadas inferiores da pirâmide, embora praticados por bandidos do cotidiano. Na política, no jornalismo e nas comunidades de perseguidos, o caso tinha o valor prático de minar o poder de um operador da máquina de morte do Estado brasileiro.

A ditadura saiu em socorro de Fleury, evitando sua prisão. O delegado ainda sobreviveria na burocracia da repressão, mas agora fazia parte do "mundo do crime", um espaço dissociado do imaginário da política.

9. O partido de Roberto

Os opositores ao regime que sobreviviam à máquina das execuções estavam na clandestinidade — inclui nessa lista os militantes do PCB e as siglas em sua órbita —, foram cassados, saíram dos plenários das casas legislativas após a dramática derrota do MDB nas urnas, no ano da Copa do México. Uma parte vivia aglutinada na legenda, asfixiada e tolhida no Congresso.

As pistas da história de Roberto Marinho e da expansão da Globo no período da ditadura podem ser encontradas na relação do empresário com as lideranças dos partidos legalizados do período — o oposicionista MDB e a governista Arena. A ditadura adotara o modelo do bipartidarismo, com regras que permitiram apenas a existência das duas siglas, que atraíram representantes dos partidos tradicionais extintos pelo regime.

O MDB era formado, em boa parte, por quadros oriundos do PSD do cassado Juscelino Kubitschek, que sofreu ao menos três tentativas de golpe por parte dos militares que derrubariam, mais à frente, o governo de João Goulart, do PTB, da seara getulista, ou siglas menores como o PSB e mesmo o PCB. Por sua vez, a Arena, que abrigou boa parte dos antigos filiados da UDN, era um partido marcado pela ambivalência. Os filiados tinham seus movimentos ajustados à pressão do poder militar e às investidas de governadores nomeados pela cúpula das

Forças Armadas. Muitas vezes, estavam no quadro da sigla porque os principais adversários regionais estavam no outro partido.[204]

A sigla oposicionista enfrentava as divisões internas. No Congresso, a legenda rachava entre simpatizantes do governo, moderados e um grupo que defendia uma oposição mais acirrada, apelidado de "autênticos" na imprensa. Roberto Marinho abria espaço no seu jornal especialmente aos moderados, mas sem deixar de registrar os movimentos dos radicais.

Em entrevista ao *O Globo*, o deputado mineiro Tancredo Neves, do MDB, classificou os agentes políticos em quatro divisões. Na primeira estavam, segundo ele, os da "ideologia da esquerda", "desejosos" de implantar uma república socialista, satélite de Moscou ou de Pequim; no segundo grupo, os "espantalhos" das forças revolucionárias, "saudosistas e revanchistas", excluídos da nova ordem ainda em 1964. O terceiro grupo, avaliou, era mais "poderoso", formado por "ilustres" e "dignos" chefes militares, elementos do clero, do empresariado e da tecnologia. Por fim, o quarto grupo representava aqueles que, admitindo ser a "Revolução" irreversível, pretendiam "democratizá-la".[205] Ele se apresentava como representante dessa parcela da oposição — a presença dele n'*O Globo* tornou-se uma constante.

O parlamentar abordou a questão da tortura e da morte de adversários políticos da ditadura, de forma cuidadosa, quase ambígua. "É claro que a democracia deve dispor de forças e condições para enfrentar seus inimigos; não deve fugir ao embate", disse. "Na defesa da dignidade da pessoa humana, está a sua força para enfrentar os que a querem destruir permanentemente."

Naquele momento, o Centro de Informações do Exército, CIE, comandado pelo general Milton Tavares, centralizava a matança de guerrilheiros urbanos e rurais, e o Planalto fazia ameaças de novas cassações de parlamentares.

Os moderados emedebistas, em sua ambivalência mesmo em temas dramáticos, e os membros da Arena sem sintonia com o Palácio do Planalto tinham interesses que se cruzavam. A facção oposicionista capitaneada por Tancredo ainda não se diferenciava também da pauta econômica e do arcabouço legal dos membros moderados da legenda governista, braço direito da ala civil do regime, capitaneada pelos influentes ministros Leitão de Abreu, da Casa Civil, e Delfim Netto, da Fazenda.

Pelas páginas de *O Globo*, lideranças dos dois partidos se mostravam muitas vezes semelhantes, refletindo, sob certa medida, a linha de escolha das notícias do jornal. O MDB moderado repudiava a violência dos porões do Estado, mas sempre criticando na sequência a luta armada. A ditadura costumava ser citada como um tempo que teria um fim próximo.

O noticiário do jornal de Roberto Marinho evidenciava um grupo coeso na questão da abertura. Do Senado faziam parte o presidente da casa, Petrônio Portella, Milton Campos, Gustavo Capanema, Daniel Krieger, Magalhães Pinto, Virgílio Távora, Teotônio Vilela, todos da Arena, e o emedebista Franco Montoro. Na Câmara, os deputados oposicionistas Tancredo Neves, Pedroso Horta, Tales Ramalho e Ulysses Guimarães se destacavam.

O grupo da abertura incluía ainda a bancada de senadores da Guanabara, toda oposicionista. Benjamin Farah, Danton Jobim e Nelson Carneiro formavam o MDB do governador Antônio de Pádua Chagas Freitas, que estava na legenda porque os lacerdistas controlavam o diretório estadual da Arena. Formado no velho PSP de Ademar de Barros e no PSD de Juscelino, Chagas Freitas construiu uma máquina política populista e fisiológica. Não entrava em embates diretos com a ditadura. Outra força era Amaral Peixoto, senador pelo estado do Rio, o genro de Getúlio, voz de pacificação entre os opositores.

A coesão do bloco suprapartidário se revelava em posicionamentos alinhados a medidas administrativas e econômicas da ala civil do regime, liderada por Leitão de Abreu e Delfim Netto, e na falta de simpatia à pauta da segurança nacional e da repressão dos militares.

Ainda dentro do grupo, uma facção menor mostrava uma oposição pragmática, menos adesista à ditadura. Nela estava o líder do MDB na Câmara. O moderado Oscar Pedroso Horta tinha espaço nas páginas de *O Globo* com suas pautas críticas à repressão. O deputado era um advogado de discursos refinados e irônicos que ascendeu na política no rastro de Jânio Quadros. Atuou como secretário de Justiça do governador em São Paulo e, depois, como ministro durante o curto mandato do presidente. Ele foi o encarregado de levar a carta-renúncia ao Congresso. Após o golpe e decretação do bipartidarismo, pulou para a legenda oposicionista, conquistando seu primeiro cargo eletivo. As ondas de cassações da ditadura não frearam os discursos e declarações contra o governo militar.

No início de fevereiro de 1971, Pedroso Horta tirou do bastidor uma história que incomodava o mundo político. Ele enviou no dia 3 um ofício ao Ministério da Justiça denunciando o sequestro de Rubens Paiva, deputado paulista do antigo PTB, cassado ainda pelo primeiro Ato Institucional da ditadura, retirado por militares, no mês anterior, de sua casa, no Rio, e levado ao DOI, onde foi torturado e morto. A censura, porém, limitava a cobertura do sequestro e do assassinato em notas nas editorias dos jornais. No dia seguinte, *O Estado de S. Paulo* publicou uma pequena matéria sobre o desaparecimento. O texto "Cassado não foi localizado" contava o drama de Eunice de Paiva, que buscava informações sobre o marido. O jornal paulista havia publicado, no final do mês anterior, em uma matéria, que o "STM indaga(va) sobre prisão".[206] A 5 de fevereiro, foi a vez de *O Globo* entrar na história. O vespertino relatou ter sido "negada prisão de Rubens Paiva" pelo I Exército, no Rio.

Num almoço com a presença de repórteres do jornal, no dia 18, Pedroso Horta informou que pretendia, em março, abrir uma "discussão" em torno do "desaparecimento" do ex-deputado Rubens Paiva, um dos primeiros cassados. Ele "recebeu" uma carta da mulher de Paiva, Eunice, e disse não duvidar que o deputado cassado fora "levado" por autoridades, para onde "ninguém" sabia.

As declarações do deputado foram publicadas numa longa reportagem de *O Globo*. A matéria "Pedroso: MDB espera que Médici restaure democracia" registrou o sequestro de Rubens Paiva e apelos do líder oposicionista pela abertura.[207] Ele defendeu a revogação do AI-5, disse que "a economia vai bem, mas o povo vai mal" e não havia liberdade de imprensa. "Interrogado sobre como poderia classificar o atual regime de governo no Brasil, respondeu com uma simples palavra: ditadura".

Em março, a Embratel começou a fazer testes para levar o sinal de micro-ondas pela primeira vez à Amazônia. No escritório da empresa em Belém, jornalistas puderam ver imagens da novela *Irmãos Coragem* e uma mensagem do Papa Paulo VI. A notícia ganhou uma pequena nota na parte inferior da primeira página de *O Globo* de 3 de março, que dava destaque para a ida de Médici ao Rio por conta da enchente que arrasara bairros da cidade.[208]

Numa página interna, daquelas às quais os olhos do censor burocrata não costumam chegar, *O Globo* relatou que, em Brasília, Pedroso Horta protocolou, no Conselho de Defesa dos Direitos da Pessoa Humana, um órgão no âmbito do Ministério da Justiça, um pedido de investigação do desaparecimento de Rubens Paiva. O conselho era formado por representantes do governo, da oposição e da situação no Congresso, da ABI e da OAB.

Na noite do dia 3 de março, o presidente do MDB, Ulysses Guimarães, afirmou, no *Pinga-Fogo*, um programa influente de entrevistas da TV Tupi, de São Paulo, que as palavras do colega deputado, embora ditas com "estilo peculiar", eram as mesmas da direção da legenda.

No dia seguinte, *O Globo* foi o único jornal a repercutir a entrevista do deputado à emissora paulista. O jornal publicou na primeira página trecho do programa em que Ulysses anunciou uma aproximação do partido com Juscelino e Jânio Quadros após o fim do período de "punições" — a cassação dos direitos políticos dos campeões de votos valia até 1974.

> "MDB JÁ PENSA
> EM MOBILIZAR
> OS CASSADOS."

O Globo registrou, na primeira página, que Ulysses chancelava pronunciamento de Pedroso Horta de que país vivia um regime ditatorial. Naqueles dias, a dupla emedebista passava de uma posição "moderada" para uma atitude "agressiva", na análise da "Coluna de Castelinho", no *Jornal do Brasil*. O articulista observava que os dois tinham seriedade, não eram meros "demagogos". O *JB*, porém, não fez referência à entrevista forte do presidente do MDB na Tupi e à proposta de abrigar Juscelino e Jânio na legenda. Os jornais de São Paulo também não repercutiram a entrevista.

Em abril de 1971, integrantes do bloco suprapartidário se juntaram a Roberto Marinho num esforço do empresário para divulgar o início da atuação da TV Globo Brasília. A emissora foi instalada num terreno no início da W3 Norte, a alguns quilômetros da Torre de Televisão da cidade, no Plano Piloto. O sinal do Canal 10 atingia uma área de cerca de 500 mil habitantes, que abrangia Luziânia e Cristalina, em Goiás, e parte do norte de Minas.

Marinho foi recebido pelo general Médici, no Palácio do Planalto, para "comunicar" a entrada da TV no ar. Ao general, ele disse que a nova emissora representava mais um "esforço" da "iniciativa privada" e uma "prova" do apoio que esta procurava prestar ao governo.[209]

Depois da audiência, o dono da Globo percorreu o Congresso, onde conversou com lideranças da Arena e do MDB. No Senado, foi recebido pelo presidente, Petrônio Portella. A agenda também incluiu um nome de história nada moderada, o líder do governo na casa, Filinto Müller, de Mato Grosso, o velho delegado da repressão do Estado Novo.

No plenário, o empresário ouviu discursos sobre a Globo dos senadores situacionistas José Lindoso e José Esteves, do Amazonas, e dos oposicionistas Benjamin Farah e Nelson Carneiro, da Guanabara — o alinhamento de Marinho ao chaguismo era evidente. Por fim, na Câmara, Roberto se reuniu com o líder do governo, Geraldo Freire, de Minas, e acompanhou o pronunciamento de Henrique La Roque, do Maranhão, que destacou a figura de Irineu Marinho.

Na solenidade de abertura da emissora, Dom José Newton, arcebispo de Brasília, fez uma prece. "Abençoa, Senhor, Deus todo poderoso, as instalações técnicas da TV Globo, Canal 10, na capital da esperança, a fim de que sirva para Vossa maior glória e para o desenvolvimento cultural de um Brasil cristão", disse.[210]

Em seu discurso, Roberto Marinho tentou mostrar sintonia com Médici.

"Somos a voz, a imagem, a presença de brasileiros, unindo-os todos na mesma rede a serviço dos nossos ideais enunciados pela política de comunicação social do governo brasileiro."

Ele listou as "bandeiras" da Globo Brasília.

"Mobilizar a juventude brasileira para o esforço nacional de desenvolvimento" e "contribuir para a afirmação democrática, apoiar e estimular a atividade de repúdio à ideologia marxista e aos processos de subversão."

Na entrada do Canal 10 no ar, a emissora transmitiu um jogo ao vivo de Vasco e Flamengo e depois o programa *Som Livre Exportação*, realizado na Concha Acústica, no Lago Sul. Numa noite fria do Cerrado, milhares de pessoas foram assistir Wilson Simonal, Elis Regina, Paulinho da Viola, Ivan Lins, Luiz Gonzaga e Gonzaguinha. O Rei do Baião foi aplaudido de pé pelo público — migrantes nordestinos, seus filhos e netos que trabalhavam nas obras de uma capital ainda em construção. Os Mutantes, trio formado por Rita Lee, Arnaldo Baptista e Sérgio Dias, também se apresentaram.

O senador Petrônio Portella e o deputado Pedroso Horta, influentes nomes do bloco suprapartidário, participaram do coquetel que Roberto Marinho ofereceu no restaurante panorâmico da Torre de TV, no Eixo Monumental. A maioria dos 500 participantes era formada por parlamentares do "baixo clero", sem expressão nacional, burocratas do governo e oficiais de fora do círculo do poder.

Do primeiro escalão do executivo, apenas os ministros Jarbas Passarinho, da Educação, e Pratini de Moraes, da Indústria e Comércio, compareceram. O governador do Distrito Federal, coronel Hélio Prates da Silveira, esteve presente. O casal de artistas Glória Menezes e Tarcísio Meira foi a atração.

Roberto Marinho optou por um nome do bastidor da emissora para ser o diretor da TV Globo Brasília. O jornalista Wilson Almeida de Aguiar vinha da escola da burocracia do setor de imprensa do Estado Novo e dos Diários Associados. Nos últimos anos, mostrou-se uma peça importante na relação da emissora com a máquina da censura. Dentro da empresa, chegava a ser visto como condescendente com as ordens do regime, de aceitar sem reclamar de cortes de novelas e programas de auditórios.

Aguiar comporia a frente da Globo na capital, que contava com um apresentador e executivo de forte ligação com o regime. Edgardo Ericksen já fazia o trabalho de relações institucionais. O novo diretor tinha a missão de reforçar a presença da emissora no centro do poder. Ele assumia o posto com a meta de não fechar frestas mais que abrir portas.

Ericksen era capaz de acertar eventos de marketing da emissora com a presença de Médici no Palácio do Planalto, como concursos e prêmios na área empresarial. A relação da cúpula da emissora com o gabinete presidencial continuava, porém, protocolar. Mesmo Roberto Marinho, para chegar a Médici, precisava passar pela intermediação do séquito de auxiliares do presidente.

Tempo depois, esse distanciamento ficou nítido quando o empresário enviou a Médici um exemplar da publicação Panorama Econômico, um encarte de *O Globo*, para divulgar ações de desenvolvimento do país.[211] Era uma "peça de apoio", nas palavras do próprio Marinho, ao "programa de reconstrução e renovação brasileiras". "Ao incomum esforço jornalístico que esse alentado trabalho representa, soma-se o seu sentido de contribuição para a análise dos problemas que mais de perto, e com maior cunho de atualidade, interessam ao processo nacional de desenvolvimento", escreveu Marinho à "Vossa Excelência".[212]

A resposta, contudo, veio em carta assinada pelo coronel Otávio Costa, chefe da Assessoria Especial de Relações Públicas da Presidência. "Meu caro Roberto Marinho", escreveu o coronel. "Incumbiu-me o Senhor Presidente da República de agradecer-lhe a gentileza de lhe haver mandado a separata do 'Panorama Econômico'", disse. "Havendo Sua Excelência examinado, atentamente, o substancioso trabalho de pesquisa e de análise empreendido pela eficiente equipe de *O Globo*, sob a lúcida direção de meu amigo, deseja expressar-lhe sua admiração pelo resultado alcançado e seu agradecimento por esta significativa colaboração."[213]

No mesmo mês da inauguração da TV Globo em Brasília, o jornal de Roberto Marinho entrou no debate encoberto sobre o AI-5. O jornal descreveu, em uma página inteira, um manifesto do partido oposicionista, divulgado após um seminário para discutir a postura diante do governo militar:

"MDB PEDE A REVOGAÇÃO DO
AI-5 PARA TODO O SEMPRE"[214]

Em sua edição, *O Globo* publicou longos trechos do documento final elaborado pelos deputados paulistas Ulysses Guimarães e Pedroso Horta e pelo senador da Guanabara Nelson Carneiro. A "Carta de Porto

Alegre", relatou o jornal, avaliava que os atos institucionais tinham acabado com o princípio da harmonia entre os poderes e silenciado a voz "libertária" das lideranças oposicionistas e o regime falava em democracia, mas "temiam-se" as urnas.

O tom no noticiário do jornal de Roberto Marinho era de campanha contra o Ato Institucional. Os concorrentes fizeram uma cobertura mais branda do seminário do partido oposicionista, sem referências ao AI-5 no título. O *Jornal do Brasil* publicou:

"MDB REAFIRMA O SEU DIREITO DE FAZER OPOSIÇÃO"

Em uma pequena matéria, *O Estado de S. Paulo* fez uma chamada sem citar nem mesmo o partido:

"OPOSIÇÃO FIXA VINTE PRINCÍPIOS"

No timbre do concorrente direto, a *Folha de S.Paulo* informou:

"O MDB DIVULGA SUA 'DECLARAÇÃO'"

Na mesma edição, a *Folha* publicou outra matéria com referências ao AI-5, desta vez para registrar um pronunciamento do vice-líder da bancada da Arena na Câmara de defesa do instrumento de sustentação da ditadura:

"(CLÓVIS) STENZEL VOLTA A DEFENDER AI-5"

Ao registrar o pronunciamento de Clóvis Stenzel, os demais jornais não citaram o AI-5. Com o Ato Institucional em vigor, a ditadura continuava a prática de suprimir direitos, cassar parlamentares, censurar a imprensa. A repressão mantinha a curva de crescimento. A máquina executava guerrilheiros no campo e nas cidades.

No mês seguinte, os oposicionistas furaram o cerco da censura numa área improvável: a corrupção. A obra da ponte Rio-Niterói virou alvo da oposição. No dia 12, o ministro dos Transportes, Mário Andreazza, esteve na Câmara para rebater as denúncias.[215] O ministro desafiou a apresentação de provas de corrupção. Os opositores, no entanto, disseram depois que não puderam fazer perguntas. O jornal de Roberto Marinho registrou que Andreazza estava "alegre" e "afável". No texto o repórter anotou também que "O sr. Ulysses Guimarães bocejou por duas vezes, mas sempre muito sério." *O Globo* deu mais espaço à oposição, no dia seguinte, com uma matéria de uma página: *"MDB insiste na CPI, mas Arena não dará número".*

No final de junho, o movimento político de Pedroso Horta e o sequestro de Rubens Paiva foram relatados pelo *Jornal do Brasil*, que finalmente entrava na cobertura. O matutino informou que o caso ainda não tinha "solução" e havia "várias versões" para o desaparecimento.[216]

Em reunião do Conselho de Defesa dos Direitos da Pessoa Humana, o relator do processo, o líder da Arena no Senado, Eurico Rezende, do Espírito Santo, um dos parlamentares mais sintonizados com o governo, pediu o arquivamento do caso. Os jornais deram títulos diferentes para a matéria sobre o encontro. "Direitos humanos vê caso do ex-deputado desaparecido", enfatizou título de *O Globo*.[217] Na concorrência, o *Jornal do Brasil* foi menos pontual: "Conselho de Defesa dos Direitos Humanos realiza a sua mais longa reunião". A matéria do *JB* dava mais detalhes sobre o sequestro. *A Folha de S.Paulo* e *O Estado de S. Paulo* não relataram o encontro.

Ao longo do primeiro semestre de 1971, a ditadura havia assassinado 27 adversários políticos. O número se aproximava dos 31 casos do ano anterior e superava a média anual de duas dezenas desde o golpe. A censura, por consequência a autocensura, as visões policialescas de setores da imprensa e mesmo o desconhecimento sobre as ações repressivas das Forças Armadas criavam uma cultura nas redações. As publicações brasileiras invertiam as lógicas do jornalismo americano do pós-guerra. O fato mais relevante, o chamado lide, saía do primeiro parágrafo do texto para o pé da matéria. A notícia do crime político limitou-se às páginas da editoria de polícia. Assim, fontes da área de segurança tornaram-se os contadores exclusivos do que era história, ultrapassando seu papel de fonte.

Na tribuna da Câmara, uma parte do MDB exigia o fim imediato da ditadura e outra pedia uma abertura negociada. Em agosto, *O Globo* destacou uma proposta de "oposição realista" de Tancredo Neves. O emedebista defendeu na executiva nacional do partido uma postura crítica ao AI-5 e, ao mesmo tempo, o reconhecimento histórico da "Revolução".[218] O racha na legenda se acentuou. "A extinção do Ato Institucional é a reivindicação maior, não apenas do MDB como da própria Arena", destacou o parlamentar. Tancredo falava pelo bloco suprapartidário. "Em vez de clamar pela Constituição, uma etapa posterior e muito discutível, deve a oposição ajudar na criação de estímulos para que o governo se disponha a restabelecer o Estado de direito."

O parlamentar avaliou que o governo não poderia usar o "terrorismo" mais como pretexto para impedir o retorno à normalidade, pois este estava "completamente batido". "Os radicais da esquerda encontram-se em seus estertores, o aparelho de segurança nacional apresenta-se forte como nunca: as forças armadas dispõem de 400 mil homens, as polícias militares de uns 200 mil e as polícias civis de pelo menos 80 mil", argumentou. Por fim, ele disse que a Lei de Segurança Nacional era um "instrumento fabuloso".

O impacto da repressão política provocava um clima de insegurança e um mal-estar internacional. Na linha da "oposição realista", o jornal de Roberto Marinho abriu campanha contra crimes cometidos pela rede repressiva. "O PAÍS ENCONTRA-SE em luta contra os Esquadrões da Morte", destacou um editorial, "tudo deve ser feito para livrar o Brasil dessa praga responsável por boa parte da campanha feita no exterior contra a Revolução."[219]

Nas páginas do vespertino, o conceito de esquadrão era definido como grupo que eliminava pessoas à revelia do direito. O editorial seguia a linha de *O Globo* de criticar o governo pelo caminho do meio. Por isso, o "Triste tema", título do artigo, no debate público, na avaliação do jornal, estava limitado a um setor do governo, não se constituía em uma política de Estado. Médici havia se manifestado contra os "bandos", citou o jornal, e buscava extirpá-los do Serviço Público. O general ocupava, porém, o topo do organograma da máquina de eliminar adversários à queima-roupa.

No dia da publicação do editorial, agentes do DOI-CODI, do Rio, jogaram numa rua de Pilares, na Zona Norte, o corpo do ex-sargento da Marinha José Raimundo da Costa, militante ligado a Lamarca. Até ali, a ditadura havia assassinado 123 pessoas, desde o golpe contra João Goulart. Sem um entendimento entre militares e civis, o regime prosseguiu na matança. Ainda eliminaria outros 311 adversários políticos.[220]

O debate sobre a violência nos porões do regime impactou de vez a atuação do MDB. O partido realizou um segundo seminário para discutir seu rumo, desta vez no Recife. *O Globo* descreveu, em matéria no alto de uma página interna, o evento de repúdio ao AI-5 e de defesa de eleições diretas. *"Luta do MDB é por democracia nacionalista."*[221]

O jornal relatou um racha entre as alas dos moderados e dos "autênticos". Os ânimos se exaltaram quando os filiados discutiam se o partido deveria defender uma constituinte. De um lado, houve gritos de "adesistas" e de outro, "comunistas". Tancredo Neves e Nelson Carneiro, moderados, manobraram e conseguiram que o documento final não incluísse a proposta de formação de uma assembleia para redigir uma nova Carta. O político mineiro argumentou que a ideia era inviável e inoportuna, tinha apenas o efeito de retardar o movimento dos oposicionistas.

A 10 de agosto, o caso Rubens Paiva foi finalmente votado pelo Conselho de Defesa dos Direitos da Pessoa Humana, do Ministério da Justiça. Por cinco votos a quatro, o colegiado aprovou o pedido de arquivamento feito pelo relator, o senador governista Eurico Resende. Revoltado, Pedroso Horta afirmou que não se surpreendia com o voto do arenista. "Para mim, entretanto, um assassinato é um assassinato", disse, num relato publicado no dia seguinte pelo *O Estado de S. Paulo*. Na mesma data, o *Jornal do Brasil* abriu a matéria sobre a reunião com outra pauta discutida pelo conselho: os esquadrões da morte formados por policiais. "Ministério da Justiça observa atividades do Esquadrão em todo o país", destacou.

O embate entre Resende e Pedroso Horta se acirrou com uma declaração por escrito do senador com ataques ao líder oposicionista. No dia 12, o *Jornal do Brasil* publicou uma matéria de alto de página com um título sobre o parlamentar governista — "Resende acusa Pedroso de praticar injúria e calúnia" — e um texto menor, para destacar as declarações do MDB — "Oposição debateu saída do Conselho". A *Folha de S.Paulo*, que agora entrava na cobertura, deu uma pequena nota — "MDB debate direitos humanos" — que citava o caso Rubens Paiva apenas no último parágrafo.

O Globo, que nada publicara no dia anterior, agora saía com um título mais forte que os da concorrência. "Resende acusa Pedroso de injuriar o Governo", destacou.[222] O jornal publicou a versão escrita do senador: o carro dos militares que transportava Rubens Paiva tinha sido interceptado e o político escapado — narrativa inventada pela repressão. O deputado cassado tinha sido mesmo morto. Mais abaixo na página, como fez o *JB*, o vespertino publicou a matéria menor "MDB quer divulgar denúncias". A Comissão Executiva do partido, depois de um embate interno, decidira por maioria permanecer no Conselho.

Um diferencial do jornal de Roberto Marinho foi o espaço dado ao deputado oposicionista José Guilherme de Araújo Jorge, do MDB da Guanabara. O parlamentar afirmou que a postura do conselho, controlado pelo governo, era de "desprezo pelo valor da vida humana", registrou *O Globo*. Ele criticou o voto de minerva do ministro da Justiça, Alfredo Buzaid, que resultou no arquivamento do processo. "Fica aqui o meu protesto, a reafirmação da minha convicção de que pior que o terrorismo da subversão é esse outro, o da repressão, contra o qual não há armas nem meios legais, já que decisões como estas de ontem arrasam o Direito e a Justiça."

J. G. de Araújo Jorge, como assinava, nasceu na floresta do Acre e se formou em direito no Rio. Fez carreira na imprensa e na poesia. Ainda jovem passou a ser chamado de "poeta do povo". Fazia versos simples e leves. Em tempos de liberdade ou ditadura, publicava títulos para grande público, como *Amo!*, *Um besouro contra a vidraça*, *Cantiga de menino grande* e *Os mais belos sonetos que o amor inspirou*.

Dois dias depois, a reação dos emedebistas às declarações de Eurico Resende ganhou destaque no *Globo*. "Oposição chama Resende de desumano e antidemocrático", enfatizou título da matéria.[223] O texto citou nota em que o MDB afirmou que o parlamentar governista fez uma "autoanálise" ao apontar falta de ética e espírito público por parte de Pedroso Horta. "Somente um homem como o senador Eurico Resende, despido de sentimentos democráticos e desumanamente indiferente ao sofrimento e à angústia da família do ex-deputado Rubens Paiva, seria capaz de tais afirmações."

"Nosso dever é falar", afirmou Franco Montoro. O senador, registrou *O Globo*, disse ainda que o Congresso tinha sua "competência" limitada, mas havia uma "faixa de atividades" que poderiam e deveriam ser exercidas como o melhor instrumento para a normalização democrática.

O ataque emedebista se limitou a uma "tripa", matéria de apenas uma coluna, no *Jornal do Brasil*, que apresentou um título mais frio: "Vice-líderes apoiam Pedroso". O veículo publicou a nota do MDB na íntegra. *O Estado de S. Paulo*, mais visado pela censura por abrir a cobertura de Rubens Paiva, foi no mesmo tom. "MDB defende o seu líder", noticiou. A *Folha de S.Paulo* deu pouco destaque ao partido da oposição. A pequena nota sobre o caso não citou as palavras fortes dos emedebistas.

Num discurso, Pedroso Horta desabafou, tempos depois, sobre seu papel num partido aceito pela ditadura, sufocado pela ditadura e deslegitimado por setores da vida política completamente alijados do jogo. "Se calo, o meu silêncio é tomado por anuência à inexatidão de que não há presos políticos no Brasil. Se falo, dizem que desfiguro a imagem de minha terra e me apontam como mau brasileiro. Quero ser tido como um bom brasileiro, sem prejuízo da necessidade que tenho de ser um homem honrado, de dizer o que sinto, o que sei."[224]

Ainda naquele ano, o deputado se afastou do debate público atingido por uma isquemia cerebral. Era o fim do trio oposicionista apelidado de "Movimento Democrático Bandeirante", o "MDB", composto pelos também paulistas Ulysses Guimarães e Franco Montoro.

Na equipe do *Suplemento Feminino*, a repórter Hildegard Angel vivia dias de angústia. O irmão Stuart Angel, um estudante de economia da Universidade Federal do Rio de Janeiro, e integrante do MR-8, grupo guerrilheiro envolvido no sequestro do embaixador americano, estava na clandestinidade. *O Globo* e o *Jornal do Brasil* divulgaram matérias sobre a condenação dele a quatro anos de prisão à revelia.[225]

Os irmãos cresceram numa casa politizada e juscelinista. Com raízes na cidade mineira de Curvelo, Zuleika Angel, a Zuzu, era próxima de Sara Kubitschek, mulher do ex-presidente. Começou na costura como voluntária das Pioneiras Sociais, projeto da primeira-dama. Não parou mais. Abriu uma loja de roupas em Ipanema e passou a frequentar as altas rodas.

Stuart era cinco anos mais velho. Em maio de 1971, foi capturado por agentes do serviço de inteligência da Marinha e levado para a prisão na Base do Galeão.

Nesses dias, Zuzu estava em casa quando o telefone tocou.

"Eu sou mulher do carcereiro aqui da Barão de Mesquita, e o seu filho está sendo morto agora, a senhora corre que ele está sendo morto agora."

Na busca de um escudo para o filho, a estilista cortejara a mulher de Sylvio Frota, comandante da 1ª Região Militar, que abrangia o estado do Rio. Zuzu tinha o telefone da casa. Ela conseguiu falar com o general.

"O meu filho está sendo morto agora."

"A senhora pode vir para cá agora."

Zuzu e Hildegard foram para a casa do general, que jantava. Depois de passar vários rádios, ele as levou à unidade do Exército na Barão de Mesquita. No quartel, a estilista e a filha puderam entrar num dos alojamentos e não tiveram acesso a outras áreas. Depois de andar pelos locais, Zuzu disse:

"General, demita o seu oficial do dia."

"Como, Dona Zuzu?"

"Ele é um incompetente. O senhor acha que eu vou acreditar nesses lençóis esticadinhos, nessa cama limpinha? Isso foi armado. Por que que eu não posso ver o lado de lá?"

"Não, a senhora não pode ver o lado de lá porque o pessoal está dormindo."

Zuzu não encontrou o filho. Em outra ocasião, a estilista conseguiu convencer a mulher do general a ir até a sala dele com outra amiga fazer uma oração pelo filho desaparecido.

Na Base do Galeão, agentes torturavam Stuart Angel para arrancar informações sobre o paradeiro do capitão Carlos Lamarca, um dos guerrilheiros mais procurados pela ditadura. Em junho, Stuart foi amarrado num carro e arrastado pelo pátio da unidade militar. Ele teve de colocar a boca na descarga e ingerir fumaça. Morreria sob tortura. O regime escondeu a informação e impôs censura ao caso. Agora, mesmo famílias que circulavam nas rodas mais ricas do Rio e tinham ligações com a imprensa enfrentavam a tragédia do desaparecimento — não podiam dar um enterro aos filhos mortos pelo regime.

No mês de agosto, *O Globo* divulgou o desaparecimento do guerrilheiro. O caso tinha sido apresentado por Zuzu ao deputado Pedroso Horta, do MDB, que levaria ao Conselho de Defesa Humana, do Ministério da Justiça.[226]

Hildegard Angel enfrentava o medo e o terror. "A minha segurança era estar trabalhando num instrumento de poder que era a coluna social", relatou.

No dia 15 de setembro, Zuzu Angel driblou a burocracia do Itamaraty e fez na casa do cônsul Lauro Eduardo Soutello Alves, em Nova York, um desfile de protesto. A filha Ana Cristina e outras modelos vestiram roupas com as tradicionais estampas de cores fortes de Salvador e do Rio, agora com desenhos bordados de anjos tristes, um deles atrás das grades. A coleção "Dateline Collection III", que ficaria conhecida por "O anjo desamparado", foi noticiada pela imprensa internacional.

Ao ver a informação no telex sobre a performance, Adir Méra, do departamento de telefoto de *O Globo*, ligou para a colega.

"Hilde, a sua mãe acaba de fazer um desfile, e é melhor você sumir."

"Não, eu não vou sumir, porque se eu sumir eles vão sumir comigo, eu venho todo dia ao jornal, eu não vou deixar de vir."

Na Bahia, agentes seguiam os passos de Carlos Lamarca.

10. Facada "inventada"

Numa manhã de sábado de setembro de 1971, o jornalista mineiro Luiz Lobo chegou às seis horas ao *O Globo* para chefiar o plantão. Ele lia os jornais e começava a esboçar a pauta quando um funcionário o interrompeu.

"Seu Lobo, mataram o Lamarca."

"É a décima quinta vez que isso acontece só neste mês."

"Mas desta vez mataram mesmo."

Quem tinha telefonado para a redação era o prefeito de Pintada, no sertão baiano, pai de uma repórter do jornal, Júlia Andrade. Ele relatou que os soldados comemoravam a morte do guerrilheiro.

Filho de um sapateiro da Tijuca, Carlos Lamarca era um capitão do Exército que fugiu, no ano anterior, do 4º Regimento de Infantaria, em Quitaúna, São Paulo, levando dois caminhões de armas e munições.[227]

Lobo telefonou para Roberto Marinho.

"Olhe, o Lamarca foi morto no interior da Bahia, o corpo está sendo levado para ser periciado em Salvador. Eu quero mandar uma equipe para lá."

Marinho quis saber a procedência da informação. Lobo contou ter ouvido de um repórter.

"Está bom."

Chovia forte no Rio. Naquela manhã não tinha avião de carreira e os aeroportos estavam fechados.

"Dr. Roberto, eu preciso de dinheiro. A tesouraria obviamente está fechada porque é sábado. Eu preciso de grana."

"Espera aí."

Minutos depois, Roberto Marinho apareceu na redação com uma maletinha na mão.

"Será que esse dinheiro dá?"

"Se não der, eu peço mais."

Lobo entrou em contato com Hélio Ramos, o Hélio Maluco, um piloto de avião que tinha sido expulso da Aeronáutica.

"Hélio, você topa ir comigo para a Bahia?"

"Claro."

Roberto Marinho tinha chegado de uma viagem ao Japão e trouxera pequenos gravadores de fita. Desde o tempo da ditadura do Estado Novo, ele tinha interesse por aparelhos de captura de voz e novidades na área — e fazia registros das entrevistas mesmo sem o conhecimento da fonte. Chegou a surpreender Góis Monteiro ao apresentar a gravação de uma conversa entre eles após o então ministro da Guerra desmentir a matéria que tinha publicado no jornal.[228]

"Levem um gravadorzinho e gravem tudo. De todas as matérias que vocês fizerem eu quero a fita gravada."

Marinho entregou ao fotógrafo Hélio Polito, o escolhido para viajar, uma maleta de transmissão de radiofotos.

Lobo definiu a equipe que iria com ele para Salvador. Usou como critério repórteres que eram considerados com bom trânsito no Exército e na Polícia Federal.

Assim, Lobo criava dificuldades para o governo de taxar a equipe de subversiva. Era um grupo, aos olhos do regime, sem suspeitas. Com Lobo e Polito, entraram no avião Maria Celi, Gildávio Ribeiro e Luís Pinto.

Roberto Marinho entrou em contato com Antonio Carlos Magalhães, governador da Bahia, que abriu o Palácio da Ondina para a equipe de *O Globo* improvisar uma redação.

Em Salvador, Lobo enviou Gildávio e Luís para o sertão. Num sítio do distrito de Ipupiara, eles localizaram o lavrador Juraci José de Souza, o homem que, depois de ver Lamarca deitado embaixo de uma baraúna e o companheiro Zequinha na sentinela em plena Caatinga, relatou para um informante da repressão, que logo avisou a agentes da ditadura. Aos repórteres, o lavrador relatou que tremeu de medo por pensar que eram assombrações. O homem emprestou sua espingarda, seu chapéu de couro e suas alpargatas para um agente que foi confirmar a história.

No Rio, Roberto Marinho acertou com Armando Nogueira e Alice Maria, do *Jornal Nacional*, o envio do repórter Amaury Monteiro e do cinegrafista Sebastião Lino de Azambuja, o Sabá. Avisada pela equipe de Luiz Lobo, a dupla chegou a tempo de acompanhar a autópsia do corpo de Lamarca no Instituto Médico Legal, em Salvador. O corpo de Lamarca estava todo rasgado.

"O que foi isso, vocês passaram a peixeira nele depois de morto?", perguntou Lobo.

O diretor do IML riu:

"Não, meu filho, é que as balas entraram rasgando. Ele dormia."

No momento da chegada dos militares, Lamarca estava deitado na horizontal. As balas fizeram aberturas semelhantes a cortes de uma peixeira.

Um sargento do Exército relatou a Lobo:

"Doutor, o meu braço está três vezes o outro de tanto que eu fiz mal, porque nós o cercamos. Eu passei três meses fazendo ronda no São Francisco para distribuir o pessoal."

Um outro, que participou do ataque a Lamarca, contou que Zequinha, o "segurança do Lamarca", dormia encostado numa árvore quando eles deram o bote. O jovem começou a jogar pedra e gritar por democracia. Foi logo desarmado e morto.

Um representante da Aeronáutica no grupo de caça ao guerrilheiro entregou a Lobo um diário em que anotava passo a passo da operação.

Naquele momento, a redação de *O Globo*, no Rio, estava quase acéfala. O diretor Moacir Padilha andava doente. E, Lobo, que comandava interinamente o jornal, estava na Bahia. Quando as notas telegráficas e os telefonemas da equipe em Salvador começaram a chegar, quem estava no Rio para receber as informações era Roberto Marinho.

O empresário se entusiasmou com a história. Mandou a equipe da sede do jornal abrir o matutino com foto de Lamarca morto e ainda deu duas páginas inteiras e sem anúncio para a reportagem. Na edição vespertina, ele decidiu publicar mais informações sobre a morte do guerrilheiro.

Na manhã de 20 de setembro de 1971, *O Globo* divulgou um título ousado e diferente para os padrões do jornal, especialmente naquele tempo de ditadura. No alto da primeira página:

"O SERTANEJO QUE PRIMEIRO VIU O TERRORISTA
LAMARCA PARECIA
UMA ASSOMBRAÇÃO"

No texto da chamada, o guerrilheiro foi citado apenas como "capitão". A edição da primeira página, feita com o acompanhamento pessoal de Roberto Marinho, expôs um jornal orgulhoso em apresentar um fato histórico com exclusividade, em páginas com anúncios de geladeiras Clímax e carros da marca Rural Willys.

Maria Celi e Luiz Lobo assinaram a história de que Carlos Lamarca, capitão desertado do Exército, e o lavrador Luís Antonio Santa Bárbara, Zequinha, foram mortos na Caatinga, no distrito de Ipupiara, em Pintada, cidade do sertão baiano. "O lavrador Juraci José de Souza ia para sua roça quando viu um homem deitado na Caatinga. Pensou que fosse assombração e tremeu de medo. Era Carlos Lamarca, que descansava enquanto seu companheiro Zequinha ficava de guarda."

O texto registrou que, logo depois, informantes comunicaram à polícia sobre a presença dos dois. Quando os "homens" chegaram, "Lamarca reagiu e o tiroteio começou. Ele tentou correr. Levou uma rajada que pegou da cintura para baixo e caiu. Zequinha tentou correr, mas foi atingido e morreu."

Na versão de um militar publicada pelo jornal, um major ainda trocou um diálogo com o ex-capitão:
"Você é o Lamarca?"
"Sou o capitão Carlos Lamarca."
"Era. Agora, você vai ser defunto."
Ainda segundo essa versão, Zequinha teria corrido e gritado:
"Abaixo a ditadura!"
E caiu de bruços aos pés de uma cerca de jurema, uma planta espinhosa.

Trazer o drama do guerrilheiro mais destacado do período da ditadura para a primeira página de *O Globo* foi uma aposta de alto risco. Pelos textos, o Roberto Marinho que transparece é um coordenador de edição que mistura humanismo e fatos críticos da vida do capitão. A abertura do texto principal humanizou o guerrilheiro. "A vida particular de Carlos Lamarca nunca foi fácil. Sua mulher, Marina, era doente: sofria de uma forma não identificada de alergia, que a fazia periodicamente inchar". A narrativa oscila entre termos como "terror" e "subversão" e "origem pobre", "trabalhador" e "esforçado".

Pela descrição do jornal, Lamarca foi enterrado num caixão popular, forrado com pano roxo e ornado com uma coroa de flores de plástico no Campo Santo, cemitério de Salvador. Valter Lamarca, irmão do guerrilheiro, foi o único parente que compareceu. "Não houve lágrimas no adeus ao ex-capitão", destacou o texto.

Em conversas rápidas com Marinho, um oficial do Exército liberou a cobertura, mas reagiu quando percebeu que o caso saíra dos tradicionais espaços escondidos a partir da página 7 e se surpreendeu com as manchetes e as primeiras páginas repletas de fotos.

A fita com a filmagem da autópsia feita por Sabá foi enviada por um comissário de bordo para o Rio. Na redação da TV, a censura confiscou o material. Amaury Monteiro e Sabá, então, foram à casa de um dos médicos legistas e gravaram um depoimento para destacar que, pelas marcas de tiros no corpo, o guerrilheiro não morreu em combate, como sustentava a repressão. A entrevista também não foi ao ar. O *Jornal Nacional* apenas noticiou a história, sem imagens.

A partir da edição vespertina de *O Globo*, com a repercussão na caserna, o jornal jogou a palavra "terrorista" na manchete:

"O GLOBO REPRODUZ O DIÁRIO
DO LÍDER TERRORISTA MORTO"

O manuscrito de Lamarca divulgado pelo jornal era uma longa carta a sua companheira, Iara Yavelberg, a "minha neguinha", que não chegou a ela, e abrangia o período de 2 de junho a 16 de agosto daquele ano.

No documento atribuído a Lamarca, o guerrilheiro reconheceu a dificuldade de fazer luta armada no interior e lamentou que o camponês "sabe mais ou menos o que é esquerda". Também liberou Iara para buscar outro companheiro e se declarou fiel a ela enquanto estivesse em embate com a ditadura.

O jornal publicou uma entrevista com o lavrador. "Na minha opinião, acho que foi bem feito o que a polícia fez, porque aqui no nosso lugar ninguém queria esse tipo de gente", relatou o homem. A declaração balizou a cobertura. Em editorial no pé da primeira página, *O Globo* destacou que a luta armada não foi aceita pela população. "O Brasil vai vencendo o terror menos pela ação repressiva que através do isolamento que a natureza de seu povo estabelece em torno da violência. Essa imensa solidão que envolve o guerrilheiro fulmina-o."

O editorial contemporizou o noticiário bombástico, reforçando que o "terror" tinha perdido. É como se Roberto Marinho deixasse a edição, o contato com a redação, para se isolar em sua sala e dialogar com o poder militar. O Lamarca que surge desse Marinho é de um guerrilheiro impiedoso com adversários, que matou e ultrapassou Carlos Marighella em violência.

O Globo ainda ouviu o senador Franco Montoro, do oposicionista MDB de São Paulo. Para Montoro, o "terror" ajudava a "exceção", e a morte do último dos três maiores "terroristas" — além de Lamarca, ele destacava ainda os assassinatos de Marighella e Joaquim Câmara Ferreira — podia representar o início da "abertura democrática".

Ao desembarcar no Rio, a equipe comandada por Lobo foi levada por militares ao Quartel General, ao lado da Central do Brasil. Um coronel os recebeu e começou a chamá-los de comunistas.

"O diretor do Instituto Médico Legal disse que não deu essa entrevista."

Nem perito nem o militar sabiam que Lobo gravara a conversa. "Todo mundo tirou o cu da reta", lembra o jornalista.

Roberto chegou ao quartel.

"Olha, se alguém tem que ser preso sou eu. O jornal é meu, eu é que editei, e eles não têm nada a ver com isso. Eles são repórteres, vocês tratem de soltá-los."

O coronel reagiu:

"Ah, são comunistas."

Roberto, acuado, revelou:

"Está tudo gravado, se o senhor quiser ouvir as gravações..."

Roberto Marinho, agora, saía em defesa da edição que ele próprio fez de uma reportagem.

Lobo avalia que Roberto Marinho era mais editor que repórter. Nessa época, ao menos, Marinho não era um pauteiro, função em que atuara nos primeiros tempos de redação. Pouco interferia na escolha dos temas. "Mas ele queria saber de tudo porque é como ele dizia: 'o jornal é meu'. Então, era bem informado", observa Lobo. "Só tinha uma pauta que a gente sacaneava à beça. Quando o cavalo dele pulava na Hípica, a gente noticiava com destaque. Aquele cavalinho, para ele, era importante. Era a única coisa que ele pedia para fazer."

Quando mandava publicar alguma notícia, Marinho adotava uma liturgia jornalística. "Ele dizia: 'Desculpe estar sugerindo, o ministro fulano está querendo dar uma entrevista para a gente, vai lá procurá-lo'. É claro que já estava tudo acertado."[229]

João Roberto Marinho lembra que o pai tinha o hábito de adotar a liturgia no cumprimento de um papel público. "Ele gostava, se sentia bem nisso. Ele nunca foi de fazer regras, de ter método e tal. Mas esperava que as pessoas entendessem pelas frases que ele dizia, soltava nas conversas, uma aqui, uma ali, uma amanhã, outra depois. Era sempre assim. Ele nunca escreveu uma regra, tudo era por metáforas, por frases, por coisas que ele dizia, ia compondo o conjunto de regras, vamos dizer assim, mas que não eram escritas."

Na bancada do *Jornal Nacional*, Cid Moreira informou, no dia 18, que Carlos Lamarca levou cinco tiros, sendo três fatais, e duas facadas. Atentos à grade da Globo, os generais do CIE, o órgão de Inteligência do Exército que centralizava a repressão às guerrilhas, acusou o locutor de ter dado a informação com ar de "deboche". "As informações prestadas pelo médico legista de Salvador indicam que o corpo recebera 5 disparos, as 2 facadas foram acrescidas pelos repórteres da televisão com intuito subalterno de caracterizar vindita do Exército contra o terrorista", escreveu o órgão num relatório.

O CIE acusou também *O Globo* de noticiar a morte do "ex-terrorista" de forma "totalmente diversa dos objetivos previstos pelos órgãos de segurança". "Lamarca foi por essa empresa apresentado como um mártir, vítima de seus algozes do Exército", destacou o relatório. O órgão assinalou uma série de "irregularidades" na cobertura do jornal. Na interpretação do CIE, a primeira página do dia 20 foi "favorável" à subversão e apontou Lamarca como um homem "miserável" e "perseguido", e seu algoz, a polícia, "cruel e violenta".

Luiz Lobo observa que o jornal publicou o caso Lamarca e outras execuções de guerrilheiros no modelo de matéria policial, sem conotações políticas.[230] Mas, agora, a ditadura afirmava que *O Globo* tinha ido além das regras.

No relatório, o CIE citou diretamente os repórteres Gildávio Ribeiro e Luiz Pinto. "Parece ter havido da parte dos repórteres interesses muito além de sensacionalismos", reclamou o órgão, "estão presentes os indícios de caracterizar Lamarca como ídolo e a polícia como algoz e pertencente ao esquadrão da morte."

O "diário de Lamarca", segundo o órgão, foi aberto para o repórter Emiliano Castor, que atuava junto ao gabinete do ministro do Exército, como representante da Agência Nacional e também de *O Globo*. "A ele foi informado que poderia retirar do documento as partes suscetíveis de publicação sem que comprometesse a notícia, e evitando fazer de Lamarca um mito ou ídolo, bem como distorcer os fatos com sensacionalismos."

O Globo, ainda segundo o CIE, "desatento" a tudo isso, criou para o Exército uma série de atritos com várias áreas internas e de outros ministérios. "O assunto foi interpretado como favorável à subversão e causou um impacto negativo na área militar."

A edição do jornal não fez referências, registrou o órgão, à "vida de crime e traições" do "terrorista", nem se reportado às "famílias deixadas na orfandade", "vítimas de sua sanha assassina". A reportagem, lamentaram os militares, influenciou outros jornais.

Na conclusão da cobertura, o CIE afirmou que o noticiário da morte de Lamarca caracterizava a "existência" de um grupo de esquerda no jornal, "recalcado ou frustrado pelo controle que atualmente exerce em notícias relativas à subversão e ao terrorismo".

O CIE decidiu cortar relações com Emiliano Castor, chamar os repórteres Gildávio Ribeiro, Luiz Pinto, Luiz Lobo e Maria Celi para depor e relatar o caso aos diretores de *O Globo*, Roberto e Rogério Marinho, mostrando a "estranheza" do Exército em face do comportamento do jornal e da televisão nos acontecimentos relativos à morte de Lamarca.[231]

A cobertura do caso Lamarca foi inscrita no Prêmio Esso de Jornalismo, o mais importante da imprensa brasileira. Luiz Lobo relata o seguinte diálogo que teria travado com Alberto Dines, o coordenador do prêmio:

"A repercussão junto ao Exército foi muito ruim, então não posso botar essa matéria para disputar. O Exército está muito desagradado com ela", disse Dines.

"Eu não tenho nada a ver com o Exército, não sou do Exército, não sou militar. Sou jornalista, fiz a matéria, e a matéria vai concorrer."

Sob pressão do regime, Dines propôs que a matéria entrasse na edição do prêmio do ano seguinte.

"No ano que vem você vai dizer que está vencido."

Dines não aceitou a inscrição da matéria.

"Você foi constrangido pelos milicos e depois vem com esse papo de observador da imprensa", reclamou Lobo.

"Mentira, sou defensor da democracia", reagiu Dines.

Lobo apelou:

"Você me roubou um Prêmio Esso."

Lobo relatou a conversa a Roberto Marinho.

"Esse rapaz não podia ter feito isso", disse o empresário.

"Pois é, dr. Roberto, mas fez."

"Jamais ele vai trabalhar aqui no *Globo*."

A cobertura de *O Globo* no sertão da morte de Lamarca foi a última grande história de violência protagonizada pelo Exército Brasileiro no interior do Brasil que a imprensa pôde contar "no calor da hora" na fase mais violenta da ditadura. As campanhas militares que massacraram os sertanejos de Canudos e os caboclos do Contestado, no Planalto Catarinense, nas primeiras décadas da República, e os camponeses de

Porecatu, no Paraná, nos anos 1950, renderam longas coberturas dos jornais do Rio e de São Paulo.

A repressão do Exército à Guerrilha do Araguaia, um foco de cerca de cem militantes do comunismo armado, nas margens da mata e igarapés do sudeste do Pará, começaria em alguns meses. O movimento da tropa e da legião de agentes da inteligência, entretanto, permaneceria no mais absoluto segredo. A máquina da censura, antes um fator de audiência e venda de discos, alijaria grupos da política e definiria o que era notícia e história.

Nina Chavs disse a Roberto Marinho que pretendia mudar-se para Paris. Roberto, então, pediu que, mesmo fora, ajudasse a equipe a tocar o suplemento feminino. ELA seria conduzido pelas auxiliares da colunista, Sylvia de Castro e Hildegard Angel. Da capital francesa, a colunista mandaria colaborações. As assistentes escreviam o suplemento, sem assinar.

O dono do jornal deu a Nina uma indenização suficiente para os primeiros tempos dela na capital francesa. Numa folha de matéria timbrada de *O Globo*, a jornalista escreveu que estava "exausta" e "muito ferida", sem deixar de se autopromover: "De fato fui chamada para enviar reportagens especiais, pela editora Abril (SP) e por uma outra daqui. Mas minha lealdade ninguém compra". "Com o que o senhor está enviando, ainda terei a petulância", escreveu em carta, "de convidá-lo, mais à dona Ruth, para jantarem comigo no Le Grand Vefour, em Paris". Na sequência ela distinguia a situação econômica dela da do amigo: "Mesmo que nos quinze dias seguintes eu passe à baguete, com manteiga..."[232].

A saída de Nina do Rio não era a única baixa no círculo de profissionais mais próximos de Marinho naqueles dias. Moacir Padilha, diretor do jornal, deixara de frequentar a redação.

Roberto Marinho demonstrava satisfação com o noticiário de política e com seu editor. Além de ser um profissional equilibrado e discreto, marcas consideradas fundamentais pelo empresário, Moacir ainda blindava *O Globo*, em certo grau, pelas ligações familiares. O pai, Raimundo Padilha, foi nomeado governador do estado do Rio por Médici.

Havia, porém, áreas do jornal que precisavam de mudanças urgentes. A editoria de polícia era conhecida no mercado da imprensa como um reduto de "tiras", repórteres de relações promíscuas com a repressão.

Por suas características, Moacir não era um executor com perfil para fazer mudanças na redação. Muito pelo contrário. Ele foi convencido por um dos jornalistas de polícia a ajudá-lo a arrumar um segundo emprego no Palácio do Ingá, onde Raimundo Padilha despachava.

O diretor do jornal perdeu de vez o domínio da redação quando foi surpreendido pelos médicos com o diagnóstico de um câncer na coluna. Em poucas semanas, Moacir não conseguia mais ter o comando do corpo.

Numa conversa com o colega de redação Luiz Lobo, Moacir disse:

"Eu não tenho mais força para reagir, para tomar atitude. Não consigo fazer mais nada".

Um médico contou a Roberto Marinho:

"Olhe, o Padilha está insistindo em voltar a trabalhar, mas ele não tem condições físicas. Se ele voltar a trabalhar, morre num instante."[233]

Quando Moacir deixou de frequentar a redação, Roberto mandou trancar a sala do executivo. Formalmente, não haveria um substituto enquanto o jornalista vivesse. Um grupo chefiado pelo próprio empresário, Lobo e outros profissionais experientes se revezava na chefia.

Foram dias difíceis. O afastamento de Padilha levou Roberto quase à exaustão. Numa carta a Nina Chavs, já em Paris, ele desabafou. "Aquele inferno que V. conhecia no meu gabinete", isto é, o trabalho incessante, "piorou muito com a doença do Padilha, que me abalou mortalmente e me trouxe um acréscimo de responsabilidade que mal me deixa respirar."[234]

Ele aproveitou para dizer que estava "gostando muito" dos textos enviados por Nina, mas sugeriu que ela escrevesse entrevistas "menores", "dialogadas com essa gente importante em todos os setores que vai sempre a Paris". Ele queria matérias com notícias fortes: "Coisas que se possa aproveitar na primeira página". A carta de Marinho foi com uma caixa de taças e copos de cristais quebrados. Ele pediu à jornalista o favor de ir a uma loja da Baccarat, na Rue Paradis, para trocar os produtos.

"Se não dispomos de fuzil, mas de estilingues, lutemos com os estilingues", disse o deputado Ulysses Guimarães a repórteres da política em Brasília. O agora presidente do MDB tentava segurar os "autênticos" do partido, responder a críticas de que a legenda fazia uma oposição "legal" e, ao mesmo tempo, furar o bloqueio da máquina da Arena governista.

O *Globo* estampou em alto de página a crítica do dirigente oposicionista a Médici. "Governo veda ao MDB acesso ao poder", enfatizou o título de uma reportagem do jornal. "Enquanto tivermos um mandato, cabe-nos denunciar, ainda que nossas denúncias não sejam ouvidas pela maioria do país e nos acusem de omissos."[235]

O noticiário político do jornal, produzido diretamente por Marinho com ajuda de Luiz Lobo, enfatizava a relação entre o governo militar e a oposição legal. Moderados e "autênticos" tinham espaço nas páginas do vespertino.

Ao final daquele ano, o empresário se dividia entre diversas frentes. Nos últimos três anos, enfrentou um turbilhão. No período brutal da ditadura, a Globo sofreu o incêndio na sua estação em São Paulo, o *Jornal Nacional* foi ao ar, a negociação para pagar a dívida com o Time-Life se arrastava. A vida pessoal estava destroçada. Ele saiu do casamento com Stella e perdeu um filho.

A ofensiva da censura na TV tornava-se mais forte. Roberto Marinho avaliou que precisava dedicar mais tempo à emissora. Para isso, tinha de encontrar um diretor de redação capaz de conduzir o jornal. Depois das gestões de Irineu, Eurycles de Mattos e de Roberto, *O Globo* entraria em sua quarta fase administrativa.

11. Agentes duplos

A TV Globo influenciava o jeito de ser dos brasileiros. As novelas impactavam a linguagem e as manias. Nesse período, Roberto Marinho mudava o próprio comportamento. As descrições de sua personalidade no período após o golpe militar e à criação da emissora revelam um homem menos sociável, menos humorado.

Roberto Irineu avalia que o pai se fechou mais depois de se separar de Stella Goulart e se casar com Ruth Albuquerque. "Não sei se a Ruth tem culpa ou não. Mas o papai casado com ela passou a ter um temperamento completamente diferente. Ele era um brincalhão, mas com a Ruth tornou-se um sujeito formal e sério. Nesse tempo, que foi também de processo de construção da TV, não tenho certeza se não houve uma certa conveniência dele de se fechar um pouco para conseguir fazer o que queria, uma decisão de virar um pouco ostra para ter mais força."

Meses depois de Stella deixar a residência do Cosme Velho, Roberto Marinho tornou pública sua relação com Ruth. Em junho de 1971, o empresário e a secretária do consulado português embarcaram para a Europa. Num giro com o iate Tamarind, aportaram em Portofino, na região da Ligúria, próximo a Gênova.

Em carta ao irmão Ricardo, ele descreveu a cidade do litoral azul-turquesa da Itália. "É uma reentrância do mar no rochedo", contou.[236] "As calçadas são ao mesmo tempo o cais, todas desencontradas, como as casas e tudo quanto há por aqui", observou. "Por toda a parte há flores, carinhosamente tratadas. Hoje à noite partiremos para Elba com pesar de deixar esta pequena cidade de atmosfera tão atrativa."

Roberto aproveitou para contar sua experiência no novo casamento. "A Ruth — eu já sabia — é uma criatura maravilhosa, uma companheira esplêndida, sempre risonha e '*sweet*'. Essa expressão não é só minha, mas de todos os que estão comigo. Creio que serei sempre tão feliz quanto me sinto agora."

O empresário se prolongou na carta, demonstrando preocupação com o jornal. "Apesar de procurar desligar-me o mais possível das empresas, não posso deixar de pensar, principalmente no *O Globo*", disse. "Quando voltar, vamos fazer uma reforma radical, de qualquer maneira."

Aparentemente, a visita às bancas de jornais na Riviera Italiana alimentou sua preocupação. "Há coisas em jornal que não admitem mais em nossos dias. A imprensa europeia compreendeu bem o papel dos jornais em concorrência com a televisão e estão se saindo muito bem", escreveu. Na mensagem, não deixou de citar Moacyr Padilha, diretor de *O Globo*. "Naturalmente teremos de vencer a incompreensível teimosia do nosso querido Padilha", afirmou. "A propósito, os trocadilhos continuam, e isso é uma demonstração de mau gosto. Também há um pedante exagero de frases em francês."

O afastamento de Padilha da redação e o rápido avanço da doença, porém, tiraram o executivo do plano de Marinho de mudanças no jornal.

Desde o golpe contra João Goulart, a ditadura se consolidava com sua política de repressão e um crescimento econômico de patamares inéditos. Num tempo em que a publicidade das estatais ainda era insignificante e restavam os empréstimos do Banco do Brasil, os jornais e as emissoras de rádio e TV contavam com os anúncios de apartamentos da construção civil, dos supermercados, das lojas de eletrodomésticos, das fábricas de bebidas e da indústria de automóveis, setores que mais lucravam com o Milagre Econômico.

Empresários da imprensa tradicional não tinham motivos para reclamar de falta de dinheiro em caixa. Roberto Marinho avaliava, porém, que *O Globo* podia lucrar bem mais. Em fase de transformação de uma circulação vespertina para matutina, o jornal ainda era um pão adormecido para quem saía para o trabalho, não acompanhava as mudanças sociais e culturais, nem atendia quem entrava no mercado de consumo de notícias. A redação estava engessada, com uma equipe sem comando, acomodada pela censura e pela necessidade de mostrar sintonia com o regime.

"Um jornal começa a morrer dez anos antes. O meu está morrendo. E eu não vou deixar", dizia Marinho.[237]

Sob certo ângulo, um dos jornalistas de *O Globo* mais próximos de Marinho ilustravam a perda de qualidade do vespertino. Ibrahim Sued personalizava um jornalismo que fazia o elo entre o impresso e a TV. Sempre cortejado na beira da piscina do Copacabana Palace, mantinha sua coluna no impresso e um programa na emissora. Estava também nos anúncios de publicidade. O "turco" ilustrava um setor da redação do jornal despreparado até mesmo para selecionar e entender notícias das agências internacionais.

Numa coluna, ele anunciou, no título principal, que os "Beatles já eram". Com a desenvoltura de quem convivia com o quarteto britânico, registrou que Paul McCartney, à revelia de John Lennon, George Harrison e Ringo Star, contratou o produtor Allen Klein para dirigir a gravadora do grupo. Ao contrário do que o colunista escreveu, Paul tinha rejeitado a ideia. Ibrahim anda registrou que o baixista e a mulher, Linda, lançariam o álbum *McCartney*. Entretanto, o disco estava no mercado havia meses.

Ibrahim tinha informação exclusiva do regime. Foi ele quem registrou, com um ano de antecedência, que Médici seria presidente. O colunista ocupava, de certa forma, o papel de relações institucionais do jornal e da TV. Estava fora de qualquer plano de mudança e remoção de peças do tabuleiro. Porém, Roberto avaliava que *O Globo* precisava se atualizar.

O empresário pretendia contar com um comando mais firme no jornal e, assim, ficar mais distante das encrencas da redação. A principal colunista da casa não parava de lhe escrever para reclamar do "censor" Rogério Marinho. Num texto sobre viagens de pau-de-arara do Nordeste para o Rio, Nina Chavs reclamou que o irmão de Roberto mudou o título: "Daqui não saio, daqui ninguém me tira" por outro mais literário: "Para os nordestinos da Guanabara, Transamazônica é mistério".[238]

"Cá para nós, para qualquer um...", ironizou a colunista na carta.

O estilo de jornalista das antigas, porém, encobria uma faceta de Rogério que, na ótica dos dias atuais, não tinha nada de ultrapassado e, pelo contrário, era um contraponto, sutil, à visão de Brasil Grande da ditadura. Ele defendia a questão ambiental. Quando podia, especialmente nas ausências do irmão, procurava incluir esse debate nas manchetes das reportagens laudatórias e oficialescas das obras de infraestrutura. Foi o que ocorreu naquele ano:

"AMAZÔNIA SERÁ DESENVOLVIDA
SEM DESTRUIR A FLORESTA"[239]

A manchete registrava um discurso de Médici, em Brasília, sobre a obra da rodovia que cortava a floresta. O teor da declaração oficial não era a questão ambiental. Em apenas um parágrafo, o general falou genericamente na necessidade de se preservar a "riqueza" da mata. Roberto costumava reclamar com os editores das interferências do irmão em temas amazônicos e ambientais.

Numa manhã de Carnaval, Roberto Marinho estava no cemitério de Petrópolis, na serra fluminense, para ajudar a levar o esquife de Moacyr Padilha.[240] O jovem editor "conservador" e "amante da literatura" conduziu o jornal sempre com o dono à espreita. Foi homem tranquilo, moderado e com certa subserviência em relação à gente do poder, da direita mais extrema, do seu círculo pessoal, e, no dia a dia, à equipe de repórteres. Dele, amigos lembrariam também das interferências para salvar profissionais presos pelo regime, muitas vezes desconhecidos. Recorria aos contatos do pai na caserna.

Além da fidelidade à linha editorial de *O Globo*, o substituto de Padilha precisava ter, sobretudo, um pulso firme na redação, dizia Roberto. O momento era de aperto financeiro, acirramento da concorrência e endurecimento da ditadura, que se traduzia como uma maior petulância da "ralé" de censores e coronéis da burocracia do regime. Ao lado, na concorrência, o *JB* mostrava força e influência política.

Havia tempo que Roberto conversava com pessoas próximas sobre possíveis nomes para ocupar o cargo. Mais do que antes, *O Globo* era uma ponta de lança e, ao mesmo tempo, um escudo editorial do negócio da TV. O amigo José Luiz de Magalhães Lins, diretor do Banco Nacional, foi um dos procurados. O banqueiro garantira o empréstimo que permitiu o pagamento da dívida da emissora pela compra da parte do Time-Life na TV e ainda patrocinava o *Jornal Nacional*.

José Luiz sondou o jornalista Carlos Castelo Branco, diretor do *Jornal do Brasil*. Na conversa, Castelinho sugeriu o nome do chefe da sucursal do *JB* em Brasília. Evandro Carlos de Andrade ainda acumulava o cargo de repórter especial de *O Estado de S. Paulo* e assessor do Ministério da Fazenda, na capital.

Em nome de Roberto, Castelinho fez o convite a Evandro.

"Por que não você, Castelo?", questionou Evandro.

"Porque eu não fui convidado."

Fernando Pedreira, diretor de *O Estado de S. Paulo*, havia chamado o jornalista para ser seu auxiliar.

"Evandro, o que é melhor: ser segundo em São Paulo ou primeiro no Rio?",[241] perguntou Castelinho.

Roberto Marinho conhecia Evandro desde o dia da renúncia de Jânio Quadros. O empresário estava no Palácio do Planalto, a 25 de agosto de 1961, quando encontrou o jornalista num elevador. Mais tarde, às vésperas do golpe contra João Goulart, o convidou para ser chefe de *O Globo*. A negociação não foi à frente. Numa carta a Marinho, Evandro argumentou na ocasião que seria complicado fazer a mudança da família — tinha cinco filhos — de Brasília para o Rio. Mas admitiu a "tentação" de trabalhar no vespertino.

Eles voltaram a se ver, no governo de Castelo Branco, na ditadura, durante depoimento de Roberto à CPI do Time-Life, aberta para investigar a parceria da Globo com o grupo americano de revistas.

Havia um problema a ser resolvido. Roberto Marinho precisava "limpar" o nome de Evandro nos arquivos da repressão. O empresário chamou o coronel Paiva Chaves, que trabalhava na Globo, para ajudar. "O Evandro Carlos de Andrade tinha sido o homem de *O Estado de S. Paulo* em Brasília, e como o jornal era ultracrítico do governo, os militares consideravam o Evandro comunista e um esquerdista de marca maior", lembrou Paiva Chaves.²⁴²

Nessa época, o coronel estava lotado no I Exército. Os registros de Evandro estavam no II, em São Paulo, por conta do trabalho no *Estadão*. Na ficha dele constava a informação de que, desde o tempo de faculdade, o jornalista era envolvido em movimentos subversivos. Paiva Chaves anotou os registros.

"Olhe, Paiva, para começar, eu nunca fiz faculdade", disse Evandro.

O coronel voltou ao II Exército.

"Vocês precisam conhecer o cara. Porque, para começar, ele nunca fez faculdade. Então, não pode ter se envolvido em movimento estudantil. Ele trabalhava, não se envolvia em coisa nenhuma."

Na avaliação de antigos colaboradores, Roberto tinha consciência de que não podia colocar no comando da redação uma figura alinhada ao regime. Isso afastava o jornal do negócio dinâmico da comunicação. "Ele percebeu que aquela linha editorial era ruim para *O Globo*, portanto, era ruim para ele", relata o jornalista José Augusto Ribeiro. "Ele precisava fazer um veículo de credibilidade, noticiar as coisas, mas a opinião do jornal era pró-'Revolução', pró-governo."

De voz enfática e fama de durão, Evandro não era visto como figura de direita nem de esquerda nos mercados de Brasília e do Rio. É correto afirmar que não andava com o pessoal da direita. Muito se falava nas rodas de jornalistas de sua possível participação no Grupo dos Onze, organização ligada ao ex-governador do Rio Grande do Sul Leonel Brizola, o que nunca se confirmou. "Evandro era no mínimo uma pessoa de centro, não tinha nenhum amigo que fosse militante da direita", lembra José Augusto.

O grupo de Evandro, Castelinho e Fernando Pedreira frequentava os gabinetes de parlamentares da Arena e do MDB no Congresso. Diante de um governo fechado, os jornalistas buscavam as brechas por notícias nos almoços e jantares de uma oposição moderada e uma base governista que nem sempre tinha acesso ao Palácio do Planalto. Ele era próximo dos parlamentares dos dois partidos que tinham espaço nas páginas de *O Globo*, o "Sacro Colégio", como José Sarney apelidou a frente.²⁴³

Na nova sondagem, Evandro trocou cartas com Roberto Marinho. Numa delas, discutiu a criação de um jornal em Brasília, o preço do custeio de uma redação na cidade e duas versões de *O Globo*, uma nacional, impressa no Rio, e outra na capital federal.[244]

Evandro nasceu no começo do governo "revolucionário" de Getúlio numa "cabeça de porco", um cortiço, de propriedade da avó materna, Virgínia, no Maracanã, na Zona Norte do Rio. O pai, Pedro, tinha uma loja de flores em Laranjeiras, e a mãe, Maria Nazareno, dava aulas. A família vivia mesmo dos lucros do Colégio Vera Cruz, fundado pelo avô paterno, João, em Vila Isabel.[245]

Uma briga dos pais provocou uma "diáspora" na família. Os seis filhos do casal foram morar com tios diferentes. Depois, Maria Nazareno, mãe "apaixonada" e "rigorosa", internou Evandro no Colégio Pedro II, em São Cristóvão. O garoto resistiu. Fugia toda noite. Acabou reprovado. Nessa época, lia livros proibidos, eróticos, e o romance *Lucíola*, de José de Alencar. Voltou para cursar o quarto ano ginasial no Vera Cruz. Passou a ajudar o pai na oficina da loja de flores. "A violência sempre estava pairando. Espinhos, alicates, farpas de bambu. Um trabalho potencialmente rústico, um ambiente pesado", costumava dizer.

Com a morte de Pedro, o filho adolescente passou uma temporada de "vagabundo" em Paquetá. Foi retirado de lá, quase à força, pela mãe, que o levou a trabalhar de auxiliar administrativo no Hotel Novo Mundo, em frente ao Palácio do Catete. Em seguida, conseguiu emprego no Hotel Plaza, na Avenida Princesa Isabel, em Copacabana.

Evandro pretendia ser escritor. Aos 22 anos, conseguiu um segundo emprego no *Correio Radical*, um pequeno jornal de notícias políticas na Rua da Quitanda, no centro do Rio, de Jorge Galvão, amigo de sua mãe. Entrava às 2 da manhã. Às 5 horas ia comer no Angu do Gomes, restaurante popular da cidade. Dividia o trabalho entre o jornal e o hotel. O jovem que só tinha visto uma pessoa morta na vida, a avó Virgínia, passou a ver com frequência "gente cortada pelo bonde".

Em pouco tempo estava numa redação tradicional. No *Diário Carioca*, jornal chefiado por Roberto Pompeu de Souza Brasil, recebeu como pauta um perfil do promotor do então Distrito Federal João Baptista Cordeiro Guerra. A "Fera do Júri" tinha sido o promotor do assassinato do Major Rubens Vaz, o crime da Rua Tonelero, que desembocou no suicídio de Getúlio.

Pompeu mandou o jornalista Armando Nogueira reescrever a matéria de Evandro, uma praxe na redação. Ao ler o texto, o redator fez o melhor dos elogios:

"Ah, não precisa reescrever".

Pompeu publicou o texto assinado na primeira página. "Foi o maior impacto na minha vida", lembrou Evandro.

"Vai ficando aí", disse Pompeu.

Ainda nos anos 1950, o *DC* liderou a revolução editorial da imprensa brasileira, mais tarde tocada pelo *Jornal do Brasil*. A redação formada ainda por Castelinho, Jânio de Freitas e Luís Edgard de Andrade foi pioneira no uso do "*lead*" e das abreviações de nomes — Juscelino Kubitschek era apenas JK e Jânio Quadros, JQ.

Nesse tempo, um repórter no Rio costumava receber um salário mínimo e um redator, dois. Em 1955, o *Diário Carioca*, simpatizante da UDN, apoiava Juarez Távora na disputa à Presidência. Mas o dono, Horácio de Carvalho, era amigo pessoal de Juscelino, do PSD, e apoiou a campanha do governador de Minas ao Palácio do Catete. Evandro foi escolhido como setorista de JK. Na campanha, viajava no DC-3 Nacional fretado pelo candidato do PSD.

Ao assumir o poder, o novo presidente nomeou Evandro ao cargo de conferente da Casa da Moeda. Depois de cumprir horário na fabricação de dinheiro, o jornalista chegava com manchas de óleo das máquinas à redação do *Diário Carioca*.

Evandro passou a dividir com Castelinho o comando do jornal. Na eleição presidencial de 1960, se licenciou para trabalhar com o deputado José Aparecido de Oliveira, da "esquerda" da UDN, na campanha de Jânio Quadros. O ex-governador de São Paulo venceu a disputa com a "vassourinha", prometendo limpar o país da corrupção. Evandro e Castelinho foram nomeados assessores do governo, em Brasília.

Amigos de Evandro ficaram atordoados quando souberam da decisão dele de deixar o comando da sucursal de *O Estado de S. Paulo* para chefiar o jornal de Roberto Marinho. Naquele momento, a imagem de *O Globo* era muito ruim entre os "defensores da liberdade", relatou o jornalista. Ele sentiu o peso especialmente por estar na capital federal, onde o mercado se assustara com uma invasão do câmpus da UnB pela repressão. "*O Globo* havia apoiado a invasão. Isso foi um marco forte entre os jornalistas de Brasília."[246]

Ele iniciava a trajetória em um jornal que fazia, agora, uma cobertura contra o AI-5 e pelo restabelecimento do *habeas corpus*.

Numa longa conversa no Cosme Velho, Roberto aparentemente não demonstrava interesse em entender a tendência política do jornalista, mas em saber como enxergava o vespertino. Ao longo do diálogo, ele ficava de olhos fechados para não confundir a imagem com o que o jornalista dizia.[247]

"Estou cansado de levar furo. Esse jornal é furo todo dia", disse o empresário.

Eles voltaram a se encontrar. Nas conversas, Roberto contava a história do pai, Irineu, da morte do progenitor e voltava a reclamar de furos. Não apresentava diretrizes. Por sua vez, Evandro enfatizava que era um "papista", um profissional que seguia estritamente a linha do chefe.

Numa carta a Nina Chavs, ao falar das mudanças em *O Globo*, o empresário registrou seu entusiasmo com a chegada de Evandro: "V. deve ter visto que o nosso *Globo* está se aprimorando. Há muito para fazer". Ele entendia, porém, que "as coisas aqui são lentas".[248]

No passado, o jornal rodava pela manhã e chegava às bancas ao meio-dia. O pico de vendas do vespertino era às 18 horas, com o movimento das pessoas indo embora do trabalho. Em dias de fatos importantes, a equipe fazia até oito primeiras páginas diferentes, atualizadas a cada impressão. Na gestão de Moacyr Padilha, o fechamento das matérias, que ocorria às cinco horas da manhã, foi antecipado para as 22 horas. *O Globo* começou a rodar na gráfica à uma hora da madrugada e aparecer no centro da cidade antes do nascer do sol.

Quando Evandro chegou a *O Globo*, o processo de transformação de vespertino a matutino continuava. Fuad Atala, chefe da redação, entrava por volta de 16 horas para conduzir o fechamento da edição. O jornal rodava por volta de 2 horas da manhã, lembra o jornalista Pedro Rogério Moreira. Às 4h30, os caminhões saíam com os primeiros exemplares rumo à Zona Sul. A concorrência, no entanto, chegava primeiro às bancas. O *Diário de Notícias* podia ser comprado às 22 horas. Quem saía de madrugada das festas em Ipanema, encontrava o *JB* nas bancas do bairro.

Aos poucos, Evandro foi adiantando o fechamento para consolidar o jornal matutino. A primeira ofensiva do novo diretor não era apenas igualar o concorrente no horário. Ele pediu a Pedro Rogério, que trabalhava de redator, para fazer um relatório diário sobre matérias que só *O Globo* tinha publicado ou as exclusivas do *Jornal do Brasil*.

O cotejo, uma leitura atenta do noticiário, levou Pedro a perceber malandragens na equipe. Colunistas copiavam textos antigos que tinham escritos. Um dia, ao observar o artigo de Nelson Rodrigues, estranhou: "Já li isso". "Nelson não tinha mais paciência para escrever novidades."

As mudanças no jornal de Roberto Marinho atingiram o comportamento de vida dos repórteres e editores. Argeu contou que Evandro impôs uma "base profissional".[249] "Foi mudança de tudo, porque houve uma mudança de mentalidade", disse. "Eu, por exemplo, me lembro do tempo que chegava no *Globo* duas horas da tarde e saía no outro dia às quatro horas da manhã, tinha aqueles ratos de jornal, tinha gente que praticamente morava em jornal."

A redação de *O Globo* era fragmentada, dividida em pequenos feudos. Cada editoria tinha uma espécie de chefe. Os profissionais conhecidos de Evandro eram poucos. Luiz Lobo, que trabalhou pela sua contratação; Deodato Maia, secretário; e Henrique Caban, contratado por Rogério Marinho, a pedido de Lobo.

O novo diretor logo percebeu em Caban um executor de ordens. A função do jornalista na estrutura montada por Evandro ficou definida no dia em que ele foi chamado pelo diretor por conta da publicação de uma matéria mal redigida.

"Isso não é possível. Isso passou por você?"

Caban deu uma resposta desconcertante:

"Nisso eu não sou bom. Sou o melhor do Brasil em organização."

Ruim na edição de texto, Caban não demorou para se tornar o braço direito de Evandro. Era rigoroso em dar ordens e pautar repórteres. Na chefia da redação, mantinha os olhos de repórter. "Ele sempre foi um crítico muito atento, um repórter perspicaz mesmo", lembra Argeu Affonso, jornalista de uma geração anterior. "Ele fazia pauta, conversava, trocava impressões, mandava fazer, porque realmente ele nunca deixou de ser repórter."[250]

Evandro precisava de um editor-chefe, um profissional do texto. Ele foi, então, à casa de José Augusto Ribeiro, no bairro de Santa Teresa, convidá-lo para trabalhar em *O Globo*. Com formação em direito e longa experiência em redações do Rio, o profissional trabalhava no concorrente *Jornal do Brasil*.

"Nós temos o desafio de fazer um grande jornal. O dr. Roberto quer um grande jornal", disse Evandro.[251]

De estilo terno e apaziguador, José Augusto passou a cuidar da edição diária, e Caban, com jeito bruto e duro, da redação, uma espécie de secretário e repassador de tarefas. "Quem tinha que fazer a redação funcionar era ele, eu tinha que fazer o jornal", lembra José Augusto.

Um nome respeitado dentro e fora de *O Globo* acabou tendo divergências com a nova chefia. A relação de Luiz Lobo e Evandro tornou-se tensa. O jornalista achou que o diretor tinha uma postura "imperial" e "autoritária". Ele lembra que, certa vez, substituiu João Saldanha na coluna de esportes quando Evandro resolveu alterar seu artigo. O texto descrevia uma disputa entre Flamengo e Madureira. O time da Gávea fez um gol num jogo difícil. Embora torcedor rubro-negro, Evandro disse que tinha sido irregular.

"Não quero mais que você faça essa coluna."

"Por quê?", questionou Lobo.

"Nós não assinamos no futebol."

Evandro alterou a informação do colunista.

"Evandro, eu estava lá, eu vi esse gol, você não podia meter a mão na coluna, a coluna é minha."

"Não, a coluna é do *Globo*."

"Não foi assim. Você não estava nem lá."

Luiz Lobo deixou o jornal e foi para a TV Globo. Homem de ironia fina, relata que tem um passado "sujo" por ter participado da indicação de Evandro a Roberto Marinho. "Eu é que levei o Evandro para lá, uma estupidez. Conheci o Evandro de outras aventuras, e ele era muito bom, disciplinador, uma boa chefia, bem orientado, e eu achei que tinha o perfil do *O Globo*, como de fato tinha", relata.

O jornalista conta que, meses antes da chegada de Evandro, havia indicado Caban a Marinho. Um dia ele recebeu a visita da mulher do colega comunista: "Ela me disse assim: 'Eu queria que você fosse lá em casa'. Eu disse: 'Por que, minha filha?' Ela disse: 'Vou abrir a geladeira, para você ver que na geladeira só tem água. Nós estamos, literalmente, passando fome. E ninguém quer dar emprego para o Caban, porque está sujo na praça.' Eu convenci o dr. Roberto. E a primeira coisa que ele fez quando chegou ao poder foi me cortar. Ficou sendo o segundo da redação. Achei que o Evandro seguraria o Caban. O Evandro se enamorou dele."

Por sua vez, Caban relata que, na época em que o indicou, Luiz Lobo exercia o cargo de editor de notícias. "Ele era o chefe dos chefes de reportagem. Foi contratado por dr. Rogério para tomar conta daquilo. Mas não era o cara a fim de doar o sangue", alfineta. "E Luiz Lobo, que era insinuante, convenceu o dr. Rogério de que precisava de outro editor de notícias para dividir com ele, e eu fui contratado."

Evandro reorganizou as sucursais e contratou correspondentes no exterior. Marinho deu carta branca para fazer as trocas. Henrique Caban foi para São Paulo fazer uma série de demissões na sucursal da cidade. "Tem coisas que a gente resolve com patadas", afirma Caban. "Evandro me disse: 'Vai para São Paulo, demite todo mundo e nomeia outros'."

A edição nacional distribuída nos estados tinha oito páginas e estava longe do jornal atualizado que circulava no Rio. Era uma edição que fechava com 48 horas de antecedência. Nas viagens de Roberto, o diretor Luiz Paulo Vasconcellos enviava um exemplar dessa edição carioca para o chefe. Certa vez, numa viagem de Marinho para Brasília, o esquema falhou. O empresário procurou o jornal numa banca da Asa Sul. Se assustou com a qualidade da edição.

Em jogo não estavam os poucos leitores da nova capital, mas a influência no Congresso e no Planalto. *O Globo* não fazia parte da lista de jornais lidos pelo presidente, por ministros, deputados e senadores. Em Brasília, se lia o *JB* e *O Estado de S. Paulo*. "*O Globo* era apenas um vespertino que concorria no Rio com *Ultima Hora*, de Samuel Wainer, deveria vender, se muito, 70 mil exemplares", estima Henrique Caban. "Dr. Roberto dizia que vendia mais de cem mil exemplares por dia, mas não havia IVC para confirmar."

Em outras capitais, a situação não era diferente. No Recife, o correspondente de *O Globo* era um jornaleiro que lia pela manhã as reportagens do *Jornal do Commercio* e do *Diário de Pernambuco* e repassava para a redação no Rio. Em Porto Alegre, havia um jornalista correspondente, mas que só mandava matérias atrasadas. "Até 1960, dr. Roberto era uma figura influente por estar na capital da República, mas seu jornal não tinha importância política. A influência dele se dava por meio da Rádio Globo. O jornal tinha seu segmento. As pessoas compravam pela manhã o *Correio*, o *Jornal do Brasil*, o *Diário de Notícias*, *O Jornal*, e à tarde, *O Globo*", relata Caban.

Nos primeiros dias de Evandro no jornal, Merval fez uma matéria sobre o assassinato de um hippie no Castelinho da Praia do Flamengo, uma construção *art noveau* que restara da elite carioca do começo do século XX no bairro. Era um caso de *ménage à trois*. A reportagem teve repercussão e sequência nas edições seguintes. No terceiro dia, o diretor chamou o repórter para elogiar e conversar. Evandro gostava de dar orientações sobre texto e lições de reportagem.

Merval tinha experiência. O jovem jornalista começou a carreira num estágio na cobertura de educação no *Diário de Notícias*. Depois, conseguiu um emprego em *O Globo*. "Era uma redação antiquada, dos móveis às pessoas. Todos tinham dois empregos, o jornal era um bico para a maioria, que tinha emprego público", lembra.

A grande oportunidade foi uma pauta para viajar pelo Nordeste dez anos após a fundação da Sudene, órgão criado por Juscelino para desenvolver a região. Ao lado estaria um craque do fotojornalismo. Diophante Jorge Peter da Silva, um carioca descendente de alemães, de 38 anos, tinha experiência na lendária escola de *O Cruzeiro*. Numa Rural Willys, a dupla registrou a vida dos vaqueiros baianos, o Novo Maranhão, do jovem governador José Sarney, que teve a posse filmada por Glauber Rocha, a construção de uma usina hidrelétrica que levaria "esperança" ao sertão do Piauí, os rios do Recife, o potencial energético do São Francisco, a seca no Vale do Jaguaribe e as primeiras plantações de uva em Petrolina.

A primeira de uma série de vinte reportagens relatava a chegada do gado ao matadouro público de Feira de Santana. "'Vamos ferrar o boi' — grita o menino descalço, em frente ao matadouro. A torcida contra o boi, marcado para morrer, é grande", conta o repórter na abertura do texto ilustrado pela imagem de um vaqueiro com a boiada. "O vaqueiro, mesmo do bom, sabe o momento em que o boi zangado pode atacar e, por isso, está sempre atento para o instante em que deve disparar na correria, como qualquer outro mortal", diz a legenda da foto tirada por Jorge Peter.[252]

Evandro chamou Merval para uma nova conversa.

"Você gosta de futebol?", perguntou o diretor do jornal.

"Gosto", respondeu o repórter.

"Você acha que todo juiz é ladrão?"

"Acho."

Era o dia seguinte a uma derrota do Flamengo, time de Evandro, numa partida em que o árbitro foi criticado pela torcida.

"Mas aí não dá para conversar."

Em seguida, Evandro disse que tinha planos para a editoria.

"Eu quero mudar o jornal pelo esporte."

A editoria era um feudo do jornalista Ricardo Serran, nome que mandava na cobertura esportiva de *O Globo* desde 1949. Era a terceira dinastia no setor. No começo do jornal, ainda no tempo de Irineu Marinho, em 1925, Honório Netto Machado mandava nas notícias de esportes. Quando Roberto assumiu o vespertino, em 1931, Machado perdeu a coroa para Mário Filho. O jornalista pernambucano chegava ao jornal com o irmão, Nelson, depois que a folha da família, *Crítica*, sofreu empastelamento.

Na posição de editor de esportes de *O Globo*, Mário Filho tornou-se o nome mais influente do futebol brasileiro fora de campo. Quando o governo brasileiro planejou a construção de um estádio para realizar as finais da Copa do Mundo de 1950, Carlos Lacerda propôs que a obra fosse feita em Jacarepaguá, na Zona Oeste, uma área com potencial de expansão do Rio. Mário defendeu o bairro do Maracanã, mais próximo do centro, e venceu a disputa. Foi dele a proposta de criar torneios e eventos.

Mário revolucionou o esporte no jornal, com entrevistas de jogadores e um estilo mais emocionante de narrar as histórias. Ele adquiriu em sociedade com Roberto Marinho o *Jornal dos Sports*, um diário de páginas rosas que se destacou na cobertura do futebol. Os sócios se desentenderam quando Mário aumentou sua participação acionária no veículo esportivo.

Foi quando Ricardo Serran, que brigara com Mário, aproveitou para ocupar o espaço de poder em *O Globo*. Durante sua "dinastia" no noticiário esportivo do jornal de Marinho, passou a ocupar também o espaço de interlocutor dos cartolas. Na Era de Ouro do futebol brasileiro, quando a Seleção ganhou suas três primeiras Copas, o jornalista fez da editoria uma extensão da CBD, de João Havelange, que assumiria mais tarde a FIFA. No dia em que os jornais relatavam em suas primeiras páginas o milésimo gol de Pelé, de pênalti, num jogo entre o Santos e o Vasco, no Maracanã, *O Globo* publicava uma foto do editor de esportes entregando ao Rei, no vestiário, um diploma para chancelar a façanha. O documento era assinado por Stanley Rous, justamente o então presidente da entidade máxima do futebol.[253]

"Serran era um dos poucos que chamavam dr. Roberto apenas pelo nome", lembra Pedro Rogério.

Na partida decisiva das finais do Campeonato Brasileiro, de 1971, Serran deixou claro para Evandro que *O Globo* era uma coisa e a editoria de esportes, outra. O árbitro não deu um pênalti claro do goleiro Renato, do Atlético Mineiro, em Zequinha, do Botafogo, inverteu uma falta a favor do time carioca e ainda expulsou o lateral botafoguense Mura. O Atlético venceu por um a zero, gol de Dario. O bicampeão mundial Nilton Santos, da equipe técnica do Botafogo, foi até a boca do vestiário e deu um soco no árbitro Armando Marques, que caiu na escada. O fotógrafo José Santos estava perto e registrou o flagrante. Na redação, Serran abriu sua editoria com a imagem da surra que o juiz levou, sem comunicar aos colegas da primeira página sobre a força da fotografia.

No dia seguinte, Evandro chegou alucinado.

"Por que essa foto não está na primeira página?", lembra Merval Pereira.

"Porque a foto é minha, da minha editoria", respondeu Serran.

"O jornal é de todos", esbravejou Evandro.

Serran falava com confiança no próprio poder. Ele tinha o comando da editoria. Até mesmo o velho cronista Nelson Rodrigues, que voltara ao jornal e publicava a coluna "Meu personagem da semana", tinha uma relação de subserviência ao editor.

A cobertura esportiva era uma questão de honra para Evandro. Ele tinha trabalhado na editoria no jornal *Diário Carioca*, com Armando Nogueira.

Na sala de Roberto Marinho, Evandro descarregou:

"Assim não dá. O Serran é dono do esporte. O jornal para ele é só a editoria dele."

"Pode demitir", disse Marinho, com voz vagarosa e rouca.

O anúncio da queda do terceiro homem forte da história do noticiário esportivo de *O Globo* pegou a redação de surpresa, relata Merval.

"Foi um escândalo, uma comoção na redação. Todos achavam que o Evandro é quem ia cair."

Roberto Marinho contemporizou, mantendo Serran por algum tempo como diretor do jornal, mas sem poder de decisão.

Evandro chamou Celso Itiberê, um jovem jornalista com passagens pelo *Última Hora* e *Correio da Manhã*, para chefiar a editoria. O rabo de cavalo no cabelo causava risos na conservadora oficina de *O Globo*.

Com o discurso de que um bom jornalista tinha de atuar em todas as áreas, Evandro fez troca de cadeiras e rodízios para desestruturar antigos grupos. Argeu Affonso foi transferido de esportes para a política, ocupando o cargo de subchefe de Luiz Garcia. Tempos depois, passou a ser subeditor de educação. Assim, a vaga dele no esporte foi ocupada por Merval. Evandro explicou a transferência ao repórter:

"Acho que você deve fazer um estágio no esporte, porque vai ser importante para sua cobertura política. Mais tarde vai ser útil."

Na editoria, Merval logo conseguiu uma exclusiva com Zagallo. O técnico do Flamengo disse ao jornalista que o time da Gávea "não tinha mais condições" de vencer o Campeonato Brasileiro. Quando a entrevista foi publicada, o técnico reclamou que suas palavras tinham sido distorcidas. Evandro mandou um redator escrever uma resposta impiedosa: "Se houve arrependimento, o problema não é nosso."[254]

Era tempo da derrocada do futebol, Merval passou a percorrer estádios dos subúrbios para contar, agora, a história de Mané Garrincha, jogador que não tinha mais a força e a invenção de quando se sagrou campeão do mundo na Suécia e no Chile e tornou o Botafogo um dos mais importantes times do mundo. "Garrincha estava todo lascado", relata o jornalista. "Nas matérias, o que menos contava era o jogo. O assunto era o Garrincha."

Na redação, pontificava o jornalista Emiliano Castor de Menezes. O setorista da área militar se colocava como um porta-voz e um interlocutor do regime dentro de *O Globo*. Ele costumava circular entre as mesas com um envelope pardo debaixo dos braços, um suposto dossiê.

Numa manhã, Evandro pediu a Emiliano que cobrisse uma manobra militar no Rio, uma matéria rotineira. O repórter considerou a tarefa indigna.

"Eu sou representante das Forças Armadas junto à direção. Eu não cubro, não. Aqui, como eu disse, sou o contato."

Evandro foi a Roberto Marinho:

"Dr. Roberto, preciso de um repórter para cobrir Forças Armadas."

"Mas como? Você não vai encher a redação de gente."

"Não, eu pedi para o Emiliano Castor. Ele disse que não cobria, que é só um contato."

"Ah, deixa comigo."

Evandro enxergava movimentos de Castor de jogar a redação contra suas ordens. Um dia, Caban cobrou de um coordenador, ligado ao repórter, que o jornal havia ignorado uma decisão do governo da Guanabara de aumentar o salário do funcionalismo público. A resposta veio rápida:

"O Dr. Roberto disse que não quer notícia de aumento de funcionalismo."

Caban foi à sala de Marinho.

"Levamos um furo. O senhor deu uma ordem para não publicar matéria de aumento de salário?"

"Não. Eu não quero que faça campanha por aumento, mas não tem ordem para não dar aumento. Esse furo é grave mesmo."

Num despacho pela manhã, Evandro voltou a reclamar a Marinho da cobertura "muito ruim" do jornal na área das Forças Armadas. Sem meias palavras, disse que Emiliano Castor era um "informante" do SNI.

Marinho chamou o jornalista ao seu gabinete.

"Castor, a sua cobertura das Forças Armadas está fraca. Estamos levando diariamente furos..."[255]

"Só dou as coisas mais importantes, como sempre fiz."

"Quem julga a importância dos acontecimentos somos nós. Você deve nos fornecer todas as notícias. Nós as aproveitamos ou não. Ainda anteontem, houve a passagem de um comando e não tivemos notícia."

"Bem, eu estou fazendo como no tempo do Padilha."

"Em primeiro lugar, você foi um ótimo elemento, muito presente nos acontecimentos, coisa que não está acontecendo agora. Depois, o que se teria feito no passado não interessa. Nós estamos querendo imprimir novo ritmo ao jornal. Portanto, procure corrigir essas falhas."

Uma semana depois, Marinho foi informado que Castor continuava "omisso" na cobertura militar e trabalhava, em Niterói, na assessoria do governador do Rio, Raimundo Padilha. O empresário voltou a chamar o jornalista.

Castor argumentou que fazia um trabalho "perfeito" em *O Globo* e o cargo de assessor não "perturbava" seu serviço no jornal. O funcionário disse que era "vítima" de "perseguição" de Evandro. Um "comuna", afirmou.

Roberto mandou demiti-lo. Dez dias depois, o empresário recebeu um relatório do SNI. O documento "confidencial" sobre a "infiltração esquerdista no'*O Globo*" listava Evandro como principal cabeça de um esquema comunista dentro do jornal.[256] O diretor estaria contando com a "colaboração" de quatro "elementos" da própria redação.

A lista de integrantes do suposto esquema incluía José Augusto Ribeiro, descrito no documento como um "indiciado" em um Inquérito Policial Militar que apurou subversão na imprensa do Paraná; Henrique Caban, participante de reunião de finanças do PCB; Felix Augusto de Atayde, chefe da pauta, demitido anos antes do Ministério da Educação com base no AI-5; e Nilson Lage, chefe do copidesque, que teria estado em Cuba.

Roberto rebateu o teor do relatório, saindo em defesa da equipe. "Evandro Carlos de Andrade não é ligado a meio esquerdista nenhum do país, nem mesmo conta entre as amizades com qualquer militante político de tendência esquerdista", escreveu.[257] Ele ainda relatou que Atayde, realmente, tinha trabalho do gabinete do governador cassado de Pernambuco, Miguel Arraes, mas "nunca mais se relacionou com elementos da esquerda". Caban, argumentou, participou de "movimentos de agitação estudantil", "mas quando jovem". "Não quer hoje nem pensar em política, sendo excelente e dedicado profissional." Por fim, o empresário contou que Lage foi confundido com outro "envolvido" em problemas políticos, o que o levou a ser fichado. "Não obstante, era sempre chamado à polícia e acabou por afastar-se de *O Globo*."

Da geração pioneira dos redatores de copidesque do *Diário Carioca*, Nilson Lage relatou, em um depoimento, que o trabalho de tornar os textos do jornal mais enxutos e claros foi bombardeado por Nelson Rodrigues. O dramaturgo os chamava de "idiotas da objetividade" — os artigos dele eram "pautados" por Marinho, disse Lage.[258] O incômodo na imprensa com esses profissionais, na avaliação do jornalista, tinha um elemento político. Foram os redatores de copi que estavam à frente da greve de jornalistas de 1962. Os donos de jornais concorrentes procuravam evitá-los. "Só mais tarde, sentindo-se protegido da subversão pelo AI-5, Marinho (homem informado, sabia que o texto de *O Globo* era deficiente), contratou esse que lhes escreve, em 1970, para reformá-lo, o que foi feito até que assumiu, como diretor de redação, outro profissional oriundo do *Diário Carioca*", relatou Lage. Ele foi transferido por Evandro para a editoria de nacional.

Os repórteres de polícia eram estrelas até na "Porta de livraria", uma coluna influente de *O Globo* sobre livros, escrita por Antonio Olinto. Quando o romance geracional *Bar do Juan*, de Antonio Callado, um crítico do regime, estava em primeiro lugar na lista dos mais vendidos, Olinto publicou resenha de *Esquadrão da morte, um mal necessário?*, escrito pelo repórter Adriano Barbosa, que trabalhava havia 25 anos no jornal, com prefácio de Nelson Rodrigues. Se a obra não era a favor dos grupos de extermínio, ao menos procurava defender a polícia, separando a instituição dos "delinquentes".[259]

Anos antes, a coluna de Olinto ignorou o lançamento de *Quarup*, outro romance de destaque de Callado. Também evitava descrever obras do poeta João Cabral de Mello Neto ou do antropólogo Darcy Ribeiro, perseguidos pelo regime. A postura do colunista não causava estranheza. Uma boa parte dos nomes influentes da literatura apoiou na primeira hora o golpe contra João Goulart. Nelson, Carlos Drummond de Andrade, Manuel Bandeira e Raquel de Queiroz nunca esconderam suas ligações afetivas e políticas no período.

Quando Evandro assumiu a redação, Olinto escrevia a coluna a partir de Londres, onde ocupava o posto de adido cultural da embaixada brasileira. Na capital britânica, ele redigia a *Brazilian Gazette*, uma revista que usava para tomar dinheiro de poderosos. Evandro sugeriu a Roberto Marinho que a crítica literária do jornal fosse feita na redação. Depois, avisou a Olinto a decisão. O colunista, então, procurou diretamente Marinho. "Antonio Olinto veio ao Rio e pretendeu ser recebido por mim, o que rejeitei", escreveu o empresário, em uma carta.[260] "Após várias tentativas frustradas, foi à minha casa no Cosme Velho para falar com a minha esposa que, sem conhecer a situação, delicadamente o atendeu", relatou. "Confessou então Olinto ser funcionário do SNI e alegou que Evandro Carlos de Andrade, por motivos ideológicos, não o queria em *O Globo*."

Olinto foi demitido do jornal. A atuação dele como um "cachorro" da ditadura nunca foi notada no meio literário, mesmo por seus rivais.

Novos dossiês contra a equipe de *O Globo* foram enviados a Roberto Marinho. Um editor contratado por Evandro foi fichado pelos agentes como "pederasta passivo". Em sua defesa, o empresário disse que o jornalista usava "vasta cabeleira" por conta da moda. Entretanto, o diretor do jornal era o alvo principal. "Para os militares, eu era mesmo comunista. Eu nem sequer tinha convivência com o Partido Comunista", relatou Evandro em um testemunho mais tarde. "Minha família era anauê na sua origem", disse, referindo-se ao movimento integralista.[261]

À espreita, os agentes do SNI enviaram outro "informe": Evandro "isolou" Rogério Marinho, por considerá-lo "dedo duro", e passou a sonegar informações a Roberto, disseram os homens da inteligência. Mas o relatório incluiu no "esquema comunista" até profissionais de esquerda que tinham saído da empresa na nova gestão, como Luiz Lobo. "Não nos consta que ele tivesse qualquer conotação esquerdista", respondeu o empresário, desta vez. A lista ainda citou Luiz Alberto Bahia, antigo militante comunista, que fazia editoriais no vespertino havia anos.

Às vezes, o "comuna" da redação era o dono do jornal. Os agentes registraram que *O Globo* lançaria uma série em quadrinhos de "apologia" a Mao Tsé-Tung e ao comunismo chinês". Na esteira de publicações sobre a viagem de Richard Nixon a Pequim, a United Press enviou ao jornal, em primeira mão, um folheto intitulado "China: um quarto da humanidade". "Fiquei fascinado por esse trabalho, não só porque considerei altamente jornalístico e educativo, mas ainda porque era de leitura sintética, em capítulos, com belíssimas ilustrações", contou Roberto.

Sem tempo para uma leitura aprofundada, ele enviou o folheto para Evandro. O diretor, no entanto, não recomendou a impressão. A matéria continha uma parte "inconveniente" por evidenciar a Revolução Cultural no "avesso da verdade".

Na época, Roberto Marinho argumentava que apenas contratou para cargos de chefia profissionais sem vínculos com o comunismo. "Em hipótese alguma", escreveu certa vez, ao falar de Evandro, "eu cometeria a imprudência de colocar em posto tão destacado no meu jornal um elemento capaz — pelo seu passado ou suas tendências — de comprometer a inequívoca e firme linha antitotalitária de *O Globo*, adversário ferrenho do comunismo desde a tentativa da Aliança Nacional Libertadora", afirmou.[262] "Esta", continuou, "foi fechada graças à pertinaz campanha que contra ela desfechamos."

A preocupação de evitar comunistas em cargos importantes no jornal não ocorreu por parte de Marinho, ao menos no caso de Henrique Caban, que manteve ligações com membros do PCB na clandestinidade. Diante do momento histórico, o empresário usou o combate ao "totalitarismo", isto é, a crítica à direita e à esquerda, como discurso ético. Em teoria, a máxima do jornalismo imparcial lhe dava maleabilidade no jogo imposto pela ditadura. Foi a mesma posição adotada nos primeiros anos à frente de *O Globo*, na década de 1930, tempo de polarização entre comunistas e integralistas. Entretanto, como naquele período de extremos da direita e da esquerda, manteve as portas abertas aos militantes do PCB, não apenas para postos sem influência na estrutura do jornal, mas também da TV.

No processo de mudança do jornal, Evandro decidiu atacar a editoria de polícia. O experiente editor Leonídio de Barros tinha relações estreitas com delegados. O redator Hélio Gordo trabalhava à tarde como policial. Na gaveta da mesa clara de fórmica, guardava sua arma. "Tinha tomação de dinheiro", relata Caban. "Com Evandro, as notícias de polícia passaram a ser controladas pela chefia da redação. Aí, metade da editoria pediu demissão."

Ele lembra que, toda semana, a equipe publicava ao menos duas matérias sobre a "Invernada de Olaria", um grupo podre da Polícia do Rio. "Foram eles que jogaram os mendigos no Rio da Guarda", conta. "O Lacerda fez uma polícia de direita. Se der poder à polícia, os caras fazem merda."

Caban pôs em prática a eliminação da "delegacia" do jornal. Ali, achacadores, investigadores policiais paralelos e associados do jogo do bicho escreviam histórias. O corte dramático das cabeças da editoria de polícia, porém, não representava o fim do noticiário de crimes em *O Globo*.

Foi a partir da mudança radical posta em prática por Caban que o jornal ganhou uma editoria de polícia valorizada pelo trabalho de novos redatores, que garantiram textos envolventes para histórias trazidas das ruas. Um dos copy dessa equipe ganharia, mais tarde, as telas da TV. O pernambucano Aguinaldo Silva mudava textos de repórteres antes de se tornar um dos mais influentes novelistas da Globo.

As mudanças limparam *O Globo* dos agentes do SNI e dos policiais. "O expurgo foi o grande mérito de Evandro. O pessoal que cobria polícia colocava o revólver em uma gaveta e a algema em outra", relata o jornalista Paulo Totti. "Para tirá-los, ele teve que usar mão de ferro e provar que eram incompetentes, algo difícil. Assim, usou a parte disciplinar. Foi muito duro com esses caras. Mas aí continuou na dureza quando a redação não precisava disso."

Repórter da época de Caban e Evandro, José Luiz Alcântara afirma que, em certa fase, o ambiente na redação de *O Globo* era mais pesado que na da concorrência direta. "O *Jornal do Brasil* não tinha aquelas maluquices", relata. "Era uma coisa terrível trabalhar dentro do *Globo*, um negócio repressivo", conta. "Se levasse um furo, você tinha vontade de não ir trabalhar, porque sabia que seria massacrado. Se o *JB* levasse um furo, não se importava."

Evandro era um chefe duro. "Às sete horas da manhã, ele ligava para Brasília e São Paulo, para cobrar furos, falar de matérias mal dadas, fazer cobranças", relata Paulo Totti. "Uma vez, se falava que ele ligou para Moura Reis e a mulher do Moura atendeu. 'Olha, o Moura teve problema, o carro da escola dos meus filhos, e teve que levar as crianças na escola.' E ele deu um esporro na mulher. Passava três meses ele não fazia nenhum elogio de matéria. Pegava o jornal e perguntava: 'Qual o idiota que escreveu isso?' Era terrível como crítico, algo condenado em qualquer momento. Não é assim que você adverte", avalia.

A redação de *O Globo*, porém, contava com a figura de Paulo Totti no comando da editoria de política. Formado nas redações de *Ultima Hora*, o gaúcho de Veranópolis começou no rádio no interior do Rio Grande do Sul. Estudou direito, atuou na União Nacional dos Estudantes e encontrou o golpe militar pela frente. Deixou o *Ultima Hora*, caiu na clandestinidade e voltou à cena jornalística como integrante do grupo de Mino Carta que criou a *Veja*, revista do grupo de Roberto Civita.

Jornalista de texto elaborado e leve e de modos refinados, Totti virou um porto seguro na redação bruta do jornal de Roberto Marinho. Na política, sem demonstrar, era uma barreira sentimental de contenção dos excessos de Evandro e Henrique Caban.

Totti observa que o jornal nunca foi sintonizado com a máquina repressiva. "*O Globo* não era a *Folha*, que fazia o jornal policialesco que os militares queriam, a serviço do DOPS. Isso Evandro não deixava." Na avaliação de Totti, Evandro estava encarregado de ser um "executor" de decisões de Roberto Marinho. "Ele era muito competente no que fazia. A preocupação principal dele era fazer jus ao salário. Quando o jornal mandava, ele executava", conta. "Evandro, entretanto, não era um reacionário, um militante da ditadura."

Os embates internos, os dossiês e os ataques dos agentes secretos impactaram o comportamento do diretor do jornal. Evandro passou a enxergar fantasmas com mais frequência. Tornou-se um homem que cultivava segredos e tinha mania de perseguição. Quando o jornal cometia um erro, ele logo espalhava que o repórter ou o editor queriam prejudicá-lo.

O diretor de *O Globo* adotava um estilo que não aceitava discussões por parte de subordinados. Nem procurava dar satisfações de seus atos para editores e repórteres. Para evitar perder debates, evitava reuniões com muitos participantes. "Uma reunião com muita gente ganha um colorido democrático. De repente, você, o mandão, perde uma discussão, pode acontecer, então ele procurava ter encontros separados, individualmente. Tinha de expor também um tom arbitrário, ele batia na mesa e dizia: 'Vai sair assim porque eu quero'", relata Totti.

O Globo era mais à direita que Roberto Marinho, ressalta Caban. "Dr. Roberto era muito conservador, mas o jornal passava de qualquer coisa."

O diário vivia uma grande transformação. "É um jornal antes do Evandro e outro depois do Evandro. São duas coisas completamente diferentes", avalia Roberto Irineu. As mudanças viriam na maneira de escrever as matérias e os títulos, na paginação e no layout. Na avaliação de Totti, a partir da chegada de Evandro, Roberto Marinho também mudava. Ele deixava de ser um simpatizante do regime militar e começava a se tornar, na avaliação do jornalista, um empresário mais preocupado com o próprio negócio."

O estilo duro de Caban causou atritos generalizados na redação. Os jornalistas simpatizantes ou ligados à ditadura reagiram. "Começou um frenético bombardeio à minha entrada. Quando fui conversar com dr. Roberto, ele já deveria ter três fichas do DOPS. Um dia me contou: 'Caban, já passei suas fichas. Você veio aqui para ser profissional ou para fazer política?'"

Os cortes de cabeça foram além de questões ideológicas. Nome influente no tempo de Moacyr Padilha, Pery Cotta, chefe da redação, deixou o cargo com a incumbência de criar uma editoria de economia. Caban reclamava que Pery fazia oposição a Evandro.

De personalidade forte, Pery Cotta questionou Caban pela demissão de um colega. O chefe de reportagem disse que não tinha de lhe dar satisfações. A conversa foi parar na rua, quase a briga física se consumou.

Evandro dava guarda aos excessos de seu auxiliar. O diretor procurou Marinho para relatar o episódio e pedir a cabeça do jornalista. Depois chamou Pery para demiti-lo.

Em algumas situações, a truculência da dupla Evandro e Caban jogou no mesmo saco jornalistas talentosos e experientes na política, como Lobo e Pery, com os agentes duplos, ligados aos porões do regime.

Henrique Caban não demorou para se impor como homem forte dentro da redação. "Vem cá, meu comunista", brincava Marinho com o chefe de reportagem.[263]

De todos os jornalistas que passaram pela história quase centenária do empresário, Caban foi possivelmente quem mais teve a imagem associada à de um cumpridor de ordens. Do ponto de vista político, o jornalista tinha uma diferença em relação ao patrão que mesmo adversários ferrenhos de Marinho, como Lacerda e Brizola, não possuíam: uma longa trajetória comunista de família. Nesse ponto, Caban se constituía num anti-Roberto.

É possível dizer que o chefe de redação abandonou o proselitismo de militante comunista e mantinha apenas relações afetivas com os "camaradas", ajudando com dinheiro no tempo da clandestinidade. Se não formou um "aparelho" dentro do jornal, a própria sobrevivência do profissional e de colegas na redação evidencia a existência de um abrigo na máquina de produzir notícias e opiniões.

À sobrevivência, parecia que não bastava, porém, o silêncio da visão comunista, mas a própria assimilação de atitudes, decisões e ideias que tinham a ver com o empreendedorismo de um homem do capital. Foi o núcleo de Caban que criou cadernos voltados a nichos do mercado, como o suplemento do vestibular e os jornais de bairros. Nesse ponto, o anti-Roberto Marinho se transformou num operador capitalista. *O Globo* de Evandro e Caban ainda lançou cadernos como Morar Bem, Boa Chance, Jornal da Família, Turismo e Revista da TV.

A propósito, Evandro contava que Mino Carta, o idealizador de *Veja* e *CartaCapital*, desenhou boa parte dos novos suplementos de *O Globo*. Mino minimiza sua participação na transformação do jornal e afirma que apenas colaborou.[264]

O jornalista Luiz Garcia relata que Roberto Marinho não escondia o carinho pela turma da esquerda dentro do jornal. "Ele adorava os comunistas, adorava o Caban, que era um excelente jornalista. Não dava a menor bola para o que Caban fazia fora da redação. Ele sabia que não haveria proselitismo comunista dentro do jornal", relata.

Formado na escola lacerdista de fazer jornal, Luiz Garcia foi contratado por Evandro para chefiar a editoria de política. Depois, passou a ajudar a melhorar o texto dos repórteres e fazer editoriais.

Ficou responsável por implantar tardiamente em *O Globo* a revolução dos textos do *Diário Carioca*. Um mestrado em Nova York foi suficiente para deixar para trás o texto militante, as frases gigantescas, a subjetividade e a pompa da *Tribuna da Imprensa*, de Carlos Lacerda.

Em *O Globo*, Garcia declarou guerra à linguagem rebuscada, de "lantejoulas", relata Argeu Affonso. A redação ainda chamava carro de polícia de viatura, cemitério de necrópole e hospital de nosocômio. Era a ditadura de não repetir palavras, o que resultava em termos rebuscados. Garcia passou a percorrer as editorias para dar sugestões e propor a melhoria dos textos. Depois, enviava observações a repórteres e editores.

"Havia uma filosofia de que você devia fazer com que o leitor chegasse até você. E daí por diante houve a filosofia de fazer com que você chegasse até o leitor", contou Argeu Affonso.[265] "Então, aí houve um meio termo, não se escreve linguagem chula, não se escreve mal português, mas você tirou aquelas excrescências que havia de palavras que, às vezes, o pobre do leitor tinha que buscar o dicionário para entender."

Henrique Caban avalia que Marinho percebeu cedo o "declínio" da ditadura. "Ele nunca teve apreço pelos militares. Ele tinha uma visão de que eram incompetentes. Contava sempre que, em 1930, foi assistir a um evento militar e um oficial falhou na munição. Foi dar um tiro e não conseguiu."

Marinho disse ao jornalista:

"Quero transformar *O Globo* no principal jornal do Rio."

Após *O Globo* se tornar matutino, Evandro e Caban lançaram os classificados. O passo seguinte no processo de mudanças era levar às bancas uma edição de domingo, para concorrer de frente com o *JB*. "O anunciante entra no domingo. O classificado de domingo é maior que todos os demais dias da semana. Era o varejista", ressalta Caban. "E, depois, os vespertinos dos Estados Unidos só passaram a vender nos guichês dos pedágios. A TV engoliu os jornais da tarde."

Ao menos em relação ao ELA, coluna de Nina Chavs em *O Globo*, Evandro e Caban não tinham argumentos para falar de um jornal ultrapassado. A jornalista nunca deixou de fazer um trabalho de vanguarda, no espírito da revolução gráfica e de estilo, ou ao menos uma antropofagia modernista no consumo das tendências de revistas femininas europeias, como *Queen*, *Vogue* e *Modern Woman*.

A colunista e o novo diretor, porém, entraram em confronto aberto. Nas narrativas de Evandro, Nina era a problemática, um indício de machismo por parte dele. O diretor de *O Globo* sabia que a idiossincrasia das celebridades masculinas do jornal não ficava para trás. Ele mesmo, um inovador do produto jornal, recorria ao expediente de cartas melodramáticas para o chefe em busca de melhorias salariais e de trabalho.

Nina e Evandro eram profissionais de inovação, mas adotavam ou pareciam se adaptar e se acomodar ao patriarcado. Isso não significava que, na relação escrita com Marinho, não tivessem surtos de revolta, críticas acentuadas a setores e profissionais da empresa, desabafos de cansaço e um eterno sentimento de injustiça e não reconhecimento de seus serviços. Evandro enviava cartas a Roberto para lamentar a dificuldade de pagar a prestação do apartamento. Nina, uma "colunista-muito-lida", como ela descreveu numa carta, pedia aumento para bancar um tratamento especializado em "lesão cardiovascular" que teria sido resultado de seu esforço no trabalho.[266]

Com a colunista agora morando na França, Evandro estava mais próximo de Hildegard Angel, que conduzia o suplemento feminino. A jovem jornalista era considerada uma aposta pelo diretor. De Paris, Nina passou a implicar com sua ex-assistente. Numa carta a Lígia, secretária de Roberto Marinho, para pedir o envio de exemplares de *O Globo*, a jornalista desabafou: "Peço a Hilde que me envie recortes do que escrevo e nem isso ela faz."[267]

Nina preservava, mais do que nunca, sua relação pessoal com Roberto Marinho. Passou a sugerir e comprar gravatas, revistas e livros. Uma das obras pedidas pelo empresário, *Ni Marx ni Jesus*, para ela comprar na versão de bolso, por "economia". Marinho acertou, então, com Nina uma "caixinha", uma conta com depósitos feitos por ele, para aquisições na Franças. "A caixa dele precisa ser reforçada", avisou a colunista à secretária Lígia certa vez.[268]

Próximo dos círculos de poder e de celebridades, *O Globo* estava afastado, entretanto, da cidade. Evandro escalou os jornalistas José Gorayeb e Aguinaldo Silva para reformularem a editoria Rio. A tarefa não era das mais fáceis. O jornalista Paulo Totti lembra que havia um ciúme da cúpula do jornal com as imagens de milhares de cariocas, nas manhãs de sábado e domingo, lendo a Revista de Domingo, do *JB*, nas praias de Ipanema e Copacabana.

Roberto Marinho começou a cobrar uma edição de domingo, para entrar nas questões de cultura, moda e comportamento. "Isso tinha influência tremenda na população", observa Totti. O *Jornal do Brasil* era, em certo aspecto, a rica Zona Sul, que agora aparecia como a face da cidade. "O *JB* cultivava esse *apartheid* bastante invisível que existia no

Rio. Quando um prefeito inventava de colocar um ônibus de Deodoro, no subúrbio, ao Arpoador, levava porrada do jornal, pois ia poluir a praia. Isso *O Globo* não fazia", ressalta. "Era o Rio da intelectualidade. Ninguém podia entrar lá dentro. *O Globo* tinha, entretanto, preocupação de entrar nessa classe mais rica.

Marinho até ali fazia um jornalismo de quem frequentava supermercados e lojas. E queria vender mais jornal para segmentos populares, mas sem adotar a linha de *O Dia*, que vendia muito, mas não atraía grandes anunciantes, pois seu leitor era de menor poder aquisitivo.

A missão de Evandro no grupo de Roberto Marinho ia além do desafio de chefiar *O Globo*. Ele teria a responsabilidade de ocupar um papel especial na família Marinho. Ainda na série de conversas no Cosme Velho, antes da contratação, o jornalista foi apresentado ao primogênito num encontro no salão principal da residência.

O empresário costumava ter diálogos triviais com os filhos no seu quarto, no segundo andar da casa. Quando o assunto era importante, preferia conversar no térreo. "Quando ele descia para a sala e fazia conversa no salão, é porque o assunto para tratar era mais sério", lembra Roberto Irineu.

Ao filho, Marinho disse:

"O Evandro está saindo do *Estadão*. Estou pedindo para ele ser seu tutor e ensinar tudo sobre jornalismo a você. Eu queria saber se você aceita."

"Claro, pai."

"Quero que ele ensine tudo. Você vai botar sua cadeira na sala do Evandro para acompanhar."[269]

Roberto Marinho sabia que havia outra lacuna, que ia além da questão dos negócios. Os filhos tinham crescido, era hora de incluí-los na estrutura de seus negócios. Ele buscava auxílio na formação especialmente dos dois mais velhos, Roberto Irineu e João Roberto. Precisava também compensar a ausência na transição do mais velho para o jornalismo.

O primogênito do empresário começou aos 16 anos a trabalhar como linotipista na oficina do jornal. A situação tinha um caráter simbólico. Era a função que Irineu, o patriarca da família, exercera no começo da carreira na imprensa do velho Rio. Roberto Irineu passou pela montagem do chumbo na página para tirar prova e imprimir. Só depois foi para a reportagem.

Na redação, sentava ao lado de Nelson Rodrigues e perto do redator Aguinaldo Silva, copidesque do jornal. Repórteres de geral e celebridades ficavam próximos. "Eu não era um grande repórter, evidentemente, então não sentava na linha de frente. Sentava aqui atrás e aqui atrás sentavam também os redatores, que não era o pessoal da reportagem."

Ainda antes de ser apresentado a Evandro, Roberto Irineu não tinha completado 20 anos quando o pai entregou para ele a tarefa de acompanhar o processo de reestruturação da Rio Gráfica Editora. No momento em que Roberto Civita lançava *Veja* e erguia um império de revistas, o primogênito de Marinho era jogado no comando de uma área sensível da empresa familiar. "Ele tomava conta das revistas", lembra Joe Wallach. "Roberto Irineu era um jovem. E o velho Roberto jogou muito (peso) em cima de um jovem."

Naquele momento, Roberto Civita iniciava seu império de revistas. Era o pai da *Veja*, revista criada nos estertores do governo Costa e Silva que passava a dominar o mercado das semanais nos fins de semana. A Rio Gráfica estava longe de contar com um time e publicações capazes de fazer frente ao "rei das revistas".

Roberto Marinho redobrou o pedido a Evandro para levar Roberto Irineu para próximo dele na redação. Com pretensão de ir para a TV, o jovem jornalista voltava a trabalhar em *O Globo*.

A empatia de Roberto Irineu com Evandro foi "total". "Ele era maluco manso, bem mais maluco do que eu", lembra o empresário, "uma pessoa extraordinária, com uma rigidez fantástica quanto a princípios, um jornalista excelente. O Evandro foi uma figura muito importante na vida do papai e na minha. Ele se tornou um grande amigo."

Os filhos de Roberto entraram em *O Globo* sob a mentoria de Evandro. Por meio de conversas diárias, o diretor influenciou a formação jornalística e política de Roberto Irineu e João Roberto, em especial. "Não era uma influência catequética. Ele não estava tentando convencê-los de alguma coisa. Ele estava mais ensinando, ajudando-os a administrar uma herança politicamente", avaliou o jornalista Luiz Garcia.[270]

Foi num ambiente ainda conturbado pelas mudanças e disputas que os filhos de Roberto Marinho iniciaram de forma decisiva a trajetória no jornal. O processo de aprendizagem definido pelo pai, ausente na infância e na adolescência deles, tinha como líder Evandro, alvo dos agentes do SNI e dos profissionais da redação descontentes com a reforma. O tutor escolhido pelo empresário estava encarregado de garantir a formação de Roberto Irineu, João Roberto e José Roberto em jornalismo e poder. "Ele achava que (o jornal) era a melhor escola", lembra João Roberto.

João Roberto começou a trabalhar na redação aos 19 anos, "jogado às feras", como costuma dizer, mais precisamente na reportagem geral. Depois foi ser diagramador do Segundo Caderno, até entrar na editoria de esportes, chefiada por Celso Itiberê. Atuou como repórter, redator e subeditor.

Na editoria, Itiberê desenvolveu a proposta de renovação da cobertura esportiva. Agora, as matérias eram mais alentadas, com perfis de atletas de esportes olímpicos. No futebol, o lado humano dos jogadores e as descrições dos vestiários começaram a prevalecer.

João Roberto ainda desempenhou a função de repórter e subeditor de economia. Não havia um acompanhamento diário do pai. "Eu fui fazendo a minha carreira pela redação, e tal, eu mesmo fui me virando. Claro que ele falava alguma coisa, de vez em quando, mas era distante, não acompanhava de perto, não. Ele pedia lá para o pessoal: 'Forma ele aí', e a gente era meio que atirado às feras ali."

Se o tutor era Evandro Carlos de Andrade, o diretor de *O Globo*, posição distante no dia a dia para um repórter, Henrique Caban estava no papel do chefe de reportagem que João Roberto tinha de enfrentar, um homem de palavras ríspidas e frases curtas, quase telegráficas, autoritário.

"Eu comecei na reportagem geral, aquela de cidade, que ia de polícia a coquetel. Era aquele negócio de três pautas por dia. O Caban foi importante para mim pelo rigor dele, por aquela forma sutil de liderar", conta João Roberto, rindo. "Outro superimportante foi o Celso Itiberê. Era um cavalo. O Celso era muito rigoroso, tanto no plano visual da página quanto na qualidade de texto. Mais de uma vez, pegou matéria que eu entreguei, leu, amassou e jogou na lata do lixo. 'Não, vai fazer direito.' Eu gostava muito dele."

Após a longa experiência na reportagem, o jornalista passou a acompanhar o processo gráfico. "Uma pedreira danada, e aí fui fazendo meu caminho, aprendendo aqui, aprendendo ali, fui para várias editorias. Essa relação com o mundo do jornalismo foi por vontade do meu pai, ele quis assim. E foi muito feita por mim mesmo, me virando para evoluir e crescer."

Na mudança do processo gráfico de linotipo para fotocomposição, O Globo enfrentava problemas de horário de fechamento. João Roberto, então, mirou na produção. "Eu tinha a isenção de ser da família proprietária do jornal e, portanto, não ter ligação maior com nenhuma das áreas. Então acabei me tornando um profissional que podia botar ordem, acabar com aquela confusão", conta. Todos os horários, de todas as áreas, passaram a ser definidos por ele. "Percebi que o jornal estava numa grande crise de relacionamento entre a redação e as áreas industrial e comercial. Era uma briga de horários, uma coisa caótica. Encontrei ali uma oportunidade. Falei com meu pai e fui para as oficinas do jornal. Depois, propus ser diretor de produção, me comprometi a criar uma organização, com horário decente. Como filho dele, eu poderia ter uma, vamos dizer, visão que não era de nenhuma área, mas do todo. Construí um discurso para convencê-lo de que poderia ser a pessoa adequada na hora certa para resolver. Ele me estimulou."

João Roberto lembra que o pai sempre demonstrou que Evandro tinha sua confiança. "Papai trouxe o Evandro para reformar o jornal, deu muita força pra ele. Permitiu que Evandro substituísse pessoas históricas na redação. Ele foi muito firme no processo de reforma. Entendeu que O Globo precisava modernizar."

Entre o pai e Evandro havia necessidade de um bombeiro. João Roberto entrava no ringue, para apaziguar. "Eu me lembro de divergências que geraram desentendimentos. Teve uma vez que o Evandro se demitiu, deixou uma carta para o papai, que respondeu. Eu tive que fazer o meio de campo: fui à casa do Evandro, fui à casa do papai. Essas coisas aconteceram", relata. "Não teve briga, mas muita discussão. Talvez uma ou outra raramente, por questão editorial, talvez por estrutura na redação. O Evandro se dizia papista. Ele era muito seguidor das orientações e tudo."

Atento a todas as fases da produção do jornal, João Roberto passou a frequentar mais outra área importante da redação: a sala do pai. "Ele começou a me chamar mais e começou um convívio mais próximo. Começou a me chamar mais, chamar mais, chamar mais, até que a gente sentava diariamente, por uma hora, coisa assim", lembra o filho. "Nessa função de negociador e conciliador e também o convívio com o papai, fui aprendendo", conta, "fui olhando, prestando muita atenção nele, na forma como se relacionava e como ele se relacionava com o mundo político também, uma belíssima escola."

Francisco Grael, próximo de Rogério Marinho, permanecia na administração do jornal. Até o momento em que João disse:

"Papai, chegou a minha vez."

Evandro conta que Roberto Marinho o chamou.

"Quero colocar seu nome na primeira página. E quero pôr João Roberto na vice-presidência do *Globo*."

Nesse tempo, Roberto Marinho trabalhava em seu gabinete com a secretária Lígia e o secretário Vitório. Ele se mostrava um dono de jornal que mantinha contatos com diretores de todas as áreas.

"Quanto foi vendido?", era a pergunta clássica para o chefe da circulação.

Com apoio e orientação de Evandro, João Roberto assumia espaço no comando do jornal. Era o início de nova fase dele não apenas em *O Globo*, mas na relação com o pai. A primeira, cerimoniosa, foi a da infância e adolescência, regida pela mãe, em que enxergava o pai como um homem que trabalhava muito, e o seu período de repórter. Agora, mantinha um relacionamento mais próximo com Roberto, um período acompanhado por um tutor profissional.

Diante de um chefe-tutor bruto e um pai muitas vezes monossilábico, João Roberto buscava fazer contrapontos.

"Eu sempre tive um temperamento jeitoso, enfim, precisava lidar bem com as divergências das pessoas, sempre buscando entendimento. A partir de um certo momento, foi acontecendo uma coisa interessante. Eu fui passando a ter o privilégio de conviver uma hora, uma hora e meia por dia, com ele (Roberto Marinho). Só eu e ele. Ele chegava ao jornal e chamava o Evandro, reclamava de umas coisas, e aí me chamava. Foi assim durante alguns bons anos. Fiquei tendo um convívio diário com ele. Passei a acompanhar muito a atuação dele seja para dentro do jornal, seja com os políticos, as pessoas que ele falava ao telefone, toda hora ele estava recebendo ligações. Eu ali, do lado, aproveitava, bebia daquela fonte de sabedoria, que é aquela experiência acumulada, aquela sabedoria de lidar com as pessoas."

Com os dois irmãos mais velhos nas empresas do pai, José Roberto, o mais novo, acabou entrando no jornal ainda em 1972, antes de completar 18 anos. Adolescente, o caçula acompanhava Roberto Marinho nas viagens para Angra dos Reis. Nos fins de semana, o empresário pegava um barco em Botafogo e seguia para o litoral sul. Os amigos Vitório e Carlos Tavares sempre estavam presentes.

Repórter de polícia em início de carreira na época, José Roberto Marinho relata que Evandro era "mão dura" na redação e Caban seu "preposto". "Esse era um verdadeiro terror", lembra. "Antigamente a gestão era meio no grito, na ameaça, era um outro período. Isso era em qualquer empresa", conta. "Ele dava bronca na frente de todo mundo, esculhambava, humilhava a pessoa."

A postura de Caban era criticada pelos repórteres nos corredores, nos bares, nas pautas. "Ao mesmo tempo", lembra José Roberto, "havia respeito por aquele cara", pondera. "Se fosse só um durão, digamos assim, que não fosse preparado, sofreria mais críticas. Mas ele e o Evandro eram muito preparados, tinham bagagem."

Nessa época, com Evandro e Caban à frente do jornal, Roberto Marinho começou a frequentar mais a sede da Globo, no Jardim Botânico. Ele deixava de acompanhar todas as etapas de apuração e fechamento das matérias do jornal impresso, mas continuava a dar uma orientação para os editorialistas e telefonar para saber o que sairia na primeira página.

12. Noite do fogo

Mesmo nas memórias de juventude de Roberto Marinho, há escassez de momentos de euforia e bebida. Armando Nogueira contou, em depoimento, que o empresário tinha um lado meio "sacerdotal". "Algumas vezes que eu o vi beber foi champanhe com gelo, quase uma blasfêmia, uma injúria", contou.[271] "Ele dizia: 'É que tenho acidez. Eu tomo champanhe, mas tenho que pôr uma pedrinha de gelo.'"

Marinho procurava evitar excessos de gestos. Homem das brigas e disputas acirradas, que ganharam matérias na concorrência, seja com desafetos do pai, Irineu, seja com seus adversários, como Carlos Lacerda, o empresário fazia um exercício diário para atingir a sobriedade, a ponto de modelar a voz, que saía lenta nas conversas. Armando registrou ainda uma capacidade de sofrer fisicamente em silêncio. "Ele tinha um limiar baixo de excitação, não reclamava de dores, não reclamava de nada", contou o editor do *Jornal Nacional*, "um lado meio espartano". "Não só na comida, mas no comportamento. Dormia cedo, dormia mal. Era hipersensível. Tinha insônia."

Numa tarde na Globo, Marinho chamou o jornalista.

"Armando, eu estou muito impressionado com a quantidade de Mercedes no pátio. Você tem uma Mercedes?"

"Tenho."

"Você precisa vender sua Mercedes."

"Doutor Roberto, é um carro confortável."

"Essa coisa de Vênus Platinada, isso não é bom para nós", disse Marinho, referindo-se ao apelido da emissora. "Isso desperta a inveja universal. Esse fausto da TV Globo me preocupa."

Mas jornalistas de *O Globo* observavam que o empresário possuía um iate. Marinho respondia, para risos de muitos, que o barco servia para relações institucionais e busca de negócios a favor do jornal. A embarcação era antiga, comprada ainda nos anos 1950.

Numa conversa com Armando, ele contou a história de um amigo médico, professor, que encontrava na Confeitaria Colombo. Um dia, ao saírem do chá, um cidadão cumprimentou afetuosamente o mestre.

"Como vai o senhor, professor?"

"Olha, meu filho, eu não vou muito bem, não, para ser bem sincero. Gostaria muito de dizer que sim, se eu não estivesse com um problema delicado: uma úlcera que está me perfurando."

"Mas o que o senhor está fazendo?"

"Estou tentando tratar, mas é uma coisa muito dolorosa."

Quando eles se despediram, Roberto olhou para o professor e disse:

"Estou estarrecido. O senhor está sempre comigo, estamos sempre juntos e o senhor foi incapaz de me falar que está com uma úlcera. Eu não sou médico, não posso fazer nada, mas pelo menos me solidarizava."

"Mas eu não tenho úlcera coisa nenhuma, pelo contrário. Eu acabei de ganhar dois prêmios: um no Brasil e outro na Academia Francesa de Medicina. Você não sabe, meu consultório está botando gente pelo ladrão. É um sucesso profissional. Eu não posso permitir que as pessoas saibam, porque a inveja pode destruir a minha vida.'"

Com o início da ascensão da Globo, Marinho procurava lugares reservados para seus almoços de negócios. Quase sempre preferia fazer refeições durante a semana no apartamento montado num andar do prédio do jornal ou em restaurantes discretos.

Roberto Marinho indicou Walter Clark, na época com 34 anos, para vice-presidente da Associação Brasileira de Empresas de Rádio e Televisão. A Abert fora criada para abrir uma frente institucional para o setor junto ao governo militar. A presidência ficou com Cândido Mota Filho, advogado e escritor.

A diretoria e os empresários da área conseguiram, em março daquele ano, uma audiência no Palácio do Planalto com Emílio Garrastazu Médici. O general se impressionou com Walter, o mais novo do grupo.

"Quem é esse jovem?", perguntou a Roberto.

"Walter Clark, diretor-geral da Rede Globo e vice-presidente da Abert", respondeu o empresário.

"Quando vejo um jovem assim, em posto de comando, acredito cada vez mais no Brasil."[272]

Depois do breve diálogo, Marinho espalhou a conversa, interessado em sua divulgação. O empresário não era de frequentar a emissora diariamente. Mas entre antigos funcionários a hierarquia de poder deixava poucas dúvidas. "Doutor Roberto era o dono, ponto", lembra Adilson Pontes Malta. "Ele tinha confiança enorme no Walter e também no Boni como profissionais."

Herbert Fiuza, engenheiro e coronel que atuou na implantação da TV Globo, relata que Roberto mandava e desmandava no jornal. Mas, no caso da TV, quem operava era Walter. "Ele dava satisfação ao doutor Roberto", conta. O estilo carinhoso e carismático do jovem executivo dobrava o dono da Globo. "O doutor Roberto adorava o Walter", afirma Fiuza. "Walter era carinhoso, andava sempre rindo. Não chegava nem a cobrar direito aos funcionários porque a gente já ia fazendo tudo que ele pensava."

A relação entre o austero Roberto Marinho e o extravagante Walter Clark era ditada também pelo impacto das novelas da Globo nos números de audiência. O acerto na grade da programação, os horários, o esforço dos técnicos e o talento de novelistas e artistas garantiam o sucesso do produto.

Nesse período, o maior desafio das produções da emissora era driblar a censura. A Globo contava com sua "assessoria especial" para evitar problemas de cortes nas novelas. O coronel Paiva Chaves atuava como uma espécie de autocensura. Era um momento em que a emissora aumentava o faturamento de forma vertiginosa.

No estúdio do *Jornal Nacional*, um censor batia ponto diariamente. "Tinha lá um cidadão que passava o dia inteiro, com a obrigação de ler o que ia para o ar e rubricar as páginas escritas", lembra Herbert Fiuza. "O cara praticamente vivia ali, já num processo de interação com todo mundo", conta. "Ele entrava, dava boa noite, sentava lá, não era um cara com uma arma. Todo mundo sabia que se desse uma notícia que ele não tivesse rubricado, a responsabilidade era da TV. A partir do momento que tivesse o chamegão dele em cima do papel, o problema era dele."

Na teledramaturgia, em especial, não há registros conhecidos de que Roberto Marinho e seus diretores tenham feito ressalvas à contratação de atores de esquerda na emissora. A prática de contratar "comunistas" era uma tradição no jornal do empresário. Não seria diferente na TV. Uma geração de atores e dramaturgos de esquerda vivia entre a tensão e o esconderijo. A censura estava consolidada, subjugando estúdios e impondo a autocensura. Ao mesmo tempo, a burocracia da máquina da repressão se fortalecia, com agentes secretos e informantes espalhados em grupos culturais mais influentes e nos fóruns de discussão política.

Na estrutura da Globo se abrigava o dramaturgo comunista Alfredo Dias Gomes, marido de Janete Clair. O baiano de Salvador viu a carreira decolar com a adaptação da peça *O pagador de promessas* para o cinema — o filme de Anselmo Duarte foi indicado ao Oscar e ganhou a Palma de Ouro, em Cannes. Mas com a ditadura, Dias Gomes passou a ter suas peças proibidas.

Também ligado ao PCB, o paulista Oduvaldo Vianna Filho, o Vianninha, conquistara a crítica com seu teatro de protesto. A situação tornou-se tensa, os boletos chegavam ao fim do mês e ele começou a escrever para a emissora.

O ator Cláudio Marzo entrou na lista de perseguidos pela ditadura desde a participação em passeatas no centro do Rio no final dos anos 1960. Nem seu papel em *A última valsa*, uma novela de época da Globo, escrita pela melodramática Glória Magadan e dirigida por Daniel Filho e Fábio Sabag, ainda naquela década, evitou sua prisão. O Influente *Correio da Manhã* noticiou:

"DOPS PRENDE
ROBLEDO NA
PORTA DA TV"[273]

Como publicou o jornal, o galã se destacara no papel do Índio Robledo, na novela *A rainha louca*, da Globo. Ele chegava à emissora na companhia da mulher Betty Faria para gravar uma cena de *A última valsa*, onde interpretava um conde, quando foi cercado por policiais. Era acusado de participar de uma célula comunista.

Solto um dia depois, Marzo voltou a gravar na emissora. Participar de uma novela de sucesso era estar amparado, sob certa medida, pela força da audiência e do comercial. A censura não dava trégua também à TV, mas ali, numa empresa como a Globo, havia mais chances de escapar da tortura e do exílio. Um emprego na emissora permitia a sobrevivência da família e, sobretudo, a produção intelectual de uma geração disposta a dar sua versão sobre a realidade brasileira.

Filha de um general, criada em Copacabana e com longa experiência em balé e teatro, Betty estreava em novela com a personagem Marion. Com Marzo, mantinha a Companhia Teatro Carioca de Arte. A atriz viveu tempos difíceis. Envolveu-se com ácido e outras drogas. Nessa época, interpretava uma dançarina, Ciça, na novela *A próxima atração*, de Walter Negrão. "Só via fantasma", lembra a atriz. "Eu vivia um momento muito difícil. Não sei como conseguia gravar. Foram o meu lado militar e a disciplina do balé clássico russo, além da minha alma, com estrutura forte, que não permitiram que eu me destruísse inteiramente."[274]

O casal daria a volta por cima. Cláudio Marzo e Betty estariam juntos novamente nas telas com a novela *O bofe*. A novela foi escrita pelo paulista Bráulio Pedroso, mais um autor oriundo do Partido Comunista. O autor tinha no currículo *Beto Rockfeller* — a história de um malandro da classe média baixa paulistana, produzida pela Tupi, que revolucionou um gênero ainda preso às cenas dramáticas e amorosas. A novela fez tanto sucesso, que a emissora esticou o enredo e o novelista sofreu uma estafa. Bráulio logo se recuperou e recebeu convite da Globo. Também escreveu para a emissora *O cafona*.

Gírias como "cafona", para designar alguém de gosto duvidoso, ou "bofe", um sujeito desengonçado, caíram no gosto nacional.

Em *O bofe*, os mecânicos, interpretados por Jardel Filho e Cláudio Marzo, eram galãs e, assim, transformaram o termo que dava título à trama em algo positivo — a viúva Guiomar, interpretada por Betty, era apaixonada pelo personagem de Marzo.

Por sua vez, o protagonista de *O cafona*, o comerciante e novo rico Gigi, papel de Francisco Cuoco, mantinha o significado da gíria, mas apresentando um estilo próprio. As novelas do autor na emissora mostravam o subúrbio e os bairros nobres do Rio com um realismo e um coloquialismo como nunca se vira antes.

No horário das 22 horas, *O cafona* fazia sucesso, com seus novos ricos e seus milionários falidos na beira da piscina do Copacabana Palace. Personagens das colunas de Ibrahim Sued e Nina Chavs, em *O Globo*, estavam na trama e na realidade da Zona Sul. A colunista foi ouvir grã-finos e celebridades para apontar o que era "cafona". Uma delas era colocar pedra de gelo no champanhe para diminuir o teor alcóolico da bebida, geralmente quem não tinha o costume. Havia outras. Mascar chiclete, homem de cabelo repartido ao meio, entrega de rosa num restaurante, cinzeiros vendidos como lembranças turísticas, sapato de bico fino, sanduíche de mortadela. Uma socialite escorregou no preconceito social, classificando como cafona "tudo isso num ponto de ônibus" — a Zona Norte e a Zona Sul estavam interligadas há algum tempo pelos túneis abertos pelo governo de Carlos Lacerda.

Com a praia alargada, o mar estava mais distante das suítes presidenciais do Copacabana Palace e, agora, mais próximo das casas dos brasileiros, especialmente de uma classe que se tornava consumidora. O Rio, sem o status e os subsídios de capital desde a transferência do poder político para Brasília, em processo de falência e de caos urbano, permanecia, no entanto, o centro dos costumes e modas de um país que avançava rumo ao oeste. A atuação cotidiana dos dramaturgos na Globo, em tempos de repressão, se constituía num laboratório de criação de uma linguagem nacional. O gênero "telenovela" se transformou no símbolo de uma emissora em expansão de audiência e influência cultural. "Alguns escritores, como Janete Clair e o marido dela, eram maravilhosos, escreviam novelas mais do povo", relata Joe Wallach.[275]

Na noite da sexta-feira 29 de outubro de 1971, Roberto Marinho estava em sua casa no Cosme Velho quando recebeu a notícia de um incêndio no prédio da Globo no Jardim Botânico. Chamou o motorista e se dirigiu para a emissora.

O fogo começou numa gravação do programa *Moacir Franco, especial*, no auditório do prédio na rua Von Martius. Ao perceber a fumaça, o ator José Lewgoy se aproximou do apresentador para avisar, baixinho. A princípio, Moacir não deu importância, mas o cheiro de queimado ficou mais forte no palco, onde também estavam trinta figurantes e técnicos.

Exatamente às 20h20, labaredas surgiram das frestas do assoalho. Alguém gritou "fogo". As luzes se apagaram, a correria começou. Lewgoy revivia uma cena de incêndio como a dos estúdios da Atlântida, no centro do Rio, em 1952. Agora, a tragédia parecia se repetir no Jardim Botânico. Caminhões do Corpo de Bombeiros do Humaitá, da Gávea e do Centro cortavam os sinais das ruas e avenidas e abriam caminho pela cidade. Havia tempo que a instituição não recebia tantos pedidos de socorro, de moradores vizinhos da emissora.

Uma multidão se concentrou em frente à TV para acompanhar o trabalho de cem bombeiros de combate às chamas. Artistas e diretores também aguardavam notícias. Não demorou a aparecer o governador Chagas Freitas, do MDB da Guanabara.

Os agentes arrebentaram a tubulação do sistema de refrigeração para injetar espuma e apagar o fogo que se alastrava. Depois, derrubaram portas para salvar depósitos de fitas gravadas e máquinas. O fogo, porém, consumiu fitas de videoteipe de novelas e documentários, aparelhos eletrônicos e móveis dos estúdios e salas de direção. Vinte funcionários da emissora foram levados para o Hospital Miguel Couto, na Gávea. O vigilante, José Figueiredo Costa, de 27 anos, sofreu queimaduras. O responsável pelo guarda-roupa dos artistas, Antônio Carlos Marques, o contrarregra Joel Oliveira Santos, o técnico Antônio Pedro Sousa e Silva e o carpinteiro de cenário Eli D'Ávila se intoxicaram ao tentar salvar peças da emissora. O auxiliar Ulisses Henrique de Oliveira feriu a mão e o braço direitos ao pular de uma janela, nos vidros estilhaçados.

Pela Rádio Nacional, o apresentador Hilton Gomes informou que o incêndio não tinha destruído as fitas de videoteipe do Departamento de Jornalismo.

Os técnicos da emissora recorreram ao sistema de linkagem para o sinal não sair do ar. A Globo passou a ser transmitida de São Paulo. Só à meia-noite voltou a frequência a partir do Rio.

A emissora e o jornal de Marinho fizeram uma campanha para enfatizar que o incêndio havia unido "autoridades" e o "povo" do Rio em uma "solidariedade comovedora".[276]

Ainda na manhã do dia seguinte, dois ônibus saíram, carregados de figurinos e equipamentos, rumo a São Paulo com Chacrinha, seus assistentes e diretores. O programa do apresentador seria realizado, provisoriamente, na capital paulista. O auditório de trezentos lugares no Jardim Botânico, onde ele gravava, tinha sido totalmente destruído.

No domingo, Roberto Marinho mandou celebrar uma missa em ação de graças por não ter havido mortes, pelo que o fogo não tinha destruído e pela emissora não ter saído do ar. Uma multidão se concentrou em frente à sede da emissora para acompanhar a celebração feita pelo cônego Adelino, que apresentava a missa exibida pela Globo aos domingos. Virou festa. Foi a oportunidade de o público ver Glória Menezes, Paulo Gracindo, Marília Pêra, Marco Nanini, Regina Duarte e Milton Gonçalves. "Esse não é o momento para autógrafos", disse Glória, diante do assédio. "Além do mais, fiz uma promessa que hoje não daria autógrafos." O ator Antônio de Andrade, que começava a carreira, contou ter feito 140 assinaturas em pedaços de papel.[277]

Na avaliação dos bombeiros, a hipótese mais provável era que o fogo tivesse começado num curto-circuito no sistema de ar-condicionado geral. Além do auditório, o incêndio destruiu, no balanço geral, todo o guarda-roupa dos atores, a aparelhagem de gravações e um número incalculável de fitas, que derreteram no calor. Em nota, a emissora informou que havia perdido, em especial, equipamentos de videoteipe destinados às transmissões em cores.

Como no incêndio da Atlântida, o fogo destruiu filmes que contavam parte da história da arte brasileira. Mas, diferentemente da tragédia da produtora cinematográfica dos empresários Moacir Fenelon e José Carlos Burle, o incidente não parecia indicar um sentimento interno, ou na cidade, de fim de uma era de produções. O poder estava no ar, ou enraizado, árvore à espera de chuva, blindado de intempéries.

Em poucos anos, Roberto Marinho deixava de ser dono de um jornal — e de uma rádio — entre meia dúzia de veículos influentes, sem garantia de resistir a um próximo governo autoritário ou populista, para se tornar o único agente cultural e político com espaço marcado na sala de estar dos brasileiros. A biblioteca não chegou lá; as vitrolas foram inacessíveis; e o rádio estipulou programações com faixas etárias e gostos bem definidos. O aparelho ligado no futebol não atraiu todos os adultos e crianças. A radionovela, de sons e barulhos manualmente produzidos, podia entediar os pequenos. A TV não era romance, tinha tantos núcleos, personagens e situações que permitia a todos permanecer diante da tela. Agradava inclusive aos anunciantes dos mais diversos produtos.

Naqueles dias, Janete Clair escrevia outro clássico. A novela *Selva de pedra*, prevista para o horário nobre das vinte horas, numa nova parceria com Daniel Filho. A novelista personalizava como ninguém esse produto de impacto surpreendente. Não era para menos. Desde 1969, a mineira Janete Emmer, que se destacara na elaboração de radionovelas, tinha escrito para a Globo um sucesso atrás do outro. As tramas de *Véu de noiva*, *Irmãos Coragem* e *O homem que deve morrer* registraram sucesso absoluto.

Uma trama de Janete dirigida por Daniel Filho, em especial, podia passar do gramado do Maracanã ao garimpo do sertão distante muito rapidamente. A inocência da moça dava espaço à esperteza do malandro, a bondade era substituída pela maldade, um personagem urbano desaparecia numa ilusão de mágica no cenário agora rural.

A aposta do momento era num folhetim sobre um certo Cristiano, que tocava bumbo nos sermões do pai, um pastor evangélico, em Campos dos Goytacazes, no interior fluminense. Acusado de matar um homem que zomba de sua situação, sai da cidade com a ajuda da artista plástica Simone, rumo à metrópole. O casal de atores Francisco Cuoco e Regina Duarte estava consolidado na preferência do público. A novela registrava elevado índice de audiência, segundo o Ibope.

Daniel Filho começou a gravar a novela quando tinha obtido liberação dos primeiros sessenta capítulos da trama. Mas, quando o chefe da Divisão de Censura de Diversões Públicas se afastou, o interino fez uma série de exigências mesmo tendo o órgão emitido certificados de autorização. O embate com o departamento de censura só começava.

Na mesma semana que *Selva de pedra* foi ao ar, a ditadura iniciava, em abril de 1972, na mata do Pará, uma operação para aniquilar um grupo de cerca de cem guerrilheiros do PCdoB, instalado em sítios e pequenos comércios ao longo do Rio Araguaia, na divisa do sudeste do

Pará com o então norte de Goiás, hoje Tocantins. A descoberta de três focos formados por militantes das cidades e moradores cooptados da região levou o Comando Militar do Planalto a organizar a única ofensiva envolvendo as três forças no combate à luta armada.

Diferentemente do que ocorrera em outros momentos, a cúpula do regime resolveu manter o plano de combate em sigilo. O governo determinou a proibição de qualquer matéria sobre a maior mobilização de homens das Forças Armadas desde o envio de tropa a Suez, nos anos 1950. Militares que estiveram no Oriente Médio, como o general Antônio Bandeira, ou mesmo na Segunda Guerra, como é o caso de Hugo Abreu, se deslocaram para uma guerra secreta na floresta amazônica. Depois da intensa campanha de entidades de direitos humanos no exterior contra a tortura, os generais de Brasília temiam atrair a atenção da opinião pública internacional para uma guerra na Amazônia.

Com três meses no ar, *Selva de pedra* sofreu uma censura ainda mais rigorosa. Janete e Daniel chegaram a fazer mudanças na história, mas o departamento da Polícia Federal não aceitou. A Globo já tinha construído cenários para duzentos capítulos, comprado roupas, contratado autor, atores e diretores por meses, enviado a atriz Regina Duarte para gravar cenas em Paris, feito gastos em publicidade de rua e imprensa, vendido os comerciais e dado férias para profissionais que fariam a novela seguinte.

A faca da censura proibiu um relacionamento entre Cristiano, apresentado como viúvo e bem de vida, e a personagem Fernanda, de Dina Sfat, sócia de um estaleiro. Não adiantou a emissora argumentar que Cristiano não sabia que a primeira companheira estivesse viva. "Chris, em seu desejo desenfreado de progredir na vida não hesita em destruir seu lar e derrubar todo e qualquer obstáculo que pudesse ser interposto no seu caminho", destacou um relatório do regime. "Todos os personagens apresentam-se desajustados social e moralmente e frustrados no casamento e no amor."[278]

Os diretores da Globo avaliavam que havia uma "má vontade" e uma "sistemática implicância" com as novelas da casa. Em um ofício enviado à Polícia Federal, eles observaram que, dias antes, a censura tinha liberado um capítulo da novela *O tempo não apaga*, da TV Rio, que tratava de enredo parecido.[279]

No documento, eles observavam que a novela *O primeiro amor*, uma produção das 19 horas da Globo, recebeu restrições para o horário, embora o folhetim se baseasse no filme *A noviça rebelde*, de classificação livre. Uma das cenas cortadas era do momento em que o professor viúvo Luciano, Sérgio Cardoso, resolveu se casar com a governanta Paula, personagem de Rosamaria Murtinho, que cuidava de seus filhos. "É estranho que um viúvo não possa decidir com quem casar", reclamaram os diretores. "A persistir o atual cenário", avaliaram, "não teremos, em breve, condição de continuar fazendo novela. O gênero será extinto pela desatualização da Divisão de Censura de Diversões Públicas. Parece que o setor está interessado no fim do aproveitamento da mão de obra nacional, pois no atual estágio é mais tranquilo e mesmo recomendável adotar-se uma programação com filmes importados."

Um parêntese, a morte de Sérgio Cardoso por infarto, quando a novela ainda estava no ar, levou milhares de pessoas ao Cemitério São João Batista — o professor Luciano passou a ser interpretado por Leonardo Villar, protagonista do clássico *O pagador de promessas*. As novelas da Globo tinham conquistado audiência fenomenal no Rio e nos estados onde o sinal da emissora chegava.

A censura atacava em todas as direções. Um dos alvos era o entretenimento da TV, com suas mudanças de comportamentos. A lei da "moral e dos bons costumes" predominou no dia a dia dos agentes que analisavam os programas. A *Discoteca do Chacrinha*, nas noites da Globo, ousava com as chacretes, dançarinas de pernas de fora. No *Programa Silvio Santos*, exibido pela emissora, o carnavalesco Clóvis Bornay dançava vestido de plumas e mandava beijos para a plateia.

Em maio, o ministro das Comunicações, Hygino Corsetti, determinou que os programas de auditório deveriam, a partir de junho, ser gravados e submetidos à censura oficial. Era o fim da espontaneidade, marca de programas como o do Chacrinha. Havia ainda um problema de custo. A gravação tornava os programas mais caros.

Dos representantes das emissoras, Marinho foi o único a cobrar que o governo tivesse um entendimento anterior com as emissoras antes de tomar decisões que impactavam longos programas. "Estou certo de que tanto o ministro quanto as próprias redes de televisão têm um ponto de vista comum de procurar aprimorar o nível de programação", disse. João Calmon, dos Diários Associados, afirmou que a gravação dos programas já "estava prevista" e Corsetti apenas "sacramentou". "A medida pode até melhorar a qualidade dos programas", disse Rui Resende, da TV Tupi.

No encontro, Marinho argumentou que estava sempre "pronto" para intervir nos programas da emissora, se fosse o caso. Ainda informou que o roteiro do programa do Chacrinha era sempre submetido ao diretor de programação. Contudo, garantiu que a Globo se adaptaria às exigências do ministério.[280]

Hygino Corsetti aproveitava o ministério para fazer ações eleitoreiras. Ele conseguiu que a Globo estreasse no modelo de televisão em cores com a transmissão da Festa da Uva, em Caxias do Sul, reduto do ministro.

A TV em preto e branco predominava. A compra de câmeras para imagens coloridas estava além do orçamento das emissoras. Os monitores coloridos também estavam distantes das possibilidades financeiras da maioria absoluta dos brasileiros. Por muito tempo, vendedores ambulantes lucravam nas ruas com folhas de plástico com três cores, nas faixas azul, um avermelhado meio marrom e verde. Pregadas na frente do tubo do aparelho, simulava o céu na parte superior e realçava os gramados dos estádios de futebol. As cores fixas tornavam estranha a imagem dos artistas, com suas cabeças azuis e seus corpos vermelhos e verdes.

Mesmo com a era da novela consolidada na televisão, a Globo voltou a apostar, em setembro de 1972, no modelo do Festival Internacional da Canção. A audiência da emissora na abertura do evento, na noite do dia 16, estava na mira do regime. A cantora Nara Leão foi escolhida para chefiar o júri.[281] Ela virou alvo do regime desde que participou de shows de protesto contra o autoritarismo, organizado por um grupo de artistas ligados à UNE que estava na ilegalidade.

No dia seguinte, a guerrilha rural finalmente chegou às páginas da imprensa, mas de forma tímida. *O Estado de S. Paulo* descreveu, em uma matéria, a "Operação Araguaia", realizada pelos militares em Xambioá e Araguatins. O texto falava pela primeira vez da existência de "focos" de guerrilha na região. *O Globo* recuperou no dia seguinte a notícia, tratando o deslocamento de tropa como uma "manobra" do Comando Militar do Planalto. O *Estadão* voltaria ao tema no dia 24, com uma reportagem que abria com uma ação social do Exército e depois citava os nomes dos militantes Dina, Daniel, Antônio da Dina e Lúcia. O *Jornal do Brasil* divulgaria o "trabalho" de combate aos "guerrilheiros" apenas no início do mês seguinte, no meio de uma notícia de promoções de militares. Em novembro, O *Globo* citou o combate aos "subversivos" ao registrar um encontro do governador de Goiás, Leonino Caiado, e Médici no Planalto, em novembro.

A partir desse dia, os jornais foram proibidos de fazer qualquer menção ao emprego de efetivo militar na floresta, mesmo sem destacar a história em títulos e manchetes.[282] Era um caso raro de uma grande campanha militar sem cobertura da imprensa. Os dois primeiros contingentes enviados ao Araguaia, naquele ano, voltaram fracassados. As tropas fardadas não conseguiram penetrar na floresta a acabar com a guerrilha. Os generais iniciaram, então, uma série de reuniões, em Brasília, para discutir uma forma de massacrar o movimento.

A Transamazônica era aberta na selva, a Ponte Rio-Niterói era construída nas águas da Baía de Guanabara. Nos porões, uma juventude era torturada e assassinada. Nos intervalos de gravações de novelas da Globo, o ator Milton Gonçalves fazia propaganda para falar de perspectivas de aumento da produção de petróleo e pedir "amor" ao Brasil. Naquele tempo de milagre econômico, Cid Moreira também fazia publicidade de obras do governo na Amazônia.

Armando Nogueira entrou na sala de Boni irritado:

"Temos que acabar com isso aí."

Num primeiro momento, a TV proibiu as imagens de jornalistas nas peças de publicidade. Os apresentadores continuaram a gravar, no entanto, áudios. Progressivamente, a presença deles nas propagandas foi cortada.

A publicidade oficial era organizada pela Aerp, a Assessoria Especial de Relações Públicas, da Presidência da República, criada ainda no governo Costa e Silva. Mas foi na gestão de Médici que a publicidade alimentou uma visão ufanista do país. A frase "Brasil, ame-o ou deixe-o" foi reproduzida pelos jornais. Mas foi nos comerciais de TV que a ideologia do regime se propagou. De 1,6 milhão de televisores no tempo do golpe contra Goulart, as casas brasileiras com aparelhos ligados já ultrapassavam 8,7 milhões em 1974.

No Araguaia, o Exército de Médici voltou para, desta vez, liquidar os guerrilheiros do PCdoB. A cúpula do regime concentrou no Palácio do Planalto, no Ministério do Exército e no Centro de Inteligência a elaboração de um plano final contra o movimento armado. Uma quarta campanha militar, com homens à paisana e treinados em selva, fazia o cerco final à guerrilha. Sem imprensa, censurada e pressionada, o Exército adotou táticas de guerra suja, com os assassinatos de presos.

O militante goiano Divino Ferreira de Souza foi atingido por uma bala que entrou pelo quadril e saiu pela axila e capturado por uma equipe de oficiais. Com sangue escorrendo pela boca, foi levado de helicóptero para a base improvisada da Casa Azul, em Marabá. Numa cela, o guerrilheiro enfrentou a tortura. Depois de citar apenas nomes de companheiros mortos, Nunes disse, em momento de delírio, próximo da morte, que seu drama precisava ser contado pelo *Jornal Nacional*, da TV Globo.[283] Só décadas depois *O Globo* conseguiria documentos sigilosos para revelar a história do Araguaia.

A presença de guerrilheiros numa selva sempre foi, sem dúvida, material jornalístico de interesse histórico e potencial audiência. Com a Guerra Fria ditando conflitos nas periferias do mundo e o regime estipulando censura interna, a Globo foi buscar no noticiário de países da América Central e da África material para manter o fluxo de seus telejornais.

Uma forma de enfrentar a pressão e a censura do regime foi internacionalizar o jornalismo. "Lá de fora, a gente podia fazer um bom jornalismo e aqui no Brasil não podia", conta Roberto Irineu. "Então, para manter a audiência, houve a decisão de 'vamos' mandar Sandra Passarinho ao exterior. Depois abrimos escritórios fora. Foi uma decisão para arejar o jornalismo, porque senão não poderíamos dizer nada."

Naqueles dias, um locutor jovem e cabeludo, ao estilo da Jovem Guarda ou de um Che, iniciava sua experiência na bancada do *Jornal Nacional*. Sérgio Chapelin, da Rádio Jornal do Brasil, substituía Hilton Gomes ao lado de Cid Moreira. A princípio, contaria Chapelin, teria que conviver com um "chato" e lacônico companheiro de bancada. Só com o tempo, Cid se abriria e passariam a ser amigos. Sérgio também costumava apresentar o *Jornal Internacional*, que entrava mais tarde na programação da emissora.

Numa apresentação ao vivo de uma matéria sobre a morte de guerrilheiros em um país da América Latina, a voz de Chapelin falhou. Estava gripado. De um ponto da cidade, censores assistiam ao telejornal. Virou caso de polícia, relatou o apresentador mais tarde.[284] "De repente, apareceram uns caras de um SNI da vida", contou o apresentador. Os agentes se reuniram com Armando Nogueira e Alice Maria. "Achei aquilo muito estranho, geralmente caras grandes, fortes, que você olha e já fica com medo. E depois soube que eles acharam que eu tinha me emocionado ao dar a notícia sobre a morte dos guerrilheiros."

A boa audiência conquistada pela Globo não mudou a visão da cúpula militar de que o rádio ainda era a melhor aposta de integração nacional. A ditadura concentrou esforços na tentativa de aumentar a potência e a estrutura da estação da Rádio Nacional em Brasília. A meta era recriar uma nova Era de Ouro do Rádio, como no tempo de Getúlio, período marcado pelas radionovelas, pelos programas de auditórios e pela máquina azeitada que propagava a imagem e as ações do ditador.

A Rádio Nacional estava instalada no cerrado desde 1958, mas só agora o governo Médici começava a atuar para expandir os sinais. A estratégia era garantir a hegemonia radiofônica da região amazônica.

As mudanças na legislação para aumentar o poder de alcance da rádio incomodaram Roberto Marinho. Ele viu no decreto-lei de número 236 uma tentativa de estatização gradual do setor da radiodifusão. "Os inimigos do rádio livre já conseguiram introduzir na legislação modificações que tornam cada vez mais penosa a execução do serviço pelas empresas privadas", afirmou editorial de *O Globo*. "As novas diretrizes baixadas sobre a matéria preveem a criação de uma empresa estatal que controlará de início as emissoras oficiais, mas se habilita a absorver aos poucos as particulares."[285]

O decreto-lei "ameaçador" para o rádio, como o jornal classificou, foi revogado pelo governo.[286] Naqueles dias, o general era recebido no aeroporto do Galeão por uma banda da Aeronáutica que tocava o hino do Flamengo, o time do ditador, que ganhava o campeonato carioca.

Os investimentos na Rádio Nacional continuaram. Equipamentos eram importados, profissionais chamados para atuar na estrutura que funcionava na capital federal. A emissora estava vinculada diretamente ao Gabinete Civil, da Presidência da República. A ditadura não apostava numa emissora estatal hegemônica.

A reserva de um horário na Globo para a ditadura expor sua visão desenvolvimentista de país não arrefeceu a ofensiva da censura ao conteúdo em geral da emissora. No programa *Amaral Netto, o repórter* era no mínimo um "pedágio" pago na visão dos profissionais do telejornalismo.

Formado na escola da *Tribuna da Imprensa*, de Carlos Lacerda, que não distinguia jornalismo para as massas e política partidária, o deputado Fidélis Amaral Netto, da Arena, rompera com seu mentor e tornava-se figura de apoio irrestrito à ditadura. Às vezes, o discurso destoava até mesmo dos pronunciamentos das lideranças da base do governo. Ele pregava abertamente a pena de morte.

O lacerdista passou a apresentar o programa com seu nome na Tupi. Em seis meses, estava na grade da Globo. A chegada de um político de carreira à estrutura da emissora do Jardim Botânico provocou um mal-estar na equipe. Era um "corpo estranho", na definição de Armando Nogueira, chefe do Departamento de Jornalismo.

O relato em primeira pessoa e o oportunismo político não disfarçavam seu narcisismo. Um dia, Amaral Netto perguntou a Armando a opinião sobre o programa dele.

"Eu tenho a impressão de que você aparece de tal maneira em primeiro plano, o entrevistado sempre atrás, os fatos principais sempre atrás, que me dá vontade de botar uma legenda no teu programa assim: 'Ao fundo, a notícia'."

"O programa do Amaral Netto era adorado pelos militares", observa o engenheiro Herbert Fiuza.[287] "O Amaral Netto era ufanista. Ele pintava um Brasil magnífico. Só mostrava coisas fantásticas", "coisas sobre a Amazônia". "Não mostrava a queimada da floresta", relata.

A Amazônia era sempre algo a ser enfrentado, domado, vencido. Em seus programas, a floresta era o destaque, mas o apresentador dividia a cena com um trator, uma estrada aberta, um grupo de militares. Os bugios dos macacos, o som dos grilos e dos sapos eram abafados sempre com hinos e marchas. Amaral Netto também mostrava rios sen-

Inaugurado o maior terminal marítimo da AL

Pág. 6

General Muricy assume Estado-Maior e proclama:

FÔRÇA BRUTA NÃO RESOLVE

Em discurso que proferiu ontem ao assumir a Chefia do Estado-Maior do Exército, disse o General Antônio Carlos da Silva Muricy que "não é a fôrça bruta, não é a violência desnecessária, não é o arbítrio, não é a atemorização pura e simples que produzem resultados positivos e duradouros" no combate às forças que tentam esmagar a democracia e a liberdade. "Há, principalmente" — salientou —, "que esclarecer, informar, melhorar as condições de vida do povo, eliminar as contradições sociais existentes, educar para a democracia". Esta, afirmou, é a opção revolucionária. (PÁGINA 6)

"Há que educar"

ANO XLIV — Rio de Janeiro, sábado, 12 de abril de 1969 — N.º 13.167

O GLOBO
FUNDAÇÃO DE IRINEU MARINHO

Diretor-Redator-Chefe: ROBERTO MARINHO — Diretor-Tesoureiro: HERBERT MOSES
Diretor-Secretário: RICARDO MARINHO — Diretor-Substituto: ROGERIO MARINHO

Magalhães tréplica à África do Sul:

Cabe ao Brasil julgar o que é de seu interêsse

A bonança

Respondendo à entrevista que o Ministro Plenipotenciário da África do Sul, Sr. Roberl du Ploy, concedeu ontem a O GLOBO, o Chanceler Magalhães Pinto divulgou a seguinte declaração: "Conforme já tive ocasião de esclarecer anteriormente, o Govêrno brasileiro não recebeu nenhuma proposta do Govêrno sul-africano para celebrar qualquer tipo de pacto militar com aquele país. Com surprêsa, tomei conhecimento hoje das declarações atribuídas ao Ministro Du Ploy, chefe daquela representação diplomática, segundo as quais o Brasil deve participar daquele suposto pacto no seu próprio interêsse, e que sairia perdendo se não o fizesse. Minha surprêsa foi tanto maior por ser evidente que é da competência exclusiva do Govêrno brasileiro julgar o que corresponde ao interêsse nacional". O Sr. Du Ploy disse-nos que o Brasil deve aderir ao pacto sem levar em conta o "apartheid".

MURICY: O ARBÍTRIO NÃO RESOLVE; HÁ QUE EDUCAR

As autoridades policiais estiveram ontem ao meio-dia no Plaza Copacabana, dispostas a levar a têrmo as declarações dos dirigentes e jogadores peruanos sôbre os incidentes da partida de quarta-feira no Maracanã. Assistidas por Didi, os jogadores incas acabaram informando que tudo não passara de "trovões" naturais de uma "tempestade" esportiva, isentando da culpa Gérson e todos os demais brasileiros. Assim, a delegação visitante retornará tranquilamente hoje à torge a seu país, embora o inquérito prossiga normalmente. Mas já em clima de bonança. (ESPORTES)

Guardas do "Muro" baleiam fugitivo
Pág. 8

O sôpro vital

A VIOLÊNCIA, A ARBITRARIEDADE, a disseminação do medo não são apenas aberrações à luz dos critérios éticos. Mesmo levando em consideração apenas a avaliação política, o emprêgo de tais processos pode ser considerado altamente danoso à Revolução e ao País.

ISSO PORQUE, EM NOSSO entender, só há uma possibilidade de sucesso para os extremistas no atual momento: as excusas na repressão. Foi, aliás, o que escrevemos em 3 de fevereiro no artigo intitulado "A Tentação da Arrogância", onde se lia: "O êxito da fórmula da esquerda radical depende mais de nós do que dêles. Só a onda de violência que os desencadeiam gerar excessos de repressão, estaria criados as condições que os "ultras" almejam".

ACRESCENTÁVAMOS: "Se o povo brasileiro identificasse poder com brutalidade — o que, esperamos, jamais ocorrerá — acolheria a vontade dos radicais da esquerda lhe fazem." Prosseguíamos: "O momento é de tolerância, de respeito pela pessoa humana. Da humildade que é dos governantes. O maior inimigo a vencer é a arrogância. Os superpoderes da AI-5 exigem dos que a detêm altíssimos traços de modéstia decorrentes de extrema austeridade de responsabilidades".

EM ARTIGO DE 4 DE MARÇO citávamos estas palavras de Bismarck: "Não é com discursos e votos que se resolvem as grandes questões, mas pelo ferro e pelo sangue". E comentávamos: "No Brasil tivemos um anti-Bismarck: o Duque de Caxias."

ONTEM TOMOU POSSE no alto cargo de Chefe do Estado-Maior do Exército o General Antônio Carlos da Silva Muricy. Trata-se de um chefe militar de larga participação no preparo do movimento desencadeado a 31 de Março. Coube-lhe o comando do Destacamento Tiradentes, isto é, da tropa que se deslocou de Juiz de Fora para o Rio, onde foi recebido com os aplausos do povo em júbilo.

PORTANTO, O GENERAL MURICY tem largas responsabilidades revolucionárias são devidamente condicionam a sua atividade de chefe militar. Suas palavras podem, pois, ser tomadas como expressão do pensamento do Exército, sobretudo porque o Estado-Maior é o órgão que responde pelo prepáro da força de terra.

QUE DISSE O GENERAL MURICY? "Manter-me-ei fiel aos princípios democráticos". E mais: "Não é a fôrça bruta, não é a violência desnecessária, não é o arbítrio, não é a atemorização pura e simples que produzem resultados positivos e duradouros". Esclarece que "esta é a opção escolhida pelo Govêrno da Revolução."

NÃO NOS SURPREENDEMOS com estas palavras, proferidas por um democrata. Mas cabe-nos salientar a oportunidade de tais declarações.

O PAÍS CAMINHA para a normalização institucional, para um estado de direito, isto é, para a fixação dos limites do Poder e a enumeração clara da lista dos deveres. Alguém afirmou que a democracia deve ter seus controles; porém sem sôpro vital e a liberdade do indivíduo. A fidelidade aos princípios democráticos traduz-se na luta pela formulação da boa dosagem entre os indispensáveis controles e o respeito pela pessoa.

ROUBO A CAMINHÃO, PRISÃO EM ÔNIBUS

EUA porão macaco em órbita

Os técnicos de Cabo Kennedy enviarão ao espaço no próximo mês um macaco, a fim de preparar o caminho para futuras missões em que os astronautas permanecerão por longos períodos em órbita terrestre. O símio, de 4 anos, permanecerá em órbita da Terra, 30 dias, com trajes espaciais equipados com instrumentos destinados a medir suas ondas cerebrais, ritmo cardíaco e pressão sanguínea. (Texto na pág. 8)

HOJE
Caderno de Classificados Selecionados

A quadrilha de ladrões era tão grande que quando a polícia paulista capturou-a, ontem, teve que requisitar um ônibus de uma emprêsa particular, para transportar a quase multidão de assaltantes. Êles foram pilhados num desvio da estrada de Sapopemba: sentados, em trajes menores, em tôrno de uma mesa improvisada, dividiam o produto do roubo. Durante horas, "empilhados" na carroçaria de um caminhão, êles iam passando a tomando o dinheiro dos transeuntes, na maioria operários que, na zona leste de São Paulo, seguiam para o trabalho nas fábricas. Depois da captura o problema do transporte passou a ser da polícia, que recolheu dez dos membros da quadrilha e transportou-os para a Casa de Detenção, em um ônibus que faz a linha Parque S. Lucas—Centro.

6x1

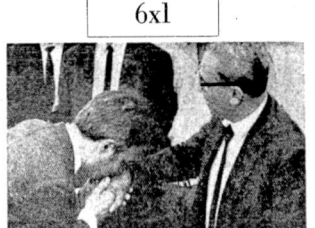

Depois que emocionou o conselho de sentença, falando no filho de 7 anos, que nunca viu o pai em liberdade, e conseguindo assim a absolvição por 6 x 1, Leopoldo Heitor cumpriu a promessa: beijou a mão (foto) do comerciante Artur Rocha, o jurado mais velho. Segunda-feira impetrará "habeas corpus". (P. 15)

O signo da morte

A morte, duas vêzes, ao lado da placa 007, na estrada deserta: em trio Jacarepaguá e Realengo, dois homens foram executados na madrugada, de forma cruel — seis tiros para cada, à queima-roupa, deformando-os corpos. Estavam a menos de 500 metros um do outro. (Na página 15)

O CORPO DE UM DOS TATUADOS ESTAVA ABAIXO DA PLACA QUE MARCA O POSTEAMENTO

Na manchete da primeira página, de 12 de abril de 1969, O Globo destaca a repressão política.

João Roberto Marinho e Evandro Carlos de Andrade. Ao fundo, Henrique Caban. Acervo Roberto Marinho/Memória Globo.

Da esquerda para a direita, Boni, Roberto Irineu Marinho e Joe Wallach. O executivo estadunidense trouxe para trabalhar na emissora Walter Clark e Boni. Acervo Roberto Marinho/ Memória Globo.

Roberto Marinho com o senador Petrônio Portella, da Arena, em abril de 1971. Acervo Roberto Marinho/Memória Globo.

O senador Franco Montoro, do MDB, visita a sede da TV Globo, no Rio, em abril de 1971. Roberto Marinho articulava com o partido oposicionista uma transição política. Acervo Roberto Marinho/Memória Globo.

Em setembro de 1971, *O Globo* noticia com exclusividade o assassinato do guerrilheiro Carlos Lamarca.

Em 21 Set 71.

IRREGULARIDADES NA DIFUSÃO DE NOTÍCIAS SÔBRE A MORTE DO EX-TERRORISTA CARLOS LAMARCA PELA EMPRÊSA "O GLOBO"

1. ASSUNTO

A notícia sôbre a morte do ex-terrorista CARLOS LAMARCA foi exaustivamente explorada pelo "O GLOBO", de uma forma totalmente diversa aos objetivos previstos pelos órgãos de segurança.

LAMARCA foi por essa emprêsa apresentado como um mártir, vítima da brutalidade de seus algozes do Exército.

2. IRREGULARIDADES OBSERVADAS

a. Rêde Globo de Televisão, às 19.40 hs, de 18 Set 71, no noticioso "Jornal Nacional", o locutor Cid Moreira, com ar de deboche concluiu as informações sôbre LAMARCA, mostrando que levara 5 tiros, sendo 3 mortais, e mais 2 facadas.
As informações prestadas pelo médico legista de Salvador indicam que o corpo recebera 5 disparos, as 2 facadas foram acrescidas pelos repórteres da televisão com intuito subalterno de caracterizar vindita do Exército contra o terrorista.

b. Jornal "O GLOBO" de 20 Set 71, 1ª página:
   - destaque de LAMARCA como líder terrorista e chamada do público para o diário do subversivo, cuja imagem é tornada amena, humana e altamente sensível, contra a violência dos órgãos de segurança que o maltrataram apesar de morto;
   - três fotografias: uma árvore seca e desgalhada com legenda - "Aquí morreu Lamarca"; outra com roupas velhas espalhadas no chão agreste, indicando persistência, abnegação e espírito de sacrifício. Legenda: "As roupas surradas de CARLOS LAMARCA e ZEQUINHA..."; por fim a fotografia de um lavrador, que é, apontado como delator, deixando-o à mercê dos grupos terroristas sabidamente vingativos. Na legenda diz que outro lavrador considerou LAMARCA "uma assombração". Qual o objetivo deste enfoque? Atrair a comiseração do público para LAMARCA. Indicá-lo como um nôvo "Cavaleiro da Esperança".

Relatório militar acusa *O Globo* de tratar o guerrilheiro Carlos Lamarca como "mártir" e reclama que o apresentador Cid Moreira, do *Jornal Nacional*, leu com "deboche" informações oficiais sobre o assassinato do capitão do Exército na Bahia. Fonte: CIE, Ministério do Exército/Arquivo Nacional.

POLÍTICA

O Seminário de estudo da realidade brasileira, promovido pela seção do MDB gaúcho, com a presença dos dirigentes nacionais do partido e de delegações dos Estados, aprovou documento de 12 laudas datilografadas – a "Declaração de Pôrto Alegre" – defendendo a imediata redemocratização do País.

MDB PEDE A REVOGAÇÃO DO AI-5 PARA TODO O SEMPRE

Ademaristas relatam a Médici a crise da ARENA de S. Paulo

BRASÍLIA (O GLOBO) — Os deputados Adernar de Barros Filho e Italo Fitipaldi, da ARENA paulista, fizeram sentir ao Presidente Médici, que os recebeu em audiência na tarde de ontem, a insatisfação da ala partidária composta por representantes do antigo PSP, diante da maneira como o Deputado Batista Ramos vem conduzindo o entendimentos para a composição da executiva estadual do partido em São Paulo.

Na audiência — que não foi adequada por qualquer dos dois parlamentares, mas sugerida pelo próprio Ministro Leitão de Abreu, Chefe da Casa Civil — os ex-pessepistas argumentaram que a liderança do General Conrado Bueneau para a próxima eleição esgota aliança dentro do partido devido à revolta dos antigos filiados ademaristas, não aceite pertencente aos políticos do Sr. Abreu Sodré. Argumentaram, ainda, que a fôrça eleitoral de antigo PSP ficou evidenciada nas eleições de 15 de novembro do ano passado e, agora daí, o antigo Presidente, Castello Branco, compôs por esta maneira.

Na seu turno, o secretario-geral da ARENA, Deputado Arnaldo Prieto, Governador que os paulistas por São Paulo, na mesma passada, estiveram ligados a qualquer mundo atribuída pelo Presidente da República. Prieto que foi por conta próprio para complementar seu acêrto com Leonel Viana, recebia-se também do Diretório de São Paulo, para isso, algum enfoque qualquer opinião sobre a indicação do Senador Orlando Zanardo para a chefia da Executiva Regional, do partido em São Paulo.

Triches

O Governador Emilio Triches fizera também, ao Presidente Médici, que a economia gaucha vai muito bem, os alguns aceões apresentam dificuldades, ao dirigir a gabinete presidencial, depois de audiência de trinta minutos.

Congresso debaterá mais dois decretos baixados no recesso

BRASILIA (O GLOBO) — O Senador Petrônio Portella convocou o Congresso Nacional para hoje, às 16 horas, a fim de proceder à leitura da mensagem presidencial. Presidente Médici, encaminhando ao Poder Legislativo decretos-leis baixados durante o recesso.

O primeiro dispõe sôbre a subscrição pública de ações do Banco da Amazonia e o — quarto trata da estruturação do Ministério da Fazenda e contribuirão rural. Em pauta a reunião, serão organizadas as comissões mistas que deverão opinar sobre os mesmos.

Previdência

O Deputado Idelfio Martins, relator do projeto da Previdência Rural, apresentou ontem que a Comissão Mista que se será examinar a propostas no examinando que não poderá ser considerada por a sanatória a ser prestada aos trabalhadores do campo, por ter sua em contrato com o contido no nata respeitando implantada pelo projeto do Banco, como ter base no Senado, permitirá somente na respaldo das 19 famílias tomando muito interesse.

— O Govêrno tentou — afirmou o parlamentar paulista — deixa-las alteradas no Congresso, nas ao incluídas na próprio projeto. Os membros da composição ao não suprir a revolução, que queremos Idelfio Martins, representam as limitações dos amparos que os trabalhadores no campo têm.

Críticas

Condenando as críticas tão conservadoras ao projeto, o deputado-relator lamentou que a estratégia do Governo que se referiu a agitação da rural mesmo, alegando o Ministério Nazareth que vai tratar de apoiar a tramitação em estruturação das reformas tributária, administrativa, educacional e agrária.

— Os latifundiários conselhos, o Govêrno responderão aos seus adversários, em decorrência. Os recursos poder-lhe-ão por outro sistema.

alterações geradoras que enferma o estímulo ao seu entendimento, convinha ao estabelecimento do procurar tôdas as medidas para realizar uma ação dos gaúchos no ano seguintes em tesões do uma eregada preordinária. Com ento argumento posteriormente a chegar profunda, fazer que a posteriormente argumentaria e vai dos trabalhadores.

Acontece que não há qualquer problema público: do São Grande do Sul, sobre o este particular extensivamente dos setores eleitorais. Estradas e audiência, o Sr. Trisches expôs ao Chefe do Governo os problemas geradores da ausência da cotidiano e outros os diretrizes do Govêrno Federal.

O Governador esclarecem que ainda não fez a indicação do perfeito para de maneira recolhido e orientará do prêmio toscas as realidades das suas aspirações iniciais recolhidas para estudo prévio. O novo prefeito — Sr. Pasiemante, dito o Sr. Euclides Tri'ches que a nossa escolha semper permanecerá pendente da relação estrutural, dos Generais Peracchi Barcelos. "O governador — concluiu — "firma estará repousa como equipo no tem das diretrizes do Govêrno Federal."

Luis Viana

Também — ex-Governador da Bahia, sr. Luís Viana Filho, estive com o Presidente Médici, quando aproveitou a ausência do Presidente Artur de Costa e Silva. Demora de audiência do Chefe do Govêrno, o Chefe do Gabinete Civil, Ministro Leitão de Abreu, e o Chefe do Gabinete Militar, General João Batista de Oliveira Figueiredo.

A declaração do MDB

Ela, ontem, a declaração do MDB:

"Nos páginas que seguem diferentes aspectos estão sendo fixados pelo seu colóquio entre nós. Nossa ação política pode dar decreto correspondo em reflexão argumenta, como não Conselho Fiscal da Instituição. É um anseio nacional — que mesmo aceite, como aliás de outras para a mesma, mais cansada, tremendo corpo de peito à congresso como uma tarefa cansada e tida."

Registra-se, então, que "oferecer a Nação, como estamos efetivo, um prevalecimento democrático neste momento difícil da vida brasileira é a condição para um objetivo mais subtil para que o dia do hoje ainda é, por inesperado, este tempo o seu tempo e tivesse uma decisão responsável pela eficácia de que se ostentar a ressaltar a forja — pelo forma e contrato da partido oposição, a comunhão política. — rupt os problemas — vezes, o cumulativo das poderes cumulativa de poder impôr uma resposta mediatamente."

Lempera-se que da mesma forma quaisquer que tem escolhido uma opcão partidária quando têm que manter interesse do contexto nacional como uma conselhos política. É necessário que as finalidades essenciais dum o Brasil consistes prévios o relatório da Instituição. Começa-se a apresentar o Ato Institucional n. 5 como já esta não para manter o constituir à comunhão dos Povos, fazendo a restauração do estado constitucional e a constitucional e ação atuação realmente dos outros, condição para preservar o destino do Povo.

Argumenta-se ainda que: "Mas, por um lado, os fatos vêm apresentando o seu desmantelo, mesmo, a justiça, a arbitrariedade dos caminhos a ser percorridos, mas temos — por outro lado — ampla a sua deliberação com um propósito nacional para o provimento da propósito da conjuntura democrática o exame, políticas dirigidas da Nação, apenas a ARENA tem autoridade para desta."

Constituição

Alude o documento, em seguida, a precariedade do atos institucionais e reforma, em 1967, uma vastu e para às duas ligações a chefia da Nação, aos portos, de pedido unida previcionária em estádio-maior do sistema."

Em seguida, permanece alguns os aspectos — o sistema filtro os atrasos pela Constituição, o documento considera — sua chave da previsão inicial. É o cláusula a consentimento do Poder Judiciário, a alarmista coextencia em perigo e ser "nova a concentração superlativa dos poderes Executivo, Legislativo e Judiciário do a partir do Poder de outros fontes."

"Mas ainda não excedeu em comprometer a — assente ordem jurídica. Fez-se decrescer o progresso dos chefes políticos em detrimento dos quadros do sistema político, imprimiu-lhes uma política — ou unitárias — dada a concentração de muitos poderes nacionais, sem permissões apenas o decreto e um outro ato, o gesto imposto pela inexequibilidade de nossa comunicação político-econômica constitucional-decretamos, aceita da continuação de economia pelo Presidente do Supremo Nacional, decisão em ministério, bate. É definida a Provisão estranha da ação e, com estes efeitos, esquerdistas parece tudo, o referenciamento da divisão democrática, vigorando os sistemas de valorações dessa mesma ação institucional da Poder Legislativo, — a Justiça, a processa políticas estranhas às formas democracias e as realidades da cultura do Juridico."

"A declaração de Pôrto Alegre tem, em suma, os aconselhamentos radicais dos correntes do MDB Partido Oposição, o projetando quanto a Presidência Oscar Camas, ao presidente da Câmara, fazendo da Câmara e Representação a deputado aqui, com sua redenção. Por cláusula e a Presidente do Conselho de Desemprego, Deputado Cedo Camargo Pires, isto é, todo o representante do MDB no Estado sinaliza política, não só aos citados mas também ao Deputado Ulysses Guimarães e Nato Carneiro."

"A declaração do MDB, antes da Câmara Federal, pelo Deputado Getúlio Dias, em nome do MDB.

---

dade de prossecução a ação como as filhas organizadas da democracia: para, excitando nas lutas da história, afins reservadas, a novos alertar-mos ao apoio e dificil caminho das tendo haverá de levar-nos, em uma, a formais Pátria, a sem futuro leito de paz e da ordem, e certa, das famílias de justiça, de bem-estar e de liberdade para todos."

Para isso, como a propaganda trabalhistas derrota e ordenada, com o mesmo apenas o ordenada, entendimento sobre a nossa conheça publicitária de duas aptidões, não só forneciam indicadamente soluções das bastidores para os problemas nacionais, desenvolvendo, não apenas as abrigarias democráticas na fixação, no longo, com as realidades brasileiras para a comprobatividade de uma rediscriminaçăo da nação, suas políticas, desenvolvidas, também, reformas em todos em bem-estar tendo em fundamentos, sem privilégios e seus economistas.

Democracia

"Fala-se, é verdade, e de há muito, em democracia. Mais mesmo do o nosso, sempre que se trata de concentração a verdade popular aos poderosos efetivos da democracia brasileira sem dizer-se com a desculpa, de acrescentar, a realmente prefixar que, mais outros atrasos tempos, com a 'democracia forte e leve'; tido da democracia pelos defeitos do que irá nos dizer o verdadeiro abrigo de pelas eleições próprias a tomadas que são sempre outras."

Do documento esclarece-se depois que a grande tarefa efetiva, lutando, por seu defeito: "Até fácil compromisso, uma obra a grave sedutora, ou de feito e duas, uma aldeia — das outras, um tanto um vasto mundo a espelho diferente e os Estados Unidos e os amparos dos próximos passos. E, logo após, dos cláusulas, seus desses contratos, que possibilitam uma democracia o compreende — permitindo a todos voltamo-nos em eremitagens, versando tantas de vida, não conseguimos prolongar."

"O opositor brasileira não reluz do seu adicional para não ter acesso a toda a realidade nacional, dos os cinco anos, nem de tais remunda, com a demora, por um denomina, por via deste — em corda dos democracia, um que generosos estendem-se a seus senhores próprios da em parecido brasileiro."

Imagem falsa

Persegue-se o Sr. Clóvis Stenzel um monitor que a Oposição, no seu tentar à democracia, não trabalha-se o sentido reformas a forma comum, a verdadeira fechado tem poderocamente aprovado um pensamento político do a Estado nem decimos, que, nas últimas tempos, corn suas Democracia brasileira, livre pela novos, começamos o aprofundamento político – que temos, no pelo forma, nos alares e confessáveis também a distinguir o que no dia uma feita sala dos direitos de nascimento, do que não deu de seu desampara no lado."

"A liberdade sem pode, pois, suceder o que pode, pois, suceder se oposto ao depositar politicas em vez em agruparem, não em projetar politicas humana, laterais, pelos no lamentosdar empresa, na teologia da novas ações que não convém contentamente. Então a reposta da oposição brasileira elas abrem. É esta mais dela, o sua função que um pata ao contorno, o outras são iguais no caminho, caso contrário, com a democracia, ou que os contornos restanado o para perante reepresentar a no outro do começo do imagem, politicamente apresentada em brasileira, verdadeira, como são, verdades quanto."

Por que vez, a liderança da MDB, antecedido antecedido na palavra do Sr. Lauro Vieira e Alencar Ferrando, ratificou. Ratificando e sua posição, pela a leg- istério da revolução, pela seu primeiro. — O programa brasileiro, não se pode praticar a sua democracia, ou que praticar é o desejo de tôda parte — a, por isto, mesmo todos, pouca que pode existir dizendo, devem ter todas as confianças ao Ministério. — Ao lado — foi escolhido, a obrade a nacionalista aterrado, pela política, que torne exatamente pela a nobreza — em toda a sua extensão do Brasil e brasileira. E o Sr. Nato, quem o nos tantos mas a qualquer pessoa que nos dera - Brigid. Essa prevalência pela - da Oposição, reiniciada no velho, e a mesma, como era a sua idade, não podia de exatamente para acelerar uma apresentar a democracia brasileira. Independentemente, no dia, de apenas continuar em dois o dia um cidadão novo e o ponto de apenas à situação ou para saber a tendência enganados, o passado chama. – Não tudo estão unido um projeto se enfrentam contra o Brasil. São visto nacionalistas. Nossos sofrimentos não tem um sentido anarquista."

Impacto

Por seu turno, o Deputado Wilmar Palis (MDB-PI) disse, em nome da liderança da CBA, ao mesmo, que o encontro de Pôrto Alegre mantém como fim produzir um grande impacto nacional, capaz de acordar a opinião pública para a necessidade de aniquilar a liderança. — Tal. Como foi o Ministro Galloti, nossos no nosso ponta civil, mediatamente no Governo. Esse objetivo, preservativo foi pedida do Senado Leoaldo Dalcaso, a nosso posicional posicional do próximo mês de maio, nas principais cidades do Rio Grande do Sul, afim de restabelecer a palavra. Evidentemente, a rededicação ao cumprimento a primeiras democráticas, visou apresentada todos os nossos projetos claramente preocupado é pare dentro da estrutura do Presidente instituira da rev de 1964.

— O Sr. Stenzel escolhiu ao ao ato continua a cobertura da MDB — sai que a reespiração do nossa Nação — tem o apoio da nossa bancada federal. A campanha se esta interligada em tôda a família política do Presidente, que Brasil tenham, mas, como pôdem, poucas, para o exibir, essa voltada por preserva, confusos, ou tendo-se em conta pronuncia constitucional e de estado. Entre aí, levado e uma demodemocrática. Podemos sim ser pato, política dar nossa escolhida, será agir, não o aceitamos mais o Governo. Quemos ser adversários entendidas, respeitados, mas compreendidos, claro, no ambiente democrático que esperamos do — sepa a solidariedade que se despertou em seis meia estrangeiros, após ou o Presidente institutional n. 5.

Stenzel defende o Govêrno sôbre volta da democracia plena

BRASÍLIA (O GLOBO) — O vice-líder do Govêrno, Deputado Clóvis Stenzel, falando por delegação da maioria, declarou que uma revolução não pode querer implantar o Estado de direito antes e acima de tudo, mas, sim, apenas depois de tudo, se pretende realizar, em têrmos duradouros, a obra a que se propõe, pois a nova ordem surge e avulta na medida em que desaparecem as resistências que lhe são oferecidas.

Carvalho Neto quer que TRE determine logo sua diplomação

Em documento que que se entrega esta à "diapasão" da "retornica" para uma questão da Assembléia Legislativa do Estado, e nos encontros do Deputado, em alguma elemento novo, em TRE, para que enfatize como regional Eleitoral na diploma como o "Deputado da Carvalho Neto, ó, em do ato-disposção do TRE-na-diplomação como fora um inscrito pela Ministra Oliveira Rosa, eleito Deputado Federal, buscando autorização, para isto, o votação deita a ele, não obstante uma sipele eleitoral e, a grande vara pela obrigação do sua diretiva. Trata da questões os membros de ocasião que entenderem não serem devida o não queremos sr. membros da Cabinto Executivo do Diretório Nacional, da harmo das bancadas dos dois Casas do Congresso, em precedente das ilustres representantes das reais das manobras sondamento no se a amizade do sr. Carvalho Neto, ainda à abertura, na serem exercidas, "a acessoria de advoas-nos expeliam, e um "coisa de divulgação", no sentido da "unidade do partido" e "apoio", e propôr a bancada faduar, candidata ao ambiente, tão apoio a sempre acordo" com o "ponto de congressos erpsicos" e "a posição do partido".

Por último — como acorreu nos nomos da ação política participo-portentante, a divulgação pela O GLOBO, e um gesto dos livros da minha autêntica, sua reação mesmo, a decisão do partido, através desta modelo e repercrepar-se não coletada nos subprosuoras de matérias da primeira rejeição e a decisão do Ministro Rebeca. A lado teremos um posicionamento sóbrio, limpo e firmado.

Proteção

Tenha começa o ou a TEE o registro com uma petição de dignidade. O Deputado Carvalho Neto, não foi sempre a convocação o o mandato do Ministro Elias em a nome, do sábio Tribunal Regional Eleitoral da Bahia, com pedimento como um Deputado o decorreu do prazo legal, o sr. Deputado Carvalho Neto, que não subitas do Tribunal de justiça, daqueles da Comissão Executiva do Diretório Nacional da ARENA, Médici Damasceno e Calas Amaro de Mergulhura Coelho-Neto, para apresentar a querela.

Por outro lado, a jurisprudência de Carvalho Neto trouxe a aposta de Diretório, autorizar o Ministro a ingressar com uma medida constante obteniendo, um aos-o-desiderando, o recursos perdidos, o que se apresentar o deputado natural.

Assembléia discute isenção de multas e correção na GB

A Comissão de Justiça da Assembléia Legislativa vai emitir parecer, hoje, sôbre o projeto do Deputado Wilmar Palis, da ARENA, concedendo isenção de multas e correção monetária da débitos para com o Estado, de impostos, taxa a juros que tem atraso, que fôrem pagos num prazo de 60 dias, após a promulgação da lei. A medida, segundo esclareceu o parlamentar, visa se antes, as dívidas recorrentes à arrecadação de impostos de circulação de mercadorias.

Crítica

Na sessão de ontem da Assembléia, o Deputado Gama Filho criticou, por sua vez, as facilidades concedidas pelo Ministério da Fazenda, diz em permitir que, através duas as letras financeiras, os portadores se mantêm ausente e entre outros, dos Srs. Ulisses Guimarães e Nelson Carneiro, alegando que as suas pretensões mencionadas de transferir o dinheiro do pagamento ao mercado da fórum público, seriam injustas aí contra, até quando outro nosso artifício denominado "dinheiro arrecadado", deve ter base legal, sem qualquer base legal.

1957 a 1970. Acha que todo as antirrevista, Gama Filho, está e compenetrando de idas sendo consolide, com comuna, sobre os aus revolucionários e até colocado ao de pá. mais, coisas em aviso e contendas da inflação. Ai e agitos do outras, enriquecendo-se inteiramente da proposta pago através um déficit pericial e do assalto a pelo poder através do mercado da fórum, que não venha mais benefícios aos mesmos do Estado com que se fora pagando tais manobras decorrentes.

A 27 de abril de 1971, o jornal de Roberto Marinho entra na campanha pela revogação do AI-5. É o auge do governo Médici.

Cid Moreira foi a face mais conhecida do *Jornal Nacional* e do jornalismo da Globo. Foto: Leonencio Nossa.

Henrique Caban era filho de judeus comunistas do Rio. Com longa militância no PCB, virou braço direito de Evandro Carlos de Andrade para implantar com rigor, observariam os amigos, o projeto de modernização de *O Globo*. Usava parte do salário para ajudar famílias de companheiros perseguidos políticos. Foto: Leonencio Nossa.

O engenheiro Herbert Fiuza num curso para câmeras. Ele foi um pioneiro na montagem da estrutura da TV Globo. Acervo pessoal.

Em 1971, o general Emílio Garrastazu Médici participa de coquetel na TV Globo com Roberto Marinho. Acervo Roberto Marinho/Memória Globo.

Roberto Marinho em audiência com o general Emílio Garrastazu Médici. Acervo Roberto Marinho/Memória Globo.

Da esquerda para a direita, Ulysses Guimarães, do MDB, o governador Roberto Abreu Sodré, da Arena, e Roberto Marinho, em junho de 1972. Acervo Roberto Marinho/Memória Globo.

Roberto Marinho com funcionários de *O Globo*, em dezembro de 1972. Acervo Roberto Marinho/Memória Globo.

Em 1972, Roberto Marinho inaugura a TV Globo Recife. Acervo Roberto Marinho/Memória Globo.

José Augusto Ribeiro foi nome forte no comando da política do jornal *O Globo* e depois na TV. A influência não impediu que fosse sequestrado por agentes da ditadura militar. Foto: Leonencio Nossa.

Presidente Geisel anuncia distensão gradativa e segura

Garantias reiteradas

O GENERAL Ernesto Geisel dirigiu-se ontem aos políticos e a todos os brasileiros como Supremo Magistrado da Nação, Chefe do Partido majoritário e guardião dos princípios da Revolução de 1964. Três funções que se aglutinam e compõem o todo das suas responsabilidades de Presidente da República, mas que ele dispôs sucessivamente, didaticamente, para remover interrupções falsas ou precipitadas de seu desempenho político e consolidar as grandes esperanças nacionais que amparam sua ascensão ao poder.

ENCONTRAMOS na primeira parte de seu discurso a reiteração de que, a 15 de novembro, o povo brasileiro comparecerá às urnas protegido pelo máximo de garantias à liberdade, inclusive em face do poder econômico, desde que caberá pela primeira vez à Justiça fornecer transporte e alimentação gratuitos ao eleitorado que se obriga a grandes deslocamentos para cumprir o dever cívico.

PARALELAMENTE, incumbe sobretudo aos partidos políticos empreender grande mobilização popular para essas eleições, pois a confiança do povo em ver cumprida a sua vontade livremente manifestada nas cabinas eleitorais é o mais firme e necessário alicerce da Democracia.

CHEFE DA ARENA, que chamou de "suporte político da Revolução Brasileira", o Presidente convocou-a para lutar com entusiasmo pela vitória eleitoral, começando por revigorar-lhe a disciplina partidária, só alcançável por meio da renúncia às reivindicações personalistas dos tribais, sem prejuízo do debate permanente das ideias, indispensável à vitalidade das agremiações políticas.

NO MESMO tom de lealdade e franqueza, o Chefe do Governo discorreu como zelador principal do legado da Revolução. Nada inovou em suas palavras. A reta coerência que vem ligando as palavras do candidato aos atos do Presidente permitiu-lhe, por estabelecer a posição do momento, simplesmente refrescar a memória dos que tendem a embotá-la com o desconcerto dos pretensos importunos ou com a mesma substância com que se turvam as águas para a pesca de proveitos ilegítimos — substância essa fabricada nos laboratórios da subversão. Como se tratava de mera rememoração, bastou-lhe repetir integralmente trechos capitais de já antigas manifestações com que se credenciou perante a Nação para assumir-lhe o comando.

A NINGUÉM de boa fé ocorrerá a esta altura as equivocar-se quanto aos propósitos do Presidente Ernesto Geisel. Sua inabalável decisão de liderar o processo de aprimoramento do regime democrático nunca poderá confundir-se com uma hipotética transferência das iniciativas políticas fundamentais para mãos ligeiras e aventureiras — até porque tal absurda abdicação seria incompatível com o próprio exercício dessa liderança.

MUITO se alcançou em pouco mais de cinco meses no cumprimento dos desígnios presidenciais, de resto idênticos aos da Nação. Muito mais ainda se conseguirá. Em ordem, em paz, com liberdade crescente, serenamente, gradativamente, sem retrocessos, repelindo-se com firmeza as pressões impertinentes que só conduzem à radicalização e à violência, e promovendo-se, como deseja e sublinhou, "o máximo de desenvolvimento possível — econômico, social e também político — com o mínimo de segurança indispensável".

Discursando ontem para os dirigentes regionais da Arena, no Palácio da Alvorada, o Presidente Ernesto Geisel disse que as pressões dos que pretendem forçar mudanças e revisões inconvenientes, prematuras ou imprudentes no quadro político nacional serviriam, apenas, para provocar, contrapressões de igual ou maior intensidade, invertendo-se o processo da lenta, gradativa e segura distensão desejada pelo Governo. Afirmou que o Executivo continuará a promover para toda a Nação, em cada etapa, o máximo de desenvolvimento possível — econômico, social e também político — com o mínimo de segurança indispensável. E deseja que a exigência de segurança venha gradativamente a reduzir-se. Na parte inicial do discurso, Geisel falou como chefe político da Arena, às vésperas das eleições. Encareceu a necessidade de ser mantida a unidade do partido.

(Páginas 5 e 6)

ANO L — Rio de Janeiro, 6.ª-feira, 30 de agosto de 1974 — N.º 14 945

O GLOBO
FUNDAÇÃO DE IRINEU MARINHO
Diretor-Redator-Chefe: ROBERTO MARINHO
Diretor-Secretário: RICARDO MARINHO Diretor-Substituto: ROGÉRIO MARINHO

A história da Copa. Segundo Tinoco e Antonio do Passo.

Eric Tinoco, chefe da delegação brasileira na Copa do Mundo, cita, em relatório, algumas razões do fracasso da Seleção: a falta de humildade e de espírito de equipe, o vedetismo de alguns jogadores, as precárias condições físicas com que eles terminaram o Campeonato Nacional. Antonio do Passo, ex-diretor de futebol da CBD, diz que o primeiro mês de preparação foi inteiramente perdido por causa das contusões.

BOTAFOGO PENSA EM COMPRAR LUÍS PEREIRA

O Botafogo chegou à conclusão de que, com os jogadores que possui, o esquema novo de Zagalo não dará certo. A solução é vender a sede e comprar reforços. Luís Pereira é o primeiro nome.

PREOCUPAÇÃO DO FLU É COM ZICO E DOVAL

O técnico Parreira, do Fluminense, está preocupado com o meio da sua defesa: os ataques mais perigosos do Flamengo são cumpridos por ali, com tabelinhas entre Zico e Doval.

VASCO x SPORTING: UMA FESTA EM SÃO JANUÁRIO

O Sporting de Lisboa chegou ontem à noite ao Brasil e hoje, às 21h30m, estará enfrentando o Vasco, em São Januário. É uma festa de entrega de faixas ao campeão brasileiro e ao campeão português.

(Páginas 23 e 24)

TÉCNICOS PREVEEM NOVA CRISE
Continua em baixa a Bolsa de Nova York

Todos os setores da economia norte-americana e internacional, ligados ou não às bolsas de valores, sofrerão nova crise, segundo preveem técnicos dos Estados Unidos, ao analisarem a baixa das ações na Bolsa de Nova York. O índice industrial Dow Jones já atingiu o seu nível mais baixo dos últimos quatro anos e ontem continuou caindo, fixando-em 656,84 pontos. (Página 19)

Enquanto não chove

Problemas da falta da água afetam no momento cerca de dois milhões de pessoas em todo o Rio. Se não chover logo, este número pode crescer e tornar ainda mais intensa a atividade dos carros-pipas (foto). Mananciais quase secos e reservatórios com sua capacidade muito reduzida levam os técnicos da Cedag a renovar as recomendações de que é preciso economizar a água eventualmente recebida. (Página 7)

Falcão condena a violência policial

O Ministro da Justiça, Armando Falcão, disse ontem que o Governo não aprova a violência policial. Ao comentar casos recentes, como o fuzilamento em Nova Iguaçu, considerou essencial que o policial aja e reaja com senso de medida e sem abuso de autoridade, a fim de conquistar a confiança da sociedade que deve defender. (Página 9)

Explosão nos EUA destrói 4 edifícios

Uma violenta explosão destruiu na madrugada de ontem quatro edifícios num bairro pobre da cidade de Chattanooga, Tennessee, abrindo uma cratera de 30 metros de diâmetro, como mostra a radiofoto da UPI. Três cadáveres foram recolhidos pelos bombeiros, mas acredita-se que o número de vítimas aumentará após a remoção dos escombros. (Página 13)

Revolução na Biologia
Cientista consegue alterar código genético de um vírus

Pela primeira vez no mundo, cientistas da Suíça conseguiram intervir no código genético, alterando as características hereditárias. A mutação já era esperada e, segundo alguns cientistas, poderá levar à cura de várias doenças, entre as quais o mongolismo. Em 1970, um biólogo inglês previra a possibilidade de moldar atletas e intelectuais, através de um gene artificial. (Página 12)

Os "balões" do trânsito aumentam o consumo de gasolina

(Em Automóveis e Transportes, no Caderno de Classificados)

ESTA EDIÇÃO
3 CADERNOS 48 PÁGINAS

México não negocia com sequestradores

O Governo do México assumiu que-não negociará com os sequestradores do sogro do Presidente Luís Echeverria, José Guadalupe Zuno Hernandes, de 83 anos, com boa saúde. (Página 18)

Circula hoje o Vestibular-75

O Globo é o primeiro jornal a citar o projeto de abertura lenta e gradual do governo de Ernesto Geisel. 30 de agosto de 1974.

A estátua de Siqueira Campos, um dos líderes da Revolta Tenentista de 1922, ídolo do jovem Roberto Marinho, na orla de Copacabana, serviu de modelo para a escultura de Roque Santeiro, personagem da novela homônima de Dias Gomes. O folhetim acabou proibido, em 1975, pela ditadura. Foto: Leonencio Nossa.

A jornalista Anna Davies foi a primeira apresentadora negra do Jornal Hoje e do telejornalismo da Globo. Não abriu mão do cabelo Black Power. Acervo pessoal.

Anna Davies conta sua história. Foto: Leonencio Nossa.

Praticante de hipismo até a maturidade, Roberto Marinho colecionava estátuas de cavalos. Foto: Leonencio Nossa.

Luís Edgar de Andrade entrou para a história da imprensa brasileira por reportagens premiadas sobre dramas das cidades e das guerras. Integrou o primeiro time do *Fantástico*, da TV Globo, sendo requisitado com frequência para prestar depoimento aos agentes do DOI-Codi. Foto: Leonencio Nossa.

(CONFIDENCIAL, PARA USO EXCLUSIVO DO PRESIDENTE GEISEL)

Conversa no apartamento de Médici, na rua Julio de Castilhos. Dia 30 de agosto de 1976, das 16 às 18,45 horas. Médici agradavel, afetuoso. Quinze minutos de assuntos gerais, bate papo.

Posteriormente, RM procurou entrar nos problemas essenciais. Médici, sempre polido pareceu formalizar-se. RM insistiu:"Presidente, o senhor sabe por experiência própria que eu não sou um mero jornalista. Estou sempre preocupado com o interesse nacional. O senhor se lembra bem da tomada de posição, por ocasião da moléstia do Presidente Costa e Silva, quando se procurava encenar uma farsa, empalhar o General no cargo e se fazia uma verdadeira barreira de notícias e entrevistas partidas do próprio Palácio das Laranjeiras. O senhor se lembra também de inúmeras outras ocasiões em que tive de tomar atitudes pouco cômodas para mim, como jornalista, mas que me pareciam do interesse do país. O senhor está vendo o que se está fazendo para aumentar as dificuldades do Governo com a crise financeira, o cerco do comunismo..." - "É, está havendo muita fofoca" -, respondeu. "No meu governo gastavamos 400 milhões de dólares com o petróleo. Hoje, o preço está uma barbaridade..." Continuei: " Presidente: tudo pode acontecer, que será contornado, vencido. Menos qualquer divisão entre as Forças Armadas". Médici contestou: "Não sei que esteja havendo divisão nas Forças Armadas." RM, nessa altura, fez um apelo para que Médici lhe falasse com bastante franqueza: - "Presidente, preciso ser bastante claro e falar com a maior franqueza. Procura-se criar um antagonismo entre o senhor e o Presidente Geisel." E prosseguiu: "Precisamos acabar com esses mal-entendidos".

Médici fez grandes elogios à personalidade do Presidente Geisel. "Ele foi escolhido por mim. O seu acerto na Presidência representará o acerto da minha escolha". O que há é que somos dois homens, dois feitios. Eu tenho a minha maneira de ser. Sempre tive esta cara sizuda. Quando tenente ou capitão

Em meio ao recrudescimento da ditadura, Roberto Marinho teve encontro sigiloso com o ex--presidente Emílio Garrastazu Médici para intermediar um entendimento da chamada "linha dura" com o governo Ernesto Geisel. Documento do Acervo Roberto Marinho/Memória Globo.

Da esquerda para a direita: o publicitário Mauro Salles, o diretor Walter Clark e o dramaturgo Nelson Rodrigues. Acervo Roberto Marinho/Memória Globo.

do fechados para a formação de lagos de hidrelétricas em São Paulo e no Paraná, entrevistas com empreiteiros, visitas a bases da Marinha e do Exército na Bahia e pesca de baleias do Espírito Santo. Fazia programas onde governos estaduais e prefeituras estivessem dispostos a bancar as produções.

No caso da Amazônia, o "Brasil desconhecido", bordão que o político usava, era propaganda do Banco do Brasil e do Brasil Grande do regime. Era o lacerdismo e sua fúria, sua assertividade, sua verdade absoluta, agora numa forma de completa bajulação.

As cenas gravadas em fitas de videoteipe por Chucho Narvaez tinham a importância do registro histórico de um mundo sendo destruído. O material estava longe de ser considerado de uma estética nova, a ponto de se afirmarem como um olhar inovador os ângulos dos programas que iam ao ar nas noites de domingo e reprisados aos sábados.

Levados pelos irmãos Orlando e Cláudio Villas-Bôas, Jean Manzon e David Nasser, a destacada dupla de jornalistas de *O Cruzeiro*, mostrou xavantes apontando setas para a aeronave que viajavam bem antes de Amaral Netto e Chucho Narvaez pisarem em área indígena em Mato Grosso. O interior brasileiro na concepção de Euclides da Cunha, autor de *Os sertões*, também estava no clássico contemporâneo *Quarup*, de Antonio Callado, pouco citado na imprensa da época, nas reportagens sobre a Transamazônica, censuradas em boa parte, de Fernando Moraes, no *Estadão*, ou mesmo nas publicações pró-Brasil Grande, como a edição especial da *Realidade*, do Grupo Abril, publicação num enfoque mais terno em relação aos povos tradicionais.

A imagem em movimento e o tom lacerdista de Amaral Netto dava uma ênfase ao "progresso" que textos e fotografias impressos não atingiam. Walter Clark e Boni passariam o tempo afirmando que o apresentador era uma imposição da ditadura dentro da emissora. O próprio Roberto Marinho procurava se comportar de forma distante, como se o programa fosse um espaço terceirizado. Ele não foi à sessão especial do programa que Amaral Netto realizou no dia 14 de agosto de 1973 no cinema do Palácio da Alvorada, para comemorar cinco anos de TV. Médici estava lá com 14 ministros e sessenta parlamentares. "Fico feliz em prestar esta homenagem ao trabalho de suas equipes, que tem sido de inestimável valor para o Brasil", disse o general.

Mas Amaral Netto trazia fluxo de audiência e podia ser usado como justificativa nas tensas negociações em que o governo acusava a emissora de atuar contra a "Revolução". De certa forma, o empresário repetia a postura do tempo de Getúlio, quando Lacerda atacava com virulência o governo no microfone da Rádio Globo. Agora, no entanto, Amaral Netto era um repórter chapa-branca e um deputado em busca de votos.

O guru Carlos Lacerda vivia no ostracismo, alijado das negociações entre a ditadura e o empresariado. O lacerdismo, no entanto, a retórica fulminante, o discurso anticorrupção que criminalizava a política de forma geral e a postura de dono da verdade sobreviviam em seus discípulos ou nos adversários mais oportunistas.

Amaral Netto buscava diante de uma câmera de TV o protagonismo que Lacerda conquistou no microfone do rádio. Para isso, o aventureiro subsidiado chutava a imparcialidade do jornalismo e a ambivalência do negócio da televisão. Chegou a simular uma cena de treinamento do Exército na selva, em que é "torturado" com um sapo gigante. "Nós estamos preparando o pessoal", diz um militar para o apresentador. Em outro canto da Amazônia, o Exército promovia uma caça real a guerrilheiros.

Amaral Netto também viajava para o exterior em busca de imagens. O programa filmou o ditador etíope Hailé Selassié, o funeral de Robert Kennedy e o ministro Delfim Netto em viagem à Dinamarca. Ao abordar o chefe da área econômica de Médici, o deputado fez um balanço do programa:

"Mostrei uma porção de coisas do Brasil, de desenvolvimento, de progresso, e você nunca apareceu. No entanto, é preciso fazer agora uma justiça", disse.

Continuou:

"Tudo isso que tenho mostrado tem uma mola mestra, uma engrenagem fabulosa do trabalho a um homem que se destaca nisso, é você."

Na sequência, perguntou:

"Como está o Brasil no exterior?"

"O presidente Médici tem aplicado uma política de desenvolvimento que surtirá seus efeitos num futuro muito próximo" — respondeu o ministro.

Um parêntese. Na elaboração deste livro, perguntei a Delfim Netto sobre o projeto da Transamazônica, estrada que cortou a floresta, um modelo de desenvolvimento trágico para comunidades tradicionais e mesmo para legiões de famílias do Nordeste e do Sul despejadas na selva.

"Aquilo foi coisa do Médici", limitou-se a dizer o ex-ministro, agora, não como um autoelogio que compartilhava com o general.

A cobertura de *O Globo* das grandes obras da ditadura na Amazônia pouco se diferenciava dos demais jornais. Nas matérias que escaparam da censura e da autocensura, havia a questão ambiental, ainda pouco registrada na imprensa. Também não havia levantamentos de gastos e bastidores das relações entre os militares e as empreiteiras. Ao menos não era uma cobertura que personalizava no ministro dos Transportes.

O coronel Mário Andreazza não era figura comum nas listas de convidados dos jantares e encontros promovidos pela TV e pelo jornal de Roberto Marinho.

Ficou na memória do grupo mais próximo do dono da Globo o dia em que o empresário demonstrou um certo distanciamento em relação ao condutor do "Brasil Grande", ou manifestou sua falta de simpatia ao ministro dos Transportes, Mário Andreazza. Numa ida ao gabinete dessa pasta, quando Marinho estava na antessala, o político saiu sem o paletó. Antes do cumprimento, o empresário virou-se para um ajudante de ordens, engravatado, e pediu:

"Empresta seu casaco ao ministro para eu ir conversar com ele."

A versão muda de local e flutua no tempo de atuação de Andreazza na ditadura, mas os nomes dos envolvidos permanecem. "Eles eram amigos", contemporiza Jorge Adib, próximo do empresário. "Doutor Roberto podia ser educado, mas mantinha uma certa distância, e essa distância é muito importante para um homem que sabia comandar", relata. "Sabe o que acontece? O doutor Roberto, por mais intimidade que tivesse com alguém, nunca deixava o cara se aproximar muito, entendeu?"

Jorge Adib argumenta que as relações entre Marinho e a ditadura não mostravam um benefício direto no dia a dia da produção da Globo. "Os militares tomaram conta do país, e aí as pessoas acham que o doutor Roberto foi muito favorecido por eles. Porra nenhuma, desculpe a expressão", afirma. "Ele se dava, sim, com os militares. Era amigo dos caras, recebia os caras, os caras tinham espaço. Mas a TV Globo foi muito prejudicada, programas e novelas foram censurados", diz. "A injustiça que fazem é acharem que ele era um vassalo."

13. Gramática política em cores

Em maio de 1972, Roberto Marinho e Walter Clark viajaram numa caravana de artistas e profissionais da Globo para inaugurar no Recife o Canal 13 da emissora. Uma antena de 140 metros foi instalada no morro do Veludo, na Vila Ouro Preto, em Olinda. O sinal da torre atingia uma faixa de Alagoas ao Rio Grande do Norte. A meta era chegar a cinco milhões de telespectadores. Só na capital viviam 1,7 milhão de pessoas.

Novelas e shows gravados em videoteipe seriam transmitidos pela nova estação. Uma equipe foi contratada para produzir reportagens que abasteceriam os telejornais vespertinos e noturnos, incluindo o *Jornal Nacional*.

O vocabulário da cerimônia estava sintonizado com a política do regime militar. Em discurso em frente da antena, Marinho disse que realizava um "sonho" e contribuía para o "esforço da integração nacional". O ministro das comunicações, Hygino Corsetti, não compareceu, mas mandou um representante. Chacrinha foi a estrela de um almoço oferecido em Boa Viagem ao governador Eraldo Gueiros e políticos. À noite ainda houve um coquetel. O apresentador transmitiu direto do Recife a sua "Discoteca".[288]

Roberto se dedicou à articulação com empresários e políticos da região para garantir a presença da emissora em Pernambuco, estado conflagrado politicamente desde o golpe contra Goulart, que resultou na queda do governador Miguel Arraes. O empresário escolheu um nome estratégico para dirigir a Globo Nordeste. O radialista Antônio Coutinho de Lucena tinha longa experiência na Tupi, do conterrâneo Assis Chateaubriand, e pertencia a uma família de tradição política da vizinha Paraíba. Era neto de Sólon de Lucena, presidente do Estado na Primeira República, e irmão do então deputado Humberto Lucena, do antigo PSD juscelinista e fundador do MDB estadual.[289]

Antônio procurou costurar uma relação com as oligarquias nordestinas, da legenda de seu clã e da Arena. Quando o ministro da Fazenda, Delfim Netto, esteve no Recife, tempos depois, para uma reunião da Sudene, o diretor aproveitou a concentração de políticos do Sertão e do Agreste para organizar encontros com Roberto Marinho. No mesmo dia, a Assembleia Legislativa conferiu o título de "cidadão pernambucano" ao empresário. "Compreendendo o importante papel da televisão no programa de integração nacional a que se empenha o governo revolucionário, Vossa Excelência, jornalista Roberto Marinho, promoveu a expansão da emissora nas principais cidades brasileiras", disse o deputado estadual Francisco Perazzo, de um grupo arenista do Pajeú.[290]

Ao agradecer a homenagem, o empresário observou que um órgão de imprensa e uma Assembleia espelhavam situações e opiniões que se contradiziam. "Nem por isso, entretanto, o Poder Legislativo ou o jornal perdem a sua fisionomia de unidade e as contradições de fundamento orgânico", disse. Mais tarde, num jantar no Hotel Miramar, ele citou Médici. "Temos hoje o governo do honrado presidente Emílio Garrastazu Médici dinamizando o Brasil em todos os seus redutos e em todas as faixas da nossa economia."

Por unir a habilidade política e a experiência na imprensa, Antônio Coutinho de Lucena logo seria transferido para a sucursal da emissora em Brasília — na capital federal, a Globo enfrentava dificuldades de acesso ao governo Médici.

Com a implantação da Globo Recife, também comprada das Organizações Victor Costa, Roberto Marinho tinha agora emissoras nas quatro cidades mais populosas do país. De Juscelino, ele ganhou a concessão do Rio, metrópole que contava com 4,9 milhões de habitantes.

Na sequência, comprou os canais de São Paulo, do espólio de Victor Costa, situada numa mancha urbana de 5,9 milhões de pessoas, e de Belo Horizonte, do empresário João Batista Amaral, o Pipa, 1,6 milhão. E ainda tinha a emissora na capital federal. A concessão da Globo Brasília Roberto Marinho recebeu de João Goulart, em 1962.

Naquele momento, Roberto Marinho começou a construir uma relação com outro nordestino influente. O potiguar Eugênio Sales, antigo cardeal primaz, em Salvador, fora nomeado pela Santa Sé para chefiar a Igreja Católica no Rio.

Num final de tarde de 1972, Dom Eugênio abriu o Palácio São Joaquim, na Glória, para representantes de jornais e intelectuais. Além de Marinho, ele recebeu Tenório Cavalcante, da *Luta Democrática*, João Calmon, dos Diários Associados, Othon Paulino, de *O Dia*, Murilo Melo Filho, de *Manchete*, Austregésilo de Athayde, da Academia Brasileira de Letras, e o senador Danton Jobim, do MDB.

"A grande responsabilidade dos homens que dirigem os meios de comunicação que deve servir a todo o povo", disse Dom Eugênio no encontro. O arcebispo leu trechos de um documento de Paulo VI, "Os meios de comunicação social a serviço da verdade". "Esta é uma comemoração muito simples e fraterna, e um encontro com os amigos que dirigem a imprensa no Rio. Gostaria também de dirigir algumas palavras de conforto aos homens que dispõem de tanto poder, mas que também sofrem inúmeras injustiças."[291]

Com críticas à influência da esquerda na Igreja, Dom Eugênio não seguia, entretanto, a cartilha de seu antecessor, Dom Jaime Câmara, um incansável pregador contra o comunismo. O novo arcebispo aparecia em eventos públicos com generais e mantinha negociações discretas, que incluíam ajuda a adversários do regime e refugiados políticos de países do continente.

O cardeal integrava a ala "moderada" que assumiu o comando da Conferência Nacional dos Bispos do Brasil, CNBB, após pressão do regime contra o grupo de Dom Hélder Câmara, considerado um crítico radical da ditadura. Entretanto, Dom Eugênio, Dom Avelar Brandão Vilela, Dom Aloísio Lorscheider e Dom Paulo Evaristo Arns passaram a enfrentar os generais. O arcebispo do Rio era o mais discreto deles.

Com a TV em constante aumento de audiência, Roberto Marinho decidiu partir para o primeiro ataque ao *Jornal do Brasil*. A maioria dos diretores de *O Globo* se posicionou contra a sua proposta de uma edição de domingo, para disputar leitores, nesse dia, com o concorrente direto. O vespertino de Marinho não circulava no primeiro dia da semana desde que foi lançado por Irineu, pai de Roberto, no distante 1925. A ideia de um jornal voltado ao público do subúrbio que vivia no Centro da cidade, isto é, trabalhava de segunda a sábado, dispensava edições dominicais.

Roberto Marinho estava afastado do trabalho por recomendação médica quando a primeira edição dominical do jornal começou a ser discutida. A aposta da edição, no entanto, era uma pauta dele. A ordem era entrar no mercado dominical.

Henrique Caban chamou o repórter Carlos Marchi e o fotógrafo Luiz Pinto para entrevistarem o brigadeiro Eduardo Gomes para uma reportagem histórica sobre os cinquenta anos da revolta no Forte de Copacabana. Marchi e Luiz Pinto foram ao apartamento do brigadeiro, na época com 72 anos, no mesmo bairro. A princípio, ele não concordou em ir à praia para fazer uma foto no calçadão, onde travou combate com forças legais. Uma irmã de Eduardo, Eliane, que morava com ele, interferiu:

"Eduardo, a foto vai ficar linda, deixe de ser ranzinza."

No dia seguinte, o brigadeiro, de terno, ia com os repórteres e a irmã até o calçadão.

Eduardo Gomes voltou a fazer o percurso decisivo de sua vida, da vida de *O Globo*, de um movimento que se aliou à Aliança Liberal para depois duelar com Vargas e chegar ao poder definitivamente num golpe contra Goulart. "O movimento dos 18 do Forte era caro ao jornal porque simbolizava uma agenda de modernização do Brasil", observa Marchi. "A rebelião protestava contra as oligarquias que sustentavam a Velha República."

A 2 de julho de 1972, *O Globo* era publicado pela primeira vez num domingo. Um texto de Lago Burnett abria a reportagem especial de duas páginas daquela edição. "O único sobrevivente dos 18 do Forte 50 anos depois", destacava que o levante "não foi apenas uma quartelada ou bravata inconsequente de jovens que brincavam com fogo".

"Havia a consciência de que a democracia era uma farsa e que o Brasil precisava de reformas fundamentais e imediatas."[292]

Outro repórter, Franklin Campos, foi a Aracaju para entrevistar o ex-soldado do Exército Manoel Ananias dos Santos, 72 anos, que era agora coronel reformado da Polícia Militar de Sergipe. Ele também era um sobrevivente da revolta. "Nosso destino era o Catete."

Marchi e Campos eram apostas da redação montada por Evandro e Caban. Também tinham sido contratados os repórteres Luiz Eduardo Rezende e Marco Antonio Gonçalves.

Na edição pioneira, um editorial ressaltou que o domingo "era o dia que faltava" para *O Globo*. "Desde que este jornal tomou consciência de que atingia a plena identificação com a opinião pública nacional, concretizando os nobres ideais que haviam inspirado o seu fundador, expôs-se o dever de ampliar incessantemente a sua rede de informação, na medida do crescimento do país."

O Baú da Felicidade, de Silvio Santos, com lojas espalhadas no centro do Rio, em Bonsucesso, Caxias, Copacabana, Niterói, Nova Iguaçu, Vitória, Curitiba e Belo Horizonte, e a Philips divulgavam um anúncio em conjunto. "Nosso domingo ficou mais gostoso. O Baú e a Philips saúdam '*O Globo*' edição de domingo e pedem licença para apresentar o seu primeiro anúncio".

Ao longo dos nove cadernos, num total de 134 páginas, *O Globo* anunciou aparelhos de televisão e fogões, divulgou ofertas de supermercados e lojas de roupas e brinquedos. O comércio varejista mostrava sua força. Ultralar, Ducal — dos ternos baratos —, Supermercados Leão, Mesbla, Castelo do Rio, Brinquedos Estrela e Dorex estavam em grandes espaços.

Por problemas de edição e impressão, o jornal de Roberto Marinho chegou só depois do almoço às bancas.[293] O troco de Nascimento Brito veio no dia seguinte. O *JB* passava a ser publicado às segundas-feiras.

A entrada do jornal de Roberto Marinho no mercado do domingo não trouxe resultados imediatos. Nesse tempo, o *JB* vendia cerca de 100 mil exemplares diários enquanto *O Globo* não passava de 70 mil. As edições dominicais representavam 30% do faturamento do jornal da condessa.[294]

Roberto Marinho, acostumado a ver seu jornal lucrar mesmo nas edições de segunda-feira, por ser o dia do noticiário do futebol de fim de semana, montou uma ofensiva para manter a edição de domingo. Por meio de promoções, ele reforçou os classificados e pôs anúncios da edição antecipados na TV. Era um bombardeio na televisão contra a concorrência.

Em alguns meses, as vendas do *Jornal do Brasil* aos domingos começaram a cair. Editores e diretores foram escalados para tentar um acordo de recuo — o *JB* não sairia mais às segundas e *O Globo* deixaria de ser publicado nos domingos.

"Você acaba com a edição do domingo e eu acabo a edição de segunda", propôs o diretor do *JB*, Walter Fontoura, a Evandro.

Roberto Marinho não recuou. O *Jornal do Brasil* manteve a liderança no Rio, mas problemas administrativos e de orçamento minavam, aos poucos, o matutino. Além disso, o projeto de uma emissora de televisão se tornava distante.

Quando, numa tarde, a atriz Rosa Maria Murtinho chegou a *O Globo* para uma conversa com Gilberto Tumscitz Braga, então um jovem crítico de teatro e cinema, os jornalistas começaram a latir. A atriz desceu as escadas apavorada, e Gilberto foi atrás, pedindo desculpas, lembra o jornalista e escritor Cezar Motta.

Aquele não era bem o ambiente para Gilberto. Ainda em 1972, numa conversa com Daniel Filho, na beira de uma piscina de um clube, ele perguntou como fazia para escrever casos especiais na Globo. Daniel sugeriu que procurasse Domingos de Oliveira, responsável pelo setor na emissora.

Domingos propôs que adaptasse o clássico *Dama das camélias*, do francês Alexandre Dumas Filho. O trabalho foi aceito, mas quem dirigiria a história seria Oduvaldo Vianna Filho, que cobria as férias de Domingos.

Oduvaldo leu o texto. De forma "generosa", na avaliação do próprio Gilberto, disse:

"Poxa, Gilberto, você tem um diálogo bom, a personagem feminina é forte."

Em seguida, Vianninha propôs:

"Mas se você tiver a fim de aprender um pouco de técnicas de televisão, você poderia reescrever comigo."

"Claro que estou a fim, Vianna."

Gilberto sabia que Vianninha poderia ter menos trabalho se reescrevesse sozinho. Mas ali estava um profissional "supergeneroso", acostumado a trabalhar em grupo e passar conhecimento. Foram quatro dias de trabalho na casa de Vianninha. "Foi bom para mim", lembrou Gilberto.[295] No crédito do especial encenado por Glória Menezes e Cláudio Cavalcanti, ele assinaria Gilberto Tumscitz. Só mais tarde adotaria o sobrenome Braga.

Em outubro de 1972, a Globo apostou na série *A grande família*, uma versão do seriado *All in the Family*. A princípio, os costumes americanos não foram digeridos pelo público. Dramaturgo dos mais inventivos, Vianninha foi encarregado de dar brasilidade à produção. Lineu, interpretado por Jorge Dória, Dona Nenê, por Eloísa Mafalda, e seus filhos provocaram empatia, agora com narrativas do dia a dia dos brasileiros.

Como no tempo do velho *O Globo*, a TV de Marinho buscava no olhar proletário de um intelectual comunista a receita para garantir audiência. O modelo tinha dado certo décadas antes. O jornalista Pedro Motta Lima, nos anos 1940 e 1950, garantiu boas tiragens do vespertino por conhecer a linguagem do homem e da mulher que migravam do interior para os grandes centros. Um país mais informal e ainda dramático tinha surgido no noticiário de décadas anteriores e, agora, era acrescentado do humor genuíno dos subúrbios e periferias.

Em janeiro 1973, a Globo levou ao ar, a partir de 22 horas, um folhetim sobre a política sangrenta no interior brasileiro por meio da anedota e da crítica. Dias Gomes escreveu *O bem-amado*, a história do prefeito Odorico Paraguaçu, interpretado por Paulo Gracindo, um populista, corrupto e interesseiro chefe do município fictício de Sucupira, na Bahia. Era a primeira novela em cores transmitida pela Globo.

Foi um desfile de personagens caricatos e divertidos, como as três irmãs Cajazeiras, "solteironas" que tinham caso com o prefeito — Dorotéia, Dulcinéia e Judicéia, interpretadas por Ida Gomes, Dorinha Duval e Dirce Migliaccio — e o matador Zeca Diabo, personagem de Lima Duarte.

A trama falava da política nos sertões, mas trazia à superfície o jogo de poder em Brasília. Em cada emissora, era preciso fazer cortes nas fitas de gravações, de acordo com o bom humor dos censores regionais. "A censura era muito forte", lembrou Roberto Buzzoni de Oliveira, que chefiava a programação na capital. "Nessa época as máquinas de Brasília não editavam. Eram simplesmente exibidoras. E aí os censores resolveram proibir as palavras 'coronel' e 'capitão'. Era uma loucura", relatou. "Eu gastava três horas por dia para suprimir essas palavras de cada capítulo da novela. Tinha que cortar a fita, no olho, e depois usar um adesivo prateado para colar. Tratava-se de um trabalho microscópico e extremamente exaustivo."[296]

Odorico tinha como principal plataforma política inaugurar um cemitério. Mas ninguém morria em Sucupira. Os jornais sisudos do Rio e São Paulo passaram a usar os clichês da trama de Dias Gomes para retratar os pequenos municípios ou atitudes demagógicas de políticos dos grandes centros. *O bem-amado* tornou-se uma régua para aferir os agentes da vida política.

A trama das 22 horas da Globo era uma história escrita e reescrita durante anos por Dias Gomes. Em 1960, ele ouviu de Nestor de Holanda o caso de um prefeito do Espírito Santo que tinha construído um campo santo, mas não conseguia inaugurar por falta de pessoal. O dramaturgo nunca soube o nome do prefeito e da cidade que inspiraram sua trama. Guarapari, um balneário no litoral sul capixaba, reivindica a inspiração. No começo do século XX, o então prefeito João Batista de Almeida, o Juca Brandão, teve de esperar dez anos para inaugurar o cemitério que construíra. Acusado de desvio de dinheiro e fazer uma obra sem utilidade, ele não contratou, como Odorico, um matador para ter um morto. Inaugurou o Cemitério São João Batista com o sepultamento de uma andarilha de uma cidade vizinha, que falecera sem deixar parentes.[297]

O dramaturgo escreveu a peça *Odorico, o bem-amado*, que não chegou a ser encenada. Em 1962, ele adaptou a história para um conto de fim de ano da revista *Cláudia*. O texto "Odorico" foi um presente de Natal para os leitores da publicação. Só em 1965, a peça entrou em cartaz em teatros do Recife e de Salvador, até chegar ao Rio no começo da década seguinte, pela companhia de Procópio Ferreira, no Princesa Isabel. Na telenovela, Odorico ganhou um vocabulário com termos como "embonecamento", apenasmente", "reservoso" e "desesquecido".[298]

A produção da dramaturgia da Globo levava em conta os índices de audiência. Fazer TV tinha custos elevados. Caprichos editoriais, visões políticas e estratégias de discursos não tinham espaço no novo negócio. Roberto Marinho, criado em jornal, estava diante de uma nova situação. A televisão impunha um novo papel para um homem que gostava de interpretar um jornalista orgulhoso de suas fontes. Também não parecia mais possível encarnar o empresário cioso de conversas nos bastidores dos poderes político e econômico. O ator político, agora, não se movimentava mais em uma rede de influências. Qualquer concessão à fonte ou a governo tinha um impacto na venda de um produto que precisava ser quase infalível na busca de audiência.

Se a máquina de novela precisava seguir em frente, sem paradas e freios, o instrumento do jornal impresso mostrava um refluxo na linha política definida por Roberto Marinho. Em março de 1973, um editorial de *O Globo* pregou que nada amparava a pretensão de revogar o AI-5. Nessa análise, a "tranquilidade" política no país se devia à medida. O mesmo jornal que garantia espaço ao MDB para pedir a derrubada da norma jurídica da ditadura dava impressão de um recuo. "O ato fornece os instrumentos que sufocam a subversão e é legítimo recear que a subversão tentasse ocupar o espaço deixado vazio no panorama político do país por uma abrupta extinção do édito revolucionário."[299]

Na estratégia de blindar a emissora, Roberto Marinho criou um prêmio para associar a marca de *O Globo* e a TV Globo a figuras públicas influentes. Em maio de 1973, ele reuniu no salão de convenções do Hotel Nacional, no Rio, autoridades do governo, artistas e empresários para a entrega do Prêmio Personalidade Global. Walther Moreira Salles, Eugênio Gudin, Antônio Gallotti e Walter Clark foram alguns dos jurados da última fase.

O ministro da Fazenda, Delfim Netto, foi o homenageado na área da economia, ganhando uma escultura do escultor Caio Mourão. Os irmãos Villas Bôas ganharam na categoria Assistência Social, Emerson Fittipaldi, em esportes, José Olympio, em literatura, Mario Henrique Simonsen, em Educação e Augusto Trajano de Azevedo Antunes, na área empresarial. De smoking, Roberto Marinho puxava Delfim para uma conversa descontraída. O ministro de óculos de armações grossas sorria.[300] Era uma relação de xadrez.

Mais consolidada e segura pela publicidade das novelas, a Globo promoveu um traumático processo de expurgo em seus quadros. Nomes líderes de audiência, como Dercy Gonçalves, foram cortados. O programa policial de "mundo cão" *O homem do sapato branco*, apresentado por Jacinto Figueira Júnior, o humorístico *Balança mas não cai*, dos primos rico e pobre, interpretados por Paulo Gracindo e Brandão Filho, e o popular *O casamento na TV*, do veterano do rádio Raul Longras, saíram da programação.

Não eram programas que levantavam questões políticas diretas, mas a censura implicava com palavrões, especialmente no caso de Dercy, ou com aspectos que atingiam os "bons costumes". De um lado, a emissora estava pressionada pela censura do governo militar e, de outro, pela ala da Igreja ligada ao regime. Para fugir da pecha de programa contra a família, Silvio Santos levava ao seu programa na TV Paulista o cardeal Agnelo Rossi, um dos nomes mais conservadores do clero brasileiro.

O mercado publicitário também pressionava. Era um setor decidido a pagar mais por programas voltados à classe média consumidora. Um levantamento do Ibope indicava que a classe A, rica e média alta, respondia a 2,7% da audiência, a B, média, 27%, a C, média inferior, pobre, 43,3%, e a D, pobre inferior, 26%. Um percentual de 70% da audiência vinha das duas classes de menor renda.[301]

Um dia, Boni avisou a Dercy Gonçalves que o programa dela não iria mais ao ar. A atriz deixou a Globo atirando em Boni e Walter Clark. "O seu Boni me fez um terrorismo, que eu não sei se é verdadeiro ou não porque estou esperando a chamada pra esclarecer isso. Pela primeira vez uma pessoa se apresentou lá. Eu me apresentei, não fui chamada. Eu nunca fui chamada à censura. Pelo contrário, a censura falava das minhas peças, mas nunca me perseguiu", disse Dercy a *O Pasquim*.[302] "Nunca tive nada com a censura, também porque eu sou uma mulher íntegra, não me meto nessas coisas de governo, de política. Primeiro porque eu já estou velha, não tenho mais joelho pra correr, não sou besta."

Ela reclamou que, depois de cinco anos na tela da TV Globo, começou a enfrentar um "terrorismo" de Walter e Boni. Depois, Boni teria dito para ela: "Dercy, eu vou te ser honesto. Tem um processo do tamanho de um (*) na censura contra você." "Eu disse: mas por quê?

"Eles não querem mais esse gênero de artista. Vai sair você, vai sair o Chacrinha, vai sair Longras, *Balança mas não cai*."

Durante a entrevista de Dercy a *O Pasquim*, o jornalista Sérgio Cabral disse que um trecho da novela *O cafona* que citava o jornal humorístico foi cortado sob pretexto de que a censura determinou retirar, mas teria sido Roberto Marinho "quem mandou cortar". Ziraldo completou: "O governo fica levando a fama porque os caras ficam fazendo as sacanagens e botam toda a culpa no governo, na censura, nos militares."[303]

Diante da polêmica dos cortes, Walter Clark não tinha piedade. Ele dizia que a preocupação da Globo era fazer uma TV "séria". "Gradualmente, vamo-nos libertando do passado, elevando o nível do grande instrumento do século das comunicações."[304]

A preocupação com a "qualidade" dos programas, uma proposta de direcionar a faixa de público, era de Boni. Herbert Fiuza observa que o próprio Walter estava por trás das atrações que agora rejeitava e tirava do ar. "Foi ele quem inventou o tal de *O casamento na TV*, conta. "Era um programa mais ridículo do que o BBB, mas fazia um sucesso danado. As pessoas casavam na TV aos domingos, com o Raul Longras. Era uma ideia do Walter, ele inventou esse troço. Tinha uma intuição grande."

A censura atingiu um nome da concorrente Tupi respeitado pela Igreja, por se posicionar contra a relação de pessoas do mesmo sexo, e valorizado pelo regime, por declarações contundentes a favor da "revolução". Em março de 1973, Flávio Cavalcanti teve seu programa ao vivo, nas noites de domingo, suspenso por dois meses depois que o apresentador contou a história do "triângulo mineiro". No quadro "Flávio Confidencial", o apresentador mostrou um homem de Minas, que se dizia inválido para o sexo, e emprestara a mulher para o vizinho. Até um delegado da polícia mineira apareceu para dar depoimento.[305]

Foi um ritual. Numa sala do Ministério das Comunicações, o ministro Hygino Corsetti e seu colega da pasta da Justiça, Alfredo Buzaid, se reuniram com parlamentares da Arena e do MDB, para assistir ao videoteipe do programa. O julgamento amplamente noticiado pela imprensa foi marcado por frases de efeito e sempre em defesa da "moral e dos bons costumes". Também houve constrangimento pelo fato de a mulher exposta pelo programa ser "gente humilde". Flávio havia ferido a "dignidade humana". O programa, Flávio e o produtor Wilton Franco receberam pena de dois meses de suspensão. A Tupi foi poupada.

A Globo foi vista como a grande beneficiada pela censura. A emissora concorria pela audiência nas noites de domingo. Mas, no noticiário, apareceu um Roberto Marinho disposto a elogiar a ditadura por não tirar a Tupi do ar. O empresário não seria ingênuo de atirar em onça morta e toda sensibilidade para a concorrente ganhava pontos. Mas o que realmente o movia era o receio de acabar com os programas ao vivo e, sobretudo, um debate que ganhava força: a estatização da TV. "Sempre que há uma derrapagem na programação de uma emissora, e imediatamente o responsável tenha sido localizado, começa uma estranha histeria, movida por alguns farisaicos, uns, ingênuos, outros, procurando atingir toda a televisão", reclamou Marinho. "O que houve com um animador foi isolado pelo próprio governo, que, afastando-o por dois meses do vídeo, deixou em pleno funcionamento a emissora de televisão em que ele trabalhava, criando, acertadamente, a tese de que uma emissora de televisão não pode ser atingida pelos desmandos de seus eventuais representantes."

A equipe da Globo em Brasília enfrentava uma censura ainda mais implacável que em outras praças. A equipe da TV na cidade estava sob pressão e monitoramento constante dos militares. "O telejornal de Brasília era dificílimo de ser feito. O resultado ficava muito oficial, chapa branca", relata Roberto Buzzoni. "O *Jornal Nacional*, não, apesar das dificuldades, mantinha um padrão de independência, mostrando-se muito mais informativo do que oficial", avaliou.

A sede da emissora em Brasília estava praticamente sob o controle de Edgardo Manoel Erichsen, "uma pessoa do governo", na avaliação de Buzzoni. "Ele usava aquelas expressões de poder, que ficaram tristemente famosas: "os homens mandaram", "o homem falou".

De voz empostada, semblante contorcido e braços rijos, Edgardo aparecia no telejornal da noite sempre com um discurso a favor dos militares, um ódio expresso na fisionomia. O apresentador colocava dedo em riste frente à câmera até para bajular. Certa vez, afirmou com sua voz cavernosa: "Presidente Médici, senhor presidente Médici, cuide-se! Cuide-se! Cuide-se! A gripe que está se alastrando em Brasília pode apanhá-lo!"

Edgardo trabalhou antes na emissora no Rio. "Era o homem de confiança que fazia a ligação da empresa com as Forças Armadas. O papel dele em Brasília era esse", contou o jornalista Wilson Ibiapina.[306] Com seu figurino caricato, Edgardo tinha uma função útil para a teledramaturgia da emissora. Ele atuava junto à burocracia da censura, dava telefonemas que encurtavam caminhos e facilitavam a liberação de *scripts* e roteiros de novelas.

Uma boa relação com setores do governo militar não era suficiente para uma emissora que precisava de fluxo de informações políticas para alimentar seus telejornais. Edgardo só entregava opinião. A emissora na capital possuía 13 funcionários, mas apenas um deles, o cearense Wilson Ibiapina, atuava como repórter.

Armando Nogueira contratou um antigo conhecido na área esportiva para chefiar a produção de notícias em Brasília. Ele conheceu Antonio Carlos Drummond, o Toninho, quando o atleticano fazia uma assessoria informal para o jogador Cristóvão, do Cruzeiro. Com uma coluna de futebol no *Jornal do Brasil*, Armando era procurado por Toninho. O novo contratado era conhecido também de Otto Lara Resende, guru de Armando, Walter Clark e Roberto Irineu.

Armando dava ao jornalista a missão de "colocar" Brasília no *Jornal Nacional*. Por tabela, o contratado poderia fazer pontes com um grupo de políticos que atuavam numa linha em defesa de mais abertura política, como os mineiros Magalhães Pinto, senador pela Arena, e seu adversário Tancredo Neves, deputado pelo MDB. A emissora que buscava demonstrar apoio ao regime direcionava suas ações para um tempo democrático.

Toninho se formara na escola pinheirista e juscelinista da política. Ele era filho de um piauiense de Floriano que chegou a Araxá, no sul de Minas, para trabalhar nas obras de uma estrada, e uma representante de uma rica família da região. Os pais o batizaram em homenagem ao chefe político Antônio Carlos de Andrada, que havia lhes dado um cartório de registro civil. Ainda jovem, Toninho se mudou para Belo Horizonte, onde conseguiu emprego de repórter de polícia no *Estado de*

Minas. Iniciou o curso de direito, mas não o concluiu. Para melhorar a renda, ainda trabalhava como correspondente do *Ultima Hora*.

Armando orientou Toninho a conversar com Luiz Carlos, um diretor da Globo de origem judia. Na conversa, o diretor falou-lhe:

"Toninho, existe na Globo uma palavra-chave."

"Qual é?"

"Orçamento. Dentro do orçamento você faz o que você quiser sem consultar ninguém. Nem a mim nem a Armando nem ao doutor Roberto. Ninguém. Está dentro do orçamento? Está. Você não precisa de autorização para emitir passagens. É claro que vão te cobrar depois. Se você emitir uma passagem para Paris, vão querer saber o que você fez lá."

Acostumado com a informalidade de Belo Horizonte, Toninho se assustou com os palácios fechados de Brasília ao chegar para trabalhar na Globo.

Após algumas semanas, ele telefonou para pedir uma conversa com Carlos Fehlberg, o assessor de imprensa do governo Médici. Depois de dez dias, Toninho foi chamado ao palácio. Esperou meia hora na portaria para um funcionário encaminhá-lo a um salão. Estava lá quando um outro servidor entra apressado. Pensou que fosse o assessor de imprensa.

"Doutor Felberg?"

"Olha, desculpe, eu sou o assessor do Fehlberg."

O assessor informou que Fehlberg não podia atendê-lo porque, a todo momento, o presidente o chamava a seu gabinete, e pediu desculpas.

"Eu que tenho que pedir desculpas. Não era essa a minha intenção, eu só queria conhecê-lo. Então, agradeça a ele muito, deixa um abraço."

Toninho saiu do palácio sem estender a conversa com o assessor do assessor.

Na redação, ele telefonou para Armando Nogueira, seu chefe imediato no Rio e contou o episódio.

"Toninho, você está indo muito bem. É isso mesmo. Você tem todo o meu apoio. Continue aí, vai trabalhar e não me enche o saco. Se ele te chamar, você vai. Se não te chamar, não importa."

As reportagens produzidas em Brasília eram gravadas em filme colorido, mas reveladas em preto e branco. Filmes de matérias especiais de gaveta, que podiam esperar, eram enviados para revelar em São Paulo em cores, uma operação que levava até uma semana. Certo dia, Dino Cazzola, um italiano que havia sido cinegrafista da Tupi, dono de um laboratório de filmes da capital, informou que tinha aperfeiçoado as instalações de seu negócio.

"Toninho, se você me entregar um filme até as dez da manhã, sou capaz de te devolver às seis da tarde, colorido."

"Ô, Dino, você está brincando comigo?"

"Não, Toninho."

"Então, Dino, aguenta a mão."

Como a revelação em cores tinha custo alto, Toninho esperou por uma notícia de Brasília que não pudesse ser derrubada pelo Rio, um grande tema, uma matéria certa de entrar no *Jornal Nacional*, para fazer a revelação dos filmes no laboratório de Dino.

A oportunidade veio com uma tragédia. Em julho de 1973, um avião da Varig fez um pouso de emergência numa plantação próxima ao Aeroporto de Orly, em Paris. Entre os 123 mortos pela fumaça e pela aterrissagem brusca, estava o líder do governo no Senado. Filinto Müller era um morto perfeito para marcar uma mudança de era, se não política, ao menos tecnológica.

Era um ex-participante da lendária Coluna Prestes. Estava no Senado há quatro mandatos, desde o tempo de redemocratização após a ditadura do Estado Novo. Foi no período de Getúlio que Filinto entrou para a história do terror estatal. Na chefia da Polícia do Distrito Federal se notabilizou pelas prisões de Luiz Carlos Prestes, seu ex-comandante no tempo do tenentismo, e da companheira alemã Olga Benário. Filinto foi acusado de uma série de torturas de presos políticos.

Em Brasília, as chefias das redações se prepararam para o velório do corpo de Filinto no Salão Negro do Congresso.

Toninho chamou um cinegrafista da Globo.

"Olha, você vai fazer um filme colorido para mim. Faz também um preto e branco."

Desta forma, se Dino não entregasse a tempo o filme revelado, ele mandaria para o Rio a película em preto e branco.

Com a mesma câmara, o cinegrafista fez tomadas diferentes do velório de Filinto. Às nove horas da manhã, o filme colorido chegou na redação da Globo em Brasília. Toninho encaminhou para Dino. Às cinco horas da tarde, o dono do laboratório chegou com a revelação. A matéria foi gerada colorida para o Rio.

Boni assistia ao *Jornal Nacional* na sala de Walter Clark quando se assustou com a principal notícia do dia em imagens coloridas. Era a primeira vez que uma matéria de atualidade aparecia colorida na tela do telejornal.

"Porra, como é isso?"

No dia 18 de julho de 1973, o *Jornal do Brasil* publicou uma nota sobre o desembarque no Galeão do cantor Geraldo Vandré, exilado no Chile desde 1969. A partir do furo, a censura determinou que estavam proibidas matérias sobre o artista.[307] Um mês depois, ele aparecia no *Jornal Nacional* como o "arrependido" mais famoso das encenações do regime militar. Uma equipe de agentes filmou Vandré nas dependências do aeroporto de Brasília, como se ele estivesse chegando naquele dia ao país.

"Olha, em primeiro lugar, eu acho que as minhas canções de hoje são mais anunciativas que denunciativas e espero integrá-las na nova realidade do Brasil que eu venho encontrar num clima de paz e tranquilidade", disse o cantor.[308] Ele usava óculos e barba. "A arte às vezes é utilizada por um grupo determinado com interesses políticos. Isso transcende muitas vezes a vontade do próprio autor."

O compositor de "Pra não dizer que não falei das flores", que concorreu com "Sabiá" no incendiário Festival Internacional da Canção, de 1968, agora lembrava a tristeza da música de Tom e Chico e o poema de Gonçalves Dias. Falou da disposição de gravar composições sem "fundo político" e, paradoxalmente, pretendia lançar um disco sobre a experiência lá fora. "A temática do disco é de saudade, de distância da pátria, somente a gente vivendo a situação é que pode valorizar. Essas canções são frutos desse estado de espírito", disse aos falsos repórteres, que não associavam o exílio como uma questão da ditadura.

Ao contrário de outros depoimentos sob tortura, quando fazia estardalhaço, *O Globo* publicou no dia seguinte uma matéria de apenas uma tripa na página dois do segundo clichê. O título parecia querer esconder o texto. Em "Vandré volta e diz que é para ficar", o jornal registrou que, para o compositor, "a utilização de alguns dos seus trabalhos para fins políticos ocorreu sempre independente da sua vontade".

O compositor era mais uma vítima, a mais influente delas, da política dos "arrependidos", que forçava perseguidos da ditadura a falar sob coação ou mesmo tortura física ou psicológica. A produção do depoimento de Vandré teve momentos tensos. Depois da gravação, um coronel e Edgardo levaram o filme para revelar no laboratório de Dino Cazzola. No momento em que o italiano fazia o serviço, colocando o filme na composição química, houve queda de energia. Dino tentou secar na mão, e velou uma parte onde o falso repórter fazia pergunta a Vandré.

Na hora de assistir, viram que o trecho estava comprometido. "Volta o filme, volta o filme seu...", gritou o militar para Dino. "Você está sabotando o Exército."

O militar telefonou para pedir reforço ao SNI. Em meio à tensão, Dino contou que na infância, na Itália, levava recados paras os pracinhas brasileiros. Ele possuía até carteira de colaborador da FEB. Não foi levado preso. "Mas, também, a partir desse dia, ele não conseguiu mais trabalho em Brasília, em lugar nenhum", relatou Wilson Ibiapina. "Foi praticamente à falência a empresa dele."[309]

Nos momentos de crise, Armando Nogueira procurava Boni:
"Eu não quero mais ser diretor de jornalismo, quero voltar para o esporte, fugir do jornalismo, não aguento mais".

Às vezes, Boni procurava Roberto Marinho.
"O Armando quer parar de trabalhar, quer ir para o esporte, quer se livrar da carga do jornalismo."

Não era bem isso, avaliava o próprio Boni. "Ele era muito ponderado. Sempre vinha me aconselhar no meu entendimento com doutor Roberto. Quando eu estava nervoso, ele vinha me acalmar", relata. "Era jornalista de chorar quando não podia dar uma matéria. O Armando sofria tanto."

Havia ainda o patrulhamento político, que causava desconforto em profissionais mesmo com a experiência de Armando. "Ele sempre dizia que sofria dos dois lados. Dentro da Globo, Roberto batia porque ele era de esquerda, e os amigos o atacavam porque ele era de direita", relata Boni.

Uma das situações mais incômodas para Armando era a divulgação de depoimentos dos "arrependidos".

Tempos depois, o *Jornal Nacional* e *O Globo* divulgaram depoimento do professor e estudante de pós-graduação da USP José Salvador Faro, 28 anos, escrito na prisão, sob tortura. "Está claro que muitos poderão me perguntar: como foi possível me enganar por tanto tempo?", escreveu. "O Brasil é hoje o país do chamado 'Terceiro Mundo' que apresenta a estrutura econômica mais moderna e diversificada de que se tem conhecimento", ressaltou no início da carta. [310]

Faro descreveu uma "espécie" de "arrependimento" pela ligação com o PCB desde 1968 e ao movimento estudantil. "Sou mais livre hoje preso do que quando estava livre, por mais estranho que se possa parecer", afirmou. "Para mim, entre a pressão de continuar, indefinidamente, num caminho com o qual honestamente eu não mais concordo, entre as minhas escolhas pessoais, fiquei com as últimas", completou. "Sei que essa atitude terá um preço. Ela poderá ser o afastamento de minhas oportunidades profissionais, o afastamento daqueles que me valorizaram como um homem de 'esquerda' ou qualquer outra coisa, mas acho que vale a pena começar de novo."

Subordinado de Armando na época, Luís Edgard de Andrade era editor do *Jornal Nacional*. Ele relata que a emissora recebia os vídeos dos "presos arrependidos" da Polícia Federal. "Eram relatos de prisioneiros políticos gravados sob forma coercitiva, possivelmente depois de sessões de tortura", conta. "Como é essa história? Como era isso?", tenta lembrar Luís Edgard. "Eram chefes de organizações de luta armada que entregavam colegas, delatores."

O jornalista relata que a divulgação dos vídeos causava angústia na equipe do *Jornal Nacional*. "O constrangimento era muito grande. Tenho a impressão que recebia-se o vídeo pronto", afirma. "Houve uns seis a dez casos", enumera. "Se Roberto Marinho tinha conhecimento? Certamente, né?"

"É falta de sensibilidade", teria dito Marinho, segundo relato de Boni. O executivo também expõe o incômodo: "Tivemos de fazer."

Ele relata que foi ao II Exército, em São Paulo, pedir para que os militares suspendessem as gravações e as exigências para a divulgação dos vídeos. "Eu fui pessoalmente convencer a eles que não podia fazer mais."

O executivo conta que, numa reunião com a presença do general Ednardo, comandante do Exército em São Paulo, tentou mostrar aos militares que as gravações não tinham credibilidade.

"Ninguém acredita nisso, general."

Ainda segundo seu relato, Boni afirmou:

"O telespectador sabe que o cara está fazendo o depoimento sob pressão."

Os generais escutavam.

"Isso em vez de ajudar vocês, mais atrapalha. Não vim aqui defender a Globo, vim dizer que é um erro estratégico. Sou um homem da TV e da publicidade. Todo mundo sabe que o cara que faz isso está morto."

Ao ouvir a análise de que a versão dos "arrependidos" não convencia, um general presente à reunião disse em tom de lamento ou ironia:

"Nós que estamos mais arrependidos que todo mundo."

Boni conta que um certo coronel Aguiar, do Exército, fazia a ponte com o governo para ajudar a garantir o fluxo de notícias no *Jornal Nacional*, diante de um noticiário sempre ameaçado pela censura. "Ele era o antecessor (ao censor), o chamado Anjo Bom", conta Boni.

"Vocês acertam com o Aguiar, e não vamos ter que dar porrada em vocês", diziam os censores.

O editor-chefe de *O Globo*, José Augusto Ribeiro, tinha conversas diárias com Roberto Marinho, que lhe telefonava de casa no início da noite para saber qual era o noticiário da primeira página e ouvir a leitura do editorial, que a essa hora já estava pronto. Ao longo do dia, com Evandro ainda na redação, Ribeiro costumava ser chamado à sala de Marinho. "Mas o meu trabalho pessoal com o doutor Roberto era nesse telefonema à noite. Às vezes o telefonema durava uma hora." A hora era mais ou menos certa, às 19 horas, ou um pouco antes do *Jornal Nacional*, após a saída de Evandro da redação. "Era para não perturbar o meu trabalho. Ao invés de não perturbar o trabalho dele, ele não queria que perturbasse o meu trabalho", relata.

Por meio da redação de *O Globo*, Roberto Marinho procurava monitorar o *Jornal Nacional*. Muitas vezes, a conversa entre ele e José Augusto Ribeiro entrava no horário do principal telejornal da emissora.

O empresário deu ordens para que o diretor do jornal impresso acompanhasse o noticiário inteiro. No horário da transmissão, não podia nem mesmo atender telefone. Numa ocasião, a telefonista passou o telefone para ele.

"Mas eu não pedi para você não atender ao telefone durante o *Jornal Nacional*?", disse Roberto Marinho.

"Mas doutor Roberto, era o senhor."

"Eu estou telefonando para ver se você obedecia. Não pode atender nem se for eu, porque você tem que saber tudo o que foi dito no *Jornal Nacional*, porque do contrário pode acontecer de o *Jornal Nacional* ir por um caminho e *O Globo* ir pelo outro. Isso não pode acontecer."

Com o tempo, José Augusto recebeu ordens de Marinho para repassar à jornalista Alice Maria, sub de Armando Nogueira na TV Globo, as orientações que este lhe dava nas conversas. Alice tinha no *Jornal Nacional* a mesma função exercida por Ribeiro n'*O Globo*. Evandro tinha o papel de Armando. Logo, Ribeiro não podia transmitir ordens a Armando, que estava num plano acima, mas apenas a Alice.

José Augusto estava "armado", em suas próprias palavras, para orientações de "direita" e "alinhadas" ao regime por parte de Roberto Marinho. Foi com "surpresa" que percebeu que o empresário o procurava especialmente para falar de reportagens.

Na fábrica de criatividade e arroubos montada por Walter Clark no Jardim Botânico, Otto Lara Resende era o decano. Fazia o papel de moderador no grupo. Era o "cabeça pensante" e o "sábio da instituição", dizia o jornalista Cláudio Mello e Souza, que trabalhava na emissora.[311] Bom frasista, quando soltava uma sentença espirituosa, alguém se surpreendia e ele se antecipava para dizer: "Não é minha, não".

Otto saíra do *Jornal do Brasil* após desentendimento com Alberto Dines e Nascimento Brito. Publicara romances e livros de contos e se tornara amigo íntimo dos mais renomados escritores, de Clarice Lispector a Guimarães Rosa. Filho de um professor de São João Del Rey, fazia parte do grupo de Minas, integrado também por Carlos Drummond de Andrade, Hélio Pelegrino, Fernando Sabino, Paulo Mendes Campos e Rubem Braga — um capixaba que vivera em Belo Horizonte.

Walter era apaixonado por Otto, relatou Cláudio. Na Globo, o mineiro tinha o programa *O pequeno mundo de Otto Lara Resende*. Depois, tornou-se o escudo intelectual da emissora.

Otto fazia malabarismos para não ser queimado. Dormia pouco, tinha excitação para falar. Era um gênio da palavra oral, um crítico influente, mas não recebia o mesmo reconhecimento para seus livros. O jornalista e escritor construía sempre a frase mais elegante. "Era difícil alguém numa roda tirar a palavra dele", lembra Cláudio.

O mineiro passou a ter um espaço bem ao seu estilo na programação quando a Globo pôs no ar o *Jornal Hoje*. Ali, Otto passou a ter uma coluna em que comentava, com leveza, sobre política e cultura.

Exibido no horário do almoço, o telejornal apresentava notícias políticas, mas tinha na sua programação histórias de costumes e pautas sobre livros, exposições e música. O noticiário era mais leve.

Os primeiros apresentadores do *Jornal Hoje* tinham longa experiência no rádio. O paulista Léo Batista tinha 22 anos quando deu o furo da morte de Getúlio, em 1954, na Rádio Globo. Depois, conduziu durante anos o *Jornal da Pirelli*, na TV Rio. Seu companheiro de bancada, o alagoano Luís Jatobá, narrou notícias da Segunda Guerra na gravadora CBS, em Nova York, e era o locutor de trailers de filmes norte-americanos. No Brasil, atuou na *Hora do Brasil*, da Rádio Nacional.

Otto Lara Resende gravava uma coluna no *Jornal Hoje* e teve a ideia de contratar Rubem Braga para fazer textos lidos nos sábados. A princípio, a diretora mineira Theresa Walcacer adaptava as crônicas para o formato de um texto de televisão. "Eu editava as matérias dele de arte, e me tornei um pouco secretária do Rubem Braga. Ele escrevia à mão e eu tive o privilégio de pegar aquilo, com aquela letrinha, e datilografar", contou.

Ainda em julho de 1973, uma conterrânea de Otto se sentava à bancada do *Jornal Hoje*. A mineira Maria das Graças Silva era a primeira pessoa a apresentar um telejornal nacional com os cabelos no estilo *black power*.

Desde a morte de Jorge da Silva, o Majestade, os telejornais da Globo não tinham negros em suas bancadas. Os diretores da emissora perceberam a falta de diversidade.

Maria das Graças era filha de uma babá que engravidou de um jovem médico no bairro de Botafogo, no Rio. Dora pegou o dinheiro que o patrão lhe deu para abortar e voltou ao interior mineiro, onde vivia a família. Com a criança nos braços, chegou a subir no vão de uma ponte sobre um rio disposta a jogar a menina fora. Uma irmã, Fiinha, evitou a tragédia. Maria das Graças foi criada pela avó materna, a lavadeira Zulmira. A menina tinha seis anos quando a família se mudou para a Favela do Urubu, em Belo Horizonte.

Entre solavancos, a menina conseguiu ser incluída em um programa de bolsas do Colégio Arnaldo, dos padres alemães do Verbo Divino. Fez o ginásio e conseguiu um emprego de datilógrafa.

Alta, esguia e de beleza que chamava a atenção, Maria das Graças chegou à faculdade de jornalismo na Universidade Federal de Minas Gerais. Na instituição, participava de um grupo de teatro. Com a desenvoltura no palco, tomou coragem e procurou Murilo Rubião, editor do suplemento literário do *Diário Oficial de Minas Gerais*. O escritor publicou os primeiros contos da artista. O contato com jornalistas e artistas resultou num convite para um teste na Globo, em Belo Horizonte.

O coronel Anacyr Ferreira de Abreu, superintendente-geral, perguntou seu nome.

"Maria das Graças Silva."

"Isso não é nome de apresentadora."

"Eu publico contos com o pseudônimo Iriane Farrel."

"Você se parece com a Angela Davis", disse o coronel, referindo-se à socióloga americana, militante dos movimentos negro e pelos direitos das mulheres. "É isso aí. Você vai se chamar Ana Davis."

"Mas coronel, a mulher é comunista. Estamos no regime militar."

O homem encerrou a conversa:

"Eu confio no meu santo."

No *Jornal Hoje*, Anna Davies (como passou a assinar) passou a circular na vida cultural carioca. Era amiga de escritores, cartunistas e artistas plásticos. Teve um breve relacionamento com Walter Clark. A relação com a chefia do telejornal se desgastou quando a jornalista aceitou sair numa página inteira de *O Pasquim* em pose sensual. "A mulher mais sexy do Brasil".[312] Armando a colocou na "geladeira" por meses.

Depois, Anna voltou à tela como repórter especial do *Fantástico*. Entrevistou Jorge Amado, Carlos Drummond de Andrade, Mãe Menininha, Elis Regina, Tom Jobim, Chico Buarque, Zica, Cartola e Caetano Veloso. Numa turnê de Miles Davis ao Brasil, ela e uma jornalista da Globo que tentava prejudicá-la foram escaladas para entrevistar o músico americano. Anna chegou primeiro ao camarim e avisou:

"Não conversa com ela. É racista."

Miles Davis entrou na lista de entrevistados de Anna Davis.

Eis a pauta que a jornalista mais teve vontade de fazer, porém, nunca foi ar. Certo dia, encontrou o telefone do médico Eduardo Jovita Correia na lista. Telefonou. Ele disse que não tinha nada a dizer para a matéria, pois estava aposentado. Diante da insistência, decidiu receber a repórter.

"Não estou aqui para fazer entrevista, pai."

O *Fantástico* foi criado a partir da ideia de Boni de um programa aos domingos híbrido, que unisse jornalismo com entretenimento. Ele pretendia colocar no ar uma atração que falasse da vida real de forma ainda mais leve que o *Jornal Hoje*, divertida, cheia de esperança. Nada de doenças, violência, política pesada. O diretor pretendia aproveitar os jornalistas da equipe de Armando Nogueira, os artistas dirigidos por Daniel Filho no núcleo de novelas, além de redatores, músicos e autores.

Boni e os produtores musicais Ronaldo Bôscoli e Luiz Carlos Miele começaram uma série de reuniões para discutir uma forma de tapar o buraco deixado pela saída "abrupta" de Chacrinha da grade de programação das noites de domingo.

Ronaldo Bôscoli era um homem de origem musical. Em plena Bossa Nova, namorava Nara Leão. Para ela compôs, com Roberto Menescal, "O barquinho". Depois trocou a musa da Bossa por Maysa Monjardim, cantora da fossa. Outros estilos viriam. Foi então que se apaixonou por Elis Regina.

Ao expor suas ideias aos produtores, Boni falou de um programa de música para falar do "show da vida".

"É fantástico", disse Bôscoli.

"O título está aí", respondeu Boni.

Começava a nascer *Fantástico, o show da vida*.

Com risco de dar vida a um bicho sem cabeça, Boni chamou o diretor Manoel Carlos, que só mais tarde se destacaria como novelista, para produzir um programa em que as reportagens e atrações se encaixassem. Tudo precisava girar em torno de uma mensagem circense.

Às oito horas da noite de 5 de agosto de 1973, o *Fantástico* ia ao ar pela primeira vez. Duas crianças entravam correndo num cenário, levantavam uma cortina, de onde saíam dançarinos com roupas de carnaval de Veneza. A letra da música de abertura foi escrita por Boni.

> OLHE BEM, PRESTE ATENÇÃO: NADA
> NA MÃO NESTA TAMBÉM.
> NÓS TEMOS MÁGICAS PARA FAZER,
> ASSIM É A VIDA, OLHE PARA VER.
> (...) RISO! CRIADO POR QUEM É MESTRE.
> SEXO! SEM ELE O MUNDO NÃO CRESCE.
> GUERRA! PARA MATAR E MORRER.
> AMOR! QUE ENSINA A VIVER.
> UM FOGUETE NO ESPAÇO, NUM MUNDO INFINITO,
> PROVANDO QUE TUDO NÃO PASSA DE UM MITO.
> É FANTÁSTICO!

O programa inicial exibiu uma entrevista de Sérgio Mendes, no Central Park, em Nova York, à repórter Cidinha Campos, um quadro de humor com Chico Anysio e Raul Solnado, a apresentação de Peter, trapezista da Disney, exibições musicais de Sandra Bréa e Marília Pêra, além de uma conversa do colunista Ibrahim Sued com o cirurgião plástico Ivo Pitangui.

Cidinha foi aos Estados Unidos acompanhada de um produtor e intérprete, Hélio Costa. O jornalista, depois, se destacaria no vídeo, com a reportagem sobre David Vetter, o menino que vivia numa bolha, por conta de uma doença que enfraquecia o sistema imunológico. Ainda apresentou matérias sobre congelamento de corpos e descobertas da medicina. Tanto Cidinha quanto Hélio entrariam, mais tarde, para a política.

14. "Desta vez, O Globo não obedece"

No dia 11 de setembro de 1973, as agências internacionais informaram que o general Augusto Pinochet descarregara a artilharia no Palácio La Moneda, sede do governo do Chile, num golpe de estado que começou pela manhã. O presidente socialista Salvador Allende estava morto.

Em O Globo, José Augusto recebeu telefonema de Alberico de Sousa Cruz, diretor-chefe de O Jornal, dos Diários Associados, que funcionava na rua Sá Cabral, perto da Polícia Federal, no cais do porto. Quando tinha alguma ordem de proibir a divulgação de notícias, um funcionário da censura fazia um périplo pelas redações, começando pela mais próxima. Seguia para O Dia, na rua do Riachuelo, logo acima, até chegar ao Jornal do Brasil e, finalmente, a O Globo.

Os homens que levam as ordens de censura aos jornais eram antigos motorneiros dos bondes da Light. Com a privatização da empresa, o governo os incorporou à Polícia Federal.

Pelo telefone, Alberico disse a José Augusto:

"Olha, passou o cara da censura aqui, estão proibindo dar em manchete o golpe no Chile. Você não quer falar com o doutor Roberto?"

Era o típico caso em que a decisão de aceitar a ordem da censura seria do dono do jornal, observou José Augusto. Ele telefonou para Marinho, que estava na sede da TV Globo.

"Olha, doutor Roberto, o sujeito da Polícia Federal acaba de passar na redação de *O Jornal* e a ordem é que não pode dar manchete sobre a queda do Allende."

"Você diga ao sujeito da censura que desta vez *O Globo* não vai obedecer. Nós vamos dar a queda do Allende em manchete. *O Globo* nunca apoiou o Allende, sempre criticou. Como ele está morto, não vai transformá-lo em mártir, nem vamos desrespeitá-lo. Diga a ele para dizer isso ao chefe dele."

"Doutor Roberto, ele não vai entender."

Durante o telefonema, José Augusto observou que o censor era um ex-motorneiro de bonde sem "esclarecimento", que não manteria um diálogo.

"Você diga de qualquer maneira que *O Globo* não vai obedecer. Agora, tome cuidado com o jeito como vai dizer. Porque você pode estar impressionado com aquela história que te contaram e que eu confirmei que no fim do Estado Novo, em 1945, apareceu um censor n'*O Globo* com uma proibição idiota e eu o nocauteei. Eu dei um murro no censor, que caiu no chão. Aí eu aproveitei enquanto ele estava caído no chão e saí da redação. Primeiro, você não pode nem pensar em fazer isso, porque vai ser preso e eu não quero que isso aconteça. E, segundo, eu tenho certeza que você não tem competência para nocautear o censor."

José Augusto riu da lembrança do chefe. Pouco depois, o censor chegou à redação. O editor não deixou o agente se sentar. Também ficou de pé para a conversa ser rápida. O censor era um homem de meia-idade, usava um terno surrado. Ele entregou um papel com a ordem e ficou com uma cópia carbono, para evidenciar que o documento havia sido repassado. O texto da censura determinava que os jornais estavam proibidos de fazer "demagogia" e publicar "manchete" sobre a morte de Allende.

José Augusto relatou ao censor a decisão de Marinho.

"Tem um telefone aí, telefona para o seu chefe e diga isso que estou te dizendo. Se for o caso, eu falo com seu chefe."

O homem telefonou.

"Chefe, aqui o homem está dizendo que eles vão dar manchete. Agora, eles não vão fazer Allende herói nem mártir."

Do outro lado da linha, outro respondia. E o censor voltava a falar:

"Mas não é demagogia?"

Esse dia foi atípico, observa José Augusto. Ao ser informado da censura, Roberto Marinho nem parou para pensar, como geralmente fazia. Muitas vezes, em situações menores, ele delegava ao chefe da reportagem para contornar a situação.

Quando o censor saiu, José Augusto telefonou para Alberico, de *O Jornal*:

"O doutor Roberto mandou dar manchete, e eu comuniquei ao censor que nós vamos dar manchete. Acho que é bom você saber disso."

A rede de diretores e editores dos jornais do Rio se mobilizava. Em muitos momentos da ditadura, esse grupo impôs uma cobertura praticamente única para todos os veículos.

No dia seguinte, *O Globo* e *O Jornal* deram manchete sobre a morte do presidente chileno. O texto produzido por José Augusto era bem semelhante ao publicado pelo *Jornal do Brasil*, dirigido por Alberto Dines. "Anunciou-se ontem em Santiago que o presidente Salvador Allende suicidou-se com um tiro de arma na boca para não ser preso pelas forças policiais e militares que, rebeladas, atacaram e ocuparam o palácio presidencial", escreveu José Augusto. O *JB*, por sua vez, informou: "O presidente Salvador Allende, do Chile, suicidou-se com um tiro na boca no Palácio de La Moneda, segundo dois repórteres do jornal *El Mercúrio*".

Uma diferença, no entanto, fez história. *O Globo* deu como manchete "Anunciado suicídio de Allende". O *JB* deixou em branco o espaço do título. Assim, "atendia" a proibição de dar manchete para o caso. O leitor "classe A" do *Jornal do Brasil*, na avaliação de José Augusto, esperava uma manchete e se surpreendeu com o impacto do espaço em branco. "No meio jornalístico, a solução do *JB* para anunciar a morte de Allende foi heroica."

Roberto Marinho avaliava que o ministro da Fazenda, Delfim Netto, defendia os interesses do concorrente *Jornal do Brasil* em detrimento dos demais veículos. O influente chefe da equipe econômica era ligado a Bernard Campos, diretor do *JB*, e atuava para facilitar empréstimos do matutino.

Nesse tempo, a Globo chamou para trabalhar o jornalista carioca Paulo César Ferreira, com passagem pela TV Rio. O diferencial dele até ali, no entanto, era a experiência de assessor de imprensa de Delfim. Chegou a assumir a direção-geral da Rádio Nacional, mas era conhecido mesmo pela relação pessoal com o chefe da economia do regime. Foi Paulo César quem atuou pela Globo para a transmissão dos jogos da Copa do México. Antes, substituiu Antônio Lucena no escritório regional da emissora no Nordeste. "O Paulo César era muito furão, tinha boas relações com os canais do governo. Ele ajudava muito em licenças de importação", conta Herbert Fiuza. "A gente sempre teve muita dificuldade nessa área. Como a Globo não fabricava nada, tinha que importar."

José Sarney lembra que Roberto Marinho nunca foi próximo do ministro da Fazenda. "Ele ouvia muito o Delfim. O Delfim se insinuava, mas não era o tipo dele."

Marinho, no entanto, estava convicto de um projeto político do ministro que tinha como um dos braços o *Jornal do Brasil*.

No mês de agosto de 1973, *O Pasquim* pôs seus colaboradores para fazer a primeira página de uma suposta "edição final" de *O Globo*, que apresentava títulos futuros do jornal do "saudoso" Roberto Marinho. Os colaboradores escolhiam uma data para a morte da publicação. Sérgio Augusto imaginou como manchete de um distante 21 de agosto de 1984: "Monstro terrível destrói metade de Nova York".[313] Miguel Paiva pôs o título da tiragem fictícia de 21 de agosto de 1974: "Esgoto inunda o Rio e ameaça o resto do país".[314] A manchete de Jaguar para o ainda distante 13 de agosto de 1980 foi mais real: "O grande engarrafamento de 1975 da Ponte Rio-Niterói" — a via ainda estava em construção.[315]

Roberto Marinho dava mostras, porém, de que tanto ele quanto seu jornal estavam dispostos à inovação. *O Globo* construiu um novo prédio na rua Marquês de Pombal, a poucos metros da sede, para acomodar uma máquina importada dos Estados Unidos. Nada que se comparasse, claro, à obra faraônica do concorrente na margem da avenida Brasil, que consumia volumes cada vez mais estratosféricos de recursos.

Nascimento Brito liderou a transferência do *Jornal do Brasil* para uma grande sede na avenida Brasil, no sentido norte da cidade do Rio. A histórica redação na avenida Rio Branco foi dada ao Bank Boston, que ali construiria sua sede. O banco financiou a maior parte da obra.[316] Ao mesmo tempo, Delfim Netto contribuía para o jornal receber empréstimos de bancos oficiais.

Foi por acaso que Luiz Orlando soube da decisão de Nascimento Brito de construir uma nova sede para o jornal. Ele tinha editado uma reportagem especial sobre a demolição do prédio onde funcionava, desde o começo do século XX, a loja A Torre Eiffel, que marcou época como loja de roupas refinadas na cidade.[317]

Brito chamou o editor:

"Olhe, essa matéria aí foi muito boa, bem escrita, perfeita! Agora, esquece esse assunto!"

Depois, contou que negociava com o Bank Boston a demolição do prédio histórico do *Jornal do Brasil*, na avenida Rio Branco, 110, em troca de parte dos trinta andares de um espigão que seria construído no endereço.

"Nessa época, começou a crise do *Jornal do Brasil*, de dinheiro, e o pessoal diz que é por causa da construção do novo prédio. Não. Porque você tinha os andares do Banco de Boston. O que começou a quebrar o *Jornal do Brasil* foi que o doutor Brito resolveu fazer uma gráfica nova, a *JBig*, lá em Benfica, porque ele queria ter uma gráfica igual à do Bloch, e botou dinheiro nisso porque ele pediu empréstimo no Banco do Brasil e ficou com uma dívida grande. Muito grande."

Desde o declínio dos velhos jornais do século XIX nas primeiras décadas do XX até meados do golpe contra João Goulart, o *Correio da Manhã*, de Edmundo e depois de seu filho Paulo Bittencourt, era a folha de mais prestígio político no Rio. A força de influência do matutino carioca se aproximava apenas de *O Estado de S. Paulo*, do patriarca Júlio de Mesquita. O jornal paulista atuava como o aglutinador de opinião do poder econômico no estado vizinho. "O *Correio* era o jornal mais respeitado, vamos dizer assim, pelos políticos, o que saía lá interessava a eles", observa Luiz Orlando Carneiro.

Nas páginas do *Correio da Manhã*, um discurso lido no Palácio Monroe impactava a política nos estados se fosse reproduzido pelo jornal. As colunas e as reportagens literárias determinavam se um livro viraria um clássico ou mais uma obra marginal. Não havia outro espaço de influência na vida brasileira.

Após a morte de Paulo no começo dos anos 1960 e, na sequência, o golpe contra João Goulart, a espinha do *Correio* foi quebrada. Niomar Muniz, viúva do empresário, mirou seus esforços na criação do Museu de Arte Moderna, no Aterro do Flamengo. Era uma aposta no modernismo de Juscelino e na cidade alargada de Carlos Lacerda. A ditadura encarregou de asfixiar, com os anunciantes temerosos, quem na redação tentava manter a força do jornalismo.

O que restava do legado do *Correio*, o prestígio na classe política, foi herdado pelo *Jornal do Brasil*, que desde os anos 1950 fazia uma revolução gráfica em suas páginas e havia algum tempo ganhava a adesão da elite cultural da Zona Sul. O matutino tinha uma linha política de defesa das ações dos governos militares, mas que conseguia sobressair com uma imagem de "novo", seja por meio de seus concretistas ou de suas reportagens de praia.

Uma mulher estava à frente do fortalecimento do *Jornal do Brasil*, que se limitava a uma folha de classificados sem influência política. Maurina Dunshee de Abranches Pereira Carneiro, uma costureira de Niterói, casou-se com Ernesto Pereira Carneiro, um empresário do ramo da navegação que chegou a ganhar um título de conde do Vaticano. Com a morte do marido, ela assumiu o jornal, um dos muitos negócios de Pereira Carneiro. Foi a partir daí que a condessa e o *JB* tornaram-se lenda da política e do jornalismo brasileiros.

No imaginário de rodas intelectuais e de poder do Rio, *O Globo* mantinha-se como o veículo anticomunista, bem ao gosto do debate dos 1950. O jornal consolidou a imagem de uma folha ultrapassada nos costumes e na cultura — contudo, os excluídos pelos "revolucionários" do *JB* encontraram guarita no vespertino. Era o caso de Guimarães Rosa, desqualificado pelos concretistas, que publicou no jornal de Roberto Marinho contos de narrativa profunda e histórias metalinguísticas.

O Globo estava associado às idiossincrasias e conservadorismos da Zona Norte, agora não mais a região da cidade que servira de cenário para os romances de Machado de Assis. Os abastados saíram de lá. Com suas muitas unidades militares e órgãos federais de saúde, a região era ilustrada pelas famílias de militares influentes e burocratas de estados dos mais diversos, como sanitaristas, gente que fazia o elo entre a cidade e os sertões.

O prestígio dos jornais podia ser medido pelas referências nos textos das agências internacionais. "Você via, os telegramas internacionais citavam: "O *Jornal*... o *Jornal do Brasil* disse ontem...", lembra Luiz Orlando. "Eu nunca vi citar o editorial de *O Globo*. "Eu vi porque eu via os telegramas que chegavam, não é? Da mesma forma que a gente ia ver o que que deu no *New York Times*, eles iam querer saber o que que deu no *Jornal do Brasil*", relata. "*O Globo* não era referência nacional."

Na redação, conta Luiz Orlando, editores e repórteres não olhavam para o concorrente. "Nunca vimos *O Globo* como um concorrente", relata. "*O Jornal do Brasil* era a referência nacional. A gente se orgulhava disso, claro."

No governo Costa e Silva, o *JB* se movimentou para ganhar uma concessão de TV. Em almoço no Palácio Laranjeiras, no Rio, a condessa Pereira Carneiro, sogra de Nascimento Brito e dona do jornal, porém, foi inquirida pelo general. Ele reclamou do tom crítico do matutino em relação ao governo. "São críticas construtivas, presidente. Construtivas", disse Maurina, registrou Cezar Motta no livro *Até a última página, uma história do Jornal do Brasil*. "Minha cara condessa, para falar a verdade, eu não gosto de crítica nenhuma, nem construtiva. Eu gosto mesmo é de elogio", respondeu o militar. Cezar Motta observa que o canal de TV não foi concedido por decisão do general Jayme Portella, homem forte do regime.

Ainda em agosto de 1973, Médici assinou decreto de outorga do canal nove à Rádio Jornal do Brasil, para instalação de uma estação em Niterói.[318] Num encontro no Ministério das Comunicações, no dia seguinte, o ministro Hygino Corsetti assinou o contrato de implantação da emissora. "Acredito que não poderia haver melhor solução do que a de entregar ao Jornal do Brasil essa concessão, pois esta é uma organização que se tem destacado pelo equilíbrio da conduta da informação no esclarecimento e na educação de nossa gente", disse o ministro.

Nascimento Brito afirmou que a outorga era um "sonho de longa data". "Podemos lhe assegurar, Sr. Ministro, que o governo do presidente Médici, ao outorgar essa televisão, o fez com a certeza de que nós a honraremos do princípio ao fim", disse. Pretendemos, sr. Ministro, fazer uma televisão à altura do governo que ora nos concede esse canal de televisão."[319]

O empresário disse que o jornal ofereceria sua contribuição ao "imenso trabalho" de integração nacional desenvolvido pelo Ministério das Comunicações. "Não desonraremos de forma alguma essa concessão que, garantimos desde logo, não estará a serviço do *Jornal do Brasil*, estará a serviço dos interesses do Estado do Rio e dos brasileiros."

Nos estertores do governo, Médici deu ao *JB* um segundo sinal de TV, dessa vez em São Paulo. Por trás da entrega do canal de TV estava Leitão de Abreu, ministro-chefe do Gabinete Civil. A relação entre o empresário e o ministro era próxima. "O Leitão deu para o *Jornal do Brasil*, por influência do doutor Brito", relata Luiz Orlando Carneiro.

Na cúpula do regime, o advogado gaúcho João Leitão de Abreu se destacou na preparação dos atos institucionais que implantaram a ditadura e os decretos de cassação de políticos. Ele ainda se sobressaiu numa missão mais complexa: fazia a interlocução com os donos de jornais e, ao mesmo tempo, tentava arrancar deles informações valiosas. Ainda no governo Castelo Branco, no cargo de assessor do Ministério da Justiça, recebia os empresários, passava horas ao telefone, fazia visitavas. "Já se disse que o Leitão, com suas ligações no *Jornal do Brasil*, no *Correio da Manhã*, nas TVs daqui e de São Paulo, cumpria grande parte da contrainformação", registrou o coronel Heitor Aquino Ferreira, um assessor de Golbery.[320]

Quando o chefe do SNI pensou em se afastar do governo, o nome de Leitão foi cotado para substituí-lo.[321] O empresário de comunicação mais próximo do ministro era Nascimento Brito, do *JB*. A relação do assessor discreto e astuto com Roberto Marinho, em especial, começou no processo do Time-Life. Na época, o empresário fez constantes visitas às pastas da Justiça e das Comunicações e ao Conselho Nacional de Telecomunicações (Contel). Leitão repassou as informações das conversas com o dono da Globo e os movimentos do empresário ao núcleo de governo de Castelo Branco. Heitor registraria parte desses retornos. "Leitão estava de saída para encontrar-se com Roberto Marinho e Quandt", anotou.[322] Em outro momento registrou: "Parece que Marinho pediu prazo até pagar a última prestação".[323]

Nascimento Brito tinha mais abertura para empréstimos de bancos privados e públicos. Contava com avalistas de peso, como Delfim Netto e Leitão de Abreu. O empresário, entretanto, não embarcou no negócio. "Ele não quis ir para frente com a televisão. Não quis porque ele achou que o *Jornal do Brasil* não estava preparado para fazer uma TV à altura do jornal que ele fazia", lembra Luiz Orlando. "Não era problema de dinheiro, não."

Um nome da burocracia do regime começou a chamar a atenção das agências de publicidade do Rio. Era o general Ernesto Geisel, que chefiava a Petrobras, irmão de Orlando, ministro do Exército.

Ainda de forma tímida, a estatal mostrava sua força no volume gasto em anúncios. Nada comparável aos investimentos das empresas estrangeiras do setor. Os jornais estavam, porém, atentos aos anúncios da companhia. A influência política de Ernesto Geisel no regime e a publicidade da Petrobras tornavam mais tenso o processo de produção de notícias envolvendo a empresa.

Colunistas e editores de *O Globo* sabiam que toda nota, artigo ou matéria com um "R" escrito à caneta na parte superior do texto era a abreviação de "recomendado" ou simplesmente "Roberto".

Quando chegou à redação no final de uma tarde para fechar a coluna "Panorama Econômico", o jornalista Paulo Jerônimo, o Pajê, encontrou na mesa uma nota marcada pelo "R". O texto produzido pela assessoria da Shell informava que a petroleira tinha vencido uma disputa pelo monopólio da distribuição de gasolina dos postos do Aterro do Flamengo. Pela primeira vez, Pajê decidiu não levar em conta a orientação de Marinho.

Durante o dia, o jornalista trabalhava de assessor no Palácio Guanabara. Foi lá que acompanhou a decisão do governador Negrão de Lima de entregar as bandeiras dos postos à Petrobras. Em troca, a estatal passou toda a sua folha de pagamento ao Banco do Estado da Guanabara.

A decisão do governador foi tomada no final do dia, no horário de fechamento das edições dos jornais. Para garantir exclusividade à matéria, Pajê convenceu Negrão de Lima a fazer o anúncio numa coletiva no dia seguinte.

Para não descumprir a ordem "R", o jornalista incluiu no texto da coluna enviada ao diagramador duas notas com a informação errada, mas nas últimas posições, ultrapassando o limite do espaço. Assim, o diagramador descartou as notas que estavam no pé do texto.

Na manhã seguinte, Pajê recebeu telefonema do editor de economia de *O Globo*. Em tom desesperado, Cléber Paulistano questionou a decisão do colunista de não publicar a informação sobre a Shell.

"Cléber, não há leão que me faça dar informação errada."

"Você não leu o "R"?"

"Li, e daí?"

"E daí que você está demitido."

Carlos Tavares, secretário de redação, também ligou:

"Não importava se não era verdade, porra!"

Antes de ir para o encontro com Roberto Marinho, Pajê telefonou a um assessor de imprensa da Petrobras. O assessor informou a Ernesto Geisel, presidente da companhia, que *O Globo* tinha recebido a informação falsa da Shell e decidiu não publicar. Na sequência, o general entrou em contato com Marinho para agradecer.

Na redação, Pajê foi recebido por Cléber Paulistano, agora aliviado:

"Mudou tudo. Você continua empregado."

O editor contou para o colunista sobre a decisão de Geisel em transferir para *O Globo*, temporariamente, a publicidade da Petrobras reservada ao *JB*, que publicou a nota a favor da Shell. Marinho dava "pulos" na sala.

"Ele vai falar comigo?", perguntou Paulo Jerônimo, com peito estufando. Tavares respondeu:

"Claro que não. Doutor Roberto está puto com você."

Nesse tempo, as verbas de anúncios das estatais representavam valores inexpressivos. E Marinho não conseguia fazer frente ao *JB* nas bancas da Zona Sul para garantir os melhores percentuais da publicidade tradicional. O empresário buscava novas frentes de recursos.

Enquanto Nascimento Brito mandava subordinados receber Sérgio Dourado, nome que começava a despontar no setor imobiliário, considerado de classe "baixa", Marinho propôs ao empresário parceria num conjunto de salas comerciais e restaurantes em São Conrado, na Zona Oeste, área em expansão.

Ainda no final de 1973, o dólar americano se desvalorizara e o preço do petróleo disparou com conflitos no Oriente Médio. A crise internacional impactou diretamente o Brasil, que vivia um "milagre econômico" com taxa de crescimento de 10% ao ano.

A cobertura do dia a dia de Geisel em *O Globo* começou a ser trabalhada por Evandro, Caban e José Augusto. Eles deslocaram um jornalista para cobrir diariamente o gabinete do então presidenciável num antigo prédio do Ministério da Agricultura, no largo da Misericórdia, no Rio.

Do outro lado do balcão, o presidente da Petrobras escalou como assessor de imprensa Humberto Barreto, tratado como um filho pelo general. Certa vez, Humberto mostrou a *O Globo* fotos de Geisel, tiradas nos anos 1930, como secretário de Finanças do governo Getúlio no Rio Grande do Norte. A memória do tenentismo, com sua carga nacionalista, forçava uma tradição do jornal com o candidato de Médici ao Palácio do Planalto.

Em setembro, o oposicionista MDB decidiu lançar, pela primeira vez, um nome na disputa indireta para presidente e concorrer com Geisel e o vice, o também general Adalberto Pereira dos Santos. Em 1967 e 1969, o partido não chegou a apresentar candidatos. O colégio eleitoral formado por deputados federais, senadores e um grupo de deputados estaduais indicados pelas Assembleias Legislativas apenas chancelou os nomes dos escolhidos pela cúpula militar, os generais Costa e Silva e Garrastazu Médici.

O presidente do MDB, Ulysses Guimarães, foi apresentado como o "anticandidato" — a derrota para Ernesto Geisel era certa. O jornalista Barbosa Lima Sobrinho entrou como vice na chapa oposicionista. Na votação do MDB sobre a proposta de apresentação de uma candidatura, no sábado, 22 de setembro de 1973, a ala moderada do partido venceu uma queda de braço com os "autênticos", parlamentares mais à esquerda, que rejeitavam "legitimar", segundo eles, a disputa. O grupo argumentava que o candidato do partido não teria direito à propaganda no rádio e na TV. Não faltaram gritos de "palhaçada" por parte dos "autênticos" e "palhaço" pelos moderados.[324]

Um dia depois, *O Globo* noticiou em uma página inteira que o "MDB em convenção escolhe seus candidatos". Os concorrentes diretos fariam o mesmo. O *JB* e o *Estadão* noticiaram na primeira página e a *Folha de S.Paulo*, na parte interna.[325] A denúncia da eleição previsível, da vigência do AI-5 e de um regime que silenciava as urnas estava no noticiário, por meio de uma candidatura rejeitada por membros do partido da oposição. "A inviabilidade da candidatura oposicionista testemunhará perante à Nação e perante o mundo que o sistema não é democrático", enfatizou Ulysses no discurso, publicado na íntegra pelo jornal de Roberto Marinho. "Não é o candidato que vai percorrer o País. É o anticandidato."[326] "Navegar é preciso, viver não é preciso", disse Ulysses no discurso, um dos mais lembrados da história política brasileira.

Ulysses tinha pedido ao ministro-chefe da Casa Civil, Leitão de Abreu, autorização para emissoras de TV usarem a unidade de geração de imagens da Agência Nacional, o único equipamento do gênero existente em Brasília, para transmitir seu discurso ao vivo. Leitão explicou que o uso dependia do interesse das emissoras privadas. Marinho mandou a Globo transmitir o discurso.

Minutos antes do discurso de Ulysses, o telefone vermelho da mesa de Roberto Buzzoni, chefe da programação em Brasília, tocou.[327]

"É Roberto de Oliveira?"

"Sim."

"Não é para transmitir a convenção do MDB."

"Mas eu nem sei quem é o senhor."

"Mas eu sei quem o senhor é. O senhor é filho de..."

Do outro lado da linha a voz misteriosa fez um relato sobre a vida de Buzzoni. O interlocutor era alguém do serviço de informação.

"A ordem, portanto, é não transmitir."

Após o homem desligar, Buzzoni conseguiu localizar Walter Clark. No restaurante Antonio's, o executivo apurou que havia mesmo uma ordem para não transmitir a convenção do MDB. A emissora suspendeu a transmissão.[328]

O tempo do milagre econômico de Médici e de seu ministro da Fazenda, Antônio Delfim Netto, se esgotava. Chegava ao fim o governo do general, o mais associado ao crescimento, período ilustrado pela foto em que ele ergue a Taça Jules Rimet. A posse do poder parecia definitiva, como o próprio troféu de ouro entregue pela FIFA à seleção três vezes campeã. Mais tarde, o tesouro seria roubado. Os donos das empresas de mídia começavam a enxergar, ao longe, a estagnação e a redução dos recursos da publicidade. Marinho, porém, estava na posição de quem podia ter um olhar panorâmico — seu jornal não ia bem, mas sua TV não conhecia fronteiras.

15. Aposta na abertura

Na maturidade, o dono da Globo lembrava o hipismo na intensidade de uma metáfora. "Foi uma grande paixão da minha vida", contou certa vez.[329] "Houve lances muito audaciosos não pelo meu temperamento, mas pela necessidade de aparentar um domínio que na realidade eu não tinha com os cavalos."

Ele costumava dizer que os animais eram "fiéis" amigos. Alguns interpretavam suas palavras menos pela certeza na fidelidade dos bichos e mais pela desconfiança de pessoas próximas.

Jovem, participara de competições estaduais e nacionais no Clube Hípico Fluminense, em Niterói, numa pista que existia na praia Vermelha, na Urca, e mais tarde no terreno do Hotel Quitandinha, em Petrópolis. Com quase setenta anos, o cavaleiro Roberto Marinho ainda ocupava as páginas de esportes de *O Globo* ao enfrentar os obstáculos da Sociedade Hípica Brasileira, na sua categoria.

Na redação, as matérias sobre disputas de hipismo do dono do jornal passavam sempre por um redator, tamanha a preocupação da chefia. Paulo Totti encarregava Raimundo, um copy acostumado a redigir textos sobre o dono do jornal, que tinha a fórmula: "Nosso companheiro Roberto Marinho, diretor das Organizações Globo..."

Certa vez, o redator disse a Totti:

"Preciso de aumento. Eu ponho todos os dias o meu pescoço em risco."

O editor procurou Evandro, que respondeu:

"Vamos dar o aumento. Ele não põe só o pescoço dele em risco, mas o meu e o seu."

Em janeiro de 1974, Marinho montou o cavalo Laborioso na pista da Hípica, na Lagoa. Após sair de um obstáculo tríplice, seguiu para fazer uma curva, próximo à Igrejinha que há no local. O animal deixou a pista e bateu de lado em um muro. O cavaleiro caiu.

O repórter Roberto Arruda, de O Globo, que fazia a cobertura de hipismo se aproximou. Marinho estava lúcido:

"Não quero nota no jornal."

Arruda foi até o fotógrafo que o acompanhava.

"Olha, afasta um pouco e faz uma foto sem que ele veja. Porque se de repente acontecer alguma coisa, tomara que não aconteça nada mais grave, vão te pedir essa foto lá."[330]

Ainda no local, o cavaleiro acidentado redigiu à mão uma mensagem para o diretor da redação, em terceira pessoa. "Evandro, afirmo que Roberto fraturou 12 costelas e perfurou o pulmão esquerdo e que ficou consciente e ainda se sentou na arquibancada, antes de ser socorrido. E que contundiu a carótida e perdeu os sentidos num acidente diferente e sem consequências no pulmão."

Depois, foi levado para o Hospital Samaritano. Roberto Arruda relatou que o chefe pedia que só falassem dele em matérias quando tirasse o primeiro lugar. Outra posição não era importante registrar.

O *Jornal do Brasil* representava a força do negócio da imprensa, mas hesitava em dar o salto para a TV. Nesse período, o empresário Manoel do Nascimento Brito decidiu investir no impresso. Ele contraiu empréstimo do Banco de Boston para construir uma sede imponente na avenida Brasil.

Enquanto ele fazia a mudança de sua empresa, os capatazes das bancas da cidade finalizavam uma igreja de cúpula redonda, na Barra da Tijuca, dedicada a São Francisco de Paula. Agora, os italianos não precisavam sofrer com a impossibilidade de visitar o túmulo do santo na Calábria. A identidade do "grande benemérito" que bancara a obra ficou restrito aos capatazes e à Divina Providência. Era Roberto Marinho.[331]

O espaço reservado pelos jornaleiros a *O Globo* nas bancas era o melhor possível. Marinho esperava o avanço da TV para expandir as vendas. O diário ainda estava longe de atingir o primeiro lugar em circulação — e mais ainda em se tornar o mais influente do Rio. O empresário adiou, no entanto, um ataque decisivo ao concorrente direto. Para alguns, a imagem da condessa freava ou reduzia o ímpeto dele.

O *JB* se consolidou na preferência dos leitores órfãos do *Correio da Manhã* na Zona Sul. Só não herdou a capacidade de Paulo Bitencourt, o proprietário do mais influente matutino da antiga capital, em atravessar o túnel Rebouças e dialogar com os "capatazes", italianos que dominavam a distribuição de jornais.

Desde a saída de cena de Bitencourt, Roberto Marinho era o único remanescente dos empresários da imprensa carioca a manter conversas frequentes com os capatazes, homens que falavam a língua de sua avó Cristina e dos tios maternos.

A presença dos italianos era tão constante em *O Globo* que, certa vez, o diretor e engenheiro Francisco Grael entrou na sala de Marinho e pensou que professores de hidrodinâmica de Gênova, recebidos pelo empresário, fossem jornaleiros. Sem papas na língua, começou a discordar das teorias dos visitantes, a ponto de esculhambá-los. "Toda semana tinha bate-papo com os jornaleiros", relata Roberto Irineu.

Nas ruas do Rio, os italianos estavam na terceira "dinastia" do negócio da distribuição de jornais. O primeiro a ocupar o trono foi o Paschoal Segretto, que chegou a dominar um império de entretenimento, com uma rede de cinematógrafos, e formou o Sindicato dos Jornaleiros da cidade. Depois, assumiu Giuseppe Perrota, o conde Perrota, que se não ultrapassou os limites das bancas — foi o mais longevo deles. Nascido em Paola, vilarejo de Cosenza, na Calábria, chegou aos 17 anos ao país. Com seu sotaque, iniciou a tradição entre os jornaleiros de ler em voz alta as manchetes para vender vespertinos. Era o início da dinastia dos "mancheteiros".

Os contratos entre os donos de jornais e os imigrantes que falavam um dialeto quase extinto na Itália eram fechados apenas no aperto de mãos. A substituição de um chefe de uma das capatazias se dava em rituais secretos. Ficou célebre a história de um cheque sem fundos dado por um capataz a *O Globo*. O grupo dele pagou depois em dinheiro vivo,

mas o chefe desapareceu. Certo dia, um novo comandante foi apresentado a Luiz Paulo Vasconcelos, diretor do jornal. De baixa estatura e queixo erguido, o homem bateu as mãos nas pernas e se apresentou:
"Pasquali Guighio, sargento da armada de Vittorio Emanuele!"
Terceiro no comando do sindicato, Elias de Jora, o sucessor de Perrota, teve uma série de enfrentamentos com o *Jornal do Brasil*. O matutino chefiado por Nascimento Brito vendia cerca de 150 mil exemplares por dia, de segunda a sexta-feira — pela estimativa, o dobro do concorrente —, e mais de 200 mil aos sábados e aos domingos.

Para complicar a relação com os italianos das bancas, Brito trouxe do *The New York Times* a novidade da venda por assinatura. O empresário não teve sensibilidade de avisar antes. "Eles ficaram zangados", lembra o jornalista João Luiz Faria Netto, de *O Globo*.

Na transição inevitável para a entrega em domicílio, Roberto Marinho ofereceu aos capatazes o controle da venda por assinaturas. Era uma forma diplomática de amarrá-los. Os italianos só tinham olhos para bancas, onde podiam vender picolés, quadrinhos e figurinhas de álbuns de futebol e super-heróis.[332]

O confronto entre Elias e Brito chegou ao ápice por conta de percentuais de vendas. O "grande chefe" dos capatazes avisou que suspenderia a distribuição do *JB*. Como sempre ocorria diante dos impasses de negociações do jornal, a condessa entrou no circuito. Ela apelou ao concorrente direto. Roberto Marinho jamais recusava um pedido da amiga, embora guardasse mágoas do silêncio dela no caso Time-Life e das matérias críticas de seu jornal em relação ao contrato com o grupo americano.

Mesmo se recuperando do acidente na Hípica, ele convidou os italianos para um encontro na casa do Cosme Velho. Mandou os empregados prepararem a biblioteca da residência, no segundo pavimento, o mesmo do quarto onde convalescia.

No Cosme Velho, pouco antes da hora combinada, Marinho, numa cadeira de rodas, e um assessor ficaram espiando, da janela do quarto, os italianos chegarem aos poucos. Tinham os olhos brilhantes e desconfiados.

O empresário acertou com o assessor que só entraria na biblioteca quando todo o grupo estivesse presente.

Minutos depois, a porta da biblioteca foi aberta. Na cadeira empurrada por um enfermeiro, Roberto entrou. Os capatazes se levantaram das poltronas e cadeiras. Elias de Jora deu alguns passos mais à frente na direção do empresário, ajoelhou-se e beijou a mão do dono da casa. O gesto foi repetido pelos demais.

A condessa telefonou ao amigo para agradecer pela suspensão do bloqueio dos jornaleiros.[333] Agora, a guerra com o *JB* parecia um desafio pequeno.

Em casa, amigos, filhos e a mulher pediam para Roberto Marinho desistir das disputas na Hípica.

"Acabou, você não vai mais montar", sentenciou Ruth.[334]

Quatro meses depois, ele estava de volta à Hípica. Numa tarde de outono, na montaria do cavalo Tupã, venceu a prova "General Lindolpho Ferraz", um percurso normal, com obstáculos de 1,20 m. Não cometeu faltas. Ruth foi quem entregou o troféu. Mas era a despedida dele das pistas e de uma prática que começara no longínquo 1939.

A manchete de *O Globo* que chegou às bancas no dia 15 de janeiro de 1974 era uma notícia previsível. "Geisel chega a Brasília. Hoje, ele será eleito presidente". Controlado pelo regime, o colégio eleitoral formado por 503 membros, sendo 310 deputados federais, 66 senadores e 127 deputados estaduais, que representava as assembleias legislativas, chancelaria a indicação do nome do general e do candidato a vice, o general Adalberto Pereira dos Santos, apresentados por Médici. O jornal não citou na primeira página a chapa concorrente, o presidente do MDB, Ulysses Guimarães, e o jornalista Barbosa Lima Sobrinho.

O grupo dos "autênticos" do partido oposicionista avisou de antemão que iria comparecer à sessão, mas se absteria. Na avaliação deles, votar no chefe do partido era legitimar a disputa. *O Globo* criticou a postura do grupo. "A oposição radical insiste em ver nosso ato final do processo sucessório um artifício despido de qualquer validade democrática", destacou. "Não somente por se tratar de uma eleição indireta mas, acrescentam os 'autênticos' do MDB, por ser uma decisão de cartas marcadas, com os votos prévia e imutavelmente estabelecidos."[335] O texto defendia a legitimação do pleito, mas não deixava de ser também uma defesa dos moderados do partido na briga interna com os "autênticos".

As divergências entre grupos da oposição eram estimuladas pelo ministro-chefe da Casa Civil, Golbery do Couto e Silva, e lideranças da Arena. Em um bilhete a Golbery, o senador governista José Sarney anotou que "Estimular uma divisão do MDB no Congresso" era uma "necessidade imediata".[336]

Ernesto Geisel obteve 400 dos 497 votos e Ulysses, 76. Os 21 "autênticos" do MDB não votaram no "anticandidato", se abstiveram. Seus votos foram considerados brancos. Na galeria, seis policiais com roupa do Corpo de Bombeiros portavam armas, registraria *O Globo*.[337] O clima era de tensão.

Na edição do dia seguinte, o jornal deu pouco espaço para a vitória previsível de Geisel na primeira página, optando pela manchete: "Recomeça a busca ao corpo de Carlinhos". O desaparecimento do menino Carlos Ramirez da Costa, de dez anos, no ano anterior, no bairro de Laranjeiras, na Zona Sul, mobilizava o noticiário por anos. A foto principal da edição era a imagem de três jovens se abraçando, numa comemoração do resultado do vestibular daquele ano, antecipado numa edição extra.

O jogo assimétrico entre os partidos governista e oposicionista refletia nas classificações de serviços e comércios país afora. No Jardim Botânico, Arena era a ala do restaurante da Globo que contava com toalhas na mesa e oferecia um cardápio variado. Parte da diretoria almoçava lá. MDB era o setor sem toalha, que distribuía o clássico PF, um prato feito. No passado, essa repetição ocorria na antiga sede de *O Globo*, no centro da cidade, em que os restaurantes foram apelidados de UDN e PTB. Um novo sistema de bandejão não mudou as diferenças de mesas. Mais tarde veio a opção do tíquete-refeição e do vale-alimentação.[338]

Em março, na véspera da posse do novo presidente, Roberto Marinho telefonou para Henrique Caban, que estava na chefia da redação do jornal:

"Como está a primeira?", perguntou, referindo-se à capa de *O Globo* que sairia no dia 15 daquele mês.

"Tem uma foto enorme do Geisel."

"Hum."

"E uma mínima do Médici deixando o palácio."
Com voz pausada, Marinho orientou:
"Tira essa da primeira."[339]

A relação do empresário com o governo Médici foi de tensão, ainda que o jornal e a TV tivessem mantido uma linha favorável. Embora Geisel fosse um militar sisudo e pouco afável, sua chegada ao Palácio do Planalto abria perspectivas de expansão para a Globo.

Roberto Marinho ainda se recuperava do acidente na Hípica. Ele datilografou uma carta a Geisel para justificar a ausência na posse do general e, ao mesmo tempo, ressaltar uma relação de amizade. "Tendo sofrido ontem um acidente que me custou a fratura de três costelas, vejo-me infelizmente impossibilitado da grata satisfação de comparecer à posse do ilustre amigo, em boa hora escolhido para dirigir os destinos da Nação e dar continuidade, em linha ascendente, aos objetivos regenerados da Revolução de Março. Valho-me assim desta mensagem para reiterar a minha fé em que os seus invulgares atributos de cidadão e homem público, a manifesta confiança nacional e a ajuda de Deus assegurarão pleno êxito ao seu governo, para o bem das justas aspirações do povo brasileiro e o engrandecimento, cada vez mais sedimentário e prestigiado, do nosso querido país."[340]

O tempo era de transformações políticas. Em Portugal, no final de abril de 1974, uma revolução socialista derrubava a ditadura de Salazar. No Rio, uma cidade de grande colônia lusitana, a notícia causou apreensões especialmente entre comerciantes e exportadores. Quando as primeiras matérias sobre o movimento chegaram à redação de *O Globo*, pelas agências internacionais, Roberto Marinho entrou na relação dos preocupados. O Tamarind, seu barco comprado na Inglaterra, estava num estaleiro em Lisboa para uma reforma.

Uma amiga portuguesa tinha convencido de que o estaleiro era "maravilhoso" e garantia o serviço, lembra José Roberto, caçula do empresário. "Mas aconteceu a Revolução dos Cravos, aí pintaram o barco todo com foice e martelo", lembra. "O barco ficou preso. Demorou para o papai conseguir resgatar. Ele estava quase montando uma 'Operação Baía dos Porcos' para invadir...", conta, bem-humorado. "Ficou muito puto, imagina, o barco dele, que ele amava. Esculhambaram o barco."

A TV passava também por um tempo de mudança de ciclo histórico. Com sua voz grave e um tanto alarmista, o gaúcho Heron Domingues ia além de um sobrevivente da Era de Ouro do Rádio. Foi seu símbolo maior no microfone da informação. Na Nacional, apresentou *O seu repórter Esso*, noticiário bancado pela petrolífera americana. Na manhã de 24 de agosto de 1954, correu para dar a notícia do século no país. O presidente Getúlio Vargas acabava de se suicidar com um tiro no peito, desfecho de uma crise política que se arrastava havia meses. Não era notícia de primeira mão. Léo Batista, da Rádio Globo, deu antes a informação. "Uns dez ou 15 minutos depois entrou o Heron dando a notícia", relatou Léo.[341] "Evidente que o Brasil tomou conhecimento pelo *Repórter Esso*, porque a Rádio Globo tinha 7 quilowatts, a Nacional tinha 50 e não sei quantos transmissores."

A credibilidade de Heron levava o público a esperar sua entrada no ar para aceitar a veracidade das notícias. Logo, não sofrera de não ter tido a primazia de relatar a história. Ele ainda noticiou, na rádio, a morte de Carmem Miranda, a renúncia de Jânio Quadros e a chegada do homem à Lua.

Agora, em agosto de 1974, exatos vinte anos depois do suicídio de Getúlio, Heron pretendia ser o primeiro da Globo a noticiar a renúncia de Richard Nixon, nos Estados Unidos. O republicano enfrentava um processo de *impeachment* no rastro do escândalo do Watergate. Uma investigação dos repórteres Bob Woodward e Carl Bernstein, do *The Washington Post* mostrou a participação de membros da Casa Branca na invasão e colocação de escuta na sede do Partido Democrata.

"Nada mais justo do que dar a você esse privilégio", disse Armando Nogueira. "Só quero que você fique ao alcance, porque a qualquer hora pode dar-se a renúncia."[342]

À tarde, quando a notícia chegou à Globo pelas agências, Armando procurou Heron. Não estava em casa, nem num escritório que mantinha na cidade. O apresentador estava em um motel. Num plantão das 17 horas, a emissora deu a notícia. Heron, agora, precisava incluir o caso Nixon na lista de notícias de primeira mão perdidas, como o fim da Segunda Guerra — "Atenção, atenção, acabou a guerra!" — e a morte do presidente — "Morreu o presidente Getúlio Vargas". Mas daqueles tempos lembrou que foi só depois da narração dos fatos históricos no seu famoso programa radiofônico, o *Repórter Esso*, que essas notícias foram aceitas nas ruas.

Na redação, Armando tinha visto imagens inéditas colhidas em circuito fechado de Nixon antes de fazer um pronunciamento à nação. A gravação foi enviada pelo correspondente Hélio Costa. Nela, o presidente mexia nos cabelos, gesticulava, ensaiava um sorriso. O diretor de Jornalismo da Globo avaliava que havia material para uma edição marcante do *Jornal Internacional*, apresentado por Heron.

Às 23 horas, o telejornal começou. Com imagens de Nixon saindo da Casa Branca e entrando num avião, o repórter Lucas Mendes abriu a reportagem em tom sereno. "Ele que tinha sido eleito com o maior número de votos na história do país. Ele que quis sair da presidência e entrar para a história como pacificador. Richard Milhous Nixon, desgraçado e destruído, estava sendo expulso da Casa Branca para o exílio no próprio país."

Na sequência, Mendes apresentou uma síntese do Watergate, destacou o esforço dos repórteres que revelaram o caso e do juiz do processo. Heron Domingues, depois, apareceu com sua voz de maturidade e intensa. No teleprompter estava o texto escrito por Jorge Pontual, redator principal do jornal. O apresentador comentou, então, as imagens espontâneas do republicano antes do anúncio de saída do poder. "A televisão americana comentava a surpreendente calma e o bom humor de Nixon, o contrário do que se esperava de um homem acuado por pressões enormes. Nós confirmamos esse detalhe com a imagem espontânea colhida em circuito fechado dos momentos de descontração de Nixon, como um ator de novela, como um político que fez sua carreira dominando a televisão e, às vezes, sendo vencido por ela", dizia Heron, com a tela mostrando o presidente. "Richard Milhous Nixon se despediu do cargo mais visado da Terra com um sorriso."

Heron deixou a bancada do jornal em êxtase. Não menos emocionado, Armando desceu até o estúdio para chamá-lo para um jantar, uma forma de prestigiar um veterano até então constrangido pela perda do furo.

No restaurante, o apresentador não perdeu a oportunidade de comentar com o *maître*, o primeiro que viu, a performance na TV. "Eu quero pedir desculpas porque o restaurante está vazio. O responsável por isso sou eu, porque tenho certeza que estava todo mundo vendo o *Jornal Internacional*, no qual eu dei detalhes sobre a renúncia do Nixon", disse.

Durante o jantar, Heron e Armando falaram da carreira e da vida. Tomaram uísque. Às duas da manhã, o apresentador deixou o diretor em casa e foi para a sua residência. Nas primeiras horas da manhã, Alice Maria telefonou a Armando para avisar que Heron tinha sofrido um ataque fulminante de coração. O diretor não tinha "a menor dúvida" de que a emoção havia matado aquele que foi uma voz do Brasil.

No Araguaia, militares ainda prendiam e executavam os últimos guerrilheiros que perambulavam, no final de agosto, na mata do Araguaia, famintos e com leishmaniose pelo corpo — Médici deixara para o sucessor os últimos tiros à queima roupa nos presos nas bases improvisadas da floresta.

Depois de cinco meses no cargo, Ernesto Geisel resolveu fazer seu primeiro discurso público. Naquele momento, a oposição pressionava o governo por reformas e abertura. A campanha eleitoral começava. Em um encontro com a executiva da Arena, o general reclamou das "pressões indevidas", numa crítica aos adversários. Geisel afirmou que os órgãos de segurança continuariam no "combate" "perseverante" e "rigoroso" à subversão, mas sem "excessos condenáveis". O ponto alto do pronunciamento veio no antepenúltimo e no penúltimo parágrafos do texto lido, quando falou de uma "abertura gradual".

"Geisel aceita o debate mas condena pressões", informou o *Estadão* na manchete de 30 de agosto. No título de dentro, o jornal paulista foi subjetivo ao publicar que "Geisel renova convite à imaginação". Na mesma linha, a *Folha* deu a manchete: "Geisel repele 'pressões indevidas'", e ainda sugeriu confiança no regime ao destacar em sua página interna: "Geisel: regime depende da eficiente motivação do povo".

A equipe de *O Globo* estava mais preparada para noticiar o que ocorria.

"PRESIDENTE GEISEL ANUNCIA
DISTENSÃO GRADATIVA E SEGURA"

Assim, o jornal de Roberto Marinho pautou a cobertura da política de abertura do governo, que predominaria nos anos seguintes.

O *JB* recuperou o furo num segundo clichê, com uma manchete que mesclava as "pressões" com a "abertura": "Presidente adverte radicais e anuncia distensão gradual". Na primeira versão, o jornal da condessa chegou a dar o editorial "Apelo à distensão" — o editorialista estava atento. Mas a matéria da página interna informava apenas que "Geisel quer debate para bem do regime."

O noticiário sobre presos políticos, porém, continuava sendo feito de forma quase clandestina. No dia 1.º de setembro, *O Globo* publicou na página 15 uma matéria com uma foto da advogada Flora Strozenberg. "Marido de advogada nega envolvimento político". Era uma matéria pequena, embora no alto da página.

Uma rede de jornalistas nas redações tentava salvar vidas. Naquele momento de pressão e vigilância acirrada, repórteres e editores, boa parte ligada à esquerda, estavam focados em dar notas para deixar claro para a repressão que a imprensa sabia que um perseguido tinha sido preso.

José Augusto Ribeiro lembra que esses casos geralmente não entravam nas circulares da censura. Roberto Marinho autorizava as publicações. "Outros jornais costumavam não publicar e *O Globo* publicava — nunca sem ordem dele", relatou. "Eu nunca publiquei nada que pudesse criar problema, que não fosse autorizado. Nunca", contou. "Então, quando a gente sabia que alguém tinha sido preso, nós contávamos a ele. Então ele dizia assim: 'publica discretamente'." Essas notícias costumavam ser publicadas no chamado "colunão", que eram umas colunas da página 13 em diante, de pequenas notas.

Ele conta que a notícia da prisão de Flora foi repassada por Armando Strozenberg. "Eu tinha sido colega do Armando no *Diário Carioca* e no *Jornal do Brasil*. Ele disse assim: 'Prenderam a Flora, vê se dá para publicar uma nota...'. Uma noticiazinha de cinco linhas no *Globo* às vezes salvava a vida da pessoa."

No dia 6, *O Globo* voltou ao caso, agora na página 7, para informar que "Advogada (é) localizada em São Paulo", sem dizer que estava presa. "A advogada Flora Strozenberg, desaparecida, há uma semana, foi localizada e visitada ontem por seu pai, Maurício Frisch, em São Paulo, onde está detida, informaram ontem pessoas de sua família. (...)

O delegado Murilo Vieira Sampaio, da 14.ª DP, que estava investigando o desaparecimento, foi informado ontem pela família de Flora que ela está em São Paulo. Não foi divulgado ontem qualquer comunicado sobre o caso."

O marido de Flora, Alberto Strozenberg, enviou a *O Globo* uma carta.

"No momento em que recebo informações concretas segundo as quais minha esposa Flora está em São Paulo, já tendo sido vista pelo seu pai, o medo pavoroso que me consome há uma semana se desvanece em parte, e de imediato me invade uma emoção ao pensar quão decisiva foi a ajuda de todos aqueles que de maneira desinteressada, corajosa e humana procuraram se informar e se solidarizar. Em particular, não posso deixar de ressaltar o trabalho da Imprensa e da TV que, ao divulgar e acompanhar momento a momento este terrível acontecimento, ajudou decisivamente para que a luz fosse redescoberta."

Roberto acompanhava atentamente as ações do novo governo. Em suas primeiras semanas de atuação, a equipe econômica de Geisel fazia ajustes. A desaceleração e o desespero bateram à porta da ditadura. Nas ruas, o regime passava a enfrentar o peso político da crise. A oposição tinha agora perspectivas de grande êxito nas eleições de novembro de 1974, que renovariam um terço das cadeiras do Senado e a totalidade dos assentos da Câmara.

O governo iniciou, então, o esboço de um Plano Nacional de Desenvolvimento para garantir investimentos pesados em obras de infraestrutura e na indústria. A meta era manter parte da taxa de crescimento e evitar uma queda brusca do emprego, por meio de investimentos públicos, ações da iniciativa privada e dinheiro externo.

Em setembro daquele ano, Roberto entregou ao governo um projeto de reportagens para divulgar o PND, sem que se caracterizasse o tom de publicidade. "Isso será feito como iniciativa privada, sem o menor caráter oficial. Aparecerá como informação, não como propaganda", descreveu um documento. "Será feita ou iniciada com um Globo Repórter, com a síntese e a objetividade que caracterizam esses documentos jornalísticos. *O Globo* daria cobertura jornalística em suas colunas. Conviria que o Governo fornecesse um resumo dos pontos essenciais a serem ressaltados."

No documento, o empresário solicitou em seu nome, em caráter "estritamente confidencial e reservado", informações sobre perspectivas pelas quais o governo encarava alguns problemas. Um deles era a utilização da energia atômica para fins pacíficos e militares. Marinho ressaltou que havia uma crescente escassez de outras fontes de energia e, com a "difusão da tecnologia militar", uma dezena de nações inclusive latino-americanas e, em especial a Argentina, tinham possibilidade de produzir "artefatos atômicos militares".

O dono do jornal ainda pedia informações sobre a proposta do governo para acabar com o impasse criado pela necessidade de manter o ritmo de crescimento da indústria automobilística no país, em face do custo petróleo.

Por fim, o empresário solicitou uma interpretação sobre mudanças na ordem internacional, com a "superação" dos organismos e pactos multinacionais. As grandes potências buscavam acordos e entendimentos diretos, que desprezavam, segundo ele, "divergências ideológicas", tornando doutrinas vigentes "obsoletas" e impondo "novas concepções". "Tais concepções não deverão ser simplesmente importadas, mas formuladas também pela inteligência brasileira", registrou.[343]

Ernesto Geisel reabriu o Palácio do Planalto para o trabalho da imprensa. Toninho Drummond começou a se movimentar para ocupar espaços na interlocução com o governo. O trabalho de *lobby* naquele momento de abertura tinha um obstáculo interno: o diretor Edgardo Erichsen, o porta-voz informal do regime. "O homem era vaidosíssimo, ganhou notoriedade nacional por ser puxa saco dos militares", relata Toninho.

Nos primeiros tempos na sede da emissora na capital, Edgardo apresentava programas jornalísticos locais. "Quando Brasília surgiu no noticiário nacional, começou a aparecer o conflito da existência de um maluco, que estava muito mais à direita que a própria direita no poder."

Em rede nacional, Edgardo apresentava seu programa de opinião de um minuto chamado "Editorial", que ia ao ar toda noite, antes do *Jornal Nacional*. Walter decidiu passá-lo para as 22 horas, um horário de menor audiência. O colunista procurou o governo para se manter na mesma programação. Walter não cedeu. Uma divergência estava criada entre a Globo e o regime.

O diretor da Globo chamou o chefe da redação em Brasília para uma missão.

"Toninho, tenho uma tarefa para você."

"Qual é?"

"Você vai tirar essa parada de editorial do comentário do velho."

"Porra, Walter."

Brasília sabia que Edgardo tinha relações estreitas com o regime e Toninho, que ele possuía força dentro da Globo.

"Toninho, se você conseguir eu te dou um aumento de salário."

Toninho foi à sala de Edgardo.

"Eu preciso de uma conversa com você."

"O que é Toninho? Já vem você, já vem você."

"Edgardo, o que eu vou te dizer é interesse seu."

"O que é?"

"A palavra editorial..."

"Tá vendo? Eu já sabia que você vinha me encher o saco."

"Não, é que eu percebi o seguinte: a palavra editorial faz mal a você."

"Como?"

"Edgardo, não tem ninguém de bom senso para achar que você é que escreve. As pessoas pensam que o que escreve vai para o Walter Clark, que manda para o doutor Roberto, aí eles aprovam e você lê, entendeu? Então, o seu prestígio é o mesmo do apresentador do *Jornal Nacional*."

"Sim, e daí?"

"Estou aqui para fazer você pensar nisso. Não é você que escreve? Não é você que diz? Então, põe que é opinião do Edgardo Erichsen."

"Porra, do caralho, quero assinar!"

Edgardo permaneceria mais algum tempo na emissora com seus comentários, tendo como legenda: "Opinião de Edgardo Erichsen".

No Planalto, Toninho aproximou-se dos assessores palacianos Heitor Aquino Ferreira e Humberto Barreto, assessores diretos de Geisel. A relação de senadores arenistas moderados com o palácio, com idas e vindas constantes ao gabinete do presidente, garantia também à imprensa uma nova fonte de notícias. Um deles, Petrônio Portella, do Piauí, passou a fazer a coordenação política do governo. "Aí deslanchou", lembra Toninho. "Heitor e Humberto eram almas gêmeas."

A entrada de Toninho no Planalto o tornou a figura institucional de fato da Globo em Brasília e, ao mesmo tempo, um funcionário que passou a conviver diretamente com Roberto Marinho, justamente no momento em que o empresário ocupava todas as suas tardes e inícios de noite com os negócios da TV.

Do tempo de formação de Roberto, ficara a certeza de que todo profissional de uma empresa jornalística deveria estar atento em obter notícias para publicar no impresso ou divulgar na TV. Ele chamava a atenção de editores e executivos quando percebia neles uma certa vergonha de se parecer repórter.

Na visão de Marinho, a notícia era produto para ser vendido na banca, um negócio. Por alguns instantes, o empresário desempenhava o papel de repórter, mas sem a irritante mania de afirmar seu conhecimento à fonte que lhe dava informação. "Ele falava pouquíssimo, ouvia muito. Às vezes, eu passava informações para ele, que tinha aqui, e mais tarde ia saber que estava muito mais avançado nas informações", relatou Toninho.[344] "Ele não passava recibo, ele ouvia. Jamais disse assim: 'Isso eu já sei. Isso já está assim, já está assado, já está um pouco mais adiantado do que você pensa.'"

No início da manhã de 15 de novembro de 1974, uma repórter foi destacada pela sucursal da Globo em Brasília para entrevistar Geisel de qualquer maneira, no ginásio em que ele ia votar.

Dias antes, Toninho Drummond combinou com Humberto Barreto, próximo do general, que a emissora acompanharia a chegada de Geisel à seção eleitoral. Ele, então, daria uma entrevista. Fazia parte do projeto de distensão. O presidente soltou frases para ressaltar um "clima de liberdade" no país. Assessores se anteciparam a um possível êxito da oposição e avaliaram que a disputa não era um julgamento do governo.

O MDB ganhou a eleição para o Senado em 16 estados e aumentou sua bancada. O governo, por outro lado, não contava mais com a Arena para fazer mudanças na Constituição e pôr em prática sua abertura gradual. A linha dura estava mais do que nunca no calcanhar de Geisel. O general foi destaque do *Jornal Nacional* do dia 15 e manchete de *O Globo* na manhã seguinte. Mas, com a abertura das urnas, o jornal apresentou uma primeira página indigesta para o Palácio do Planalto.

"VANTAGEM PARA
O MDB EM
18 ESTADOS"[345]

No dia seguinte, o jornal procurou "compensar" o espaço dado à legenda oposicionista com uma manchete que tinha o partido governista com destaque. "Arena garante maioria na Câmara Federal", divulgou *O Globo*.[346] A notícia mais relevante das urnas era mesmo o fato de o MDB, agora, controlar o Senado.

Roberto Marinho publicou, na mesma edição, um longo artigo para legitimar as eleições. O texto "Depois das urnas" começava com uma exaltação ao Planalto: "O governo Geisel obteve uma vitória significativa com a realização, dentro dos dispositivos e normas institucionais vigentes, de eleições livres, isentas de pressões políticas ou econômicas, que possibilitaram ampla comunicação dos candidatos com o povo", escreveu. "Jamais em nossa história atingimos um nível tão elevado de comportamento democrático."[347]

No artigo, ele respaldava uma eleição em que o governo saía visivelmente derrotado. "Distinguindo-se dos regimes totalitários baseados no partido único, cujas eleições são uma mera fraude e dos regimes sem estabilidade institucional expostos ao terrorismo e injunções de toda natureza, o Brasil dá um exemplo de equilíbrio, de paz e de respeito à pessoa humana."

Marinho adotava a ambivalência ao legitimar um governo claramente ditatorial e refutava a política de violações de direitos. Ao mesmo tempo, engessava o regime, que, sem reconhecer dois partidos e a eleição, seria autoritário. Naquele momento, havia risco de a ditadura anular a disputa.

A direção da Globo em Brasília foi reforçada com um nome da elite carioca. Afrânio de Mello Franco Nabuco ocupava a cadeira de diretor regional que tinha sido do jornalista Antônio Coutinho de Lucena, morto repentinamente.[348] Pelo lado paterno, Afraninho era neto do abolicionista Joaquim Nabuco, e do materno, do ex-ministro Afrânio de Melo Franco. A mãe, Maria do Carmo, matriarca udenista, causava medo nos políticos da República.

Afraninho se instalou em uma mansão na cidade, onde organizava almoços e jantares refinados. Num tempo de regime fechado, figuras burocratas do segundo escalão do governo costumavam preencher espaços nas recepções da casa. O diretor, porém, tinha habilidade de se colocar entre os figurões da Esplanada dos Ministérios e da Praça dos Três Poderes.

Ele fazia dupla com Toninho, que estava numa posição hierárquica abaixo. Se Afrânio tinha a mineiridade do sangue dos Mello Franco, o diretor de jornalismo em Brasília possuía a mineirice dos velhos líderes do PSD juscelinista.

Roberto Marinho evitou grandes gastos na construção de uma sede para Globo Brasília, no terreno que adquirira na W3 Norte, a principal pista comercial da Asa Norte, naquele tempo ainda um lado não desenvolvido da cidade em forma de avião. Somente tempos depois o empresário decidiu tocar o projeto de um prédio funcional, sem suntuosidade. Durante a construção, dois operários da obra trabalhavam na solda, dentro da caixa d'água, quando começou o vazamento de gás de um dos botijões. Intoxicados, perderam a consciência e soltaram os maçaricos. As labaredas se espalharam. A estrutura rompeu.[349]

O acidente mobilizou o Corpo de Bombeiros do Distrito Federal. Os agentes retiraram dos escombros três operários mortos. Outros 13 foram hospitalizados. A tragédia comoveu a capital. Era um dos maiores acidentes da história da cidade.

O governo Geisel insistiu na entrada de Nascimento Brito no negócio da televisão para quebrar o "monopólio" da Globo, nas palavras de Euclides Quandt, ministro das Comunicações. Brito encarregou o jornalista Carlos Lemos, sem experiência no setor, para chefiar a nova emissora. Eles passaram a fazer viagens ao exterior em busca de um modelo de TV que pudesse ser diferente do produto apresentado por Roberto Marinho, chamado de "crioulo", um termo racista, pelo concorrente.

O dono do *JB* e o seu executivo Bernard Costa Campos, amigo pessoal de Delfim Netto, já não tinham a mesma desenvoltura nos gabinetes do governo Ernesto Geisel, como no tempo de Médici. Ainda assim tinham a preferência do novo presidente, observa Cezar Motta.[350]

Quandt cansou de esperar que Nascimento Brito consolidasse sua emissora. Ele teve certeza da desistência do empresário no negócio quando passou a receber visitas frequentes, em seu gabinete, ao longo de 1975, do responsável pela instalação do canal. Nas conversas, um certo comandante Lywal Salles, colocado por Brito como seu representante, sugeriu que, para levar à frente o projeto da televisão, era preciso um "correto" funcionamento da radiodifusão. Ele considerava "indispensáveis" a criação de um órgão de verificação de audiência, um organismo de defesa do setor independente do governo e o fim de novas concessões para outros grupos.[351]

Numa das audiências, Salles afirmou que o *Jornal do Brasil* estava sofrendo uma pressão "muito grande" de *O Globo*, principalmente contra o jornal, um processo de "esmagamento", uma "luta de vida ou morte". O militar disse ainda que a empresa não pretendia dar prosseguimento aos trabalhos dos canais no Rio e em São Paulo, antes de conhecer a redação de um anteprojeto do Código de Telecomunicações que o governo preparava. "Não creio que pretenda levar avante a instalação das televisões", registrou o ministro. "Suas ideias, em teoria, são uma possível linha de ação a ser seguida, mas não as considero exequíveis", escreveu.

Quandt não deixou de registrar o incômodo por tantas exigências, sugerindo que eram desculpas para não tirar as emissoras do papel. "O *Jornal do Brasil* não dá indícios de que vá adiante. Suas ideias não podem ser aceitas, principalmente apresentadas como condição para que sejam instaladas as emissoras."

Lywal Salles voltou a procurar o ministro, desta vez acompanhado de Nascimento Brito. Os dois entregaram a Quandt uma petição em que acusavam a TV Globo de "concorrência desleal" que mesclava "poder econômico" com "abuso de direito". Pediram ao ministro que proibisse publicidade pelas emissoras de televisão do próprio negócio e das empresas do mesmo grupo econômico. Nascimento Brito informou que pretendia instalar as emissoras de TV, só estava esperando o texto do novo Código de Telecomunicações.

Quandt sugeriu que procurassem o Cade, órgão responsável por questões de abuso econômico. De qualquer forma, enviou a denúncia à consultoria jurídica de seu ministério. Os técnicos informaram que uma concessão de TV não fazia restrições à origem da publicidade comercial. A pasta tinha responsabilidade apenas de coibir que fosse ultrapassado o tempo máximo permitido para a publicidade, de 15 minutos a cada hora.

Menos de três meses depois, o empresário pernambucano Pessoa de Queiróz, dono da TV Jornal do Commercio, do Recife, pôs à venda o canal e seis rádios. O governo deu sinal verde para o *Jornal do Brasil* comprar a emissora de televisão, mas Nascimento Brito se desinteressou pelo negócio.[352] As dívidas com a nova sede e os gastos com o projeto de programas e estúdios para pôr no ar o canal de televisão começavam a se avolumar.

Roberto Marinho mirava negócios imobiliários. A Barra da Tijuca, na Região Oeste, começava a viver um *boom* imobiliário. Lúcio Costa, que desenhara o Plano Piloto de Brasília anos antes, agora comandava o plano-diretor do bairro carioca. Ele desenhava um croqui de avenidas largas como os eixos da capital, de pouca atenção para o transporte público. Lúcio era o urbanista que migrava do Brasil juscelinista para o Rio transformado, sede de um império empresarial do entretenimento.

A área escolhida no Rio por Nascimento Brito para a nova redação do *JB* não acompanhou o crescimento vertiginoso da Barra; a gráfica do seu jornal, muito menos os avanços tecnológicos. Ele tinha vinte unidades de impressoras no sistema *letterpress*.[353]

Naquele momento, os jornais discutiam se adotavam o modelo de rotativa *offset* ou permanecia com a *letterpress*, mais artesanal. Roberto Marinho nomeou uma comissão do jornal para ir a feiras de máquinas em Las Vegas, Atlanta e New Orleans. Henrique Caban foi como representante da redação no grupo.

Caban relata que, numa feira em Las Vegas, testemunhou Nascimento Brito perguntar a um expositor de máquinas qual seria o rumo do *The New York Times*. O vendedor informou que o jornal permaneceria no modelo antigo.

"Então, o *JB* continuará com a *letterpress*."

Caban conta ainda que, em Nova York, visitou a direção do jornal americano. Um diretor lhe perguntou:

"Quantas unidades de rotativas vocês têm?"

"Temos 12 e queremos passar para 18."

"Olhe, eu não tenho só a experiência disso, tenho o sindicato. Se descermos agora na oficina, e vocês tocarem numa mesa, o ambiente para. O acordo do jornal com o pessoal do linotipo foi demitir todos e pagar até o fim da vida."

"Você acha que devemos adotar o *offset*?"

"Eu tenho 230 unidades de *letterpress*, mas eu diria para vocês comprarem o *offset*. A perda do papel, que é a desvantagem dele, vai se resolver, é um problema da água e da tinta."

Num determinado momento, *O Globo* investia na pré-impressão o preço que o *JB* gastava para movimentar uma linotipo. O custo de energia ficou absurdo. A Hoe era uma máquina velha e a *offset* economizava energia.

Na parte de computação, o jornal de Marinho comprou duas leitoras óticas. As matérias passaram a ser batidas numa folha de papel. "A leitora ótica não lia o til, lia como caracteres separado, isso dava uma confusão desgraçada na redação", conta Henrique Caban. "*O Globo* estava de vento em popa. Mas o doutor Roberto já tinha o costume de reclamar das coisas. Ele começava sempre assim: 'Isso nunca aconteceu n'*O Globo*'. A gente já sabia e deixava quieto. 'Isso é gravíssimo', dizia. Num dia, ele começou a falar: 'Nos bons tempos do *Globo*...'. Aí ele parou: 'Não, os bons tempos são agora'."

Na oficina, a rotativa Goss Metroliner Rockwell, com 64 metros de comprimento, deu condições ao jornal de trocar a antiga impressão a chumbo pelo *offset*. O novo sistema, adotado por veículos estrangeiros, foi implantado paulatinamente.[354] O processo por meio de placas de alumínio, que recebiam quatro cores básicas, era de custo elevado, mas permitira grandes tiragens.

A implantação do *offset* não tinha unanimidade n'*O Globo*. Os diretores se posicionaram contra o modelo de impressão. Roberto perguntou a Evandro:

"E você, o que acha?"

Evandro titubeou:

"Eu não sei".

Numa conversa com o advogado Miguel Lins, Roberto Marinho ouviu dele um elogio ao diretor de *O Globo*:

"Evandro é bom profissional".

O empresário atirou:

"É, mas ficou contra quando eu quis colocar o *offset*".

A resistência às mudanças gráficas editoriais partia, porém, dos homens que, nos anos 1950, atuaram no expurgo de velhos jornalistas e na adoção de medidas que modernizaram o vespertino. "Evandro sofria muito na mão dos discípulos do Herbert Moses, que eram o Grael e o Arthur de Almeida", relata Roberto Irineu, referindo-se a antigos dirigentes do jornal. "O que Grael sacaneou o Evandro ao longo da história é um negócio. O que ele me sacaneou é incontável."

Roberto Irineu foi encarregado pelo pai a buscar informações no exterior. "Fiz uma viagem com o Caban aos Estados Unidos e uma outra sozinho à Europa, onde vi grandes jornais no novo modelo de impressão", relata. "Voltei bastante convencido da necessidade de mudar."

A geração que garantiu a modernidade para *O Globo* nos anos 1950 agora era substituída por outra que pregava mudanças para se adaptar aos complexos anos 1970. "Pois é, ele (Grael) podia ser o moderno dos anos 50, mas anos 60, 70, 80 e 90, não", afirma Roberto Irineu.

Fofoca e sabotagem eram armas de Grael, segundo Roberto Irineu. "Ele controlava o dinheiro, então o Evandro todo dia tinha que ir ao doutor Roberto e dizer: 'Olha aqui, eu contratei fulano de tal por tanto, não sei o que lá, e o Grael rasgava a contratação'. O exercício do poder é complicado. Não era ladrão, mas era um péssimo administrador."

Henrique Caban relata que, nessa época, Marinho e seus irmãos tinham vida "modestíssima". "Falo isso quanto a uso de carro, na maneira de se vestir e de comer. Ele não se comportava como um príncipe, algo que o Nascimento Brito fazia", relata. "A conversa é para ser franca. Enquanto doutor Roberto comprava novas máquinas, o Brito construía um novo edifício para o jornal", ressalta. "O Brito não quis aderir ao *offset*."

A "marcha" de Roberto Marinho pelo calçadão do poder estava agora em ritmo firme. Ele soube aproveitar a demanda por informação, estava forte o suficiente para sufocar revoltas familiares e mais austero na relação com a tesouraria do jornal.

Nascimento Brito, por sua vez, mantinha a tradição dos barões da imprensa carioca de recorrer ao cofre da empresa para pagar despesas de viagens e a vida de luxo.

"Roberto Marinho não assaltava seu jornal", lembra a jornalista Ana Arruda.

Ao lado do empresário, estava a dupla Evandro e Caban, totalitária no tratamento com os repórteres e disposta a fazer a expansão do jornal. A queda de reacionários influentes da reportagem se dava muito mais pela falta de sintonia com Evandro que por suas relações com a caserna. Tanto que muitos deles ainda sobreviveriam por alguns anos, resistiriam às primeiras mudanças no jornal.

Evandro era um homem intransigente. Mas o jornal estava agora no páreo do jogo da imprensa. "A redação do *Globo* era orgulhosa do enfrentamento com o *JB*", observa Marcelo Beraba, um dos repórteres da nova geração que cresceu e "sofreu" no período.[355]

Os novos profissionais garantiam um jornal competitivo a ponto de equilibrar as contas das organizações num período em que a TV ainda era deficitária. A mais-valia, a sobra do capital, no jornal, não seria para a compra de iates ou carros luxuosos, mas para a emissora de televisão.

Nas últimas décadas, o *JB* havia deixado de ser uma marca de um matutino voltado a classificados de empregos, o jornal das empregadas domésticas, como editores diziam de forma preconceituosa, para um dos mais robustos produtos do mercado. O *JB* tinha passado por uma revolução gráfica e editorial, pegava carona com os militares na defesa da ditadura e ganhava a aceitação da elite cultural da Zona Sul do Rio, mas via o concorrente crescer.

Ao passo em que a TV Globo dava lucros, com seus programas populares, a direção do *JB* deixou escapar de suas mãos o público classe A. Não era apenas *O Globo* que usava sua emissora para atingir a hegemonia no mercado impresso do Rio. O sistema imposto pela TV asfixiava e parecia um monstro inexorável. O próprio jornal da condessa e de Brito davam páginas sobre a programação da emissora de Roberto Marinho, para não ficar de fora de vez de um mundo de imagens instantâneas.

Boni lembra que não havia uma sintonia nem uma interlocução entre a TV e o jornal de Marinho. "O doutor Roberto sempre nos pedia um apoio maior ao *Globo*.", relata o executivo.

A aproximação entre os dois veículos foi estimulada por Evandro. O diretor de *O Globo* mantinha a amizade com Armando Nogueira, o chefe do Departamento jornalismo da TV, desde o tempo em que trabalham no *Diário Carioca*. "Armando tinha relação próxima com Evandro e Caban", relata Boni.

Nos pedidos de apoio da TV ao jornal, Roberto Marinho recorria ao orgulho de Walter Clark e Boni:

"Toda hora o *Jornal do Brasil* está acabando com a TV Globo. Vocês têm que ajudar *O Globo* a acabar com o *JB*, porque vive falando mal da TV Globo."

A TV acabou com o hábito do brasileiro de ler jornal à noite. "Quando *O Globo* se tornou matutino, era importante a gente dar um apoio. Aí demos um apoio quando vimos que o jornal podia deslanchar", lembra Boni.

Marinho resistia em transformar o vespertino em matutino. Era *A Noite* e o velho *O Globo* de Eurycles e Irineu que ainda estavam claros em sua memória mais afetiva e balizadora na maturidade, sempre ganhando as ruas do Rio no meio da tarde, aproveitando depois o movimento para as estações de trens e bondes. O seu jornal era o único que saía nesse horário. A *Ultima hora*, de Samuel Wainer, o último concorrente vespertino, tinha acabado havia tempo.

O jornalista Paulo Totti, que trabalhou n'*O Globo*, avalia que Roberto Marinho era o homem da notícia e da cobertura dos fatos. Não era afeiçoado às especulações políticas. A segunda mais importante página era a terceira página. "Ele detestava questões econômicas", lembra.

Quando *O Globo* partiu para a batalha dos classificados, Nascimento Brito fez uma previsão sombria numa reunião do *JB*:

"Agora estamos liquidados."

O jornal de Nascimento Brito estava à frente de *O Globo* especialmente em financiamentos do Banco do Brasil. Um levantamento parcial de empréstimos da instituição a empresas jornalísticas, entregue pelo ministro da Fazenda, Mario Henrique Simonsen a Geisel, em março de 1974, mostra um retrato, tirado naquele momento, da relação de jornais, revistas e emissoras de rádio e televisão com o banco.[356]

1. Revista *Manchete*, CR$ 48.035 milhões (cerca de 7,4 milhões de dólares na cotação da época)
2. *O Estado de S. Paulo*, CR$ 40.452 milhões
3. *Jornal do Brasil*, CR$ 21.163 milhões
4. *Grupo Abril*, CR$ 19.207 milhões
5. Rádio Difusora de São Paulo, CR$ 8.500 milhões
6. *O Globo*, CR$ 4.065 milhões.

Nos seus primeiros anos em *O Globo*, Evandro anotava quarenta, cinquenta questões num caderno para resolver num dia. "Eu chegava bem cedo, e almoçava às 11 horas com Caban, na praça da República", lembrou.[357]

A questão de baixos salários preocupava Evandro. Numa conversa com o editor de política José Augusto, ele reclamou:

"Olha, estamos cheios de estagiários muito bons. Tem que mexer no salário. Esse pessoal vai ser fisgado por outros jornais."

José Augusto observou que todos os pedidos de aumento que Evandro mandava "lá para cima" não tinham respostas. Mas, com Evandro, tornaram-se mais comuns pedidos de reajustes agora com a assinatura de aprovação de Roberto Marinho.

Da velha guarda, Francisco Grael, o superintendente de administração do jornal, foi reclamar com Marinho.

"Não estou sendo respeitado. Vão quebrar *O Globo*."

"Ah, mas tem que tentar, Grael."

"Veja o organograma, Roberto,"

"Grael, essa coisa se resolve com facilidade."

Em seguida, Marinho pegou uma caneta e riscou a linha que ligava Grael à redação.

O processo de mudança em *O Globo* agora atingia "companheiros" de Roberto Marinho desde a primeira sede do jornal no largo da Carioca, no tempo de Getúlio.

Numa noite de domingo, Roberto assistiu no Fantástico uma reportagem sobre uma borracha desenvolvida pela Universidade de Illinois maleável e capaz de absorver grandes impactos. No dia seguinte, telefonou para o repórter Hélio Costa, da sucursal da emissora em Nova York.

"Você acha, Hélio, que esse inventor da superborracha consegue fazer uma ferradura com esse produto?", perguntou. "Pois eu tenho um cavalo que está com os cascos tão doentes que não consegue mais ficar em pé. Esse cavalo é maravilhoso, parece que entende o que a gente fala. Se nós conseguíssemos fazer uma ferradura com essa borracha, eu tenho certeza de que ele andaria de novo."

Dias depois, o produtor da borracha, disposto a conquistar o dono de uma emissora de comunicação, produziu as ferraduras. Na Hípica, na Lagoa, ao lado do repórter, Roberto acompanhou o funcionário cravar as peças de borracha no animal. Ao fim do serviço, o empresário pegou o cabresto e começou a puxar o cavalo.

O animal ficou de pé, deu os primeiros passos com as ferraduras importadas. Roberto, contaria o repórter, não escondeu a surpresa e a alegria. Encostou o rosto ao ouvido do parceiro de disputas, deu-lhe um beijo, passou a mão no focinho e disse:

"Eu não falei que você ia levantar de novo? Eu não disse que você ia andar?"

16. A rede

Quando Roberto Marinho e outros jovens do Rio fundaram o Clube dos Marimbás, ao lado do Forte de Copacabana, ainda na ditadura Vargas, a praia tinha uma faixa de areia de 60 metros de largura. Nos dias de ressaca, o mar entrava nas casas e nos poucos edifícios do bairro. No começo dos anos 1970, dragas bombearam a areia do mar, duplicando a área dos banhistas. A calçada de pedras portuguesas, pretas e brancas, em formato de ondas, passou de três metros para dez, transformando-se em um calçadão. A orla ganhou outros dois metros, com mosaicos coloridos de Burle Marx.

No cais da sede do clube modernista projetado por Lúcio Costa, o dono da Globo embarcava ou ancorava seus barcos, no início ou no fim das viagens de pesca submarina. O hobby começou nos anos 1950, quando a boate Vogue agitava as noites da avenida Princesa Isabel, e Carlos Lacerda trocava socos com getulistas no Bife de Ouro, o restaurante de grã-finos do Copacabana Palace. Roberto estava absolutamente envolvido nas disputas políticas, mas há muito afastado das festas.

As memórias das peripécias de pescador eram contadas para enaltecer seus enfrentamentos políticos e empresariais, em narrativas de peixes ferozes e tempestades no alto-mar. "Naquela época, havia muito tubarão nas águas da Guanabara, e eu tinha um certo temor", lembrou, numa conversa no Cosme Velho com o apresentador Jô Soares, sem citar precisamente o período. "Mas num momento adiante eu atrevia a enfrentar os tubarões. Eles não eram tão ferozes e tão terríveis quanto pareciam", relatou, bem-humorado, como quem conta uma metáfora da vida. "A prova é que me suportaram, às vezes até com algumas blagues junto aos meus amigos."[358]

Quando as novelas da Globo, enfim, começaram a acompanhar a expansão do mercado de televisores em cores, o empresário passou a levar os filhos adolescentes às viagens de pesca. "Eu era um garoto que não tinha metade do preparo dele para mergulhar", conta Roberto Irineu. "Nesse período fizemos várias pescarias juntos, às vezes eu levava dois amigos meus e ele levava sempre o Vitório, secretário dele."

Numa pescaria em Cabo Frio, Marinho decidiu mergulhar num cardume de tubarões para matar. O filho se espantou com a ousadia. "Ele era um maluco determinado. Papai não conhecia a palavra 'medo'", relata Roberto Irineu.

Em outro mergulho, na Ilha de Marambaia, no Rio, na direção de Mangaratiba, Roberto Irineu, antes de completar 17 anos, desceu 12 metros. O pai continuou mergulhando até os 20 e deitou-se numa pedra. "De repente vem um tubarão-baleia, uma espécie teoricamente inofensiva, mas se levar um tiro, ficar machucada, vira uma coisa — não é um bichinho pequeno —, e ele atirou", conta. "Enquanto ele atirava no tubarão-baleia, eu subi dez metros, nadei até o barco."

João Roberto fala do pulmão "incrível" do pai. "Eu não conseguia acompanhá-lo nos mergulhos — ele ficava mais tempo embaixo d'água do que eu."

Com o tempo, o cais do Marimbás deixou de ser ponto exclusivo dos embarques e desembarques de Roberto.

Mesmo o filho caçula era levado pelo empresário para as pescas no litoral sul do Rio. "A gente saía aqui de Botafogo e íamos viajando, à noite, e amanhecia lá na Ilha Grande", lembra José Roberto. "Eu gostei desse negócio, queria ir sempre, o que, às vezes, o atrapalhava", conta. "No mergulho você tem que ter paciência e persistência. O papai era um cara muito obstinado, tinha que sempre pegar o melhor peixe, ir mais fundo."

Assim como o hipismo, a pesca era um escape de Marinho que ficou ainda mais patente no período de consolidação e expansão da

Globo. Entretanto, ao contrário do que fazia em passeios no Tamarind pela Baía de Guanabara ou viagens até a casa de Angra, o empresário não convidava mais alguém para fechar um negócio ou discutir problemas da empresa. Ele ia apenas com os filhos e os amigos especialistas em pesca submarina.

Nesse tempo, a tecnologia do micro-ondas garantia a programação da emissora país afora. Em pequenos estúdios, numa cidade caótica como o Rio, era possível levar a programação para onde houvesse antenas da Embratel. A Globo mandava seu sinal para a unidade da estatal no Centro do Rio, que dali era distribuído às filiadas nas grandes capitais atendidas pelo novo sistema de comunicação.

Antes, as novelas gravadas iam por fitas de videoteipe pelos malotes das companhias aéreas, com um dia de antecedência. "Os rolos quadruplex viajavam para os estados com os capítulos das novelas", lembra Adilson Pontes Malta.

A infraestrutura da Embratel trouxe uma mudança na comunicação que impactou de forma bruta o emaranhado de forças políticas e econômicas locais, as redes regionais de poder e os grupos de poder de atuação nacional. Uma nova tribuna se sobressaía com a televisão.

A Tupi tinha feito todo seu investimento no velho modelo, que exigia estrutura em cada praça, e exaurido sua capacidade de expansão, morrendo com seu criador, Assis Chateaubriand. Outras famílias da imprensa, os Mesquita, de São Paulo, e os Nascimento Brito, do Rio, ainda estavam distantes de mudar o eixo de seus negócios na comunicação.

O desejo de Roberto Marinho de expandir a Globo não seria facilitado pelo governo de Ernesto Geisel. O general pôs na pasta das Comunicações o coronel Euclides Quandt de Oliveira, com experiência nos órgãos de regulação do setor. Formado na Escola Naval, no tempo do Estado Novo, o comandante fez carreira na área da eletrônica e da comunicação em paralelo ao avanço lento da TV no país.

Antes de chegar ao primeiro escalão do governo, o coronel presidiu o Contel, depois dirigiu a implantação da Embratel e da estação terrena para as comunicações por satélite. Foi ele quem, à frente do Contel, seguiu à risca a implantação da legislação do setor das comunicações, definida ainda nos governos democráticos de Juscelino e João Goulart.

A declaração de Quandt, num seminário de telecomunicações, meses antes de assumir o ministério, dava uma ideia de como seria sua gestão. Ele atacava a "qualidade" da televisão brasileira, em outras palavras, o conteúdo da programação da Globo. Era o homem do regime militar para a área. "A política está firmada, a estrutura estabelecida, a obtenção de recursos assegurada", disse, e, "agora, para que se possa elaborar um planejamento e expandir o sistema nacional de telecomunicações, de acordo com as reais necessidades do Brasil, faz-se necessário tratar de outro elemento indispensável — o homem."[359]

Quandt tinha carta branca para frear os ímpetos do empresário. O *Jornal do Brasil* daria ênfase ao discurso do ministro contra a Globo. O recado veio ainda em abril de 1974, numa entrevista exclusiva ao matutino. "O governo não poderá aceitar monopólio", disse o coronel. "Terá que se compreender a maneira liberal como o Brasil vem tratando a questão."[360]

O ministro afirmou que o governo não adotaria o modelo europeu de transferir recursos da educação e da cultura para o setor, que seria bancado pela própria iniciativa privada e fez uma "advertência". Naquele momento, ele ainda assinou uma portaria proibindo o uso de gírias na publicidade, nos programas noticiosos e nos desenhos animados. Quandt argumentou que se tratava de um combate ao "menosprezo" pela boa linguagem.[361] Levou tiro de filólogos e linguistas. Um deles observou que a linguagem funcionava entre as forças "conservadoras" e da "inovação" e que o interesse de "superiores" por controle se passava pela proibição de termos e palavras.[362]

Roberto pleiteava junto ao Ministério das Comunicações mudar a legislação para permitir o aumento no número de emissoras de uma mesma família. O limite de cinco empresas por cada grupo foi estabelecido no governo Castelo Branco. Quandt mostrou-se contrário a qualquer alteração da norma. "Alguns setores de radiodifusão colocam dúvidas quanto às restrições feitas", escreveu Quandt, num relatório confidencial. "Atualmente, parece que apenas o sr. Roberto Marinho tem essa posição e se refere ao fato de se incluir na restrição os parentes de primeiro grau", anotou. "Sou da opinião que deve ser mantido o texto atual. Notícias recebidas dos EUA. informaram que lá pretendem reduzir a menos de cinco o número de emissoras que podem pertencer à mesma pessoa."

Quandt mantinha o projeto da ditadura de formar novas redes nacionais de televisão. As conversas com João Saad, do Grupo Bandeirantes, e Nascimento Brito, do *Jornal do Brasil*, não avançavam no ritmo que o regime queria.

Em abril de 1974, Roberto Marinho foi recebido por Ernesto Geisel no Palácio do Planalto. Na conversa, ele acertou que apresentaria ao Ministério das Comunicações uma lista de propostas de mudanças no decreto nº 236, que regulava o sistema de telecomunicações. Horas depois, o empresário chegou ao Ministério das Comunicações.[363]

Num encontro com Euclides Quandt, o empresário relatou a audiência no palácio e pediu a opinião do ministro sobre alguns pontos antes de enviar as sugestões. Marinho quis saber do ministro se ele concordava com a permissão de estrangeiros naturalizados na direção ou assessoramento superior nas emissoras. O ministro sabia de antemão que a Globo contava com um "americano", Joe Wallach, e um "argentino", na verdade uruguaio, José Ulisses Arce, entre seus diretores.

Marinho perguntou sobre uma proposta para que não fosse exigida análise do Ministério das Comunicações dos empréstimos feitos no país e a alteração da classificação das emissoras, de acordo com sua potência e localização, o que garantiria a regularização de suas emissoras e outras que estava comprando.

Quandt respondeu que não concordava com a primeira proposta, pois a exigência fazia parte do "espírito da lei". Ele aceitava "estudar" as demais "sem compromisso".

O empresário, então, reclamou para o ministro que estava sendo "perseguido" pelo Departamento Nacional de Telecomunicações (Dentel). O órgão lhe enviara um formulário sobre as empresas dele e de seus parentes diretos. O ministro disse que o mesmo formulário tinha sido enviado a outros donos de redes.

De forma "enfática", na descrição de um diário escrito pelo ministro, Marinho disse que não "gostou" das declarações de Quandt nos jornais sobre o cuidado de se evitar o monopólio da televisão por empresa privada, o baixo nível educacional das emissoras e o apoio ao fortalecimento de outras redes.

No embate que um lado e outro recorria a um tom cortês na entonação e na escolha das palavras, o empresário reclamou especialmente de uma afirmação de Quandt numa entrevista de que nos Estados Unidos o prazo de concessão das empresas de radiodifusão é de três anos, enquanto no Brasil era de dez anos para rádio e 15 anos para televisão.[364]

Assessor de Quandt, o engenheiro Rômulo Villar Furtado observa que a "divergência" entre o ministro e Marinho ocorreu ao longo do governo Geisel, sem que o presidente, em momento algum, manifestasse contrariedade à posição de seu titular na pasta das Comunicações. "Ele sempre foi um homem de absoluta e estrita confiança do Geisel e amigo pessoal."

Se o ministro era intransigente, Rômulo se mostrava mais acessível ao empresário. O assessor era um dos técnicos que acompanhavam Quandt desde o Contel.

Rômulo estava no Contel quando viu os americanos pressionarem o presidente do órgão, o então coronel Euricles Quandt, a abrir o setor ao capital externo. "Era uma pressão muito, muito grande, já em cima do Quandt", lembra.

Naquele momento, o Brasil se associava ao Consórcio Internacional de Satélites, o Intelsat. Um professor do ITA indicou Rômulo para representar o Brasil no programa. "A minha primeira impressão do Quandt foi a de um homem de postura germânica, o cabelo cortadinho, meio escovinha, olhos azuis", lembra Rômulo Villar Furtado. "Pensei: 'Meu Deus do céu, eu vim bater aqui, dentro de uma estrutura altamente militarizada, eu vou ter em cima de mim, no comando, um homem muito rígido'. Mas não era nada disso, ele era um sujeito extremamente afável e ótima pessoa, embora fosse muito rigoroso e autêntico."

Pelo país afora, a Embratel construiu torres para captar os sinais do Intelsat. A tecnologia de micro-ondas dava oportunidade para empresas brasileiras que dispusessem de equipamentos a transmitir sua programação a partir de apenas um lugar. A Tupi, em franca decadência desde a morte de Assis Chateaubriand, tinha feito investimentos pesados em estúdios nos estados. A Globo, de Roberto Marinho, estava em seu início, logo, podia comprar os equipamentos para o micro-ondas. "Naquela época, cada estação de televisão tinha que ser quase autônoma, precisava ter os seus estúdios de produção de programas. O grupo Associados tinha televisão no Rio, em São Paulo, em Minas, no Nordeste, em várias capitais. Cada televisão dessa era autônoma porque não havia conexão entre elas, não era possível, não havia ligação de micro-ondas que pudesse fazer a centralização da produção num lugar e a difusão dessa produção. Não existia isso, porque não existia a Embratel e nem a rede de micro-ondas que a Embratel veio a construir", observa Rômulo. "A Globo teve sorte. Enquanto que o grupo Associados não tinha a possibilidade de centralizar a produção num lugar, porque não tinha como transmitir essa produção, a Globo, como surgiu junto com a Embratel, pôde centralizar a produção e distribuir a programação via micro-ondas."

A Globo começava numa nova tecnologia, mais rápida, capaz de produzir a um custo menor. A criação da Embratel, com a instalação de antenas pelo país para receber o sinal por satélite, era uma avenida larga e longa, que só o empresário se disponibilizou usar no setor da TV. "O povo passou a conhecer a Embratel como uma grande empresa de televisão no Brasil por causa da Globo", observa Rômulo Furtado. "Nos jogos, os narradores diziam: 'Estamos transmitindo esse jogo, via Embratel, para Recife, Porto Alegre, Curitiba, São Paulo'", lembra. 'A Globo teve a sorte de se constituir no começo da Embratel. Foi a Embratel que implantou as grandes redes de micro-ondas que uniram as capitais do Brasil e as principais cidades do interior", relata. "O grupo Associados estava em declínio, a Globo estava em ascensão com essa grande vantagem, ela não apenas surgia mais moderna, como ela pôde concentrar investimentos num grande centro de produção e distribuir essa programação via micro-ondas, via Embratel."

Diante da restrição de que cada grupo privado só pudesse ter, no máximo, cinco televisões, a Globo se voltou para o sistema de afiliadas. "Esse é outro aspecto que merece ser destacado porque, com a existência da rede da Embratel, foi possível à Globo criar o seu afiliado naquele estado, e esse afiliado, na verdade, transmitia a programação que a Globo mandava pra ele, via Embratel, e que hoje manda via satélite, ainda via Embratel", afirma. "A Globo também não teve o privilégio que se costuma dizer de ter recebido concessões à vontade, isso não é verdade. A emissora comprou concessões de particulares."

A cúpula do governo militar tinha preocupação com o crescimento súbito da TV Globo. "Eu não vou dizer que assustava propriamente, mas não é que fosse absolutamente confortável para nenhum governo, essa preponderância, e não era só para os governos militares, não. Não era, nem é para nenhum governo. Não era o governo militar que não se sentia, mas nenhum governo se sente tão confortável, a menos que consiga criar uma aliança muito boa. Milhões de pessoas ou mais veem o *Jornal Nacional*, isso é uma força extraordinária."

A CONQUISTA DA AMAZÔNIA E DO CENTRO-OESTE

Manaus tinha 140 mil habitantes e um porto de movimento intenso. Com a Síria devastada pela guerra da independência, Khaled Ahmed Hauache migrou, em 1946, para o Brasil. No Amazonas, atuou de regatão nos rios, montou comércios na capital, passou a exportar juta, látex, castanha, babosa e óleo de pau-rosa. Adquiriu barcos, chegou a ser dono de uma frota de 60 embarcações no Rio Negro. Abriu uma tecelagem no bairro Matinha que emprega três mil pessoas.

Na ditadura, o empresário entrou na mira dos militares pela amizade e proximidade com o amazonense Almino Afonso, que tinha sido ministro do Trabalho de João Goulart. Em certo momento, fez uma volta forçada para Damasco. Sadie Hauache, mulher de Khaled, ficou com a responsabilidade de cuidar de cinco filhos e dos negócios. Era filha única de um seringueiro também de origem síria. Nunca deixou de carregar um 38 na bolsa.

O império dos Hauache começou a sofrer o impacto das perseguições. A família teve de se separar. "Eu fui enviado para casa de parentes em São Paulo", relata Khaled Júnior. "Meu pai foi taxado de comunista."

Khaled e Sadie procuraram dinamizar os negócios, escapar dos obstáculos impostos pelos militares. Nesse tempo, ela teve a ideia de montar uma emissora de televisão para obter publicidade de empresas que se instalavam na Zona Franca. A TV Ajuricaba era a primeira a ser instalada em Manaus. O nome remetia à história do líder indígena que, no tempo da colonização, organizou uma resistência aos portugueses na Amazônia.

Sem querer comprometer empresas da família, ela vendeu duas Mercedes Benz para montar a estação. "Vendi tudo o que era meu e resolvi iniciar na atividade. Não tinha um homem de coragem que quisesse fazer o que eu fiz", contou Sadie, num raro depoimento. "Ninguém queria me ajudar, nem meu pai, nem meu marido."[365]

Ela inaugurou uma antena de 64 metros no morro de Santo Antônio. Mesmo sob a mira do regime, a empresária conseguiu reunir o ministro do Interior, Costa Cavalcanti, e generais empregados em órgãos públicos federais no estado.

Primeiro, a emissora retransmitiu programas da Record. Quando a Globo começou a se espalhar, Sadie procurou Walter Clark. Tinha o peso de ser a única estação de TV em funcionamento no Amazonas.

"A senhora vai transmitir a Globo", disse o executivo.

A edição amazonense do *Jornal Nacional* ganhou um rosto, que se tornou uma celebridade do Norte. O jornalista Celso Antunes, um homem negro, se destacava pela voz aveludada e pela elegância. Num tempo sem teleprompter, em que o texto lido aparecia na tela em frente ao repórter, ele demonstrava uma incrível capacidade de decorar textos longos.

A maioria dos profissionais da emissora era mulher. "A minha televisão era um matriarcado tremendo", contou Sadie. Nas suas contas, tinha dez funcionários homens e 180 mulheres, muito por conta do salário mais baixo das profissionais femininas.

Na residência do Cosme Velho, Roberto Marinho recebeu Sadie e seu filho mais velho, Abdul, na época adolescente. Yves Alves, diretor comercial da Globo, estava presente. O empresário brincou:

"Yves, a gente precisa tomar cuidado com essas pessoas do Norte."

"Por que, doutor Roberto?"

"Porque eles são muito espertos."

Abdul comentou:

"Olhe, acho que o doutor Roberto está se referindo aos canadenses, bem ao norte."

"Não te disse, Yves, que eles são espertos", comentou Roberto.

Das lembranças com o empresário, Abdul lembra um homem espirituoso. "Não teve uma vez em que eu estive no Rio e ele não me tratou como filho."

Em 1973, Khaled, marido de Sadie, foi preso. O regime começou a tomar, por meio de bancos oficiais, empresas do sírio. A TV era a única que estava em nome de Sadie. Abdul relata que Roberto Marinho foi pressionado a tirar o sinal da Globo das mãos dela. "Com a prisão do meu pai, o doutor Roberto nos ajudou. Ele manteve o contrato, não deixou tirar da dona Sadie o sinal", relata Abdul. "Ele foi uma bênção naquela época. Foi firme. É muito difícil falar de algo que a gente sempre procurou ficar calado. Ninguém ajudava uma família de um homem tido de esquerda."

Em Belém, a Globo fez parceria com Lopo do Amazonas Alvarez de Castro. Ex-prefeito de Belém e deputado pela Arena, o parlamentar era de um grupo político no diretório do partido governista contrário ao ministro da Educação Jarbas Passarinho. O sinal foi retirado das mãos de Lopo e entregue ao empresário Romulo Maiorana Chiapetta, um pernambucano de origem italiana que atuava na área da comunicação.

A troca envolvia uma intricada rede de interesses, que ia da estrutura da Globo ao Palácio do Planalto. O diretor de Engenharia da emissora, coronel Wilson Brito, era irmão do jornalista Ossian Brito, ligado a Maiorana. Por sua vez, Ossian era cunhado de um general próximo de Ernesto Geisel. Gustavo Moraes Rêgo Reis havia se movimentado para dar um canal em Belém ao empresário pernambucano.

Do antigo quadro da Embratel, Brito trabalhou na TV Rio, onde conheceu Walter Clark, que o levou para a Globo. Na estação do Jardim Botânico, o militar procurou colocar seus conhecidos e afastar antigos funcionários.

No início, Romulo Maiorana fabricava placas de publicidade para ônibus. Depois, investiu na produção de grandes vitrines de lojas. Mais tarde, virou colunista do jornal *Folha do Norte*. Com o tempo, comprou o jornal *O Liberal*, o mais influente do Pará, da família do ex-interventor Magalhães Barata, chefe do PSD local, que controlou a política paraense por anos. A aquisição de um canal de TV foi consequência.

A falta de energia em Belém dificultou a implantação da emissora. Quando o repórter Wilson Ibiapina, de Brasília, esteve na cidade, ouviu de Maiorana que toda noite havia blecautes. A Celpa, empresa de energia do Pará, tinha condições precárias. A estação interrompia a programação ou o público não tinha energia em casa para assistir aos programas.[366]

"Você não tem gerador, não?"

"Tenho um gerador."

Romulo mostrou um aparelho quebrado, cheio de pedras.

"As pessoas jogam pedras", explicou, "faz barulho demais."

"Vou resolver esse teu problema aí."

Na noite daquele dia, Ibiapina mandou uma reportagem para o *Jornal Nacional*. "O maior adversário da Arena no Pará não é o MDB. É a falta de energia. Diariamente essa cena se repete", narrou o repórter. "Quando falta energia, falta água."

Ernesto Geisel decretou intervenção na Celpa. Técnicos da Eletronorte iniciaram um trabalho de reestruturação da empresa.

"Vou ganhar dinheiro aqui", disse Romulo, depois, para o repórter.

Em Goiânia, o deputado Jaime Câmara, da Arena, dono de rádios e jornais, fechou contrato com a emissora carioca. O grupo de comunicação tocado pela família retransmitiu o sinal da Globo em todo o território de Goiás, incluindo o norte, divisa com o Pará e o Maranhão, que mais tarde viraria o estado do Tocantins.

Em Cuiabá, o empresário Ueze Zahran, dono da Copagaz, que engarrafava gás de cozinha em botijões desde os anos 1950, entrou na rede de televisão carioca. Com a divisão de Mato Grosso e a criação de Mato Grosso do Sul, a Rede Matogrossense de Televisão passou a atuar nos dois estados.

A CONQUISTA DO SUL

Em busca de expandir o sinal da Globo até o extremo sul do país, Roberto Marinho buscou parceria com o empresário mais influente de Porto Alegre. Breno Caldas tinha o controle dos jornais *Correio do Povo*, *Folha da Manhã* e *Folha da Tarde* e da Rádio Guaíba, líder de audiência no Rio Grande do Sul. A revista *Visão* o citava como o sexto brasileiro mais rico.

Quando Chateaubriand, numa noite, propôs comprar seu jornal, o empresário olhou o relógio e disse: "A essa hora, quase onze da noite, é difícil. Mas talvez o senhor consiga um exemplar na banca da praça da Alfândega". Mais tarde, num almoço em homenagem ao general Médici no Palácio do Piratini, era o único convidado sem gravata, em traje esporte.[367] O general o incentivava a levar à frente seu projeto de televisão. "Vai em frente! A TV Guaíba vai dar certo!"[368]

Numa conversa com Marinho, Breno lembrava o que acontecera com o *Jornal do Commercio*, de Recife, um grupo jornalístico muito sólido, de Pessoa de Queiroz, que quebrou quando resolveu se atirar no negócio da televisão.

"Não te preocupes. Tu vais fazer diferente deles. Eles lá fizeram uma loucura... aquelas coisas de mentalidade de usineiro, mania de grandeza, soleiras de mármore...", disse Marinho. Nessa conversa, o dono da Globo voltou a insistir:

"Me dá 600 mil dólares, que eu te dou a emissora funcionando."

"Roberto Marinho disse para o Breno que preferia fazer a televisão com ele, que era seu amigo, do que com o Maurício Sirotsky", relata José Antônio Pinheiro Machado, advogado da família Caldas. "A propósito disso, quando eles estavam jantando e o Roberto Marinho voltou a falar do negócio de fazer a televisão em Porto Alegre, a dona Ilza, esposa de Breno, me contou que Roberto se virou para ela e disse assim 'Seu marido acaba de recusar sociedade comigo. Não quer ser meu sócio'."

Em depoimento, Breno Caldas relatou que, quando começou a tentar fazer TV, recebeu um recado de Roberto Marinho, de quem era muito amigo: "Não te metas em televisão sem conversar comigo antes". "Eu queria uma televisão minha, que eu manobrasse, com minha orientação. E isso, é claro, só seria possível se eu tivesse o controle do negócio."[369]

O empresário gaúcho não estava disposto à parceria.[370] Anos depois, Breno veria até mesmo seus jornais deixarem de circular. Até certo ponto, as trajetórias dele e de Roberto Marinho se assemelhavam. Ambos tinham familiaridade com o jornal impresso, viviam mergulhados na política intensamente e tinham ojeriza a Leonel Brizola. Entretanto, faltou para Caldas a ajuda de executivos como Joe Wallach, Boni e Walter Clark: sozinho, o empresário gaúcho montou uma televisão de programação conservadora, endividou-se e pagou com a venda dos jornais e a rádio.

Na busca de um parceiro, Walter Clark chegou a ir almoçar com os freis capuchinhos, no convento de Porto Alegre, donos da TV Difusora. A conversa com os "padres barbadinhos" foi "gozadíssima" e inútil, lembraria o executivo em suas memórias. "Eu e o Borgerth conversávamos com os padres no claustro da igreja, numa linguagem que certamente nos garantiu um lugar no inferno. 'Porra, padre, assim não dá!', dizia eu. Uma esculhambação danada com os soldados de Deus, mas nós nem percebemos, de tão entusiasmados com o negócio."[371]

Com a recusa do dono do *Correio do Povo* e dos capuchinhos, Roberto Marinho começou a conquistar o Sul do Brasil ao se ligar a um empresário brizolista de origem judaica. A origem dos Sirotsky, família que concordou em retransmitir o sinal da Globo no Rio Grande, era a Bessarábia, um enclave entre a Romênia e a Ucrânia, no Mar Negro, terra do também jornalista Samuel Wainer.

O judeu Josef Sirotsky trabalhava como músico de banda quando decidiu migrar para o Brasil. Em Erebango, colônia judaica em Quatro Irmãos, no Planalto Gaúcho, conheceu Rita Birmann, com quem teve cinco filhos. Um deles fugiu do destino de explorar madeira. Era Maurício Sirotsky, nascido em 1925. Aos 14 anos, trabalhava em serviços de alto-falantes em Passo Fundo. Antes de completar 18, ganhou um emprego na Rádio Gaúcha, em Porto Alegre. Viveu entre empregos em rádios na capital e em Passo Fundo e trabalhos de propaganda, até ganhar espaço como apresentador de programas de auditório, um Silvio Santos do Sul.

Em 1953, na Rádio Farroupilha, Maurício comandou o programa *Pare a música, maestro* e depois o programa *Maurício Sobrinho*. Pôs no ar gente de talento. Assinou com Elis Regina o primeiro contrato da jovem cantora. Uma divergência entre os dois levou a artista a se mudar para o Rio.

O empresário comprou a Rádio Gaúcha. Em 1961, com a iminência do golpe para impedir a posse de João Goulart, ele pôs o sinal à disposição do governador Leonel Brizola para compor a Cadeia da Legalidade. O lucro econômico veio no ano seguinte. O empresário recebeu das mãos de Jango, com a presença de Brizola, a concessão da TV Gaúcha. Maurício recorreu a uma programação local e o sinal da

TV Rio para enfrentar a forte TV Piratini, que retransmitia a Tupi, de Chateaubriand.

Endividado, Sirotsky vendeu em agosto de 1963 a TV Gaúcha para a TV Excelsior, do Rio e de São Paulo, do grupo de Mario Wallace Simonsen. A direção seguia, porém, nas mãos do empresário e de seu irmão Jayme, agora, no entanto, como empregados.

Em 1967, o controle da Excelsior passou a ser também de Otávio Frias e Carlos Caldeira. Com o grupo em crise, a TV Gaúcha passou a comprar a programação da Globo. No ano seguinte, Maurício, em sociedade com o empresário Fernando Ernesto Corrêa, voltou a ser dono da emissora. Em 1969, ele comprou ainda a TV Caxias. Era o início da primeira rede regional de televisão do país. Operava em cadeia com a TV Gaúcha e produzia conteúdo local. A transmissão inaugural ocorreu na Festa da Uva naquele ano — em 1972, na mesma festa em que ocorreu a primeira transmissão em cores do Brasil.

Armando Nogueira, então diretor de Jornalismo da Globo, descreveu que foi entusiasmante ver a parceria entre a Globo e a Gaúcha.[372] Naquele final dos anos 1960 e começo dos 70, uma geração de jornalistas do Rio Grande marcaria época em matérias no *Jornal Nacional*, como Antônio Britto, Carlos Dornelles e Geraldo Canali. "Era uma rapaziada que parecia ter nascido para fazer jornalismo de televisão, tal a naturalidade com que todos eles lidavam com uma câmera e um microfone. Sem falar da credibilidade que passavam ao dar uma notícia."

Maurício Sirotsky, porém, não era o "componente" da Rede Globo conformado. Insistia numa programação local. Daí criou o *Jornal do Almoço*, *Bom Dia Rio Grande* e *Campo e Lavoura* — cinco anos antes do *Globo Rural*.

O sinal da TV Gaúcha se expandiu às cidades do interior por uma rede de torres repetidoras. A nova estratégia foi instalar as estações repetidoras e produtoras de conteúdo local. O modelo era inspirado nas pequenas emissoras dos Estados Unidos, visitadas por Jayme.

Roberto Irineu conta que a relação do pai com os Sirostky passou a ser de "unha e carne". "O Maurício e o Jayme, os dois irmãos, eram extremamente competentes e trabalhadores, montaram uma rede no Sul extraordinária", relata. "Eram parceiros, assinavam embaixo qualquer coisa nossa. Eles ajudaram brutalmente a Rede Globo."

Ele afirma que a RBS não obteve mais autonomia de programação que outras afiliadas. "Não tem, não. É igualzinha a todas as outras. Eles aproveitam mais porque produzem melhor. Na rede você tem horários obrigatórios de rede, horários obrigatórios locais e horários facultativos. Então, o que fazia o Sirotsky? Onde é horário facultativo, ele produzia também programa local", afirma. "Outros não gostavam tanto de produzir. Então, nesses horários, normalmente, a gente botava desenho animado ou uma outra coisa para preencher."

Se antes o contrato com a RBS era excepcional, comparado com outras afiliadas, Fernando Ernesto Corrêa destaca que a empresa gaúcha foi "enquadrada" pela Globo.

Fernando Ernesto Corrêa, formado em direito, exerce o trabalho de advogado em paralelo ao de repórter e comentarista esportivo na Rádio e TV Gaúcha. O sócio dos irmãos Maurício e Jayme Sirotsky tomou à frente da parte jurídica nas negociações com a emissora de Roberto Marinho. Era o executor das ideias expansionistas do grupo.

Ainda em julho de 1964, ele atuou como advogado da TV Gaúcha para tentar suspender a decisão do secretário de Justiça, Paulo Brossard, ligado a Breno Caldas e à Igreja Católica, de tirar a emissora do ar após um programa da TV mostrar uma mulher com seios de fora. Era a cena de um desfile de monoquíni e por um descuido de edição apareceu o seio da mulher. O Tribunal de Justiça não quis saber dos apelos do advogado, que foi derrotado por 28 votos a um.

Ao longo de sua atuação no grupo dos Sirotsky, Fernando Ernesto Corrêa conseguiu vinte concessões entre Rádio e TV para a RBS. Há em seu nome 15 concessões. O executivo foi um "heterodoxo" na batalha por concessões. Valia a lábia, churrascos e bebidas com políticos.

Em Caxias do Sul, Corrêa levou o ministro das Comunicações, Haroldo Corrêa de Matos, para um inferninho. Depois da noitada, o ministro telefonou:

"Tô fudido."

"O que que é, Haroldo?"

"Eu perdi minhas abotoaduras no cabaré, são de ouro, quem me deu foi minha mulher e eu não posso ficar sem as abotoaduras."

Fernando Ernesto Corrêa foi à boate e conversou com o gerente. "Olha, meu querido, seguinte, não vou sair daqui sem as abotoaduras.

Dá um jeito, chama as putas aí, vou dar uma gratificação, mas não posso sair sem as abotoaduras." O ministro recebeu as peças.

Durante a expansão da RBS, Fernando foi responsável por articular com grupos locais e na capital federal. Viajou com a "frequência de um deputado" a Brasília para garantir a expansão. "Comecei a atuar quase que em tempo integral lá", relata. "O meu trabalho principal era obter as concessões. Fiquei dez anos dedicado ao crescimento da rede da RBS", lembra.

Ele relata as dificuldades de obter uma concessão. "Tu levavas dois anos para conseguir uma concessão. No Rio Grande do Sul fomos comprando algumas concessões, não canais. Compramos de um cara em Erechim, Caxias, e Santa Maria", relata. A RBS ainda se associou a grupos locais que tinham conseguido uma concessão, mas não tinham recursos para operar. "Daí entrávamos em contato e viabilizávamos. Mas dava um trabalho filho da puta. Não pensa que se faz uma reunião e resolve."

Enquanto no Rio Grande do Sul, na maioria dos casos, o grupo se unia com empresários locais para ganhar uma concessão, em Santa Catarina, a RBS comprou canais já concedidos, alguns em operação. "Em Florianópolis foi uma disputa árdua, entramos de terceiro. Em Santa Catarina compramos televisões e operamos. As TVs de Blumenau e Joinville já estavam funcionando. No Rio Grande do Sul, não: conseguíamos concessões. Esse modelo depois a Globo adotou. Copiou mesmo."

A expansão de Sirotsky e a programação regional forte causaram atritos com Roberto Marinho. Nesse tempo, a Globo prestou uma sutil ajuda a Breno Caldas, principal concorrente da família Sirotsky, na montagem da TV Guaíba. Em Porto Alegre, circulou a notícia que Marinho cogitava transferir o sinal da Globo a Caldas.

A parceria mais uma vez não foi à frente. Breno relatou a pessoas próximas que Marinho queria como contrapartida parceria de jornais. Também não gostou da entrada de Joe Wallach na sala, interrompendo a conversa dos dois, num ar de "subserviência". Marinho se levantou e conduziu o "intruso" para Breno que, surpreso, ouviu: "Breno, este é o Joe (Wallach), meu braço direito em assuntos de TV'."

Breno interpretaria o gesto de Marinho de propor parceria também como um blefe. O dono da Globo estaria criando um clima de instabilidade para enquadrar os irmãos Maurício e Jayme. "Os Sirotsky ficaram sabendo (da conversa) e foram para o Rio agarrados na asa do primeiro avião", relata Higino Germani, primo de Breno. "Diante da possibilidade de perderem a programação, se entregaram totalmente para a Globo, ou seja, não poderiam fazer qualquer alteração na grade de programação sem autorização expressa da emissora."

Fernando Ernesto Corrêa minimiza as ameaças de Marinho de tirar o sinal de Sirotsky. "Nunca sofremos nenhum risco de perder a afiliação." Ele avalia que a RBS foi "enquadrada" ao longo do tempo. "Tínhamos um contrato privilegiado com a Globo que paulatinamente foi se ajustando aos demais. Hoje é igual ao das outras. Agora a Globo tem 50% do faturamento global. Naquela época nós tínhamos 75%", calcula. "Eu acho que tínhamos um contrato melhor até pelo nosso tamanho. Porque éramos a maior afiliada", ressalta. "O que fizemos na frente de todo mundo foi ser o afiliado mais chato, no sentido de querer aumentar o espaço local. Sempre lutamos. Quando tiravam, a gente reclamava."

Em 1973, o governador biônico de Santa Catarina Antônio Konder Reis, representante da oligarquia Konder-Bornhausen, que rivalizava com o clã Ramos no domínio do estado desde o começo do século, usou sua influência política para garantir que Maurício Sirotsky ganhasse a concessão do canal 12, que retransmitiria a Globo.

A Konder Reis não interessava que o sinal ficasse nas mãos dos Ramos, muito menos dos primos, com quem disputava o controle do próprio clã. A família Bornhausen sempre dominou os votos das cidades do litoral. Era dona da UDN no estado e da Rádio Diário da Manhã. Enquanto os Ramos predominavam no interior, donos do PSD estadual e da Rádio Guarujá. Após o golpe contra João Goulart, as duas famílias foram acomodadas na Arena e passaram a atuar contra a frágil oposição abrigada no MDB.

Na disputa do canal 12, estavam os empresários José Matusalém Comelli, diretor do maior jornal de Florianópolis, *O Estado,* e Mário Petrelli, do *Jornal de Santa Catarina,* de Blumenau. Comelli era ligado a Aderbal Ramos da Silva, ex-governador e deputado estadual. Petrelli, por sua vez, tinha negócios com Jorge e Paulo Bornhausen, primos do governador. O canal ficou mesmo com Maurício Sirotsky.

O dono da RBS hesitou entrar no Paraná. O mercado de TV se consolidara no estado vizinho. Em 1955, o paulista Paulo Pimentel chegou a Curitiba para trabalhar como advogado em uma usina de açúcar. No começo da década seguinte, assumiu a Secretaria de Agricultura, no governo de Ney Braga, do PDC. No cargo, comprou rádios e jornais. O império de comunicação foi ampliado quando foi eleito governador, em 1965.

Em 1972, a TV Iguaçu, de Pimentel, passou a transmitir o sinal da Globo. Quatro anos depois, o político e empresário, abrigado na Arena, ficou isolado no partido governista. Contra ele estavam o ex-padrinho político Ney Braga, agora ministro da Educação, o prefeito de Curitiba, Saul Raiz, e o governador do Paraná, Jaime Canet. A briga doméstica no diretório arenista do Paraná chegou ao Palácio do Planalto.

O governo Geisel passou a pressionar Roberto Marinho a retirar o sinal da Globo da TV Iguaçu. Com o maior grupo de comunicação do Paraná, Pimentel era um frequentador do Cosme Velho. "Nós jantávamos com o doutor Roberto, que gostava de nos mostrar a casa, as coleções de quadros no porão, muito bem arrumados", conta. "Nós gozávamos de um excelente relacionamento."

Ele relata que também tinha boas relações com Geisel, que havia morado no Paraná. "Mas eu tinha uma divergência com o Ney Braga, meu antecessor, que era ministro. Então, o Geisel andava na minha cola. Ele veio aqui no Teatro Guaíra e numa inauguração do grande auditório, em público, disse: "Ô Paulo, nós perdemos a eleição. Nós perdemos a eleição no Paraná e vamos te liquidar."

Em 1974, o MDB no Paraná elegeu o senador, Leite Chaves, e metade das trinta cadeiras de deputado federal pelo estado. O aliado da TV Iguaçu era acusado pelos arenistas de fazer jogo duplo com os oposicionistas.

Paulo Pimentel diz que sempre foi aberto nas conversas com os militares, propondo inclusive maior abertura. "Eu dizia, com a franqueza juvenil e de certa forma ingênua, que eles deviam mudar o rumo das coisas. Porque eles não podiam perpetuar-se no poder. Tinham de restabelecer o regime democrático para que houvesse autonomia de vida política no país", relata.

Armando Falcão foi encarregado de dar o "ultimato" para Marinho tirar o sinal da Globo do ex-governador. Golbery chamou Pimentel.

"Paulo, sugiro você se mudar para os Estados Unidos, que vem uma chumbarada em você."

Paulo teria pedido apenas tempo para vender a TV. Ele procurou Roberto e Joe Wallach. "Doutor Roberto foi intransigente. Ele queria que eu deixasse as empresas para ele tomar conta, mas não queria comprá-la. O que era inconveniente, porque eu estava me mudando de armas e bagagens para os Estados Unidos. Eu vi que aqui eu não ia viver, com aquela minha fogosidade juvenil", relatou. "Golbery marcou um almoço com o doutor Roberto e Joe Wallach, mas doutor Roberto não quis comprar", disse.

Em um almoço dias depois, relata Pimentel, Marinho pediu que assinasse uma procuração para entregar o comando das empresas a Maurício Sirotsky, da RBS. O almoço foi tenso. "O ministro da Justiça, Armando Falcão, segundo o doutor Roberto, falava pelo governo e dera um ultimato. Doutor Roberto comentava que não tinha como me sustentar."

Pimentel afirma que Walter Clark e Joe Wallach tentaram "salvá-lo". Marinho, porém, cedeu ao grupo de Ernesto Geisel. "Ninguém achava que ele ia abrir esse precedente com o melhor participante, o melhor companheiro na época em termos políticos. Mas aconteceu."

Numa entrevista mais tarde, Walter disse que ficou ao lado de Pimentel. "Apesar de ter insistido na preservação do código de ética, entre a Globo e as afiliadas, fui voto vencido."[373] Paulo Pimentel avalia que o episódio criou uma divergência entre Walter e o dono da emissora. "Nunca mais se acertou com o doutor Roberto", conta o ex-governador.

Em 22 de abril de 1976, a Globo anunciou a suspensão da venda de programas para as TVs Iguaçu, de Curitiba, e Tibagi, de Apucarana, de Paulo Pimentel. A programação passou para a TV Paranaense, que não tinha o mesmo alcance no estado.

A decisão do governo foi ruim para Marinho do ponto de vista do negócio. Matava as emissoras de Paulo Pimentel de uma hora para outra. Foi anunciada numa quinta-feira que a emissora só poderia passar programas do canal até o domingo seguinte. O ex-governador correu a Brasília para tentar reverter a ordem. Com os buracos da programação nacional, as estações dele teriam que estender seus noticiários locais e improvisar com rolos de filmes se quisesse se manter no ar.

Começava uma série de telefonemas de políticos paranaenses ligados a Pimentel para Armando Falcão. O prefeito de Londrina, José Richa, do MDB, mandou um manifesto a Marinho, para o problema de grandes municípios do Médio Paranapanema ficarem sem a programação.

Os ministérios da Educação e das Comunicações negaram publicamente qualquer interferência na decisão da Globo. Mas fontes políticas disseram aos jornais que o caso teve a participação até do Ministério da Justiça.

O então ministro da Educação, Ney Braga, adversário de Pimentel, pouco comentou sobre a disputa com o antigo aliado político: "O que eu tinha a dizer sobre Paulo Pimentel já disse em outras oportunidades. Não quero comentar mais nada que se relacione com ele".

No Rio, Roberto Marinho desconversava: "Paulo Pimentel manifestou o desejo de vender as suas emissoras. Como me senti moralmente impedido de comprá-las, propus às estações filiadas à Rede Globo que o fizessem. Inicialmente, ele concordou, mas, posteriormente, mudou de ideia. Então, interrompemos as negociações e determinamos o cancelamento da programação para as emissoras dele."[374]

Em suas memórias, Walter relatou que Paulo Pimentel era "um excelente afiliado da Globo e um político liberal que vinha conquistando uma liderança nacional, o que o transformava em uma pedra no sapato dos militares. O doutor Roberto cedeu às pressões e cancelou o contrato do Paulo Pimentel transferindo a programação da Globo para a TV Paranaense, dos sócios Francisco de Melo Cunha e Lemanski.[375]

Walter avaliava que, se cedesse, Marinho abriria brecha para a Globo ser obrigada a desfiliar as parceiras a qualquer momento político. Ele pensou em se demitir. Joe o segurou.[376] "Esse foi um dos poucos episódios em que Roberto Marinho cedeu", relatou o americano.[377]

Armando Falcão procurou Roberto para dizer que Geisel exigia o rompimento da emissora com Pimentel. "É possível que tenha havido, mas eu não sei de violência econômica igual no Brasil, cometida exclusivamente pelo ódio político menor, nem na ditadura Vargas", escreveu o diretor da Globo Luiz Eduardo Borgerth.[378]

Fernando Ernesto Corrêa nega que tenha havido interesse de Sirotsky pelo sinal da emissora no Paraná. "Se tivesse oferecido, a gente pegava com as duas mãos, nosso sonho sempre foi pegar o Paraná.

Como nunca tivemos proposta concreta, nunca levamos (para Globo). Não sei se passaria, se a Globo concordaria, porque a Globo usa muito a estratégia do Maquiavel. Os afiliados ficam cada um no seu lugarzinho, mas nenhum pode crescer demais."

Uma versão diferente é contada por Carlos Bastos, que era diretor de Jornalismo da TV Gaúcha à época. "Eu estava despachando com Maurício quando ele recebeu um telefonema do Arce para fechar a proposta no Paraná. Maurício, no telefone, disse que estava cansado de subir a Lomba para pagar dívida", contou. Rua da Lomba era onde ficava o tabelionato de protesto. "Quando ele desligou, disse: 'Olha, tu está testemunhando um fato. Estou deixando de subir para o Paraná. Estou deixando de ter uma televisão do Paraná'."

Em um raro relato sobre o episódio, Ney Braga negou que tenha agido para retaliar Paulo Pimentel. "Não foi retaliação, absolutamente. É que não havia outra solução. Inclusive a Globo queria também. Houve um sentimento geral nessa mudança."[379]

A CONSOLIDAÇÃO DO SUDESTE

A Globo tinha canais próprios nos três mais populosos estados do país: Rio, São Paulo e Minas. Faltava o Espírito Santo para completar a cobertura do Sudeste. As negociações começaram com a família de Carlos Lindenberg. O ex-governador e ex-senador do PSD e da Arena pertencia à família Monteiro de Souza. O clã formado por produtores e negociantes de café se constituiu na mais pura oligarquia da Primeira República. No começo do século XX, Jerônimo, tio de Carlos, presidiu o estado. Ao mesmo tempo, o irmão dele, Antonio, chefiava o Congresso do Estado (hoje Assembleia Legislativa), e outro irmão, Dom Fernando, era o bispo. Bernardino, o quarto irmão, também chegou à presidência estadual, assim como um tio, Marcondes Alves de Souza, um cunhado, Florentino Avidos, e um contador do grupo, Nestor Gomes.

Mais tarde, Carlos Lindenberg, sobrinho de Jerônimo, foi eleito duas vezes governador. Ao chegar a vez do filho dele, Cariê, um jovem músico ligado aos cantores da Bossa Nova, herdar o *ethos* político, houve uma quebra da tradição. O jovem não aceitou disputar as eleições e mergulhou no negócio da televisão. A antena da TV Gazeta, instalada no morro da Fonte Grande, no centro da ilha de Vitória, estaria, obviamente, numa posição mais elevada que as torres da catedral da cidade ou as sacadas dos palácios do Executivo, do Legislativo e do Judiciário.

No começo dos anos 1960, Cariê estava decidido a interromper a tradição política partidária da família. Quando assessorou o pai no governo estadual, viveu a vida de um político. Passava 15 horas por dia, na sua conta, resolvendo rixas de interior, brigas de vizinhos e até problemas de namorados de famílias influentes. Tinha de participar de intermináveis conversas com chefes políticos. A administração de *A Gazeta*, jornal comprado por Carlos Lindenberg para fazer as campanhas do PSD, parecia uma oportunidade de fugir do "destino" político. Ele, então, assumiu o impresso.

Em Brasília, Lindenberg e o filho eram conhecidos pela relação próxima a João Goulart. Com o golpe, Cariê perdeu o comando do jornal. A família, ciosa, fez uma intervenção preventiva. Para chefiar o diário, chamou o general da reserva Darcy Pacheco de Queiroz, cunhado de Lindenberg, que nos anos 1930 liderou a "heroica" resistência espírito-santense a tropas mineiras que queriam avançar no solo capixaba e realizar o eterno sonho da conquista do mar.

Cariê ficou cinco anos afastado de *A Gazeta*. Na década seguinte, um amigo lhe recomendou que saísse à frente de outros grupos de comunicação do estado e lutasse por uma concessão de TV, mas em parceria com a emissora de Roberto Marinho.

Numa conversa com Walter Clark, Cariê ouviu a proposta de um contrato em que daria metade de toda a publicidade de fora do estado para a Globo e ficaria com a regional. Pela experiência de jornal, o empresário do Espírito Santo achou a proposta um absurdo. Certo dia, a mãe o viu cabisbaixo. Ele explicou o drama.

"Por que você não conversa com o doutor Roberto Marinho?", sugeriu Maria Antonieta.

"Mamãe, como eu vou chegar ao Roberto Marinho?"

Ela ficou calada. Saiu, deu um telefonema e voltou.

"Olha, o doutor Roberto Marinho está te esperando, amanhã, às seis horas da tarde."

"Como mamãe?"

"Liguei para a Hilda, irmã dele, que joga baralho comigo."

Tenso, Cariê chegou à redação de *O Globo* para conversar com Roberto. Até ali, tinha a imagem de um "sultão do Ceará". Logo, teve a impressão de um homem de "simplicidade formal", sem pompa, mas austero. "Ele era um camarada discreto, vagaroso, que falava muito manso, sem o estilo de levantar a voz para alguém. Nem precisava, por que o jeito dele falar já botava a pessoa no seu lugar", observa.

No encontro, Marinho perguntou:

"Escuta, a sua concessão foi obtida quando?"

"Olha, doutor Roberto, eu não tenho concessão ainda, estou fazendo força para obter a concessão."

Cariê disse ter imaginado nesse momento que o empresário lhe considerava um "imbecil" ou que tentava conseguir uma concessão usando a força da Globo. Roberto virou para ele e disse:

"Olha, vou lhe falar uma coisa. Tu voltes lá no Walter porque a proposta dele não é leonina nem draconiana."

Um antigo amigo de eventos de donos de jornal, o gaúcho Maurício Sirotsky, ajudou Cariê a amarrar um acordo por fora com Walter Clark. Pelo contrato, a Globo iria esperar que *A Gazeta* obtivesse a concessão do canal quatro. Se não conseguisse, o seis, o sete ou o dez. No contrato, a participação na nova emissora seria de 60% da família Monteiro Lindenberg e 40%, de Walter e Sirotsky, que tinha intermediado o encontro.

O sinal da emissora chegava ao interior do Espírito Santo, um estado colonizado por imigrantes europeus, de tradições milenares. Na região de Santa Maria de Jetibá, na serra capixaba, as mulheres pomeranas ainda se casavam de vestidos pretos, como no tempo dos senhores feudais, em que as camponesas da antiga Pomerânia recorriam a essa cor para demonstrar indignação com a violência sexual praticadas pelos proprietários das terras antes de se casarem com seus noivos. Agora, com Regina Duarte vestindo branco, as moças trocaram a cor da roupa de núpcias.

A CONQUISTA DO NORDESTE

Em Salvador, a emissora de Roberto Marinho fechou aliança com um grupo de empresários do entorno de Luiz Viana Filho, então governador da Arena e ex-ministro da Justiça e da Casa Civil do governo Castelo Branco. Era uma das mais antigas famílias políticas de influência na Bahia. O patriarca Luiz Viana, pai do governador, presidiu o estado durante a Guerra de Canudos. Foi ele quem insistiu para o Exército invadir o povoado de Antônio Conselheiro.

O sinal da Globo seria retransmitido pela TV Aratu, que tinha como sócios o deputado Luiz Viana Neto, filho do ex-ministro, e os empresários Alberto Maluf, Humberto Castro e Nilton Nunes Tavares. Com a programação da Globo, a emissora logo ultrapassou a TV Itapuã, do grupo dos Diários Associados, em audiência. Quando Antônio Carlos Magalhães, da Arena, assumiu o governo estadual, Viana Neto foi nomeado presidente do Banco da Bahia. Empreendedor, Maluf criou programas locais de grande audiência, como *O homem de seis milhões de dólares*, que logo seria copiado pela Globo, no Rio.[380]

Um parêntese: anos depois, num processo tumultuado e confuso, que chegou à Justiça, o político se desentendeu com ACM, que conseguiu de Marinho o sinal da televisão. A Globo passou a ser transmitida pela Rede Bahia, da família Magalhães.

No Piauí, a oligarquia que conseguiu a concessão não tinha recursos nem podia contar com políticos locais para construir uma antena de TV. Roberto Marinho bancou a construção da torre, levando a televisão para o estado.

Em Maceió, um ex-sócio e depois adversário de Marinho tornou-se o retransmissor da Globo. O senador Arnon de Mello publicou um jornal e montou rádios para enfrentar a oligarquia dos Góes Monteiro. Em 1963, disparou contra um deles, o colega de bancada alagoana Silvestre Péricles, no plenário do Senado, e acabou matando um suplente que assumira a cadeira de senador pelo Acre, José Kairala, sem envolvimento na briga. O filho mais velho de Arnon, Leopoldo, foi diretor da Globo no Nordeste e depois em São Paulo. Outro, Fernando, chegaria à Presidência da República.

Roberto Irineu avalia que o controle político de emissoras afiliadas é um problema. "O Nordeste é complicado, porque nós temos muitos afiliados que são políticos e isso não é o ideal. Nós tivemos alguns problemas com afiliados que eram políticos. Eles queriam que as televisões fizessem uma propaganda desequilibrada deles, aí tivemos alguns embates."

Uma das formas de evitar que a parcialidade local seja divulgada em todo país, a Globo criou a figura do repórter de rede, um profissional da sede no Rio ou que se sobressaiu em algum estado, para ficar responsável pelas matérias de determinada afiliada que serão apresentadas em rede.

João Roberto Marinho avalia que o sucesso do negócio do pai se deve à formação da rede nacional de emissoras afiliadas. "Todo mundo tenta pintá-lo como o grande beneficiário da ditadura. Nunca foi. Ele simplesmente tinha uma relação para que deixassem fazer o trabalho dele. O que foi a genialidade da Rede Globo de Televisão, o que foi a genialidade dele: a ideia da concepção de rede, de entender que ele tinha a oportunidade de fazer uma coisa que unisse o país, que fizesse o país se ver na TV. E, segundo, a busca incessante do talento e de gente competente para fazer, o que ele mesmo não sabia. Ele foi buscar os craques. O Walter era um cara de 29 anos. O Boni tinha 31 ou 32. Eram os gênios da televisão. Ele (Roberto Marinho) entregou a Globo para garotos. Sacar quem podia fazer é coragem. Ele entregou tudo o que tinha nas mãos desses garotos. O Walter e o Boni tinham oferecido fazer a rede à Tupi e à Bandeirantes. Antes de oferecerem ao doutor Roberto, eles já tinham oferecido a outros empresários, que acharam que não ia funcionar."

Walter esteve na Escola Superior de Guerra para falar do poder da TV. Ele disse que a televisão deveria continuar o seu papel de "integração nacional". Não era bem a integração nacional desejada e controlada pelo regime. No país, esse projeto era executado por um empresário disposto a tudo para alavancar sua empresa — autores comunistas e artistas que, para o momento conservador, tinham roupa de menos e davam beijos demais.[381]

O executivo da Globo criticou a postura dos associados nos estados. "Este país é um arquipélago, com vice-reis associados na área de comunicação. Mas os concessionários que hoje estão se queixando não tomaram iniciativas de ocupar o espaço cultural do seu estado, que é tão rico. A crítica à integração é positiva, mas é que essa integração foi além-orgasmo. Muitos concessionários só ligam câmaras locais para fazer coluna social, puxar o saco..."[382]

Nesse tempo de avanço do sinal da Globo por meio das afiliadas, o Rio divulgado nos capítulos das novelas da emissora tornava-se referência país afora, algo que provavelmente o rádio e a revista *O Cruzeiro* não fixaram com a mesma intensidade. Nos pequenos municípios, não se construíam muitas obras com os desenhos das colunas modernistas dos palácios de Brasília nem se fixavam letreiros nos morros como em Hollywood, a produtora dos enlatados. O Rio liberal nos costumes, de mulheres de biquínis curtos e rapazes problemáticos no calçadão de Copacabana, impactava o interior, onde as figuras do padre e do prefeito escolhido pela família mais influente ainda mandavam. Não eram ondas de pedras brancas e pretas que surgiam nas margens dos rios e praias que banhavam as pequenas cidades. Mas o Cristo Redentor, no Corcovado, a estátua no velho estilo *art déco* encomendada pelos católicos e inaugurada pelo cardeal Leme no distante 1931, reproduzida nas beiras de estradas, nos altos das montanhas, uma das muitas marcas do Rio, era a obra que melhor atendia à dinâmica daquele modelo de integração nacional.

17. O tenentista ferido

A receita para uma visão potente do Brasil e dos brasileiros incluía uma geração asfixiada por um regime autoritário, um grupo de executivos que mostrava naturalidade ao fazer televisão criativa e um empresário disposto a expandir a sua empresa. Toda a segurança que este poderia sentir estava na certeza da garantia da força de seu grupo. Entre a criatividade e a ambição, a ideologia política se fazia presente nos enredos e nos personagens. Tudo o que poderia barrá-la era, para Marinho, um atentado ao negócio da TV.

Naquele momento, a novela *O espigão* provocou uma enxurrada de cartas de revolta.[383] "Viu-se a apologia da falta de escrúpulos, o elogio do machado, o triunfo do esperto sem caráter. Do outro lado a morte violenta dos que ainda acreditam em bons sentimentos: um verdadeiro *happy ending* às avessas", escreveu Gil de Oliveira, morador de Copacabana, em carta publicada pelo *JB*. "Tudo o que era bom, um pouco ingênuo ou romântico, teve o castigo dos maus: a morte pelo tiro ou pelo coco", lamentou Cláudia Gomes de Matos, de Botafogo, bairro onde a novela se passou. "Meus filhos aprenderam que se deve passar por cima de tudo para se atingir a meta", disse Maria de Lourdes Sá Ferreira, também do Rio. "O povo brasileiro já é tão espoliado de todo jeito — ninguém pode estudar, tudo caro, cérebros desnutridos etc. — e ainda vêm essas novelas para liquidar com nossa mente tão deteriorada."[384]

Bráulio Pedroso atingiria um patamar inovador em 1974, com *O rebu*, gíria usada pelo colunista social Ibrahim Sued para designar uma confusão. A trama se passava em apenas um dia, no melhor estilo de *Ulysses*, romance de James Joyce. Numa noite, um corpo aparece boiando numa piscina de uma mansão do Alto da Tijuca. Pela manhã, a polícia chega para investigar o caso.

A novela usou o recurso do *flashback* para situar os espectadores na trama. Bráulio desmontava a tradição de histórias lineares, contadas de forma cronológica, de um gênero ainda em formação. Só no capítulo cinquenta se descobrirá que o corpo era de Sílvia, interpretada por Beth Mendes, namorada de Cauê, papel de Buza Ferraz, filho do dono da casa, o banqueiro Conrad Mahlet, interpretado pelo ator polonês Ziembinski. A moça se vestira de homem, daí não se sabia ao certo o sexo daquele corpo. Antes de a censura fazer imposições, Cauê era um jovem amante do banqueiro.

Nesse tempo, o pauteiro de *O Globo* Paulo Coelho se aproximou do executivo da gravadora CBS Raul Seixas. Começaram a compor letras de músicas. A dupla assinou a música tema de *O rebu* e boa parte da trilha sonora da novela. "Como vovó já dizia", "Porque", "Se a rádio não toca", "Água viva" e a música-tema foram produzidas especialmente para o folhetim. Por imposições da censura, eles tiveram de fazer mudanças.

O governo Geisel havia firmado com o ditador paraguaio Alfredo Stroessner um acordo de criação da empresa binacional de Itaipu. Um grande lago inundaria as terras da fronteira, com o represamento do rio Paraná. O Centro de Inteligência do Exército mantinha agentes para monitorar guerrilheiros na área da construção da hidrelétrica e a muitos quilômetros dali, na região do Araguaia, no sudeste do Pará, onde ocorria uma operação de eliminação da guerrilha do PCdoB.

Quando a Globo pôs no ar *Fogo sobre terra*, folhetim de Janete Clair dirigido por Walter Avancini, com trilha sonora de Vinícius de Moraes, em meados de 1974, a censura interpretou que a obra não apenas criava um clima político contra Itaipu, como defendia a guerrilha.

Era a história de Pedro Azulão, papel de Juca de Oliveira, que disputava o amor de Chuca Martins, Dina Sfat, com o irmão Diogo,

Jardel Filho. Azulão mobilizava a cidade fictícia de Divinéia, em Mato Grosso, para evitar que fosse inundada para a formação de um lago de uma usina. Boni argumentava que não. "Na novela *Fogo sobre Terra* não existe bando guerrilheiro", destacava uma carta, possivelmente datilografada por Boni e que chegou a Roberto Marinho e ao governo militar. "O que existe na novela são simples caboclos que têm em casa a sua armazinha como qualquer caboclo brasileiro tem", ressaltou. "Nunca houve tomada de armas do Governo por quem quer que seja, pois na novela não existe a figura de Governo, o que existe são dois grupos antagônicos particulares que lutam por um objetivo. Não existe a questão de terra, pois ninguém quer tomar terra de ninguém na novela."

Ele rejeitava que a novela fosse uma metáfora dos grupos da luta armada. "Diante disso tudo, é difícil se interpretar qualquer ligação do desenrolar da novela com guerrilha ou subversão. Aliás, difícil não é a palavra correta, o certo é dizer impossível."[385]

Ainda assim, Janete teve extrema dificuldade para manter em pé o enredo e seguir com a novela no ar. Os cortes de diálogos se sucederam ao longo do ano. Por fim, a censura não gostou do capítulo final. Pedro Azulão se trancaria dentro de casa e morreria com a inundação da cidade. A autora foi obrigada a engravidar uma mulher, que convenceu o companheiro a se salvar. A novela terminou assim no dia 4 de janeiro de 1975. Um dia depois, Ernesto Geisel anunciou no plenário do Congresso que a ditadura finalmente eliminara, no ano anterior, os últimos guerrilheiros do Araguaia. Nas cidades, a guerrilha urbana também estava dizimada. A oposição ao regime que sobrevivera não tinha mais armas nas mãos.

Naquele início de 1975, Roberto Marinho fez uma reflexão sobre o momento econômico e político no pós-golpe que derrubou João Goulart: "Onze anos são passados: o crescimento econômico do país e o firme combate à subversão criaram condições de trabalho profícuo, ensejando que, embora sempre vigilantes, possamos partir para a implantação do desenvolvimento político e social".[386]

Janete tinha escrito uma sequência de novelas e segurado a programação no pós-Glória Magadan. Os dramas dela começavam a saturar o horário das vinte horas, o mais nobre da TV. Boni e Daniel Filho, que nesse tempo comandava o departamento de novelas, avaliaram que as histórias da autora poderiam passar para as 19 horas, para um público mais leve. "Aquelas novelas que a Janete Clair estava fazendo já estavam ficando melosas demais", relata Daniel. "O público já estava pedindo. A novela das oito deveria ser uma coisa mais inteligente, mais agressiva."

Dias Gomes, que tinha escrito *Verão vermelho*, uma trama mais cabeça, exibida no horário das 22 horas, foi chamado para tentar uma história de uma temática mais séria e profunda para a faixa das oito. A emissora estava disposta a investir numa grande produção em cores. Era a primeira novela colorida nesse horário — *O bem-amado*, de custo mais baixo, passou mais tarde.

A TV em cores se difundia no mundo. No Brasil, nos primeiros tempos da Tupi, o sistema usado era o NTSC, dos Estados Unidos, difundido no Canadá, no México, na América Central e no Japão. Agora, quando o mercado brasileiro dava mostras de abandonar o preto e branco, os militares tiveram a ambição de implantar um sistema analógico diferente do norte-americano e do europeu. Assim, os técnicos oriundos do ITA, em São José dos Campos, construíram uma nova versão do PAL, desenvolvido pelos alemães, em uso em quase toda a Europa, China, Austrália e parte da África.

Os engenheiros avaliaram que o sistema europeu corrigia erros provocados por sinal, mas não era totalmente propício ao Brasil. Também avaliavam que a tecnologia americana apresentava problemas, mudando a tonalidade das cores. Resolveram, então, montar o sistema europeu em cima do sistema preto e branco americano, permitindo a quem tinha aparelho preto e branco continuar assistindo normalmente.

O regime militar aprovou a proposta que tinha o apelo nacionalista. Os novos televisores teriam que ser fabricados no Brasil, para não precisar de adaptação. Os americanos despejaram aparelhos com seu sistema em cores no Rio. Os europeus fizeram o mesmo. Sob pressão da diplomacia e da indústria dos Estados Unidos, o governo militar registrou o sistema híbrido PAL-M na União Internacional de Telecomunicações.

Além de criar um mercado nacional, a ditadura idealizava uma integração continental com o PAL-M, uma versão do sistema alemão. Venezuela, Peru e Bolívia, porém, ficaram com o NTSC. O ministro das Comunicações, Euclides Quandt, viajou a Santiago para convencer o ditador Augusto Pinochet a adotar o PAL. Um dos homens próximos do general, o coronel Virgílio Espinoza, diretor de Informações, controlava tanto a rede de inteligência como os meios de comunicação.[387] Ele manifestou interesse pelo sistema de telecomunicações micro-ondas.

O ministro também foi recebido por Pinochet. O ditador se interessou em interligar a rede de telecomunicações chilena com a brasileira e investir na aquisição de um satélite para uso comum entre os dois países. Mas avisou que a implantação do sistema não era uma prioridade. O Chile, argumentou o ditador, enfrentava uma "precária situação econômica".

Quandt ainda foi informado pelo governo chileno que os Estados Unidos pressionavam o país para adotar o sistema NTSC — o Equador já usava o modelo.

Argentina e Paraguai optaram pelo PAL, mas sem as adaptações brasileiras. Os argentinos criaram seu próprio modelo híbrido, o PAL-N.

"O governo militar teve a ambição de fazer um sistema que pudesse ser implantado na América Latina inteira, o que não aconteceu", lembra Adilson Pontes Malta. "Nossa rede elétrica era de sessenta hertz, e a dos argentinos, por exemplo, cinquenta hertz."

A frequência de energia no Brasil permitia gerar uma imagem de 525 linhas por fotograma e trinta fotogramas por segundo. A sensação de movimento na Argentina era de 625 linhas. "Só os militares não entenderam que era impossível fazer a adaptação para garantir uma integração", observa Adilson. "Uma mudança necessitaria de jogar os aparelhos em preto e branco fora."

Com o isolamento do Brasil no sistema de televisão, a Globo precisou entrar numa outra seara de produção para atender ao público que migrava cada vez mais ao sistema em cores. A emissora, criada para exibir programas, passou a produzir os produtos que exibia e, agora, tinha de desenvolver peças e adaptadores em câmeras. "Tivemos de praticamente montar um departamento para projetar equipamentos e peças de adaptação", conta Adilson.

As fábricas dos Estados Unidos e da Europa não tinham interesse em produzir especialmente para atender um país periférico. A indústria brasileira, por sua vez, que seria protegida e beneficiada pela decisão do governo militar, não tinha condições de produzir em pequena escala peças repositoras a uma única empresa em expansão."

Nas páginas de *O Globo* e nas imagens da TV, Roberto Marinho procurava mostrar que estava na mesma frequência do governo militar. Esta postura virava festa no humorístico *O Pasquim* e crítica de setores da academia.

O sistema de televisão do regime e a máquina de produzir novelas de Janete Clair, musicais de Roberto Carlos, Chico e Caetano e o *Jornal Nacional*, entretanto, não se interligavam no automático. O PAL-M era o ideal de uma ditadura que ambicionava formar um corredor autoritário e extremista no Cone Sul. Não era o melhor modelo tecnológico para uma empresa em busca de expansão.

Dias Gomes apresentou à Globo a sinopse de uma novela chamada *A fabulosa estória de Roque Santeiro e sua fogosa viúva, a que era sem nunca ter sido*. Era uma nova versão de uma peça de teatro censurada anos antes, chamada *O berço do herói*. Na obra original, um certo cabo Roque, que seria interpretado por Milton Moraes, foi considerado morto na Itália, durante a Segunda Guerra. Em sua cidadezinha natal, no Brasil, ele virou um mito e a crença de que fazia milagres movimentou o turismo e o comércio locais. Anos depois, ele apareceu no lugar e foi assassinado a mando do prefeito. O chefe do município achou que a presença dele era uma ameaça para a economia e as contas públicas. O projeto foi aceito pela emissora.

Numa conversa telefônica, o novelista falou sobre o aproveitamento das ideias da peça censurada no novo folhetim. Dias Gomes estava sendo gravado pela ditadura.

Daniel deixou a direção de novelas para ele mesmo dirigir a trama. O elenco foi escolhido com cuidado pelo diretor, pelo autor e por Boni. Antes que a censura implicasse com o roteiro, eles mudaram o perfil do protagonista do folhetim. O personagem deixou de ser um pracinha da Força Expedicionária Brasileira e virou um escultor de santos. Papel reservado a Francisco Cuoco, o novo Roque teria sido morto num combate com cangaceiros. A história falava de misticismo, religião popular e Igreja Católica.

Como no roteiro original, o personagem principal reapareceu em sua cidade, Asa Branca, para desespero dos poderosos do lugar, como

Sinhozinho Malta, interpretado por Lima Duarte. Roque e Sinhozinho passaram a disputar o amor de Porcina, a suposta viúva do mito, papel de Betty Faria. O Brasil estava na trama, com o professor Astromar, que virava Lobisomem, papel de Rui Resende, o Beato Salu, Germano Filho, o Cego Jeremias, Catulo de Paula, e o cangaceiro Trovoada, Rafael de Carvalho.

A Globo construiu uma cidade cenográfica em Guaratiba, Zona Oeste do Rio. Uma longa e exaustiva pesquisa foi feita para o cenário e o figurino. A estátua do santo da cidade teve uma inspiração carioca. Daniel Filho mandou fazer uma escultura muito parecida com o combatente no momento em que recebe um tiro, instalada no ano anterior, na avenida Atlântica, em Copacabana. Era do tenente Siqueira Campos, ferido justamente ali, na altura da antiga rua Barroso, num embate com forças legais, na chamada Revolta dos 18 do Forte. No distante 1922, uma geração tenentista se insurgia contra os superiores e manifestava repúdio às velhas oligarquias brasileiras.

A emissora previa levar a novela ao ar, no horário de vinte horas, em 27 de agosto de 1975. Em Brasília, numa sala da Divisão de Censura de Diversões Públicas, na Polícia Federal, os censores enxergavam problemas nos capítulos escritos da novela enviados pela emissora para pedido de classificação mínima na faixa etária de 16 anos. "Efetivamente, os dez capítulos iniciais da telenovela *Roque Santeiro*, de autoria de Dias Gomes conduzem-se numa atmosfera fortemente acentuada de movimentação dramática e psicológica, tornando, sobremaneira, sua apresentação inadequada para o telespectador juvenil, quer pela mensagem quer pelo grau de influência dos personagens", avaliaram os técnicos do departamento.[388] Eles consideraram inadequados os "revoltados", as "prostitutas", os "adúlteros", os "levianos", os "aproveitadores" e os "fanáticos."

O parecer da censura rejeitou que a novela passasse no horário das vinte horas. A exibição só foi permitida a partir de 22 horas, o que inviabilizava a realização do folhetim, com produção de custo bem mais elevado que a de *O bem-amado* a um horário de menor audiência. Os censores exigiram cortes em dez das trinta páginas de capítulos entregues pela emissora. "Em síntese, há aspectos intoleráveis para a faixa das vinte horas."

Cerca de vinte capítulos tinham sido gravados quando agentes do SNI repassaram o áudio da escuta da conversa de Dias Gomes sobre o roteiro. As declarações do novelista, "orientado" pelo historiador Nelson Werneck Sodré, comprovavam, segundo relatório enviado a Ernesto Geisel, a "infiltração comunista" na máquina de produzir folhetins.[389]

Na segunda-feira, dia da estreia da novela, Daniel Filho gravava mais uma cena no estúdio quando soube que funcionários da Globo estavam tendo dificuldades, em Brasília, de convencer os censores a permitir a exibição da trama.

Não havia clima para continuar o trabalho.

"Vamos parar, gente, não vamos mais gravar, não", disse Daniel Filho.

Depois, pediu a atenção do elenco.

"Eu quero contar uma coisa para vocês."

O diretor, os atores e os técnicos ficaram à espera de uma decisão. No final da tarde, veio a notícia de que a novela não iria mais ao ar.

Furioso, Roberto Marinho chamou Boni a sua sala.

"Por que tu colocastes a empresa em risco?"

Boni justificou que a novela não tinha nada de mais. Ele relatou, em depoimentos, que passou num aparelho capítulos da trama.[390] Roberto Marinho riu das cenas cômicas e saiu convencido de que o motivo da censura era outro.

Geisel recebeu um relatório do SNI com ataques duros contra a Globo. "A pretexto de evitar uma ditadura de direita, desencadeia uma campanha de alerta em que busca atrair a simpatia de leitores e telespectadores para a esquerda", escreveram os agentes.[391]

Em Brasília, o ministro-chefe da Casa Civil, Golbery do Couto e Silva, aproveitou para comentar com jornalistas que cobriam o Palácio do Planalto.

"E *O Globo*, hein? Quebrou a cara."[392]

Um repórter do jornal fez cara de espanto.

"*O Globo*, não, a Rede Globo. O jornal está tranquilo."

O general comentou que Roberto Marinho não controlava a Globo como controlava o jornal.

A notícia da censura pegou os artistas de surpresa. Betty, em especial, vivia um momento pessoal difícil. Com duas crianças em casa, doentes, ela ainda enfrentava uma relação tensa com o então marido, o diretor Daniel Filho. Se o bastidor tinha sido um inferno para a atriz, que não teve empatia com a personagem, a realidade tornou-se ainda mais dramática com a censura. "Foi uma sensação de trabalho jogado fora", lembrou.[393]

Roberto Marinho mandou fazer um editorial contra a censura, para ser publicado em *O Globo* e lido ainda naquela noite no *Jornal Nacional* por Cid Moreira.

"A Rede Globo empregou todos os seus recursos técnicos e pessoais na produção da novela *Roque Santeiro*. Contratou artistas, contratou diretores, contratou cenógrafos, maquiadores, montou uma cidade em Barra de Guaratiba, enfim, a Globo mobilizou um grandioso conjunto de valores que hoje é necessário à realização de uma novela do padrão da Globo. Foram mais de quinhentas horas de gravação, das quais resultaram os vinte capítulos, devidamente submetidos à censura", destacou.[394] "Foi desse ideal de qualidade que nasceu a novela *Roque Santeiro* e é precisamente com esse mesmo ideal que, dentro de alguns dias, a Globo estará apresentando no horário das oito da noite uma novela — esperamos — de nível artístico ainda melhor que *Roque Santeiro*."

Escrito e reescrito pelos diretores da Globo, com tantos cortes que deixaram o texto com problemas, o editorial fazia uma crítica ao Departamento de Censura e à ditadura por meio de elogios à produção. A publicação do artigo no dia seguinte no jornal de Roberto Marinho ganhava um caráter simbólico justamente pela defesa da obra. O diário de propriedade de um homem de hábitos conservadores fazia uma ode a um produto do liberalismo de costumes. Embora fosse um católico apenas de participar de sacramentos da Igreja, como batizados e casamentos, e de colecionar anjos e santos barrocos, Marinho sempre procurou manter o jornal atento às regras ditadas pelas lideranças católicas. Ao publicar o editorial no impresso, o empresário pragmático da televisão entrava na redação de *O Globo*, perfurando a bolha onde o jornalista Roberto se sentia mais confortável. O empresário focado no conteúdo como produto se sobressaía ao jornalista controlador da notícia. Essas duas figuras, entretanto, iriam coexistir, produzindo contradições.

Boni assistiu à leitura do editorial por Cid Moreira em sua sala com Daniel Filho. Os dois se abraçaram e começaram a chorar.

No lugar de *Roque Santeiro*, a Globo exibiu provisoriamente a reprise compacta de *Selva de pedra*, de Janete Clair. Uma nova produção começou a ser pensada. Depois de ser classificada como ultrapassada, a novelista foi convocada. "Eu achei que era um passo para trás, Boni achou que era um passo para trás", contou Daniel Filho.

Ainda naquela noite, Janete e Dias Gomes chegaram à emissora. Os quatro choraram juntos. O autor da novela estava ferido, como um soldado. Tinha o peso da culpa de levar uma leva de atores e técnicos a produzir algo que seria jogado no lixo. E Daniel Filho só pensava ter associado a escultura da praia à novela.

"Olha, Janete, precisamos fazer uma novela", disse o diretor.[395]

A autora escrevia uma outra trama, "Bravo!", com Gilberto Braga. "Eu escrevo uma novela."

Ao aceitar a escrita de mais um folhetim, ela pensava na emissora e também em proteger o marido, observa Daniel Filho. Além do elenco. A única exigência foi de que a Globo aproveitasse o elenco de *Roque Santeiro*. A ideia foi aceita na hora. Era um problema a menos a ser resolvido.

Com a censura de *Roque Santeiro*, Daniel Filho passou a enfrentar fortes dores de cabeça. Betty Faria levou o marido a uma casa de umbanda no subúrbio do Rio. A receita para a nova novela também passava pelos bairros da cidade. Ao receber a proposta da nova novela de Janete, *Pecado capital*, o diretor foi filmar no Méier, bairro onde passou a infância.

Roberto Irineu enxergou o dedo de Armando Falcão na censura. O então ministro da Justiça teria feito jogo duplo. "Ele que montou as grandes traições. Foi ele quem tirou a novela do ar, foi ele quem tirou no dia da estreia", conta. "Foi uma safadeza. Eles tinham analisado a novela um mês antes, conheciam tudo, tinham visto tudo, viviam discutindo a novela inteira, sabiam da sinopse, sabiam da gravação, tinham assistido e aí resolvem tirar no dia. Foi para prejudicar a televisão, provocar um prejuízo. Para você ter uma ideia, nunca fizeram nada para ajudar a Globo. Nunca. Só sacanagem."

Jorge Adib lembra da censura. "Você não tem ideia do trabalho que a Globo tinha com esses caras, rapaz. Você não tem ideia. Todo mundo acha que era moleza", afirma.[396] "Doutor Roberto Marinho tinha a vontade dele. A vontade dele não estava subordinada a agradar você, ou agradar fulano", argumenta. "Se a vontade dele coincidia com a vontade do outro, tudo bem. Mas ele não se contrariava pra atender outro cara, não. Nunca vi o doutor Roberto se contrariar para agradar alguém por ser poderoso."

Daniel Filho pensara que tinham saído da "linha de tiro" da censura ao transformar o personagem do militar num vendedor de santinhos que morria defendendo a cidade de cangaceiros. "Nós não estávamos mais na posição de o censor achar alguma coisa errada, a novela não tinha nada que a comprometesse", relata.[397] "Por isso eu fiquei com a história da estátua na minha cabeça, fiquei achando que a novela tinha sido censurada por causa da estátua. Fiquei anos com esse problema."

O poder central voltava a incomodar os Marinho por conta de uma reprodução de uma cena de Copacabana mais de cinquenta anos depois que o velho Irineu, pai de Roberto, foi preso pela cobertura que o jornal dele, *A Noite*, fez da revolta na praia, em 1922. A prisão do jornalista, acusado de colaborar com o movimento rebelde, agravou seu problema de saúde, que resultaria em sua morte anos depois.

Roberto Irineu observa que no auge da ditadura o pai estava "amarrado". Teve de ser equilibrista e relevar o jogo duplo de quem se apresentava como amigo. "A primeira parte do Geisel foi um período complicado para nós, porque tinha um jogo — o Armando Falcão se fingia de amigo e traía o tempo todo, puxava o tapete dele todo santo dia."

Na avaliação de Roberto Irineu, o pai tinha consciência dos movimentos dos "falsos" aliados. "Tenho a tese de que ele sabia de toda a sacanagem que os caras faziam. O Armando Falcão, por exemplo, fez as piores sacanagens com ele e as piores sacanagens possíveis com a Rede Globo. Mas ele fazia o ar de que era amigo", relata. "Quando tinha que ir a Brasília, se hospedava na casa do Armando Falcão. E no fundo ele detestava porque o Armando aprontava. Sempre dizendo: 'Eu tentei intermediar os militares, mas eles estão muito duros'. Foi o Armando Falcão que tirou a novela do ar no dia da estreia. Papai sabia, mas foi olímpico. Para se valorizar diante dos militares, o Armando montava as situações. Sempre foi um grande manipulador."

Luiz Lobo relata ter presenciado, na sala de Roberto Marinho, a chegada de Armando Falcão e o seguinte diálogo:

"Doutor Roberto, está aqui uma lista para o senhor, eu queria que o senhor demitisse essas pessoas do jornal."

"Queria o quê, Armando?"

"Queria que o senhor demitisse essas pessoas."

"Mas, por quê, Armando?"

"Porque são comunistas."

"Mas e daí? São os meus comunistas. Eles não escrevem no jornal, eles escrevem para o jornal. E o jornal é meu. No meu jornal só sai o que eu quero.

"O senhor sabe que não é bem assim, a redação está muito infiltrada."

"Não, dos meus comunistas, cuido eu. Não se meta com o que não é seu."

Ali estava a frase de Marinho sobre a presença de comunistas n'*O Globo* que ficou conhecida.

Armando teria insistido. Roberto entendeu como uma intromissão e uma deselegância por parte de um amigo pessoal, que frequentava sua casa. Não estava nem mais em jogo a questão ideológica e a relação entre a Globo e o governo. Teria dispensado até o "tu".

Na avaliação de Caban e Milton Coelho da Graça, Roberto Marinho teve grande influência na nomeação de Armando Falcão no Ministério da Justiça. A relação entre o empresário e o ministro, no entanto, se desgastou ainda no primeiro ano do governo Geisel.

Em fevereiro de 1975, a Polícia Federal, subordinada à pasta de Falcão, não concedeu a Evandro passaporte para uma viagem aos Estados Unidos. O diretor de *O Globo* e o editor Luiz Garcia, seu subeditor-chefe, fariam uma visita ao San Diego Union, que passava por mudanças gráficas. Enquanto Garcia recebeu seu passaporte, Evandro foi orientado a procurar o Dops, a polícia política do regime. "Ora, isso foi considerado humilhante para *O Globo*", reclamou Roberto em carta a Falcão.[398] "Se existe algo de concreto contra o nosso diretor de jornalismo, ele está pronto para prestar as informações necessárias em qualquer departamento policial ou militar, de maneira a esclarecer definitivamente a sua situação", escreveu. "Nada justifica, entretanto, a vaga exigência de uma presença ao Dops, ao simples pretexto de uma concessão de passaporte. A intenção de constranger gratuitamente o jornalista parece óbvia."

Numa carta de 16 páginas, Roberto fez um relato sobre o trabalho de Evandro e as divergências internas ocorridas por conta das mudanças no jornal. "Todas as afinidades entre *O Globo* e os Governos da Revolução, afinidades essas estreitadas no Governo Geisel, tornam imperioso esclarecer de uma vez por toda essa situação", escreveu o empresário. "Evandro Carlos de Andrade está pronto para comparecer perante qualquer autoridade do Governo, seja do SNI ou dos órgãos de informações das Forças Armadas, a fim de responder a acusações porventura sérias e consistentes."

Em abril de 1975, Roberto Marinho marcou uma festa no Hotel Nacional, o principal de Brasília, para mostrar a força da Globo. A segunda edição da entrega do Prêmio Personalidade Global, promovido pela emissora, pela rádio e pelo jornal de seu grupo, ocorria na capital federal. Assim, na noite da terça-feira, dia 22, ele conseguiu reunir seis ministros, alguns oficiais influentes e a filha de Geisel, Amália Lucy, no jantar. Euclides Quandt não compareceu.[399]

O empresário levou executivos, jornalistas e artistas para o evento. Lá estavam o apresentador do *Jornal Nacional* Sérgio Chapelin, mestre de cerimônia; os atores Milton Moraes, Elizabeth Savalla e Françoise Forton; auxiliares da festa; Walter Clark, que entregou o troféu de personalidade na área de teatro a Nelson Rodrigues; e Evandro Carlos de Andrade, que entregou o prêmio ao poeta Carlos Drummond de Andrade, representado na festa por Otto Lara Resende. Amália entregou o troféu de destaque feminino à psiquiatra Nise da Silveira, representada pela sobrinha Lúcia Pontes. Joe Wallach também estava no evento.

Roberto Marinho e a mulher Ruth sentaram na mesa principal, com o ministro da Previdência, Nascimento e Silva, que recebeu da mão do empresário o prêmio de assistência social. Naquele momento, o ministro era o principal interlocutor da Globo no governo, embora não fizesse parte do grupo de decisões do Planalto.

Em seu discurso, Marinho ressaltou a importância da tecnologia dos satélites para as comunicações, mas deu dois recados. O primeiro tinha relação com a censura. "O Brasil não poderia estar isento da revisão de valores que se processa", disse. Era uma frase rara e que sugeria uma inexorável mudança de costumes, o que estava por trás dos cortes pelo governo de programas e novelas da emissora. O segundo dizia respeito à demanda do regime de acelerar seu projeto de integração, o que podia, na sua fala, ter a contribuição da iniciativa privada. "O jornal, o rádio e a televisão aprofundam, com efeito, a cada dia que passa, a sua vocação integradora."

Visto como um programa de amenidades, na concepção da própria emissora, o *Fantástico* passou a ser observado nas análises de conjuntura política da Presidência da República. Na leitura de agentes do SNI que atuavam no Palácio do Planalto, havia indícios de "infiltração comunista" em órgãos de imprensa "normalmente" considerados de apoio ao regime. Os relatórios de "apreciação sumária", dirigidos especialmente a Ernesto Geisel, listavam *O Globo*, o *Jornal do Brasil*, a revista *Visão*, *O Estado de S. Paulo* e a TV Globo.

Os agentes criticaram uma reportagem que teria enaltecido Getúlio Vargas. A matéria falava de uma proposta do MDB de homenagear o ex-presidente com o batismo de uma refinaria de petróleo em Araucária, no Paraná.[400] Na avaliação do SNI, a reportagem fazia parte de uma "intensa propaganda" de exaltação da figura do líder "nacionalista". "Getúlio Vargas apareceu como que 'ressuscitado' para, em aliança com a oposição no Senado Federal, derrotar lideranças da Arena."

A refinaria foi batizada mesmo com o nome do ex-presidente. Geisel, que foi chefe de gabinete de Getúlio, esteve no Paraná para a inauguração.

No primeiro semestre de 1975, a Globo havia exibido a novela *Escalada*, no horário das vinte horas. A trama de Lauro César Muniz, dirigida por Régis Cardoso, tinha um enredo que começava nos anos 1940 e se arrastava pelas décadas seguintes. O dramaturgo recorreu à história do próprio pai para falar de um caixeiro-viajante português, Antônio Dias, interpretado por Tarcísio Meira. Antônio chega a se envolver na construção de Brasília. O nome e os apelidos do ex-presidente Juscelino Kubitschek, fundador da nova capital, foi retirado da sinopse e da trama pela censura. O jeito foi colocar um personagem assoviando "Peixe vivo", música que marcou a trajetória de JK.

O autor chegou a assistir a um capítulo da novela no apartamento de Juscelino, no Rio. Numa saia-justa, naquela noite, foi passada uma cena em que um personagem, o agricultor Armando, criticou o governo JK pelo confisco cambial do café.

O anfitrião sorriu: "Foi isso mesmo, Lauro, eu padeci com a pressão dos cafeicultores, mas não tinha como recuar." O ex-presidente reclamou da situação de asfixia política, com seus direitos cassados. Numa conversa por telefone, ouvida por Lauro, Juscelino disse que a novela era uma "trincheira" contra a ditadura.[401]

No final de julho, Roberto Marinho promoveu um banquete no Copacabana Palace para comemorar os cinquenta anos de *O Globo*. O jantar reuniu cerca de trezentas pessoas, incluindo os ministros Armando Falcão, da Justiça, Shigeaki Ueki, das Minas e Energia, João Paulo dos Reis Velloso, Planejamento, Luís Gonzaga do Nascimento e Silva, Previdência e Assistência Social, e Mario Henrique Simonsen, Fazenda. Também presentes o presidente do Banco Central, Paulo Pereira Lira, o prefeito do Rio, Marcos Tamoio, e os governadores do Rio, Negrão de Lima, e de São Paulo, Faria Lima. Euclides Quandt, das Comunicações, não foi.

Uma presença inusitada naquele ambiente de nomes influentes da ditadura era Juscelino Kubitschek. O ex-presidente apareceu acompanhado pelo empresário Adolpho Bloch e pelos jornalistas Elmano Cardim e Austregésilo de Athayde, integrantes da Academia Brasileira de Letras. Juscelino estava em campanha para ocupar a cadeira na instituição, aberta com a morte do jornalista e professor Ivan Lins.

Em discurso, Roberto Marinho lembrou o pai, Irineu, que estava em "primeiro plano" no "patamar da glória". Prometeu dar o melhor de si para que *O Globo* continuasse a ser "coerente e bravo, independente, vigilante na defesa das causas populares, baluarte das nossas tradições espirituais e cristãs, entranhadamente identificado com os interesses da comunidade e da Pátria, democrata nas convicções e na ação, numa palavra, 'o jornal de Irineu Marinho'."

Ainda naquele mês, Roberto Marinho se encontrou com o ex-presidente e senador cassado pela ditadura num outro evento em comemoração dos cinquenta anos do jornal. Em almoço oferecido pelo Lions Clube do Rio, o ex-presidente foi designado a entregar ao empresário uma placa de prata.

Em discurso, Marinho chamou Juscelino de "ilustre presidente". "Nunca deixamos de ser amigos pelas críticas que *O Globo* fazia a alguns ângulos de seu governo, porque essas críticas nunca eram feitas de uma maneira que me impedisse de apertar-lhe as mãos."[402]

O momento era de embate de grupos da oposição e de entidades de direitos humanos, que cobravam respostas a assassinatos de presos políticos e desaparecimentos. "Acreditamos na necessidade imediata de desestimular o debate institucional nas áreas delicadas de tensão: Ex.: tortura", escreveu José Sarney ao ministro-chefe da Casa Civil, Golbery do Couto e Silva. O senador da Arena, um dos interlocutores do governo com a oposição, argumentava em entrevistas que não podia "queimar etapas", e tentava minimizar as pressões do MDB.[403]

Em outubro de 1975, o jornalista Vladimir Herzog, diretor da TV Cultura de São Paulo, homem moderado, de origem judaica, com experiência em grandes veículos, entrou vivo para depor no Destacamento de Operações de Informações — Centro de Operações de Defesa Interna, o DOI-Codi, na rua Tutóia. Morreu sob tortura. Os agentes forjaram um suicídio, exibindo o corpo de Herzog pendurado com cinto à grade da janela de uma cela. Os rabinos ordenaram que o jornalista não fosse enterrado no setor dos suicidas do Cemitério Israelita, mas no dos mortos em geral e uma multidão assistiu a um culto da Catedral da Sé em memória de Herzog, num gesto incontido de repúdio ao regime.

Os jornais entregaram seus *leads* à versão fantasiosa do II Exército, mas surgiu um outro lado em registros de trechos de notas de sindicatos e gestos de amigos e parentes do jornalista assassinado. Um movimento na cadeia e fora dela de Clarice Herzog, mulher de Vladimir, dos jornalistas Audálio Dantas, Sérgio Gomes, Paulo Markun e Fernando Jordão, do rabino Henry Sobel, do pastor Jaime Wright, de outros repórteres e editores nas sedes e sucursais das empresas de jornalismo em São Paulo começaram a virar o jogo político.

O luto de um assassinato foi transformado pela família, pelos amigos e pelo jornalismo numa contestação pública à ditadura.

Um dia após o assassinato do jornalista, a 27 de outubro, matéria produzida pela sucursal de São Paulo de *O Globo*, na página cinco, destacou que os legistas Arildo Viana e Harry Shibata atestaram "ausência de sinais de violência em toda extensão do corpo" de Herzog. Mais tarde se soube que os dois peritos produziam laudos fraudulentos sobre mortes de presos políticos.

O texto do jornal abriu pela fonte militar: "O comando do II Exército liberou ontem à noite os exames de documentos e do cadáver e o laudo necroscópico elaborados pelos Institutos de Polícia Técnica Médico-Legal e Divisão de Criminalística, da Secretaria de Segurança Pública, sobre o suicídio do jornalista Vladimir Herzog. (...) 'Quadro típico de suicídio', segundo Shibata."

O jornal registrou que o Sindicato dos Jornalistas pediu "esclarecimentos necessários e completos" num comunicado escrito durante assembleia dos associados. Na sequência, a matéria descreveu a decisão do rabinato de dar uma sepultura normal a Herzog, sem explicitar tratar-se de uma forma de contestação ao assassinato. "Duas normas do ritual judaico foram quebradas: o corpo não foi lavado na capela do próprio cemitério antes de ser liberado à sepultura, e não foi enterrado em local próprio para suicidas."

O *Estado de S. Paulo* não circulou naquele dia. Mas no dia 28 saía com a matéria na página 21 "Sepultado o jornalista Wladimir Herzog". O texto destacou que o enterro do corpo na ala comum do cemitério foi uma forma de o rabinato demonstrar seu "descontentamento". O jornal registrou que houve pressão para que o velório e o sepultamento fossem agilizados e que Clarice Herzog, mulher do jornalista, se revoltou. Num texto à parte, o *Estadão* ainda registrou trecho de poema de Castro Alves lido no velório por Audálio Dantas, presidente do Sindicato dos Jornalistas de São Paulo.

MAS, QUE VEJA EU AÍ?!... QUE QUADRO D'AMARGURAS?
É CANTO FUNERAL!... QUE TÉTRICAS FIGURAS!...
QUE CENA INFAME E VIL... MEU DEUS!
MEU DEUS! QUE HORROR!

Ainda no dia 27, o *JB* publicou, na página quatro, que o "Comando do II Exército explicou em nota oficial a morte de jornalista". O comunicado dizia que Herzog "foi encontrado morto, enforcado, tendo para tanto utilizado uma tira de pano". O jornal selecionou trechos mais contundentes da nota divulgada pelo sindicato: "O Sindicato dos Jornalistas deseja notar que, perante a lei, a autoridade é sempre responsável pela integridade física das pessoas que coloca sob sua guarda. (...) Denuncia que jornalistas, no exercício de sua profissão, permaneçam sujeitos ao arbítrio dos órgãos de segurança."

Naquele momento, os três jornais estavam classificados pelo SNI como de "apoio" ao regime. A "infiltração comunista", porém, na ótica dos agentes de inteligência, tinha atingido inclusive o *Jornal Nacional*. A leitura da nota oficial do governo sobre a morte de Herzog por Cid Moreira, no dia 29, foi classificada como parcial.[404] A apresentação, segundo o serviço secreto, "além de merecer restrições quanto à leitura, provocou, nos telespectadores, indagações e dúvidas, pela falta de expressão do intérprete, que não citou o nome do suicida". Ao mesmo tempo, os agentes elogiaram um apresentador da emissora em Brasília que os agradava. "Em contraste flagrante" à performance de Cid, disseram, "apresentou-se a leitura do Editorial de Edgardo Erichsen, que, todavia, tem apenas alcance local."

O SNI avaliou que atitudes assim evidenciavam uma "deliberada intenção de 'esvaziar' os pronunciamentos oficiais". A equipe da emissora usava, na análise dos militares, instrumentos como a "falta de expressão dos apresentadores" e a "inadequada exploração de imagens dos focalizados".

Em janeiro de 1976, o operário Manuel Fiel Filho foi morto nas dependências do DOI-Codi. Geisel decidiu iniciar a retirada gradual de comandantes de áreas com registros de assassinatos sob tortura. O general Ednardo D'Ávila Melo, do II Exército em São Paulo, foi demitido.

18. "Não sou um mero jornalista"

No país da censura e da ditadura militar, o Rio passava por mais uma transformação urbanística. Agora, vinha abaixo a cidade da *belle époque* do começo do século XX, tempo de infância e juventude de Roberto Marinho, construída sob escombros de sobrados e ruelas coloniais. As obras do metrô abriam um buraco no centro histórico. A estação do largo da Carioca mudava a fisionomia da área onde Irineu instalou *A Noite* e *O Globo*. Mais adiante, na Cinelândia, os técnicos desviaram as máquinas para não atingir o Palácio Monroe.

Construído nos anos 1920, o prédio suntuoso, ao final da avenida Rio Branco, virou alvo de um debate. *O Globo* defendeu a demolição para melhorar o tráfego. O *Jornal do Brasil* mostrou-se simpático à preservação. O monumento na visão de Otto Lara Resende, num artigo publicado no vespertino de Roberto Marinho, tornara-se um "entulho" na paisagem. A discussão foi criada bem longe dali.

O general Ernesto Geisel queria ver abaixo o Senado da Primeira República e do período democrático. Ele argumentou que o prédio atrapalhava a vista, de quem estava no Centro, do monumento aos militares mortos na Segunda Guerra, erguido no Aterro do Flamengo. Ele escalou o sempre prestativo ministro da Justiça, Armando Falcão, para evitar uma repercussão desfavorável na imprensa. "Dentro do pensamento do sr. Presidente com referências ao destino do 'Palácio Monroe' diligências junto à direção de *O Globo*, Jornal do Brasil, Manchete e outros órgãos de divulgação (foram feitas) a fim de criar, no espírito da opinião pública, clima favorável à demolição do velho imóvel", escreveu Falcão a Geisel.[405] "Várias notas já foram publicadas no rumo do pensamento governamental."

A posição do urbanista modernista Lúcio Costa pesou na "sentença" de morte. Com longa carreira no Instituto do Patrimônio Histórico, ele argumentou que o prédio não fazia parte da "tradição" da arquitetura brasileira, era um projeto francês sem importância. Depois de elaborar o Plano Piloto de Brasília, ele dirigia o Plano Diretor da Barra da Tijuca e o plano de alargamento da praia de Copacabana.

O Monroe foi construído num Rio de cerca de um milhão de pessoas e uma república pressionada por uma legião de migrantes vindos das fazendas de café de São Paulo e Minas em busca de renda, por uma batalha de gerações nos quartéis e por outra entre representantes das velhas oligarquias e bacharéis das cidades no plenário da Casa Alta. Agora, estava na encruzilhada da antiga Rio Branco com a via veloz que ligava o Centro à Zona Sul, no coração de uma mancha urbana de mais de quatro milhões de habitantes.

Não era uma obra arquitetônica que estava com os dias contados, mas um espaço de memória política. O Senado funcionara ali até Juscelino mudar a capital. Após o golpe contra João Goulart, os militares escolheram o prédio para instalar o Estado Maior do Exército, numa simbologia de conquista do poder político. Não havia talvez outro no imaginário do caos urbano da cidade. Marretas não deram conta de derrubar as paredes de tijolos e argamassas de óleo de baleia. Foi preciso usar compressores de ar.

Com a frieza possibilitada pelas matérias factuais, *O Globo* registrou que dois dos quatro leões de mármore de Carrara que guardavam o prédio foram comprados pelo fazendeiro Luís Carlos Franco, para ornamentar sua propriedade em Uberaba, e vitrais, as tábuas de peroba, os anjos e as luminárias eram vendidos a preços salgados. O trabalho de demolição prosseguia em "ritmo lento", informou o texto, mas o responsável pelo "serviço" garantia que tudo estaria pronto no prazo de 180 dias.[406]

Roberto Marinho deu ordem para que não saísse notícia nas colunas sociais sobre uma mulher da sociedade, com problemas de saúde.

O jornalista José Augusto Ribeiro repassou a orientação às editorias do segundo caderno e a feminina, que tinham colunas sociais. Uma colunista, porém, não tomou conhecimento da ordem e publicou nota num fim de semana.

José Augusto chegou segunda-feira à redação certo de que Roberto Marinho tinha lido e ficado furioso com o descumprimento da ordem. Com sua permissão, era possível até publicar sobre prisões de adversários da ditadura. Marinho perguntou se tinha transmitido a ordem dele. O jornalista respondeu que sim.

"Eu sei que você é muito cuidadoso com essas coisas, estou perguntando, porque eu demiti a jornalista e quero ter certeza de que não cometi uma injustiça."

No dia seguinte, às seis horas da manhã, José Augusto foi acordado em sua casa, um sobrado de dois andares em Santa Teresa, com o barulho da campainha. A empregada, que dormia no andar térreo, bateu à porta de seu quarto.

"Tem uns homens aí querendo falar com o senhor. Eles disseram que vêm em nome do doutor Flávio."

O único Flávio que José Augusto lembrava no momento era um amigo jornalista, Flávio Tavares. Desceu ainda de pijama. Os sujeitos estavam na sala, armados de fuzis, revirando as prateleiras das estantes. Ele percebeu que podiam ser agentes do DOI-Codi.

"O que é isso? Vocês entram na minha casa armados, a casa em que eu moro com a minha mulher e com meus filhos pequenos?"

Um dos homens, aparentemente o chefe do grupo, respondeu:

"O coronel quer falar com o senhor porque tem uma denúncia de maconha."

"Não é maconha coisa nenhuma. Eu até deixei de fumar (cigarro) Hollywood com filtro porque estava fazendo mal para a garganta, o médico proibiu. Não precisam procurar maconha nesses vidros que vocês estão derrubando. Vocês estão aqui por causa do *Globo*. Eu sou editor-chefe, eu sei que é por causa do jornal."

José Augusto lembra que percebeu que a atitude deles mudou um pouco.

"O senhor vai ter que me acompanhar."

O agente permitiu que ele subisse ao quarto e trocasse de roupa.

Ao descer novamente, os agentes tinham cortado o telefone e lhe avisaram que a mulher e os filhos, um de nove e outro de seis anos, ficariam no andar de cima, incomunicáveis. O jornalista foi escoltado pelos homens para fora da casa. Eles o mandaram entrar num Volkswagen. Dois agentes foram na frente e um outro no banco de trás.

"Coloque esse capuz, é para a sua segurança."

José Augusto pôs um capuz preto na cabeça. O limite para discutir tinha acabado.

O sujeito que estava ao lado dele era baixinho. José Augusto lembrou Peter Lorre, um ator que se notabilizou especialmente por papéis de maníaco e vilão.

"Agora o senhor pode deitar a cabeça nas minhas pernas. Pode deitar sem problema porque é perna de macho", disse o agente.

José Augusto deitou. E o motorista ligou o carro. Depois, o jornalista percebeu que o motorista descera Santa Teresa. Os agentes começaram a conversar para dar a impressão de que estavam indo para a Baixada Fluminense. Mas, encapuzado, o jornalista percebeu que o carro iniciou uma subida. Quanto mais o carro subia, mais sentia um clima de lugar alto, com canto de passarinhos e cheiro de árvores. Estava certo que seguiam para o Alto da Boa Vista.

Na chefia de *O Globo*, ele tinha informações, que não podia publicar, de que o DOI-Codi, sediado na Tijuca, tinha um aparelho naquela área da Zona Sul.

O carro parou; ele estava encapuzado. Disseram-lhe para sair do carro. Dois agentes o seguraram, um de cada lado. Em seguida, entraram numa residência, por corredores, um caminho cheio de ângulos, quase um labirinto. Pararam, tiraram o capuz do jornalista. Estavam numa sala acarpetada. Num lado havia um banco. A sala contava com um janelão de vidro cinzento, que José Augusto deduziu que se tratava de uma divisória. Do outro lado do vidro, deveria haver outra sala, em que pessoas viam quem estava na primeira. Na polícia, se chamava "sala de manjamento". Num canto estava uma máquina de dar choque elétrico.

José Augusto se sentou no banco. Um agente mandou que tirasse a gravata e a colocasse no bolso. Fizeram uma inspeção e encontraram um vidro de remédio de ouvido no paletó. Recolheram o frasco. O sujeito podia quebrar o vidro e com o caco tentar se matar. Tiraram também o seu relógio, a carteira com dinheiro e documentos.

Após mais de uma hora, apareceu outro agente.

"Olhe, o senhor desculpe, foi um equívoco, nós vamos liberar o senhor."

O agente devolveu os pertences do jornalista.

"O senhor não quer conferir a carteira para ver se não está faltando nada?"

"Eu tenho certeza que esse problema não existe."

Depois, mandaram ele colocar novamente o capuz para a saída do local com "segurança".

Do lado de fora, entraram no Volkswagen e desceram a ladeira.

Minutos depois, estavam na Tijuca. O motorista parou. Um agente abriu a porta do carro e mandou ele tirar o capuz.

"Está liberado."

Com temor de que, na sequência, fosse "atropelado", como eram os casos de algumas mortes de críticos da ditadura que chegavam à redação, o jornalista disse:

"Eu vou pedir uma coisa aos senhores. Vocês foram me buscar na minha casa, vou pedir que me levem à minha casa."

Agora, no carro com a mulher, foi para a redação de *O Globo*. Evandro pediu que esperasse em sua sala e foi relatar o ocorrido a Roberto Marinho.

José Augusto foi esperar o patrão numa sala ao lado. Minutos depois, Marinho chegou. Ele se sentou numa poltrona ao lado, perto de uma mesinha de canto onde tinha uma foto do filho Paulo Roberto, morto anos antes.

"Tu fostes preso porque eu demiti aquela jornalista, que tu deves saber que é filha de um general e sobrinha de um diretor da Polícia Federal. Eles tiveram medo de fazer isso comigo e foram te prender para me intimidar."

Roberto Marinho olhou para a foto do filho Paulo Roberto.

"Eu juro pelo meu filho morto que isso nunca mais vai acontecer."

José Augusto contou como tinha sido a prisão. Falou do capuz. Roberto demonstrou desconforto.

"Como é que tu aguentastes? Eu teria um ataque do coração, morreria ali na hora se me pusessem o capuz."

"Ah, doutor Roberto, a gente tem que aprender como respirar dentro daquele capuz, porque vai formando uma umidade no capuz e ele cola na boca. Então dá uma certa agonia, mas a gente aprendendo a controlar, dá para sobreviver."

José Augusto observa que Roberto Marinho apoiou os governos do regime militar, mas permitia uma "porção de coisas" em *O Globo*. "Não só permitia, como mandava fazer", afirma. "Um julgamento é meio monolítico, porque ele era um homem do sistema. Mas não era, tanto que me prenderam. Depois que entrou o Geisel, a linha do jornal foi modificada pelo projeto de abertura. Na biografia, acho que ele tem o direito de ser julgado com base em todos os fatos, não em um fato só. Nesses quarenta anos, eu pouco falei desse episódio. Agora, duas coisas devem ser ditas: eu fui preso porque ficaram com medo de prender o doutor Roberto e, segundo, a reação dele deve ter sido muito violenta, porque quando veio conversar comigo já devia ter falado com o comandante do I Exército, o ministro do Exército, sei lá com quem ele falou."

Em março de 1976, o jornalista Maurício Azêdo, dirigente da ABI, e o fotógrafo Luiz Paulo Machado, de *O Globo*, foram presos. A informação foi divulgada pelo jornal, no dia 11, numa pequena nota entre obituários. A Secretaria de Segurança Pública argumentou que os dois estavam sendo investigados por infiltrar "subversivos" nas redações do Rio.

Luiz Paulo Machado arrecadava dinheiro para o PCB. Em cadernetas aprendidas pela repressão, constavam os nomes de Evandro e Henrique Caban como contribuintes. Caban observa que as prisões ocorreram logo após a demissão do comandante do Exército em São Paulo, Ednardo D'Ávila Mello. O jornalista avalia que a ação no Rio teria sido uma jogada do comandante do I Exército, Reynaldo Mello de Almeida, para agradar a linha dura do regime. "O Luiz Paulo deve ter falado o diabo."

Em um telefonema, o general cobrou explicações de Roberto Marinho sobre os comunistas no jornal. Marinho foi informado de que Caban dava cheque para ajudar uma família de comunistas desempregados.

"Precisa dar em cheque?", perguntou o empresário.[407]

A conversa mais difícil foi com Evandro. O diretor, como de costume, fez uma longa carta para reclamar.

"Dr. Roberto", escreveu Evandro, "para ser franco, a primeira menção que o senhor me fez da inclusão de meu nome na lista do fotógrafo pareceu-me simples tentativa dos investigadores de levar-me, por meio de engodo, a admitir que também contribuiria para ajudar famílias de presos políticos."

Evandro disse que era vítima de uma "deslavada" mentira. "Como eu disse ao senhor: nunca ninguém me pediu para fazer tal contribuição. Se alguém me pedisse para ajudar determinada família de pessoa presa por motivo político e que por isso estivesse a passar necessidade — eu sem dúvida nenhuma ajudaria na medida das minhas possibilidades, por achar justo e bom agir assim. Evidentemente estaria disposto a arcar com todas as possíveis consequências de tal gesto."

Walter Clark montou na TV Globo uma sala para Roberto assistir a um vídeo com as denúncias, feito pela repressão.

Luiz Paulo foi solto dias depois. O clima na redação após o depoimento do fotógrafo ficou ruim entre os repórteres e editores. Marinho mandou chamá-lo a sua sala. "Ele fez uma esparrela para o cara contar que tinha andado em brasa. O cara instalou um clima muito ruim na empresa dele. Então, achou melhor se livrar do cara, que tinha delatado a redação inteira", relata Caban.

O jornalista relata que Marinho chegou a escrever uma carta ao comandante do Exército e que ele e o Evandro foram chamados para ler. O texto destacava *O Globo* sempre fiel à "revolução" e, de repente, era atacado por um grupo de militares que queriam liquidar o jornal. Na carta, ele sugeriu um inquérito no Exército para investigar a infiltração de comunistas na instituição. Não se sabe, até aqui, se a carta foi enviada.

Ao ser informado da demissão do fotógrafo, o comandante do Exército telefonou para Marinho para pedir que reavaliasse a demissão do fotógrafo, que na visão dele não tinha envolvimento grave com a subversão. Marinho contornou a situação:

"Eu até recebi ele aqui para conversar, mas ele denegriu tanto o Exército que eu não podia mantê-lo."

Henrique Caban foi chamado para depor. Rogério Marinho foi acompanhá-lo. Roberto estava com labirintite e sono descontrolado desde que o médico mandou suspender um remédio para dormir. "A vida dele nesses dias estava um inferno", lembra Caban.

No comando do Exército, Rogério disse:

"Ele veio e volta comigo."

No dia seguinte, Caban foi novamente chamado para depor. Queriam que contasse detalhes da suposta organização comunista dentro do jornal.

Reynaldo pediu a Marinho a lista dos comunistas que trabalhavam na redação de *O Globo*. O empresário mandou para ele a folha de pagamento do jornal. O comandante reclamou:

"Você me mandou a folha de pessoal."

"Quem ganha aqui para descobrir comunista é você, não sou eu."

Roberto Marinho abafou a crise, afirma o jornalista Paulo Totti, que entrava naquele momento no jornal.[408] Diante da repressão e da censura implacável, o empresário orientou a equipe de Evandro a aumentar o rigor na vigilância aos "contrabandos" no noticiário por parte de repórteres comunistas.

O grupo interpretava e buscava "pensar" como Marinho, observa Totti. "Às vezes, os editores avançavam mais no rigor para mostrar que o jornal não tinha nada contra a ditadura, exacerbando as posições do próprio patrão", relata o jornalista.

Editor do jornal, Paulo Totti conta que o noticiário sobre indígenas e conflitos de terras permitia à redação mais liberdade de atuar e expor uma visão de país contrária à do regime. "A peculiaridade é que *O Globo* não fazia aquela circular, reunião do fim da tarde, para fechar a primeira página. Aí cada editor falava o que tinha de mais importante. Aí o chefe da redação opinava em 60% delas. E, depois, Evandro decidia. Ficavam 10% das matérias para conversar com Roberto Marinho", relata. "Ele sempre era ouvido sobre a primeira página. E, na nacional e na política, ele dava muita atenção. A política era muito declaratória de

Congresso. Às vezes, ele demorava para decidir, ia até dez e meia da noite, 23 horas. Os jornais fechavam tarde, meia-noite, meia-noite e meia."

Totti se lembra da participação do dono do jornal em fechamentos. "Tinha matérias que Roberto Marinho até diagramava. Ele dizia: 'Essa matéria vamos dar 15 linhas no pé da página em uma coluna'. Já era até uma diagramação. A gente brincava. 'Eu sou editor, com salário de editor, e o Roberto Marinho até me ajuda a diagramar'."

Em meio a ordens da censura para cortar matérias em pleno fechamento do jornal, Paulo Totti procurou Evandro para comentar os atrasos e a dificuldade de repor textos.

"Por que o doutor Roberto não cria um decálogo sobre o que pode sair ou não sair?"

"Você é ingênuo, Totti. Se criar um decálogo com cláusula pétrea do Roberto Marinho, nós não conseguiremos publicar mais nada. É melhor manter a guerra diária. Um dia a gente perde, um dia a gente publica."

Nesse tempo, Roberto Marinho usava uma caminhonete SUV, com seguranças. Ele andava sempre no banco da frente, entre o motorista e um dos homens armados.[409] Temia sofrer atentado ou ser vítima de ações de grupos políticos extremistas ou paramilitares.

Foi nessa caminhonete que ele levou os jornalistas Alice Maria e Luís Edgard de Andrade para depor no DOI-Codi, na Tijuca. Ao saber da intimação dos diretores do *Jornal Nacional*, o empresário fez questão de acompanhá-los por uma questão de segurança.

Era uma experiência nova para a carioca Alice Maria, uma jovem jornalista discreta e centrada. O cearense Luís Edgard, por sua vez, tinha longa trajetória no jornalismo de excelência e em sessões de tortura. Anos antes, trabalhou na revista *Realidade*, quando foi preso, levou choques e "telefonemas" — tapas nos dois ouvidos de uma vez só.

Ele tinha no currículo um Prêmio Esso por uma reportagem sobre o submundo da psicanálise na *Ultima Hora*. Conhecera Evandro no *Diário Carioca*, quando chefiou uma equipe de copidesque das mais brilhantes da história da imprensa. Dela, faziam parte Ferreira Gullar e Nelson Pereira dos Santos. Foi correspondente do *JB* em Paris e passou um ano em Saigon durante a guerra do Vietnã, maior tempo de um brasileiro no conflito, mandando de lá reportagens para *Manchete*, de Adolpho Bloch.

No DOI-Codi, Roberto Marinho esperou seus funcionários prestarem depoimento. O delegado o aconselhou que não era necessário gastar tempo na "espera".

"Doutor Roberto, eu não quero prendê-lo aqui."

O empresário demonstrou ter compreendido a indireta. O delegado voltou a falar:

"Mas asseguro que seus dois funcionários estarão na redação ainda hoje."

Na redação do *Jornal Nacional*, a ditadura tinha censores diários, que chegavam lá no final da tarde e só iam embora após Cid Moreira dar o boa-noite final.

A pressão na TV era maior do que no jornal, observa Roberto Irineu. "Ninguém terá ideia do que os militares faziam conosco. Por mais que se conte, é brincadeira, é difícil. Era uma pressão diária", relata. "O *Jornal Nacional* tinha dois coronéis dentro da redação para dizer o que podia falar, o que não podia falar, cortavam trechos enormes das reportagens."

Em conversas com os filhos, Roberto Marinho reclamava da postura de autoridades do regime militar. "É capaz de ele ter se fechado porque se começasse a fazer determinados comentários acabava se atrapalhando", observa Roberto Irineu. "Não falava com ninguém contra o governo, mas ao mesmo tempo não estava nada feliz. Papai sofreu muito com o governo militar — foi um período muito duro pra ele."

A máquina de novelas, porém, era mantida pelo aumento da audiência. Após ver *Roque Santeiro* definitivamente fora da programação da Globo, Dias Gomes resgatou os personagens do lobisomem, da mulher sensual e do padre que se coloca acima de milagres. O autor decidiu usar técnicas do realismo mágico da literatura de Juan Rulfo, García Márquez, J.J. Veiga e Cabrera Infante para tentar driblar, outra vez, o regime militar. Ele apresentou à emissora a sinopse de *Saramandaia*.

A novela foi ao ar no horário das 22 horas, no começo de maio de 1976. A trama se passava numa cidade fictícia do interior pernambucano. A figura do interrogador foi interpretada pelo Homão, personagem de Carlos Eduardo Dolabella, um picareta que no fundo era um falso agente do governo. Ele interrogava o pacato João Evangelista, o João Gibão, interpretado por Juca de Oliveira, que escondia as asas usando um colete de couro. A música de Ednardo "Pavão Mysteriozo" era o tema do personagem de Juca:

> NÃO TEMAS, MINHA DONZELA,
> NOSSA SORTE NESSA GUERRA.
> ELES SÃO MUITOS,
> MAS NÃO PODEM VOAR...

João Gibão escondeu até mesmo de sua amada, Marcina, personagem de Sônia Braga, que tinha asas. O tempo era de amor sujeito à política, da frieza de gestos, de sentimentos escondidos, de gestos sufocados.

No capítulo final da telenovela, Gibão se escondeu dos jagunços e, descoberto, jogou fora um revólver que possuía, abriu os braços, levantou voo. "Fogo nele!", gritou um dos homens armados. A artilharia da jagunçada não impediu o personagem de sobrevoar a cidadela, trazer uma chuva inesperada e provocar o sorriso de Marcina.

Duas semanas antes do sobrevoo do protagonista, mais precisamente na noite de 15 de dezembro, outro personagem com nome do evangelista, o economista mineiro João Batista Franco Drummond, o Evaristo, de 34 anos, deixava um "aparelho" do PCdoB, no bairro paulistano da Lapa, e era morto na "fuga", segundo agentes da repressão. Pura ficção. Morreu sob tortura no DOI-Codi.[410] Quando o dia começou a clarear, uma operação formada por cerca de quarenta homens, idealizada pelo CIE, órgão que centralizava a ação de eliminar guerrilhas, chefiado pelo general Milton Tavares, cercou o "aparelho". Os dirigentes do partido Pedro Ventura Felipe de Araújo Pomar, de 63 anos, e Ângela Arroyo, de 48 anos, desarmados, eram surpreendidos com estouros de tiros de metralhadoras e pistolas. Foram mortos.

Naquele momento, a imprensa não usou a palavra "terrorista" para definir os guerrilheiros assassinados pela ditadura, que agora seriam apresentados nas páginas dos jornas como "subversivos" ou mesmo "militantes". Era tempo de promessas de distensão e abertura política.

As organizações de esquerda que optaram pela luta armada na resistência estavam praticamente eliminadas.

O Globo publicou no dia 17, na página oito, a matéria sobre a invasão de um "aparelho" pelo Exército. "Agentes do Departamento de Operações Internas (DOI), do II Exército, desmantelou ao amanhecer de ontem um 'aparelho' subversivo instalado na casa nº 767, da rua Pio XI, no Bairro da Lapa, em São Paulo. Os subversivos, acusados de pertencerem à cúpula do Partido Comunista do Brasil, receberam as autoridades à bala e houve um tiroteio que durou quase meia hora. Dois homens morreram e um terceiro morreu atropelado quando tentava fugir."

A cobertura de fuzilamentos contava, desta vez, com vozes, ainda que limitadas pela pressão, que não eram apenas da ditadura. *O Globo* destacou que as possíveis testemunhas estavam "com medo de falar". O termo "terrorista" apareceria numa declaração da testemunha Ermelinda Rodrigues da Conceição, uma moradora do bairro, que teria demonstrado medo de falar sobre os agentes que fecharam a rua. O jornal registrou uma versão atribuída ao pedreiro Joaquim da Silva da ação militar: "Todos nós ficamos olhando. Em pouco tempo, começou um tiroteio, com bala pra todo o lado."

A *Folha de S.Paulo* deu sinais de que sairia na frente dos demais jornais na cobertura da redemocratização. A matéria sobre a chacina da Lapa, na página oito, teve ingredientes mais enfáticos de contestação. A abertura foi pautada pelo oficial, mas recorrendo a aspas para distinguir a versão oficial e sem qualificar, no primeiro trecho do texto, os assassinados como subversivos: "Três integrantes da cúpula do Partido Comunista do Brasil (PCdoB) foram mortos ontem, no Alto da Lapa, após cerrado tiroteio com agentes dos órgãos de segurança. (...) Eles estavam na casa nº 767, da rua Pio XI, que foi cercada e invadida 'em face da reação à bala dos sitiados' — segundo nota oficial distribuída às 16h30 pelo comandante do II Exército — daí resultou dois subversivos mortos, havendo um terceiro morto, atropelado quando de sua fuga."

O jornal informou que o legista Harry Shibata permaneceu apenas 15 minutos na casa após a invasão do "aparelho", tempo insuficiente, obviamente, para uma perícia rigorosa. Descreve um "forte contingente de agentes" e mostrou dona Ermelinda numa foto para ilustrar a retranca "Eu vi os homens atirando". Nesse boxe, o jornal sugere uma leitura cética da versão oficial: "O que se notava, dentre as poucas declarações feitas com cautela, era a de que ninguém pôde ver se houve resposta aos tiros de metralhadoras disparados pelos homens dos órgãos de segurança."

A *Folha* ressaltou que "nas fachadas das casas e nos muros de frente e de lado" não havia "nada que indicasse" perfurações de tiros. "Sou péssima observadora", finalizava dona Ermelinda na matéria do jornal.

Numa pequena chamada na parte inferior da primeira página "Comunistas morrem em tiroteio com o Exército", o *JB* também procurou isolar parte da versão oficial. A matéria "Militantes do PC morrem em tiroteio com Exército" destacou: "Os agentes afirmaram que, ao invadir o terreno da casa e gritar para os moradores que eles estavam cercados, tiveram como resposta vários tiros."

A repórter Albeniza Garcia estava na redação de *O Globo* quando uma fonte do Dops, da Tijuca, telefonou. A Polícia do Exército havia matado um homem numa rua sem saída do bairro. Ela e o fotógrafo Luiz Pinto foram para lá. "Chegando lá encontrei o delegado do Dops, doutor Jayme", conta. O corpo estava coberto por um lençol.[411]

"Albeniza, diz ao seu fotógrafo para não descobrir agora, não. Deixa a polícia chegar, esses caras do Exército são chatos pra caramba, eles ficam ali brigando toda hora."

Luiz Pinto não se conteve e levantou o lençol. "Os caras vieram cercando ele, aí eu gritei para o delegado, o delegado foi lá e tirou ele fora, apenas ele estava vendo, ele não fotografou, não disse nada quando fotografou."

A imagem descoberta marcou a repórter para sempre. "Olha, foi a maior tristeza da minha vida. Foi uma coisa que chocou muito. O rapaz estava todo queimado de ponta de cigarro, todo, no ânus um pedaço de toco de madeira assim, foi uma coisa violenta."

A dupla voltou para a redação de *O Globo*. "Eu tenho certeza, eu fiz uma senhora matéria, como todos os outros", avalia Albeniza. "No dia seguinte, não saiu. Porque eles chegaram ali, jogaram o corpo e deram um monte de tiros para o ar. Quer dizer, os vizinhos ali viram e ligaram lá para os jornais todos. No outro dia, nada, no outro, também não, no outro também não. Mais de dez dias ou quinze depois foi que saiu uma notinha dizendo que fulano de tal morreu trocando tiros com a Polícia do Exército. Aquilo me chocou realmente."

Em maio de 1976 morria Francisca Marinho. Missas foram realizadas na Candelária, no Rio, na igreja de Nossa Senhora do Perpétuo Socorro, no Jardim Paulistano, em São Paulo, e no santuário Dom Bosco, em Brasília.

Havia um tempo que Roberto se preparava para a perda da mãe. Nas últimas celebrações do Natal, o empresário quebrara a tradição de comemorar no apartamento dela para reunir toda a família no Cosme Velho. Assim, avaliava, sofreria menos em lembranças. Dona Chica falecia mais de cinquenta anos depois do marido, Irineu. Em todos esses anos, ela procurou manter a família tendo o filho mais velho como chefe.

Chica só não aceitou a separação de Roberto e Stella. Tinha respeito e gostava da nora. Certo dia, Roberto avisou à mãe que levaria Ruth Albuquerque, sua nova companheira, para conhecê-la. A matriarca se queixou com a filha Hilda e a neta Elizabeth, que reagiu:

"Ele é seu filho, vó. Você não quer que ele fique bem?"

Um encontro entre Chica e Ruth foi marcado. A família ficou apreensiva à espera da postura da mãe de Marinho.

A viúva agiu na sutileza. No encontro, ela passou quase todo o tempo falando apenas de um assunto: a separação de Mohammad Reza-Pahlevi, o xá da Pérsia, com Soraya Esfandiary-Bakhtiari, que supostamente não podia lhe dar um herdeiro.

O drama de Soraya, que não conseguia engravidar, foi destaque na imprensa internacional. "É muita pena daquela criatura. Só porque não teve filho, ele se separou dela", lamentou Chica. "A outra é só bonitinha", disse, referindo-se a Farah Diba, que se casou com o xá e garantiria herdeiros para um reinado que, pouco tempo depois, seria derrubado pela revolução dos aiatolás.

Ainda durante o casamento com Stella, Roberto Marinho achava divertida a vigilância implacável da mãe italiana. Numa carta bem-humorada à mulher, que estava em viagem à Europa com os filhos João e José, ele relatou que Chica lhe vigiava. "Todos os dias pergunta discretamente a Rubini se eu jantei em casa na véspera, se saí à noite, se dormi em casa etc.", disse, referindo-se à governanta da casa. "Como vê, um interrogatório completo. A melhor é que ela perguntou a d. Alba onde estava dormindo. Sabendo que era no seu quarto, perguntou: 'V. está fechando a porta com a chave?'"[412]

Os conselhos de Chica eram recebidos com leveza por Roberto. A viúva continuava indo às missas de aniversário de *O Globo* na oficina do jornal. Ela recebia a hóstia de Dom Hélder Câmara, quando este ainda estava próximo da família, posava para fotos com o jornal nas mãos, lembrava do "Marinho", como se referia a Irineu Marinho, e abraçava o filho predileto. Era uma vitória da família, isto é, dela. "Quando eu morrer, nada de colocar véu preto na minha cara. Põe uma rosinha e por cima um cinza", pediu.

Dois meses depois, em outubro, os militares se mostravam ainda mais divididos entre os de linha dura e os moderados. Os empresários da imprensa estavam rachados também. No teatro Ruth Escobar, em São Paulo, para um público de cerca de duas mil pessoas na estimativa da imprensa, o diretor do *Jornal da Tarde*, Ruy Mesquita, participou de um debate sobre o tema imprensa. Mino Carta perguntou:

"Por que os donos de jornais não se aliam contra a censura, criando um mecanismo de autodefesa?"

"Porque não existe nenhuma afinidade entre os donos de jornais, pois a maioria está nas mãos de picaretas, que usam a imprensa para defender interesses particulares. Quase todos os jornais do país omitem o nome de *O Estado de S. Paulo*, justamente por nossa posição. Somos visceralmente diferentes do senhor Frias de Oliveira (*Folha de S.Paulo*). Existem diferenças viscerais entre nós e o senhor Edmundo Monteiro (Diários Associados). Da mesma forma que existem diferenças viscerais entre nós e o senhor Victor Civita (Editora Abril) ou o senhor Roberto Marinho."

A TV atingia naquele momento seis milhões de telespectadores, enquanto os jornais atingiam um público restrito. Notícias como o atentado à ABI não apareciam na televisão.

Ruy disse que seu pai, Júlio de Mesquita Filho, foi preso 17 vezes e duas vezes exilado entre 1930 e 1964 por defender ideias que achava que deveriam ser debatidas publicamente. No caso da cobertura sobre mordomia no governo federal, Ruy comentou que havia espiões na redação e o governo já sabia que a série seria publicada.

"Meu irmão (Júlio de Mesquita Neto) foi chamado a Brasília. Perguntaram-lhe por que a crítica impiedosa ao governo Geisel e à política econômica do governo. A resposta foi clara. Não existe crítica ao governo Geisel. Preservamos a figura do presidente porque sabemos de suas boas intenções, mas temos de criticar o que está errado no país. Somos jornalistas há cem anos e o governo não poderá influir em nossa opinião. Podem tomar fisicamente o jornal, porque possuem armas e tanques. Mas nós continuaremos defendendo aquilo que acreditamos ser melhor para nosso país."

Um homem na plateia, Eurico Andrade, perguntou por que os jornais dos Mesquita não davam espaço para o boia-fria. Ruy discordou e disse que o *Estadão* e o *Jornal da Tarde* nunca deram tanto espaço para o boia-fria. Andrade retrucou e disse que os jornais nunca apoiaram a reforma agrária.[413]

No dia 4 de julho de 1976, a Globo sofria um outro revés. Um computador de programação numa sala do segundo andar do prédio da emissora, na rua Von Martius, no Jardim Botânico, pegou fogo. O incêndio se alastrou. Enquanto os bombeiros tentavam apagar as chamas, artistas, amigos de Roberto e uma infinidade de gente chegavam para se solidarizar. Teve choro e muita tristeza. Para lá correram Dias Gomes, Jô Soares, José Luiz de Magalhães Lins, Tarcísio Meira, Mário Lago e Adolpho Bloch.

Por volta de 14h30, Roberto Marinho chegou. Cerca de seiscentas pessoas estavam no prédio no momento do incêndio. Dez foram levadas para o Hospital Miguel Couto, mas não corriam riscos.

Nas contas dos funcionários, o incêndio destruiu oitocentas fitas de videoteipe, todas as gravações dos *Casos especiais* em preto e branco, parte de *Irmãos Coragem*, 80% dos musicais do Fantástico, metade de *Vila Sésamo*, 35 capítulos de *O espigão*, três capítulos de *Vejo a lua no céu*, um de *O feijão e o sonho* e um de *Anjo mau*.[414]

Roberto Marinho liderou uma ofensiva para reparar as perdas com o incêndio, o terceiro na história da emissora. O maior obstáculo era compensar equipamentos fora do mercado nacional. Todas as possibilidades de aquisição para repor peças compradas ao longo de uma década foram discutidas. O próprio empresário entrou na rede de telefonemas e contatos.

"Dona Sadie, soube que a senhora comprou máquinas para equipar a TV Ajuricaba", disse Marinho à afiliada do Amazonas. "A senhora poderia ceder seus equipamentos?"[415]

Por meio de contatos na Zona Franca de Manaus, Sadie Hauache tinha acabado de importar peças para modernizar sua estação em Manaus. Ela cedeu prontamente ao amigo que havia lhe ajudado no momento mais tenso da prisão do marido, Khaled. Outros telefonemas foram dados por Marinho e seus diretores para conhecidos no Rio, nos estados ou fora do país.

Pela terceira vez, a Globo buscava reparar as perdas com um incêndio. Agora, não se falava em grupos guerrilheiros como autores da ação. As destruições dos estúdios e o grande esforço para garantir à emissora no ar trouxeram um novo momento da história do grupo. A empresa consolidava de fato seu setor técnico.[416] A Central Globo de Engenharia, nome robusto que a área ganhou, antes especializada em expandir e manter o sinal, passava por uma transformação.

Os técnicos e diretores de engenharia da emissora foram absorvidos ainda no projeto de reformas na estrutura física e obras urgentes. O núcleo tornava-se híbrido, de múltiplas funções. Ganhavam certo reconhecimento interno só atingidos até ali pelo jornalismo e pela teledramaturgia, uma espécie de terceiro alicerce no império de Roberto Marinho. A estação colocada no ar por engenheiros dos institutos militares que desenvolviam tecnologias, sempre distantes da quartelada de 1964, ganhava características de uma escola própria de desenvolvimento de televisão.

As instalações da Globo no Jardim Botânico ficaram pequenas para abrigar a produção de novelas e programas jornalísticos. O coronel e engenheiro Herbert Fiuza, pioneiro na implantação da emissora na década anterior, lembraria do tempo em que Roberto Marinho se assustou com a proposta de comprar o prédio de dois pavimentos na rua Von Martius, para instalar a estação.

"Vocês estão malucos, o que vocês querem fazer nisso aí?"

"Doutor Roberto, é assim, os estúdios ficam no meio, ocupam dois andares por causa do pé direito. Tem ainda o auditório..."

"Mas é muito grande."

Depois, foi preciso comprar o lote do fundo, na própria rua Von Martius, e o terreno do antigo campo do Carioca Esporte Clube, na estrada Dona Castorina, bem localizado por estar abaixo do morro do Sumaré, ponto de antenas da cidade.

Com o aumento da produção, a Globo alugou outros imóveis. Naquele momento de limpeza das cinzas do incêndio, a emissora tinha 46 endereços diferentes no Rio para abrigar fábricas de cenários, depósitos de materiais, confecção de figurinos, estúdios dos mais diversos. A produção se espalhava pela Zona Sul, Zona Oeste e Zona Norte da cidade. A máquina de novelas, em especial, tinha vários braços.

A sede da emissora funcionava num prédio que seguia o modelo de uma emissora média do interior dos Estados Unidos, voltada para o jornalismo. A teledramaturgia que avançara na Globo era feita em estúdios improvisados. "Era uma feira", lembra Adilson. "Uma máquina de videoteipe usada numa novela tinha de ser parada para sonorizar outra novela. Depois, parar novamente para exibir uma terceira novela", conta Adilson. "Eram muitas operações em cima de um mesmo equipamento. A possibilidade de erro era fatal, inclusive de levar ao ar programas errados."

"A melhor coisa que aconteceu na Globo foi o incêndio na Lopes Quintas", avalia Adilson. "Quando pegou fogo, a gente teve que fazer uma coisa nova."

A partir do incêndio, Adilson elaborou um projeto de produção que tinha como conceito uma indústria, com áreas específicas para matéria prima, produto semiacabado, produto acabado e distribuição.

A reforma da emissora foi feita com essa mentalidade. Um novo prédio foi construído num terreno ao lado.

"A gente criou a pré-produção e a pós-produção num terreno ao lado. A gente criou, assim, uma linha de montagem."

A fábrica de cenários e figurinos foi centralizada em Bonsucesso. Faltava uma solução definitiva para a produção de novelas e seriados. Numa conversa com Boni, Adilson comentou:

"Tudo o que a gente poderia fazer no Jardim Botânico a gente já fez. A gente continua sem condições de montar cenários."

De madrugada, uma equipe montava um cenário para uma novela, fixava e pintava. Depois, precisava desmontar para pôr outro cenário, de outro folhetim.

Ainda em 1976, Adilson buscou ajuda de um amigo arquiteto para fazer o esboço de croqui de um Centro Globo de Produções, nome que ele mesmo dava. O conceito do empreendimento era o de uma linha de produção de indústria.

Boni passou a propor a Roberto Marinho a compra de um terreno maior numa região mais afastada da cidade para construir o centro de produção.

Um dia, ele ligou às oito horas para Adilson.

"Adilson, onde você está?"

"Estou em casa, doutor Roberto, em Sepetiba."

"Então, você me espera aí que a gente vai ver um terreno."

O empresário levou Adilson a um terreno na avenida das Américas, no começo da Barra da Tijuca, área então pouco povoada da Zona Oeste.

"O que você acha, Adilson?"

"Aqui não vai dar, doutor Roberto."

"Por que não vai dar?"

"Porque é pequeno, e aqui passa uma estrada, tem barulho, o trânsito vai ser infernal."

"Mas é bem maior que no Jardim Botânico."

Mais tarde, na sede da Globo, Marinho chamou o engenheiro:

"Adilson, você não gostou daquele terreno, não, né? Mas eu comprei. Eu vou fazer um negócio lá, o preço estava muito bom."

Ali, mais tarde, seria construído o centro comercial Downtown, formado por blocos de lojas, no modelo de uma pequena cidade.

A busca por um terreno para a construção do centro de produção da Globo continuou.

Meses depois, numa manhã, Marinho levou Adilson a uma grande área em Jacarepaguá. O terreno tinha um total de um 1,3 milhão de metros quadrados, boa parte plano.

"Doutor Roberto, isso aqui está certo."

"Mas não é muito longe, não, Adilson?"

"Vai ficar perto. A cidade está crescendo para cá."

"Você acha mesmo?"

À tarde, Marinho chamou o engenheiro:

"Comprei o terreno. Tem algumas pendências, mas está apalavrado, acertado."

A construção do futuro Projac levaria tempo. Mas Marinho estava decidido a ampliar as instalações da Globo.

Longe do litoral, a ditadura mantinha as obras da construção de Brasília, um conjunto de esqueletos de prédios monumentais deixado por Juscelino, uma cidade ainda sem estrutura para abrigar a burocracia do Estado. A sede do poder ficaria mesmo no cerrado. Para lá, no entanto, não foi a produção do audiovisual brasileiro. Roberto, ressuscitava, de certa forma as experiências da Cinédia e da Atlântida. Mas em dimensões bem mais amplas. Muito por meio da Globo, a cidade permanecia como uma espécie de centro cultural do país, quase político.

No formato de *Buddenbroks*, romance de Thomas Mann que descreve quatro gerações de uma família, e os livros sobre a saga a história do Rio Grande do Sul, de Erico Verissimo, a Globo pôs no ar *O Casarão*, novela escrita por Lauro César Muniz e dirigida por Daniel Filho. O folhetim era ambientado no interior cafeeiro do Rio e se passava em três épocas diferentes do século XX. A mocinha da trama, Carolina Leme Galvão, personagem entregue à atriz Sandra Barsotti, deveria se casar com o jovem político Atílio de Souza, Dennis Carvalho. Um dia, virou modelo para o artista João Maciel, Gracindo Júnior, filho de um capataz da fazenda, esculpir a imagem de uma santa para a capela do local. A paixão causou problema num clã influente na pequena Sapucaia, a ponto de chegar ao gabinete de Ernesto Geisel, em Brasília.

Num tom diferente, Armando Falcão enviou uma carta a Roberto Marinho. "Meu caro Roberto", escreveu o ministro da Justiça.[417] "No despacho de hoje, Sua Excelência, o Senhor Presidente da República, me disse que vem recebendo reclamações sobre as novelas televisionadas, seja pelo caráter erótico de cenas e diálogos, seja pela inserção de mensagens adversas, de forma subliminar", ressaltou. "Em consequência, determinei ao Sr. Diretor do Departamento de Polícia Federal que recomende à Divisão de Censura de Diversões Públicas a rigorosa observância das disposições legais pertinentes, solicitando, aqui, a preciosa colaboração do prezado Amigo — na parte referente à 'Rede Globo' — a fim de que desapareçam os motivos dos reparos encaminhados à alta consideração do Chefe do Governo."

Na mensagem datilografada em caráter "pessoal e confidencial", Falcão se despediu com "antecipados agradecimentos" e, em seguida se autorreferiu, em letras manuscritas, como "o amigo atento". O cerco à novela não partia de técnicos da censura, mas da cúpula do governo.

Armando Falcão mostrava formalidade nas mensagens enviadas para Roberto Marinho com cópia para Geisel e adotava uma postura informal nos encontros pessoais com o empresário. Ele demonstrava, diante de Marinho, fazer um jogo. Não era essa a avaliação do entorno do dono da Globo. Na avaliação de Roberto Irineu, Falcão "nunca" foi um amigo do pai. "Foi um personagem menor", afirma. "A imagem que tenho dele é a pior possível."

Naqueles dias, o ministro da Justiça redigiu um projeto de lei que mudava a propaganda eleitoral, restringido o uso de imagens e músicas. As lideranças do MDB avaliaram que a proposta tinha por objetivo limitar as campanhas dos candidatos do partido que não podiam contar com a força da máquina do governo nas eleições de 1976. A legenda estava em ascensão. *O Globo* informou que, durante a votação do texto no Congresso, os parlamentares oposicionistas se retiraram do plenário em protesto. O senador Teotônio Vilela, de Alagoas, foi o único da Arena a votar contra o governo.[418] A Lei Falcão estava aprovada.

João Roberto observa que Armando Falcão era a ponte de Roberto Marinho com o Planalto no tempo de Geisel, mas o ministro nunca teve a confiança do empresário e seus filhos. "O Armando fazia o jogo do governo o tempo todo. Ele tentava com a amizade do papai conseguir coisas da Globo, em uma cobertura, uma matéria, alguma coisa. Ele estava sempre atuando em benefício do governo", afirma João Roberto. "Nas dificuldades da Globo com o regime, eu não me lembro de ele contribuir para resolver; pelo contrário. Sofremos censuras, problemas com as novelas. Ele chegou a censurar a apresentação do balé Bolshoi. A gente ia botar o Bolshoi num domingo à noite no Fantástico, mas ele censurou porque era russo, um negócio de maluco", diz. "No meu entender, ele era sempre pró-Geisel, pró-governo. O Armando era muito mais servidor do Geisel do que amigo do papai."

No horizonte, não havia ameaças de grupos privados à hegemonia da emissora. O fantasma, porém, da estatização era citado na imprensa. "Walter Clark, Bonifácio de Oliveira, o Boni, *Fantástico*, *Jornal Nacional*, *Globo Repórter*, as novelas, os astros, as estrelas, tudo em família, tudo na mesma. O quadro voltava a preocupar Roberto Marinho, o administrador da opinião pública, por faro e vocação. Há falta de competição. Há falta de oposição. Há sombra de estatização."[419]

O momento político era de tensão. No Rio, bombas começaram a ser detonadas por agentes da extrema direita. No dia 15 de agosto de 1976, explodiu um petardo no hall de entrada do semanário de esquerda *Opinião*. No dia 19, um outro causou estragos na sede da Associação Brasileira de Imprensa, a ABI, no centro da cidade. Horas depois, um terceiro explosivo foi encontrado na Ordem dos Advogados do Brasil, a OAB, mas não chegou a ser detonado.

No papel de jornalista ou empresário, Roberto Marinho evitava improvisos. Se fosse fazer um discurso, chamava um fonoaudiólogo. Na tentativa de resolver uma crise, esboçava antes o que iria falar e, sobretudo, o que pretendia ouvir. Os encontros marcados com figuras influentes do regime estavam entre as coisas que exigiam preparação. O ensaio talvez levasse dias se o interlocutor fosse o mais temido dos generais da ditadura.

Na tarde de 30 de agosto de 1976, ele identificou-se na portaria do prédio da rua Júlio de Castilhos, que desemboca na praia de Copacabana. Ele entrou no apartamento do ex-presidente Emílio Garrastazu Médici para intervir numa crise na cúpula militar: de um lado estava o grupo do general da reserva, chefe do regime na fase mais repressiva, e do outro, os aliados do sucessor, Ernesto Geisel. Os dois generais chefiaram uma política de matança de adversários políticos, contaria Elio Gaspari.[420] A diferença é que o então presidente assumira um discurso de desmonte da ditadura.

A conversa sigilosa no apartamento de Médici começou por volta de 16 horas e terminou às 18 horas e 45 minutos daquele dia de inverno. A transcrição do diálogo — publicada mais adiante — foi enviada pelo próprio empresário a Geisel, em caráter "confidencial" e de uso "exclusivo".[421]

O encontro, mais tarde registrou Roberto Marinho, se iniciou como um "bate-papo" — a tática do contador de casos era usada mesmo quando quem estava na sua frente era um homem que controlou e centralizou a história do Brasil. Depois de 15 minutos de "assuntos gerais", o empresário entrou na questão que o levava estar ali: as turbulências na caserna, com distúrbios e bombas nas ruas — os "problemas essenciais", explicou.[422]

Médici não deu mostras de desqualificar a intermediação. Ele mostrou-se um anfitrião "agradável", "afetuoso" e "polido", na descrição de Roberto. Depois, "pareceu" "formalizar-se". O visitante, então, "insistiu":

"Presidente, o senhor sabe por experiência própria que eu não sou um mero jornalista."

O desinteresse aparente do general poderia interromper a missão do empresário e resultar num convite para seguir em direção à porta. O momento era de tensão, ao menos no país inteiro. Naqueles dias, agentes da ditadura refratários às mudanças políticas explodiram um artefato na Associação Brasileira de Imprensa e tentaram detonar outro na Ordem dos Advogados do Brasil, no centro da cidade. A turbulência aumentou com a notícia da morte, por acidente, do ex-presidente e senador cassado Juscelino Kubitschek e seu motorista Geraldo Ribeiro, na Via Dutra. E José Augusto Ribeiro, editor de *O Globo*, tinha sido levado a um centro de tortura, no Alto da Boa Vista, num aparente recado ao empresário.

Num tom de cobrança, Roberto Marinho lembrou Médici da isquemia cerebral de Costa e Silva, em 1969, e da tentativa da Junta Militar de se prolongar no poder, impondo censura às notícias sobre o quadro real de saúde do presidente.

"Estou sempre preocupado com o interesse nacional. O senhor se lembra bem da tomada de posição, por ocasião da moléstia do presidente Costa e Silva, quando se procurava encenar uma farsa, empalhar o general no cargo, e se fazia uma verdadeira barreira de notícias e entrevistas partidas do próprio Palácio das Laranjeiras. O senhor se lembra também de inúmeras outras ocasiões em que tive de tomar atitudes pouco cômodas para mim, como jornalista, mas que me pareciam de interesse do país. O senhor está vendo o que se está fazendo para aumentar as dificuldades do governo com a crise financeira, o cerco do comunismo..."

Pelo registro, Marinho observou que, em meados de 1969, *O Globo* pressionou pela escolha de um novo presidente. O processo resultou na escolha de Médici pelo Alto-Comando. O empresário só se esquivou de dizer que os editoriais de seu jornal propuseram uma indicação pelo Congresso e seu preferido era outro general, Antônio Carlos Muricy, de mais trânsito com o empresariado e lideranças da Igreja.

"É, está havendo muita fofoca", respondeu Médici.

O ex-presidente ressaltou seus supostos feitos no Palácio do Planalto:

"No meu governo, gastamos quatrocentos milhões de dólares com o petróleo. Hoje, o preço está uma barbaridade..."

Em sua bolha, Médici ignorou as crises internacionais.

Marinho continuou.

"Presidente, tudo pode acontecer, que será contornado, vencido. Menos qualquer divisão entre as Forças Armadas."

Médici, segundo o empresário, "contestou":

"Não sei de nenhuma divisão nas Forças Armadas."

O documento registra: "RM, nessa altura, fez um apelo para que Médici lhe falasse com bastante franqueza".

"Presidente, preciso ser bastante claro e falar com a maior franqueza. Procura-se criar um antagonismo entre o senhor e o presidente Geisel."

O empresário, então, prosseguiu:

"Precisamos acabar com esses mal-entendidos."

Aqui, o documento observa que "Médici fez grandes elogios à personalidade do Presidente Geisel", mas não há detalhes dessas declarações. As frases atribuídas ao general apenas atestam que o ex-presidente admitiu diferenças de personalidade.

"Ele foi escolhido por mim. O seu acerto na presidência representará o acerto da minha escolha. O que há é que somos dois homens, dois feitios. Eu tenho a minha maneira de ser. Sempre tive esta cara sisuda. Quando tenente ou capitão, eu assustava os soldados. Sempre havia um sargento, um outro oficial, que lhes dizia: 'É, ele tem essa fisionomia, mas é um grande coração. Não persegue ninguém, não costuma dar partes'. Quando passo por uma pessoa que me faz um cumprimento formal, cerimonioso, respondo formalmente, cerimoniosamente. Se, pelo contrário, me cumprimentam sorridentes, com um aceno de mão, também respondo sorridente, aceno a mão. É o meu feitio."

Marinho procurou ser mais direto:

"Presidente, o senhor e o presidente Geisel não têm tido diálogo..."

"Dois meses e meio depois que deixei a presidência, fui a Brasília, à posse de um amigo, e visitei o presidente Geisel."

"E o presidente Geisel, há quanto tempo não o procura?"

"Há dois anos e meio, desde que assumiu o governo."

O general continuou:

"Ele viaja muito pelo Brasil e vem pouco ao Rio."

Marinho citou o candidato do grupo de Geisel à sucessão:

"Mas o general João Figueiredo vem sempre visitá-lo e o presidente está sempre interessado nesse contato, que é como se fosse dele próprio com o senhor..."

"É, o João sempre que vem ao Rio me procura, e essa ligação é verdadeira."

Uma observação, a caserna estava dividida nas negociações para a disputa indireta ao Palácio do Planalto. Figueiredo, um conhecido de Marinho na Hípica e que ocupava o estratégico cargo de chefe do Serviço Nacional de Informações, era o escolhido por Geisel para a disputa que ocorreria dois anos depois. Os aliados de Médici se movimentavam em torno do general Sylvio Frota, ministro do Exército. Porém, assassinatos nos porões do regime, em São Paulo — do jornalista Vladimir Herzog, da TV Cultura, e do operário Manuel Fiel Filho, que custaram a cabeça do comandante do II Exército na capital paulista, Ednardo D'Ávila Mello, ligado a Frota — frearam o projeto presidencial de Frota e expuseram o racha.

É possível que Roberto Marinho tivesse ensaiado ao menos o tom das palavras no encontro com Médici. Nessa conversa, o empresário disse:

"Presidente, o senhor é sempre discreto e correto, mas sei que o senhor está sentido com certas situações criadas sobre o seu governo..."

"É, há dois anos e meio que estou debaixo de pau", reclamou o ex-presidente.

Marinho deixou o general falar e procurou não o "atalhar". Médici citou "todos os casos", na descrição do empresário, em que o seu governo foi atacado pela imprensa no parlamento.

"Até o mar das duzentas milhas, que era o que me restava, agora procuraram me tirar, atribuindo a ideia ao Juscelino."

Médici reclamou ainda de críticas à gestão do INPS, o instituto da previdência, em seu governo.

"Mas presidente, o general João Figueiredo veio consultá-lo e o senhor concordou."

"Mais do que isso, vou contar-lhe. O Luiz Seixas, que é uma pessoa que prezo muito, veio procurar-me, chorando, dizendo-me que tinha sido avisado que queriam fazer esse escândalo em torno da troca de hospitais por um terreno em São Paulo. Aconselhei-o a pedir um inquérito administrativo. Ele me perguntou a quem eu devia me dirigir. 'Ao ministro da Previdência'. 'Não posso dirigir-me diretamente a ele, passando por cima de outras pessoas, respondeu-me o Seixas. Disse-lhe que encontrasse a pessoa certa, que esse inquérito tudo esclareceria. Antes de lhe falar sobre a conversa posterior que tive com o João, quero dizer-lhe que, nas minhas viagens pelas cidades do Brasil, sempre encontro prédios e terrenos importantes que me informavam pertencer ao INPS. Representavam incorporações como pagamento de dívidas. Pareceu-me que o INPS devia desmobilizar. O INPS precisava de hospitais. Bem, quando o João veio consultar-me sobre o assunto, relatei que tinha aconselhado o Seixas a pedir um inquérito administrativo, antecipando-se a qualquer providência que viesse ser tomada, o que o Seixas nessa altura já havia feito."

Luiz Siqueira Seixas, superintendente do INPS no governo do general, foi acusado por uma comissão parlamentar de inquérito na Câmara de liderar um esquema que teria causado prejuízo de trezentos milhões de dólares. Os ataques vinham de deputados do MDB, partido de oposição, e mesmo, de forma indireta, dos representantes da Arena, legenda governista. A antiga diretoria do órgão previdenciário trocou com o empreiteiro Otávio Lacombe um terreno valioso na marginal Pinheiros, em São Paulo, por cinco pequenos hospitais no interior. O caso entrou na pauta da Comissão Geral de Investigações, na sigla CGI, do Ministério da Justiça. Por decisão judicial, Geisel teve de desfazer o negócio. A história envolvia um dos empresários mais ligados ao projeto do Brasil Grande, de Médici. Lacombe fez fortuna na exploração de minério e na construção de obras em terras indígenas na Amazônia.

Médici era um homem com abstinência de poder, mergulhado na solidão e nas intrigas de ex-subordinados em disputas nos gabinetes de Brasília e na burocracia dos quartéis, que o procuravam. Seixas foi um deles.

Na sequência, Roberto e o ex-presidente falaram de outros assuntos. O general, então, relatou:

"A CGI foi feita para apurar corrupção de homens públicos. Os acusados têm 48 horas para esclarecer as origens de seus bens. A mim poderiam dizer: o senhor tem uma fazenda e dois apartamentos no Rio Grande e um apartamento aqui. Eu explicaria que a fazenda recebi como herança. Demonstraria que os apartamentos paguei-os com a venda de bois. Este aqui comprei-o por quatrocentos mil cruzeiros, em 15 ou vinte anos."

Marinho interveio, ou no verbo usado no seu registro da conversa, "atalhou":

"O ministro da Justiça foi surpreendido. Esse processo não teve a sua prévia aquiescência."

O general disse:

"Isso é uma coisa que não posso aceitar. Como se pode fazer uma coisa de tal importância sem consulta prévia ao ministro? A operação da troca de terrenos por hospitais foi anulada em 48 horas por um juiz. Em 48 horas não faz um despejo, sequer. Como se compreender isso? Também fizeram uma CPI. O resultado foi de que houve danos ao INPS. Essa questão de danos é muito difícil num negócio, numa troca, alguém não se sentir lesado."

Médici continuou:

"Este apartamento, por exemplo, a parede dos fundos rachou. Eu devia ter sofrido danos no meu patrimônio. Mas um vizinho recebeu uma proposta de um milhão e meio por seu apartamento. Então, na verdade, não sinto que houve danos no meu patrimônio com a rachadura da parede. "Aliás, li nos jornais acusações de que o hospital de Curitiba, incluído no lote de hospitais trocados pelo terreno de São Paulo, do INPS, era péssimo. Admira-me, porque nele foram internados o ex-governador Munhoz da Rocha e o governador (Pedro) Parigot, ambos já falecidos. Ora, como foram escolher um 'péssimo' hospital para internar o govenador e um ex-governador? Disseram que o edifício tinha fendas, mas não disseram que a rua tinha sido rebaixada pela prefeitura. Defronte, um colégio de freiras está firme, porque tomaram providências logo que a rua foi rebaixada."

O empresário anotou que a conversa "prolongou-se muito sobre a troca de terrenos" e achou desnecessário entrar em "maiores detalhes".

"Presidente, o senhor não ia visitar a Amália Lucy na Casa de Saúde Dr. Eiras?", perguntou Marinho. Ele referia-se à filha de Ernesto Geisel.

"Claro que ia. Mas, da primeira vez ela voltou para Brasília sem operar-se. Da segunda, tudo correu maravilhosamente para o presidente Geisel, cujo bem maior é a vida de sua filha. A volta foi tão rápida... Depois, a imprensa já havia noticiado que eu iria visitá-la..."

A notícia foi antecipada pelo *O Globo*, e isso foi um dos argumentos usados por Médici para não ir ao hospital.

O general voltou a reclamar das acusações ao governo dele no âmbito do Congresso, e descarregou sua fúria nos empresários da comunicação.

"Os donos não mandam nos seus jornais."

"Creio que o senhor não está bem-informado em relação a alguns jornais. No *O Globo*, por exemplo, isso não se verifica. Controlamos o jornal e assumimos a responsabilidade dos erros e acertos."

"No *O Globo*, menos, mas também ocorrem coisas esquisitas. Em maio, o Jockey Club faz um páreo em minha homenagem. *O Globo* não deu uma linha. Tenho a certeza de que isso não foi um ato seu, mas de seus redatores..."

Roberto Marinho deixou o apartamento de Médici. "Esses foram, em linhas gerais, os termos da nossa longa conversa. Em nenhum momento Médici teve uma palavra que não fosse de admiração e respeito pelo Presidente Geisel. Se reproduzo essa conversa, valendo-me da memória, porque não pude tomar notas, é com o único 'fito' de contribuir para que o Presidente Geisel conheça uma faceta do estado de espírito do ex-presidente Médici. Admito que uma ou outra palavra ou o seu sentido possam ter sofrido ligeiras deformações, uma vez que, repito, só recorri à memória."

Ele registrou sua análise sobre o humor do general. "A minha impressão é a de que o Presidente Médici está ressentido com o atual governo. A gota d'água teria sido o caso do INPS. Embora tenha insistido em dizer que está feliz, que nada tem a desejar, que nada há a fazer, que 'tudo está muito bem' — sinto que o Presidente Médici está arredio quando diz que não tendo havido visitas entre ele e o Presidente Geisel, agora 'ficaria estranho uma visita'. — 'Pareceria que eu estava pedindo reparações se o visitante...' — "Se ele viesse à minha casa, diriam outra coisa..."

O empresário registrou que o jornal havia noticiado a corrida na Hípica e mandou cópias xerox para o ex-Presidente. O esforço de construir a ponte entre os dois setores militares continuava.

Ao longo da expansão da TV Globo, Marinho se mostrou um empresário habilidoso nas relações políticas numa ditadura — ele tinha sido forjado em outro regime autoritário, de Getúlio. Na conversa com Médici, em Copacabana, o dono da emissora apresentou-se, em certo momento, como um homem da reportagem. No Brasil da eterna polarização, reivindicou uma posição expressiva e simbólica. Diante da História, Roberto assumiu um papel sujeito a cobranças do tempo. Mas só um jornalista, não um mero jornalista, seria capaz de deixar de lado a condição de influência e gravar um ditador. Um repórter não enxerga o poder no outro.

A visita de um empresário que vivia um bom momento nos negócios a um aparente "general de pijama", de muitos desabafos, seria uma simples crônica se a realidade não fosse brutal e sangrenta, com atentados e mortes por motivações políticas.

19. Bomba na janela

Três semanas depois do encontro entre Roberto Marinho e Médici, o terror de estado ocorria no país e no exterior. No dia 21 de setembro de 1976, uma bomba explodiu no carro em que Orlando Letelier, ex-ministro de Defesa de Salvador Allende, transitava em Washington, matando o adversário da ditadura de Augusto Pinochet. No Brasil, grupos paramilitares prepararam novas ações contra a abertura democrática.

No dia 22, o cineasta Joaquim Pedro de Almeida esteve em Nova Iguaçu para entrevistar Dom Adriano Mandarino Hypólito para um especial da TV Globo. A equipe de televisão levou o religioso para gravar em diversos locais, como a estação de trem, onde milhares de pessoas passavam.

Às 19 horas daquele dia, depois de se despedir da equipe de jornalistas, Dom Adriano foi abordado por homens encapuzados à paisana, que o algemaram. Num cativeiro, teve as roupas retiradas. Sofreu sevícias dos sequestradores, que lhe pintaram de vermelho antes de o deixarem nu e amarrado numa rua do subúrbio. O autor intelectual do sequestro teria sido o tenente-coronel José Ribamar Zamith, da Aliança Anticomunista Brasileira. Foi a conclusão de um inquérito do I Exército, do comandante Reynaldo Melo de Almeida. Reynaldo comunicou o fato ao ministro do Exército Sylvio Frota, sugerindo que comunicasse a Geisel.

José Ribamar Zamith passou a ser o homem do Exército na Baixada Fluminense a partir de 1964, quando foi nomeado comandante da 1.ª Divisão de Infantaria, a Guarnição da Vila Militar. Grupos de direitos humanos acusaram o oficial de torturar políticos e militantes. Na polícia do Exército, passou a adotar as práticas de choques elétricos e "telefones". Ele foi agraciado com a Medalha do Pacificador, concedida pelo Exército em memória de Duque de Caxias. Depois que deixou formalmente a estrutura da Polícia do Exército, tornou-se segurança de contraventores.[423]

Na mesma noite, uma kombi da Globo foi arrombada e o material que estava dentro, roubado. Os criminosos deixaram folhetos com críticas à Igreja Católica e a Roberto Marinho. O texto classificava o empresário de "protetor de comunistas" e "vendido ao capital estrangeiro". Também dizia que o governo Geisel era fraco e corrupto. Padres de Nova Iguaçu comunicaram o sequestro a Dom Eugênio Sales, que comunicou a Reynaldo Melo de Almeida. O I Comando entrou em prontidão.

Após a libertação de Dom Adriano, os terroristas foram para o bairro da Glória, próximo ao Centro. Em frente à sede da Conferência Nacional dos Bispos do Brasil, eles incendiaram um carro parado na rua.

Na madrugada do dia 23, o terrorismo da extrema direita chegou ao Cosme Velho. Pouco depois da meia-noite, uma bomba explodiu numa janela na parte da frente da casa de Roberto Marinho, ao lado do quarto do empresário. Um empregado da residência se feriu.

Com o dia claro, Marinho telefonou para seus contatos na área militar. A surpresa viria horas depois. No começo da noite, às 19h30, a Globo e as demais emissoras de TV e rádio receberam um comunicado de censura: "De ordem superior fica proibida a divulgação de notícia, informação ou comentário sobre o sequestro do Bispo de Nova Iguaçu e da explosão da bomba na residência do Dr. Roberto Marinho. (As): Moacir Coelho, diretor-geral do Departamento de Polícia Federal."

Roberto Marinho estava proibido de informar em seus telejornais sobre a tentativa de atentado que sofrera. Ele, porém, usou o jornal para noticiar com destaque o que considerou um "ato brutal". Depois de receber um telefonema de solidariedade de Geisel, o empresário lamentou que seu empregado estava ameaçado de perder a visão de um olho, atingido pelos estilhaços de vidro. "Não imagino qual tenha sido a motivação nem a autoria desse atentado", disse.[424] *O Globo* evitou também apontar culpados.

Na concorrência, o *Jornal do Brasil* deu espaço para um policial que, de forma anônima, atribuía a explosão no Cosme Velho a uma "campanha comunista" com o objetivo de colocar a opinião pública contra autoridades.[425]

Nem o I Exército nem o governo foram a público acusar opositores do regime. Os atentados teriam sido organizados pela Aliança Anticomunista Brasileira.

Telegrama do Consulado Americano no Rio de Janeiro relatou brevemente o atentado à bomba na casa de Marinho. Na correspondência, o Consulado escreveu que "com raras exceções, *O Globo* continua a seguir fielmente a política do governo no momento".[426] Uma semana depois, telegrama da embaixada americana, em Brasília, tratou da repercussão do caso envolvendo o empresário.

No relato da representação dos Estados Unidos, o ataque ao bispo era explicado pelo fato de ele denunciar o Esquadrão da Morte na Baixada Fluminense e criticar a inação do governo. "O bombardeio à casa de Marinho é mais difícil de explicar dadas suas credenciais conservadoras e anticomunistas", registrou o consulado. "No entanto, o Departamento há de lembrar, um dos jornalistas do jornal *O Globo* foi preso esta primavera sob acusação de ser membro do Partido Comunista, enquanto serviços de inteligência aparentemente acreditam que outros 'comunistas' continuam a trabalhar para a Globo", registrou o telegrama. "Esse histórico, aliado à entrevista da TV Globo com o bispo no dia de seu sequestro, podem ter provido motivos suficientes para extremistas de direita."[427]

Em outro telegrama, a diplomacia americana relatou certo descontentamento por parte da CNBB diante do tratamento dispensado pelo governo brasileiro ao sequestro de Dom Hypólito — enquanto a Globo recebeu apoio oficial e telefonemas do presidente, do vice e de seus ministros, os clérigos ouviram o silêncio.[428]

No Palácio do Planalto, o SNI entregou a Geisel uma análise sobre a repercussão do atentado no Cosme Velho ao longo da semana na imprensa e na opinião pública. "A bomba atirada na residência do diretor-redator chefe de *O Globo* causa perplexidade, tendo em vista seu apoio ao 'Sistema' e suas relações pessoais com membros do primeiro escalão governamental", registrou o relatório. "Admite-se que a causa principal seja a presença de comunistas em diversos setores das empresas que dirige."[429]

Por trás do atentado estava o jornalista Emiliano Castor de Menezes, ligado a porões do regime militar. Ele não digeriu a demissão de *O Globo* por Evandro. Mais tarde, o jornalista ganhou espaço no papel de vítima numa matéria de *O Estado de S. Paulo* sobre um suposto "patrulhamento ideológico".

O *Estadão* ouviu Castor numa reportagem de três páginas sobre supostas perseguições da intelectualidade da esquerda. Escrito na sucursal do Rio, o texto abriu com uma declaração dada por Cacá Diegues, que reclamava das "patrulhas ideológicas". Havia até declarações de Gilberto Freyre. "Não é um poder de minoria inteligentíssima, porque não vejo grande inteligência na ação dessas patrulhas", disse o sociólogo. Já Jorge Amado definiu as patrulhas como "dedos-duros às avessas". Nelson Rodrigues, por sua vez, afirmou que as patrulhas, mesmo sem poder e sem dinheiro, conseguiam se "infiltrar" nos jornais.[430]

O jornal paulista acusou as "patrulhas" de promover Chico Buarque, Caetano Veloso e Gilberto Gil. A reportagem enfatizou ainda que Pelé sofria por não ter como bandeira a causa do racismo.[431]

O matutino paulista deu voz aos jornalistas da direita. À reportagem, Emiliano Castor afirmou que foi vítima das "patrulhas" de Evandro Carlos de Andrade e comunistas de *O Globo*. "Elas são uma espécie de máfia, que têm o seu SNI que funciona muito bem, que controla tudo em âmbito nacional. Indicam, impõem, cortam. Os patrulheiros estão em toda parte, nos gabinetes ministeriais, assinando importantes colunas de jornais, sempre em posição de destaque."[432]

Por sua vez, Ricardo Serran relatou que o primeiro jornalista expurgado de *O Globo* pela "patrulha" foi Vinícius Coelho, repórter de esportes. No passado, Vinícius tinha sido interventor no Sindicato dos Jornalistas do Paraná — ele não dera prosseguimentos a inquéritos contra colegas no sindicato, afirmou Serran.

O ex-editor foi apresentado pelo jornal paulista como repórter com cinquenta anos de jornalismo, sendo 43 em *O Globo*. "Por incrível que pareça, esses patrulheiros são os mais ligados aos patrões, dentro da redação: quem tiver a primeira reação a eles, vira puxa-saco", reclamou Serran. "São ativos, porque tratam de defender as raras vagas na imprensa para seus adeptos."

Emiliano Castor contabilizou 26 anos de imprensa, disse sofrer uma "implacável" campanha das "patrulhas". "Desde que se afastou de *O Globo*, abandonando mais de dez anos de casa, não encontrou redação para trabalhar no Rio", registrou a reportagem, em um tom favorável ao jornalista envolvido na tentativa de atentado do Cosme Velho. "Eu, como o Serran e outros companheiros, fomos espremidos, tratados como corpos estranhos e tivemos que ir embora."[433]

O jornal divulgou ainda nota editorial para reforçar a crítica da reportagem à suposta "patrulha" infiltrada no jornal de Marinho. A nota irritou Evandro. O diretor de jornalismo de *O Globo* decidiu escrever uma carta ao matutino paulista.

Sr. Redator.

A "Nota", tão anônima quanto a tal matéria, corre por conta, suponho, da "responsabilidade da Direção do jornal". Protegendo-se com tal impessoalidade, seu autor bem poderia abster-se de invadir o terreno das minhas intenções, pois ao fazê-lo errou, deixando-se conduzir pela perfídia. Melhor teria agido se buscasse os fatos e a eles se limitasse.

Caso o houvesse feito, poderia poupar-se de caluniar-me, como caluniou ao atribuir-me o objetivo de "apontar um colega à fúria dos patrulheiros" através do "empenho em denunciar" o seu companheiro de trabalho Airton Baffa como autor da matéria.

(...) Também quanto ao jornalista Emiliano Castor, é do redator da "Nota" a assemelhação que faz entre o título de "representante de órgãos de segurança no jornal", com que o mencionado jornalista apresentou-se a mim mesmo e que mencionei em minha carta e o de "dedo-duro", que a "Nota da Redação" lhe atribui, pretendendo desviar para mim a responsabilidade por fazê-lo.

Considero incisivo e evasivo, na "Nota da Redação", o alegar que, "em momento algum, a matéria da Redação diz que Serran e Castor foram demitidos por motivos ideológicos e não profissionais". Um tanto entediado, sugiro que o redator da "Nota" volte a ler a matéria e depois explique aos seus leitores, se achar que é o caso, o motivo de estarem ambos ali citados.

(...) Tal denúncia, de resto, tanto pode servir à defesa da liberdade quanto estimular o terror repressivo, pois generaliza onde devia particularizar, ao deixar de apontar os "patrulheiros", e particulariza onde devia generalizar, preocupando-se exclusivamente com "O Globo", de modo a sugerir até mesmo que "O Estado de S. Paulo" e o "Jornal da Tarde" estão imunes à ação das "patrulhas".[434]

Castor também escreveu carta ao jornal paulista:

Inicialmente, desejo reiterar a admiração que sempre devotei a essa grande empresa, cuja coragem na defesa das liberdades públicas e da verdade sempre foi o seu paradigma.

Essa admiração se ampliou ao ler substanciosa matéria, em que focaliza a ação nefasta que vem sendo exercida em todos os setores da vida nacional por um grupo de traidores, muito bem denominado por Cacá Diegues de patrulhas ideológicas.

Na matéria, tive a satisfação de ver opiniões de ilustres jornalistas, escritores, artistas, homens do esporte plenamente coincidentes com a deste modesto repórter que, ao longo de quase trinta anos de profissão — quase todos dedicados ao combate ao comunismo — e que sofreu na pele e na honra o ferrete de tão insidioso grupo que, lamentavelmente, está minando todas as áreas da atividade intelectual do País e até em postos de assessoramento de órgãos do governo.

(...) Na linguagem dos patrulheiros, o sr. Evandro diz, ainda, que o significado se intitulava "representante dos órgãos de segurança do jornal" (sic). Outra deslavada mentira. Se, porém, tivesse que optar entre coexistir com as patrulhas e pertencer aos órgãos de segurança, não teria dúvida na escolha.

Meu trabalho em "O Globo" e todas as tarefas que executei naquele jornal, durante dez anos, foram testemunhados por duas pessoas importantes: O doutor Roberto Marinho e o eminente e insubstituível jornalista Moacyr Padilha, então diretor de Jornalismo tão precoce e la-

mentavelmente desaparecido, em prejuízo não só da imprensa brasileira como daqueles que, sinceramente, pugnam pelos ideais democráticos.

Jamais tive qualquer contato pessoal com o sr. Evandro. No entanto, minha saída de "O Globo" se deve, inegavelmente, à sua chegada, acompanhado de seu séquito de patrulheiros.

O doutor Roberto Marinho é testemunha disso.[435]

O Estado de S. Paulo tinha um histórico de críticas à família Marinho. Ainda nos anos 1920, o jornal republicou reportagens com ataques racistas produzidas por concorrentes de Irineu na imprensa carioca. Mais tarde, no caso Time-Life, o matutino paulista deu espaço à campanha de Carlos Lacerda, pupilo de Júlio de Mesquita Filho, contra a parceria de Roberto e o grupo norte-americano.

O momento político ficou ainda mais turvo naquele agosto de 1976. No dia 22 chegou à redação de *O Globo* a notícia de que Juscelino e seu motorista, Geraldo Ribeiro, haviam morrido num acidente na via Dutra, na altura do distrito de Engenheiro Passos, no município fluminense de Resende.

O editor José Augusto Ribeiro informou a Roberto Marinho sobre a tragédia e relatou passo a passo da publicação da notícia. "A ordem dele era assim: *O Globo* foi adversário do sujeito, o sujeito morreu, trata com respeito. Nós demos uma grande cobertura da morte do Juscelino, com manchete."

"MORRE EM DESASTRE NA
VIA DUTRA O EX-PRESIDENTE
JUSCELINO KUBITSCHEK."[436]

Também havia uma ordem tácita. O dono do jornal orientava que a equipe não olhasse para o retrovisor. "Você tinha que ficar preocupado com a coisa do dia, não podia ficar remexendo o que ficou lá atrás", lembra o editor. "Ele não reclamou, não elogiou."

Um dia depois, *O Globo* deu oito páginas para a cobertura do velório de Juscelino no Rio e em Brasília, e para a comoção nacional. O editorial chamou o ex-presidente de "bandeirante do futuro". O texto destacou a "coragem pessoal" e a "habilidade política" do antigo líder do PSD. Num trecho, o artigo opinou que Juscelino não soube "compreender" a era que se iniciava em 1964, e, insistente, na "ambição" de voltar ao poder, pagaria por isso. Entretanto, afirmou o editorial, o ostracismo que atingiu JK após a cassação do mandato de senador não lhe atingia na posteridade. "A imagem com que ele ingressa na História corresponde amplamente à tolerância e à generosidade que assinalaram seus passos", ressaltou. "A Nação enlutada o pranteia."[437]

A TV Globo em Brasília fazia sua maior cobertura externa na cidade. Numa decisão inédita da chefia, repórteres foram mandados à rua para cobrir um evento político e da oposição. "Foi um dia inteiro de emoção, de uma grande cobertura, com flashes e matérias grandes dentro do *Jornal* (*Nacional*)", relatou o repórter Wilson Ibiapina.[438]

Na capital construída longe das massas das metrópoles, o extenso gramado da Esplanada dos Ministérios e as largas avenidas, considerados perfeitos para fragmentar a força do poder coletivo, foram tomados por uma multidão que cantava o refrão da música "Peixe vivo". O governo perdeu o controle. Mais que o velório de um presidente, uma cidade dava adeus ao homem que a tinha criado. "No começo não podia dar nada, era fechado, não ia ter nada, mas aí foi um povo na rua tão espontâneo, a multidão na rua", relatou Ibiapina.

A deferência de Marinho a Juscelino seguia, de certa forma, a cartilha castelista. Quando cassou o ex-presidente, o general Castelo Branco recomendou aos aliados que não divulgassem a medida como um castigo a um comunista ou a um envolvido em corrupção, mas como um ato de motivações apenas políticas. Ele argumentou ter cassado os direitos de Juscelino apenas para não enfrentar um golpe de Costa e Silva. Teria sido uma exigência da chamada linha dura.[439] O dono da Globo, porém, devia ao ex--presidente a concessão da Globo no Rio, antes reservada à Rádio Nacional.

Ainda naquele ano, José Augusto deixou o jornal. Para o seu lugar, entrou Milton Coelho da Graça. Um dos jornalistas que mais simbolizaram o impacto da ditadura nas grandes redações, Milton começou a carreira na *Última Hora*, de Samuel Wainer.

Nas eleições para governador de 1962, Samuel fez acordo com Miguel Arraes, em Pernambuco, e instalou uma sucursal da *Ultima Hora* no Recife para reforçar a campanha de Arraes. "As eleições do interior eram roubadas pra caralho, tinha tradição de roubo na hora da contagem", lembra Milton. Os votos do interior eram mandados para a cidade, onde eram contados. A fraude ocorria na hora de registrar os votos nas atas. O jornalista procurou o diretor da Rede Ferroviária, um notório aliado de João Goulart. Ele pediu aos funcionários dos trens para fiscalizarem as eleições e mandarem por telégrafo os resultados da votação nos municípios no mesmo dia. "Deixei os adversários do Arraes doidinhos. O dono do *Jornal do Commercio* ficou louco porque teve de esperar a chegada das atas oficiais, enquanto a *Ultima Hora* já dava o resultado: 'Arraes ganhando! Arraes ganhando!'", relata.

Depois da vitória de Arraes, Milton foi trabalhar de assessor de Celso Furtado na Sudene. Na noite de 31 de março de 1964, chegou ao Palácio do Campo das Princesas, sede do governo do Estado, e não tinha ninguém na assessoria. Ligou para Arraes, que morava no palácio, e propôs tomar conta da comunicação nos últimos momentos do governador. "Arraes, é Milton quem está falando aqui. Não tem ninguém na assessoria. Eu vou tomar conta aqui dessa porra". Arraes respondeu: "Pode ficar."

No dia seguinte, o Exército ocupou a praça e cercou o palácio. Milton ficou preso até dezembro. Depois, voltou ao Rio, sendo abrigado por colegas do *Diário Carioca*. Passou a morar com Sônia, uma militante política. Num domingo pela manhã, quatro homens à paisana bateram à sua porta. Levaram Sônia, que integrava o grupo guerrilheiro MR-8. "No Dops, as meninas eram retiradas à noite das celas e estupradas", conta. "Sônia chamou o comandante, contou a história e pediu pra ele comprar anticoncepcionais para as meninas." Sônia foi para uma cela individual, onde ficou seis meses. Quando saiu, deixou a filha com Milton. Milton foi para São Paulo. Lá, conseguiu emprego na *Realidade*, revista icônica do grupo de Roberto Civita que se destacava pelas grandes reportagens. Chegava do trabalho quando foi abordado por policiais. Só teve tempo de pedir à nova companheira que avisasse à redação de *O Estado de S. Paulo*, ao jornalista Elio Gaspari e à Associated Press. A notícia da prisão poderia livrá-lo da morte. Durante vinte dias, passou por sessões de choques. "Graças ao Elio, eu não passei dos nove volts", diz. O amigo o salvou.

Em 1976, Evandro Carlos de Andrade convidou Milton para atuar na chefia da redação de *O Globo* no lugar de José Augusto Ribeiro, que recebeu convite de Armando Nogueira para trabalhar como comentarista político da TV. Na nova fase do jornal, Henrique Caban continuava responsável pela produção, por chefiar os repórteres e organizar a pauta. Milton foi encarregado de trabalhar na edição, no fechamento das páginas.

Nessa época, Roberto Marinho costumava telefonar para a "piscina" do jornal, mesa onde ficavam os telefones, no fundo da redação, para testar a relação entre repórteres e editores com os leitores. Ele costumava pedir alguma informação. Quando o jornalista dizia que não tinha dados, afirmava:

"Ah, tá bom, vou ligar para o *Jornal do Brasil*."

Marinho não apenas telefonava para a redação do concorrente, mas para a chefia de *O Globo*.

"Quem atendeu ao telefone não está dando informação para o leitor."

A Globo estava na sua melhor situação financeira. O risco de Roberto Marinho era um bloqueio na concessão por parte do regime. A ditadura reclamava da cobertura da TV. Quando em setembro de 1976 Geisel anunciou uma viagem ao Japão, o empresário mandou Toninho Drummond, executivo da emissora em Brasília, organizar uma equipe de jornalistas para acompanhar o general. O próprio Toninho liderou o grupo, formado por Sandra Passarinho, Sumika Yamazaki, Geraldo Costa Manso, Luiz Edgard de Andrade e João Mello, e os cinegrafistas Antônio Carlos Marins e Newton Quilichini.

Num deslocamento de trem-bala de Tóquio para Kioto, Geisel deu uma breve entrevista a Geraldo Costa Manso:

"Acredito que o dia mais feliz da minha vida vai ser 15 de março, quando vou transmitir o governo ao meu sucessor. Eu sou um homem profundamente ligado à família, aos amigos, gostando de conviver com pessoas do povo. Tenho em torno de mim vários ditadores, o que me impede de fazer o que quero. Veja, por exemplo, nesta visita ao Japão.

Eu não tive uma hora livre. Eu não pude ir a uma rua, a uma loja, eu não pude conversar com ninguém do povo."

A uma pergunta sobre restrições democráticas, o general disse que países como a França, Inglaterra e mesmo o Japão não estavam em situação melhor. Concordou, porém, que havia problemas econômicos e sociais.

"Eu encontrei nesses países restrições, sobretudo, à liberdade, muito maiores do que as que existem no Brasil."

Na Globo, José Augusto Ribeiro compensava a falta de experiência de uma equipe de TV formada por jovens repórteres, de pouco conhecimento político. A contratação dele pela emissora foi costurada durante longo tempo por Armando Nogueira.

"Olhe, ninguém conhece melhor do que você a orientação do jornal, que deve ser também a orientação da Globo", disse Armando. "Você sabe o limite, você pode ir até o limite, os outros não sabem, de repente vão ultrapassar, vai dar uma cagada, ou vão ficar aquém do limite e vão perder a oportunidade de dizer as coisas."

Pela emissora, José Augusto analisou o processo das eleições municipais de 1976. "Os números totais favoreceram a Arena", lembra o jornalista. "As manchetes do jornal e da Globo eram sempre 'Vitória da Arena', e coisa e tal, uma maneira de fortalecer o Geisel perante a linha dura e, com isso, fortalecer a abertura."

Em dezembro do mesmo ano, João Goulart morreu em sua estância em Mercedes, na província argentina de Corrientes, onde vivia exilado. Roberto Marinho estava em Nova York quando recebeu um telefonema de José Augusto, que estava no estúdio da Globo:

"Como é que vocês vão dar a morte do Jango na TV?", perguntou Roberto.[440]

"Ah, doutor Roberto, a sua orientação é sempre assim: o sujeito morreu, tratá-lo com respeito. Então, eu recomendei à redação para tratar o Jango com respeito."

"Não, não só com respeito, vocês vão tratar o Jango com muito carinho."

"Muito carinho?"

Roberto não deixava frases curtas sem explicação:

"Olha aqui, você vai tratar o Jango com muito carinho pelo seguinte: a concessão da TV Globo do Rio, que foi a primeira do que é hoje a Rede Globo, foi dada pelo Juscelino. Mas o Jango, quando assumiu o governo, foi muito pressionado para cassar a concessão. Diziam para ele: 'Jango, o Roberto é contra você, cassa a concessão, antes que a concessão seja instalada, pois depois de instalada é mais difícil você fechar. Vai ter uma televisão contra você, cassa a concessão'. O Jango resistiu e não cassou e não permitiu que se abrisse um processo de cassação. *O Globo* foi contra o Jango, nós apoiamos a derrubada do Jango, apoiamos a revolução, agora que ele morreu, já que vocês fizeram aquela cobertura do Juscelino, façam pelo menos igual para o Jango."

Após a conversa, José Augusto lembrou de sua experiência no governo Goulart. "Eu tinha sido funcionário do Jango, claro que de quinto escalão, mas eu também devia isso ao Jango. Ele (Roberto Marinho) me dá ordem para tratar com carinho, então, claro que tratei com todo o carinho."

O Globo deu manchete para a morte de Jango:

"EX-PRESIDENTE
GOULART SERÁ
SEPULTADO HOJE
EM SÃO BORJA."

Monitorada diretamente por Roberto Marinho, a edição do jornal saiu com três páginas sobre Jango. A reportagem principal destacou a presença de lideranças do MDB no velório na cidade natal do líder trabalhista, no Rio Grande do Sul. O senador Paulo Brossard e os deputados Tancredo Neves e Pedro Simon viajaram para participar da cerimônia de despedida. *O Globo* contou a trajetória política do ex-presidente e sua relação com Getúlio, num tom descritivo.

No pé da primeira página, um editorial destoou da cobertura. O texto ressaltou que havia dois tipos de personalidades políticas: os "autênticos líderes" e os que são mais conduzidos que condutores. "João Goulart, que agora deixa o território dos vivos, pertencia a essa grei de liderança artificiosa, construída por via oblíqua", ressaltou o texto.[441] "A morte de João Goulart certamente não redime o presidente deposto pela Revolução dos erros que praticou no governo. Não torna menos graves os passos abismais que deu no período final do seu mandato, deixando o país precipitar-se na perda da autoridade civil, na desordem social e na destruição da hierarquia militar", destacou. Por fim, o artigo avaliou que ele não criou "dificuldades" ao país e à "revolução" no exílio. "A morte prematura do ex-presidente fez desse processo de libertação, e reencontro consigo mesmo, uma conquista infausta mas irrevogável, que já não será ameaçada por quantos se serviram de sua inapta liderança para fazer mal ao Brasil."

O jornal ouviu 15 políticos e autoridades, sendo dez adversários de Goulart e cinco aliados. Destes, 11 lamentaram a morte e fizeram elogios à figura humana, dois criticaram, e outros dois deram depoimentos neutros. Em seu conjunto, o painel de declarações era uma homenagem. Mas mesmo nesta página a edição procurou mostrar que a opinião da maioria dos entrevistados não era a mesma de Roberto Marinho. No meio das declarações, o jornal publicou um depoimento do "companheiro", que teria sido dado nos Estados Unidos à Agência UPI. "A morte de João Goulart no seu exílio no Uruguai vem recordar um dos momentos mais tristes da história do Brasil, quando o país se viu envolvido pela desordem mais nefasta. João Goulart não era um homem mau, mas um político demagogo, completamente despreparado para o alto cargo que assumiu depois da alucinante renúncia do presidente Jânio Quadros", disse. Ao fim, suavizou: "João Goulart portou-se corretamente no exílio: eis o motivo para que os brasileiros reverenciem com gratidão a sua memória."[442]

Ao menos na edição acompanhada de Nova York por Roberto, o empresário estava absolutamente alinhado ao regime, que ainda mantinha sua artilharia contra Jango. As lideranças da Arena no Congresso com discursos favoráveis ao ex-presidente e os emedebistas que levaram o caixão em São Borja, ouvidos pelo jornal, formavam, em sua maioria, o grupo que atuava nos bastidores pela abertura política.

Nesse tempo, o discurso do governo Geisel com uma perspectiva de mudança agradava o empresariado. *O Globo* entregava suas primeiras páginas às declarações das lideranças do Planalto no Congresso e, especialmente, a parlamentares oposicionistas. A redação no Rio pedia à sucursal do jornal em Brasília para enviar resumos maiores dos discursos dos parlamentares do MDB na Câmara e no Senado.[443] Esse material, que no governo Médici servia, na maioria das vezes, apenas às análises dos editores, passou a ser mais aproveitado em matérias.

Não era bem uma aposta. Nas eleições de 1970, o MDB enfrentou um "massacre", nas palavras de Tancredo. Praticamente ficou sem representação no Senado. A legenda enfrentou o trator do governo, o abuso do poder e as ameaças físicas país afora.[444] As lideranças lutaram para sobreviver aos índices elevados do crescimento econômico.[445] A situação mudara. O partido oposicionista saíra fortalecido nas eleições de 1974 e entoava de forma mais contundente o discurso contra um governo de exceção e, agora, ainda mais evidentemente, sem respaldo das urnas.

20. Pacote de abril

Roberto Marinho enfrentava no mandato de Ernesto Geisel o período de mais obstáculos para expandir a Rede Globo. Homem de confiança do presidente, o coronel Euclides Quandt tinha como uma das linhas de atuação o combate escancarado ao avanço da emissora. Por outro lado, o empresário tinha, pela primeira vez na ditadura, nomes próximos no núcleo de decisões do governo. No comando do SNI estava o general João Figueiredo, um velho conhecido na Hípica. O ministro do Trabalho, Luís Gonzaga do Nascimento e Silva, um amigo do Rio, também tinha influência em Brasília. Na posição de pêndulo, Armando Falcão, da pasta da Justiça, ora atuava a favor, ora contra.

Os editoriais e as primeiras páginas de *O Globo* faziam uma defesa da figura de Geisel possivelmente só comparada com o noticiário no tempo de Castelo Branco. Marinho argumentava que era preciso dar força ao general para evitar a volta da linha dura.[446] Agora, a defesa da abertura política estava fincada nas páginas do jornal como uma meta do governo. Na construção diária dessa cobertura, porém, a oposição estava sempre presente, em especial os deputados Tancredo Neves e Ulysses Guimarães. Os dois protagonizavam uma disputa velada de protagonismo político. O MDB via surgir, ainda, os "autênticos", uma ala menos disposta a negociar com a cúpula militar após a derrota da Arena nas eleições.

Tancredo tinha o diferencial de possuir um canal de contato permanente com o Palácio do Planalto. Ele conversava de forma sigilosa com Heitor Aquino Ferreira, assessor direto de Golbery.[447]

A queda de braço dentro do MDB e fora dele, entre os "autênticos" e os "moderados", ficou patente. No final de 1976, Geisel enviou ao Congresso um projeto de reforma do Judiciário. Com maioria no Senado e no controle de boa parte da Câmara, os oposicionistas tornaram-se mais duros diante do governo.

A maioria do diretório nacional do partido rejeitou a proposta do governo, apoiada pelas principais lideranças da legenda. Os moderados sofreram derrotas sucessivas na tentativa de negociar com o governo em nome do partido.

Enviado por *O Globo* a Brasília para uma cobertura do Congresso, o repórter Marcelo Pontes fez dobradinha com o colega José Carlos Bardawil, um nome de peso da sucursal. A dupla recorreu à história política para contar a situação de Tancredo, Ulysses, Thales Ramalho e Amaral Peixoto, emedebistas mais destacados, que não conseguiam controlar a legenda. Eram todos oriundos do PSD, o partido criado no final da ditadura Vargas e que foi extinto como outros, com a decisão da ditadura militar de criar o bipartidarismo, limitando a representação apenas à Arena governista e ao MDB oposicionista.

No passado, o velho PSD era conhecido pela moderação ou, como se dizia, trabalhava para que "nada acontecesse". Entre *O Capital*, de Marx, e a Bíblia, registraram os repórteres, o PSD preferia o *Diário Oficial* — os cargos públicos para apadrinhados e emendas.

Antes de entender os fracassos das lideranças moderadas, Marcelo e Bardawil procuraram os grandes nomes da legenda para explicar o pessedismo. O deputado Amaral Peixoto, genro de Getúlio e primeiro presidente do antigo PSD, deu uma bafogada no charuto e desconversou:

"Hoje estou mudo."

"Não deixou de ser um retrato do que vem a ser o pessedismo", registraram os jornalistas.

"Pessedismo é o bom senso. Não é recuo nem covardia", disse o parlamentar um dia depois.

Por sua vez, Ulysses disse que o PSD era o "partido do jeito". Não era fazer "concessão", mas atingir o objetivo sem usar a "força" e ser "radical".

Tancredo Neves avaliou que o PSD era a legenda que conseguiu "adaptar" as conquistas sociais de Vargas à estrutura democrática da Constituição de 1946, posterior à ditadura do Estado Novo. O documento, afirmou o ex-pessedista e então emedebista, deu vinte anos de "paz", "ordem" e "prosperidade" ao país. "O PSD é o partido em que toda divergência é suspeita e toda unanimidade estudada", afirmou.

O Globo saiu às bancas, no final de março de 1977, com a reportagem de Marcelo e Bardawil e um título provocativo: "O extinto PSD morreu?"[448]

O texto descreveu um desabafo de Tancredo, que sustentava o título: "Quer saber de uma coisa?", disse o deputado aos repórteres. "O PSD morreu. Acaba de ser enterrado o que ainda restava da habilidade do velho PSD."

A apuração levou dias. Foi o tempo de Tancredo tentar consertar, com elegância, sua declaração. Mas o texto registrou, com maestria jornalística, tanto a primeira frase como a nova versão dela. "Alguns dias depois, sem se desmentir, como convém a todo bom pessedista, Tancredo tentou corrigir sua frase, usando um sorriso para conquistar a cumplicidade do repórter: 'Eu não disse propriamente isso. O que disse foi que o estilo de liderança pessedista no MDB havia sofrido um forte impacto."

Ainda naquele mês, o partido oposicionista estava na manchete de *O Globo*, algo impensável anos antes. O senador governista Petrônio Portella deu uma declaração de que o Planalto estava preocupado com a decisão do MDB de rejeitar a reforma da Justiça e alertou para uma crise institucional. Franco Montoro, senador e líder da oposição, disse que o partido não recuaria contra o projeto.[449]

O Globo ainda publicou manchete sobre divergência entre moderados e "autênticos", e governo e oposição.

"MDB DESFAZ ACORDO
COM ARENA E REABRE
CRISE NO CONGRESSO."[450]

Ainda na primeira página, o jornal registrou uma ameaça do deputado mineiro José Bonifácio, líder da Arena. "Se não aprovarmos até amanhã essa reforma como está, depois das mudanças aceitas hoje, teremos o AI-5."

A discussão sobre mudanças no projeto para um entendimento se prolongou pela madrugada, sem definição.

No dia 31, um editorial denunciava em seu título um "golpe de minoria". O texto afirmava que uma oposição estava "determinada" a causar riscos lesivos ao processo democrático, isto é, à abertura. O jornal ressaltava a diferença entre "moderados" e "autênticos" na legenda. "Aqueles que, dentro do MDB, viam o problema pelo prisma da racionalidade e não desejavam a interrupção do diálogo foram forçados a recolher, por impraticáveis, as armas do bom senso.

O Planalto e a Arena, segundo o editorial, tinham esgotado os recursos da negociação política. O texto criticou até a direção do partido. "O Diretório Nacional e a liderança das bancas encarceraram indistintamente os membros do partido, moderados e 'autênticos', na mesma cela promíscua da radicalização inconsequente e, nas atuais circunstâncias dos nossos desafios, já impatriótica." O jornal, agora, diferenciava Tancredo de Ulysses como interlocutor do projeto da abertura. Na condição de presidente do MDB, Ulysses se mostrou inclinado a demandas internas, se postava como homem do partido, não necessariamente a demandas de uma negociação com o governo.

O editorial ressaltou que não era com "golpes de minoria de baixa inspiração" que as instituições seriam fortalecidas. "O MDB repeliu o diálogo e o acordo, instrumentos da democracia em qualquer parte do mundo. Aventurou no impasse, na crise, na desunião nacional", destacou. "A quem aproveitará tamanha demonstração de irresponsabilidade? É a indagação que temos hoje no ar."[451]

Na edição do dia 1.º de abril, *O Globo* registrou que o governo preparava uma medida para colocar o Congresso em recesso e, assim, poder legislar e pôr em prática a reforma do Judiciário. Em declaração pública, Geisel antecipou que a reforma "seria feita".[452]

À noite, Geisel confirmou em pronunciamento em cadeia de rádio e TV o fechamento do Congresso. O governo voltava a recorrer ao AI-5. Era um "roteiro fiel", classificou editorial do jornal. "A Revolução nasceu de inspirações democráticas e jamais renunciará ao objetivo original que tem encontrado no caminho", destacou o texto. A "Revolução prossegue sem interrupções no curso coerente dos seus desígnios democráticos."

No dia seguinte, *O Globo* publicou declaração de Geisel que passava para o MDB a alcunha de "verdadeira ditadura". Mas o jornal observava que, além da reforma do Judiciário, viria também uma reforma política. "Geisel faz agora a reforma do Judiciário e as reformas políticas", destacou manchete do jornal.[453]

O general que tinha como discurso a abertura impôs um recesso forçado da Câmara e do Senado, tendo por base o AI-5. Com o parlamento fechado, o governo legislava.

A 3 de abril, a primeira página do jornal registrou que "Arena culpa MDB pelo recesso do Congresso", apoiando-se numa nota do presidente da legenda governista, Francelino Pereira, que reclamou da "intransigência" dos adversários no Congresso. O jornal estava mais governista.

Só no dia 4 *O Globo* publicou um editorial para comentar o fechamento do Congresso. O texto "Ato sem desforra" avaliou que o MDB colheu uma "amarga" derrota, e fez uma defesa de Geisel. Mas os tempos eram outros, o editorial reconhecia o impacto do fechamento do Congresso. "O hiato parlamentar, refletindo-se de qualquer maneira no nosso processo de aperfeiçoamento político, não foi uma solução desejada por ninguém. Apenas se tornou inevitável e só o negará quem está vivendo muito longe da realidade brasileira", afirmou o texto. "Agora é confiar no espírito liberal e patriótico do presidente Geisel, virtudes que nunca lhe faltarão no exercício do governo ou do poder revolucionário."

No dia 13, saía o chamado Pacote de Abril. Uma emenda constitucional, de número sete, estabelecia a reforma do Judiciário rejeitada pela oposição e dois decretos-lei para demonstrar "simpatia" nas palavras da oposição. Um deles expandia as férias dos trabalhadores para trinta dias corridos — era uma proposta antiga do próprio MDB. Outro garantia um prazo maior para inquilinos deixarem um imóvel.

Quando instituiu as férias no país, Getúlio definiu um período de vinte dias corridos. Dutra, seu sucessor, estabeleceu vinte dias úteis. Agora, Geisel impunha um tempo maior.

Mas a canetada mudou o rumo do processo de abertura com uma outra emenda, a número oito, editada no dia seguinte. A norma estabelecia a figura do "senador biônico" para cada um dos estados, escolhido por um colégio eleitoral formado por deputados estaduais e vereadores — a sua maioria da Arena governista. Assim, freava a força da oposição. A emenda ainda determinou eleições indiretas para governador e presidente e um mandato de seis anos, em vez de cinco, para o sucessor de Geisel. A ditadura iria até 1985.

A Constituição de 1969 foi retalhada. Até o dia 15, quando o Congresso foi reaberto, o governo alterou 14 artigos do texto, acrescentou mais três e ainda anunciou um total de seis decretos-lei. O Pacote de Abril era revés para a democracia e, em especial, para o grupo da abertura moderada apoiado por Roberto Marinho.

Agora num tom que misturava ressaca e governismo, o jornal falava de construção da democracia como obra da Revolução — ou promessa. "Vencida a síncope, confiamos que o Brasil retomará agora o seu trabalhoso e paciente processo de aprimoramento político, em que os tropeços felizmente não levam a renunciar aos grandes objetivos nacionais, que são, como sempre foram, fiéis ao ideal democrático."[454]

Naqueles dias, Marcelo Pontes não encontrou fontes na Câmara e no Senado. Os salões verde e azul das duas casas estavam vazios. A nova geração de jornalistas se defrontava com o AI-5, o famigerado ato que impôs uma ditadura absoluta ao país e era usado pelo governo para calar o Legislativo. "Foi o momento mais triste que vi na minha vida. O Congresso fechado pela canetada de um ditador de plantão", lembra o jornalista. "Eu atravessei chorando os salões. Era algo dramático. Como um cidadão qualquer com uma caneta Bic fecha o Congresso?"

Mas a cobertura política, mesmo num momento trágico, tinha seus momentos "deliciosos", registraram Marcelo Pontes e José Carlos Bardawil. Ainda em 1968, meses antes do AI-5, um velho pessedista, o mineiro Benedito Valadares, ao ouvir o discurso em que o deputado Márcio Moreira Alves atacava a ditadura e sugeria que as mulheres dos militares não dormissem com seus maridos, se revoltou:

"Acho que esse rapaz quer bancar o Tiradentes com o pescoço dos outros."

Naquele tempo, era o sentimento de Tancredo e outras lideranças moderadas do MDB em relação aos "autênticos" do partido. O fato é que, pescoços cortados à parte, o AI-5 voltava a fazer estragos e mudar os rumos tanto de moderados como de mais radicais da oposição.

Ao usar o poder estabelecido pelo instrumento, Geisel incorporava definitivamente à vida política, por exemplo, uma terceira vaga de senador. A figura do senador biônico dava espaço cativo no sistema representativo a grupos oligárquicos estaduais que não conseguiam ficar com uma das duas vagas tradicionais.

O Pacote de Abril prolongou a vida da ditadura. Os brasileiros só voltariam a escolher diretamente seu presidente doze anos depois.

A interrupção do processo de abertura foi frustrante. Depois da canetada autoritária de Geisel, Roberto Marinho manteve a aposta no centro. Foi assim nos anos 1930, quando criticou os comunistas e os integralistas que tentaram tomar o poder. "Ele combateu os dois. *O Globo* combateu fortemente os dois extremos", observa João Roberto Marinho.

A essência do empresário era a busca do caminho do meio. "Ele sempre bateu muito nisso e sempre usou muito esse exemplo de ter combatido os dois extremos, nos primeiros anos à frente do jornal, nos pautando para o futuro", afirma o filho de Marinho. "Ele dava essa lição de caminhar pelo centro e o debate transitar pela centro-esquerda e centro-direita", lembra.

A Globo mirava também o centro ao buscar o grande público. "Esse é a maioria esmagadora da população", observa João Roberto. "A gente está sempre reforçando o debate pelo meio. Acho que esse é o papel que a gente tem."

Notícias do terror do Estado chegavam de forma mais nítida às redações dos jornais. Em *O Globo* não seria diferente. O jornalista Paulo Totti lembra a edição de uma grande reportagem de impacto dias antes do Pacote de Abril. "Eu consegui publicar a primeira matéria de tortura no jornal. Nós conseguimos publicar. Eu era editor. Era o caso de um deputado do PCdoB de Goiás, Aldo Arantes. A gente deu uma página inteira. Matéria do Marcelo Pontes."

No início de abril de 1977, o jurista Raymundo Faoro assumiu a presidência da Ordem dos Advogados do Brasil. A instituição tornava-se um centro de apoio, especialmente de jornalistas, na divulgação de informações sobre desrespeitos aos direitos fundamentais por parte da ditadura. Era uma reviravolta. A cúpula anterior da OAB foi parceira de primeira hora dos golpistas que derrubaram João Goulart.

Faoro fazia uma defesa intransigente do *habeas corpus* para adversários do regime, um instrumento suspenso desde o AI-5. À frente da Ordem, o advogado passou a ser uma referência na campanha de combate à tortura e, ao mesmo tempo, um interlocutor dos grupos de direitos humanos com representantes do governo Geisel, lideranças do MDB oposicionista ou mesmo da governista Arena que conversavam sobre a abertura.

O repórter Marcelo Pontes frequentava o gabinete de Faoro na OAB, na Marechal Âncora, no Rio. "Eu tinha liberdade de perguntar: tem uma novidade aí?"

No dia 1.º de setembro de 1977, ele chegou à sede da Ordem e fez a pergunta habitual a Faoro. O advogado respondeu:

"Tem uns relatos de dois presos políticos. Eu dei para seu colega da *Folha*. O seu jornal não publica isso."

O jornalista pediu para ler os depoimentos. "Eram relatos escabrosos de tortura", lembra.

Os testemunhos dos presos mostravam a tragédia dos porões. Na sede do DOI-Codi, no II Exército, em São Paulo, Aldo Arantes foi encapuçado, algemado com as mãos para trás, espancado no rosto e no tórax, levou murros no estômago e teve os polegares apertados por alicates. Depois, levado ao Rio, foi colocado nu numa "geladeira", um cubículo sem janelas, onde se emitia um som "diabólico", noite e dia. Ele não se alimentava nem tomava água e fazia as necessidades fisiológicas na mesma cela. Só tinha força para pedir que o fuzilassem logo, com dignidade. Voltou a São Paulo, onde novamente foi espancado por dias. Por sua vez, Haroldo Lima contou que, ao ser preso, levou uma coronhada na cabeça, que abriu um talho, deixando a camisa ensopada de sangue. Também enfrentou a solitária, ruídos e gritos incessantes, socos e deslocamentos entre as duas metrópoles.

Na redação de *O Globo*, Marcelo Pontes entregou os depoimentos para Paulo Totti.

"Vamos publicar. Faz uma abertura aí", disse o editor. As palavras de Totti pareciam comuns em um processo de edição de matéria. Mas não eram. Havia tempo que predominava a censura nos jornais a matérias de tortura.

No dia seguinte, *O Globo* estampou em uma página inteira, sem fotos, os depoimentos. "Com uma baita surpresa, o jornal publicou o relato com aquela densidade. Foi o primeiro relato de tortura que o *Globo* publicou. O jornal foi muito cauteloso com tudo", lembra Pontes.

Paulo Totti relata que Roberto Marinho e Evandro estavam viajando, fora do jornal. Não foi possível falar com eles. Marinho, em especial, costumava passar horas ao telefone, durante viagens, para discutir textos em preparação. Certa vez, a conta telefônica assustou os funcionários do Waldorf Astoria, em Nova York. Ele fazia questão de "ouvir" os principais artigos de *O Globo*, sugerindo mudanças e acréscimos.[455]

Naquele dia em que Marcelo Pontes chegou à redação com o caso de tortura, Luiz Garcia estava no comando do jornal. "O Marcelo tinha ótimo texto, fez matéria cedo, a gente diagramou rápido e o Garcia aprovou a matéria", relata Totti. "Ele consultou o Evandro. Houve interrogação do Rogério Marinho, que queria saber de onde saiu a informação. Quando a gente disse que era da OAB ele ficou quieto. Foi um gesto, naquela rigidez de normas do *Globo*, ousado e corajoso do Garcia."

Em seu depoimento, como em outros, Totti sempre procurou ressaltar a participação de colegas de jornal — nesse caso, o esforço conjunto, a atuação do repórter e da chefia da redação, foi fundamental. Mas o jornalista minimizou a fase em que a pauta do repórter foi negociada com Garcia, retirando-se completamente da história da reportagem que trazia o debate sobre tortura de volta às páginas do jornal.

O telefone da casa de Marcelo tocou. Era a secretária de Rogério Marinho. Ela informava que o chefe queria conversar "urgentemente" com ele.

Antes, o jornalista telefonou para Faoro.

"Olhe, maravilha, eu não acreditava que o seu jornal publicaria, é importante para a luta", disse o presidente da OAB.

Faoro tranquilizou o jornalista:

"Olhe, fique tranquilo, a autoridade é minha. É minha obrigação como presidente da Ordem denunciar isso. Se eu não fizer isso, estarei descumprindo a lei da Ordem."

Rogério esperava Pontes na sala em que trabalhava na sede do jornal.

"Meu filho, entre aqui."

Ele trancou a porta.

"Pelo amor de Deus, me conta como você pegou essa matéria."

"Olhe, dr. Rogério, o dr. Faoro disse que é responsabilidade dele, se houver qualquer problema fale com ele."

"Ai, que ótimo", disse Rogério, aliviado.

Paulo Totti disse que Roberto Marinho não pôde ser ouvido durante a preparação do material por problema de telefonia. "Ele reclamou muito, disse que podia deixar a matéria para o dia seguinte. Mas o Garcia tinha muito prestígio na casa, a coisa foi absorvida. Não houve problema interno grande", conta.

A reação dos militares à matéria, porém, foi grande. O CIE procurou a cúpula de *O Globo* para reclamar.

A publicação, hoje, no jornal O Globo, da matéria "Ordem dos advogados divulga documentos sobre maus-tratos", é intolerável pelos seguintes aspectos:

1 – A OAB, que, de acordo com a lei, é entidade de serviço público federal, de seleção, defesa e disciplina de classe dos advogados, não pode emprestar seu nome à divulgação de matéria que nada tem a ver com sua finalidade legal.

2 – A OAB não pode pura e simplesmente, sem averiguar a veracidade, divulgar afirmação evidentemente caluniosa contra autoridades militares e civis.

3 – Um veículo de imprensa com a circulação do jornal "O Globo" não pode, exceto se movido por inconfessáveis intenções, divulgar matéria destinada a incitar a animosidade entre as Forças Armadas ou entre estas e as classes sociais ou as instituições civis (Artigo 39 da LSN).

4 – A divulgação desta matéria através da imprensa constitui precedente inadmissível e claramente destinado a indispor o povo contra o governo e o regime, além de que permitiu a dois militantes de proa de organização terrorista e guerrilha rural fazerem apologia de sua espúria e confissão de fé comunista através de meio de comunicação social.

5 – A divulgação desta matéria em plena semana da pátria tem por escopo empanhar o brilho das comemorações cívicas, visto tratar-se de calúnias redigidas há vários meses e estrategicamente divulgadas no dia de hoje.

6 – A divulgação desta matéria constituiu crime de que foram vítimas as Forças Armadas. A SSP/SP e a revolução e de que foram beneficiários a OAB e seu presidente, O Globo e seus proprietários, o PCdoB e todas as demais organizações subversivas que querem alterar a nossa forma constitucional de governo.[456]

Num período de nove meses, um terceiro adversário influente do regime morria. Nas primeiras horas de 21 de maio de 1977, Carlos Lacerda, de 63 anos, estava internado na Clínica São Vicente, na Gávea, quando sofreu um infarto fulminante. Ele passava por um tratamento para emagrecer, bebia e ainda consumia cocaína, segundo relatou um amigo próximo.

Naquela madrugada, o repórter de plantão na redação de *O Globo* dormia. Por volta de duas horas, o contínuo fez o que era seu ritual: pegou um carro e foi até a banca de jornais da Central do Brasil para comprar o *Jornal do Brasil* e levar para o secretário de redação, Deodato Maia, o Dedé, olhar furos e tentar, em cima da hora, mudar o segundo clichê. Ele se espantou com a notícia da morte de Lacerda. Correu para o jornal. Ao ver a notícia, Dedé foi direto para a oficina.

"Pare a máquina, o Lacerda morreu!"

Velado ainda na clínica, o corpo estava encoberto por um lençol branco, apenas com o rosto à mostra. A transferência para a capela do Cemitério São João Batista foi adiada por falta de espaço. No momento em que o corpo do ex-governador era enterrado, uma pequena multidão batia palmas e cantava "Cidade Maravilhosa".

Roberto Marinho assinou um editorial para dizer que o ex-governador foi o mais cruel adversário de si mesmo. O empresário lembrou a parceria com Lacerda nas crises de 1954 e 1964 e ressaltou que o afastamento entre eles ocorreu devido à sucessão presidencial. "Só um homem poderia ter evitado que Carlos Lacerda assumisse maiores responsabilidades no comando político do país, no cumprimento da missão construtiva que poderia ter realizado em benefício do Brasil: ele próprio."[457]

Desta vez, o empresário dava mostras de que o ataque a um político morto não era uma mensagem reversa ou uma forma de mostrar sintonia com o governo. De todos os adversários, Marinho só demonstrou ódio mesmo a Lacerda.

As histórias do empresário e do ex-governador da Guanabara se imbricaram em dois momentos decisivos da política brasileira. No primeiro, em 1954, o empresário pôs à disposição do jornalista o microfone da Rádio Globo para atacar Getúlio. A emissora foi uma trincheira potente no processo de derrubada do presidente. Depois, em 1965, aderiu ao movimento de Golbery de alijar o então governador da Guanabara da sucessão de Castelo Branco. Foi nessa segunda fase, de adversário, que Marinho se aproximou do núcleo do regime antilacerdista.

"Se o governo apoiar Lacerda para presidente, eu fecho e saio", disse o general, chefe do SNI, em março daquele ano.[458] Num encontro com Golbery, Roberto Marinho relatou: "Está todo mundo indo para o CL. A aparência é de que o governo o apoia, e o lançará, por fim. Assim, eu também vou."[459]

Em uma conversa com Geisel, o chefe do SNI comentou sobre os ataques de Lacerda à equipe do governo e disse que o governador manobrava "habilmente". "Ataca a gente em volta do presidente e com isso atinge dois objetivos. Por um lado, vai desmobilizando o governo e o próprio presidente. Por outro, vai impedindo que essas pessoas falem ao Castelo muito na linha contra ele, Lacerda, porque fica parecendo coisa pessoal."[460]

Geisel foi duro na avaliação: "Você vê, um temperamento como o do Lacerda nos leva para uma ditadura, caso chegue ao governo..."

Ele quis saber o que pensava Roberto Marinho.

"Mas qual é a solução do homem da Globo? Quem é que ele quer que apoie?"

"Bom, ele não tem propriamente uma solução. Acha que não se deve estar prestigiando tanto o homem."

Geisel continuou:

"Vamos terminar com um Costa e Silva. O presidente chamaria, ele sairia do ministério e ia preparar a candidatura dele. Tem possibilidades."

"Ah, tem sim. Enquanto estiver no ministério. Saindo, perde muito. É uma solução de borra", respondeu Golbery.

"A solução, a meu ver, é a criação do Partido da Revolução. Inclusive se quiser tratar diferentemente quem é e quem não é do PR. E o Lacerda fica no ar. O Roberto Marinho está..."

Numa conversa com Castelo, Golbery afirmou que, entre Costa e Silva e Cordeiro de Farias, general, veterano da Segunda Guerra, preferia "muito mais" Cordeiro. "Mas entre Costa e Silva e Lacerda, fico muitíssimo com o Costa."[461]

Num almoço no final de abril de 1965, no Palácio da Alvorada, Lacerda reclamou para Castelo que "tanto tempo ao sol e ao sereno" viraria "carne seca cheia de bichos". "Foi o senhor que quis sair candidato tão cedo", respondeu o presidente.[462]

Castelo ainda o alertou sobre suas divergências com Golbery.

"O senhor entende muito mal o SNI. Se o senhor for presidente, deve apoiá-lo. E lhe digo mais, seria muita sorte sua se conseguisse o general Golbery para continuar de chefe."[463]

Em julho daquele ano, numa longa conversa entre Geisel, Golbery e Roberto Marinho, Castelo, pela primeira vez, "saiu-se das tamancas", anotou Heitor Aquino, e classificou o governador da Guanabara como "filho de tal".[464]

Ao perceber que *O Globo* se mantinha em sintonia com o governo e não se mostrava aberto à sua candidatura, Carlos Lacerda abriu duas frentes contra Roberto Marinho. Na primeira, desapropriou o Parque Lage, uma antiga propriedade de extensa área verde no Jardim Botânico comprada pelo empresário em sociedade. Depois, abriu uma campanha, que contou com a adesão de outros jornais, contra a parceria de Marinho com o grupo Time-Life. Eram duas campanhas de mensagens fáceis e de apelo de impacto: ele tornava de uso público um espaço arborizado na Zona Sul e alertava o país sobre uma "interferência" estrangeira na comunicação.

No dia 3 de setembro de 1965, Lacerda disse, em entrevista publicada no *Jornal do Brasil*, que a "revolução fazia uma democracia sem povo", com ajuda de Roberto Marinho, ignorando a prática de violar a Constituição. O dono da Globo enviou carta a Nascimento Brito para rebater as acusações e chamar o governador de "chantagista" e "oportunista".

No Palácio do Planalto, Castelo reclamava com mais insistência das críticas de Lacerda. Em conversa com Magalhães Pinto, o presidente deu mostras de que o governador da Guanabara não era mais seu candidato à sucessão. "O senhor Carlos Lacerda é um eminente governador, e eu o trato como um eminente governador. Mas, pessoalmente, é um crápula", disse.[465]

A reação de Roberto Marinho por meio do jornal e da rádio assustou Lacerda. Heitor Aquino, assessor de Golbery, registrou uma visita do governador a Brasília, em que ele demonstrou ter sentido o baque. O assessor anotou especialmente os ataques misóginos e machistas por parte de Lacerda a Stella. "Telefonemas ao Roberto Marinho, negócio de amantes da Stella. 'Tiro na cara'."

Naqueles dias, Roberto foi com um revólver até o apartamento do governador no Flamengo, após ouvir Lacerda atacar Stella. Não o encontrou. Mas, a partir dali, jamais perdoaria o adversário.

Com o candidato do PSD Negrão de Lima favorito na disputa pela cadeira de Lacerda no Palácio da Guanabara, o grupo de Golbery considerava que o candidato, eleito, não seria empossado.[466] Afinal, Negrão era próximo de Juscelino. A eleição foi realizada e o resultado das urnas, respeitado."[467]

Lacerda deixou o cargo em outubro de 1965. E continuou atirando. Em março do ano seguinte, Roberto Marinho teve encontro com Ernesto Geisel e Golbery. Passou uma "má impressão". Estava nervoso e cobrando coisas, registrou Heitor Aquino.[468]

Em outubro de 1966, Costa e Silva foi eleito. No mês seguinte, Ernesto Geisel avaliava que o general não estava disposto a cassar o ex-governador. Contou ao assessor que "tirou o corpo fora". Lacerda seria cassado dois anos depois, em dezembro de 1968.[469]

21. "Se eu vir, mando embora"

Ao longo do tempo, o nome de Walter era o que mais aparecia nas notícias sobre o crescimento da Globo. Boni, Joe Wallach e, de certa forma, Roberto Marinho surgiam como coadjuvantes de uma história de sucesso. Havia um afastamento cada vez mais perceptível entre o jovem executivo e os demais diretores.

Naquele momento, a Globo era chefiada por um grupo que estava praticamente rachado. "Nós tínhamos um conselho. Walter, Boni, senhor Arce e eu", lembra Joe. "Nós nos reunimos toda segunda-feira, para falar dos caminhos da Rede Globo. Boni e eu achávamos a mesma coisa, e Walter e Arce pensavam a mesma coisa."

Em sua sala, Walter tinha sempre uma legião de amigos intelectuais e da boemia, que iam à emissora tomar uísque e ficar em conversas que se estendiam pela madrugada.

O executivo era um "gênio", um "homem da comunicação extremamente inteligente", avalia Joe Wallach. "No início liderou muito. Mas não era um homem de personalidade forte. Então, começou a beber, porque, com a subida da Globo, o nome de Walter subiu muito", relata. "Isso subiu à cabeça dele. Doutor Roberto não gostava disso."

O executivo americano conta que a situação não demorou a irritar Roberto Marinho. Entretanto, o empresário continuava a levar Walter a tiracolo para eventos de governo e empresariais. Além de comentários sobre o ego, claro, o dono da Globo em boa medida ouvia reclamações da equipe sobre a postura de um funcionário que só avançava sua influência, enquanto gastava mais tempo com almoços e programas sociais.

No dia a dia da emissora, Boni estava em todas as fases da produção. "Boni ameaçou ir embora diversas vezes, mas ficava", escreveu Joe. O executivo americano lembrou das cenas em que o publicitário pegava a jaqueta na cadeira e afirmava:

"Vou embora deste inferno!"

No dia seguinte, com seu charme, Walter convidava o amigo para um almoço num bom restaurante italiano. O homem que explodira no dia anterior se acalmava.

Boni costumava ficar na emissora até as 23 horas. Depois, gostava de se divertir. Chamava os amigos para noitadas nas boates e encontros para beber vinho. "Foi ele quem colocou ordem na Globo", avalia Joe Wallach.

Ao desembarcar no aeroporto de Brasília para encontros com autoridades do governo, Roberto Marinho e um grupo de donos de afiliadas pegaram um ônibus na pista de pouso até o terminal de passageiros. No trajeto de solavancos, ele e outros viram pelas janelas Walter Clark descer de um jatinho.

A relação entre Marinho e Walter estava cada vez mais estremecida. O executivo da Globo mergulhava no álcool, na cocaína e nas festas suntuosas. "A questão é que a Time-Life fez para o doutor Roberto uma TV de cultura, que dava meio por cento. O Walter mudou tudo", relata Henrique Caban.

Roberto Marinho demonstrava em círculos um pouco mais abertos uma admiração por Walter. Agora, a relação entre os dois se desgastara e ele demonstrava que tinha apenas de tolerar os excessos do executivo.

Havia tempo que Walter estava afastado das responsabilidades do dia a dia da emissora. Ele chegava na Globo por volta de 11 horas. À uma da tarde, seguia para o restaurante Antonio's e se levantava da mesa às oito horas da noite. Costumava ainda ir em casa e voltava para a emissora. Boni tinha alargado a atuação dentro da TV.

Otto levava a Roberto os assuntos da TV. Roberto sempre ficava com a palavra de Joe Wallach, responsável pela parte financeira do negócio. "Ele dizia que o Wallach era um grande auditor", lembra o banqueiro José Luiz de Magalhães Lins, um dos homens mais próximos de Roberto Marinho. "O que ele (Wallach) preferia, ele aderia."

O empresário Paulo Ferraz, bem menos próximo ao dono da Globo que Magalhães Lins, afirma que Roberto tinha "adoração" pelo Walter Clark, mas se afastou diante do alcoolismo do executivo. "Walter Clark provocava demais, bebia demais. O Roberto tinha um horror à gente que bebesse, tinha horror a negócio de bêbado. Não gostava de quem bebia, se bebesse estava afastado dele."

Na Von Martius, Otto Lara Resende ocupava uma pequena sala, que era a antessala de Walter. Ao lado ficava uma copa. Na sala de Otto, nos finais dos expedientes, o executivo se reunia com os amigos mais próximos da TV. Ficavam até as duas da manhã em conversas regadas a uísque. Com a mudança da emissora para outro prédio, ele levou o mesmo ambiente que lhe dava apoio.

A prática de Walter e seus amigos de beberem em serviço chegou aos ouvidos de Roberto Marinho. Roberto Marinho pediu a Walter que não levasse mais bebida para o escritório. O executivo, porém, manteve o hábito. Marinho achou que ele cumpria a determinação, mas, certo dia, achou estranho o *maître* passar para a sala de Walter, que se reunia novamente com seus amigos, levando uma bandeja com xícaras de chá. "Estranho. Bebiam uísque, agora estão tomando chá toda tarde", pensou Marinho. Até que descobriu que era uísque.

Ao mesmo tempo, Walter não economizava nas demonstrações de poder e autossuficiência numa empresa absolutamente familiar. O grupo mais próximo dele muito menos se preocupava em tratar Roberto Marinho como o dono da Globo. Em tom de galhofa, um amigo do jovem executivo propôs colocar na porta da emissora uma placa para avisar aos visitantes que ali era "A TV de Walter Clark", numa alusão à que existia no antigo *O Globo*, "O jornal de Irineu Marinho".

As extravagâncias de Walter e a postura discreta de Roberto Marinho, que continuava trabalhando em sua sala no jornal, reforçaram a visão de que o sucesso da TV se devia apenas ao executivo e os freios na liberdade de criação dentro da emissora partiam sempre de um empresário voltado ao impresso, logo ao passado. Nessa narrativa, limitada à produção da Globo, a expansão da emissora pouco tinha a ver com ofensiva política e empresarial de Marinho nas negociações com bancos estrangeiros, grandes anunciantes e setores estratégicos dos poderes militar e civil para manter e consolidar o grupo.

Ao longo de sua trajetória, Marinho nunca deixou de se aproximar de novas tecnologias. Foi assim nos primeiros anos do rádio, quando tentou parcerias do jornal com programas de auditório da cidade, foi assim quando adquiriu a Rádio Globo. Mas foi especialmente assim quando surgiu a televisão, ainda nos anos 1950. A demora em implantar sua própria emissora ocorreu por razões políticas e econômicas — Dutra cassou uma permissão que tinha conseguido. "Acho que ele era um jornalista que enxergava a coisa multimídia. Ele sempre buscou outras mídias, ele fez a rádio em 44. Então, o que foi surgindo de novo em termos de comunicação ele se interessava e entrava, e achava que um grupo de comunicação deveria ser multimídia, sempre teve essa visão", observa João Roberto.

Com o tempo, Walter se tornou apenas a referência da emissora. No dia a dia, deixava de atuar na operação da rede, que estava nas mãos de Boni. O Departamento de Jornalismo era chefiado por Armando, que, embora estivesse abaixo de Boni na hierarquia, costumava ir à redação do jornal para discutir o tom editorial com Roberto Marinho. O empresário não imprimia sua marca nos telejornais, mas não era alheio às coberturas. Sempre tinha uma informação para passar, notícias de política e economia, ou mesmo notas de interesse pessoal — um evento na Hípica, um prêmio recebido. Aquele pedaço da emissora era dele.

Walter Clark ficava "flutuando" no espaço, na definição do amigo Cláudio Mello e Souza, um dos que bebiam na sala do executivo até altas horas. Aos poucos, o executivo percebeu que perdia poder. "Doutor Roberto já tinha assumido o cargo de presidente da TV Globo e não queria conversa", relatou Cláudio.[470] "Só não aparecia na sede da emissora."

Amigos próximos de Walter diziam que a perda de poder real trouxe a depressão e a autodestruição a um homem vaidoso. Outros, mais ligados a Roberto, enxergavam na autodestruição do executivo que virara personalidade da *high society* o afastamento do poder. "A culpa era dele mesmo", afirma Jorge Adib, amigo dos dois. "Não parava de beber, drogado, fazia besteira. Walter foi um maluco, botou tudo fora", relembra. "Doutor Roberto foi paciente."

O comportamento de Walter não era um incômodo apenas para Marinho. Havia um peso para a equipe. "O que incomodava era a postura do Walter como diretor-geral. Ele tinha aqueles almoços longos, depois ficava com um grupo até altas horas na sala, bebendo", relata Adilson Pontes Malta. "Isso causava estranheza na equipe."

Era tempo de combater as "mordomias", termo usado pelo *Estadão* para falar de funcionários e autoridades de Brasília que esbanjavam nos gastos. A participação de Walter Clark era de 2% no faturamento e 1% no lucro da Rede Globo.[471] Ele tinha salário estimado de 1,5 milhão de cruzeiros.[472]

Roberto Irineu relata que o executivo ganhava 4% sobre os lucros líquidos da TV Globo e Boni ganhava 2%. Outros funcionários importantes ganhavam percentuais bem menores.

Aos quarenta anos, Walter Clark desfrutava a vida de quem tinha sido fundamental para o crescimento do império. Andava de jato por Estados Unidos e Europa, morava num duplex de 1,2 mil metros quadrados na Lagoa Rodrigo de Freitas, com paredes ornamentadas com Portinari, Manabu Mabe, Di Cavalcanti, Tarsila, Djanira e reproduções assinadas de Vasarely. Pisava em tapetes persas, possuía móveis coloniais abarrotados de porcelana chinesa, budas originais, estatuetas raras dos antiquários mais sensacionais de Paris. A garagem tinha uma Mercedes e uma Ferrari. As dimensões do imóvel eram comparadas às da "Cinderela". Seu iate estava ancorado na Baía de Guanabara. A casa de Angra dos Reis era de frente para uma praia privativa. A de Itaipava era um pedaço da Europa na serra fluminense.

No dia 11 de maio de 1977, Roberto Marinho foi para Brasília inaugurar a sede da Globo na W3 Norte. Afrânio Nabuco, o diretor regional da emissora, tinha se desdobrado para marcar encontros de Marinho e Walter Clark com autoridades do governo e das Forças Armadas. O evento mais importante era um jantar, no dia seguinte, na mansão de Edgardo Erichsen, relações-públicas da Rede Globo, um apoiador do regime que vivia na órbita do poder. Edgardo tinha conseguido confirmar ao menos as presenças de dois postulantes à cadeira de Geisel — os generais Sylvio Frota, ministro do Exército, e João Figueiredo, chefe do SNI.

Ao chegar ao hotel na capital federal, Walter começou a beber uísque. Poucas horas antes do jantar, amigos chegaram para apanhá-lo e o encontraram alcoolizado no quarto. Conseguiram arrastar o executivo até o banheiro e jogá-lo debaixo de um chuveiro. Ele ainda tomou xícaras de café.

Na residência de Edgardo, porém, Walter não resistiu à bandeja do garçom. Foi uma dose atrás da outra. Na mesa em que estavam oficiais de alta patente e suas mulheres, ele caiu com o rosto no prato, conta uma testemunha. Outra lembra que o executivo questionou a censura, criticou abertamente as Forças Armadas e foi indelicado com as mulheres.

A festa reunia gente importante da ditadura. Tratava-se de uma homenagem ao recém-promovido general de Exército Arnaldo Luís Calderari. Roberto Marinho se sentava à mesma mesa dos generais Sylvio Frota e João Figueiredo. A perspectiva de poder estava ao lado, apenas não se sabia oficialmente qual deles seria escolhido sucessor de Geisel. Walter tornou-se o centro de atenções da noite, encobrindo a saia-justa entre os generais que disputavam a presidência.

Roberto Marinho deixou a mansão com semblante de aparente tranquilidade. Quem o conhecia sabia de sua falta de paciência com quem exagerava na bebida.

"O Walter avançou o sinal", disse o empresário a um amigo.

Roberto voltou para o Rio. Walter também. Começava ali uma operação para salvá-lo. As pessoas do círculo dele estavam certas de que Marinho, desta vez, tomaria uma decisão drástica.

Um amigo próximo aconselhou Walter a procurar Roberto Marinho. Esse amigo avalia que o carisma reverteria a situação mais uma vez.

Naquela semana, a Globo faria uma festa em Lisboa para lançar a novela *Gabriela* em Portugal. Uma parte dos amigos de Walter achou melhor ele embarcar, ficar um tempo fora. "O pessoal tirou o Walter daqui, para não ficar perto do doutor Roberto, uma ideia de exílio forçado", conta Adilson Pontes Malta. "Não deu outra. Doutor Roberto ficou procurando Walter."

A operação para manter o executivo no Rio não foi à frente por um motivo especial. Walter estava apaixonado por Sônia Braga. Havia previsão de a atriz estar na festa de Lisboa. Nas conversas nos corredores da Globo não estava claro se era uma paixão correspondida. Até onde os amigos sabiam, o diretor estava alucinado pela protagonista do folhetim.

No dia 14, Walter entrou em um avião e embarcou rumo a Portugal. Em Lisboa, foi recebido como "chefe de Estado", no dia 16, pelo presidente português, Ramalho Eanes, no Palácio de Belém, e pelo presidente da Assembleia Portuguesa, Vasco da Gama Fernandes. Durante a audiência, Eanes disse que a exportação de programas da Globo, fora dos "padrões comuns", era "fator de integração". Ainda sugeriu que levasse os programas para Angola, Guiné e Moçambique.

A história de *Gabriela* era conhecida do público leitor do país europeu desde a publicação do romance de Jorge Amado. Anos antes, a Globo tinha emplacado, em Lisboa, pela Radiotelevisão Portuguesa, programas musicais de Roberto Carlos, Ataulfo Alves e Luiz Gonzaga. A transmissão de *Gabriela* iniciava a venda de conteúdo da emissora para o exterior.[473]

Com um show de Vinicius de Moraes na boate do Hotel Ritz, Walter Clark recebeu autoridades e artistas portugueses na "Noite brasileira" para lançar a telenovela. A festa contou inclusive com a lenda do fado Amália Rodrigues. A cantora que brilhou no jardim do Cosme Velho nos anos dourados, para deleite de um Roberto Marinho disposto a conquistar a influência no Rio, agora ilustrava o apogeu do reinado de um homem que, de fato, tinha consolidado um modelo de televisão em língua portuguesa.

Ele não voltaria direto para o Rio. Ainda não deveria pisar no Brasil. Pegou um voo para Nova York. Antes de embarcar, Walter mandou assessores enviarem para *Manchete* uma série de fotografias que tirou ao lado de autores e artistas portugueses. Na redação da revista, Adolpho Bloch dava ordens para a equipe produzir uma reportagem de duas páginas com as imagens. "Gabriela conquista Portugal" estava prevista para sair no começo do mês de junho.

Às 6h35 da manhã do sábado 28 de maio, Walter desembarcou de blazer preto, calça de flanela branca, camisa listrada e óculos presos na testa no Galeão, no Rio. Um repórter o abordou e perguntou sobre sua possível saída da Globo. A notícia na emissora era de que Roberto Marinho o tinha demitido. Walter disse que não tinha conhecimento de nada.

"Estou numa fase de definir a minha vida. Realmente. Mas sair da Globo não é uma decisão minha", afirmou. "Toda vez que viajo dizem que morri. Desta vez estão dizendo que me demiti, ou fui demitido, sei lá."[474]

Ainda pela manhã, Boni chegou ao edifício Raízes da Lagoa, na Lagoa Rodrigo de Freitas, onde Walter morava. Ele subiu até a cobertura. Foi discutir um "plano elevado" para o anúncio da saída do executivo da Globo. No começo da tarde, Boni foi para o Cosme Velho conversar com Roberto Marinho.[475]

Ficou acertado que Otto Lara Resende, amigo próximo do executivo, escreveria uma carta pública assinada por Walter Clark Bueno para Roberto Marinho. E, na condição de jornalista experiente, capaz de incluir termos de um vocabulário antigo, produziria outra missiva do empresário para seu funcionário.

A primeira procurava desmentir que Walter não reconhecia a liderança do patrão. "Prezado amigo Dr. Roberto Marinho", começava a carta "escrita" por Walter, "venho manifestar-lhe o meu irrevogável desejo de me afastar da direção-geral da Rede Globo". "Desde muito moço, desde sempre, a Televisão foi para mim um chamamento vocacional", relatou. "A Rede Globo, nesse quadro, confunde-se profundamente com o meu destino e com a minha vida. Ela é parte de um sonho de mocidade, como é o coroamento de um esforço de centenas de companheiros que conosco acreditaram, desde a primeira hora, no êxito dos novos e importantes meios de comunicação."

Em seguida, a mensagem dizia: "Ninguém ignora quanto significou, para esse êxito, a sua liderança; ninguém desconhece o que é e será sempre, para todos nós, profissionais, o alto sentido da sua inspiração, reaquecida e consolidada a cada dia, no exercício da direção do que é a maior organização de imprensa do país", afirmou. "No início da maturidade, dou-me por feliz pela obra de que pude participar. Creio que posso dizer sem exagero que tenho hoje direito a uma vida pessoal e familiar que os apelos e os compromissos da minha carreira quase nunca permitiram desenvolver-se segundo meus desejos", disse. "Peço-lhe assim que aceite e compreenda a minha demissão, aproveitando a oportunidade para renovar-lhe a expressão de todo o meu velho apreço."

A carta assinada por Marinho mostrava um empresário paternal, mas com certa dureza no confronto de gerações, ainda que reconhecesse as "divergências". "Meu caro Walter", iniciava o texto, "nenhum de nós nunca pôs em dúvida, ou seja, o entendimento que nos uniu para o que é hoje uma afirmação pioneira no campo da comunicação. Mais velho e mais experiente do que você, posso dizer-lhe que conservo, intacto, o que é o apanágio de nossa honra profissional", escreveu.

A carta ressaltava que Walter era "testemunha" do "esforço" dele, Marinho, na adesão ao "fascinante desafio que é, num país como o Brasil, a missão de criar, gerir, desenvolver e aprimorar os meios de comunicação que continuam, basicamente, a constituir a essência moral de um jornalismo que nenhum progresso técnico pode ou pretende modificar. A despeito de eventuais divergências, sei desde muito cedo que todos nós, confrades, constituímos uma fraternidade a serviço das mesmas causas e dos mesmos objetivos. Muito jovem, fui convocado para responsabilidades de que jamais me distanciei."

A caminho da Hípica, na Lagoa, Roberto Marinho confirmou a saída de Walter.

"Eu faço questão de entregar uma cópia das cartas, a que ele enviou para mim e a que eu respondi."[476]

Roberto Marinho ofereceu uma indenização de 12 milhões de dólares para Walter. O executivo deixava a Globo com um discurso moderado. Evitava críticas a Boni, o líder do grupo de "trabalho". "A luta pelo poder existe até no Vaticano e no Kremlin, mas daí a dizer que houve golpe de Estado, não", disse ao jornalista Zuenir Ventura.[477] Também negou ter se comportado mal no jantar com militares em Brasília. "Se houvesse, puxa vida, eu não estaria solto."

Walter saiu magoado com Boni, Armando Nogueira, Otto e todos os que não se solidarizaram a ponto de sair da emissora com ele.[478] Não passava na cabeça de ninguém deixar um projeto que era de cada um deles. Boni argumentava que havia trazido muitos diretores e atores, tinha um compromisso. "Tentei explicar isso a ele, mas não foi possível. Ele continuou imaginando que a saída dele era obra minha", contou.[479]

Boni afirma que só desistiu de contornar a divergência entre Walter e Roberto Marinho quando o empresário lhe disse: "Prefiro perder a Globo a deixar Walter ficar."

Havia algum tempo que Armando Nogueira se tornara próximo de Roberto Marinho. "Após a saída de Walter, o diretor de Jornalismo da Globo ficou ainda mais próximo dele", relata Boni. "Era uma pessoa de confiança absoluta do doutor Roberto. Ele ia praticamente quase todos os dias cumprimentá-lo. Essa integração foi se tornando muito forte."

A saída de Walter Clark da Globo era o fim da era de uma geração romântica, elitista da Zona Sul, libertina, boêmia, ligada à cultura. Ao passar as tardes na emissora, Roberto Marinho e os filhos começaram a adotar o sistema de trabalho usado nos primórdios de *O Globo*, austero. "Foi a transição da poesia para a empresa", avaliou Cláudio Mello e Souza, amigo e companheiro de noitadas de uísque de Walter e futuro assessor de Marinho.

Com Walter, saiu apenas o executivo José Ulisses Arce, o diretor uruguaio, braço direito dele, da turma de excelência, de uma TV construída a partir das conversas no Antonio's. Entrava a geração de Dionísio Poli, Antonio Athayde, Yves Alves e Octávio Florisbal. A equipe de diretores que ascendia na emissora trazia a experiência de trabalho de relacionamento com anunciantes e clientes. "A mudança aí foi do romantismo para o profissionalismo, fica mais correto assim", avaliou Cláudio.[480]

Na primeira reunião de cúpula da Globo sem Walter Clark, Roberto Marinho disse que continuaria sendo um "grande observador" da TV. O afago na equipe tinha limites. A saída do executivo, tratado muitas vezes de forma paterna, foi um processo duro para o próprio empresário. Ele ponderou:

"Em minhas empresas, sempre fiz questão de ser o principal responsável, o condutor. Quando me entendem bem, prefiro não dar ordens. Mas, quando dou, gosto de vê-las cumpridas com muita propriedade e muita velocidade."[481]

O ensinamento de Manoel Rocha, o Rochinha, mentor de Irineu Marinho, o patriarca, ainda no começo do século XX, valia até aqueles dias: um chefe não pode deixar dúvida na equipe sobre a força de seu comando.

No dia a dia da emissora, não havia dúvidas da hierarquia. "A grande verdade é que a gente sabia quem era o dono, quem pagava a folha de pagamento e quem poderia resolver algo mais grave", afirma Adilson Pontes Malta, que chefiava a Central Globo de Engenharia, subordinado a Boni. "Embora o doutor Roberto ficasse no *Globo*, ele era o fundador, passou por todos os problemas com o Time-Life", observa.

A *Folha de S.Paulo* publicou entrevista de Roberto Marinho que negava pressão do governo federal para a demissão de Walter Clark.

O dono da emissora voltou a usar a expressão de que precisava ter o comando. "Na minha empresa, as decisões são tomadas por mim e por mais ninguém. O meu companheiro Walter Clark Bueno afastou-se de livre e espontânea vontade das suas funções na minha empresa. Não houve, e eu não aceitaria se houvesse, qualquer ingerência do governo em seu pedido de afastamento, feito em carta no dia 28 passado, em caráter irrevogável."[482]

Em tempos de ditadura e incertezas, Marinho procurou demonstrar um distanciamento da Globo em relação ao regime. "Tenho certeza de que o governo jamais admitiria uma vilania de tal natureza, como a de interferir no afastamento de qualquer companheiro meu da minha empresa. O governo, se assim procedesse, estaria sendo um vilão, e a maior vileza seria a minha em obedecer a um tão indigno comportamento. Eu sou um homem que tenho tradição na imprensa do Brasil e em situação alguma me coloco contra um companheiro. Aqui na minha empresa quem toma atitudes políticas sou eu e mais ninguém. Eu me responsabilizo por todas as posições assumidas."

Ele negou suposto incidente entre João Figueiredo, do SNI, e Walter em Brasília. O empresário chegou a negar a presença de Figueiredo no jantar. Também negou que a demissão do executivo tenha sido influenciada por Armando Falcão, ministro da Justiça. Disse que o ministro pode censurar e proibir programas da Rede Globo, "porém jamais tutelar as normas de independência de minha empresa quanto a quais e quantos funcionários deva ou não admitir ou afastar".[483]

Com a saída de Walter, Roberto assumiu formalmente a emissora. Agora, era o chefe imediato de Joe Wallach, responsável pela administração, e Boni, que cuidava da operação. O contato do empresário com os diretores tornou-se mais frequente. "Eu gostava muito dele e ele de mim", afirma Joe. "Almoçamos muitos dias juntos, quase todos quando Walter saiu. Eu gostava imensamente de Roberto Marinho."

O empresário montou uma sala com vista para o Jardim Botânico no prédio da rua Von Martius. Passou a despachar pela manhã no jornal, onde manteve a antiga secretária, dona Lígia, e aparecia pontualmente às 13 horas na TV, onde almoçava e permanecia durante a tarde. "Ele só foi para lá quando o Walter saiu", lembra Boni. "Mas ainda era um peixinho fora da água."

Roberto almoçava geralmente com Boni, Armando Nogueira, o secretário Vitório e Lígia. "Não era almoço de trabalho. Ele queria falar", lembra o diretor da emissora. "Eu introduzi ele no vinho. Não bebia de jeito nenhum."

"Quero beber um vinhozinho pequeninho, uma meia garrafa. só uma exceção para você", disse certa vez a Boni.

Num novo Rio de Janeiro, da ostentação, da Hollywood brasileira que ele criara, dos milhões de cruzeiros, Roberto Marinho e sua família não apareciam em narrativas de extravagâncias. Andar em pequenos iates, desfilar no Jockey deixavam de ser as coisas mais sensacionais da nova elite carioca. As extravagâncias dele se limitavam a uma cidade ilhada de um novo tempo.

O dono da Globo estava diante do desafio de tocar o dia a dia de uma televisão. "Com a saída do Walter Clark, acho que ele ficou mais inseguro", avalia Roberto Irineu. "Eu não sei se na época ele era bem aconselhado, ou se estava ficando um pouco mais velho, com medo de perder o controle. O fato é que ele queria decidir tudo. Então, ou as coisas se arrastavam ou não tinham decisão. Como ele não sabia decidir sobre certas coisas, fazia empurrando", afirma. "O que ele sabia decidir muito bem? Jornalismo e programação. Então o Boni vinha, contava sobre os programas, ele dizia: 'Ótimo, maravilha, vamos fazer'. O Armando vinha, discutia com ele todo dia sobre o noticiário."

O país caminhava para a abertura, mas o Pacote de Abril tinha acendido o alerta para Roberto Marinho que o tempo ainda era de ditadura. Fazia questão de receber a pauta do jornalismo da emissora. Não era de mexer no *script*, ao menos se alguém pedisse para ele conferir. Só deixava o prédio da TV após o *Jornal Nacional*.

22. Encantado pela social-democracia

Em agosto de 1977, a reportagem de abertura da editoria de internacional de *O Globo* descreveu a tentativa do Partido Comunista Português de dissolver o gabinete do então primeiro-ministro socialista, Mário Soares.[484] Uma matéria menor informou a morte do cardeal Manuel Gonçalves Cerejeira, aos 88 anos, um dos nomes mais influentes do período da ditadura de António Salazar.[485]

Uma espécie de papa dos países de língua portuguesa, Cerejeira fez cinco visitas ao Brasil, todas elas amplamente divulgadas pelo jornal, com manchetes, entrevistas exclusivas e grandes fotos. Hóspede na residência do Cosme Velho, o Patriarca de Lisboa foi um elo entre as quatro décadas da ditadura de Salazar e os governos brasileiros.

O cardeal esteve pela primeira vez no Rio em 1934, numa escala para Buenos Aires, quando recebeu a bordo do navio uma equipe de *O Globo*. Em 1946, voltou para inaugurar a sede da Universidade Católica, em São Paulo. Mais tarde, em 1955, foi uma das estrelas do Congresso Eucarístico Internacional. Nesse ano, conheceu Dom Hélder Câmara. "Nunca vi num homem tão pequenino um coração tão grande", confidenciou. Na ocasião, o ministro da Justiça, Prado Kelly, chegou a cumprimentá-lo na condição de "mentor" do ditador português. "Há um grande equívoco", disse Cerejeira, mais tarde. "O doutor Oliveira Salazar, com sua poderosa personalidade, não precisava jamais de mentores. Nem os admitiria."[486] Na inauguração de Brasília, em 1960, o religioso rezou a "primeira missa" da nova capital, numa cerimônia cheia de referências à celebração de frei Henrique de Coimbra diante dos indígenas. Até uma suposta cruz usada no litoral baiano, em 1500, foi trazida ao Brasil. A última visita ocorreu em abril de 1968, quando acompanhou a peregrinação de uma imagem de Fátima. Nessa ocasião, com Salazar em declínio, o cardeal disse que aceitava conversar com jornalistas, mas sem perguntas sobre política.

A pouca repercussão da morte de Cerejeira evidenciava um novo momento do mundo lusófono, que agora enfrentava o ocaso da ditadura de Salazar, o auge do regime autoritário brasileiro e a luta armada no continente africano. O Império Ultramarino Português se dissolvia. Um dos últimos grandes territórios nacionais do tempo das grandes navegações se fragmentava com a independências das antigas colônias na África. Angola, Moçambique, Guiné, São Tomé e Príncipe e Cabo Verde tornavam-se nações independentes.

Nas últimas décadas, António Salazar, o presidente do Conselho dos Ministros, mantinha o poder com sua polícia política repressiva. Resistira à onda de quedas de governantes autoritários europeus do pós-guerra, mas foi afastado em setembro de 1968 após uma trombose. Muito por conta de Alves Pinheiro, tido como salazarista, *O Globo* manteve uma cobertura de defesa do Estado Novo Português. Roberto Marinho, em especial, mantinha ligações estreitas com negociantes da influente colônia lusitana no Rio e, por consequência, com o salazarismo. José Sarney conta que ouviu ele dizer que conheceu a mulher, Ruth, num jantar oferecido pelo ditador em Lisboa.

Salazar morreu em 1970. Marcelo Caetano assumiu a chefia do regime, mas, em 1974, a revolução liderada por capitães pôs abaixo a longa ditadura. O governo Geisel foi o primeiro a reconhecer o comando do general António de Spínola após a queda de Caetano. Os dois anos seguintes foram de disputa intensa entre socialistas, comunistas, militares e mesmo remanescentes do velho regime pelo controle do poder em Portugal.

Roberto Marinho foi um dos anfitriões de Caetano no exílio no Rio, dando-lhe espaço para escrever uma coluna em *O Globo*. O empresário pôs o jornal à disposição de empresários influentes da colônia preocupada com os impactos da revolução nos negócios na África e mesmo em Lisboa. O temor com o fortalecimento dos comunistas era patente.

Ainda nos primeiros dias da revolução, Roberto Marinho se envolveu num esforço da comunidade portuguesa no Brasil para tirar da prisão, em Lisboa, uma das figuras mais conhecidas do regime salazarista. O almirante Henrique Tenreiro, então com 74 anos, foi o homem da ditadura no setor do bacalhau.[487] A partir da Segunda Guerra, o militar comandou a campanha de aumento da oferta de peixe. Ao mesmo tempo, montou uma estrutura de assistência social a famílias de pescadores. Na Guerra Colonial, nos anos 1960, jovens pobres do litoral escolhiam entrar num barco pesqueiro rumo à Groenlândia ou rumar num navio da Armada para algum conflito na África. O almirante transformava as cerimônias de despedidas dos pescadores, que ficavam seis meses no oceano, em eventos políticos e religiosos que lembravam as partidas dos descobrimentos. Portugal voltava ao mar, ressaltava a propaganda salazarista.

O dono da Globo procurou o ministro Armando Falcão para interceder pela soltura de Tenreiro, que pretendia morar no Brasil. "O jornalista Roberto Marinho está muito empenhado em que se estude a hipótese de uma gestão oficiosa do governo brasileiro, junto ao governo português, no sentido de tentar-se a libertação do almirante Tenreiro, chefe da comunidade luso-brasileira", escreveu Falcão a Golbery do Couto e Silva, ministro-chefe da Casa Civil. O militar se comprometia a se manter em "absoluto silêncio" em relação à "nova situação política" em Portugal.[488]

As primeiras tentativas foram frustrantes. Roberto escreveu uma carta ao militar preso para relatar o empenho por sua libertação. "A resposta do governo de Lisboa a todas as *démarches* era uma só: 'o almirante Tenreiro não poderá ser libertado. A sua vida está sendo investigada e ele vai responder a inquérito'", relatou o empresário na correspondência.[489]

Na carta, Roberto demonstrou uma decepção com a situação política em Portugal. Disse que esperava um "socialismo do tipo europeu", nem militar nem comunista. "Pelo meu jornal, pelas televisões e pelas rádios gostaria de compreensivamente ajudar Portugal a encontrar uma saída digna e patriótica", escreveu. "Parece que as coisas não marcham nesse sentido", continuou. "Pelo contrário, vejo alarmado e entristecido a radicalização, com os estigmas de um regime incompatível com as atuais tendências do povo português, amante da liberdade, mas infenso a qualquer regime totalitário, fascista ou comunista."

Ele ainda se queixou da campanha de exilados contra o governo Geisel. "Sei que centenas de terroristas ou de adversários exaltados do governo brasileiro, até então exilados em Cuba, no Chile de Allende e na Argélia, concentram-se em Portugal, ocupam as televisões e as rádios para denegrir o Brasil. Enquanto isso, o governo brasileiro é extremamente rigoroso com os portugueses que para aqui vieram e os impede de qualquer manifestação política."

Se a carta fosse receptada, os novos donos do poder em Lisboa saberiam que Marinho estava disposto a se aproximar e não defendia o modelo militar brasileiro. É o que sugere um trecho da carta em que o empresário parece estar focado em abrir canais de conversas. "Não creia que não estou fazendo tudo o que possa. É que posso muito pouco", escreveu o empresário. "Os atuais dirigentes de Portugal ainda não tiveram reflexão para verificar que eu não sou um inimigo. Que, pelo contrário, posso ser utilizado com os meios de que disponho, para uma reconstrução de Portugal, não no modelo brasileiro, peculiar ao nosso país, mas naquele que as circunstâncias recomendam para o bem dessa querida terra, a quem continuamos a amar", ressaltou Marinho.

Henrique Tenreiro escapou da prisão no centro da capital portuguesa. Um aparato de aliados levou o homem disfarçado de "ceguinho" até o aeroporto, rumo a Paris. Dias depois, chegou ao Rio sem documentos. Na cidade, seguranças do dono da Globo levaram o fugitivo para um lugar afastado da imprensa, até que o governo militar lhe concedesse asilo.[490] Marinho foi pessoalmente a Brasília implorar pela permanência do português no país. O visto foi concedido.[491]

Instalado no Rio, Tenreiro escreveu uma longa carta a Marinho para manifestar sua "eterna gratidão" pelo apoio.[492] Ele aproveitou e pediu emprego. "Não levará a mal pedir-lhe e dentro do possível", escreveu o militar, (ajudar) "com a minha necessidade e desejo de construir alguma coisa em que lhe possa ser útil, com uma lealdade extrema. Acredite que nunca pedi nada para mim, mas o momento é grave e os rendimentos de minha mulher são péssimos."

Roberto procurava manter contatos com a comunidade portuguesa no Rio, mas sem tirar o foco de uma aproximação com os socialistas. Nas eleições para a Assembleia Constituinte de Portugal, em 25 de abril de 1975, o Partido Socialista, liderado por Mário Soares, um adversário de Salazar, e o também moderado Partido Democrático Popular foram os mais votados. O Centro Democrático Social, que reunia simpatizantes da antiga ditadura, o Partido Comunista e seu aliado, o Movimento Democrático Português, obtiveram votação inexpressiva. Os militares, arregimentados no Movimento das Forças Armadas, o MFA, também saíram como perdedores por pregar o voto em branco.

Durante uma semana, *O Globo* exaltou a vitória "expressiva" dos socialistas, que obtiveram mais de 70% dos votos, e a derrota de comunistas e militares. A primeira manchete sobre o resultado das urnas estampou:

"POVO PORTUGUÊS REPELE
O COMUNISMO NAS URNAS."[493]

Um dia depois, o jornal destacou declaração do líder socialista, que cobrava uma postura democrática dos militares:

"MFA DEVE ACEITAR
DECISÃO DAS URNAS,
DIZ MÁRIO SOARES."[494]

No terceiro dia, mais uma vez, a manchete registrava o "avanço" da social-democracia.

"VITÓRIA DOS
MODERADOS
PODE MUDAR
OS RUMOS DE
PORTUGAL."[495]

No editorial "Urnas condenatórias", o jornal celebrou a vitória do partido de Mário Soares. No momento em que a ditadura brasileira se dividia entre as alas a favor e contra a abertura, Roberto Marinho se encantava com os moderados da social-democracia portuguesa, na posição em que mais sabia se colocar: contra comunistas e, ao mesmo tempo, contra extremistas da caserna. "A montagem marxista, sustentada pelas armas do MFA, ruiu fragorosamente ao impacto da vontade majoritária da nação."[496]

Mário Soares tornou-se figura política frequente no noticiário de um jornal que, mais do que nunca, expressava o interesse de classes empresariais e setores liberais por um projeto de transição no Brasil.

Quando esteve em Brasília para uma visita a Geisel e ao Congresso, em 1976, o agora primeiro-ministro foi tratado nas páginas de *O Globo* e no discurso do oposicionista MDB como exemplo de liderança de abertura democrática para os trópicos. "Os dois países", destacou o jornal em um editorial sobre a visita, "devem, obviamente, andar juntos, somando as suas condições naturais para a montagem de uma comunidade étnica e cultural bafejada pela inspiração democrática e cristã."[497] A mensagem do modelo de abertura que o jornal defendia estava expressa.

No Senado, moderados do MDB e da Arena aguardavam a presença do líder socialista. "Soares é um marco na longa história portuguesa, porque ela deve ao dirigente socialista a luta contra o comunismo e o militarismo, que quiseram dominar seu país após a Revolução de 25 de abril", disse o senador arenista Teotônio Vilela, de Alagoas. "Como um país arrancado de uma ditadura de quarenta anos, por uma revolução estrepitosa, ingressa suavemente, sem caos nenhum no estado de direito?", questionou o senador emedebista Itamar Franco, de Minas.[498]

Roberto Marinho passou a ser procurado pelos socialistas portugueses. Um mês após a morte de Cerejeira, a 27 de setembro de 1977, o empresário foi a Brasília conversar com o governo militar sobre os contatos. Ele relatou ao ministro Euclides Quandt que a receptividade do público foi tão grande, que a novela *Gabriela* estava sendo transmitida em dois canais simultaneamente.

O dono da Globo contou que novos programas da emissora seriam transmitidos no país europeu. Na conversa com Quandt, o empresário relatou ainda que o primeiro-ministro Mário Soares o consultou sobre o interesse e a possibilidade de a TV Globo ter concessão e instalar um canal de televisão em Portugal. Marinho perguntou a Quandt se o ministério faria alguma restrição a esse convite. "Mandei responder que não", contou o ministro.[499]

Naquela década, a literatura brasileira se destacava com os livros de contos. Clarice Lispector lançou *Felicidade clandestina* e a *A imitação da rosa*. João Antônio publicou *Leão de chácara* e Rubem Fonseca, *Feliz Ano Novo*. O gênero romance teve uma safra vigorosa. Erico Verissimo lançou *Incidente em Antares*, Raduan Nassar, *Lavoura arcaica*, a própria Clarice, *A hora da estrela*, e Jorge Amado, *Tereza Batista cansada de guerra* e *Tieta do Agreste*.

A televisão roteirizava os romances de Erico e Jorge havia tempo. Nos anos 1960, a Excelsior levou ao ar *O tempo e o vento*, da obra de Erico, e a Tupi, *Gabriela*, de Jorge. A novela inspirada no livro de 1958 do romancista baiano foi adaptada por Antônio Bulhões e dirigida por Maurício Sherman.

A decisão da Globo de levar novamente *Gabriela, cravo e canela* para a tela revigorou no exterior um autor que fez sucesso no mercado internacional, especialmente nos países comunistas, pelas ligações políticas. Jorge Amado colecionava *best-sellers*. *Gabriela* era um romance de sucesso nas livrarias e atacado pela crítica. Desde o lançamento, marcara uma nova fase na trajetória do escritor, que deixava de lado os romances proletários e comunistas para, no mesmo cenário da terra do cacau do Sul da Bahia, exibir uma mulher desejada.

A história de *Gabriela* na TV passaria por uma grande transformação. Daniel Filho, diretor do núcleo de novelas, e Boni acertaram a inclusão de inúmeros personagens e ações que não estavam nas páginas do livro. Sônia Braga, a protagonista ingênua e sensual, e Armando Bogus, o comerciante sírio Nacib, eram as apostas principais do folhetim.

A música-tema foi encomendada a Dorival Caymmi, justamente o cantor que ajudou a projetar Carmem Miranda no cenário externo num figurino de balangandãs e tabuleiros na cabeça. Seria algo diferente da alegre "O que que a baiana tem", cantada pela Pequena Notável, e das tristes e poéticas canções de dramas de pescadores, como "Noite de temporal".

João Araújo, da Som Livre, tinha boa relação com a família Caymmi. Era padrinho de Dori, filho do músico. Como o compositor demorava a entregar a letra da música para a novela, ele aproveitou que a mulher de Caymmi era "decidida" e "explosiva", para provocar:

"Olha, Stella, o Dorival não quer trabalhar..."[500]

"Esse cara fica aqui pintando quadro que ninguém compra, e a gente com outros problemas", disse, furiosa.

"Ele tem um baú cheio de meia", contou Stella. "Ele faz uma música até a metade, depois ele fica com preguiça, e não faz mais. Eu vou naquele baú e vamos botar aquilo para fora."

Stella revirou o baú do marido. De lá ela retirou a letra que seria mais trabalhada por Caymmi. "Modinha para Gabriela" virou tema da novela. A canção, na voz de Gal Costa, mostrava uma mulher libertária e decidida a viver.

EU NASCI ASSIM, EU CRESCI ASSIM...

Num telhado para pegar uma pipa, Sônia fascinava quem estava embaixo e, com olhar penetrante na mercearia do turco, atraía os que se postavam diante da televisão.

Com adaptação de Walter George Durst e direção de Walter Avancini, a telenovela inspirada na obra de Jorge foi ao ar entre abril e outubro de 1975, no horário das 22 horas. O folhetim discutiu o patriarcado, o machismo exacerbado, a história dos homens que assassinavam mulheres, o crime de "honra". O coronel Ramiro Bastos, papel de Paulo Gracindo, personalizava a velha política. Mundinho Falcão, exportador de cacau interpretado por José Wilker, entrou em cena para mostrar a renovação do poder. No capítulo final, apareceu de branco, saudado por baianas em trajes típicos, como os velhos coronéis. Muito parecia com Antônio Carlos Magalhães, ex-governador da Bahia, próximo de Roberto Marinho, que fazia o discurso da mudança.

A novela fez um caminho de sucesso no exterior. Portugal foi a primeira escalada dessa trajetória. O mercado lusitano consumia há tempo romances não apenas de Jorge Amado, mas de Raquel de Queiroz, José Lins do Rego e Guimarães Rosa.

Quando *Gabriela* foi lançada em Lisboa, os socialistas enxergaram nas novelas da Globo um produto cultural de um novo tempo de integração da antiga metrópole com o Brasil e as nações africanas de língua portuguesa. Em meio à crise econômica e à falta de emprego, o partido de Mário Soares buscava parcerias no exterior. O folhetim servia como um contraponto aos adversários conservadores, que implicaram com o despojamento da produção. Antes mesmo de a novela ir ao ar, políticos da Madeira pressionaram para que a história não fosse transmitida na ilha. *A Luta*, jornal socialista, ironizou que "um dos maiores êxitos da literatura de língua portuguesa e da televisão dos dois países" causasse em Madeira "engulhos a certos puritanos que se veem retratados na novela."[501]

Gabriela era uma possível produção anticolonial, na avaliação dos socialistas, uma obra de um tempo de conciliação e autodeterminação dos povos. A novela da Globo representava um caminho para uma reintegração de países, agora como nações independentes que compartilhavam o mesmo idioma.

A paranaense Sônia Braga tornava-se, a partir daí, a face feminina da obra do mais popular romancista brasileiro e um símbolo sexual. Era também uma nova baiana, produto cultural de exportação por excelência.

No Brasil, ela voltou a atuar numa novela em dezembro de 1976. Em *Saramandaia*, de Dias Gomes, Sônia fazia o papel de Marcina Moreira, uma moça que, excitada, pegava fogo literalmente, queimando os lençóis.

A emissora recorria ainda a romances esquecidos da literatura para os temas de suas produções. *A escrava Isaura*, de Bernardo Guimarães, contava o drama do tempo do cativeiro enfrentado pela população negra, mas com uma protagonista branca.

O roteiro bem ao gosto do mercado editorial do século XIX denunciava o sistema escravagista, mas tirava da mulher de origem africana até mesmo sua condição de escravizada. Por outro ângulo, trazia a mensagem universal da liberdade, do temor, da violência provocada pela superioridade de alguém, o horror invisível presente no cotidiano.

No folhetim assinado por Gilberto Braga, um discípulo de Janete Clair, e dirigido por Herval Rossano, Isaura era interpretada por Lucélia Santos e seu perseguidor, o coronel Leôncio, por Rubens de Falco.

A trama caiu no gosto do público quando foi ao ar, em outubro de 1976. Ainda naquela década, a telenovela virou uma febre na América Latina e na Europa, atingindo os países comunistas do Leste Europeu. Chegou ao continente africano, à Cuba fechada de Fidel Castro e à China comunista. Anos depois, quase a mesma equipe, do novelista aos atores, produziam *Sinhá Moça*, outra novela de época, disputada no exterior assim que os nomes dos atores que participariam da trama foram divulgados.

Definitivamente, Boni tinha ocupado o espaço de "mago" da programação. Mas o papel de homem de confiança de Marinho dentro da emissora continuou sendo exercido por Joe Wallach. "A relação do Joe com o papai era muito superior a qualquer outra, inclusive com o Walter Clark", observa Roberto Irineu.

O executivo norte-americano tinha a incumbência de fazer a transição do primogênito do jornal para a televisão. "Ele entrou na TV Globo e nós trabalhamos bem, muito bem", conta Joe.

Roberto Irineu puxava a fila dos filhos de Marinho que começavam a ter maior participação no grupo. No caso do mais velho, o empresário não concedia ao filho um tratamento para uma transição suave. O jovem tentava uma autoafirmação que esbarrava num pai duro, que, com mais de sessenta anos, ora parecia não ter pressa em repassar funções para os filhos de um casamento ocorrido apenas na maturidade.

Joe providenciou um estágio do filho de Marinho nas TVs americanas. Roberto Irineu embarcou para Nova York em junho de 1977. "Nos primeiros dois meses da ABC eu fiquei conhecendo a empresa inteira, fui conhecer cada um dos departamentos. A emissora, naquela época, era uma potência nos Estados Unidos, número um disparada."

Ao final da primeira fase do estágio, um diretor da ABC perguntou em qual área da empresa ele gostaria de concluir sua experiência. Roberto Irineu pediu para atuar no planejamento estratégico. Assim, poderia conhecer todo o processo produtivo do grupo. Então, passou a ajudar dois funcionários da emissora a elaborar um plano de atuação. "Um era maluco, escutava ópera o tempo todo, fumava charutos, gênio. O outro, um contador", relata. "Eu estava ali, como um *boy* de luxo, mas aprendendo."

Quando o presidente da emissora perguntou ao estagiário o que poderia fazer para ele, Roberto Irineu disse que gostaria de ficar com uma cópia do plano estratégico. O executivo argumentou que se tratava de um documento bastante confidencial.

Com o compromisso de não deixar vazar nos Estados Unidos, Roberto Irineu conseguiu o conteúdo completo. "Naquela época não tinha disquete, era cartolina dobrada. Eu trouxe quatro malas de papel. Todo o processo, do início até a aprovação de todo o planejamento estratégico da ABC."

Na volta ao Brasil, em novembro, Roberto Irineu assumiu a vice-presidência da Globo. Foi colocado pelo pai ao lado de Joe Wallach. Era mais um tutor para ele.

"Joe, vem cá, olha aqui um tesouro."

"Maravilha, vamos implantar o sistema aqui, vamos copiar esse processo."

Roberto Irineu organizou encontros de funcionários de escalões inferiores da empresa para discutirem formas de pensar a empresa no futuro, como estava no plano da ABC. Passados dois meses, Marinho chamou o filho para conversar.

"Estou sabendo que você está fazendo umas reuniões aí para conversar sobre o futuro da Globo."

"Não, papai, eu não participo. É um planejamento em que as pessoas lá de baixo começam a falar sobre o futuro, como elas veem cada departamento, cada coisa, e isso vai crescendo e vai afunilando até que, quando chegar na sua mão, já vem com alguns caminhos traçados para você determinar o caminho final."

"Quem discute o futuro da TV Globo sou eu, vamos parar todas essas reuniões."

O projeto foi interrompido. Roberto Irineu critica a antiga organização da emissora. "Por que a gestão era ruim? Ele queria decidir tudo e, numa empresa desse tamanho, não dava para ele decidir tudo", avalia, referindo-se ao pai.

O caçula José Roberto havia passado um tempo fora do jornal. Depois de cursar geografia na UFRJ, fazia o curso de história na PUC.

Agora, voltava à redação, sendo integrado à editoria de polícia, chefiada por Renan Miranda. Cobria hospitais, delegacias e IML, a parte mais dura da cobertura geral. Nesse tempo, participava de grupos de estudos, sempre na órbita de Manoel Maurício de Albuquerque, o professor Maneco, estrela da esquerda estudantil na PUC. "O Maneco foi preso e torturado", lembra. "Dos 19 aos 24, mais ou menos. Fiquei alguns anos indo lá na casa dele, de vez em quando, em grupos de estudos. Também tive um grupo de estudos com jornalistas em casa, que devia ser considerado um aparelho, com o Leandro Konder", conta. Esse grupo era formado por Alberto Alcolumbre, Paulo Markun e Ernesto Rodrigues.

José Roberto tinha muitas discussões com o pai. "A gente discutia muito política. Eu era totalmente comunista. Foi nessa época que eu morei com ele, devia perturbá-lo demais. Além de estragar os fins de semana dele nas viagens de barco. Mas ele gostava, é óbvio, senão ele não me deixava ficar lá."

Uma das discussões ocorreu quando José Roberto contou que tinha assistido a uma palestra no Teatro Casagrande de um sociólogo.

"Papai, vi um cara sensacional hoje, maravilhoso, esse cara é quem deveria ser o presidente do Brasil."

O professor carioca radicado em São Paulo, Fernando Henrique Cardoso, voltava do exílio.

"Não, pelo amor de Deus...", comentou Marinho.

Os exemplos de "socialistas", isto é, moderados, na avaliação do dono da Globo, eram as lideranças emedebistas, especialmente Franco Montoro, Tancredo Neves e Orestes Quércia.

José Roberto disse nunca ter se sentido desconfortável com as pichações nos pilotis da PUC com palavras contra a Globo.

Fazia uma apuração pela manhã na Secretaria de Segurança Pública quando soube que a polícia reprimiria uma passeata dos estudantes da faculdade. À tarde, ele procurou os organizadores do protesto para dar a informação.

"Não vão para a rua porque os militares vão vir de cavalo para fazer uma cilada e bater em todo mundo."

Uns acharam que José Roberto queria boicotar a passeata. Começou um embate.

"Ah, não sei como é que a gente vai confiar no que você está dizendo", disse um colega.

"É fácil", afirmou José Roberto, "meia hora antes de vocês saírem daqui, mandem uma pessoa, como se tivesse à paisana, sem nenhuma camiseta, sem nada, para olhar o movimento da polícia."

Um estudante, então, foi para próximo de uma curva perto do Planetário e se deparou com a tropa. "Os caras estavam com os cacetetes enormes, cavalaria, tudo", lembra José Roberto. "Aí o cara voltou, e não deixaram sair."

Um amigo de José Roberto foi preso tempos depois. A família se desesperou e o procurou para tentar conversar com o pai. José Roberto procurou Roberto Marinho. O empresário, por sua vez, procurou Dom Eugênio Sales e conhecidos na área militar. O jovem acabou sendo liberado. "Ele foi preservado, não apanhou. Foi solto um mês depois, os outros ficaram mais tempo presos. Ele teve uma certa proteção por causa dessa interferência", lembra. "O papai protegia as pessoas. Não deixava a polícia chegar perto de ninguém. Se tivesse alguma ameaça especialmente ao pessoal da redação, ele reagia, protegia."

23. O leão da Praça Onze

Nas conversas com os amigos, Roberto Marinho parecia, em alguns momentos, ignorar a pressão política e, com sua voz lenta e arrastada, interpretava o papel de um contador de histórias do Rio Antigo. Gostava de lembrar os personagens das ruas da velha cidade, os malandros e espertos, os divertidos e picarescos.

Esses personagens podiam ser de um presente próximo ou de um passado remoto, de sua infância e juventude. Eram espertalhões de uma cidade cada vez mais incompreensível, uma metrópole que arrasava casarios sobreviventes de muitas camadas do tempo, em busca de novos caminhos para o trânsito intenso.

Em sua sala no jornal, Roberto perguntou a Carlos Braga, o comandante Braga:

"Carlos, tu lembras daquele circo que tinha ali na praça Onze, pro lado de São Cristóvão?"

"Não, doutor Roberto, não é da minha época, não."

"Ah, tinha um cara ótimo lá. Extraordinário! Muito generoso! Ela andava com um casaco muito comprido, cheio de bolsos. Ele, dependendo da pessoa, metia a mão no bolso direito e tirava cinco mil réis. A outro, mais pobre, dava vinte mil réis. Um dia, chegou o domador de leões pedindo um aumento. E ele disse: 'Olha, não posso dar aumento. Não tem como. Você vê que nós temos pouca gente.' O domador disse:

'Ah, então vou levar meu leão.' Aí, o sujeito chegou com um carrinho de mão para levar o animal. O dono do circo disse: 'Você vai levar o leão aí nessa jaula?' 'Claro, aqui cabe perfeitamente.' 'Não. Você leva o leão porque é seu, mas a jaula é minha.'"

Naquele período, a cidade do Rio estava perto de abrigar uma população de cinco milhões de pessoas. A "década perdida" viu o aumento da mancha urbana nos morros sem infraestrutura, os primeiros sinais da explosão da violência, a falta de emprego nas fábricas que começavam a parar suas máquinas nas margens da avenida Brasil e da rodovia Presidente Dutra.

Não era apenas Roberto Marinho que descrevia uma cidade de diferentes tempos. *O Globo* se voltava para entender as identidades da metrópole. As mudanças na paisagem urbana eram acompanhadas especialmente pelo repórter Marcelo Beraba.

Uma geração chegava às redações com diploma de jornalismo. Primeiro lugar no vestibular para o curso da Universidade Federal do Rio de Janeiro, Beraba era de uma família do Leblon e foi criado no Rio Comprido. Estava em *O Globo* desde fevereiro de 1971. Quando Evandro chegou para comandar o jornal, um ano depois, ele cobria Detran — semáforos com problemas, tráfego interrompido, emissão de carteiras de habilitação. Caban o chamou. Agora, cobriria o transporte na cidade. Era um olhar mais amplo sobre o setor. A mudança também ocorria no salário, triplicado.

Em 1974, Beraba foi transferido para a editoria de cultura. Na editoria chefiada por Carlos Menezes estava um time de redatores experientes e de sólida formação, como Maria Clotilde Hasselmann, que voltava do exílio, e Tite de Lemos. Os repórteres podiam fazer um trabalho de mais visibilidade e autoral. Havia mais tempo para escrever as matérias, quase sempre assinadas. "A gente tinha menos sobrecarga de pautas", lembra Beraba.

Ligado a uma organização política de resistência ao regime, o repórter participava de grupos envolvidos em discussões antropológicas e artísticas na cidade. Em paralelo ao trabalho em *O Globo*, foi diretor responsável pelo *Borduna*, um jornal alternativo de debate de questões indígenas.

Uma das primeiras reportagens especiais de Beraba descreveu a região esquecida da fronteira com a Guiana Francesa.[502] Contou sobre conflitos nessa parte da Amazônia desde o tempo das Guerras Napoleônicas. O drama foi enviar o texto por telex para o Rio. Depois, ele publicou matérias sobre o impacto do tupi na língua falada nas ruas do país, os bambas do samba, a trajetória de personagens da música, os novos cineastas.[503] Na cobertura cultural da cidade, o repórter se especializou nas memórias do Rio, retomando a tradição de Luiz Edmundo num tempo de transformação ainda mais acentuado. Os textos de Beraba podiam descrever a perda do "fino humor das piadas políticas" e a destruição do patrimônio físico do Centro. Mas também lembravam que "a cultura negra sobreviveu nas cidades, apesar de anos de intolerância", e o carioca continuava sendo "irreverente e picaresco", apesar de estar mais triste e irritado.

Em suas reportagens, o jornalista descrevia o passado do mais boêmio bairro do Rio muito além da figura conhecida de Madame Satã. Ele ressuscitava Miguelzinho, Camisa Preta e Meia-Noite.[504] "Essa Lapa realmente acabou, por força do tempo, que insiste em preservar um bom número de personagens da época, a maioria meros espectadores do show de espanto que o bairro vivia, quase todos compondo hoje um quadro triste de ociosidade e velhice nas portas dos botequins", relatou.

Mesmo na aparentemente divertida cobertura de cultura, Beraba sempre fazia retratos céticos da cidade, observava que o poder público criava museus para "paternalizar" o povo. Em tempo de obras que colocavam abaixo um Rio de Janeiro, o repórter lembrou que a abertura de túneis ainda no governo de Carlos Lacerda na Guanabara não acabou com as diferenças culturais entre a Tijuca e a Zona Sul. Ele ainda observou, numa mistura de tristeza e resiliência, que não era a primeira vez que a velha Lapa do casario colonial e da *belle époque* enfrentava um tempo de demolições.

O Globo dava espaço a novos intérpretes do Brasil. Um texto do repórter Clovis Levi noticiava que a peça *Arena conta Zumbi*, texto de Gianfrancesco Guarnieri e Augusto Boal, encenada na década anterior em São Paulo, finalmente aparecia no palco do Teatro João Caetano, no Rio.[505] Era a oportunidade de trazer para as páginas do jornal as reflexões do sociólogo argentino Carlos Alfredo Hasenbalg. Em entrevista a Beraba, o intelectual fez uma reflexão de novos estudos sobre as questões raciais após um hiato desde as publicações da geração de Florestan Fernandes, Fernando Henrique Cardoso, Octavio Ianni, Charles Wagley e Donald Pierson.[506]

Hasenbalg era um pioneiro na crítica à visão da democracia racial. Ele mostrava que, no tempo da abolição, aproximadamente 90% dos negros já eram livres e não houve uma mudança abrupta da condição de homem escravizado para livre.[507] A discriminação se devia a instrumentos do capitalismo e das novas relações sociais. Era o começo de um debate sobre o racismo estrutural.

A luta pelo poder na cidade estava descrita no livro *Calvário e porres do pingente Afonso Henriques de Lima Barreto*, escrito por João Antônio. A obra, resenhada por Beraba, registrava memórias de um contemporâneo do autor de *Triste fim de Policarpo Quaresma* colhidas por João Antônio durante estada num sanatório na Tijuca.

Em sua obra, João Antônio escreveu que Lima contou a história de um Rio de "potentados", alcoólatras e loucos. Suicidou-se aos poucos, bebendo muito, observou. "Como na essência, o País de lá para cá nada mudou, a obra dele é atualíssima e até parece que foi escrita amanhã, e não hoje."

O Brasil fervilhava. A geração de oficiais do Exército atraída pelo golpe, nos anos 1960, não conseguia mais manter o regime. O poderio bélico e a estrutura burocrática militar estavam preparados apenas para uma guerra convencional. O tempo era outro, a conta externa chegara. As demandas sociais internas se avolumavam. A integração nacional, que tanto difundiram, não era apenas o elo entre Brasis distintos e separados pela geografia e falta de comunicação. Era, sobretudo, uma confluência de dramas e desafios.

Nos anos da ditadura, da luta da oposição pela abertura e da expansão da TV e do jornal de Roberto Marinho, o Brasil caminhou para a urbanização e a industrialização.

O atraente mercado de consumo e entretenimento tinha entre seus principais produtos músicas que falavam de saudade da terra natal e longínqua. Na canção do cantor sertanejo Goiá, o homem da cidade quer voltar a ver a madrugada e o cantar da passarada. O país ora psicodélico, ora sofisticado, ora contestador de Caetano Veloso, Chico

Buarque e Gilberto Gil talvez tenha sido uma bolha da Zona Sul do Rio, sem ressonância das últimas e primeiras estações da linha do metrô que chegou tardiamente à grande cidade.

As cidades cresciam e o êxodo rural se acentuava. O percentual de brasileiros em centros urbanos ultrapassava a casa de 65%. Os "noventa milhões em ação", da letra da música do tricampeonato mundial de futebol, logo passariam de cem milhões, com estimativa de uma sucessão de aumentos.

O dinheiro do "milagre econômico" cortou o Brasil com estradas, construiria hidrelétricas e pontes, revelaria brasileiros em cada trecho de mata na Amazônia ou campo árido na caatinga. De repente, o litoral voltou a encontrar países esquecidos ou desconhecidos, desta vez em dimensão estratosférica.

O noticiário de *O Globo* sobre o interior mostrava um Brasil diferente dos retratos oficiais. O repórter Marcelo Beraba e o fotógrafo José Vidal percorreram aldeias indígenas ao longo de 450 quilômetros de margens do rio Araguaia para mostrar a vida de carajás e tapirapés.

A dupla de jornalistas embarcou do Rio para Brasília, e da capital foi para Aragarças e depois São Félix do Araguaia. Na ilha do Bananal, encontrou pastores e missionários num ataque à cultura dos carajás, forçando indígenas a andar com Bíblia debaixo do braço. Na aldeia dos tapirapés, registrou a presença das Irmãzinhas de Jesus, vivendo em situação de pobreza, morando em malocas, no auxílio à comunidade, sem a "estupidez" das conversões, lembra Beraba.

No Araguaia, ele e Vidal viram uma nova Igreja Católica, liderada por Dom Tomás Balduíno e Dom Pedro Casaldáliga. Acusados de envolvimento com grupos armados comunistas, os religiosos estavam em defesa das populações originárias e contra a política de integração dos generais que controlavam a Funai. "A maioria dos missionários não vacila em denunciar hoje as invasões indígenas, e em apontar no avanço das frentes pioneiras da Amazônia o vírus da iminente desagregação dos povos indígenas", relatou um dos textos do repórter.[508]

A viagem resultou numa série de reportagens. Os textos e as fotos revelaram um quadro complexo: a estupidez da conversão feita pelos pastores, a defesa de indígenas por instituições religiosas, o alcoolismo nas comunidades, a alteridade de homens, mulheres e crianças, a solidariedade. "Foi uma pauta muito bem recebida, um trabalho bem editado", relata Beraba. "Era um momento de abertura política."

A reportagem brasileira ganhava novos contornos, se renovava, ainda mais crítica, sem ignorar as nuances da tradição da dicotomia entre o litoral e o sertão. As mudanças na literatura, no cinema, nas artes plásticas também ocorriam nas páginas dos jornais.

Em outra reportagem, o jornalista procurou juristas para debater propostas do governo militar de regulamentação do Estatuto do Índio, uma lei de 1973 que havia concedido garantias da posse da terra.[509] A preocupação de especialistas era de que a ditadura abrisse para terceiros a possibilidade de explorar áreas indígenas. "Não tem nada disso de fazendeiros, multinacionais, nada de discriminações. A terra é do índio", disse ao repórter o ex-ministro do Supremo Themístocles Cavalcanti.

O rádio, mesmo com décadas de existência, ainda não chegava a 20% do território nacional. Mas retomava o ritmo de penetração no interior, paralelo ao sinal de TV que se alastrava.

O investimento em educação não acompanhou o *boom* econômico. O percentual não atingiria 1% do PIB em toda a fase do milagre econômico. Esse percentual foi de 0,62% em 1970, 0,39% em 1975 e 0,44% em 1980.[510]

Ainda que a bonança econômica tenha disparado e deixado para trás o ensino, a evolução dos investimentos na escola era assustadora em volume de recursos, que se multiplicaram a partir de 1965. A burocracia de Brasília parecia espantada com uma numeralha que passava de menos de trezentos milhões de cruzeiros investidos pelos estados e pelo governo federal, quando os militares assumiram o poder, a mais de vinte bilhões na metade da década de 1970; descontando a inflação, era um volume inédito num setor que, porém, surgia com um gigantismo de demanda que parecia distante do maior dos cifrões.[511]

Não menos assustadores eram os índices de evasão e de frequência escolares. Estimava-se que 27% das crianças e adolescentes de 7 a 14 anos estavam fora do ensino de primeiro grau. O índice de crianças da faixa pré-escolar sem acesso à escola atingia um índice de 95%.

Naquela época, duas em cada dez famílias dos centros urbanos tinham um aparelho de televisão, sendo dois terços com imagem em preto e branco. O rádio mantinha o impacto de décadas antes, e sete a cada oito casas, das áreas urbanas ou rurais, tinham um transmissor. "Se o rádio e a TV são sucesso do ponto de vista comercial, e comprovadamente são capazes de colocar dezenas de milhões de pessoas em determinados horários diante dos aparelhos de TV, por que a educação e a cultura não serão capazes de conseguir utilizar essa tremenda força do veículo em favor da massa marginalizada pelo processo educacional?", questionava um relatório do Ministério da Educação.[512]

O MEC pretendia usar a rede de micro-ondas para levar à frente um projeto de tele-educação. Dados usados pelo governo militar indicavam que o rádio atingia cem milhões de pessoas, e a TV, setenta milhões. "A televisão e o rádio comerciais continuarão educando em sentido diverso dos objetivos do MEC", destacou relatório do ministério. "Para suprir as carências dessa clientela marginalizada, a maneira mais econômica e de maior sucesso a curto prazo é a utilização intensiva dos meios de comunicação de massa." A meta era atender às populações rurais e as áreas periféricas. "No Rio de Janeiro, onde um terço da população é de favelados, sabe-se como a televisão penetra junto a essa maioria desassistida."[513]

Em 1977, Roberto Marinho entrou no setor da tele-educação. Num convênio com a Fundação Padre Anchieta, que opera a TV Cultura de São Paulo, a fundação lançava o *Telecurso 2.º Grau*. Em 1979, a Fundação Roberto Marinho (FRM) propôs ao Ministério da Educação um acordo para realizar o telecurso supletivo de primeiro grau, ao custo de 366 milhões de cruzeiros. A proposta foi recusada. Os técnicos do MEC avaliaram que o governo estaria bancando uma estrutura que ficaria com a FRM. Em 1980, a FRM assinou com o MEC, comandado por Eduardo Portella, acordo de "cooperação técnica e financeira" para a realização do supletivo do primeiro grau, que foi lançado em março do ano seguinte. Até o final de 1982, o acordo transferiu quase 650 milhões para a FRM. No mesmo período, as TVs educativas receberam 290 milhões do MEC.

A FRM e a UnB pediram ao Banco Interamericano de Desenvolvimento (BID) financiamento de dez milhões de dólares para a construção do Centro de Produção de Programas Educativos — Projeto Global Teleducação. O secretário-geral do MEC, coronel Sérgio Pasquale, era uma voz dentro do ministério contrária à FRM. A FRM passou a duelar com a Fundação Centro Brasileiro de Televisão Educativa (Funtevê), ligada ao MEC. Criada em 1967, a Funtevê operava a TVE, canal dois, do Rio, com produção de programas educativos. Foi por pressão da Funtevê que a ministra do MEC, Esther de Figueiredo Ferraz, decidiu sair do Conselho da Fundação Roberto Marinho.[514]

A geração estudantil de 1968 tinha enfrentado a máquina da tortura e da morte. Muitos líderes morreram nos porões do regime. Os sobreviventes estavam, em sua maioria, ainda em silêncio, à espera de dias mais claros. Agora, em 1977, um novo movimento voltava às ruas das grandes cidades para protestar contra a ditadura.

No Rio, estudantes da PUC e da UFRJ promoviam manifestações. *O Globo* evitava cobrir os protestos. "Era um período em que a gente tentava quebrar (a autocensura e a censura) para publicar alguma coisa", lembra Marcelo Pontes, repórter do jornal na época.

Pontes encontrou uma maneira de o jornal fazer publicações de forma diferente e criativa sobre o movimento estudantil. O editor Paulo Totti deu aval à ideia de ouvir líderes estudantis dos anos 1950 e 1960, que ocupavam agora cargos importantes, para falar o que achavam do novo movimento estudantil. "Era um primor de sutileza."

A reportagem "Eis o que pensam estes dirigentes estudantis da agitação na universidade", tinha uma linha fina em cima do título: "Aos 18 anos foram incendiários, aos quarenta são bombeiros", apresentou depoimentos de Marco Maciel, presidente da Câmara, Célio Borja, Petrônio Portella, Divaldo Suruagy, Pedro Simon e Ulysses Guimarães.[515] O único da lista feita por Pontes que não foi aprovado pelo comando da redação foi o vereador José Frejat, pois seu irmão William Frejat era editor no jornal.

Toninho Drummond conseguiu transferir a estação da TV Globo Brasília para um espaço melhor na avenida W3 Norte, ainda com poucos lotes ocupados, um endereço central da cidade. Nesse tempo, os repórteres da emissora gravavam suas matérias em fita, no sistema DR3. O material bruto, com as falhas e trechos desnecessários, era gerado no começo da noite, por volta de 18h30, para o Rio, que fazia a edição para se encaixar no *Jornal Nacional*. As produções tinham que ficar prontas até as 17 horas. Para ganhar tempo, as notícias de Brasília eram divulgadas no último bloco do telejornal.

Mais tarde, o diretor conseguiu fazer uma estrutura de edição das matérias em Brasília. Ao enviar apenas o material lapidado para o Rio, a emissora na capital passou a contar com minutos a mais e se adequar à rotina do Palácio do Planalto e do Congresso, onde as reuniões, solenidades e sessões ocorriam ao longo da tarde e no começo da noite.

O novo procedimento se mostrou um risco quando o repórter Carlos Henrique Almeida Santos chegou afobado à redação para gravar uma matéria de uma reunião de Ernesto Geisel. Uma primeira gravação registrou o repórter dizer: "Não é isso, porra!" Com o *Jornal Nacional* no ar, Toninho apertou o botão na mesa de controle para gerar ao vivo.

"Agora, as notícias do Planalto com o jornalista Carlos Henrique", anunciou o apresentador.

Ao ver que uma pessoa passava por trás do repórter na imagem, Ibiapina, braço direito de Toninho, percebeu que aquela não era a última gravação feita por Carlos Henrique. Ibiapina conseguiu tirar a gravação do ar. Ele evitou que o trecho final do repórter soltando palavrão entrasse no jornal. A gravação, analisada depois pela equipe, dava a entender que havia um ataque direto a Geisel.

Toninho informou à equipe do Rio que não tinha estrutura ainda suficiente para garantir a edição das notícias na sucursal. "Voltamos ao método antigo. Gravava, gerava para o Rio, que editava. Tá doido, cara. Era muita responsabilidade. Eu não dormi à noite", relata o diretor.

A aproximação de Toninho do Planalto era clara pelo convite que recebeu para trabalhar como assessor de Geisel. Ele estava focado, no entanto, na consolidação da Globo em Brasília.

À frente do trabalho institucional da emissora, Toninho foi encarregado de chefiar a equipe da cobertura de uma viagem do presidente à Inglaterra. Naquele período de ânsia de setores da economia e da política por maior abertura, o diretor da Globo estava concentrado em arrancar do ditador, de poucas palavras, uma declaração gravada sobre o momento.

Por meio de fontes, ele soube que Geisel almoçaria num restaurante nos arredores de Londres com assessores e parentes. A assessoria de imprensa havia inventado que o general teria um coquetel fechado com a rainha Elizabeth II. Ao chegar ao restaurante, Lucy Amália, a filha do presidente que inspirou Chico Buarque a dizer que "você não gosta de mim, mas sua filha gosta", se surpreendeu com a presença do diretor. Ela conhecia Toninho e o chamou para entrar e se sentar a uma das mesas. O jornalista esperou Geisel almoçar para investir.

O governo brasileiro se aproximava da China, costurava um acordo nuclear com a Alemanha e reconhecia a independência de Angola, ex-colônia portuguesa.

Quando Geisel se levantou, ele perguntou:

"Presidente, quando é que sua política interna vai se libertar como a política externa?"

O ditador pôs a mão no braço de Toninho e disse:

"Aguarde o fim do meu governo."

Era a frase que alimentaria o noticiário. Mas Geisel não quis gravá-la. Toninho deixou a Inglaterra com "ouro" na mão. A frase do presidente foi usada à exaustão nos comentários dos telejornais da emissora.

A censura, porém, travava a máquina de produções da Globo. No Rio, a emissora contava com os trinta programas mais populares da televisão brasileira. "Líder quase monopolista de audiência, a Globo foi também a que sofreu os maiores rigores", escreveu Maria Helena Dutra, crítica de TV do *Jornal do Brasil*, num balanço sobre o setor. "A censura modificou todas as novelas importantes", registrou.

O impacto na programação causou, além de tramas cortadas e remendadas, um "excesso" de enlatados policiais americanos. O jornalismo da emissora, considerado "decadente" pela analista, não segurava sozinho a programação.[516]

Ao mesmo tempo que enfrentava as ameaças dos cortes do governo, a emissora implantava o que Boni chamava de "padrão Globo de qualidade", com programas definidos e sem improvisos.

A redução da audiência com o expurgo dos quadros de humor escrachado tinha sido compensada pelo aumento do interesse nas novelas. Os telejornais, entretanto, nem sempre conseguiam enfrentar novidades da concorrência. Mesmo o *Fantástico*, de atrações leves, perdia audiência, na noite de domingo, para *Os Trapalhões*, um humorístico com o cearense Renato Aragão, o Didi, os cariocas Manfried Sant'Anna, o Dedé, Antônio Carlos Bernardes Gomes, o Mussum, e o mineiro Mauro Faccio Gonçalves, o Zacarias. O programa tinha sido exibido antes pela Excelsior, quando se chamava *Os adoráveis Trapalhões*, e pela Record, *Os Insociáveis*.

Certo dia, um diretor do programa na Tupi telefonou para Renato: "Você está de pé ou sentado?"[517]

"De pé."

"Então senta, porque nós ganhamos do *Fantástico*."

Num segundo domingo, a Globo exibiu um especial de Frank Sinatra e conseguiu segurar o estrago. No terceiro, a emissora voltou a perder na audiência para a Tupi. Agora era Boni quem ligava para Renato:

"Poxa, Renato, você está arrasando o *Fantástico*. Precisa vir para cá, senão você acaba comigo."

A brincadeira era só uma forma de quebrar o gelo. A direção da Globo sempre deixava "escapar" que *Os Trapalhões* não tinham o "padrão de qualidade" da emissora, pasteurizado e espartanamente disciplinado.

Nas negociações com Boni, o comediante não escondeu o temor em ser "arquivado", retirado da Tupi apenas para não atrapalhar a audiência da casa, e obrigado a usar *smoking*. O diretor aceitou todas as condições e Renato esboçou uma surpresa:

"Caramba, agora eu sou da Globo!"

Havia tempo que Renato queria ouvir o convite, que seria aceito de qualquer forma. "Vamos parar de sermos massacrados", tinha dito meses antes para os colegas do grupo.[518]

Cearense de Sobral, Renato interpretava desde os tempos na antiga TV Ceará, transmissora da Tupi, em Fortaleza, o "Didi Mocó Sonrisel Colesterol Novalgina Mufumbo". Mocó era um pequeno bicho da caatinga; Sonrisel uma palavra parecida com a marca Sonrisal; Novalgina, um comprimido; e Mufumbo, um arbusto do semiárido. O personagem era uma recriação dos tipos de Oscarito e Mazzaropi, que, por sua vez, levaram ao cinema o mito do Malasarte. A figura do sujeito esperto e que sempre levava vantagens tinha origem na tradição ibérica do interior brasileiro. Foi personagem de livros de Câmara Cascudo, Graça Aranha, Mário de Andrade e Ruth Guimarães. Mussum era o homem que gostava de pinga, Dedé, o "galã da periferia", e Zacarias, o mineirinho de peruca, de comportamento infantil.

Ao *JB*, Renato contou que não cedeu em "nada" na nova emissora. Ele contou que teve um quadro de sátira a programas de auditório censurado. Mas depois conseguiu usar a ideia em outra gravação para ironizar os festivais da Globo.[519]

A Globo se rendia novamente ao humor de grande audiência. O quarteto formado por dois comediantes da TV, Didi e Zacarias, um músico do grupo Os Originais do Samba, Mussum, e o circense Dedé disparou na preferência do público e nos ataques da crítica.

O tempo cobraria os apelos ao preconceito social, racial e de gênero. Didi usava termos hoje considerados injúrias contra os negros, e Mussum, em menor tom, respondia a ofensa com apelidos dados a nordestinos. O personagem de Renato ainda chamava Dedé de "rapaz alegre". Os comediantes atuavam como vítimas e agentes do preconceito e o país se mostrava mais tolerante ao racismo e aos ataques às escolhas sexuais.[520] A emissora, por sua vez, não inovou, impondo filtros ao velho modelo de humor do circo, do teatro e da televisão.

Ao Memória Globo, Renato argumentou que interpretou toda vida um palhaço "dentro do circo", o "circo eletrônico da Globo", com um "humor ingênuo", "aquilo que os palhaços sempre fizeram".

No rastro do sucesso da TV, os cinemas voltaram a ter filas quilométricas com os filmes produzidos pelo quarteto. Se *O Trapalhão nas minas do rei Salomão* bateu recorde de público — quase seis milhões de pessoas pagaram ingresso —, *Os Saltimbancos Trapalhões* contou com uma das músicas mais icônicas de uma geração — "Piruetas", de Chico Buarque. A história falava justamente de funcionários assistentes de um circo que se transformaram na principal atração do negócio.

Os regimes autoritários costumam concentrar sua comunicação em apenas uma empresa estatal. O chefe supremo da ocasião busca um controle absoluto, sem contraditórios e diversidade de versões. Desde o seu início, a ditadura brasileira não tinha uma figura dominante, mas grupos que se revezavam no poder. Uma das alas era a dos castelistas, que, depois dos governos Costa e Silva e Médici, estava de volta ao comando do Planalto, com Geisel e Golbery. No caso, um modelo de emissora única de TV dirigida pelo Estado talvez não respondesse às demandas nem mesmo do regime.

Em reunião do Conselho Nacional de Segurança, o ministro Euclides Quandt defendeu um sistema de televisão formado ao menos por três redes nacionais privadas. A proposta de Quandt poderia parecer uma contradição ou ambivalência se atendesse aos grupos que compunham a ditadura. Não era, mas também não se pode desconsiderar que o modelo apresentado pelo ministro tinha a pluralidade que marca as democracias.

Depois do antecessor, Médici, cortar a floresta amazônica com uma estrada que não levou a lugar algum, Geisel viu na proposta apresentada por seu ministro um modelo concreto de integração nacional.

Quandt pertencia a uma geração militar do pós-guerra que via na potência norte-americana uma referência de quartel e de política. Quando começou a trabalhar na consolidação da estrutura de comunicação no Brasil, o modelo de TV que imaginava implantar para a ditadura era o que assistia nos Estados Unidos. No tempo em que viveu lá, nos anos 1950, a ABC, a CBS e a NBC predominavam. As emissoras tinham sido formadas ainda na década anterior, obtendo audiência com noticiário e entretenimento. Ele usaria as experiências americanas no seu dia a dia à frente do Contel, órgão de regulação de telecomunicações, que chefiou antes de chegar à chefia do ministério.[521]

O ministro das Comunicações apostava na ofensiva do empresário João Saad, que herdou a Rádio Bandeirantes do sogro, o ex-governador paulista Ademar de Barros, e de Nascimento Brito, do *Jornal do Brasil*, para formar novas redes de televisão. Numa tentativa de acelerar o processo, ele entregou um canal a Saad e incentivou o *JB* a tirar do papel duas estações, em Niterói e São Paulo, oferecidas no governo anterior.

Quandt avaliava que o regime não podia ficar nas mãos de Roberto Marinho. O empresário avançava sua influência com a máquina de novelas e um telejornal de audiência consolidada. Na avaliação do ministro, a criação de novas redes fragmentaria o poder do empresário e, ao mesmo tempo, expandiria o setor.

Roberto Marinho entrava em choque com uma ditadura obcecada por uma Doutrina de Segurança Nacional, que visava ao combate ao inimigo externo e interno e buscava adesões empresariais absolutas. A ideia de Quandt de implantar mais emissoras de televisão também podia ser vista como uma política de um governo de abertura. O obstáculo é que, fora a Globo, os grandes grupos de comunicação do eixo Rio-São Paulo não estavam interessados na área.

A falta de motivação de Nascimento Brito em avançar com seu canal de TV reduzia a probabilidade do governo de conseguir criar novas redes. Em São Paulo, os Mesquita, outros donos de veículo tradicional, rejeitaram todos os esforços do aliado Carlos Lacerda, com boas relações entre o empresariado da mídia nos Estados Unidos, de intermediar parcerias entre a família e investidores de Nova York.

O governo também não podia contar com o império de Assis Chateaubriand, que só se deteriorava desde a morte do patriarca. Os Diários Associados ainda possuíam 18 emissoras de TV, 23 estações de rádio, 34 jornais e duas revisas, mas estavam fadados a desaparecer. O empresário Edmundo Monteiro, controlador do grupo, tinha "grande fortuna", mas nada aplicava na emissora, observou o ministro das Comunicações.[522] Ele vivia batendo na porta das autoridades do governo em busca de empréstimos, mas ninguém se arriscava a colocar dinheiro num buraco sem fim.

Em 15 de dezembro de 1977, Euclides Quandt foi ao Rio para conhecer as novas impressoras do parque gráfico de *O Globo*. Numa conversa reservada, Roberto Marinho perguntou ao ministro se era verdade que o governo estava dando "forte" apoio a Mauro Salles, publicitário contratado para tirar os Diários Associados de um possível processo de falência. O empresário demonstrou "desagrado".

Quandt respondeu a Marinho que se preocupava com o monopólio e que, por isso, era necessário apoiar uma outra rede de televisão. O ministro deixou claro que a Globo não podia ficar sozinha no mercado. Marinho afirmou que lutava para que suas emissoras prestassem um bom serviço e não se conformava com a ideia de que não devia buscar uma audiência cada vez maior.

Na conversa, Quandt disse que havia um consenso de que nenhum governo poderia aceitar que um grupo privado detivesse a audiência de televisão total do país. Para ele, essa ocorrência viria certamente configurar um "monopólio da opinião pública". Foi então que Roberto Marinho discordou do "conceito" de concentração de audiência usado pelo governo.

Em seguida, Marinho perguntou como poderia afastar a ideia do monopólio. Quandt respondeu com a lembrança de que a Globo, em São Paulo, tinha "aliciado" funcionários de outras emissoras para se instalar. Foi o único momento em que os dois demonstraram ter a mesma opinião. O empresário respondeu que não participou dessa decisão, tratando-se de uma atitude "infeliz".

Logo depois, o ministro e o empresário deixaram a sede do jornal e foram para um almoço de confraternização na sede da Abert. Era a oportunidade de o setor rebater acusações do governo de que havia excesso de violência na televisão. Em discurso, o almirante Adalberto de Barros Nunes, presidente da Abert, disse que o problema existia, mas não era das emissoras, e sim da censura, responsável por reprimir os excessos, se existissem.

Quandt anotou em seu diário: "O almirante Nunes normalmente apresenta e defende os pontos de vista da Rede Globo."[523] De estilo discreto, o ministro não deixava de se interessar pelos bastidores políticos da Globo. No diário que descreveu o périplo pelo Rio, ele registrou "declarações" de Boni que colocavam em xeque a autoridade de Roberto Marinho. Quandt observou que o posicionamento do executivo seria "enfrentado" internamente pelo empresário.[524]

Quandt atuava também na perseguição a jornalistas simpatizantes da esquerda. Procurava saber entre advogados e assessores das empresas de comunicação sobre a presença de comunistas nas redações. Um de seus informantes foi o advogado Clóvis Ramalhete, que mais tarde seria indicado pela ditadura para ocupar uma cadeira no Supremo Tribunal Federal. Ramalhete contou que os "infiltrados" nas emissoras de rádio e TV eram principalmente redatores e encarregados pela produção. "Estou em entendimentos com o ministro Falcão", anotou Quandt, "sobre esse problema e a forma mais adequada de neutralizá-lo."[525]

O ministro registrou que recebia informes de deputados sobre programas de televisão com "aparência" de inocentes ou sem conotações, mas que transmitiam mensagens de "contestação" e "ideológicas".

A Globo chegava à reta final do governo Geisel com índice superior a 50% de audiência. Havia o "perigo" de ultrapassar em pouco tempo 80%, reclamava Quandt. "O sr. Roberto Marinho procura aumentar o número de emissoras de propriedade do Grupo Globo. Em virtude das restrições do decreto número 236 e da possibilidade de se chegar a um virtual monopólio da opinião pública, o Ministério das Comunicações tem procurado impedir que sejam outorgadas novas concessões a esse grupo", informava um relatório confidencial do gabinete do ministro.

Nas anotações, o ministro se mostrava firme em evitar a expansão da Globo. "Reconheço que o Sr. Roberto Marinho tem dado permanente apoio ao governo. No entanto, creio que não se deve permitir a ampliação de sua rede, devido ao perigo de vê-la atingir mais de 80% de índice nacional de audiência, o que representa virtual controle da opinião pública."[526]

Quandt avaliou que a expansão da Globo não era detida pelo decreto número 236, editado ao final da CPI do Time-Life, negando novas concessões de rádios e televisões. Marinho resistiu à proposta, anotou o ministro. "O sr. Roberto Marinho, apesar de várias vezes alertado do problema, que lhe pode ser criado com a constituição de um virtual monopólio de audiência, não se conforma com a situação, procurando manter uma política de expansão."

Até ali, Marinho tinha a TV Globo do Rio de Janeiro, de São Paulo, de Belo Horizonte, de Brasília e do Recife, e a TV Bauru. Além das rádios AM Globo, Mundial e Eldorado, no Rio de Janeiro, Excelsior e Nacional, em São Paulo, Tiradentes, em Belo Horizonte, Continental, em Porto Alegre, Paulista, em Recife, Paulista, em Paulista (também Pernambuco), Imperial, em Petrópolis, e Monlevade, em João Monlevade. Na frequência FM, o grupo contava com as rádios Globo e Eldorado, no Rio, Excelsior, em São Paulo, Globo em Brasília, e Globo em Belo Horizonte. Também tinha rádio em onda tropical, Mundial, no Rio, e em onda curta, Globo, no Rio, e Excelsior, em São Paulo.

Euclides Quandt entendia que Marinho, no setor de rádio, contava com uma cadeia de baixa audiência. Mas, ainda assim, afirmava que era "preferível" que se mantivesse o mesmo "status" para evitar "problemas futuros".

O empresário pediu concessões de rádio FM em Brasília e Salvador, mas Quandt exigiu como condição a instalação de emissoras na Amazônia, região de pouca densidade populacional.[527]

O secretário de Educação de São Paulo, José Bonifácio Coutinho Nogueira, procurou Quandt para pedir a venda de 49% das ações de emissoras de TV ainda em fase de instalação que possuía em Campinas e Ribeirão Preto, para os filhos de Roberto Marinho. O ministro reconheceu que por não haver mudança no mando da sociedade, não havia desrespeito à legislação. Os Nogueira administrariam as emissoras e a família Marinho ficaria responsável pela programação. O noticiário local ficaria a cargo dos Nogueira, exceto a parte política, que seria dos Marinho.

O ministro, no entanto, avaliou que o negócio era uma "transferência indireta" de concessão, pois as emissoras ainda não funcionavam. A Nogueira, Quandt disse que discordava da operação e que não tinha interesse em ver "aumentada" a propriedade do Grupo Globo. O empresário não teria demonstrado surpresa com a negativa do ministro e disse que voltaria a procurar Roberto Marinho para tentar um acordo diferente. Bonifácio explicou que não tinha capital próprio para garantir o funcionamento das emissoras.

No dia seguinte, um "emissário", nas palavras do ministro, procurou o seu chefe de gabinete para relatar "muito agitado" que Roberto Marinho estava "desgostoso" e exigiria do governo que dissesse se o considerava "amigo ou não". Quandt recebeu informação de que o empresário se mostrou "muito aborrecido" em conversas pessoais que teria tido com os ministros Golbery, Nascimento e Silva e Falcão, além do deputado governista Francelino Pereira e do ex-ministro Ney Braga.

Golbery chamou a seu gabinete do Planalto os ministros Armando Falcão e Euclides Quandt para uma reunião com Roberto Marinho.[528] No encontro, o empresário fez uma "longa exposição" sobre as atividades da Globo, tanto a radiodifusão comercial como em tele-educação e assistência social. Também destacou o "constante apoio" que dava ao governo.

De frente para Quandt, Marinho declarou que não estava tendo apoio do Ministério das Comunicações, que, ao contrário, tentava cercear o crescimento da Rede Globo e em especial da TV. Disse que a rede precisava continuar a crescer, pois qualquer organização que deixa de crescer entra em declínio.

Ao empresário e aos colegas ministros, Quandt afirmou que procurava apoiar e fortalecer duas ou três redes, sem alterar a situação da Globo. Essas medidas, disse o ministro, eram favoráveis à própria emissora de Marinho, pois certamente ele teria problemas com o governo, caso se tornasse dono da "única" rede de televisão do país. Quandt finalizou dizendo que, enquanto não fosse sancionada a nova Lei de Telecomunicações, não concordaria com novas outorgas à Rede Globo, para não agravar problemas existentes.

Enfático, Marinho discordou "inteiramente" dos "conceitos" apresentados por Quandt.

O empresário avaliou que o governo não deveria ter preocupações que existem, por exemplo, nos Estados Unidos, de formação de um monopólio da opinião pública por um grupo privado, pois a situação americana era diferente.

Ele pleiteou que o governo "permitisse" que a Rede Globo crescesse "sem restrições" e "sem limites". Afinal, disse, o comportamento da Globo a fazia "merecedora" de "atenção" e "favores especiais". Solicitou também que os filhos pudessem ser acionistas.

Marinho manifestou claramente aos ministros que não queria que fossem mantidas as restrições sobre propriedade de empresa de radiodifusão existentes no Código Brasileiro de Telecomunicações. O empresário se mostrou contrário ainda às restrições estabelecidas na nova Lei de Telecomunicações.

No encontro ele disse que, se não fosse atendido pelo governo, cessaria as atividades educativas e culturais da rede. Por fim, afirmou que, se a Globo não pudesse continuar a crescer, ele pretendia vendê-la. Solicitou ao governo que indicasse um grupo para adquiri-la.

Quandt considerou que as novas restrições eram mais liberais do que as que estavam em vigor e mais fáceis de serem burladas. O ministro fez questão de expor que também não concordava com as posições do empresário, certo de que Marinho queria uma TV "única".[529]

24. A MÁQUINA

A máquina de novelas da Globo estava azeitada. Em meados de 1977, Janete Clair começou a escrever *O Astro*, prevista para ir ao ar no horário das vinte horas. Herculano Quintanilha, personagem de Francisco Cuoco, era um tarólogo, astrólogo e cartomante de poucos escrúpulos que trabalhava em uma churrascaria. Ele conseguiu entrar na vida da família Hayala, de grande poder econômico, dominar o clã e tirar proveito financeiro dele.

A inspiração vinha da política. No ano anterior, militares tomaram o poder na Argentina. O governo de María Estela Martínez de Perón havia fracassado. A viúva e ex-vice de Juan Manuel Perón confiou o poder ao seu astrólogo. José Lopez Vega, "El brujo", foi nomeado ministro do bem-estar social. Ele mandava na presidência, chefiava o grupo terrorista Triple A, que executava comunistas e nomeava ministros. O país foi ao caos e Isabelita caiu.

No Brasil, o ministro Golbery do Couto e Silva era a "eminência parda", o homem dos bastidores do regime. Com longa trajetória no planejamento de uma política de segurança nacional, ele conduzia agora as negociações na caserna para a eleição de João Figueiredo. Estava sempre nos bastidores, longe dos holofotes. Tinha um passado de caça a comunistas e estava à frente de uma abertura do regime.

"*O Astro* era uma novela política, no sentido de que a trama falava do governo argentino, dessas pessoas que são eminência parda", lembrou Daniel Filho, que novamente fazia a direção de um folhetim de Janete.⁵³⁰ "Existia o Golbery no Brasil e o José Lopez Rega", observa. "Nós usamos o da Argentina, mas na nossa cabeça estava o Golbery. Logicamente, Golbery não era um fajuto que estava vestido de adivinho pelas churrascarias do Rio de Janeiro, mas tinha a ver com essa eminência parda que passa a contaminar um governo, a comandar o país."

Em Brasília, o "bruxo" Golbery tentava tirar da linha da sucessão o ministro do Exército, Sylvio Frota, considerado um general da linha dura. O plano de Golbery abria caminho para João Figueiredo, chefe do SNI.

Roberto Marinho conhecia Figueiredo desde o tempo do Estado Novo, em saltos na Hípica. Nesse tempo, o oficial do Exército era contido nas relações pessoais e, como o dono da Globo, adotava a figura do cavalo como metáfora de si mesmo.

O general era 14 anos mais novo que o empresário. Marinho o tratou como um "amigo e irmão de armas" numa carta em que descrevia a compra de um cavalo, o Camalote, "um animal lindo, de um metro e setenta e cinco de altura, forte, um tanto difícil".⁵³¹

Figueiredo chefiava o temido SNI quando Dulce, sua mulher, passou uma temporada na casa do Cosme Velho, por conta de uma cirurgia plástica no Rio.

A troca de favores e gentilezas era constante entre eles. Numa carta, o então chefe do SNI pediu que Marinho credenciasse Paulo de Tarso Heredia de Sá, filho de um conhecido, para distribuir *O Globo* nas bancas.⁵³² Também enviava fotos autografadas tiradas durante seus saltos. "Meu caro Roberto, junto vai um salto do 'Mitay'. Estou fazendo força para copiar o teu exemplo como incentivo para os jovens", escreveu ao pular obstáculo de 1,70 m de altura.⁵³³

Foi por intermédio de Figueiredo que o embaixador do Chile, Hector Bravo Muñoz, esteve na sede de *O Globo* para colocar no peito do empresário a comenda da Ordem de Bernardo O'Higgins, a mais alta condecoração do país governado pelo ditador Augusto Pinochet. "O governo do Chile quis distinguir o doutor Roberto Marinho como um irmão dileto", disse o diplomata na cerimônia improvisada.⁵³⁴

"Peço a gentileza de transmitir ao presidente Augusto Pinochet o meu mais caloroso agradecimento de que tudo farei, em minha missão jornalística, a serviço do Chile."

Figueiredo frequentava havia tempo Santiago por conta de cavalos. Chegava a importar animais da capital chilena. Por sua vez, Marinho tinha uma relação antiga com o país andino. Ainda nos anos 1940, ele conseguiu que o governo do Chile cedesse um sinal internacional para instalar a Rádio Globo.

Nem sempre o general amigo de Marinho saiu bem nas páginas do jornal do empresário. *O Estado de S. Paulo e O Globo* divulgaram uma história que causou constrangimento ao chefe do Serviço Nacional de Informações. O órgão de inteligência foi apresentado como caloteiro: "SNI não paga conta e Telesp desliga os seus aparelhos", destacou o jornal carioca. "Telesp corta os telefones", informou o *Estadão*. Alguns pagamentos do SNI e da Receita Federal não eram feitos havia cinco anos. "O fato em tela espelha a leviandade dos jornais, que, movidos pela psicose da denúncia, tentam denegrir a reputação de órgãos da administração federal e comprometer a imagem de austeridade do próprio governo", avaliou um serviço de inteligência enviado ao presidente Ernesto Geisel.[535]

Numa terça de julho de 1977, o Palácio do Planalto começou a operar publicamente pela candidatura de João Figueiredo à sucessão de Ernesto Geisel. Na disputa velada estava o general Sylvio Frota, ministro do Exército.

O pontapé da campanha de Figueiredo foi uma entrevista dada em caráter "pessoal" pelo presidente da Caixa Econômica Federal, Humberto Barreto, considerado um "filho" de Geisel, em defesa do nome do chefe do SNI. O *Jornal do Brasil* e *O Estado de S. Paulo* deram a declaração do executivo do banco na manchete.[536] A defesa da candidatura de Figueiredo era feita por alguém do círculo pessoal de Geisel, sem caracterizar uma posição oficial.

O mercado jornalístico e o meio político estranharam o fato de *O Globo* não ter dado espaço algum às declarações. Afinal, Marinho e Figueiredo não escondiam a amizade pessoal. O noticiário do jornal, porém, não deixava clara uma preferência política.

O jornal carioca só entrou no assunto da sucessão na edição do dia seguinte, na linha oficial do Planalto, de que Barreto dera apenas uma opinião e não falava pelo governo ou pela Arena.

A máquina de fazer presidentes do Planalto levou à frente a campanha de Figueiredo. O próprio chefe do SNI, o general Golbery do

Couto e Silva, e seu assessor Heitor Aquino Ferreira produziram um material sobre a infância, a juventude e a trajetória do general para distribuir aos jornais. A ideia era garantir reportagens profundas no domingo que consolidassem a imagem de uma candidatura oficial, impedindo o avanço da turma de Frota.

Na redação de *O Globo* houve até risos quando o material com fotos até da "bundinha de fora" de Figueiredo em seu primeiro ano de vida chegou no começo de uma semana com embargo para domingo, lembra Paulo Totti.

O jornal mandou o repórter Marcelo Pontes levantar informações sobre a infância e a juventude de Figueiredo.

Numa conversa trivial sobre o jornal na manhã de sábado, José Roberto Marinho contou ao pai sobre a produção da reportagem. O empresário telefonou imediatamente para Paulo Totti, que estava no fechamento do domingo.

"Totti, que matéria é essa?"

"O editor explicou que todos os jornais dariam a mesma história."

"Não, espera, eu vou refletir. Eu te ligo daqui a cinco minutos."

Passaram cinco minutos. Marinho telefonou:

"Olhe, Totti, nós não vamos dar a matéria."

"Mas doutor Roberto..."

Marinho saiu do tom cortês:

"Um momento, não sei se fui claro."

Com sua fala vagarosa, ele completou:

"Nós não vamos publicar. Está bem?"

"Está bem."

"Boa tarde, Totti."

O editor do jornal relata que, naquele momento, não entendeu o motivo de Marinho recusar um furo justamente numa história positiva e vendida pelo seu principal aliado no setor militar. Aliás, observa, ele era um chefe sempre preocupado com o furo — perder informação para a concorrência o deixava "furioso".

Marinho avaliou que não lucraria muito estando na mesma situação dos demais jornais, tanto diante de Frota, mas principalmente na sua relação com Figueiredo. Ele, então, acertou, num telefonema para o amigo da Hípica, que era melhor *O Globo* não publicar a história.

Num domingo de julho de 1977, o *JB* publicou duas páginas sobre a trajetória de Figueiredo. Um militar preferido por Geisel, destemido e leal aos princípios da "Revolução" se sobressaiu nas narrativas do jornal. Numa delas, meses antes do golpe de 1964, o então coronel Figueiredo foi recebido por João Goulart, que tentava "neutralizar" jovens lideranças do Exército, no apartamento do presidente no edifício Chopin, ao lado do Copacabana Palace.

"Como é, coronel, já estão conspirando?", perguntou Goulart.

"Estão, presidente. Eu mesmo estou conspirando contra o senhor."[537]

O Estado de S. Paulo incluiu a publicidade da campanha antecipada de Figueiredo num especial sobre os dez anos do acidente que matou o ex-presidente Castelo Branco. O escolhido do Planalto aparecia nas páginas do matutino dos Mesquita como a continuidade da tradição não apenas castelista, mas constitucionalista. O jornal recontou a história do general Euclides Figueiredo, pai do postulante à presidência, na revolta paulista de 1932 contra Getúlio e na defesa de uma nova Constituição.[538]

Assim como Marinho tinha previsto, Frota ficou furioso com as matérias divulgadas no *Jornal do Brasil* e no *Estadão*. A entrevista de Humberto Barreto e as notas e matérias de bastidores não tinham tido a força que as reportagens de tom histórico sobre Figueiredo.

Na manhã de segunda-feira, o ministro do Exército se reuniu com Geisel e Figueiredo no Palácio do Planalto para dizer que era uma traição antecipar candidatura. Frota sabia que a máquina do palácio estava por trás da divulgação do material. Figueiredo respondeu de chofre:

"O que você queria que eu fizesse? Não fui eu que dei. Você queria que eu invadisse a *Veja*, colocasse tropa para invadir o *Estadão* e o *Jornal do Brasil*? Você sabe muito bem quem é o meu único amigo de cavalo na imprensa. Eu liguei para o Roberto e ele segurou."[539]

A resposta de Figueiredo, na verdade, não tinha nada de improviso. Ele havia combinado com Marinho.

A presença de Armando Falcão na pasta da Justiça era uma contradição acentuada num governo que se dizia de abertura. Na redação de *O Globo*, Evandro tentava desfazer a impaciência dos editores mais graduados com medidas mais claras de distensão. Em conversa, avaliava que a escolha de uma figura reacionária numa pasta decisiva tinha o propósito de diminuir os atritos com a linha dura no processo de transição.

As conversas de Falcão com o jornal se davam diretamente com Roberto Marinho e, na ausência do empresário, com Evandro. Em setembro de 1977, o diretor estava afastado do jornal para cuidar da saúde da mulher, Miriam. Marinho procurou José Augusto Ribeiro, segundo na linha de poder no jornal.

"Olha, se houver alguma coisa extraordinária, o Armando vai te ligar, e você siga a orientação dele."

O governo uruguaio anunciou a decisão de expulsar Leonel Brizola e sua mulher, Neuza. O líder trabalhista vivia numa fazenda próxima da cidade de Cármen, no centro-oeste do país, desde o golpe militar que derrubou Goulart, irmão de Neuza.

Havia tempo que a sensação era de insegurança para os brasileiros exilados no Uruguai. A Operação Condor, uma ofensiva conjunta de órgãos de repressão dos países da América do Sul, avançava.

Na noite de 18 daquele mês, José Augusto atendeu um telefonema de Armando Falcão.

"Roberto deve ter dito que dependendo do caso eu ligaria para você."
"Falou, sim."
"Então, por favor, toma nota e publica na primeira página."

> *Caso o ex-governador do Rio Grande do Sul Leonel Brizola, que foi expulso do Uruguai, tente atravessar a fronteira para o Brasil, será preso imediatamente, afirmou ontem à noite uma fonte da Justiça Militar. Segundo ela, Brizola foi acusado em diversos processos por crimes contra a Lei de Segurança Nacional e já foi julgado em alguns deles.*[540]

José Augusto considerou a conversa "muito escrota" e "filha da puta". "Inicialmente, achei que era um ato do Geisel contra o Brizola. Depois, eu soube por uma pessoa ligada ao Aureliano Chaves que o general pediu ao governo do Uruguai para expulsar o Brizola porque estava com medo de um assassinato no âmbito da Operação Condor", disse. "O Geisel havia ficado abalado com as mortes do Juscelino e do Jango.

Então, achou melhor tirar o Brizola do Uruguai. Embora o Orlando Letelier (ex-ministro da Defesa do Chile) tenha sido morto a poucos metros da Casa Branca, era muito mais fácil matar o Brizola no Uruguai do que nos Estados Unidos e na Europa."

Enquanto Geisel negociava a saída de Brizola do Uruguai, o ministro do Exército, Sylvio Frota, por conta própria, mandou o comandante do III Exército, no Rio Grande do Sul, Fernando Belfort Bethlem, movimentar tropa na fronteira com o país vizinho, para impedir a entrada do líder trabalhista.

O governo de Jimmy Carter concedeu visto de entrada a Brizola, que se mudou com a mulher, ainda naquele mês, para os Estados Unidos. O democrata iniciava uma ação pelos direitos humanos no continente. O brasileiro se mudou em seguida para Lisboa, onde foi abrigado pelo líder socialista Mário Soares.

Nesse tempo de exílio, as relações entre Brizola e Roberto Marinho foram praticamente inexistentes, "salvo um ataque ali e outro acolá", lembra João Roberto Marinho. O que os aproximava era justamente o primeiro-ministro português. Mário Soares mantinha contato direto com o líder trabalhista brasileiro e com o dono da Globo.

No feriado de Nossa Senhora Aparecida, em outubro de 1977, o grupo de Sylvio Frota tentou dar um golpe dentro do golpe. Ernesto Geisel foi mais rápido e neutralizou a tentativa de tomada de poder, demitindo o ministro do Exército. A escolha de Bethlem para o cargo causou surpresa, por ser associado a Frota. Combatente da FEB na Itália, o novo chefe da força, porém, tinha sido subordinado de Figueiredo em uma unidade gaúcha.

A primeira página de *O Globo* transformou a movimentação militar em Brasília numa mera troca de nomes no primeiro escalão.

"GEISEL DEMITE FROTA
E NOMEIA BETHLEM
MINISTRO DO EXÉRCITO."

O editorial "O elo indestrutível", porém, quase explicitava o momento tenso e de indefinição sobre a batalha entre generais. O jornal de Roberto Marinho apostava em Geisel, a figura à qual o título se refere, e no candidato dele à sucessão, João Figueiredo, na briga de cúpula do regime.

"Queremos guardar do general Sylvio Frota as impressões positivas ditadas pela nobreza de toda uma vida militar até o instante de sua saída do Ministério do Exército", sublinhava o texto. "Estamos certos de que em seu ânimo acabará por prevalecer a percepção de, acima de quaisquer dissabores, preservar a unidade das Forças Armadas em torno de seu Supremo Comandante, elo necessariamente indestrutível do qual dependem a paz e a prosperidade desta nação."[541]

Ao receber o título de doutor *honoris causa* da Gama Filho, no mês seguinte, Roberto Marinho fez uma crítica pública ao regime. "Tratemos também de reconhecer que, na classe dirigente, entre os mais responsáveis, entre nós mesmos, está ainda distante do que pode e deve ser uma firme e clara atitude de liderança para o país saudável que todos desejamos e em que merecemos viver", afirmou.[542]

No discurso, ele evitou citar Geisel, falou das "massas marginalizadas" e avaliou que milhões de brasileiros tinham apenas uma "meia cidadania". O empresário afirmou que era preciso nos livrarmos dos "atentados contra a pessoa humana e seus bens". Em seguida, propôs uma abertura pelo caminho do meio. "A abertura que almejamos não pode fechar-se à realidade, nem omitir o que o nosso próprio olhar, isento e crítico, nos põe diante de nós, de nossos olhos."

No começo de março de 1978, o deputado Tancredo Neves, do MDB de Minas, venceu uma disputa acirrada com o colega Freitas Nobre, da ala mais à esquerda do partido, pela liderança da legenda na Câmara. Freitas Nobre propunha anistia e uma Constituinte, e disse que não aceitava o "diálogo" com o governo, pois o Palácio, se quisesse abertura, não precisava de conversas.[543]

O discurso de estreia do "moderado" Tancredo como líder era esperado em Brasília. A expectativa é que ele promoveria uma abertura política negociada. Em um plenário com mais de duzentos deputados, o mineiro disse que a "revolução" separou o país entre vencedores "orgulhosos" e "arrogantes" e vencidos "humilhados" e "marginalizados", propôs a reconciliação e, como Freitas Nobre, a anistia e uma nova Constituinte:

"Somos a trincheira impenetrável da resistência democrática."

Mas, em seguida, deixou claro que o MDB não tinha "compromisso" com o passado. Ele avaliou que o "revanchismo" era uma atitude "primária" e "tacanha", uma política "vesga e facciosa", "totalmente" eliminada do ideário da legenda, e disse que a segurança nacional dependia de uma adesão livre e consciente do povo e que confiava nas promessas de abertura de Ernesto Geisel.

O grupo dos "autênticos", parlamentares mais à esquerda do partido, se retirou.

O editor José Augusto procurou Evandro para acertar o tom da publicação da matéria. Ficou decidido que o jornal sairia com uma edição com as frases menos intensas de Tancredo. Evandro, entretanto, procurou Roberto Marinho para propor a publicação do pronunciamento na íntegra, com todas as frases fortes. O empresário autorizou. O discurso ainda virou manchete:

"MDB CONFIA
NA SINCERIDADE
DO GOVERNO"[544]

A edição incluiu na primeira página a citação elogiosa de Tancredo a Geisel na questão da política social.[545] O concorrente *JB* também pôs o discurso do oposicionista na manchete: "Tancredo não admite reformas sem o MDB" e o publicou na íntegra. A *Folha de S.Paulo* recorreu a uma chamada no alto da primeira página com "Tancredo exige anistia" e *O Estado de S. Paulo*, com menos destaque na primeira, publicou que "Tancredo confia no governo".

Tancredo começou a ocupar o posto de político mais influente dos bastidores no Congresso, na seara de uma oposição que era recebida pelo Planalto. Ele era, sobretudo, o porta-voz, a face pública de uma frente de poder invisível que voltava a ter forças nos estertores do regime. Esse grupo tinha a marca, claro, da ala moderada do MDB chefiada pelo senador, a cara do velho PSD, sempre no muro, quase uma recriação do gabinete que ele montou como primeiro-ministro no tempo do parlamentarismo.

Na órbita de Tancredo, estavam ao menos dois membros do seu antigo gabinete, o banqueiro Walther Moreira Salles, no passado, seu ministro da Fazenda; o senador eleito Franco Montoro, que fora seu titular de Trabalho e Previdência; e mesmo Ulysses, antigo comandante de Indústria e Comércio em seu gabinete e que agora disputava poder com ele dentro do MDB. O grupo ainda contava com outras figuras que ocupavam espaço estratégico na sociedade, como Dom Hélder — o religioso foi seu interlocutor com movimentos no campo — e Roberto Marinho, que pôs *O Globo* na defesa do efêmero projeto parlamentarista.

Aos poucos, Geisel afrouxava a censura aos jornais. "A gente precisava ter cuidado para não abusar, porque nós sabíamos que o Geisel estava muito pressionado e até ameaçado pela linha dura, não podia virar esculhambação. Mas fomos aproveitando aquele novo clima", lembra José Augusto.

O jornalista Paulo Totti recorda que, n'*O Globo*, a tática para noticiar os passos da oposição e criticar o regime militar naqueles anos era focar nos embate dos senadores Franco Montoro, do MDB, e de Petrônio Portella, da governista Arena. Montoro fazia um discurso com críticas moderadas ao governo. Depois, Petrônio. A reportagem no jornal abria com o arenista discordando de Montoro. Mais abaixo, as críticas do opositor.[546]

Cansado de cobrir polícia no Rio, José Roberto, o filho caçula de Marinho, foi trabalhar na sucursal de *O Globo* em Brasília. José Roberto foi cobrir a bancada do governo no Congresso. No dia a dia da cobertura, ele conversava especialmente com Petrônio e José Sarney, da Arena, e Tancredo, do MDB. "O Tancredo era quem me passava tudo. Fiquei muito amigo dele. Era um cara incrível, muito bem informado", conta. "Se tivesse tido uma transferência de um coronel na fronteira de Uruguaiana e que favorecia o grupo do general tal, ele sabia", conta.

Numa ocasião, o repórter comentou com Ulysses Guimarães:

"Doutor Ulysses, o Tancredo sabe até quando troca guarda na fronteira, como é que o senhor vê isso?"

"Meu filho, o importante não é informação, é intuição", respondeu o presidente do MDB.

Era tempo de "Fla × Flu" no partido oposicionista, lembra José Roberto. "Tancredo operava muito, no bom sentido." A equipe de *O Globo* se dividia nas preferências de estilos e fontes. "Existia um tipo que gostava mais do Tancredo, outro do Ulysses. O Jorge Moreno era mais Ulysses, e eu, Tancredo."

Meses depois, o repórter foi transferido para o comitê de imprensa do Palácio do Planalto, no tempo de Figueiredo. A proximidade de Roberto Marinho com o presidente não facilitou a vida do jornalista. "Figueiredo não passava nada para mim, tive pouquíssimo contato com ele, aliás, não permitia contato nenhum com a imprensa", relata José Roberto."

Sem espaço na cúpula do regime, Magalhães Pinto, da Arena, se aproximou do MDB. O político mineiro se colocou como opção do partido à disputa pela presidência no Colégio Eleitoral em 1978. Um dos ministros que havia assinado o AI-5, o banqueiro afirmava, como candidato, que governaria sem o instrumento.[547]

Os "autênticos", que haviam sido contra o anticandidato Ulysses em 1974, agora defendiam a campanha de um militar. O deputado Francisco Pinto, do MDB da Bahia, um dos mais duros nos discursos contra o governo Geisel, liderava uma campanha interna na legenda pelo nome do general Euler Bentes Monteiro. A figura civil do presidente do partido ou mesmo nomes com algum trânsito nos bastidores do regime eram relegados por uma ala considerada mais progressista e que, no entanto, apostava num candidato *outsider*, sem uma rede consistente.

Líder da bancada do MDB na Câmara, Tancredo Neves, adversário histórico de Magalhães, também se inclinou ao nome da caserna.

Na segunda semana de julho de 1978, a audiência de *O Astro* chegou ao ápice da aprovação do público com a morte misteriosa do milionário Salomão Hayala, interpretado por Dionísio Azevedo. Nas revistas, nas rádios e nas ruas, se perguntava "quem matou Salomão Hayala?".

Com o fim da novela de Janete Clair, a Globo pôs no ar um folhetim de ritmo mais intenso. *Dancin' Days* trazia Sônia Braga de volta ao horário nobre da Globo. Ela interpretava a envolvente Júlia Matos.

A ideia da trama era de Janete Clair. A autora sugeriu a Gilberto Braga que escrevesse uma novela sobre mães presas. *A prisioneira*, nome original da obra, foi inspirada em uma reportagem de jornal. Gilberto, então, aproveitou a onda das discotecas, no rastro do sucesso do filme *Os embalos de sábado à noite*, com John Travolta como dançarino principal, para desenvolver a história.

Júlia Matos matou um homem num acidente de trânsito. Após amargar um tempo na prisão, saiu de lá disposta a se reaproximar da filha Marisa, papel de Glória Pires, criada com mimo por sua irmã Yolanda, Joanna Fomm, que se tornou sua rival. Ao longo da narrativa, Júlia se envolveu com um homem rico e passou a frequentar uma discoteca. Com poder e dinheiro, tentou se aproximar também de seu grande amor, o diplomata Cacá, personagem de Antônio Fagundes.

Num primeiro momento, a censura cortou 25 capítulos da novela. O folhetim expunha as relações pessoais da classe média do Rio, foco de Gilberto Braga, com sua linguagem e quebras de convenções sociais. Vestindo calça *jogging* com listras laterais, um sutiã e meias soquete de lurex, Sônia inspirou a moda e explodiu as vendas dos comercias da Globo.

Dancin' Days marcava uma mudança significativa na busca de dinheiro da publicidade. Joe Wallach procurou Jorge Adib para agregar valor às novelas. Os anúncios que dividiam os capítulos eram, até ali, a única fonte de atração de recursos. Ele, porém, conhecia bem o que era *merchandising*, já empregado havia tempo pelo mercado americano. Marcas e produtos eram inseridos nos programas de forma quase natural, e se pagava muito bem pela publicidade disfarçada.

Além da busca de audiência, havia ainda a preocupação da emissora em dar um basta numa farra nos estúdios de inclusão de nomes comerciais nas cenas. "Um camarada patrocinador do programa da Gessy subornava o cara que trabalhava na produção da novela, o contrarregra", lembra Jorge Adib. "Era tudo na picaretagem", conta.

"Jorge, agora eu sei o que você pode fazer na Globo", disse o executivo para o vendedor de filmes da CBS. "Você é o homem que, no Brasil, entende mais de *merchandising*", completou o executivo americano.

Adib não se considerava entendido no ramo.

"Mas Joe..."

"Jorge, não discute. Você é o que mais entende. Vai lá, vai ter dinheiro, faz sua firma."

A proposta era boa. Jorge montou uma empresa para intermediar o *merchandising* entre a emissora e as agências de publicidade.

A máquina da dramaturgia da Globo foi colocada na ofensiva pela candidatura civil dissidente. No sábado, dia 22 de julho, a emissora recebeu Magalhães Pinto no estúdio da Herbert Richers, onde gravava a novela *Dancin' Days*, em Jacarepaguá.

"Excelência, que imenso prazer tê-lo em nossa casa, apesar de saber de seus afazeres", disse o personagem Jofre, interpretado por Milton Moraes, o relações-públicas da Discotheque Club 19, no dia da inauguração.

"Tá bom", se limitou a responder o senador, que entrou no estabelecimento sob uma salva de palmas dos frequentadores.

Antes desse capítulo da novela ir ao ar, Magalhães Pinto desistiu da candidatura pelo partido oposicionista, apoiada pelos moderados. "Magalhães renuncia à luta na convenção do MDB", anunciou *O Globo* em manchete no dia 9 de agosto. O jornal publicou na íntegra uma carta manuscrita do parlamentar ao presidente da legenda, Ulysses Guimarães. Na mensagem, afirmou que tinha colocado como condição de ser candidato "não dividir o partido" e "disputar com possibilidade de vitória no Colégio Eleitoral". Em entrevista, disse que seu nome ainda estava à disposição. "Não esqueçam que sou a única alternativa civil e alguém ainda pode precisar de mim."

Numa indisfarçável crítica à rejeição de Magalhães Pinto pelo MDB, *O Globo* publicou editorial para observar que o senador ainda podia comparecer como "candidato avulso" no Colégio Eleitoral, com possibilidade de vitória. O texto do jornal de Marinho ainda ironizou a opção do partido oposicionista por um general quatro estrelas. "Os tempos mudaram. Já não existe aquela oposição hermeticamente incompatibilizada com as soluções militares para o Governo da República", espinafrou. "O General Euler e as suas quatro estrelas acabaram

O ministro das Comunicações Euclides Quandt visita a Globo, no Rio, em dezembro de 1976, onde é recebido por Roberto Marinho. Os dois travam um embate sobre o modelo de televisão no país. Acervo Roberto Marinho/Memória Globo.

Ordem dos Advogados divulga documentos sobre maus tratos

A política de tortura da ditadura militar chega às páginas de O Globo. 02 de setembro de 1977.

1685/CINF/020977 - A PUBLICACAO, HOJE, NO JORNAL O GLOBO, DA MATERIA INTITULADA " ORDEM DOS ADVOGADOS DIVULGA DOCUMENTOS SOBRE MAUS TRATOS" EH INTOLERAVEL PELOS SEGUINTES ASPECTOS:

1 - A OAB, QUE DE ACORDO COM A LEI, EH ENTIDADE DE SERVICO PUBLICO FEDERAL, DE SELECAO, DEFESA E DISCIPLINA DA CLASSE DOS ADVOGADOS, NAO PODE EMPRESTAR SEU NOME AA DIVULGACAO DE MATERIA QUE NADA TEM A VER COM SUA FINALIDADE LEGAL.

2 - A OAB NAO PODE, PURA E SIMPLESMENTE, SEM AVERIGUAR A VERACIDADE, DIVULGAR AFIRMACAO, EVIDENTEMENTE CALUNIOSA CONTRA AUTORIDADES MILITARES E CIVIS.

3 - UM VEICULO DE IMPRENSA COM A CIRCULACAO DO JORNAL 'O GLOBO', NAO PODE, EXCETO SE MOVIDO POR INCONFESSAVEIS INTENCOES, DIVULGAR MATERIA DESTINADA A INCITAR A ANIMOSIDADE ENTRE AS FORCAS ARMADAS OU ENTRE ESTAS E AS CLASSES SOCIAIS OU AS INSTITUICOES CIVIS (ARTIGO 39 DA LSN).

4 - A DIVULGACAO DESTA MATERIA ATRAVES DA IMPRENSA CONSTITUI PRECEDENTE INADMISSIVEL E CLARAMENTE DESTINADO A INDISPOR O POVO CONTRA O GOVERNO E O REGIME, ALEM DE QUE PERMITIU A DOIS MILITANTES DE PROA DE ORGANIZACAO TERRORISTA E GUERRILHEIRA RURAL FAZEREM APOLOGIA DE SUA LUTA EXPURIA E CONFISSAO DE FEH COMUNISTA ATRAVES DE MEIO DE COMUNICACAO SOCIAL.

5 - A DIVULGACAO DESTA MATERIA EM PLENA SEMANA DA PATRIA TEM POR ESCOPO EMPANAR O BRILHO DAS COMEMORACOES CIVICAS, VISTO TRATAR-SE DE CALUNIAS REDIGIDAS HA VARIOS MESES E ESTRATEGICAMENTE DIVULGADAS NO DIA DE HOJE.

6 - A DIVULGACAO DESTA MATERIA CONSTITUIU CRIME DE QUE FORAM VITIMAS AS FORCAS ARMADAS, A SSP/SP E A REVOLUCAO E DE QUE FORAM BENEFICIARIOS A OAB E SEU PRESIDENTE, O O GLOBO E SEUS PROPRIETARIOS, O PC DO B E TODAS AS DEMAIS ORGANIZACOES SUBVERSIVAS QUE QUEREM ALTERAR A NOSSA FORMA CONSTITUCIONAL DE GOVERNO.

7 - HAROLDO BORGES RODRIGUES LIMA, DO CC DO PC DO B, EM DEPOIMENTO PRESTADO NO DOI/CODI/I EX EM 251276, DECLAROU QUE "HA UMA ESPECIE DE CONVENIO ENTRE O PC DO B E O JORNAL "O MOVIMENTO" QUANTO AO ASPECTO JURIDICO., QUE FICOU ACERTADO QUE TODA VEZ QUE DIRIGENTES DO PARTIDO FOSSEM PRESOS, ELES SERIAM ASSISTIDOS E AMPARADOS PELO DEPARTAMENTO JURIDICO DO JORNAL O MOVIMENTO NAS PESSOAS DOS

Documento militar considera "intolerável" reportagem de *O Globo* sobre tortura de presos políticos. O relatório afirma que a divulgação do texto foi um "crime" contra as Forças Armadas. Fonte: CIE, Ministério do Exército/Arquivo Nacional.

Torturado pelo regime, Milton Coelho da Graça se notabilizou na redação de *O Globo* pela organização de coberturas especiais. Num tempo de pressão, o caso Riocentro mostrou a força de seu jornalismo. Foto: Leonencio Nossa.

Na segunda mesa, com laudas na mão, o jornalista Marcelo Pontes, que se destacou pelo texto e pela apuração de grandes histórias políticas. Acervo pessoal.

Da esquerda para a direita, o repórter Marcelo Beraba, o repórter-fotográfico José Vidal, Dom Pedro Casaldáliga e missionaristas. Em São Félix do Araguaia, a dupla de jornalistas retoma a tradição da reportagem brasileira. Acervo pessoal.

Roberto Marinho com Ernesto Geisel, em 1978. Acervo Roberto Marinho/Memória Globo.

Ernesto Geisel lê um exemplar do caderno "Panorama Econômico", de *O Globo*, em 1978. Acervo Roberto Marinho/Memória Globo.

Num furo de reportagem, a sucursal de Brasília de *O Globo* publica, na manhã de 27 de junho de 1979, o projeto de anistia política elaborado pelo ministro da Justiça, Petrônio Portella.

Na chefia da sucursal do jornal na capital federal, Merval Pereira coordenou a equipe que publicou o projeto de anistia. Foto: Leonencio Nossa.

Henrique Caban, Evandro Carlos de Andrade, José Roberto Marinho, João Roberto Marinho e Roberto Irineu Marinho no Hotel Maksoud Plaza, em São Paulo, em 1979. Evandro foi decisivo na formação dos filhos de Roberto Marinho. Acervo Roberto Marinho/Memória Globo.

Roberto Marinho com o senador Tancredo Neves, do MDB, em 1980. Acervo Roberto Marinho/Memória Globo.

Residência de Roberto Marinho no Cosme Velho, no Rio, que era usada para grandes recepções a figuras da política, da economia e da cultura. Foto: Leonencio Nossa.

Da sacada do quarto no Cosme Velho, Roberto Marinho tinha a vista da Mata Atlântica. Foto: Leonencio Nossa.

Roberto Marinho gostava de mostrar o lago de carpas, na casa do Cosme Velho, aos visitantes. Foto: Leonencio Nossa.

Jardim da casa de Roberto Marinho no Cosme Velho. Foto: Leonencio Nossa.

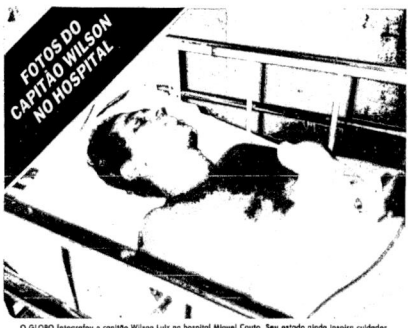

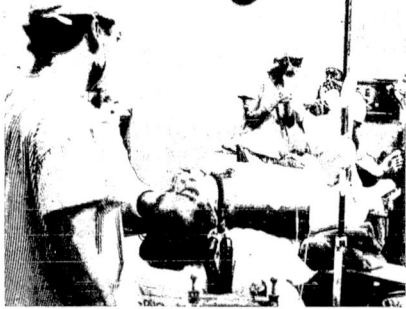

A manchete de *O Globo* sobre o caso Riocentro, de 6 de maio de 1981, resultou numa condução coercitiva de Roberto Marinho ao I Exército.

O deputado Ulysses Guimarães, do MDB, com os irmãos Roberto, Ricardo e Rogério Marinho, em uma solenidade, em 1983. O oposicionista MDB teve espaço em *O Globo* durante todo o período da ditadura. Acervo Roberto Marinho/Memória Globo.

Roberto Marinho recebe o casal Risoleta e Tancredo Neves, no Cosme Velho, em 12 de dezembro de 1982. Acervo Roberto Marinho/Memória Globo.

Roberto Marinho e Tancredo Neves no Cosme Velho. Acervo Roberto Marinho/Memória Globo.

Roberto Marinho numa encenação da ópera Aída, no Rio. Acervo Roberto Marinho/Memória Globo.

Os irmãos João Roberto, Roberto Irineu e José Roberto Marinho, filhos de Roberto. Foto: Leonencio Nossa.

brilhando mais intensamente, para os olhos ambiciosos do MDB, do que a pregação civilista do Senador Magalhães Pinto."

O jornal ignorava a narrativa de que Euler era um militar diferente. Euler, avaliou, era "figura" do movimento de 1964 e tinha cumprido "missões" nos governos da "Revolução".[548] Em outro editorial, *O Globo* questionou a agenda de Euler, que agora incluía a volta da atuação da UNE e da CGT, nova Constituinte e anistia ampla, temas que não faziam parte de seu discurso até antes de ser escolhido candidato pelos "autênticos" da oposição.[549]

Na noite de 14 de agosto, Magalhães Pinto ligou a televisão para assistir à sua participação na trama. Ele reclamou que um trecho da novela, em especial, tinha sido censurado. Uma personagem havia dito: "Se pudesse votar para presidente, votaria no senhor."

Dona Berenice, sua mulher, comentou em tom de ironia:

"Um homem como o Magalhães, um senador da República, ter concordado em aparecer na televisão numa boate..."

"Fica firme", disse o marido, "que até eu chegar à presidência tenho que fazer essas coisas."[550]

Sem Magalhães, Tancredo levava adiante um projeto de "frente democrática". Em convenção, o partido da resistência optava pelo general Euler Bentes Monteiro para enfrentar o favorito João Figueiredo, da Arena. O MDB não preferia um militar contrário ao golpe de 1964 e preteria o líder civil da derrubada de João Goulart. O tempo era outro. A legenda trocava um candidato com chances remotas por uma anticandidatura.

Os jornais trataram o nome apresentado por Geisel como natural sucessor. "Figueiredo vai conter inflação com agricultura", informou o *Jornal do Brasil* ainda no dia 9 de agosto.[551]

Com a postura do MDB de rejeitar a candidatura de um civil, *O Globo* publicou uma foto e uma manchete, no dia 12, sobre uma viagem de Figueiredo ao Nordeste, entrando, assim, na cobertura da campanha do general.

"FIGUEIREDO NO RECIFE:
'NORDESTE PRECISA DE
5 MILHÕES DE EMPREGOS'"

Em campanha pelo MDB, Chico Buarque compôs jingles para candidatos — ao Senado, Fernando Henrique Cardoso e à Câmara, Audálio Dantas em São Paulo, e Modesto da Silveira no Rio. No Recife, Ivan Lins saiu às ruas para defender o nome de Jarbas Vasconcelos ao Senado. Dias Gomes e Janete Clair manifestaram apoio público ao político pernambucano. E Luiz Gonzaga fez campanha para candidatos emedebistas no interior do Nordeste. Do outro lado, nas campanhas pagas de candidatos da Arena, Sidney Magal trabalhou na Bahia, Sergipe e Paraná, Jair Rodrigues no Nordeste e Ronnie Von em São Paulo.[552]

Na semana anterior às eleições, *O Globo* deu mais destaque ao conclave que escolheria o sucessor de João Paulo I, morto subitamente após 33 dias de pontificado, à votação do Colégio Eleitoral que só confirmaria Figueiredo sucessor de Geisel. "Mundo aguarda hoje a eleição do novo Papa", destacou manchete no centro da primeira página do jornal no dia 15 de outubro de 1978. Mais abaixo, o agora matutino destacava que "Colégio Eleitoral escolhe hoje o futuro presidente".

A edição do dia seguinte apresentou uma foto dos jogadores do "Flamengo campeão" do primeiro turno do Campeonato Carioca, no Maracanã, com mais destaque que a imagem da manchete: "Figueiredo eleito propõe a conciliação nacional". O general da Arena derrotara o general do MDB, por 335 votos contra 226. Os senadores Teotônio Vilela, de Alagoas, e Magalhães Pinto, de Minas, não compareceram.

Numa mistura de autopromoção e um certo sincericídio, o jornal estampou ainda na primeira página uma "mensagem de Figueiredo". "*O Globo* sempre foi um jornal suspeito em relação a mim, porque eu sou muito amigo de Roberto Marinho, há mais de quarenta anos", relatou o general. "A nossa mania de hipismo nos uniu; depois, pela vida afora, sempre trocamos ideias."

Figueiredo escreveu ainda que Marinho tinha se portado de forma "respeitosa" durante o processo de sua candidatura e deixado que os profissionais trabalhassem em "pé de igualdade" com todos os outros. Ainda fez campanha para a Arena ao finalizar que partia "firme" para a disputa de 15 de novembro, que definiria a composição do Congresso. "Acho que vamos ganhar as eleições."

Ao lado da mensagem, o jornal publicou editorial para exaltar o "espetáculo" da coesão da Arena durante a votação, mas, ao estilo de

Roberto Marinho, o texto dava mais abaixo análises sobre os rumos do MDB e dos radicais da caserna.

O texto registrou que uma "ínfima" dissidência arenista correspondia em "número e grau" à "partícula" divergente das Forças Armadas, e que o general eleito tinha "estendido" a mão aos adversários em meio à radicalização de "setores" da oposição. Ulysses ocupou um boxe do jornal numa página interna. "A Nação quer a paz, não a paz de cemitério", disse o presidente do MDB. Também com pouco destaque, o jornal, numa atitude incomum, publicou uma entrevista exclusiva com Figueiredo. "General reafirma que Governo respeita os direitos humanos", destacou o título. "Já disse e reafirmo que houve desvios na Revolução de 64, por força da própria dinâmica do processo revolucionário. Esses desvios hoje são lamentados, mas não foram de molde a criar violações à pessoa humana", ressaltou. "A Revolução teve em mente assenhorar-se de instrumentos excepcionais na legislação, tão somente para coibir a subversão e o terrorismo."

Em letras garrafais que faltaram na cobertura da eleição indireta de Figueiredo, *O Globo* anunciou no dia 17 que um cardeal polonês foi eleito papa. Começava o pontificado midiático de João Paulo II.

Numa noite, pouco antes de o *Jornal Nacional* ir ao ar, Roberto Marinho chamou à sua sala o editor Luís Edgard de Andrade para uma conversa. Cumprimentou efusivamente o jornalista pela cobertura da editoria de internacional do conclave que elegeu o papa João Paulo I; 33 dias depois, a sua morte; o início de outro processo de escolha do chefe da Igreja Católica; e os primeiros dias do pontificado de João Paulo II.

Em meio a elogios, o empresário revelou:

"Como vocês sabem, eu sou insaciável mesmo."

Luís Edgard observa que Marinho tinha a personalidade competitiva, uma "necessidade" de vencer. Isso se dava numa "perseguição" implacável do momento.

A pessoas próximas, Roberto contava que tinha dificuldades para dormir, especialmente em momentos de turbulência nos negócios. Durante o dia, dormia uns dez minutos para compensar noites em claro. A inquietação era visível no movimento de mãos e dedos.

As eleições gerais, em novembro, decidiam a correlação de forças e os novos nomes que atuariam como *players* da transição. "Do ponto de vista formal, a Oposição teve quase sempre um desempenho correto", sentenciou editorial de O Globo na véspera da disputa pelas cadeiras de deputados e senadores. "A campanha da anistia, as denúncias sobre corrupção administrativa e abusos da repressão política às manifestações oposicionistas de rua, a tentativa de crise militar promovida pelo general Hugo Abreu, a intervenção de Prestes, as atividades de cassados e punidos pela Revolução, nada disso foi capaz de abalar o País nem de desviar o Governo de sua determinação de cumprir à risca o calendário eleitoral."[553]

Com os primeiros votos, o jornal de Roberto Marinho registrou a força do partido oposicionista, agora com certa igualdade em relação à Arena. A manchete de 16 de novembro, um dia depois da votação, foi incisiva:

> "MDB LEVA VANTAGEM
> NAS PRIMEIRAS URNAS"

Em vez de apontar uma vitória arrasadora da Arena, o jornal optou por manchetes com fatos pontuais como "Governo espera eleger 15 senadores contra oito do MDB", no dia 17, e "Petrônio prevê mais partidos e profundas mudanças nos atuais" e "Arena admite que perdeu no Paraná luta pelo Senado", na edição do dia 18.

O processo de escolha dos novos parlamentares levava para Brasília 22 senadores biônicos pela Arena, com Arnon de Melo, um assassino, por Alagoas, João Calmon, braço direito de Assis Chateaubriand, pelo Espírito Santo, Jutahy Magalhães, filho de Juracy, na Bahia, e mesmo Amaral Peixoto, genro de Getúlio, único biônico do MDB, eleito no Rio.

Ao mesmo tempo, o MDB oposicionista garantiu uma bancada forte no Senado, com lideranças emedebistas que tinham obtido destaque na oposição moderada aos governos Médici e Geisel, como Tancredo Neves, eleito por Minas, Pedro Simon, Rio Grande do Sul, Franco Montoro, São Paulo, José Richa, Paraná, Humberto Lucena, Paraíba,

Henrique Santillo, Goiás, e Nelson Carneiro, Rio. Na soma, o MDB ficaria com 25 cadeiras no Senado, incluindo os eleitos do pleito anterior, e a Arena, 42.

A Arena tinha elegido indiretamente ainda os governadores de São Paulo, Paulo Maluf, Rio Grande do Sul, Amaral de Souza, Bahia, Antônio Carlos Magalhães, Pernambuco, Marco Maciel, e Minas, Francelino Pereira.

Agora, o noticiário de *O Globo* expunha um malabarismo entre o grupo palaciano comandado por Figueiredo e lideranças governistas, como Petrônio Portella, senador eleito na disputa anterior, e Marco Maciel e os emedebistas Tancredo, Ulysses e Pedro Simon. Já havia uma nova velha pauta para os agentes que saíam fortalecidos das eleições. "Anistia será restrita", disse Petrônio, em manchete de 3 de dezembro. "Para o MDB, conciliação depende de anistia ampla", destacou o jornal no dia seguinte. A reportagem ouviu Ulysses, presidente do MDB, e o senador gaúcho eleito Pedro Simon. Os governistas ressaltaram que a anistia seria concedida e cassações revistas. Por sua vez, os emedebistas insistiam num "perdão" amplo.

Roberto Marinho foi para a posse de Figueiredo em Brasília. A Globo preparou uma ampla cobertura. O filho mais velho do empresário foi encarregado de ir às solenidades de transmissão de cargos de três ministros de áreas importantes para a emissora. Assim, Roberto Irineu recebeu a tarefa de prestigiar Haroldo de Mattos, que assumia a pasta das Comunicações, Petrônio Portella, Justiça, e Delfim Netto, agora na Agricultura.

O homem forte do milagre econômico não ficaria muito tempo na pasta da Agricultura. Delfim logo assumiu o Ministério do Planejamento. Nessa época, Roberto Marinho passou a ter uma proximidade maior com o economista. "Ele me visitava com muita frequência. Sentava à mesa como você está sentado aí e eu à mesa de ministro aqui", lembra o ex-ministro. "Ele tinha confiança em mim e eu tinha confiança nele."

Delfim Netto minimiza e ignora a relação de desconfiança entre os dois. Ele fala de encontros mais de uma vez por mês, dependendo do momento. O ex-ministro sugere que o homem que redigia textos no gabinete do ministério era em última instância empresário. "É difícil dizer se ele era mais jornalista ou empresário", afirma. "Roberto escreveu alguns editoriais na minha frente. Ele era jornalista, mas ele era empresário."

O ex-ministro descreve a imagem de um Roberto Marinho tomador de riscos, que media os passos. Quando os gabinetes da ditadura se abriam, Marinho fazia "teatro" para demonstrar estar no mesmo projeto de Brasil, com uma intensidade que atingia a relação pessoal.

Na avaliação de Delfim, Marinho enxergava o quadro político e econômico com rapidez e segurança. O ex-ministro avalia que, ainda nos anos 1960, porém, o empresário não enxergava até onde o negócio da TV poderia chegar. "Acho que a Globo ainda não estava em seu radar", observa.

Delfim minimiza o poder de influência e possíveis privilégios de Marinho em seu ministério e no governo da ditadura. "Ninguém tem bons amigos se não é um bom amigo", afirma.

Sempre visto com desconfiança por Marinho, o ex-ministro ganhou três minutos do *Jornal Nacional* para se defender, tempos depois de sair do governo, de acusações do novo xerife da economia, Mario Henrique Simonsen, ministro de Ernesto Geisel, de que divulgara índices falsos de inflação. Naquele momento, Delfim estava com malas prontas para amargar o posto de embaixador em Paris, um exílio para quem tinha dominado o poder econômico.

As visitas de Marinho ao gabinete de Delfim tinham como eixo a informação, e não a busca de privilégios e ajudas financeiras, segundo o ex-ministro. Era um empresário com a obsessão de saber por onde caminhar e eliminar tentativas do governo de bloquear seu crescimento. "Essas conversas que nós tínhamos eram sobre isso. 'O que vai acontecer com o Brasil?' Porque ele tinha posto tudo numa brincadeira, não pense que ele não tinha o que perder. Ele tinha muito interesse em saber quais eram as alternativas, para onde a coisa estava indo. Fora que era um sujeito muito bem-informado. Eu devia ser um em mil informantes."

O momento era outro. Marinho não enfrentava mais a sombra de Nascimento Brito do *JB*, preferido por Delfim e um dos escolhidos pela ditadura para colocar no ar uma rede de TV. "Claro que, como todas as pessoas, todo empresário no Brasil e no mundo, ele tinha vinculações com o governo", afirma Delfim. "O Roberto estava acumulando. Tinha um projeto", relata. "O Roberto nem sabia que tinha esse projeto. Se você perguntasse para o Roberto: 'O que você acha que você vai ser daqui a cinco anos?' Ele ia te responder: 'Vou ser capaz de ser aquilo que eu for capaz.'"

Delfim destaca a força da intuição de Roberto Marinho. A consciência dele era clara de que só cresceria se apostasse no regime. "Essa era a preocupação dele. Por isso que ele estava sempre com o governo. Tinha uma noção clara de que ninguém cresce contra o Brasil."

Ao abrir a porta de seu gabinete para Marinho, Delfim, óbvio, fornecia uma sensação de segurança de investimento ao empresário. A aventura do empreendedor não existia com a mesma intensidade em outros homens da mídia, mas a intuição, ainda que não fosse calculada, tinha à disposição uma zona de conforto possibilitada por Brasília.

O ex-ministro minimiza, porém, um possível privilégio de Marinho junto à Receita Federal da ditadura para garantir equipamentos para a Globo com tributos mais baixos ou isenção. "As pessoas inventam moda. Eles não traziam escondido o equipamento. É claro que existe na Alfândega algumas dificuldades ou até algumas facilidades", ressalta o amigo.

Delfim observa a existência dos diversos níveis do poder. Sobre os impostos de importação elevados, o ex-ministro diz que Marinho não tinha "coragem" para pedir: "Perdoe o meu imposto de importação. É outro nível, doutor. O Brasil tem ódio do bem-sucedido. Então você precisa inventar uma história."

Um rosto conhecido por Toninho Drummond apareceu nas imagens capturadas pelos cinegrafistas da emissora do novo núcleo do poder. O antigo coronel Medeiros, agora general Otávio Medeiros, era um dos homens fortes do presidente eleito João Figueiredo.

Com a chegada de Figueiredo ao poder, Toninho mantinha-se firme na influência política. Estava de férias em Lisboa quando Roberto Marinho telefonou para ele preocupado com a notícia de que o Planalto pensava em contratá-lo para a assessoria de imprensa. Marinho não queria perder um homem-chave da empresa no complexo jogo de Brasília.

Ao chegar ao hotel onde estava hospedado com a mulher, Ingrid, e o filho João, Toninho foi informado de que estava sendo procurado pelo telefone. Era Roberto Marinho.

"Ô, Toninho, tudo bem?"

"Oi, doutor Roberto, como vai?"

"Ô, Toninho, estou te ligando pelo seguinte. Eu recebi hoje a visita de um general amigo meu que veio falar em nome do presidente, para pedir sinal verde para te convidar para porta-voz."

"É, doutor Roberto? E o senhor?"

"Olha, Toninho, qual seria minha função? Eu disse que, da minha parte, não tinha problema nenhum, mas que isso é uma decisão pessoal sua. E estou repetindo para você agora: é uma decisão sua. Se você aceitar terá o meu apoio. Se você não aceitar terá o meu apoio."

"Olha, doutor Roberto, eu não esperava isso. Estou viajando. Então, o senhor pode deixar, eu vou pensar. Quando eu retornar, eu vou informar ao senhor."

"Ah, meu filho, eles têm urgência urgentíssima de uma resposta sua. Você não pode dar um pulo aqui e resolver isso? Depois, você volta para suas férias."

Era uma quinta-feira. Na segunda seguinte, Toninho tinha dado o pulo de Lisboa para Londres, e de lá para o Rio de Janeiro.

"Como é, Toninho, já pensou no assunto? O que você decidiu?"

"Doutor Roberto, minha decisão é agradecer muito o convite do presidente, mas estou muito satisfeito com a empresa."

"Ah, meu filho, então olha aqui, cuidado, diga muito obrigado, seja mineiro."

Esse longo relato expõe mais que uma corriqueira situação de possível saída de executivo da empresa e mostra o cuidado de Roberto Marinho em não assumir posição contrária a uma autoridade, ainda que Figueiredo fosse pessoa próxima, amigo da Hípica. Ele delegava a Toninho a decisão que tinha, de certa forma, tomado.

Por sua vez, Toninho, decidido a não ir para o governo, tentou aproveitar um encontro com o ministro da Casa Civil, Golbery do Couto e Silva, em que recusaria o convite para manter a aproximação com o general. Toninho deixou no gabinete do ministro uma análise política.

"Ministro, eu sei o seguinte: vocês todos vieram do governo Castelo e assumiram para fazer a abertura política. Todos vocês foram alijados do governo (pelo Costa e Silva). O governo de vocês se caracterizou até agora por ter dado dois passos no processo de abertura política. Então, a pergunta que eu quero fazer para o senhor é a seguinte: o senhor acha ou o presidente acha que estaria na hora de um jornalista profissional ser um porta-voz? Vocês não estariam queimando uma etapa neste momento para seguir esse processo de abertura lenta, gradual e segura, como o senhor mesmo definiu?"

Em seguida, falaram da viabilidade de indicar um diplomata do Itamaraty. Era início de uma tradição no Planalto de trazer homens que falam muito e não informam absolutamente nada para conversar com os jornalistas. A conversa seguiu para um café e trocas de gentilezas.

A análise de Toninho exposta no encontro poderia ser desnecessária, extravagante, hilária ou claramente sem sentido na ótica de um general cético como Golbery, mas parecia ser mais interessante para a continuidade de uma relação com o poder que o habitual agradecimento pela oferta de um emprego e a recusa do convite. Toninho garantia que sua imagem continuasse a ser vista, na estrutura do poder, como a de uma pessoa confiável, ainda que tivesse recusado a aproximação definitiva.

Toninho pegou um avião e voltou para o Rio.

"Como é que foi a conversa, Toninho?"

"Foi assim, doutor Roberto..."

"Ô, Toninho, que maravilha... e você não vai voltar para suas férias?"

"Vou cuidar da minha vida, sim, doutor Roberto."

"Não, eu vou cuidar disso pra você."

Roberto Marinho chamou a secretária.

"Toninho precisa voltar para as férias dele."

Nos anos 1970 e começo da década seguinte, a Globo era o canal que mais arrecadava em publicidade oficial, levando em conta a abrangência do seu sinal e a programação da TV e das suas concorrentes. Não há documentos conhecidos sobre o percentual de gastos públicos no setor na arrecadação da emissora.

Em muitas conversas para este livro, Toninho Drummond sempre repetiu que, nesse tempo, a publicidade do governo, incluindo as três esferas e as estatais, nunca atingiu 10% do faturamento. "Podia dar 16% quando tinha algum evento do Banco do Brasil", afirmou. "95% vinham da iniciativa privada."

Num contraponto, outros diretores e jornalistas da empresa estimaram que esse índice representava de 20% a 30% da receita do grupo. Uma boa parte observou, entretanto, que a análise dos percentuais precisa levar em conta o fato de que a emissora era a única que atingia quase todo o país, capaz de garantir uma audiência absoluta, de 80% a 90%, e permitir ao governo ser realmente assistido pela maioria da população.

João Roberto Marinho afirma que o percentual de publicidade pública no faturamento da Globo não foi decisivo. "A verba de governo, para nós, não tem a relevância que as pessoas imaginam. É relevante? É. Não vou dizer que essa porcentagem não seja um número importante, mas não tem a relevância que as pessoas imaginam", afirma. A força da Globo no mercado publicitário entrou de vez nas discussões intelectuais e acadêmicas. A emissora provocava debates, especialmente, sobre o impacto de sua programação nas culturas regionais e nos hábitos dos brasileiros.

O *Jornal do Brasil* relatou que em Salgueiro, no sertão pernambucano, o figurino de Sônia fazia a cabeça de estudantes.[554] Num churrasco no pátio de um colégio, sob um sol de 38 graus, em comemoração ao fim do curso Normal, 63 das 93 adolescentes usavam o modelo de meias de listas horizontais de fios prateados usados pela atriz. "'Desapareceram os regionalismos', queixam-se muitos sociólogos", destacou a reportagem. "Nortistas, nordestinos, gaúchos, gente do Centro-Oeste, todo mundo tende a falar igual. Falar igual como Sérgio Chapelin e Berto Filho, como Cid Moreira, os locutores da Globo, como exige o 'padrão de qualidade'", relatou. "É o modismo eletrônico."

A reportagem observou que a Globo cresceu com as gravações, o videoteipe. A emissora dominava 70% dos aparelhos de televisão e as produções regionais eram "mínimas". Também considerou que a TV influenciava os menos escolarizados.

O *JB* registrou que, no Paraná, a Globo foi criticada por disseminar discotecas, mas o fenômeno, ponderou, era mundial. O psicólogo Fábio Campana, de Curitiba, avaliou, segundo o jornal, que a emissora tinha uma "visão errada da realidade, exercício ideológico em favor de efeitos predatórios do capitalismo monopolista". Por sua vez, o professor de comunicação Otaviano Lage, da PUC, em Belo Horizonte, afirmou que o "padrão Globo de qualidade" é "transformar" em "show" ou "caricaturizar" problemas sociais.

Ele citou *Sinal de alerta* como exemplo de novela que passava perto das mazelas sem aprofundá-las. O folhetim escrito por Dias Gomes e dirigido por Walter Avancini discutia a questão ambiental. Lage só não observou que a novela foi um fracasso de audiência. O público não gostou do tema pioneiro da poluição nas cidades.

Em entrevista ao *Jornal do Brasil*, a psicanalista Ester Gelman, de Salvador, observou que crianças de oito a 11 anos não mais desenhavam árvores, casas e bichos. "Quando solicitadas, reproduzem aparelho de televisão", relatou o jornal. "E instadas a explicar isso disseram: 'A televisão habita a casa da gente; representa uma janela para ver as coisas, é um jeito de conversar.'"

No Rio Grande do Sul, Francisco Araújo, professor de Teoria da Comunicação da Universidade Vale dos Sinos, também ouvido pelo *JB*, reclamou que na televisão gaúcha "tem gente chiando à maneira carioca". Era uma visão diferente do filólogo de São Paulo Antônio Soares Amora, que disse que "a padronização da linguagem da TV não vai destruir a expressão cultural regional". Araújo citou o caso da transmissão de *Gabriela* nas aldeias do interior de Portugal, onde o "sotaque brasileiro" passou a ser usado.

Roberto Marinho e a Globo se aborreceram com a reportagem. Ele assinou uma longa carta à direção do *Jornal do Brasil*, que abria com a história das estudantes de Salgueiro.[555] "O repórter anotou que sessenta e três delas usavam meia soquete de lurex, em listas horizontais com fios prateados, como Júlia, de *Dancin' Days*. Permita-me dizer-lhe que, de minha parte, não vejo dano, moral ou material para as famílias de Salgueiro, ou qualquer cidade do Brasil, no uso das bizarras soquetes."

O dono da Globo escreveu também que, embora não tivesse "autoridade" para contradizer os sociólogos, era preciso chamar atenção ao fato de o Brasil "desgraçadamente" ter uma "enorme massa de analfabetos" e "milhões de semi-analfabetos". "São brasileiros de poucos recursos para a expressão, que pronunciam mal as palavras e não sabem construir uma frase, incapazes de externar o pensamento com um mínimo de correção", argumentou. "Nessas condições, seria o caso de perguntar se os locutores da TV Globo, com o seu 'padrão de qualidade', não estariam prestando inestimável serviço ao país, quando, pelo exemplo, ensinam aos analfabetos e aos semi-alfabetizados a falar corretamente o nosso idioma", disse. "Isto sem mencionar as novelas de caráter regionalista, como, por exemplo, *Gabriela* e *O bem-amado*, ambas passadas no sertão da Bahia, com diálogos de forte prosódia e sotaque baianos. Teremos de convir que, apesar da popularidade dessas novelas, o Brasil não passou a falar à moda baiana."

Por fim, Marinho chiou com trecho em que o *JB* citou uma grade de programas que era "lixo cultural" e afirmou que a emissora asfixiara produções regionais. O dono da Globo ressaltou que sua TV não teve pioneirismo no setor de redes e cooperava com a formação de novos núcleos de televisão país afora. "No Rio e em São Paulo estão em maior número os principais veículos de comunicação, inclusive jornais e estações de rádio. Esta circunstância não permite, porém, a conclusão de que o Rio e São Paulo prejudicam o progresso de jornais e rádios sediados em outros centros."

O empresário — ou quem redigiu os pontos da carta — usou um tom reativo ao debate proposto pelo *JB* sobre o impacto cultural da emissora, uma discussão normal e necessária. A carta evidenciava a preocupação da Globo com o público leitor do jornal, essencialmente da Zona Sul.

Marinho e, em certos trechos, o *JB* apresentaram a visão de que as culturas regionais estavam num patamar de inferioridade ou fragilidade, em que suas linguagens podiam ser alteradas por um telejornal — na análise do empresário — ou derreter, na percepção de entrevistados pela reportagem.

No entrevero do *JB* e de Marinho, a questão do ensino formal e da identidade cultural foi apresentada como uma relação de antagonismos, tendo a TV como uma força implacável do bem ou do mal, dependendo da visão. O debate ficava datado ao ignorar, sobretudo, uma tradição brasileira de origens latina, africana e nativa, forjada em guerras, e a cultura como algo dinâmico, vivo e sempre mutável. Ao discutir a batalha por audiência, o jornal limitava a ver a emissora como uma empresa em busca de dinheiro, relevando o papel da máquina da teledramaturgia, operada por escritores, diretores e atores.

O texto do jornal, entretanto, explicitava uma ânsia na opinião pública de tentar entender as mudanças que ocorriam no país e no mundo, não necessariamente na Globo. O próprio *JB* descreveu pensamentos que iam além daquele momento vivido pela emissora e pela academia. O poeta e crítico paulista Décio Pignatari, outro especialista ouvido na matéria, afirmou que a televisão tinha conseguido o que o cinema e o teatro nunca alcançaram: "agilizar a fala, o diálogo". Ele avaliou que a TV criou uma fala brasileira de "classe média", além de proporcionar uma "desenvoltura na gesticulação".

Numa visão mais panorâmica, Pignatari avaliou que a Globo buscava atingir todos os públicos, de *Os Trapalhões*, voltado à classe C, aos *Casos especiais*, inspirados em obras literárias, para a classe A. "No momento", prosseguiu Pignatari, "é inevitável que a televisão tenha de padronizar e que o repertório urbano prevaleça sobre o rural. Afinal, a industrialização vem sempre acompanhada da urbanização e vivemos numa sociedade em que 64% das pessoas vivem nas cidades", observou. Ele avaliou que em "breve" a televisão entraria em seu segundo momento, o da recuperação das linguagens regionais. "Vamos assistir, por exemplo, ao nascimento de uma *country music* brasileira, com a incorporação da guitarra elétrica à música sertaneja", relatou. Pignatari via com normalidade a chegada de uma televisão que arrastava tudo. "Para o Sr. Pignatari, 'essa é a função cultural da televisão, a função cultural de massa; cultura para todos e não só para intelectuais'", concluiu o *JB*.

25. Equilibristas

Desde 1977, um novo nome do sindicalismo ocupava as páginas de *O Globo*. Pelas descrições do jornal, era uma figura de estilo moderado. Luiz Inácio da Silva, que depois incorporou o apelido Lula ao nome, chegou a São Paulo ainda criança, com a mãe e os irmãos num pau de arara que saíra de Caetés, então município de Garanhuns, no agreste pernambucano. A lavradora Eurídice se instalou no Guarujá com os filhos para reencontrar o marido, Aristides, que tinha formado família na cidade.

Lula cresceu em São Bernardo do Campo, onde conseguiu emprego de metalúrgico na fábrica da Villares. A região concentrava as montadoras de veículos desde a política industrial de Juscelino Kubitschek.

A liberação da taxa de juros e os empecilhos às importações previam tempos de dificuldades no parque industrial automobilístico do ABC, em São Paulo. A primeira matéria do jornal de Roberto Marinho sobre o presidente do Sindicato dos Metalúrgicos de São Bernardo, Luiz Inácio da Silva, como o então sindicalista assinava, apresentou um líder de 13 mil trabalhadores — era mais.

A matéria "Sindicato quer fundo de desemprego" ocupou um espaço logo abaixo de uma pequena entrevista com o presidente do Sindicato Nacional da Indústria de Autopeças, Luís Eulálio Bueno Vidigal, a entidade dos patrões. A matéria com Inácio da Silva registrou a preocupação de entidades sindicais com uma redução acelerada do ritmo de crescimento da economia.

Na matéria, Inácio da Silva disse que não era válido o argumento de autoridades de não pensar de forma preventiva num fundo de desemprego porque o país ainda não estava em crise. "De fato", comentou Inácio da Silva, "não estamos em crise, mas não podemos esperar que ela ocorra para depois pensar em criar instrumentos capazes de neutralizar seus efeitos."

Inácio da Silva afirmou que, nos últimos meses, o número de admissões no setor foi menor que o de demissões e, ainda assim, quem entrava recebia salário inferior ao de quem ocupava antes a vaga. Também comentou a preocupação com a queda da produção de carros. "Inácio da Silva lamenta que não existam no Brasil critérios para as demissões, o que geralmente agrava seus efeitos sociais. No Brasil, os primeiros a serem demitidos, numa crise, são os não qualificados, que, segundo o presidente dos metalúrgicos, são os funcionários que encontram maiores dificuldades para serem admitidos em outras empresas por salários compatíveis com a remuneração anterior."[556]

O Sindicato dos Metalúrgicos respondia por 140 mil trabalhadores das fábricas instaladas em São Bernardo, Santo André, São Caetano e Diadema.

Havia um tempo em que os sindicatos adotavam uma nova prática política. Agora, as entidades não atraíam os trabalhadores com ações assistenciais e filantrópicas, mas para uma participação em movimentos nas fábricas. O departamento jurídico do sindicato era reforçado para dar assistência em processos trabalhistas. Era o "novo sindicalismo".

Na manhã de 12 de maio de 1978, operários da Scania, em São Bernardo do Campo, entraram na empresa, marcaram o ponto, mas ficaram de braços cruzados. Lula recebia a notícia da morte do pai, seu Aristides e, procurado pelos primeiros jornalistas que apareceram para entender o que ocorria na cidade, disse ter sido surpreendido com a decisão dos trabalhadores, mas apoiava o movimento que exigia aumento salarial de 20%, superior ao percentual decidido pela Justiça do Trabalho. Era o início de uma jornada de paralisações.

O setor automobilístico acumulava carros nos pátios de produção. Num primeiro momento, faltaram peças importadas, depois, as fábricas enfrentaram dificuldades em exportar veículos e ainda viram os prazos de empréstimos serem reduzidos.

A censura proibiu que os jornais noticiassem a greve em suas primeiras páginas. *O Globo* publicou matéria na editoria de economia. *Jornal do Brasil* e *O Estado de S. Paulo* fizeram o mesmo. Em todos os textos, Lula apareceu como um sindicalista que se colocava para intermediar a relação trabalhador e empresa. Tanto o jornal de Marinho quanto o *Estadão* deram título factual para informar que os operários entraram em paralisação. Já o *JB* abriu pela possibilidade de a Delegacia Regional do Trabalho agir contra os trabalhadores.[557]

Logo, o líder sindical estaria em matérias de alto de página, com maior destaque, e rebatizado de Lula pelo jornal de Marinho. Na paralisação dos metalúrgicos do grupo Villares, em junho daquele ano, o líder foi citado até num título de alto de página. "Villares e Lula negociam amanhã o fim da greve", destacou a matéria de página inteira de *O Globo*. Num boxe, mais abaixo, o Lula descrito era duro com empresários e, ao mesmo tempo, parecia mais ao lado do governo.

Numa entrevista com vários sindicalistas, Lula comentou que as empresas jogavam as responsabilidades para o governo. "Eu até brincava hoje com um grupo de jornalistas comentando que o governo é o alvo de tudo: os empresários, tanto nacionais como multinacionais, colocam-se como vítimas do governo, como se fossem o mais humilde faxineiro de uma fábrica", avaliou. "Ora, vamos tomar como parâmetro a política salarial a partir de 1965: Teve todo esse arrocho em cima da classe trabalhadora, de queda do poder aquisitivo. Nós sabemos que houve uma época de extraordinários ganhos por parte dos empresários. E de 74 para cá, nenhum empresário tem nada, todo mundo perdeu neste país. Quem foi que ganhou? Alguém ganhou, e o que a gente percebe com facilidade é que o trabalhador há algum tempo com salário mínimo conseguia comprar alguma coisa para comer", disse. "E o empresário que era pequeno tornou-se um monstro, tendo o domínio de grandes centros industriais, mas continua dizendo que está pobre."[558]

Era um Lula que servia para pôr limites à indústria naquele começo dos anos difíceis da economia e do fim do milagre econômico. Ele ganhou força no noticiário, e na luta salarial e por emprego.

Um dos líderes metalúrgicos, Djalma Bom relata que, certa vez, ouviu de um repórter da TV Globo que tinha ordens para não colocar Lula nas reportagens. "Ele me disse textualmente", conta.

Armando Nogueira, diretor de Jornalismo da Globo, atribuiu as omissões no noticiário à censura por parte do governo. "Nós recebemos muitas pressões do Palácio do Planalto. E sofremos muito porque a represália (dos metalúrgicos) era muito violenta. Eles ameaçavam muito. Um dia viraram a nossa caminhonete lá no ABC. E eles viviam ameaçando tacar fogo na Rede Globo de São Paulo."[559]

Ele afirmou que a grande audiência da Globo tornava a emissora mais visada. Naquele momento, contou, Roberto Marinho ainda tinha medo de perder a "concessão a título precário". Por outro lado, havia um "fato novo" no quadro político. "Aquela abertura ainda não tinha se iniciado para valer. A nossa dificuldade era maior ainda porque nunca perdemos de vista o fato de que a emissora era uma concessão de serviço público a título precário. A qualquer momento eles podiam tirar isso do doutor Roberto", afirmou. "Esse era um elemento de pressão que eles usavam. Doutor Roberto contornava umas, mas outras eram muito difíceis de contornar."

Valia o pragmatismo. "Era você ser só um pouco realista e analisar do ponto de vista pragmático a situação do concessionário. Isso para a oposição, que vivia lutando contra um regime de opressão, era uma coisa insuportável do ponto de vista da Rede Globo. Pena que aquelas pessoas não estivessem vivendo a situação de quem estava dentro da Rede Globo, para ver como era difícil", desabafou. "O que a Rede Globo ia fazer? Ela peitava o governo um dia; no outro ela saía do ar. Se ela saísse do ar, nós, profissionais, acabaríamos sendo os responsáveis por entornar o caldo. Porque nós tínhamos total liberdade do doutor Roberto", ressaltou. "Nós não podíamos noticiar como gostaríamos, pela dimensão que nós tínhamos, pelo poder que nós tínhamos."

Ao longo de 1978, a TV e o jornal de Roberto Marinho davam destaque aos patrões e aos empregados. Eles ocupavam as chamadas do *Jornal Nacional* e os títulos das reportagens de *O Globo*. Uma delas destacou uma nota crítica ao movimento divulgada pelo Sindicato Nacional da Indústria de Tratores, Caminhões, Automóveis e Veículos Similares.

"EMPRESÁRIOS CONSIDERAM ILEGAL O MOVIMENTO."[560]

Numa reportagem do *Jornal Nacional*, Lula deu longo depoimento sobre o movimento dos trabalhadores.

O processo inexorável de abertura, um governo no rumo do abismo e uma crise econômica acentuada mostravam um vácuo de poder. Uma legião de trabalhadores nas cidades, que formava, no caso do ABC, uma classe média que tinha uma casa e um carro, cobrava melhoria salarial.

Em meio às paralisações nas fábricas, a Globo tentava salvar a sua novela de tema ambiental e sobre o mundo de patrões e trabalhadores. *Sinal de alerta*, o folhetim de Dias Gomes, não conquistava audiência. A trama retratava um movimento social que unia operários e moradores. Outras três atrizes que marcaram a história da TV estavam no elenco. Ruth de Souza, a Adelaide, que participava dos protestos, Vera Fischer, que estreava na emissora com a personagem Sulamita, noiva de Tião, o empresário vilão, e Beth Mendes, a Vera Bastos, uma contadora da empresa. Ex-estudante de ciências sociais, Beth tinha no currículo a participação em *Beto Rockfeller*, da Tupi, que inovou a linguagem das novelas, e a vivência da prisão e da tortura nos porões da ditadura. "A Tupi formava (atores) e a Globo comprava", relatou a atriz. Da emissora de Chateaubriand, a Globo aproveitara ainda nomes influentes como Regina Duarte e Lima Duarte.

A Globo agora tinha estrutura, mas os artistas lutavam por condições melhores para atuar. "A gente gravava aqui a entrada para a maquiagem sete e meia da manhã e a gente acabava às oito da noite, direto", lembra Beth. "Eu estava brigando pela regulamentação da profissão, para a gente ter hora extra, ter horário de trabalho e ter capítulos para estudar com antecedência, um roteiro de gravação com antecedência", conta. "Nós brigávamos muito para ter uma antecedência de pelo menos 72 horas." Tudo isso que eu estou falando foi na Globo moderna, porque na Tupi eu nem pensava nisso, a Tupi era tão bagunçada e tão artesanal que eu fazia faculdade, eu fazia aula de dança, aula de canto, fazia tudo, fazia movimento subversivo e gravava a novela, dava tempo para tudo."

A emissora de Marinho, relatou Beth, fazia mudanças à medida que os artistas faziam as reivindicações.

Em setembro, com a exigência de transmissão do horário eleitoral gratuito, a novela, que começava às 22 horas, passou para as 23 horas. A mudança na programação somou-se às dificuldades para o folhetim emplacar. A Globo chegou a fazer uma intervenção, colocando Walter George Durst para escrever os capítulos. Beth Mendes relata que o caso envolvia pressão da censura e de patrocinadores. "Durst assumiu e escreveu uma semana. Eu li os capítulos e falei: 'Eu não vou gravar isso, não.' Mudou a história radicalmente", relatou. "Fizemos um movimento", contou. "O Dias voltou, e a novela continuou com ele."

A novela de temática trabalhista e ambiental, porém, foi um fracasso de audiência. A realidade no ABC era diferente. O movimento sindical aumentava cada vez mais seu espaço na imprensa e na opinião pública.

Aos poucos, os jornais descreviam um Lula cotado a ir além da seara sindical. Ele falava agora em criar um partido de trabalhadores sem qualquer "relação" com o extinto PTB getulista, janguista e brizolista. E, ao mesmo tempo, mostrava-se afinado com autoridades do regime militar ao menos ao se posicionar contra a presença de estudantes nos protestos de metalúrgicos. Era tudo o que a ditadura queria ouvir naquele momento. Meses antes, o governador de São Paulo, Paulo Egydio Martins, saiu contra a realização de encontro nacional da UNE ao mesmo tempo que se aproximava dos sindicalistas.

Na matéria "Lula condena ação de estudantes em fábrica", *O Globo* apresentou um sindicalista que concordava em alguns pontos com o governo.[561] "O presidente do Sindicato dos Metalúrgicos de São Bernardo do Campo Luiz Inácio da Silva, o Lula, reafirmou ontem sua posição contra a participação de estudantes nas lutas dos trabalhadores, e disse que não admite que estudantes façam manifestações nas portas de fábrica."

No texto, *O Globo* mostrou, porém, um Lula que atacava Geisel de forma calculada. "Luiz Inácio da Silva disse que o presidente Geisel está 'totalmente' certo quando diz que 'democracia é relativa'. De acordo com o líder sindical, 'quando o presidente fala isso, ele mostra que realmente a democracia que temos é uma democracia para as elites'." Em seguida, o jornal atribuiu ao líder dos metalúrgicos um desabafo contra a "classe política", um sentimento que expressava o dissabor em especial com figuras sem influência nas decisões da ditadura, como o senador Jarbas Passarinho e o deputado Sinval Boaventura, que havia dito que os votos da Arena eram votos de carneiros.

Para um regime que havia assassinado a esquerda na selva do Araguaia ou mesmo nos aparelhos do ABC, do Rio ou de São Paulo, aceitar relativamente críticas era o início da distensão. Antes de tudo, o problema salarial era o foco de qualquer debate entre o governo e os opositores que emergiam, a partir das portas de fábricas, no jogo de poder e diante do vazio deixado por antigos adversários que agora estavam mortos ou aguardando o último dos últimos voos do exílio para o país.

Numa possível ótica do regime, apanhar de sindicalista que tinha um discurso limitado a uma inflação que devorava o salário era ganhar tempo no processo de devolução do poder. O adiamento da discussão sobre a localização dos corpos dos mortos pela repressão era uma das demandas de um setor da esquerda. Outros debates surgiam. A violência policial era um deles. Os agentes do Estado estavam à frente da matança de jovens nas periferias e subúrbios de centros urbanos cada vez mais populosos e nos canteiros abandonados de grandes obras construídas na Amazônia pelo milagre econômico.

A eleição de 1978 mostrou a influência do movimento de Lula. No ABC apareceram lideranças do MDB. Fernando Henrique Cardoso recebeu apoio dos metalúrgicos para sua campanha ao Senado e outros membros do partido em São Paulo fizeram uma trajetória política paralela.

Em Brasília, outro nordestino liderava o processo formal de abertura. O líder da Arena no Senado, Petrônio Portella, foi o encarregado de elaborar um texto de lei para a transição. Era um homem criado no âmago da velha UDN, disposto a ouvir. No jogo, diz que, para combater o anticomunismo, um discurso que agrada empresários, é preciso combater as injustiças; afirma que a Justiça chegou à Amazônia com as obras de Médici — a história mostraria que o Estado levou também para os canteiros a matança de indígenas e ribeirinhos —; e reconhece que a "revolução" é um processo temporário. Ele roda o país em conversas.

A CNBB reclamava que o governo não protegia os pobres e os camponeses. Ulysses Guimarães e o MDB pediram uma constituinte. A imprensa tradicional, *O Globo*, especialmente, cobrava anistia e o fim da censura, e Raimundo Faoro e sua OAB, o descarte de artigos na

Constituição que previa punições para quem fosse contra a ditadura. A Fiesp exigia um civil na presidência. Por sua vez, Lula, com paletó na mão, entrou no gabinete do senador para defender a derrubada de artigo da CLT que previa punições e limitava sindicatos, o "AI-5 dos trabalhadores", argumentou.[562]

O Lula construído nas páginas de *O Globo* era um agente que não era comunista nem pelego de grupos internacionais, logo, um ser capaz de jogar a partida da transição: "Na minha atividade já me chamaram de comunista. Não pegou. Passaram a dizer que eu era agente da CIA, o que também não pegou. Agora acertaram, ao dizer que tem mão me empurrando, pois há 120 mil mãos de metalúrgicos, que me elegeram presidente, a me empurrar."[563]

A partir de 1.º de janeiro de 1979, o país passou a viver sem o AI-5. Todos os atos institucionais da ditadura caíram com a entrada em vigor da emenda constitucional número 11. A expectativa agora era do texto de uma anistia, tanto aos adversários do regime quanto aos militares envolvidos em mortes e sequestros de guerrilheiros.

Uma nova fase de greves no ABC ocorria num contexto de pressão pela abertura política. Na manhã de 13 de março de 1979, os metalúrgicos cruzaram novamente os braços nas fábricas da Volkswagen, da Ford, da Mercedes-Benz e da Scania. Os sindicalistas exigiam aumento de 78,1%. A Federação das Indústrias de São Paulo propôs 44%.

O tempo estava mais arejado nas redações. A censura já não evitava manchetes com o protagonismo de lideranças sindicais. No dia 23, *O Globo* expôs em sua primeira página toda a tensão política.

"METALÚRGICOS
REJEITAM ACORDO
E INTERVENÇÃO
É IMINENTE."

O jornal registrou que Lula se declarava "pronto" para retomar o "diálogo" e distribuiu nota para afirmar que a decisão do sindicato não deveria ser interpretada como uma "manifestação de desapreço" ao governo e ao ministro do Trabalho. Na mesma página, *O Globo* publicou um editorial em que expôs uma visão moderada do movimento paredista, tanto no ABC quanto no sistema de ensino, mas com ressalvas ao momento político de abertura. "O regime democrático e de livre empresa pressupõe a greve como instrumento legítimo, porém extremo, de pressão de assalariados sobre os empregadores", observou.[564] "Estamos a enfrentar, nesta reiniciação democrática, alguns movimentos grevistas de pesadas repercussões em prerrogativas fundamentais da sociedade, como é o caso do ensino de primeiro e segundo graus nos estabelecimentos oficiais do Estado do Rio, e na economia do País, como acontece com a parede dos metalúrgicos do ABC."

O momento, ressaltou o jornal, era "delicado" devido ao "esforço nacional" de consolidar e ampliar o quadro de "instituições livres". "O governo vem agindo, felizmente, com notável moderação, embora seu papel seja dificultado pela circunstância de que a legislação específica se faz insatisfatória a ponto de a própria autoridade renunciar a aplicá-la com rigor", ressaltou. O texto ainda cobrava uma "atitude razoável" e "compatível" em favor da "abertura política". "Por fim, mas não por último, há que se considerar o elemento necessariamente deflagrador do processo, os trabalhadores", observou. "A estes incumbe meditar sobre a grande vantagem que lhe advém da recuperação dos instrumentos reivindicatórios num regime de liberdade. São os trabalhadores os principais interessados em que esses seus direitos sejam preservados, e o melhor que podem fazer para persegui-los é usá-los com legitimidade e com equilíbrio."

O passado não muito distante era lembrado pelo editorial. "Que haja sensatez, quando nada [há] para evitar uma perigosa saudade de tempos recentes em que elementos de desequilíbrio social se neutralizaram por meio do silêncio forçado."

O Tribunal Regional do Trabalho considerou a greve ilegal. "O governo anunciou hoje intervenção no Sindicato dos Metalúrgicos do ABC Paulista", anunciou o apresentador Carlos Campbell, do *Jornal Nacional*. Na edição do telejornal, o repórter Álvaro Pereira indagou Murilo Macedo, da pasta do Trabalho:

"Ministro, por que a intervenção? Não havia uma alternativa menos drástica?"

"Não, nós tentamos tudo aquilo que foi possível", disse Macedo, com voz lenta, tentando demonstrar tranquilidade. A câmera, porém, focou, em dois momentos, por um tempo na mão esquerda dele, fechada, segurando os óculos. Ele justificou que a intervenção foi tomada devido à decisão da Justiça.

Os cães e os homens fardados chegavam às ruas do ABC. Com o sindicato fechado, a Igreja ofereceu a Matriz de São Bernardo para as reuniões grevistas. O MDB também entrava na história. O prefeito da cidade, Tito Costa, entregou a chave do Estádio Municipal da Vila Euclides para os atos. Milhares de trabalhadores lotaram as arquibancadas e o gramado para ouvir Lula falar. Com um megafone de baixa potência, o sindicalista tinha suas palavras repetidas pelos que estavam próximos, para a mensagem chegar aos mais distantes.

A assembleia no estádio que decidiu pelo fim da greve foi noticiada pelo principal jornal da Globo. "Nós vamos dar uma demonstração ao Brasil e ao mundo, nós vamos voltar ao trabalho amanhã. Nós vamos receber nosso pagamento", disse Lula ao microfone. "É um voto de confiança que eu peço a vocês, para não dizer que nós somos radicais. Nós vamos aceitar as medidas do governo, nós vamos voltar a trabalhar", completou sob aplausos.

O repórter Carlos Nascimento, de paletó branco, observou que os metalúrgicos tinham recebido a informação de que não seriam punidos. "Mas os metalúrgicos decidiram voltar ao trabalho animados principalmente com a promessa da volta dos três sindicatos do ABC", observou o jornalista.

O *JN* mostrou imagem do líder sindical sendo carregado pela multidão no estádio, sob gritos de "Lula, Lula, Lula". No momento de emoção e euforia, Nascimento conseguiu se aproximar de Lula, que também conseguiu se aproximar dele.

"Qual a garantia que vocês receberam de que vão voltar ao sindicato?"

"Eu tenho certeza absoluta que vamos voltar, eu tenho certeza absoluta que o bom senso prevalecerá, que o ministro saberá reconhecer que nós somos os legítimos trabalhadores dos metalúrgicos de São Bernardo e Diadema."

Lula saiu do estádio mais líder do que nunca, agora sendo chamado para intermediar conflitos e greves em outros estados do país. Em

Brasília, uma parte do MDB propôs, segundo matéria de *O Globo*, abrir uma CPI para investigar denúncias de violações de direitos humanos se o governo não avançasse na abertura política.[565]

No dia 26 de junho de 1979, o ministro da Justiça, Petrônio Portella, recebeu políticos e jornalistas em um gabinete no Congresso para conversar sobre a finalização do texto do projeto da anistia. Num determinado momento, Petrônio se levantou para cumprimentar alguém e deixou as três folhas datilografadas no sofá em que estava. O fotógrafo Orlando Brito, de *O Globo*, rapidamente se sentou em cima do documento e, depois, colocou-o em sua maleta. Enquanto isso, o repórter Etevaldo Dias, seu parceiro no jornal, dava cobertura.

Quando percebeu que alguém tinha pegado o projeto, Petrônio mandou fechar a porta do gabinete para uma vistoria de jornalistas. Diante do protesto de alguns, todos foram liberados. Orlando e seu parceiro de jornal, o repórter Etevaldo Dias, deixaram o ministério.

Na redação da sucursal de Brasília, o chefe Merval Pereira ouviu no rádio a notícia de que repórteres tinham roubado o projeto. Ele "gelou" — podia ser pessoal do concorrente *Jornal do Brasil*. Mas logo Etevaldo ligou e perguntou qual seria sua reação se um repórter tivesse roubado o documento. Merval mandou que fosse logo para a redação.

Merval, então, telefonou para Evandro, que logo perguntou:
"'Você sabe desse documento da Anistia?
"Sei."
"Não vai me dizer que o *JB* tem..."

Merval alugou um quarto no Hotel Nacional, no Setor Hoteleiro Sul, próximo à sucursal, e levou a equipe para lá. A matéria e as fotos foram editadas na redação improvisada.

Ele conta que Evandro informou o furo para Roberto Marinho. A orientação do chefe foi para Merval telefonar, logo cedo, às cinco da manhã, para Petrônio e dizer que tinha recebido uma carta anônima e o texto do projeto. Também era para dizer que Roberto havia autorizado publicá-los na primeira página. "Petrônio ficou alucinado, pois sabia que era mentira", lembra Merval. "Doutor Roberto gostava de furos de reportagem, ele era jornalista mesmo."

Ao relembrar o episódio, Merval contou que Roberto Marinho acompanhou passo a passo o processo de edição da reportagem exclusiva.⁵⁶⁶

Em letras garrafais, o jornal publicou o texto na primeira página do dia 27. O artigo primeiro previa a concessão de anistia a todos civis e militares que, no período entre 2 de setembro de 1961 e 31 de dezembro de 1978, tinham cometido crime político ou conexo, isto é, com ligações à política, ou tiveram seus direitos políticos suspensos. O texto excluía do benefício quem tinha atentado contra a segurança nacional e quem foi condenado pela prática de crimes de sequestro, assalto e terrorismo que resultaram em morte.

"O GLOBO DIVULGA O PROJETO DA ANISTIA"

A foto principal do jornal mostrava cariocas no temporal que tinha atingido a Zona Sul do Rio.

Pela manhã, Evandro escreveu uma longa carta a Roberto Marinho para justificar a publicação do documento. Na carta, ele disse que recebeu à noite, por telefone, a notícia de que a sucursal estava com o projeto e soube também que uma via desse projeto desaparecera de um gabinete do Congresso. "Tudo concorria para admitir a autenticidade de que provavelmente era ele mesmo ou cópia fiel do que sumira à tarde no Congresso." É possível que essa carta tenha sido escrita para Marinho mostrar ao governo, eximindo-se de responsabilidade.

Evandro relatou que procurou "imediatamente" falar com o empresário e determinou que a chefia da redação também tentasse. Os telefones de Marinho não atendiam e os de Evandro demoravam a dar linha. Estava convencido de que a chuva emudecera os telefones. "O tempo passava, a sucursal ainda nem sequer tinha ousado transmitir o texto do projeto, e eu considerei que era meu dever decidir. E decidi pela publicação."

Ele explicou que entendia ter em mãos um documento sem "dúvida" autêntico, de "absoluto" interesse jornalístico e que não "violava o interesse público e a segurança nacional. Por isso, disse, não poderia como jornalista se furtar à responsabilidade de divulgá-lo — "e ele está no seu jornal."

Ainda na carta, Evandro disse reconhecer que a decisão de publicar o documento poderia resultar em aborrecimentos ou alguma forma de represália para Marinho. "Não poderia deixar de compreender a mágoa e mesmo a indignação de autoridades do Governo, que verão em parte frustrada pelo nosso 'furo' a repercussão da solenidade em que, logo mais, o presidente da República assinará a mensagem que vai acompanhar o projeto da anistia. "Agi pensando no bem maior do jornal, que é seu prestígio junto aos leitores, mas com a plena consciência de que não devo ser causa de qualquer constrangimento para o senhor."

O texto da carta de Evandro misturava orgulho pelo furo, o formalismo e uma narrativa com trechos quase teatrais. Não menos apoteótico é o final: "Assim, como único responsável pela decisão de publicar o projeto, apresento-lhe meu pedido de demissão, certo de por esta forma contribuir para a superação de qualquer dificuldade que o jornal ou o senhor pessoalmente venha a enfrentar", escreveu. "Mas furo é furo."[567]

O texto final do projeto de anistia pelo governo Figueiredo, enviado ao Congresso, ainda sofreu uma mudança. O Palácio do Planalto decidiu excluir da anistia todos os condenados, e não apenas os envolvidos em crimes de morte. Pelas contas do governo, ainda assim, 5,3 mil pessoas seriam beneficiadas em todo o país.[568]

Um editorial de *O Globo* ironizou o "alarmismo" de governistas contrários à anistia. Em Minas, relatou o texto, o deputado arenista José Geraldo de Oliveira denunciou na tribuna da Assembleia que os "subversivos" iriam "mergulhar" o país num "mar de sangue". A prova da "conspiração" era um cartaz com os dizeres "1979 — o ano do contra-ataque", colado num poste de Belo Horizonte. Era um anúncio de peça de teatro. "Uma comédia", registrou o editorial. "Moral um: exceto por resultados lotéricos, nem tudo que se lê nos postes é o que parece ser", destacou. "Moral dois: o alarmismo é a doença da eterna vigilância."[569]

O furo de Etevaldo Dias e Orlando Brito guardava semelhança com outra reportagem exclusiva que marcava o fim de uma ditadura. No longínquo abril de 1945, o repórter Pedro Motta Lima e o fotógrafo Indaiassu Leite levaram para a primeira página do jornal de Marinho, com exclusividade, o instante em que Luiz Carlos Prestes, anistiado por Getúlio, deixava a prisão.[570]

No Congresso, o projeto de anistia do governo Figueiredo foi analisado por uma Comissão Mista. O relator, o deputado arenista Ernani Satyro, acrescentou 68 emendas, que reduziram o alcance do perdão político. Mesmo quem tinha sido apenas processado permaneceria preso.

Numa sessão tumultuada no dia 22, o Congresso aprovou o texto de Satyro. Um substitutivo de Djalma Marinho, do MDB que tornava a anistia irrestrita, foi rejeitado. Mas um indulto aos presos assinado por Figueiredo garantiu que todos os detidos fossem libertos.[571]

A Lei de Anistia foi sancionada pelo general na manhã de 28 de agosto, apenas com um veto parcial, sem mudança significativa. No dia seguinte, *O Globo* publicou a manchete sobre os "Primeiros presos políticos". Uma foto de Maria Aparecida Santos e Selma Bandeira Mendes deixando a prisão no Recife estampou a primeira página. Em editorial, o jornal afirmou que a anistia traria de volta líderes "proscritos", o país veria a "amplitude" e a "qualidade" dos nomes da oposição, e forças "centristas" e "governistas" tinham o desafio de revigorar a atualizar estratégias. "Anistia é esquecimento. Mas convém distinguir entre esquecer os agravos e os crimes e esquecer as causas que levaram à divisão da sociedade brasileira", observou. "Os erros que motivaram a crise política aguda e a ruptura da normalidade democrática não devem ser esquecidos", ressaltou. "Para que não se repita."

A aliança invisível entre Petrônio e Roberto Marinho não poderia estar melhor. A presença do senador e depois ministro da Justiça com frequência no Planalto garantia a cobertura da redemocratização pela Globo. Internamente, os profissionais da emissora contavam com um fator novo e sem impedimentos de avanço no noticiário e na vida do país. O esforço dos jornalistas da emissora de garantir a presença do político piauiense no ar foi chamado pela equipe de "Missão Portella".

Ao final da votação do projeto de anistia, o ministro da Justiça telefonou para Toninho:

"Preciso jantar com você."

"Olha, ministro, com o maior prazer."

Toninho foi à casa de Petrônio.

"Toninho, por seu intermédio, quero agradecer a vocês da Globo a tudo que foi dado na TV."

Naquele momento de mudança política, a inflação e o custo de vida provocavam dramas nas cidades. O repórter Marcelo Beraba estava no plantão de um sábado quando soube do suicídio de dois idosos num pequeno apartamento na praça da Bandeira, próximo à redação. *O Globo* não noticiava suicídios, mas o motivo da tragédia chamou a atenção do jornalista. A chefia decidiu publicar a história. A morte do casal ocorreu após a locatária do imóvel recorrer à chamada "lei da denúncia vazia", que exigia a entrega das chaves sem um motivo.

"Desesperados com uma ordem de despejo garantida pela lei da 'denúncia vazia', um casal de velhos — Nelson Feliciano Villaça, de oitenta anos, e Irene Guimarães Villaça, 66 — se suicidou", destacava a abertura da reportagem.[572] Ao lado dos corpos, registrava a matéria, "foi encontrado um carnê do INPS com a pensão de Nelson (Cr$ 3.220) e uma carta escrita, em letras firmes e com boa caligrafia, por dona Irene. 'Meu marido e eu fomos atingidos pela implacável e desumana lei da 'denúncia vazia' e como não temos condições financeiras para enfrentar a situação juntos, achamos que esta era a única solução' — dizia a carta endereçada 'às autoridades policiais'."

O texto descritivo, enxuto e, sobretudo, incisivo causou comoção social e abriu uma nova frente de cobertura naquele momento de intensos debates. O Brasil urbano também era violento com sua gente. A política econômica estava na berlinda. No começo do mês seguinte, os jornais publicariam em suas manchetes que a Câmara havia aprovado o fim da "denúncia vazia".

Os ventos da redemocratização traziam de volta às páginas de *O Globo* personagens tradicionais do jornal de Roberto Marinho. O empresário autorizou Cláudio Kuck, correspondente do jornal na Europa, a tentar uma entrevista com Luiz Carlos Prestes. Destacar um nome da primeira lista de cassados da ditadura no jornal ainda era uma aposta arriscada. O repórter foi atrás do líder comunista. Após muita insistência, Prestes o recebeu em sua casa em Roma. A princípio, disse que responderia 57 perguntas escritas do jornalista. Mais tarde, ele devolveu o questionário com apenas 18 respostas. O líder comunista se recusou a responder perguntas sobre fatos antigos. "O que interessa é o que está acontecendo", justificou-se.

As respostas escritas tinham um tom panfletário e chavões partidários, na avaliação de Kuck. Dificilmente o jornal publicaria. Ao entregar a entrevista incompleta, Prestes, porém, acabou aceitando conversar com o repórter.

O jornalista, então, buscou arrancar de Prestes histórias antigas da política, que fascinassem leitores e velhos repórteres de *O Globo*, a começar pelo dono do jornal. Prestes comentou a insurreição comunista de 1935, a prisão dele e de Olga Benário, a relação com Getúlio e, especialmente, o movimento tenentista. Revelou que não participou da revolta do Forte de Copacabana por estar com tifo — nesse episódio, o velho Irineu Marinho e outros donos de jornais oposicionistas foram presos. O líder comunista ainda lembrou dos dois anos e três meses em que liderou a marcha de 36 mil quilômetros (na sua conta, 24 mil em outras somas de distâncias) pelo interior do Brasil, nos anos 1920. "Na coluna tenho que reconhecer que fomos muito ingênuos", disse. "Mas durante a longa marcha, vi tanta miséria, doenças, senti como realmente vivia nosso povo, suas condições terríveis. Isto realmente me revoltou e me mudou. Me mudou muito. Outros depois passaram para o outro lado, esquecendo o que viram. Eu não podia esquecer o que vi e senti."

Na companhia de Cláudio Kuck, o fotógrafo Roberto Carvalho fez imagens de Prestes em diferentes poses.

O líder comunista pediu que a entrevista fosse publicada na íntegra, sem cortes editoriais "Veja lá, hein, será que vão publicar esta entrevista? E na íntegra?" Kuck correu para um café para transcrever a conversa. O depoimento foi divulgado no momento em que o debate da anistia ganhava força.[573] Havia ainda um outro motivo. O velho tenentista fazia oitenta anos. *O Globo* publicou a entrevista em duas páginas, com chamada na primeira, incluindo respostas escritas e espontâneas.

"PRESTES
UM DEPOIMENTO NO EXÍLIO"

Na entrevista a *O Globo*, Prestes disse ter ficado impressionado com a atuação dos sindicalistas do ABC, que não foram reprimidos pela ditadura, e pareciam fazer um movimento novo. Essa análise não seria possível numa conversa escrita monitorada pela filha. Ele voltaria ao Brasil, mas isolado dentro de seu próprio partido.

O país em crise econômica e da hiperinflação começava a se preparar para o retorno de lideranças exiladas. Em Lisboa, Brizola articulava a volta do PTB de Getúlio ao cenário político. Ainda em 1979, Brizola organizou um encontro de trabalhistas em Lisboa. O *Jornal do Brasil* publicou, a partir de informações da United Press Internacional e da Agência de Notícias Portuguesas, que Brizola afirmara que os militares não representavam "preocupação", pois seriam "disciplinados" pela organização popular, a partir de um partido "prestigioso" e "forte".[574]

Quando Figueiredo preparava o texto final da anistia, a declaração atribuída a Brizola pelas agências internacionais provocou a ira das Forças Armadas.

O Globo não publicou a suposta declaração de Brizola. O jornal registrou o encontro de forma mais amena. O texto dizia que o líder trabalhista propôs um partido que rejeitasse "qualquer forma" de autoritarismo. "Brizola alertou que o Partido não deve retornar aos vícios que 'grassavam entre os partidos políticos antes que o regime militar acabasse com eles'."[575]

Brizola enviou uma carta a Marinho, com cópia para Evandro Carlos de Andrade, desmentindo o *JB*. Ele incluiu comunicados da UPI e da Agência de Notícias Portuguesa com desculpas por terem divulgado informação incorreta.

No dia seguinte, *O Globo* publicou editorial para duvidar do tom democrático de Brizola. "Poucas vezes teremos tido ocasião de ler palavrório tão inconsistente e tão pretensamente retumbante como tentativa de analisar a problemática brasileira e oferecer soluções gerais", ressaltou. O texto criticava o manifesto publicado no encontro, com propostas de soluções para problemas políticos e sociais. "Tem tudo da velha cozinha: imperialismo, intervenção americana no golpe de 64, reforma agrária, regulamentação da remessa de lucros, etc., etc.", avaliou o jornal. "O selo, seja qual for, não consegue sustentar-se em tão pobre arrazoado.[576]

Mas, na mesma edição, Marinho decidiu publicar na íntegra o manifesto, que não tinha o tom da declaração atribuída a Brizola pelas agências. Diante da confirmação do erro da UPI e da Agência de Notícias Portuguesa, o empresário ainda decidiu publicar desmentidos de trabalhistas. O escritor Moniz Bandeira, que esteve no encontro, disse ao jornal que, em momento algum, Brizola disse que o PTB será reorganizado para "tirar os militares do poder".[577]

O avião pousou na pista de terra da fazenda da família Goulart em São Borja, no Rio Grande do Sul, vindo do Uruguai, depois de uma escala em Foz do Iguaçu, no Paraná. Era o Dia da Independência. Após 15 anos de exílio, Leonel de Moura Brizola retornava ao país. Assim que a pequena aeronave aterrissou, levantando uma poeira vermelha, cavaleiros com as bandeiras do PTB, do Rio Grande e do Brasil dispararam com seus animais para encontrar o líder trabalhista na porta do avião, lembra o repórter Marcelo Pontes, enviado por *O Globo* para cobrir a chegada do ex-governador.

"Volto com o coração cheio de saudades, mas limpo do ódio", disse Brizola em discurso. Ao lado dele, Marcelo anotava o discurso. O jornalista observara que cerca de três mil pessoas recepcionavam o ex-governador, mas o PTB tinha planejado reunir vinte mil. Esse acabou sendo o enfoque da matéria editada e publicada.[578] O jornal também publicou trechos do discurso de chegada de Brizola. "Não me considero um ressentido, nem trago quaisquer pretensões. O que me cumpre, tão rapidamente possível, é assimilar as novas realidades para poder ser útil à nossa causa." Brizola ainda fez uma visita aos túmulos de Getúlio e João Goulart no cemitério da cidade.

No dia seguinte, Marcelo Pontes conseguiu emplacar uma longa entrevista concedida por Brizola no quintal da casa dos Goulart, em São Borja, onde o líder trabalhista se hospedava. O texto abria com a possibilidade de Brizola fazer um comício no Rio, estado em que manteria residência fixa, e dava ênfase a um tom conciliador e de defesa da "normalidade" política.[579]

"O que o senhor achou do comício de ontem?", perguntou o repórter.

"Foi um contato popular com São Borja e marcou, de certa forma, a entrada em uma nova etapa de realizações de atos populares, que numa democracia deveria ser algo muito normal", respondeu Brizola.

"O senhor acha que o povo espera uma linguagem um pouco mais radical?"

"Acho que o povo não quer uma linha radical, o que ele mais aspira é superar a atual situação de autoritarismo e incertezas."

"O senhor já teve oportunidade de sentir qual foi a reação do governo à sua chegada?"

"Não, nem direta nem indiretamente."

No Rio, *O Globo* foi ouvir dona Maria Tereza Goulart, viúva de Jango. Ela criticou a festa em São Borja, pois lá "não era terra dele". O gaúcho de Carazinho escolhera justamente o berço dos ex-presidentes para acenar pelo controle do PTB. "Brizola costumava dizer que cunhado não é parente e isso a gente guarda", disse a ex-primeira-dama. Ela ainda afirmou que não via sentido em fazer discurso em cemitério.[580]

Brizola, o mais enfático adversário de Roberto Marinho vivo, estava de volta. Assim como Miguel Arraes e Darcy Ribeiro. Os grandes líderes da oposição retornavam ao jogo político. Nos alto-falantes do Aeroporto do Galeão, no Rio, a música "O bêbado e a equilibrista", na voz de Elis Regina, era tocada. Multidões foram ao aeroporto receber os exilados. Uma festa como havia muito o país sufocado não assistia. "Era de arrepiar", lembra Marcelo Pontes.

João Roberto lembra que, ao voltar do exílio, Brizola foi convidado por Roberto Marinho a ir a *O Globo*. "Na década de 1960, período do golpe, o Brizola era do grupo que dizia que tinha que matar os irmãos Marinho, o meu pai e meus dois tios. Eles chegaram a explicitar isso. Foi uma época de um acirramento político muito grande. Mas, enfim, meu pai tinha essa capacidade de passar por cima de adversidades passadas", avalia. "Ele recebeu o Brizola ali no jornal. Dali, vamos dizer, nasceu uma relação respeitosa entre os dois."

A batalha entre Marinho e Brizola levaria ainda um tempo para começar. Enquanto isso, o MDB aumentava seu poder político. O partido estava firme para um novo momento representativo. No segundo semestre de 1979, o governo aprovou a reforma partidária e encerrou o período do bipartidarismo, instaurado no mandato de Castelo Branco.

Da parte do Palácio do Planalto, o general Golbery do Couto e Silva, ministro do Gabinete Civil, atuava em todas as frentes, num esforço para dar o tom do novo quadro de partidos. Esforçou-se para tirar o PTB de Leonel Brizola, não criar amarras à criação de um partido no âmbito do sindicalismo paulista, diluir mais as forças de esquerda, manter os "autênticos" no MDB, agora PMDB, com Ulysses à frente, e jogar os arenistas no PDS. O governo permanecia como força maior no Congresso, abrindo negociação para antigos adversários mineiros. Tancredo e Magalhães Pinto se uniam num partido liberal para ser o interlocutor do Planalto na transição.

Entre uma conversa e outra sigilosa com Golbery, Tancredo articulou a criação de um partido com nomes fortes da política e do sistema financeiro. O político mineiro se colocava como representante da frente de forças econômicas. Para isso, pretendia se desvencilhar dos "autênticos" do MDB e formar um partido liberal e de centro. Logo reivindicou a imagem de "sucessor" da sigla oposicionista. Enquanto o político mineiro definia um nome para a legenda, *O Globo* de Marinho se antecipava e a tratava como "partido de Tancredo", sucessor do MDB. Já a sigla de Ulysses era classificada como "sucedânea" da antiga legenda.

Em novembro daquele ano, *O Globo* dava início a uma cobertura especial e contínua dos movimentos de Tancredo Neves. O primeiro discurso do senador para anunciar o novo partido ganhou manchete do jornal.

"TANCREDO REPELE ALIANÇA COM INIMIGOS DA DEMOCRACIA"[581]

Além de Magalhães Pinto, o dono do Banco Nacional que derrotou Tancredo na disputa pelo governo mineiro em 1960 e antiga aposta de Marinho para a sucessão de Geisel, se juntavam também ao PP representantes do Itaú, como Olavo Setúbal, que se tornou chefe do diretório paulista, o empresário Herbert Levy e o ex-governador paulista Paulo Egydio Martins. Logo o PP ganhou o rótulo de "partido dos banqueiros". Eram antigos adversários de getulistas e janguistas.

Ao partido se aliou ainda Chagas Freitas, que, com sua máquina fisiológica, teve mais força que o governo federal na Assembleia Legislativa do Rio de Janeiro, sendo o único emedebista eleito governador de forma indireta. De origem udenista, estava no partido de oposição porque o adversário regional Carlos Lacerda tomara conta do diretório carioca da Arena. O deputado Miro Teixeira, aliado de Chagas Freitas, era a voz jovem do grupo. A nova legenda era um saco de gatos no campo liberal.

Ulysses tornava-se estrela do novo PMDB, o antigo partido oposicionista, sem a sombra de Tancredo; Lula aglutinava as esquerdas com seu Partido dos Trabalhadores, que ainda dividia o campo com o PTB, entregue a Ivete Vargas; e o PDT era fundado por Leonel Brizola. Os governistas e remanescentes da Arena se agruparam no PDS.

Agora, Roberto Marinho fazia pontes firmes com as lideranças do PMDB e do PDS e mesmo com militares influentes do regime. "Ele tinha grandes ligações na área militar", lembra José Sarney. Naquele final dos anos 1970, Sarney chefiava o PDS. "O Brasil atravessava uma situação muito difícil, e ele, naturalmente, era ouvido por diferentes segmentos", conta. "Quando presidi o PDS tive vários encontros com o doutor Roberto", relata. "Eu o visitava sempre. Certa vez fui visitá-lo na Globo, no Jardim Botânico. Sentei, e ele foi até a janela. 'Doutor Roberto, que paisagem belíssima! Que coisa extraordinária o senhor estar aqui, vendo isso tudo.' Ele disse: 'O senhor passou na prova da janela.'"

Banqueiros garantem campanhas, mas não trazem necessariamente votos. O PP tornou-se um partido sem base em boa parte dos estados. Mais tarde, Tancredo articulou uma fusão da legenda com o PMDB de Ulysses, para garantir palanques estaduais. Os banqueiros deixaram a sigla. Magalhães Pinto foi para o PDS, a legenda que aglutinava os antigos arenistas.

Em tempo de abertura política, o servente Aézio da Silva Fonseca foi encontrado morto numa cela da 16.ª Delegacia de Polícia, na Barra. Acusado de assédio, o trabalhador teria se matado, segundo os agentes.

José Roberto descobriu que Elias Freitas, um dos legistas do Instituto Carlos Éboli que examinaram o corpo de Aézio, trabalhava no Inamps em Bonsucesso — o exame foi feito também por Mary Cordeiro.

"Doutor Elias, sou José Roberto, do *Globo*, eu queria falar sobre."

"Ah, meu filho, não tenho nada pra falar desse caso aí, não."

"Não, doutor Elias, explica um pouco como é que foi isso, como é que o cara morreu assim."

"Não, meu filho, não posso dar essas informações."

"Olha, doutor Elias, deixa eu falar uma coisa para o senhor: primeiro, nós somos treinados para proteger as nossas fontes. Então se o senhor me disser alguma coisa eu vou dizer que a fonte foi da Secretaria de Segurança. Ninguém vai saber nunca que foi o senhor que me disse. Segundo, o seguinte, eu fui pai muito cedo, tenho uma filha em casa, eu estou começando lá no *Globo* e ainda não mostrei serviço nenhum."

O repórter omitiu o sobrenome. "Era tudo verdade, só escondi que era filho do dono do jornal. Sei que acabei amolecendo o cara, e ele me deu o laudo, com todos os sinais de batida de borracha nas costelas."

O Globo divulgou a história. "O laudo de exame cadavérico feito no corpo", relatou a reportagem, "comprova que ele foi espancado e morreu por enforcamento". O jornal não cravou que a versão de suicídio estava descartada. O delegado titular Rui Dourado foi transferido. Doze policiais acabaram sendo denunciados pelo crime.[582] "Foi a primeira denúncia de um caso de tortura de um cidadão comum. A gente vivia num momento em que era muito difícil criticar as forças do Estado, não só as federais, como a polícia militar. Era preciso muita cautela, senão qualquer coisa poderia ser considerada um ato subversivo", lembra José Roberto.

No segundo semestre de 1979, os jornalistas de São Paulo discutiram a proposta de uma greve. Um dos sindicalistas, Emir Nogueira, com cargo de chefia na *Folha de S.Paulo*, avaliou que uma paralisação traria consequências ruins para a categoria. A interrupção dos jornais não seria possível, e os profissionais inevitavelmente seriam desvalorizados. Os defensores do movimento, porém, conseguiram maioria. Vencido, Nogueira foi para os piquetes e participou ativamente dos atos. Houve greve nas redações de São Paulo e das sucursais da *Folha* e do *Estadão* no Rio.

Como Nogueira previra, os jornalistas amargaram a derrota de ver os jornais circularem e, mais à frente, o início de demissões em massa e um novo termo fazer parte do vocabulário dos jornalistas — "passaralho", um pássaro do "caralho" que sobrevoava nas redações, cortando as cabeças dos profissionais.

Nunca mais as redações brasileiras voltaram a ter o mesmo número de profissionais. Os donos de jornais entenderam que era possível rodar um jornal com menos gente nas redações. Nogueira, depois, derrotaria a chapa de Rui Falcão na eleição pelo comando do sindicato. O jornalista morreria pouco tempo depois, de um câncer. A categoria perderia uma referência naqueles dias difíceis. Por sua vez, Falcão viraria político, comandaria o PT e agiria na criminalização da imprensa, incluindo barões e repórteres.

Quase em reação à greve dos jornalistas de São Paulo, os donos de jornais voltaram a se unir. Eles criaram a Associação Nacional dos Jornais, a ANJ. A associação foi fundada com o "objetivo de defender a liberdade de pensamento e consequentemente a democracia e a livre empresa, bem como a trincheira natural desses valores, ou seja, o próprio jornal". Um de seus objetivos era o "aprimoramento" da mão de obra do setor.

No dia 20 de outubro, o Conselho Administrativo da ANJ aprovou os cinco membros de sua diretoria executiva. Roberto Marinho era eleito presidente da entidade, tendo como primeiro-vice Maurício Sirotsky, do *Zero Hora*; Nascimento Brito, do *JB*, segundo-vice; Cláudio Chagas Freitas, de *O Dia*, diretor-tesoureiro; e Albanisa Rocha Sarasate, de *O Povo*, diretora-secretária. O conselho administrativo era formado por Júlio de Mesquita Neto, João Roberto Marinho e Renato Castanhari, da *Folha*, entre outros.[583]

Exatos sessenta anos e seis meses depois de Irineu Marinho perder a eleição da Associação de Imprensa, uma entidade de atuação restrita ao Rio de Janeiro, o seu filho Roberto Marinho assumia a primeira entidade nacional dos patrões da imprensa.

Em dezembro, Roberto foi homenageado pela revista *Visão*. A publicação marcada pelo noticiário independente adotou uma linha liberal após ser comprada pelo empresário Henry Maksoud, dono de uma cadeia de hotéis. Numa solenidade em São Paulo, Marinho defendeu o processo de abertura política do governo. Ele ressaltou que não havia "um regime de força consolidado há mais de dez anos que tenha se utilizado de seu próprio arbítrio para se autolimitar, extinguindo os poderes de exceção, anistiando adversários, ensejando novos quadros partidários, em plena liberdade de imprensa".

O dono da Globo avaliou que o processo brasileiro de abertura era mais significativo que o da Espanha, que teve luta e explosões no fim do franquismo. "A Nação restabelecida na plenitude de seus direitos não admite retrocessos por parte do governo nem provocações por parte dos agitadores. Não é hora de ameaças nem de bravatas."584

Nos porões, os agentes confabulavam. Em seus últimos anos, a máquina repressiva da ditadura avaliava, no final de 1979, que Roberto Marinho estava "idoso" e "doente". Perto de completar 75 anos, o empresário estava longe de iniciar um processo de transição em sua empresa. Um texto do CIE, o temido órgão de inteligência do Exército, destacou: "O Sr. Roberto Marinho, uma espécie de chefe paternalista de todo esse império jornalístico, já idoso e cansado, preocupa-se em preparar o filho, Roberto Irineu, para substituí-lo, procurando evitar a fragmentação sucedida nos 'Diários Associados' após a morte de Chateaubriand."

O informe tratou das relações do filho primogênito de Marinho, provável sucessor do pai. "Roberto Irineu, por sua vez, mostra-se ainda imaturo, muito inseguro e facilmente influenciável, procurando apoiar-se em assessores, entre os quais se destaca Otto Lara Resende, que, por suas indefinições e posições dúbias, foi chamado por José Aparecido de Oliveira (Secretário de Imprensa de Jânio Quadros), de 'Doutor Pusilânime', enquanto Roberto Irineu o trata carinhosamente por 'minha enciclopédia'. Caracteriza-se o Sr. Otto Lara Resende nitidamente como intelectual de esquerda e um grande aproveitador da situação existente na Rede Globo."

Em sua análise, o CIE previa que o dono da TV estava na sua fase final. "Em caso de afastamento de Roberto Marinho, por doença ou morte, pressupõe-se que Roberto Irineu assuma a 'Rede Globo', sendo manipulado por sua equipe de assessores com resultados imprevisíveis. Este centro é de parecer que o quase monopólio exercido pela 'Rede Globo', ao lado de seu peso na formação da Opinião Pública Brasileira, poderá transformar-se numa séria vulnerabilidade para o País, especialmente se explorado por mãos inescrupulosas, o que poderá ocorrer a curto ou médio prazo."585

O relatório dos militares se assemelhava ao obituário de alguém importante que os jornais costumam fazer diante de um quadro de doença ou idade avançada. Nas redações, esses obituários costumam ser renovados de tempos em tempos ou envelhecer sem serem usados. Foi o que ocorreu com Marinho, que veria a ditadura acabar muito antes de pensar em transferir o poder aos filhos.

A ascendência de Otto em relação a Roberto Irineu, exposta no documento, é minimizada por Toninho Drummond. "Eles eram muito amigos, se davam bem. Se deram bem o tempo todo. Mas na época o Roberto estava, vamos dizer, chegando à Globo, entendeu? Então, a influência dele na empresa era ainda restrita."

Roberto Irineu observa que a relação da Globo com o regime militar mudou ainda no final dos anos 1960, após o governo de Castelo Branco. Depois, o empresário sempre manteve o pragmatismo nos contatos com a ditadura.

Em meio às agitações sindicais e políticas, Janete Clair voltou ao horário nobre das vinte horas com a novela *Pai herói*. André Cajarana, interpretado por Tony Ramos, órfão ainda cedo, foi criado pelo avô, o velho Cajarana, Lima Duarte, no interior de Minas. Quando o avô morreu, ele se mudou para o Rio para tentar desvendar a morte do pai, que considerava um grande homem — mas que era na verdade um bandido. No subúrbio, André vivia um triângulo amoroso com a bailarina Carina, Elizabeth Savala, e Ana Preta, Glória Menezes, dona de uma casa de samba. "Pai", música-tema de Fábio Júnior, disparou nas rádios e lojas de discos.

Em março, Roberto Marinho, Roberto Irineu e Boni foram para Nova York receber o troféu Salute, concedido à Globo pelo International Council, da Academia Nacional de Arte e Técnica da Televisão.

Num auditório do Lincoln Center, diante de três mil pessoas, foi lida mensagem de Jimmy Carter: "Uma programação inovativa, criatividade e a utilização da nova tecnologia eletrônica têm conferido à indústria brasileira de televisão o apreço das audiências nacionais e o respeito da classe de profissionais de todo o mundo."

O ator Bruce Gordon, que interpretou o gângster Frank Nitti na série *Os Intocáveis*, foi o mestre de cerimônias. Ele informou que o prefeito de Nova York, Edward Koch, congratulou a Globo por ser "a maior emissora de TV fora dos Estados Unidos". Ainda chamou ao palco Sérgio Mendes, "Dona Flor", como se referiu a Sônia Braga, e "The King", Pelé, sob aplausos.[586]

A emissora organizou uma semana de eventos culturais em Nova York com o Brazilian Government Trade Bureau. O "Salute to Brazil" contou com Sônia Braga, Sérgio Mendes, Pelé e bonecos do *Sítio do Picapau Amarelo*, no Central Park. Não faltaram passistas de escolas de samba. Numa festa na Discoteca Xenon compareceram o rei do futebol, Andy Warhol e Sterling S. Jacques.

Houve ainda jantar no Hotel Plaza para quatrocentos convidados, quando Roberto Marinho recebeu o Emmy de prata. Sérgio Mendes e seu conjunto interpretaram sucessos de Jorge Ben e Milton Nascimento.[587]

O setor de rádio do império de Marinho também conquistava audiência. O Sistema Globo somava 18 emissoras no Rio, São Paulo, Belo Horizonte, Porto Alegre, Brasília, Recife, Petrópolis, Teresópolis, Barra do Piraí e Monlevade. Empregava duas mil pessoas e contava com oito milhões de ouvintes, sendo seis no Grande Rio e na Grande São Paulo. Em Manaus foi aberto um botequim: "Globo no ar", numa referência à rádio de maior penetração do país.[588]

O novo ano de 1980 começava com uma notícia de impacto político. O projeto de abertura ainda estava inconcluso quando a imprensa divulgou a morte repentina do ministro da Justiça, Petrônio Portella, aos 53 anos, em janeiro de 1980. A notícia na manchete d'*O Globo* evidenciava que o processo de transição era novamente uma dúvida.

"MORREU PETRÔNIO PORTELLA"[589]

O Globo relatou que Figueiredo chegou arrasado à clínica Santa Lúcia, em Brasília, onde o ministro tinha sido internado por problemas no coração e, sem ser reconhecido, foi expulso pelos médicos da sala de necropsia.

Um editorial do jornal enalteceu o trabalho do líder político pela abertura. "Como a morte dispõe de um poder de anistia que à vida é negado, é possível que no dia de hoje a nação sepulte essa grande figura mal conhecida de sua história sob as homenagens tanto daqueles que com ele conviveram, e por isso puderam admirá-lo e confiar nele, quanto dos que, embora em campos opostos, conheciam e respeitavam sua extraordinária competência política."[590]

A crise econômica embaralhava o jogo político. Com forças de esquerda destroçadas pela máquina da repressão, antigas lideranças tentando recompor suas bases após o exílio e os emedebistas em negociações nos bastidores pela abertura, o movimento sindical liderava agora, em campo, a oposição ao regime.

Em 1.º de abril de 1980, uma nova onda de greve agitou a região das fábricas do ABC, em São Paulo. O governo de João Figueiredo havia adotado uma nova política salarial, com uma periodização e índices fixos para reajustes e redução da margem de negociação entre trabalhadores e empresários.

No dia 15, o Tribunal Regional do Trabalho considerou a paralisação ilegal. O Sindicato dos Metalúrgicos manteve a greve. A resposta veio de Brasília. Lula e outros sindicalistas e advogados foram enquadrados na Lei de Segurança Nacional. Quatro dias depois, a manchete de *O Globo* dava protagonismo ao grupo:

> "DOPS DE SÃO PAULO
> PRENDE EX-DIRIGENTES
> DOS METALÚRGICOS."[591]

Naquela primeira página, o jornal publicou três fotos emblemáticas. A primeira mostrava milhares de pessoas em Paris, no enterro do filósofo existencialista Jean-Paul Sartre. Uma outra imagem expunha duas crianças desnutridas, com pratos de comida, num corredor do Souza Aguiar, o "abandono do maior hospital do Rio", registrou *O Globo*. Ao lado, uma outra foto apresentava um plantio de grãos na antiga área do "jaguncismo" em Cascavel, no Paraná, "a riqueza da soja". A composição da primeira página descrevia um país de desigualdades.

A prisão de Lula agitou o cenário político. Lideranças da Igreja Católica, parlamentares do MDB e juristas saíram em defesa do movimento sindical. O presidente não escondia o incômodo especialmente pela repercussão política do caso, que formou uma rede de solidariedade e união entre as oposições. Uma manchete de *O Globo* naquela semana não deixava dúvidas sobre o humor e a preocupação do general:

"FIGUEIREDO: 'PROFETAS
DA DESGRAÇA' QUEREM
TUMULTUAR A ABERTURA."[592]

Em editorial, *O Globo* tentou separar a greve dos trabalhadores da crise política, classificada de "falsa", que atingia o governo Figueiredo.[593] O jornal reconheceu, entretanto, o "impasse real" provocado por negociações frustradas, decisões judiciais e a intervenção no sindicato pelo governo. "É um episódio certamente traumático, com implicações sociais e econômicas — mas restrito aos limites dos municípios e das indústrias afetadas pela greve", argumentou.

O texto pró-governo sugeria que a prisão do principal líder sindical do país abrira o movimento para "muitos donos". "Ocorreu, então, a revoada de políticos em direção ao ABC. O plantão de algumas horas em frente ao Dops pode render dividendos eleitorais e não falta quem queira conhecê-los, a qualquer preço. Inclusive deve ser registrado que, enquanto o movimento era legítimo, não se permitia a presença de políticos nos palanques das assembleias sindicais. Hoje, elas se transformaram em terra de ninguém — com o fundador do PT fora de circulação, há lugar para todas as siglas na festa da denúncia do regime, na celebração masoquista do 'fim da abertura'."

O jornal evitou crítica a Lula. Embora avaliasse que a intervenção no sindicato e as prisões eram "medidas tomadas no quadro jurídico vigente", o editorial observou que havia "recursos legais contra elas". A crítica era mesmo dirigida a Dom Paulo Evaristo Arns, arcebispo de São Paulo, a Dom Cláudio Hummes, da diocese de Santo André, e Dom Ivo Lorscheiter, presidente da CNBB.[594] A ala progressista da

Igreja seria um pilar do novo partido criado pelo líder sindical, que permaneceria 21 dias na prisão.

Dias após o fim da greve, *O Globo* criticou a longa paralisação. Um novo texto de opinião do jornal destacou que a "radicalização" pretendia transformar o direito à greve numa "espécie de ação terrorista dentro das fábricas". O texto não citou nem fez críticas diretas a Lula.[595]

O advogado Jorge Serpa, um dos nomes mais influentes entre os donos de jornais do Rio, tinha peso nos editoriais de Roberto Marinho. Era o espaço em que ele podia atuar com desenvoltura. No noticiário de *O Globo*, enfrentava a resistência de Evandro Carlos de Andrade, que lhe fazia oposição direta. O diretor acusava o lobista de usar a influência com Marinho para fazer negócios que nem sempre passavam pelo empresário. Por Evandro, não haveria editorial algum na primeira página.

Serpa buscava frestas no regime para intermediar negócios. Anos antes, ele chegou a impor palavras em defesa da abertura política num discurso de Médici, um dos governos mais fechados do regime.

Os agentes do SNI não descolavam dele. Às vésperas de um encontro de Roberto Marinho com o ministro do Trabalho, Murilo Macedo, deixou escapar em conversa no Rio, gravada pelos arapongas, que discutiu com o dono da Globo assuntos que deveriam ser tratados na audiência.[596]

Na conversa receptada, o advogado relatou que, no entender de Marinho, as relações de trabalho não deveriam ser discutidas e muito menos resolvidas em São Paulo. "Esse entendimento tem em vista que ali estão localizadas as mais poderosas indústrias, os mais fortes sindicatos e a maior parcela da esquerda clerical. Qualquer decisão discutida e tomada com base em quadro tão complexo não deixará de receber suas influências e pressões", avaliou. Parecia falar por ele mesmo. Afinal, se as negociações fossem realizadas no Rio, o lobista da antiga capital teria mais a ganhar. Serpa não suportava andar de avião, mesmo em viagens da ponte área.

Pelos registros da escuta, Serpa contou que, na avaliação de Marinho, a política salarial e o desemprego, decorrentes da legislação e das relações trabalhistas em vigor, eram exemplos e consequências típicas de decisões tomadas naquele cenário. "Essas decisões quase sempre atendiam aos interesses políticos e prejudicavam os das demais regiões do Brasil, particularmente os do Nordeste", disse.

O Globo chegava ao tempo da abertura com seu noticiário mais separado da opinião do jornal. Naquele mês, a equipe de economia chefiada por Ismar Cardona Machado produziu o suplemento especial "Panorama econômico", de 132 páginas.[597] Com anúncios de governos e empresas privadas, o caderno trazia entrevistas com ministros da área, economistas e analistas.

Uma das reportagens falava dos metalúrgicos e de Lula. O texto "No ABC surge uma 'elite', ainda longe do paraíso" contava a história de migrantes nordestinos que trabalhavam nas fábricas. "Pai, custou um pouco, mas eu consegui. Agora já sou metalúrgico do Lula. Logo mando buscar o senhor, a mãe e o Toninho. É só o tempo de ajuntar um dinheirinho", escrevia um operário alagoano, identificado como J.D., da Volkswagen, em carta publicada pelo jornal. "Os metalúrgicos", observou o texto, "ainda não se arriscam", pois temiam ser identificados numa entrevista e "demitidos sumariamente". "Os empresários ainda não aprenderam a conviver com a democracia", explicou Lula ao jornal.

A reportagem contou que "centenas" de outras cartas desse tipo seguiam para o Norte e o Nordeste do país, Minas Gerais e Mato Grosso, enviadas pelos migrantes que conseguiram chegar ao "eldorado dos operários". "Ser metalúrgico em São Bernardo do Campo hoje significa para a maioria dos trabalhadores quase um sinônimo de vencer na vida", relata o texto. "Ali vem surgindo uma nova classe trabalhadora, cada dia mais consciente de seus direitos, e cuja organização — em torno do Sindicato dos Metalúrgicos de São Bernardo e, também, das sociedades de bairros — se intensifica à medida em que as dificuldades, geradas pela alta do custo de vida e da inflação, se acentuam no cenário nacional."

Ao comentar sobre os salários, o jornal informou que a média paga por empresas como Volks e Scania era "razoável" "à primeira vista". Em todo o ABC, trabalhadores de 593 empresas recebiam Cr$ 14.115,55. "Isso, porém, é um dado ilusório", disse Djalma Bom, tesoureiro do sindicato, a *O Globo*. A maior parte dos trabalhadores recebiam de seis a dez mil, observou o sindicalista. Só o aluguel de uma casa de dois cômodos na periferia custava cerca de quatro mil.

O suplemento ia além na preocupação social. Uma reportagem relatava o problema do latifúndio na Amazônia e a tragédia na floresta provocada pela política de Geisel de entregar grandes extensões da mata a grupos como Bradesco, Supergasbras e Volkswagen. "Na ocupação da Amazônia, a terra em poucas mãos", destacava o título de alto de página. Outro mostrava o aumento de conflitos no campo. "Na luta pela terra, o número de vítimas cresce cada vez mais." O epicentro da sangria era o sudeste paraense, onde a ditadura havia exterminado a Guerrilha do Araguaia.

Ismar enxertou num caderno aparentemente "caça-níquel" retratos emblemáticos de um momento da história brasileira, em que o regime promovia a invasão de territórios ocupados tradicionalmente por indígenas, ribeirinhos e camponeses do Nordeste que duelavam com homens de firmas de segurança contratadas por grileiros.

Um dos mais humanistas jornalistas de sua geração, o gaúcho Ismar Cardona se formou na Universidade Federal do Rio Grande do Sul, onde conviveu com lideranças estudantis que entrariam para a luta armada, como o acadêmico de medicina João Carlos Haas, um dos líderes do movimento no Araguaia. No Rio, o jornalista moderado, conciliador e sempre disposto a formar equipes trabalhou na cobertura política no *Diário Carioca* e nas sucursais da *Folha de S.Paulo* e de *Veja*.

Ao chegar à redação de *O Globo*, na gestão de Evandro, Ismar Cardona encontrou um jornal de linha absolutamente liberal e sempre em campanha pela livre iniciativa, mas que, paradoxalmente, falava pouco com os empresários. O *Jornal do Brasil*, concorrência direta, era imbatível não apenas no noticiário político, nas páginas dois e três, que estampavam as matérias sobre o poder e a prestigiada Coluna do Castelo, mas também no noticiário econômico.

O Globo chegou a formar uma editoria de economia forte devido às limitações impostas pela repressão do regime. Ainda no governo Médici, Evandro contratou Ismar para camuflar uma cobertura política dentro das páginas do noticiário econômico. "Eram necessários jornalistas políticos que criassem na economia uma espécie de expediente de noticiário político que na nacional e na editoria própria de política não se podia ter", relata Luiz Alberto Bittencourt, repórter subordinado a Ismar. "O Congresso estava amordaçado", relata. "Ismar começou a fazer uma editoria de economia informada, qualificada e, por assim dizer, politizada. Não é que você transformasse os assuntos econômicos em política. Era mostrar da forma mais crítica que se podia que existiam visões diferentes daquela visão do Delfim, ou daquela visão do regime militar, de primeiro crescer para depois distribuir o bolo. O jornal colocou essa máxima em xeque."

A equipe de Ismar tinha como uma fonte básica o engenheiro capixaba Marcos Pereira Vianna. O então presidente do Banco Nacional de Desenvolvimento Econômico amparava o reportariado mais inclinado à esquerda e anti-Delfim. Ele era ligado ao ministro do Planejamento, João Paulo dos Reis Velloso, que o amparava nos embates de política econômica.

À frente do BNDE durante quase toda a década de 1970, Vianna atuou para garantir subsídios à indústria brasileira e reduzir as importações. "Doutor Roberto deu imenso apoio ao Marcos Vianna, com sua visão de fortalecimento da empresa nacional", observa Bittencourt, setorista do jornal no banco. "Correção monetária com juro negativo, correção monetária abaixo da correção oficial para financiar a atualização do parque industrial."

Nessa época também chegou ao jornal o repórter Johnson Santos, trazido do *Jornal do Brasil* por Ismar para cobrir o Ministério da Fazenda, que tinha acesso direto a Delfim. "Mas do nosso ponto de vista, do Ismar e até do Johnson, o ministro não era a fonte central", relata Luiz Alberto. "A alma era a busca de um toque de polêmica. E quem dava esse toque de polêmica era o BNDE, porque o Marcos tinha uma gestão muito autônoma. Ele era muito amigo do Geisel, que era um nacionalista do fio da cabeça até a ponta do pé."

Como setorista do BNDE, Bittencourt deu o furo da correção monetária prefixada com juro negativo para que os financiamentos pudessem ser subsidiados ao parque de indústria pesada, os bens de equipamentos, em São Paulo. "Nós demos força ao Paulo, presidente da Associação Brasileira para a Indústria de Base (Abdib), ao Vilares, que passaram a ser heróis do *Globo*", relata. "Delfim tinha que conviver com isso. Ele reclamava um pouco, falava dos comunistas do jornal."

O BNDE financiava com juros subsidiados as empresas nacionais. Era um rumo diferente do estabelecido por Delfim. "A linguagem do capitalismo nacional era a linguagem do Marcos Vianna", ressalta o jornalista.

O que facilitava internamente a linha crítica do noticiário e da opinião da economia de *O Globo* era a boa relação do diretor do jornal com Delfim. "Evandro tinha uma visão de que era possível fazer uma editoria de economia com jogo de cintura. Afinal a editoria de economia do *Jornal do Brasil* era a que o empresariado lia. O doutor Roberto quis criar um jornal que concorresse nessa área, em especial. Portanto, isso precedeu a história da volta dos castelistas ao poder com Geisel, e 1974. Aí ficou mais fácil essa linha do capitalismo nacional com o Geisel."

Por necessidades empresariais, *O Globo* se adiantou a mudanças no jogo político a partir da economia.

Com marca de poder e influência, o *Jornal do Brasil* pressionava Marinho a arejar *O Globo*. "Ao defender o capitalismo nacional, doutor Roberto estava defendendo a si próprio", relata Bittencourt. "A criação de uma mentalidade mais nacionalista em relação à economia criava um contraponto à narrativa do Brasil Grande. E criando esse contraponto, ele criava um traço de democracia no noticiário, ou melhor dizendo, de liberdade no noticiário de *O Globo*."

26. Não interfiro na novela

A visita do papa João Paulo II ao Brasil, em julho, foi um teste de fogo para a Globo, que montou uma de suas maiores operações para relatar os deslocamentos de Karol Wojtyla pelas grandes capitais e, especialmente para Marinho, na sua intrincada relação com os generais de Brasília. *O Globo* aproveitou um dos primeiros pronunciamentos do papa para dar manchete sobre uma possível linha de discurso que ele adotaria em sua andança pelo país.

"PAPA:
IGREJA NÃO PRETENDE
INTROMETER-SE NA POLÍTICA"[598]

No Recife, porém, o papa pôs um chapéu de vaqueiro na cabeça e entrou no debate sobre a violência no campo, bandeira do movimento mais progressista da Igreja.

"JOÃO PAULO II
PREGA USO JUSTO DA TERRA"[599]

A manchete de *O Globo* condensava o debate sobre histórias raramente apresentadas na primeira página, como luta entre trabalhadores rurais e usineiros da Zona da Mata, a matança de pequenos agricultores no Bico do Papagaio, as chacinas de padres e camponeses em Mato Grosso e Rondônia e, especialmente, o discurso da Teologia da Libertação, movimento dos padres e bispos considerados marxistas, alvos da Congregação da Fé, a temida inquisição do Vaticano, que entravam de cabeça na questão agrária.

Havia diferenças entre o material informativo e a opinião. O jornal apresentou um editorial para enfatizar que o papa não "virou" um "aliado" da Teologia da Libertação. Como se o texto fosse insuficiente, o jornal deu manchete, um dia depois, numa tentativa de equilibrar o noticiário para o meio. Dom Avelar Brandão Vilela, arcebispo de Salvador e líder do setor conservador da Igreja, manifestava "preocupação" com eventuais "releituras" do pronunciamento de João Paulo. O cardeal primaz do Brasil disse que ele "corrigia" tanto um lado quanto o outro.

> "D. AVELAR BRANDÃO:
> O PAPA NÃO FAZ
> JOGO DO GOVERNO NEM
> DA OPOSIÇÃO"[600]

A difícil relação de Golbery com Roberto Marinho foi descrita na cobertura da *Tribuna da Imprensa* da visita do papa João Paulo II ao Rio. O jornal narrou que o empresário estava há dias tentando uma audiência com o general e só foi recebido pouco antes da missa do papa no aterro do Flamengo. Golbery estava "irritadíssimo" com a TV Globo por causa da transmissão ao vivo de um evento de Figueiredo em Ribeirão Preto, onde o presidente foi vaiado.[601]

Nessa época, Hélio Fernandes passou a referir-se a Marinho como "nosso companheiro", uma forma de ironizar o tratamento recebido pelo empresário dentro da Globo. Também citava a fama de "capitalista selvagem" do empresário e a personalização das ações das empresas das Organizações Globo. "Mal o papa havia acabado de fazer seus brilhantes e aplaudidos discursos, 'nosso inolvidável companheiro Roberto Marinho' já tinha mandado gravar nos discos pela Som Livre."[602]

A Globo se firmava em meio ao esfacelamento lento da ditadura, à entrada em cena de novos agentes políticos e ao início de uma derrocada de famílias tradicionais da comunicação. Roberto Marinho personalizava vacilos e fragilidades, para não dizer erros e comprometimentos, da imprensa no período da ditadura. Afinal, era o empresário que sobrava com poder e influência.

Era tempo de transição. A intelectualidade carioca bombardeava o dono da Globo. Fausto Wolff escreveu na *Tribuna da Imprensa* que as pessoas estavam "coisificadas" diante da programação da emissora e vivendo sob a presidência paralela de Roberto Marinho. "As pessoas estão comendo rato, cocô, raspa de tijolo. A classe média não vê outra coisa, senão dinheiro, e vive sob a presidência do nosso presidente paralelo, o doutor Roberto Marinho, através destas novelas infames na televisão, que apresentam uma realidade que não tem nada a ver com o Brasil."[603]

Uma propaganda no jornal *O Globo* apresentou *Água viva*, novo folhetim da emissora do Jardim Botânico. "Ela sempre teve um sonho: subir na vida", destacava o comercial com foto aérea de Copacabana e da atriz Betty Faria. A personagem Lígia Prado saiu de um casamento e se envolveu com os irmãos Nelson e Miguel Fragonard, homens ricos, interpretados por Reginaldo Faria e Raul Cortez. O que passava despercebido nas críticas era a calça jeans de Lígia. A personagem sensual tinha interesse em montar uma loja de jeans. Nada mais que um *merchandising* para vender a marca da US Top.

A personagem Lígia era uma mulher que resolveu ascender socialmente e acumular dinheiro, fazendo de uma relação pessoal um negócio. A novela vinha no rastro do *TV Mulher*, um programa de um tempo em que o país passou a discutir o direito das mulheres de se separar de seus maridos e de ter mais acesso a informações sobre a sexualidade.

Setores moderados e conservadores da Igreja Católica procuravam a Globo para reclamar das novelas. Dom Luciano Mendes de Almeida, secretário-geral da CNBB e bispo auxiliar de São Paulo, escreveu a Ricardo Marinho, irmão de Roberto, uma carta sobre o "desenrolar" da novela *Água viva*. O folhetim teria desrespeitado os "valores fundamentais da família brasileira".

O bispo reclamava especialmente do personagem de um falso padre interpretado pelo ator Mauro Mendonça, que arrecadava dinheiro numa favela do Rio em nome do papa João Paulo II, que visitava o país. Ele dizia que pretendia construir um conjunto habitacional com piscina para os moradores. O personagem, afirmou Dom Luciano, "feriu o sentimento religioso de nosso povo na sua estima ao Santo Padre". "Os meios de comunicação social são indispensáveis para a promoção da pessoa humana", escreveu o religioso, uma figura moderada da Igreja. "Podem, no entanto, ao invés de promovê-la, desrespeitá-la e contribuir para a deterioração dos valores da sociedade", ressaltou. "Novelas assim fazem mal."[604]

Depois, foi a vez da novela *Sol de verão*, escrita por Manoel Carlos e dirigida por Roberto Talma entrar na mira da Igreja Católica. A Conferência Nacional dos Bispos do Brasil mandou carta para Ricardo Marinho. "A esta Conferência têm chegado numerosos protestos com os quais concordamos — não só quanto ao desenrolar da novela 'Água Viva', que infelizmente desrespeitou os valores fundamentais da família brasileira, mas especialmente seu desfecho feriu o sentimento religioso de nosso povo na sua estima ao Santo Padre João Paulo II", destacou carta assinada por Dom Luciano Mendes de Almeida, secretário-geral da CNBB. "Novelas assim fazem mal."

Roberto Marinho fazia malabarismo. Dava atenção aos bispos e, ao mesmo tempo, não interferia nas produções dos estúdios da emissora. As críticas vinham também de setores políticos, que reclamavam da programação.

Entre os aliados não faltavam demonstrações de voluntarismo. "Prezado chefão", escreveu-lhe certa vez o colunista e amigo Ibrahim Sued, "não compreendo por que o senhor me tirou da tevê", lamentou.[605] "Eu podia fazer cinco minutos no *Fantástico*, baixando o sarrafo nos comunas, na esquerda festiva e padres comunistas que estão tomando conta do país."

A figura de Marinho em pose de *Don Corleone* era construída pelos aliados próximos, ainda que em tom de galhofa, e por adversários implacáveis e concorrentes ferozes. Na ditadura, o empresário e sua TV não tinham poder infinito. O perfil de um apoiador de influência e desenvoltura absolutas nos bastidores do regime seria alardeado pelos adversários. O dono da Globo, no entanto, operava num jogo de nuances e numa multiplicidade de disputas. Mesmo artigos críticos de publicações de esquerda registraram, numa aparente contradição, que ele procurou fazer "voo próprio".[606]

A emissora de Marinho era anunciada como a quarta maior rede de TV comercial do mundo, atrás apenas dos conglomerados de mídia americanos. "Hoje estamos homenageando nosso melhor vendedor há 15 anos. Plim, plim", destacava um anúncio do Grupo Pão de Açúcar, do empresário Abilio Diniz, na revista *Propaganda*, voltado ao mercado da publicidade, em abril de 1980. "O jornalismo é minha vocação e minha paixão", disse Roberto Marinho em uma entrevista à revista. "Sou empresário também e, dentro dessa linha, procuro pautar todas as minhas decisões."

Último presidente do ciclo militar, Figueiredo fez um esforço para interpretar o "João do povo", imagem construída pelo marketing do Planalto. Logo vieram as críticas e a queda de popularidade. No mês de abril de 1981, a editoria de Ismar Cardona conseguiu, num esforço quase de guerrilha, manchetes em *O Globo* que irritavam a classe média.

"EM MAIO ALUGUÉIS
AUMENTAM 64,15%"[607]

"GASOLINA AUMENTA
AMANHÃ PARA CR$ 66."[608]

"DELFIM NEGA APERTO
SOBRE CLASSE MÉDIA."[609]

"DELFIM: JUROS
SÓ CAIRÃO QUANDO
CAIR A INFLAÇÃO."[610]

"PASSAGENS AÉREAS 13,6% MAIS CARAS A PARTIR DE HOJE."[611]

Naquele mesmo mês, Dias Gomes encontrou numa notícia da primeira viagem presidencial de Figueiredo à Europa um bom tema para um capítulo do seriado *O bem-amado*, que ia ao ar a partir de 22h15, inspirado na novela transmitida no tempo do governo Geisel.[612]

O general alugara um Boeing da Varig. A aeronave foi adaptada e decorada para um voo de 14 horas de Brasília a Paris, com escala em Fortaleza. O avião tinha dois quartos, com uma cama cada, escritório, quarenta cadeiras de primeira classe e 21 de classe econômica. A primeira-dama Dulce, sete ministros e parlamentares formavam a comitiva.

Dias Gomes aproveitou que a censura começava a ficar branda para deixar mais nítida sua crítica política. Agora, não havia necessidade de mandar capítulos com antecedência para Brasília. O temor das cenas cortadas era coisa do passado. Assim, a cada descompasso de uma autoridade, o autor criava uma cena semelhante.

O jornalista Pedro Rogério Moreira relata que, numa noite, na volta ao Brasil, Figueiredo tratava os cavalos na Granja do Torto, em Brasília, quando ouviu a mulher gritar:

"João, corre aqui para você ver o que estão fazendo com a gente na TV!"[613]

Figueiredo foi até a sala da casa. Dulce mostrou uma personagem cheia de trejeitos e disse que era uma caricatura dela. Depois, comentou que Odorico era o marido. Em outra noite, ele estava na sauna quando Dulce voltou a gritar que estavam sendo retratados no seriado da Globo.

O seriado contava os preparativos do prefeito de Sucupira para uma viagem de mordomias para Miami, que seria desfrutada por uma comitiva que incluía as irmãs Cajazeiras e uma amante — de penteado com laquê, ao estilo da primeira-dama. O prefeito tinha alugado um taxi aéreo.

Pela manhã, no Palácio do Planalto, Figueiredo desabafou com um aliado, Leitão de Abreu.

"Doutor Leitão, aguento tudo na vida. Aguento a traição dos políticos, a felonia de companheiros do Exército, a mentira dentro do governo. Mas não aguento mais a Dulce me chamar a atenção para a novela da Globo", reclamou.

Próximo de Roberto Marinho, Leitão relatou ao empresário a queixa do general, numa tentativa de apaziguar a relação. Marinho teria dito:

"Doutor Leitão, eu não posso interferir no trabalho do Dias Gomes. Ele é um criador e, como tal, tenho de assegurar-lhe a liberdade de escrever."

Tempos depois, Leitão e o empresário Georges Gazale, próximo de Figueiredo, relataram esse episódio a Pedro Rogério, da sucursal da TV Globo em Brasília.

Havia tempos, lembra o jornalista, que a relação entre Figueiredo e Marinho era "azedada" e envenenada pelos bajuladores do general.

Num bilhete acompanhado de um teipe de uma viagem do general, o dono da Globo o chamou de "ex-amigo". O presidente respondeu que não sabia a razão do tratamento e mandou um "afetuoso abraço" de "amigo".[614] Depois, o empresário mandou uma longa carta datilografada ao presidente e, agora em letras manuscritas, "velho e querido amigo João", para parabenizá-lo pelo primeiro ano de governo. Ele citou o "abnegado pai" de Figueiredo, o general Euclides Figueiredo, um opositor de Getúlio Vargas, para falar da formação política do presidente. "Você caminhou mais do que fazia supor a expectativa geral, mesmo a dos correligionários, no sentido de pôr em execução o ambicioso projeto de normalização da vida brasileira", escreveu.[615]

Figueiredo respondeu que, para garantir o "ambicioso projeto" citado, precisava "continuar" contando com a "solidariedade" do empresário. "Uma parte substancial desse trabalho recai sobre aqueles que, como V., têm a responsabilidade ímpar de falar diária e diretamente à família brasileira", escreveu, num tom formal. "Os meios de comunicação constituem parte inseparável do processo, na medida em que modelam o pensamento, condicionam atitudes e determinam a conduta de nossa gente."[616]

A relação cordial de Marinho e Figueiredo, que remontava à Hípica, no Rio, se manteve até certa fase do mandato do general. As mulheres dos dois já não eram próximas.

Toninho Drummond põe na lista de causas do rompimento o noticiário crítico da Globo ao governo. "No final é o seguinte: todo governo reclama da imprensa. Você conhece algum jornal, alguma TV, que seja governista de manhã, de tarde e de noite? Não existe. Notícia é notícia. Aí vem a turma dos puxa-sacos, para acirrar os ânimos nessa relação."

O jornalista citou ainda o desapontamento de Dulce com os programas da emissora. "Ela não perdia uma novela. Então, se convenceu que uma personagem era uma crítica pessoal. Ficou puta da vida e fez a cabeça de Figueiredo, que xingou o Roberto Marinho. 'Vai tomar... o Roberto Marinho'. Aí brigaram. Não ouvi uma única palavra do Roberto Marinho."

Após a avalanche de notícias negativas para o governo, um infarto e uma operação em Cleveland, nos Estados Unidos, em setembro de 1981, Figueiredo tornou-se um governante hipersensível ao noticiário.

Figueiredo se distanciaria não apenas do dono da Globo, mas de pessoas próximas da política e da caserna. O homem instável assustava repórteres bem mais que o frio Ernesto Geisel. Figueiredo se tornara imprevisível, passando descomposturas e soltando palavrões.

Nesse tempo, o governo Figueiredo voltou a investir na censura contra a Globo. O diretor Mauro Borja Lopes, o Borjalo, foi enviado a Brasília "mil vezes", como gostava de dizer, para convencer o "pessoal" a liberar capítulos censurados das novelas. Lembra que a censura não tinha padrão nos cortes, podendo censurar as cenas mais triviais, como o envenenamento de um personagem.

Mesmo com os ataques de Brasília, Roberto mantinha fontes estratégicas no governo. Francisco Dornelles, sobrinho de Tancredo, ocupava o cargo de secretário da Receita Federal. Depois do golpe contra João Goulart, Dornelles, que era secretário particular de Tancredo, foi para o exterior, onde se especializou em economia e tributação.

A relação de Dornelles com a Globo e Roberto Marinho era de um "pedinte", como o político classifica. "Às vezes, eu ligava para ele, dava notícias da Receita Federal que viravam matérias, especialmente sobre os problemas de arrecadação. Sempre tive um apoio razoável do grupo", conta Dornelles.

Com o noticiário crítico da Globo, os assessores mais próximos do presidente passaram a disputar quem podia irritar mais o dono da emissora. Numa reunião ministerial, Figueiredo falou abertamente no desejo de contra-atacar Roberto Marinho.⁶¹⁷ O ministro da Justiça, Ibrahim Abi-Ackel, pediu a palavra.

"Presidente, estou para pegar o doutor Roberto. Ele está na Suíça agora. Como gosta muito de cela de cavalo, ele sempre traz na bagagem algumas. Vamos dar um pega nele no aeroporto."

Francisco Dornelles saiu às pressas da reunião para dar um telefonema. Uma fonte relata que o secretário da Receita Federal disse para Roberto Irineu:

"Olha, estão querendo pegar o seu pai."

Avisado da emboscada, Roberto Marinho desembarcou no Galeão apenas com a mala de roupa.

Os homens fortes da economia entravam em contato diretamente com Marinho para reclamar de matérias. No dia 4 de agosto, *O Globo* publicou uma matéria de apenas dois parágrafos na editoria de economia com o título: "Galvêas considera normal banco ter lucro de 400%." A matéria abria assim:

"O ministro da Fazenda, Ernane Galvêas, afirmou ontem que o aumento de 400% nos lucros conseguidos pelos bancos, no primeiro semestre, não pode ser considerado muito elevado porque todo o ano passado foi um período de baixa lucratividade para o sistema financeiro."

Nada muito diferente da interpretação dos jornais concorrentes. O *Jornal do Commercio* destacou que "Galvêas acha normal os 400% de lucro em banco". Mais ácido, o concorrente direto, *o Jornal do Brasil* afirmou: "Galvêas diz que banco lucra pouco."

Os três títulos estavam corretos, mas o ministro não gostou da repercussão. Assim, procurou Roberto Marinho para reclamar. O empresário foi tirar satisfação com Evandro. O subeditor George Vidor, que respondia pela editoria na ausência de Ismar Cardona, que estava gripado, pediu demissão.

Em carta a Marinho, Evandro relatou que Ismar ponderou que, embora errado, o título era o mesmo do *Jornal do Commercio* e por isso não via má-fé. Vidor evitou falar para Ismar quem tinha sido o autor do título. "A meu ver, ele procura proteger o culpado, mesmo avisado de que isso poderia lhe custar o emprego", contou Evandro, que pediu a

Marinho para não o demitir. "Lamento esta indisciplina. Apesar disso, pondero que George Vidor está há anos entre nós, e é um profissional digno, leal, competente e dedicado, sem jamais ter criado problema de qualquer espécie para nós."

No dia 6, Evandro mandou um bilhete para Roberto comunicando que tinha chegado ao autor do título. Era Cláudio Renato Kuck, repórter com experiência em Londres. Kuck foi "advertido" pela falta grave e Evandro agradeceu a Roberto Marinho por não demitir ninguém.[618]

O mais influente articulador da ditadura, general Golbery do Couto e Silva, ministro da Casa Civil no governo de João Figueiredo, acompanhava atentamente o movimento de Lula e a retomada da atuação de antigas lideranças políticas, como Leonel Brizola e Miguel Arraes.

O tabuleiro de xadrez no jogo de Golbery não descartava o avanço do líder dos metalúrgicos do ABC no campo político-partidário. "Uma das coisas no meu modo de entender é que, além do carisma do Lula, havia outro fator importante naquele momento", afirma o sindicalista e ex-deputado Djalma Bom. "Não se pode esquecer que a ditadura militar precisava de uma pessoa que tivesse sensibilidade para ser o interlocutor entre o capital e o trabalho no Brasil. O regime teve, talvez, certa tolerância com o companheiro Lula. É como se a ditadura e o empresariado dissessem: 'vamos fazer com esse cara aqui a abertura'."

Lula fazia um caminho em busca do centro com mais dificuldades que outras lideranças. Ao seu partido, convergiam grupos de oposição ao regime dos mais diversos, fossem asfixiados ou de atuação pública. A entrada do sindicalista no cenário político causava um incômodo em legendas de centro, que praticamente monopolizaram o embate à ditadura, e reduzia o espaço de antigas lideranças ligadas ao trabalhismo.

Golbery dividiu a força política do trabalhismo ao entregar a legenda do PTB a Ivete Vargas, sobrinha de Getúlio. Brizola, então, criou o PDT. A perda da antiga legenda por parte do ex-governador teve tons dramáticos.

A foto de Brizola com a mão no rosto, em cena de choro, foi publicada na primeira página do jornal de Marinho. Por cinco votos a um, o Tribunal Superior Eleitoral concedeu o registro provisório do PTB a

Ivete, que tinha feito o pedido na frente. A defesa de Brizola alegou que o pedido dela estava incompleto. O advogado de Ivete, José Guilherme Vilela, tinha sido sugerido por Golbery, que depois o nomeou ministro do Tribunal Superior Eleitoral.

Numa matéria, *O Globo* registrou uma reclamação dos brizolistas de que a decisão do tribunal foi um "esbulho" e uma "sórdida" manobra de Golbery. Ivete jurava que não aderiria ao governo. Era um quadro surreal na definição de lideranças políticas. Havia um partido sem sigla e uma sigla sem partido.

O PT propôs ao grupo de Brizola uma união. Ulysses Guimarães, do PMDB, também ofereceu abrigo. "Meu partido está de braços abertos para o ex-governador."

Numa coletiva do grupo de Brizola no Hotel Ambassador, no Rio, o repórter Marcelo Pontes, de *O Globo*, prestava atenção nos gestos do líder trabalhista. Um aliado do ex-governador começou a ler uma nota repudiando a decisão do TSE. Brizola parecia alheio à leitura. Estava com os olhos vermelhos, a cabeça baixa. Mexia nos óculos sobre a mesa enquanto a nota era lida. Não reagia nem mesmo com os aplausos na leitura dos parágrafos mais contundentes.

Brizola pegou uma folha de ofício, puxou uma caneta do bolso da camisa e, lentamente, desenhou em letras grandes a sigla PTB. Levantou-se e, em tom emocionado, rasgou o papel. Era uma nova era na vida de Leonel Brizola, o início do brizolismo. Aos prantos, pôs as mãos no rosto para tentar esconder as lágrimas. Os aliados e simpatizantes foram ao delírio.

"Brizola! Brizola!"

O ex-governador e seu grupo deixaram o prédio do hotel e caminharam pela rua Senador Dantas até a Cinelândia, entoando a música "Pra não dizer que não falei das flores". Ao chegar à praça, contornaram jovens que jogavam capoeira e foram reverenciar um busto de Getúlio.

Havia um paradoxo na manifestação. Agora, Brizola não tinha mais o peso do getulismo e do janguismo. Tinha seu próprio partido, ainda que a herança política o ligasse aos velhos nomes do PTB. Estava afoito para recomeçar, sempre no ataque.[619]

No começo de abril, *O Globo* publicou uma foto de empresários discutindo proposta de metalúrgicos numa sala da Delegacia Regional do Trabalho em São Paulo. Na imagem ainda aparece um homem de barba, em pé, acompanhando a discussão. Era Lula. Dias depois, a manchete era a notícia da prisão do sindicalista.[620]

Além de Lula, foram detidos os advogados Dalmo Dallari e José Carlos Dias. O delegado Edsel Magnoli informou que Lula seria enquadrado na Lei de Segurança Nacional por incitar a greve e por ofensas à autoridade. O porta-voz do Planalto, Alexandre Garcia, ouvido por *O Globo*, informou que Figueiredo acompanhava os "acontecimentos" com tranquilidade. Na mesma edição, o jornal noticiou a morte, em Paris, do filósofo Jean-Paul Sartre. Num artigo publicado no caderno de cultura, Otto Lara Resende escreveu que se tratava da morte de "um idiota da família das palavras inúteis e efêmeras".[621]

A partir daquele mês, Marinho pôs seus veículos de comunicação para narrar a abertura na ótica do governo. As manchetes de *O Globo* apresentavam a versão de que apenas o Planalto buscava a distensão. Foi assim na cobertura de uma visita do general a Ouro Preto, no feriado de Tiradentes. A Globo foi criticada por dar mais espaço à festa de aniversário de Brasília que à greve do ABC, em São Paulo. "A Rede Globo, a mais vista e melhor equipada, dedicou o dobro de tempo dado à greve do ABC à cerimônia do vigésimo aniversário de Brasília, quando o seu proprietário, doutor Roberto Marinho, recebeu uma comenda", destacou Hélio Fernandes, na sua *Tribuna da Imprensa*. Ele estimou que a Bandeirantes deu espaço maior ao movimento dos trabalhadores.[622]

Diante da postura de setores da Igreja Católica em São Paulo na defesa do movimento grevista, *O Globo* destacou em sua manchete que havia divergências dentro da entidade. O jornal publicou declaração de Figueiredo que "Dom Paulo Evaristo (Arns) incita à greve".[623] O general atacava diretamente o arcebispo de São Paulo. O jornal relatou em manchete que "Cardeais condenam envolvimento da igreja na greve".[624] Os grevistas do ABC voltaram ao trabalho no mês seguinte.[625]

Fernandes voltou à carga contra Marinho naquele mês para associar o empresário ao governo. Ele escreveu que "todos os programas ditos jornalísticos da TV Globo são 'editados' pelo general Golbery", sem fazer a ressalva da relação tensa entre o empresário e o militar.[626]

José Augusto Ribeiro descreveu diferenças nas ligações de Roberto Marinho com as figuras do regime. "A relação dele com o Falcão e o Figueiredo eu percebia que era muito próxima porque ele não dizia o Falcão, ele dizia o Armando, que era o Armando Falcão. Quando ele falava do Armando Nogueira, ele dizia: o Armando Nogueira. Só Armando, era o Falcão. E quando ele falava do Figueiredo, era o João. 'Eu disse tal coisa ao João, o João me disse tal coisa.' Agora Geisel, Golbery e coisa e tal, acho que era uma relação mais formal, mais cerimoniosa."

27. O espólio da Tupi

Silvio Santos era um corpo estranho na estrutura da Globo. Visto como um "animador" de auditório, ele tinha um "contrato de aluguel" na grade dos domingos na emissora desde o tempo em que a antiga estação em que trabalhava, a TV Paulista, havia sido comprada por Roberto Marinho. Como tinha porcentagens nas vendas de anúncios, os chefes do comercial da emissora de Marinho queriam ver o apresentador longe.

Não era o que queria o dono da televisão. Marinho considerava Silvio uma peça importante para manter com tranquilidade o primeiro lugar no horário, especialmente em São Paulo, enquanto a estação se consolidava. A presença no quadro da emissora de uma figura popular, que neutralizou até o programa do cantor Roberto Carlos, astro da Jovem Guarda, da concorrente Record, tinha um componente de força política.

O apresentador teve ainda papel decisivo nas finanças do início da Globo em São Paulo. "Mesmo sem doutor Roberto saber, ele adiantava dinheiro para pagar salários na emissora", relata Boni. "Silvio era o rei absoluto dos domingos. Mas chegou um momento em que ele teve de sair. Não que o gênero de seus programas fosse incompatível com o da Globo, embora algumas vezes fosse. Mas porque não tinha como ter venda dupla de domingo."

Nos domingos, Silvio garantia a audiência que faltava à Globo. Mas tomava espaço dos diretores do comercial. Em seus programas, fazia publicidade, negociada por ele mesmo com as agências, e oferecia carnês para produtos de sua rede de lojas, Baú da Felicidade, que davam prêmios, de carro à sonhada "casa própria". "Ele era um alto-falante em São Paulo, um bom veículo para anunciar produtos", reconhece Boni. "Silvio Santos tinha a própria equipe de vendas de anúncios, e a Globo também. As duas equipes vendiam a mesma coisa. Era algo conflitante do ponto de vista comercial."

As conversas entre Roberto e Silvio eram sempre cordiais. Foi assim quando discutiram, no começo dos anos 1970, a renovação do contrato do apresentador com a emissora.

"Silvio, se quiser, posso renovar-lhe o contrato exatamente como antes: todos os domingos, das 11h30 às oito da noite, como você queria, e por três anos."[627]

"Cinco, doutor Roberto", contrapropôs o apresentador, que tinha a gargalhada como marca pessoal.

"Três, Silvio."

"Cinco, doutor Roberto."

A decisão do dono da Globo de ceder a Silvio deixou os diretores do comercial perplexos.

Boni ressalta o pragmatismo de Marinho. "Doutor Roberto foi a pessoa mais pragmática que conheci na minha vida. Ele via o Silvio Santos como uma peça do esquema dele, que achava importante", conta o executivo.

Nas tratativas complexas, Roberto Marinho pedia para chamarem Silvio à Globo. "Vamos conversar, deixe que os advogados conversem sobre o negócio", dizia o empresário.[628] Marinho sempre buscava formas de contornar problemas. Apostava na prática de protelar certas decisões. Ele achou preocupante quando, em 1975, os executivos da TV decidiram romper com Silvio.

"Vocês vão mandar o Silvio embora, mas vai ser complicado." O ministro das Comunicações, Euclides Quandt, afoito em criar novas redes para competir com a Globo, havia oferecido a Silvio a concessão do canal 11, do Rio de Janeiro. A condição de dono de um sinal confrontava com o contrato em vigor com a emissora do Jardim Botânico para a venda do espaço na grade.

Sem esperar por decisões do Rio, o Departamento Jurídico da Globo, em São Paulo, entrou na Justiça para suspender o programa de Silvio e cobrar uma multa vultosa por quebra de contrato. O oficial encarregado de levar a intimação acabou sendo confundido com fã do apresentador e foi barrado na porta do auditório da praça Marechal Deodoro.[629]

Ao saber que Silvio tinha conquistado a concessão, Marinho fez uma jogada paralela. Ele chamou o apresentador para almoçar.

"Então, agora somos colegas, não é?"

Silvio demonstrou camaradagem. Marinho foi na mesma linha:

"Muito bem, quando é que você vai querer sair?"

"Não sei, doutor Roberto. Quando o senhor resolver para mim está bem."

Marinho entrou no assunto mais preocupante para o apresentador: a ação para o pagamento da multa rescisória.

"Você faz seu último programa", disse Marinho, "e sobre a multa a gente conversa com calma, vamos ver como fica melhor."

O dono da Globo sabia da força popular de Silvio, que teria sua própria emissora. Um aliado numa concorrência inevitável e, sob certo aspecto, necessária para conter o discurso de combate ao monopólio de Quandt era um bom negócio.

Silvio passou a transmitir seu programa de auditório na Record, após comprar parte das ações da emissora, e na Tupi, canal em processo de decadência e que alugava espaço na grade. Precisava de tempo para consolidar a TV Estúdio S, a TVS, do Rio. O apresentador comprou equipamentos modernos nos Estados Unidos e chamou profissionais da televisão para montar a estação.

Os Estúdios Silvio Santos, nome de seu grupo, animaram o governo Geisel. O empresário chamou duas dezenas de técnicos graduados, apresentadores do timbre de Flávio Cavalcanti e mais de cinquenta artistas conhecidos do público. Jardel Filho, Fábio Cardoso, José Wilker, Nathália Timberg e Carlos Alberto Riccelli foram contratados para gravar o folhetim *O espantalho*. A primeira novela da emissora foi escrita por Ivani Ribeiro, que tinha feito sucesso na Tupi, e dirigida por José Miziara e Luciano Callegari. A trama contava a história de uma luta política numa cidade do litoral de São Paulo, sob pressão da indústria do turismo. Um adversário do prefeito pôs espantalhos na praia para atacá-lo. A novela foi exibida também na Record. Ao final, sem a audiência esperada, Silvio mandou os contratados embora e ficou apenas com seu programa de auditório.[630]

Em declínio, a Tupi estava na mira de empresários. As emissoras dos Diários Associados faziam parte de um condomínio criado por Chateaubriand. "Ele quis premiar os velhos colaboradores. Então, escolheu amigos como condôminos", relata Rômulo Villar Furtado, ex-secretário-geral do Ministério das Comunicações. "Enquanto o empresário viveu isso funcionou muito bem, era uma espécie de sociedade, sendo ele o cabeça. Mas a característica desse condomínio o levou à sua destruição. Quando morria um, as cotas não iam para herdeiros, mas eram redistribuídas entre os demais condôminos. Depois da morte do Chateaubriand, cada um procurou tirar o maior proveito possível em vida. Houve uma dilapidação."

O império de Chateaubriand estava imerso em dívidas. Sem uma programação única e com espaços terceirizados, a rede não pagava direitos trabalhistas e impostos. Com o tempo, as concessões se esgotaram e as renovações ficaram impossibilitadas pelas dívidas. A lei exigia que toda emissora estivesse em dia com as obrigações trabalhistas e tributárias. O processo chegou ao Ministério das Comunicações, chefiado por Haroldo Corrêa de Mattos. Haroldo e seu secretário-geral costuraram uma proposta ao presidente Figueiredo para não renovar as concessões do grupo. Figueiredo topou tornar a emissora "peremptória". A perempção é o fim de um canal por falta de documentos. Tecnicamente, é diferente da cassação, quando o concessionário comete uma infração, um crime de telecomunicações.

A 14 de julho de 1980, a ditadura finalmente anunciou a saída da Tupi do ar, alegando corrupção e dívidas trabalhistas e previdenciárias. O mercado se agitou.

Nascimento Brito, dono do *JB*, estava em conversas com Walter Clark e Walther Moreira Salles para criar uma rede de TV. Além deles entraram na disputa pelo espólio da Tupi Victor Civita, do Grupo Abril, e seus filhos Roberto e Richard. Também entraram Adolpho Bloch, da *Manchete*, e Silvio Santos.

Civita sonhava ir além do mercado das revistas, que dominava com publicações sobre política, entretenimento, cultura e quadrinhos. Por sua vez, Silvio já ocupava espaço da velha Tupi e pretendia transformar numa rede a sua TVS, emissora formada pelo sinal da antiga Excelsior, de São Paulo, comprada em sociedade com o empresário Paulo Machado de Carvalho, e pelo canal 11, do Rio, oferecido por Euclides Quandt. O mais popular comunicador do país queria ir mais longe.

Em suas memórias, Walter Clark escreveu que a meta da parceria com o *JB* era fazer uma televisão 100% jornalística. De um lado, estava um gênio da TV e, de outro, a marca do mais forte jornal político do país. Ele e Nascimento Brito procuraram os generais Otávio Medeiros e Golbery do Couto e Silva. No encontro, segundo o executivo, Golbery disse que o *JB* e a Abril teriam mais chances de ficar com o espólio da Tupi. O chefe do Gabinete Civil teria ainda "confessado" sua preferência pelo projeto deles.[631] Especulava-se que a parceria envolvia ainda Joe Wallach,[632] o que o norte-americano sempre negou.

Marinho não via com bons olhos a entrada do *JB*, de Walter e de Moreira Salles no setor. Agora, com o poder que não tinha no tempo do governo Geisel, não precisou fazer tanto esforço para impedir a chegada dos velhos concorrentes na área. "Ele se dava bem com o Victor Civita, o Bloch e o Silvio. Todos eram bem familiares. O único que ele não gostava ali era o Nascimento Brito", relata João Roberto Marinho. "Mas acho que para ele era indiferente quem é que viria."

Depois de perder os prazos para instalar as estações de Niterói e São Paulo oferecidas pelo governo Médici, Nascimento Brito achou que finalmente era hora de apostar na televisão. "Voltou aquela oportunidade da TV", relata o jornalista Luiz Orlando Carneiro, executivo do *JB*. "Agora o Brito queria, mas estavam na competição outros nomes", observa.

O empresário não possuía mais uma relação forte com o governo. "O Brito não tinha, nem queria ter, intimidade com o Figueiredo, que era muito grosso", observa Luiz Orlando. O dono do *JB* perdera a possibilidade de montar uma rede de TV ainda nos anos 1970, quando Roberto Marinho batalhava para consolidar a Globo e a ditadura incentivava outros grandes empresários da comunicação a criar redes.

A parceria de Nascimento Brito e Walter começou a naufragar por desentendimentos entre os dois. O ex-executivo da Globo enviou carta a Figueiredo para anunciar o desligamento na sociedade. Ele ficou colérico quando passou a ser tratado pelos diretores do *JB* como um "mero empregado" de Nascimento Brito.[633]

Henrique Caban relata que Walter não tinha mais condições de saúde naquele momento para iniciar um grande projeto. "O problema do Clark, um profissional excelente, é que ele estava acabado, bebia e cheirava o dia inteiro. Não conseguia fazer mais nada. Se ele estivesse sóbrio, ele e Brito fariam uma TV."

A TV JB foi a pique em especial pela saída de Moreira Salles do negócio. Especulou-se na época que o banqueiro teria comprado 20% da Globo em troca da desistência de concorrer com Roberto Marinho.[634]

O dono da Globo chegou a propor que o governo repartisse a rede de Chateaubriand em canais, não abrindo espaço para outras redes de TV. Marinho afirmava que a melhor opção era fortalecer as redes existentes, pois o mercado não suportaria um número maior de redes.

Naquele momento, não interessava à emissora o controle absoluto da audiência e o monopólio. "Você não pode ter uma televisão apenas. Tem coisa mais perigosa para um empresário que ser caracterizado como um monopolista?", questiona Toninho Drummond. "Doutor Roberto nunca quis ficar sozinho no mercado. Ele sempre achou que a Globo precisava de concorrência", ressalta. "O velho queria fugir dessa caracterização de monopólio." Rômulo Villar Furtado lembra que a questão da liderança absoluta era um problema real para Marinho. "A Globo não queria ser caracterizada como monopolista. Então, corria o boato, que pode ter fundo de verdade, de que até a proposta de Adolpho Bloch foi toda assessorada pela Globo", relata.

Adolpho Bloch tinha lastro político suficiente para a briga. Embora o fato de ter sido ligado ao ex-presidente Juscelino não fosse mais empecilho, o empresário estava longe de ter contatos influentes no jogo do poder.

Marinho tinha uma relação amistosa com o dono do Grupo Manchete. Nos anos 1940 e 1950, a gráfica de Bloch rodava em cores *O Globo Juvenil*. Só em 1952 passou a publicar sua própria revista, *Manchete*.

Bloch se aproximou de Roberto Marinho ao assumir a presidência da Funterj, um instituto do governo do Estado do Rio de Janeiro que cuidava dos teatros da cidade. À frente da Funterj, reformou o Theatro Municipal, muito frequentado por Marinho. *O Globo* chegou a publicar nota para elogiar a gestão de Bloch e considerou a obra do teatro "brilhante e de grande sacrifício pessoal". O dono da *Manchete* viu uma porta aberta e mandou carta para retribuir. "Pode estar certo de que a nossa longa e fraterna amizade continuará para sempre", disse. "O que engrandece um homem é a sua honestidade e lealdade."[635]

Adolpho Bloch inventou o Prêmio Tendência, nome de uma de suas revistas, para dar novo afago em Marinho. Na entrega da distinção, o dono da Globo não deixou escapar uma fina ironia: "Tenho recebido muitas homenagens ultimamente. Acho até que estão exagerando em sua generosidade", disse.[636]

No final daquele ano, Bloch mandou fazer um cartão especial de Ano Novo com a foto de Marinho rindo e usando terno e gravata borboleta, para ressaltar o processo de redemocratização e ressaltar que "em 1980, estamos juntos e otimistas". "A democracia está aí. Todos estão de volta ao país. Precisamos somar esforços para construir um Brasil Grande", escreveu.[637]

O governo decidiu distribuir os canais da Tupi em dois lotes. Haroldo Corrêa de Mattos chamou Luiz Orlando. Era uma deferência em relação a Brito, com quem se dava. "Olhe, você pode comunicar ao doutor Brito que vai sair, amanhã, o negócio da TV e o *Jornal do Brasil*... e os vencedores são Bloch, da *TV Manchete*, e o Silvio Santos, do *SBT*."

Ao mesmo tempo, o ministro admitiu que se tratava de uma questão política. "Embora ele tenha me falado que os estudos técnicos, os pareceres eram favoráveis ao *Jornal do Brasil* e à *Editora* Abril. Mas, aí, era aquele negócio: o Figueiredo queria o Bloch e queria o Silvio Santos, que ele podia manobrar."

Luiz Orlando, próximo de Brito, discorda da tese de que Roberto Marinho tentou influenciar a decisão do governo. "Não, de jeito nenhum", afirma. "Acho que um dos troços do doutor Brito é que ele era, no fundo, um bom jornalista. Via as coisas, gostava de política e tal, mas não era um bom homem de negócios como o Roberto Marinho", avalia.

A ditadura anunciou a entrega de uma parte do espólio de Chateaubriand a Bloch e a outra a Silvio Santos, dividindo entre os empresários as emissoras da Tupi nos estados. Na versão de Walter Clark, Golbery perdeu a briga interna no governo para a indicação de seus grupos preferidos. Ele avaliou que Bloch e Silvio venceram o duelo porque fizeram "lobby" diretamente com Figueiredo.[638]

Bloch escreveu carta para agradecer a Marinho. Na correspondência, disse que o dono da Globo era seu "irmão" e foi a primeira pessoa que consultou sobre a possibilidade de se "habilitar" a uma rede de televisão. "Estou com 72 anos. Mas começo vida nova. Meu coração já é novo também. Somente minhas amizades são antigas, pois elas constituem meu maior patrimônio", afirmou. "Recebi, hoje, a confiança do governo para operar uma nova rede. Saberei honrar esta responsabilidade. Sou otimista nas horas difíceis. Neste momento, quero expressar-lhe minha gratidão e amizade."[639]

Numa outra carta, em novembro, Bloch escreveu que o sucesso do empresário era o seu sucesso. Marinho pediu à secretária para entregá-la a Henrique Caban, na redação de *O Globo*. Queria vê-la publicada.[640]

Roberto Irineu relata que era "ideal" para a Globo que o espólio da Tupi fosse distribuído mesmo entre as três redes existentes — a emissora da família, a Bandeirantes e a Record. Ele diz que não foi feito movimento para que o espólio ficasse nas mãos de Bloch e Silvio, pessoas mais próximas de seu pai. "Nós não queríamos que eles fizessem outras redes de televisão. Se o mercado hoje é pequeno, o mercado naquela época era quase inexistente", afirma.

Ele observa que tanto Bloch quanto Silvio quebrariam tempos depois. "Não tinha espaço, não tinha faturamento, não tinha verba para sustentar várias redes de televisão. O fato de o governo pegar uma rede falida e renascer em duas redes ia dividir o bolo publicitário. O que nós queríamos é que não lançassem novas coisas, deixassem a Rede Record, a Bandeirantes e nós", diz. "O mercado não comportava cinco redes de televisão. Nós fizemos um argumento, na época, que nos Estados Unidos tem só três, aqui no Brasil iam fazer cinco, com um mercado infinitamente menor?"

João Roberto relata que o debate sobre a Tupi está por trás do desentendimento entre seu pai e Figueiredo. "Naquele momento ele achava que o governo teria que criar uma concorrência para a Rede Globo, que eles deviam criar uma rede de televisão mais forte e que essa, sim, teria chance de concorrer com a Globo. Nesse ponto ele teve, assim, até uma má compreensão do presidente Figueiredo, na época. O Figueiredo interpretou isso como se ele estivesse defendendo os seus interesses e não querendo mais concorrência, que dividisse mais o mercado. Isso gerou um mal-entendido entre os dois e a relação nunca mais foi a mesma. O governo é que fragmentou, criando duas novas redes de televisão e dando para a Manchete e para o Silvio Santos. Papai achava que se o governo criasse uma rede de televisão mais forte e não fragmentasse tanto o mercado, seria mais saudável para o setor."

Com a concessão, a Manchete contou com o apoio da Globo para montar sua rede. "Depois que deu, a gente ajudou. O Bloch veio pedir ajuda, e o papai pediu ao engenheiro Fiuza para fazer o desenho da emissora do Bloch", relata Roberto Irineu.

João Roberto confirma que o pai atuou na montagem do projeto técnico da nova estação. "Papai botou uma equipe nossa para ajudar o Bloch. Eles tinham uma relação muito boa."

Toninho Drummond conta que Roberto Marinho disponibilizou o Departamento de Engenharia da Globo para Bloch. O empresário concorrente apenas pagaria os salários pelo período que os funcionários da Globo trabalhassem na emissora até a entrada no ar.

Rômulo Villar Furtado conta que, na época, circulava a informação de que Marinho ajudava a TV Manchete até com aportes financeiros. "Corria a história, que pode ter algum fundo de verdade, que até a folha de pagamento da Manchete era paga por baixo dos panos pela Globo", afirma. Esse apoio teria vindo de antes. "Quando foi aberto o edital para a constituição das duas novas redes, a proposta da Manchete foi toda assessorada pela Globo."

Agora dono de uma TV, Bloch continuou a criar oportunidades para estar próximo de Marinho. Ele concedeu ao amigo o título de "Personalidade Brasil-Israel". Marinho não compareceu à cerimônia de entrega, mas mandou um telegrama de agradecimento, em que reconheceu a "dedicação" de Bloch na criação da TV Manchete.[641]

Roberto Irineu avalia que a Abril e o *JB*, se ficassem com parte do espólio da Tupi, quebrariam em "dois dias". Era diferente de Silvio Santos, que sabia fazer televisão, avalia.

O filho mais velho de Roberto Marinho conseguiu fazer contato com um general do regime. Era Rubem Ludwig, gaúcho, conciliador, que atuou como chefe de Gabinete Militar de Figueiredo e ministro da

Educação e Cultura. À frente da pasta, entre 1980 e 1982, recebia estudantes e professores, numa tentativa quase inócua de manter um diálogo entre a ditadura em seus estertores e a academia.

Ludwig era o canal de Roberto Irineu no regime. "Era um dos canais que eu usava quando se vetava uma cena de novela. A história de censura aqui é uma loucura e cada um tinha seus canais. O meu canal era o Ludwig e o Carlos Átila. O papai tinha os outros dele lá, o Boni devia ter outros e por aí vai", lembra.

Certa vez, Roberto Irineu estava num hotel em São Paulo com o televisor ligado quando passou um episódio da série *O bem-amado* mostrando uma cena de civis e Igreja unidos contra a corrupção do governo. Ele viu que os diretores da novela "pegaram um pouquinho pesado demais".

Roberto Irineu tinha consciência de que a cena daria uma "encrenca danada" e a série corria risco de sair do ar. De forma preventiva, ele telefonou para o ministro. "Acordei o Ludwig, esqueci que milico dormia cedo. Eu disse: 'Me perdoe, general, mas aconteceu isso. Eu quero conversar com o senhor amanhã em Brasília. Estou indo para Brasília amanhã cedo e quero conversar com o senhor.'"

Precisava acalmar os ânimos da censura, que voltara a endurecer com o rompimento de Figueiredo com Roberto Marinho. Pela manhã, Roberto Irineu embarcou para Brasília. Ao aterrissar, telefonou para o ministro. Ludwig tinha marcado um almoço para Roberto Irineu na agência central do SNI. Carlos Átila iria acompanhá-lo. Roberto Irineu relata: "Aí eu digo: 'Pô, general, e aí?' Ele disse: 'Se vira, você sabe se comportar.' Eu falei: 'Eu queria conversar contigo.' Ele disse: 'Eu sei, mas a coisa está mais quente, já te mandei direto pra lá.'"

No SNI, pelo menos dez coronéis, "daqueles ardidinhos", e analistas aguardavam Roberto Irineu numa grande mesa. O general Newton Cruz, o Nini, estava numa cabeceira. Roberto Irineu se sentou à esquerda, Carlos Átila ao seu lado e o diretor da Globo Brasília, Afrânio Nabuco, à direita. "O general era engraçado, porque era assim: os coronéis batiam, batiam, e ele dizia: 'Vocês estão apertando o garoto, parem com isso, ele é um sujeito educado, está vindo aqui espontaneamente conversar com vocês, vocês ficam batendo nele.' Aquele joguinho boboca de *bad cop*, *good cop*. Conversa foi, eu consegui acalmar. Eu disse: 'TV é tudo que a gente faz de bom. Não tinha explicação nenhuma, também não vou dizer que vou tirar o programa do ar porque vocês censuraram uma coisa que não faz parte da minha conversa. Então calma, vamos ver, vou dar uma olhadinha nos textos para não exagerarem, até mesmo a gente tem que ver que é um programa muito bom, é um programa humorístico maravilhoso, se vocês tirarem isso do ar a repercussão para vocês vai ser muito grande. Então deixa que a gente vai trabalhar e tentar não ser tão grave a coisa.' Era conversa mole, de nada, ensaboada."

Ao final da conversa, Newton Cruz chamou Roberto Irineu:

"Vamos conversar um pouco."

A rápida conversa em particular abria um novo canal para o filho de Roberto Marinho em Brasília. "No final ele disse o seguinte: 'A próxima vez que vier a Brasília vem bater papo comigo.' Digo: 'Tudo bem, venho.'"

Após algumas semanas, Roberto Irineu estava em Brasília e telefonou para o general. A resposta veio rápida:

"Ah, passa aqui lá pelas cinco horas, no final do expediente, vamos conversar."

Roberto Irineu entrou na sala do general, que estava numa poltrona. Sentou-se num sofá ao lado.

Em certo momento, empolgado, Newton Cruz começou a falar alto, com ênfase. Um instante, pôs o dedo na cara do empresário. Roberto Irineu pegou o dedo do general e o afastou de seu rosto e pôs o seu no do militar.

"Nunca mais ponha o dedo na minha cara."

"Garoto, você tem uma coragem inacreditável, você está na sede do SNI, meteu o dedo na cara do general-chefe?"

O próprio general teria desfeito o mal-estar.

"Espera aí."

Apertou um botão para pedir um serviço:

"Traz aquele uísque da Receita Federal."

E para Roberto Irineu disse:

"Vamos tomar um uisquinho aqui."

A conversa que motivou o mal-estar era uma conversa rotineira sobre censura. "O problema foi a ênfase que ele deu e o dedo que veio para a minha cara. Eu não gostei do dedo na minha cara", observa Roberto Irineu. "Aliás, ele não estava reclamando comigo, nem eu com ele. Isso foi muito engraçado. O fato de eu o ter afrontado criou uma certa relação. A partir daí ele me ligava muito para comentar as trapalhadas do SNI, e nós sabemos que fizeram várias. Aqui no Rio de Janeiro foram várias. Algumas do SNI, algumas do Exército aqui, pela turma de radicais que tinha por aqui."

Newton Cruz telefonava também para cobrar moderação no noticiário sobre o SNI.

"Não bate muito na agência."

"Com a censura que vocês têm, como é que vou bater em vocês?"

Em 1980, Joe Wallach decidiu voltar para os Estados Unidos. A emissora latina bagunçada, desorganizada e sem estrutura era agora uma potência empresarial do jornalismo e do entretenimento. Ele disse a Marinho que a família voltara para os Estados Unidos e que ele pretendia deixar a Globo.

O empresário respondeu que o executivo estava "louco"; Joe estava ao menos cansado. Ao longo do tempo, muitas narrativas surgiram sobre a saída do executivo da TV, mas ele manteria sempre a versão de que deixava a empresa por questões pessoais. Quando perguntei a ele numa entrevista sobre possíveis divergências, ele foi enfático:

"Não é a verdade. Eu trabalhava muito e eu saí por duas principais razões. Primeiro, meus filhos cresceram e estavam nos Estados Unidos. Eu queria ser mentor para eles. Não era possível, porque meu trabalho dentro da Globo era intenso. Segundo, eu estava com 56 anos de idade, 58, talvez. Eu queria descobrir por que a vida existia. Eu não era homem muito religioso, aí queria entender mais sobre a vida", conta. "Eu nasci judeu, tenho orgulho, mas não pratiquei o judaísmo e nenhuma outra religião. Eu não acreditava na religião normal. Eu não pratiquei e não pratico religião hoje."

O executivo deixava um estúdio de produção de novelas, filmes e documentários consolidado. O estrangeiro que chegara para montar uma "base" americana, sob críticas da intelectualidade e dos políticos, monitorar o dinheiro do Time-Life, ser cooptado por Roberto Marinho e criar um entreposto para enlatados de Hollywood ajudara na construção de um centro produtor de conteúdo brasileiro. A TV de Joe Wallach, sempre na berlinda, era diferente daquela que ele mesmo chegou para ajudar a montar.

"A diferença é a seguinte: no Brasil, a TV Globo produziu tudo", observa. "No início compramos filmes estrangeiros para aumentar nossa programação. Depois, menos, apenas filmes longas-metragens, e começamos a produzir no Brasil. Nos Estados Unidos é diferente. As redes de televisão compravam filmes da Warner, Fox, Columbia. Todos os produtores vendiam para as redes, que só produziam notícia."

Ele ressalta que as companhias produtoras no Brasil não produziam novelas e outros programas. "Aí nós mesmos produzimos tudo. As telenovelas, como você sabe, davam a maior audiência, mas tinha outros tipos de produções, como musicais, documentários", relata. "Também no início, quando eu entrei, só tínhamos preto e branco. Mais tarde colocamos cores."

Antes de sair da Globo, Joe Wallach tentou articular sua sucessão. Ele pretendia colocar Roberto Irineu na administração da TV e Paiva Chaves logo abaixo na hierarquia.

Um amigo de Roberto, o banqueiro José Luiz de Magalhães Lins, agora à frente do Banco do Estado do Rio, sugeriu o nome de um executivo da instituição. Miguel Pires Gonçalves era filho do general Leônidas, nome influente na caserna.

Depois, Marinho chamou Paiva Chaves para dizer que queria fazer mudanças, mas o militar não teria condições de realizá-las pelas amizades dentro da emissora. O dono da Globo disse ainda que indicaria Miguel, por ter a mesma a idade dos seus filhos. Explicou que, quando seu pai, Irineu, morreu, tinha de tratar os diretores de *O Globo* por senhores.

Na conversa, Paiva Chaves pediu demissão. Ele disse que não gostaria de continuar na TV como um segundo do Miguel. O novo diretor era filho de um amigo do Exército, o conhecia desde menino.

A contratação de Miguel provocou uma reação imediata na emissora. Armando Nogueira entrou na sala de Boni.

"Olhe, o negócio aqui vai ser feio, vem um cara aqui que vai te enfrentar."

"Não é verdade", disse Boni. "Foi o Zé Luiz que pediu..."

Boni procurou Roberto Marinho.

"Doutor Roberto, você errou. O Miguel não tem competência para assumir o cargo de Wallach. O senhor o nomeou superintendente. Eu não posso ser subordinado a um cara que entrou aqui hoje."

"Boni, isso foi um erro de nomenclatura", disse Marinho, com sua voz rouca e grave, para acalmá-lo.

O executivo conta que a relação com Miguel, aos poucos, se transformou em amizade. Mas seriam sempre de grupos diferentes dentro da emissora. "Aí morreu minha briga com ele e começou a briga com o Roberto Irineu."

Miguel abriu as portas da Globo a outros executivos do Banerj, como Antônio Carlos Yazeji, Paulo César Cechetti e Pedro Saiter.

Boni relata que começou, no entanto, uma fase de administração que tirava o foco do grupo em dois antigos pilares: a comunicação e o mercado imobiliário. "Começaram a fazer negócios com doutor Roberto, com a criação do Banco Roma, uma fábrica de bicicletas, foram para outras áreas que ele e Roberto Irineu não dominavam. Não deveriam fazer isso. Acho que Roberto Irineu estava certo."

Ele critica os negócios feitos por Roberto Marinho durante a atuação de Miguel Pires Gonçalves. "O Banco Roma foi um fora que ele deu. Foi um grande negócio para o Miguel Pires Gonçalves e o Yazeji", avalia. "Ele fez uma boa gestão e ficou milionário", relata. "A TV tinha muito roubo. Ele organizou a TV. Era proibido sobrar dinheiro da produção. E Miguel foi acabando com isso."

O dinheiro de Marinho era distribuído pelos mais diferentes setores produtivos. De geleia de mocotó a banco. Ele foi dono até de mina de ouro. O empresário associou-se ao grupo Monteiro Aranha na compra do controle acionário da Mineradora Manati. A empresa aberta em 1985 tinha uma mina em Arapitanga, na região de Cáceres, em Mato Grosso. Uma vila foi construída para abrigar 270 famílias de empregados. O negócio seria desfeito mais tarde. O investimento não valia a pena.[642]

A presença de Miguel era uma estratégia do próprio Roberto Marinho de frear um processo de sucessão no grupo. O dono da Globo adiava etapas da transição de poder no grupo. A tensa relação dele com o filho mais velho tinha como pano de fundo a dificuldade em aceitar ser substituído. Além do monitoramento de agentes do SNI, Roberto Irineu tinha seus passos controlados pelo próprio pai.

Os jornalistas mais ligados a Roberto Irineu avaliam que Miguel tornou a área administrativa da emissora uma "bagunça". Profissionais do mercado financeiro relatam que o executivo convencia Marinho a comprar ações de grandes empresas e, antes de a Globo efetuar a compra, adquiria ações para ele próprio que se valorizavam quando a emissora entrava na bolsa.

Roberto Irineu deixa claras suas divergências com Boni e Miguel. "Se você for procurar briga minha aqui dentro só tem com uma pessoa: minhas eternas brigas com o Boni", diz. "Ah, e com o Miguel também."

Uma aquisição do jornalismo da Globo causou polêmica nas redes intelectuais do Rio. Boni procurou Roberto Marinho para pedir uma autorização especial. Pretendia contratar o jornalista Paulo Francis, dos tempos implacáveis de *O Pasquim*, o humorístico que escolheu o empresário como um de seus alvos.

Muitas foram as versões da conversa entre Boni e Roberto. Em uma delas, a ironia estava ligada à reação do empresário.

"Doutor Roberto, a Globo está precisando contratar um rapaz muito bom, mas que fez mal para o senhor."

"Quem é, Boni?"

"O Paulo Francis. Eu sei que ele foi muito cruel, atingiu a sua honra."

Roberto Marinho segurou com a mão direita o braço de Boni e, com olhos fixos, perguntou:

"O Paulo Francis quer ser meu empregado?"[643]

28. "Se a tv mostrou, é verdade"

Intelectuais de esquerda ou de visões apenas humanistas sobreviveram aos dias mais duros do período autoritário na estrutura de comunicação montada por Roberto Marinho. Frente às câmeras da Globo, Paulo Francis era visto agora por setores da intelectualidade como um homem de um presente distinto do passado. Fora de esquerda, e passava a defender princípios liberais extremos.

A ditadura estava acossada pela inflação galopante e pelos movimentos de trabalhadores Brasil afora. Em agosto daquele 1980, *O Globo* apostava nas declarações do ministro da Fazenda, Delfim Netto, de que uma nova política salarial, com reajustes, poderia reduzir os investimentos.[644] Numa linha de previsão de perda de frentes de trabalho, o ministro da pasta, Murillo Macedo, ganhava a manchete do jornal com a afirmação de que "emprego é mais importante que salário".[645]

No mesmo mês, uma série de bombas foram detonadas em bancas de jornais do Rio por setores descontentes da ditadura militar com a abertura política. Um general com presença determinante na política de extermínio de adversários da ditadura dava uma rara entrevista em São Paulo para defender o governo. O comandante do II Exército, Milton Tavares, o Miltinho, aceitou conversar com jornalistas que cobriam a solenidade do Dia do Soldado, no quartel-general na capital paulista. Um dos presentes ao evento para receber a medalha era o governador

Paulo Maluf. Naquele final de manhã de sol abrasador, o general desmaiou. O secretário estadual de Saúde, Adib Jatene, correu para fazer o socorro. Ali mesmo o médico massageou o peito do general. Milton Tavares se levantou. Subordinados recomendaram que ele deixasse a cerimônia. "Não me contrariem, quero ver o desfile", disse o general, segundo registro de *O Globo*.

Milton Tavares tinha a missão de falar pelo regime. E assim o fez. O governo sabia que a imprensa sabia que o general era o símbolo da linha mais dura. Anos antes, ele comandou o Centro de Informações do Exército, o CIE, órgão que controlou a matança das guerrilhas no campo e nas cidades. É possível que a maioria não soubesse que, no Araguaia, 41 militantes do PCdoB foram fuzilados depois de presos por ordem de Tavares, do ministro do Exército, Orlando Geisel, e dos então presidentes Emílio Garrastazu Médici e Ernesto Geisel.

Após o susto, Milton Tavares conversou com os jornalistas. Um repórter da TV Bandeirantes questionou o general sobre a identidade dos "elementos insatisfeitos" citados na Ordem do Dia, um comunicado oficial do Exército. "Os pertencentes ao movimento comunista internacional, os demagogos, os maus brasileiros", respondeu, sem citar diretamente os setores das Forças Armadas contrários à abertura.

Um repórter de *O Globo* perguntou ao general sobre os atentados às bancas de jornais. "Há terrorismo de esquerda e de direita. Todos eles são altamente condenáveis, porque são a mesma coisa. Todos eles revelam a existência de uma camada de pessoas que não está habilitada, psicologicamente, a viver democraticamente."

Quando questionado por uma repórter da Rádio Capital sobre operações conjuntas das Forças Armadas com militares de países do Cone Sul para combater pessoas da esquerda, o general disse não ter conhecimento e focou nos ataques aos adversários. Ele disse que a esquerda temia o endurecimento do regime. "Um fechamento que ninguém pensa em ter no Brasil, porque não passa pela cabeça de ninguém, a não ser dos loucos da direita ou daqueles que querem o caos e o tumulto."[646]

Em editorial publicado no dia seguinte à divulgação da entrevista, *O Globo* pregou que a abertura defendida pelo governo era a "vocação do movimento de 64". O texto enfatizou que a "loucura" era de um lado e do outro. "Loucos da direita e loucos da esquerda. Sem dúvida os dois radicalismos se confundem no mesmo desvario da ação desmedida, frequentemente violenta e não raro cruel", destacou o texto. "Há os loucos que pretendem na sua infinita megalomania destruir a imprensa inteira, e há os que se consagram a destruir bancas de jornais. Na grande ou na pequena escala, na monstruosidade por atacado ou na brutalidade de varejo, o terrorista é sempre o insano imperdoável de que nos fala o comandante do II Exército."[647]

No dia em que o jornal de Marinho ia às bancas, terroristas explodiram bombas na sede da Ordem do Advogados do Brasil e na Câmara Municipal de Vereadores do Rio. A detonação dos explosivos matou Lyda Monteiro da Silva, de 59 anos, secretária da OAB, e deixou cego José Ribamar de Freitas, que estava na Câmara.

Um dia depois, *O Globo* divulgava na manchete que Figueiredo mandava a Polícia Federal apurar os atentados.[648] Dez mil pessoas, nas contas do jornal, acompanharam o enterro de dona Lyda no cemitério São João Batista. A manchete era novamente um pronunciamento de Figueiredo, dita durante encontro do PDS, partido do presidente, em Brasília:

"NEM MIL
BOMBAS
DETERÃO
ABERTURA."[649]

O Globo estava sintonizado com o Planalto. Um editorial ressaltou que o atentado que matou Lyda foi praticado pelo "terrorismo homicida". "Onde está a Nação? Está com a democracia, com o projeto político e com os propósitos do presidente Figueiredo."[650]

O governo não apresentou os nomes dos terroristas de direita. A máquina de versões falsas do Palácio do Planalto, no entanto, divulgou, no começo de setembro, uma história diversionista de um suposto grupo terrorista de esquerda. O jornal deu manchete:

"PALÁCIO DO PLANALTO CONFIRMA: TROTSKISTA CONFESSA ATENTADOS EM MINAS."[651]

Era um caso com características de briga paroquial. O vereador Eduardo Paulo Villanova, do MDB, do município mineiro de Antônio Carlos, tinha jogado bombas na sede da prefeitura, no pátio de uma faculdade e em um terreno ao lado do aeroporto da cidade vizinha de Barbacena. Em nota divulgada pelo Planalto, o Dops em Belo Horizonte relatou que o vereador confessou integrar uma "Organização Socialista Internacionalista", de tendência trotskista.

Com base em depoimento do secretário de Imprensa do governo, Marco Antônio Kraemer, o jornal ponderou que o caso não tinha relações com as bombas na OAB e na Câmara de Vereadores do Rio. Na parte interna, o jornal publicou um texto detalhado dos repórteres Ernesto Rodrigues e Antonio Carlos, enviados a Minas.

Eles ouviram o prefeito do município, Armando de Moraes, do PSD, que disse acreditar que o vereador, seu adversário, não era integrante de um grupo terrorista, mas apenas um "agitador agressivo". Moraes observou que as bombas eram do tipo "cabeça de nego" — popular em festas juninas. O delegado da cidade, Antonio Elias, confirmou essa versão.

A história não morreria na edição espalhafatosa daquele dia. No depoimento ao Dops, o vereador disse que o diretório municipal do PP, partido fundado por Tancredo Neves, e o governador do Rio, Antônio de Pádua Chagas Freitas, também tinham participado dos atos de "subversão".

Tancredo pediu "prudência" aos correligionários do interior mineiro e mandou as lideranças do partido no nível nacional agirem para apagar o incêndio. Numa reunião da legenda em Brasília, o deputado Miro Teixeira, do PP do Rio, redigiu nota para declarar "Apoio total do PP ao governo contra o terror", como saiu numa manchete do jornal de Marinho.[652]

Homem de confiança de Chagas Freitas, Miro era um dos operadores da ligação entre Marinho e Tancredo. Antes de entrar na política, ele foi repórter do jornal *O Dia*, de Chagas.

Um apoiador de primeira hora do regime, Chagas Freitas não teve espaço na Arena governista, controlada na Guanabara pelo grupo de Lacerda. Restou, então, o MDB. Foi no partido, mas sempre aliado aos militares, que conseguiu dominar a Assembleia e ser eleito indiretamente governador da Guanabara. Com a fusão do Estado com o Rio, ele repetiu a dose e foi escolhido governador da nova unidade federativa. A aliança regional com a ditadura trouxe divergências com lideranças nacionais do partido. Quando o PMDB foi criado, ele foi alijado e ingressou no PP. O "chaguismo" se sustentava com a nomeação de políticos para cargos públicos e controle de diretórios.

Em dezembro, Nelson Rodrigues foi hospitalizado por problemas respiratórios e de coração. Ao longo de 11 dias na Clínica Neurológica e Neurocirúrgica, sofreu sete paradas cardíacas. O dramaturgo morreu aos 68 anos. Antes de ser levado para o hospital, deixou um bilhete em cima da estante de casa. "Gosto da vida."[653]

Roberto Marinho chegou ao velório, no cemitério São João Batista, acompanhado do irmão Ricardo. "Nós éramos amigos de infância, desde *O Globo Juvenil*", contou naqueles dias. Ricardo perguntou a Roberto se ele faria um discurso à beira do túmulo. "Gostaria, mas já não tenho estrutura emocional para tanto."

A relação entre os Marinho e os Rodrigues não era necessariamente de patrões e empregados. Eram amigos nos tempos de *A Manhã* e a *Crítica*, jornais lançados pelo pai de Nelson, o pernambucano Mário Rodrigues. Foi na redação deste último que um irmão de Nelson, Roberto, foi assassinado por uma leitora revoltada por uma matéria. Dos sete filhos de Mário, cinco trabalharam em *O Globo*. Além de Nelson, atuaram no vespertino Mário Filho, que ainda foi sócio de Marinho no *Jornal dos Sports*, Paulo, que fazia matérias policiais, Joffre e Augusto.[654]

Marinho para Nelson seria sempre o "doce irmão"[655] que, no tempo difícil de tuberculose, em Petrópolis, longe do Rio, lhe pagava integralmente o salário. Ou o companheiro com quem quase morreu na explosão da lancha de Marinho durante busca de resgate de remadores do Flamengo perdidos nas águas infestadas de tubarão em Cabo Frio.[656]

Em março de 1981, o Rio sofria uma nova onda de bombas jogadas por grupos militares. A *Tribuna da Imprensa*, de Hélio Fernandes, lacerdista que se mantinha solitário naquele momento à crítica a Roberto Marinho, foi um dos primeiros alvos dos terroristas.

O dono da Globo viu o negócio do jornalismo ameaçado. Deixou de lado as divergências com Hélio Fernandes e mandou telegramas para o adversário e o ministro da Justiça, manifestando "profunda preocupação" com o "ato terrorista" que destruiu as instalações da *Tribuna da Imprensa*.

À frente da ANJ, Marinho publicou um editorial na primeira página de *O Globo* para repudiar o ato terrorista: "A nova agressão não atinge apenas um jornal — cujos métodos de ação e cujo comportamento ético, por sinal, sempre foram repelidos pela boa imprensa do País. Ela fere o processo democrático em curso, e agride os brios de todos aqueles que se empenham, hoje, em levar esse processo a bom tempo. Para tão brutal e violento ataque, impõe-se resposta com energia — e, desta vez, eficácia de igual intensidade."[657]

Hélio Fernandes demonstrou boa recepção ao apoio público de Roberto Marinho e reclamou do *Jornal do Brasil*, por não publicar editorial sobre o atentado. Em matéria na *Tribuna da Imprensa*, ele atribuiu a Marinho uma crítica feita numa conversa com um amigo: "O Nascimento Brito não é um profissional."[658] Para Roberto Irineu, o apoio do pai a Hélio era uma característica do empresário. "Saiu em defesa, claro. Mas isso era o papai, isso aí é o clássico."

Por volta de 22 horas da quinta-feira, 30 de abril de 1981, véspera do Dia do Trabalho, o repórter Darcy Moreira da Silva tinha acabado de chegar à redação de *O Globo* para cumprir seu plantão. Ele atendia telefonemas e recebia informações pelo rádio de polícia instalado num mezanino. Na primeira ligação que atendeu, uma mulher que se identificou como moradora do Jardim Curicica, em Jacarepaguá, perguntou se o jornal tinha notícia de uma explosão no Riocentro.[659] Logo depois, um colega de *O Dia* ligou e avisou que uma "merda" ocorreu no estacionamento de exposições da cidade.

Darcy entrou em contato com o Centro de Comando de Operações de Segurança. Um agente disse que havia ocorrido alguma "coisa" lá. Depois, o jornalista conseguiu falar com a radiopatrulha de Bangu, que cobria a área. Um soldado confirmou a informação. O jornalista gritou para Ely Moreira, chefe de reportagem. Sem pensar muito, Ely chamou o repórter Marcelo Pontes e o fotógrafo Aníbal Philot. "Estourou uma bomba no Riocentro, se mandem para lá."[660]

Cerca de dez mil pessoas estavam no pavilhão de exposições na Barra da Tijuca para assistir a um show de artistas da MPB em comemoração ao 1.º de Maio. A cantora Elba Ramalho se apresentava no palco quando, precisamente às 21h15, um artefato estourou num Puma metálico no estacionamento. Meia hora depois, outra bomba explodiu na casa de força sem fazer vítima.

Dois homens estavam no veículo. Um deles, sentado no banco do carona, segurava a bomba e morreu na hora. O outro, na direção, foi atingido no abdômen e nos braços.

Ao chegar ao estacionamento do Riocentro, o repórter de *O Globo* encontrou apenas um jornalista de *O Dia*. Os profissionais de outros veículos chegariam logo em seguida. A área do Puma estava isolada. Ele se aproximou de um perito conhecido da polícia. Humberto Guimarães, o Tatá, tinha uma prancheta na mão. Marcelo perguntou quem era o morto, o agente disse que não sabia.[661] O repórter insistiu e falou que sabia que se tratava de alguém do Exército.

"Isso é coisa de bomba-relógio", disse Tatá.

O perito mandou os repórteres se afastarem.

"Se afastem porque pode ter outra bomba aí dentro."

O alerta era um dado valioso. Marcelo Pontes correu para o rádio do carro do jornal para tentar dar a notícia ainda no primeiro clichê. Ele ditou um texto com a informação de que, além da bomba que explodiu, havia outro artefato no Puma.

Osmar Madalena, setorista no Hospital Miguel Couto, ligou e relatou à redação que um certo "Wilton" Luís Chaves Machado tinha dado entrada com as vísceras expostas. O repórter Paulo Cezar, que estava na cobertura de um tiroteio em Bangu, foi deslocado para o hospital.

Ainda naquela madrugada, a Rádio Globo noticiou a explosão com exclusividade. Na redação de *O Globo*, o editor-chefe Milton Coelho da Graça, no comando do plantão do jornal, decidiu mudar a primeira página da edição de 1.º de maio para informar que "Bomba no

Riocentro mata sargento e fere capitão". Ele conseguiu publicar a história ainda no primeiro clichê, uma edição de trinta mil exemplares que foi impressa à 1h05.

A apuração do jornal continuou. O pauteiro Fausto Netto tirou da gaveta um Almanaque do Exército. Lá encontrou toda a ficha de Wilson Luís Chaves Machado, nome exato do militar ferido. O oficial pertencia ao temido DOI-Codi, a polícia política, subordinado ao I Exército. A ditadura estava por trás do atentado.

Por meio de suas fontes, Fausto soube ainda que o sargento morto se chamava Guilherme — mais tarde, se saberia a identidade completa: Guilherme Pereira do Rosário.

A redação mandou para a gráfica, à 1h45, um segundo clichê. A edição de setenta mil exemplares apresentava uma reportagem consolidada, com os nomes dos executores do atentado. Uma terceira edição ainda seria rodada às 2h35, de 150 mil exemplares. Foi com essa última versão que Ely Moreira deixou a redação às três horas da madrugada.

Na edição daquele dia 1.º, o *Jornal do Brasil* também divulgou o caso na primeira página e abriu um segundo clichê para apresentar o caso na manchete. O jornal fez quatro impressões, num total de 188 mil exemplares. Não conseguiu apurar o nome do militar morto e o órgão ao qual ele e o capitão ferido pertenciam. *O Estado de S. Paulo* publicou a história, com chamada na primeira página. O jornal deu apenas o nome do capitão. A edição da *Folha de S.Paulo* não noticiou o caso. Um parêntese: a *Folha* informou nesse dia que Luiz Inácio da Silva, o Lula, tinha sido demitido da Villares Equipamentos.[662]

À noite, o *Jornal Nacional* divulgou imagem de um tubo de gás lacrimogênio de um policial do choque, na área isolada do estacionamento do Riocentro, como se fosse a bomba que não explodiu no Puma. Foi a brecha para os militares tentarem desqualificar a versão do segundo artefato dentro do carro. *O Globo* foi pressionado a divulgar uma nota de desmentido.[663] O jornal manteve a posição da existência das duas bombas.

A resposta do *Jornal do Brasil* a *O Globo* veio no dia 2. O jornal apresentou desenho de Bruno Liberati com a reconstituição da tragédia. O *JB* fez uma edição com arte e fotos para relatar informações do laudo do IML. Outro diferencial foi a publicação de uma série de imagens do

Puma, um dia após a explosão, abandonado num terreno baldio, feitas pelo fotógrafo Rogério Reis.

Nesse dia, *O Globo* deu manchete para o caso:

"I EXÉRCITO INVESTIGA
BOMBAS NO RIOCENTRO."

O jornal detalhou investigação da 16.ª Delegacia de Polícia Civil, que indicava que o sargento morto estava no banco dianteiro direito do Puma. Ainda contou o drama do capitão Wilson, ferido, no Miguel Couto, com base em depoimentos de pessoas que estavam no estacionamento. *O Globo* ainda registrou questionamentos duros às autoridades. Numa edição, publicou a pergunta de um repórter — não se sabe de qual empresa — ao general Gentil Marcondes Filho se ele achava que a população iria acreditar na "versão oficial" para o caso.

"Não há uma versão oficial. Simplesmente há um atentado", respondeu o general.

Um outro repórter, também segundo o jornal, perguntou, numa coletiva do ministro da Justiça, Ibrahim Abi-Ackel, em Belo Horizonte, se causava "estranheza" o fato de militares estarem envolvidos no caso.

"Não, o que causa estranheza é a bomba ter explodido."

Ainda no dia 2, *O Globo* informou que o Departamento de Polícia Política e Social (DPPS) apreendeu dentro do Puma duas bombas-relógio de médio teor explosivo e de grande poder ofensivo, mantendo a dianteira da cobertura do Riocentro. A edição apresentou uma nota de contestação do I Exército à existência desse artefato no pé da página.

Numa conversa privada, Gentil ouviu de um oficial da 2.ª Seção de Inteligência do SNI no Rio, ao qual o DOI-Codi estava subordinado, que o capitão Wilson foi cooptado pela turma do general Otávio Medeiros. Ele tinha recebido promessa do general Muniz, chefe da Agência do SNI, também no Rio, de ser promovido para o setor de operação do órgão se realizasse o atentado. Pelo relato do oficial, a operação foi inventada pelo general Muniz, a pretexto de criar um estado de tensão que favorecia a ideia de prorrogar o governo militar, em benefício de

Medeiros, que queria suceder a Figueiredo. O carro usado no atentado foi apreendido numa operação e dado para ele de presente.

Às cinco horas da tarde do dia 1.º, uma repórter da TV Globo entrou no ar com uma edição extra com imagens do carro explodido. O cinegrafista focou num objeto embaixo do banco dianteiro do Puma.

Em sua sala em *O Globo*, Milton Coelho da Graça mandou chamar Erno Schneider, chefe da fotografia do jornal.

"Erno, a Globo acabou de dar a imagem que parece ser de uma outra bomba. Eu quero que você mande um fotógrafo esperto agora para a televisão para transformar isso em foto. Essa porra vai ser proibida! Eles vão censurar essa merda. Corre agora, antes que eles peguem essa porra."

Horas depois, Erno entrou na sala de Milton.

"Está aqui."

Milton procurou blindar o jornal. Ele mandou a sucursal de Brasília entrar em contato com o diretor da Polícia Federal, Moacir Coelho, e o senador Tancredo Neves para confirmar que as investigações mostravam a existência de uma segunda bomba.

Mais alguns minutos, chegou a notícia de que censores estiveram na Globo e levaram o filme, e que a imagem não podia ser exibida no *Jornal Nacional*.

Milton telefonou para Roberto Marinho. "Doutor Roberto, hoje nós temos uma coisa aqui que vai dar trabalho. A Globo deu, mas foram lá e proibiram. Acho que isso vai ser censurado. Agora, é bomba, eu já mandei checar. Ah, duas pessoas que o senhor confia confirmaram que é bomba. É bomba."

"E quais são essas duas pessoas?", perguntou Marinho.

"O diretor da Polícia Federal, Moacir Coelho, que confirmou para o nosso pessoal de Brasília. E o Tancredo."

Tancredo Neves não era bem uma autoridade para confirmar a bomba, mas aparato de apoio para possíveis retaliações ao jornal. Roberto Marinho estava convencido da força da reportagem.

Com cautela, *O Globo* publicou numa página interna da edição do dia 2 a matéria "Polícia apreende duas bombas-relógio no Puma". A reportagem confirmava a matéria do segundo clichê do dia anterior, produzida no calor da hora.

Na legenda da fotografia, feita a partir do filme da TV, o jornal informou que "O piso intacto mostra que a bomba não explodiu embaixo do Puma". Evitou, assim, referências à suposta terceira bomba que seria um objeto mostrado na foto, e "lavando" a informação, como se fala no jargão jornalístico, ao recorrer à fonte policial.

A fita com a imagem da bomba sumiu da redação do Jornal Nacional. A edição a seguir do telejornal seguiu a versão oficial.

Armando Nogueira relatou, mais tarde, que o coronel Job Santana tentou impor sua versão à "alta direção" da emissora. Mas ficou a marca da falsificação da história. "O problema é que o poder político geralmente só deixa ir para o ar a versão que mais lhe convém", observou Armando. "O caso do Riocentro foi típico. A nossa equipe filmou o carro dos dois militares e a bomba dentro dele. Esse filme sumiu. E como aquilo entrou no ar também como uma bomba, o I Exército desembarcou na Globo, na minha sala, e impôs uma versão. Eu não montei versão alguma. Apenas obedeci às ordens do coronel Job Santana", relatou. "Na Globo, muita coisa preciosa sumiu. Dois incêndios lamberam material histórico dos arquivos e muita matéria importante foi queimada pelas conveniências políticas."[664]

No dia 3, *O Globo* deu uma manchete para mostrar que Figueiredo queria uma explicação. A ideia era evidenciar o apoio ao governo contra grupos dissidentes na caserna.

> "PRESIDENTE CONFIA NAS INVESTIGAÇÕES E QUER QUE TUDO SEJA APURADO."

O Globo adotou o discurso da oposição. Ulysses Guimarães, presidente do MDB, afirmou, em entrevista publicada pelo jornal, que o governo era a vítima do atentado.[665] Por sua vez, Tancredo Neves prestou "solidariedade" a Figueiredo e considerou o caso Riocentro com "características" de "atentados da direita".[666] A disputa interna na ditadura pelo comando do regime era evidente.

Na redação de *O Globo*, o movimento de repórteres e editores era frenético. Quando chegou a informação de que uma estudante da

PUC, Andrea Neves da Cunha, e o namorado, Sérgio Valle, tinha socorrido o capitão Wilson na noite do atentado, Sílvia Fiuza, assistente do diretor-chefe, Milton Coelho da Graça, alertou:

"Milton, a Andrea é neta do Tancredo."[667]

Andrea tinha sido colega de Sílvia no curso de história da PUC.

Diante da inércia das pessoas, o casal pôs o militar ensanguentado dentro do Passat em que tinham ido ao show e levado para o Hospital Lourenço Jorge, de onde Wilson foi transferido para o Miguel Couto. Um médico e um bombeiro os acompanharam. Milton mandou a equipe telefonar para o número de telefone da casa de Andrea.[668]

O *JB* se recuperou com reportagens repletas de dados e bem narradas. O *Estadão* começou a acertar a cobertura no dia 5, com bastidores de política. Sob pressão do I Exército, o jornal de Roberto Marinho deu manchetes com declarações oficiais do governo e das Forças Armadas.

Sílvia Fiuza acompanharia a tensão de Milton naqueles dias. Ele se dividia entre telefonemas para Evandro, que naquele momento estava fora, e Roberto Marinho, e orientações aos editores e repórteres. À noite, se deslocava freneticamente entre a redação e a oficina do jornal.

No dia 5, o editor-chefe chamou Marcelo Beraba. Ele orientou o repórter a ir ao Hospital Miguel Couto, tentar registrar a situação do capitão Wilson. O militar iria passar por uma cirurgia.

Milton considerava Beraba um "espertinho" de jornal. Há uma década na equipe, o repórter que cobria a cidade e suas memórias se especializara mesmo num jornalismo de rejeição à história oficial.

Sem poder subir aos andares superiores do hospital onde o capitão terrorista estava internado, Beraba foi para a lanchonete. Lá puxou conversa com um jovem médico. O profissional contou que participava do movimento dos médicos-residentes de esquerda.

"Pô, cara, eu preciso chegar lá", disse o repórter.

"Não tem como. Mas se você me passar sua máquina e disser como opera, posso tentar."

Um fotógrafo de *O Globo* orientou o médico a usar o equipamento.

Beraba foi até um orelhão do lado de fora do hospital e telefonou para Milton. Ele perguntou ao editor-chefe se podia entregar a máquina ao médico.

"Dá para quem você quiser. Só não deixa ele levar a máquina para casa, porque senão estaremos fodidos", ponderou.

Sérgio Ribeiro Miranda, o Sérgio Macaco, militar que se recusara a explodir o gasômetro, contou para jornalistas que, na fabricação de bombas, os terroristas do serviço de informação botavam palha de aço dentro dos artefatos para se espalhar pelo corpo das vítimas dos atentados.

Wilson passou por uma "limpeza cirúrgica" de uma hora e meia. Os médicos tiveram de catar as palhas de aço e estilhaços no intestino do militar.

No começo da noite, Beraba entregou as fotos para Milton.

Roberto Marinho foi avisado. Por volta de 19 horas, entrou um militar fardado na redação. O oficial se dirigiu direto à mesa do chefe de reportagem.

Num momento em que o oficial se afastou, Ely Moreira telefonou para Milton, que estava numa sala do outro lado da redação.

"Milton, esse cara é o coronel Job Lorena de Sant'Anna. Ele é o chefe de comunicação do I Exército. Veio dizer que nós não podemos dar as fotos do hospital."

"Enrola. Não diz que sou eu que decido, não. Engabela o máximo possível enquanto fecho o jornal."

Ely ficou jogando conversa fora enquanto Milton fechava a primeira página do jornal com a foto do capitão no hospital.

Até que Job questionou Ely:

"É você quem decide?"

"Não, acima de mim tem o Milton ali, que é o editor."

"Eu vou falar com ele."

Na sala de Milton, o militar se apresentou.

"Eu sou o Job Lorena de Sant'Anna. Eu sei que você está aqui no fechamento, mas vim dizer que não podem publicar essas fotos que vocês têm."

"Olhe, coronel desculpe, mas o senhor é um oficial de linha, né?"

"Sim."

"Imagine um coronel que é de batalha. Têm coronéis que são do Estado Maior e têm os coronéis que vão para a batalha. Eu sou de batalha e cumpro ordem do Estado Maior. Agora, o Estado Maior aqui só tem duas pessoas. Eu cumpro ordens do Evandro, que está em viagem pela Europa, e do doutor Roberto Marinho, que é o dono do jornal. Só eles podem impedir de fazer o que eu estou fazendo."

"Como é que eu falo com o doutor Roberto Marinho?"

"Vou ver o telefone dele para lhe dar."

Milton saiu da sala e telefonou para o Cosme Velho.

"Doutor Roberto, a situação é a seguinte: estou aqui com o coronel Job e ele está me proibindo de dar as fotos. Eu disse para ele que eu só obedeço ordem do senhor. Então, o senhor não pode mais receber telefonema. É a única maneira para a gente conseguir publicar."

"Tá bom. Eu não atendo mais o telefone."

No dia seguinte, 6 de maio, *O Globo* estampou de forma inédita duas fotos obtidas por Beraba na parte superior da primeira página do capitão Wilson no leito do Hospital Miguel Couto. O jornal deu ainda uma manchete exclusiva:

"LAUDO CONFIRMA
QUE HAVIA DUAS
BOMBAS NO PUMA."

Era a confirmação da matéria dada no dia 2 e que tinha sido negada pelo Exército.

O Globo relatou que "fotografou" o capitão no hospital. O jornal não deu mais detalhes da façanha. Na mesma edição, divulgou, agora de acordo com um laudo policial, que havia duas bombas no interior do Puma — a que explodiu no colo do sargento e uma outra que não foi detonada, além do artefato lançado na casa de força do Riocentro.

A reclamação do *Jornal do Brasil* aos médicos do hospital pela divulgação das fotos pelo concorrente foi registrada pelo *O Globo*. O jornal relatou no dia 7 que uma repórter do *JB* perguntou em tom de afirmação à direção do Miguel Couto: "Então houve falha da segurança do Exército?" Os diretores responderam que "estranhos" não tiveram acesso ao leito onde estava o capitão, dando a entender que alguém de dentro do hospital tinha feito e vazado as imagens.

Após deixar *O Globo*, Job Lorena de Sant'Anna foi fazer guarda dentro da redação do *Jornal Nacional*. "Na verdade, apareceu lá um coronel, esqueci o nome dele... esse praticamente editava o nosso jornal, em uma ocupação quase que militar da Rede Globo", lembrou Armando Nogueira.[669]

Armando avaliava que o impacto da censura na TV era mais contundente que no jornal, especialmente em uma emissora hegemônica. "A televisão, como eu disse, é um veículo naturalmente solidário com o poder dominante. Porque a televisão é um serviço público, aquilo é uma concessão. Qualquer um de nós pode amanhã tirar um alvará e criar um jornal, que é uma entidade de direito privado."

Rogério Marinho, vice-presidente de *O Globo*, era o principal encarregado de acompanhar repórteres nos depoimentos na polícia. No caso Riocentro, foram muitos. "Quase todo mundo foi chamado para depor. Tinha gente que dizia ter sido chamada para depor e que não tinha sido chamada, porque contava ponto. Tinha gente que inventava que tinha sido presa", lembra, rindo, Luiz Garcia.

Caban conta que Evandro foi bastante chamado à Polícia Federal para depor sobre a cobertura de *O Globo*. "Era para sacanear. Faziam duas perguntas e mandavam embora", relata. "O Evandro era um democrata meio de direita. Não admitia violência e perseguição. Na política ele era direita. Eu começava a falar do Pinochet, e Evandro dizia: 'Mas salvou a economia do Chile.' Muitas vezes para me sacanear, e muitas vezes porque pensava mesmo."

Roberto Irineu avalia que a cobertura de *O Globo* foi "incisiva" e "cáustica". "A turma de lá sabe muito bem que era tudo (armação). Eu não sei se o papai foi chamado pelo Armando Falcão, que era o escroto de plantão, que aí ameaçou, mas depor não foi, não."

Ao longo da cobertura, relata Roberto Irineu, o caso era discutido o "tempo todo" na TV entre ele, Evandro e Armando Nogueira. As informações vinham de repórteres, chefes de redação e diretores. "Eu tinha alguns amigos militares, alguns amigos aqui e quem dava as informações até para *O Globo*, para o corpo de reportagem, era eu. Algumas informações eu conseguia através de Pedro Rossi, um diretor do jornal. O irmão dele era do Exército. Tinha um serviço de fonte de informações."

Roberto Marinho foi consultado, confirma Roberto Irineu, a respeito da primeira matéria sobre o caso. "Qualquer coisa que ia para a primeira página de *O Globo*, o papai era consultado. O papai foi consultado, com certeza, e deve ter autorizado, senão não sairia."

Ele relata um telefonema que recebeu de Newton Cruz. O general demonstrava preocupação. "Eu vou investigar e vou te dizer exatamente o que aconteceu", disse a Roberto Irineu.

No dia seguinte, Newton Cruz voltou a telefonar para o filho de Roberto Marinho:

"Olhe, o governo está preparando uma resposta, nós vamos dar essa resposta."

Era a resposta formal do coronel Job Lorena de Sant'Anna.

No dia 31 de junho, o oficial apresentou, no QG do I Exército, a conclusão de um Inquérito Policial Militar. Pela versão oficial, a bomba não estava no colo do sargento, mas ao lado, entre o banco direito e a porta — assim, relatou, alguém teria colocado o artefato dentro de uma lata de óleo Havoline e de uma bolsa no carro dos militares. A versão não poderia soar mais falsa.

Job Lorena de Sant'Anna inocentou o capitão e o sargento e tentou sustentar que eles sofreram uma "armadilha" de inimigos da comunidade de informação e que a bomba era caseira, típica de grupos paramilitares.

Durante o depoimento do coronel, Roberto Irineu ligou para Newton Cruz:

"Ministro, corre lá, isso é uma idiotice."

Na edição do dia seguinte, *O Globo* relatou que, quase ao final da apresentação, uma repórter da *Gazeta Mercantil* irritou o coronel ao perguntar por que não se fez perícia nos ferimentos do braço esquerdo do capitão — um dado que ajudava a desmontar a tese de que o artefato não estava no colo do sargento.

"Como ficou esse braço?", perguntou a repórter.

Houve um silêncio completo na sala. O coronel Job Lorena de Sant'Anna coçou a cabeça, olhou para o chão, voltou duas vezes à mesa, pegou novamente a vareta com que dava explicações e disse:

"O braço esquerdo do capitão não foi atingido, como se vê."

Com o braço direito erguido, Job impediu que a jornalista fizesse uma outra pergunta.

"A exposição é muito clara e só não a entende quem não tem bom senso", respondeu o coronel, que depois saiu rapidamente da sala, sem despedir-se.

Uma edição burocrática no dia 2 de julho encobriria a imagem da sólida cobertura de *O Globo* até então do caso Riocentro, sempre de contestação às narrativas oficiais do caso. A ditadura centralizava o rigor da censura no grupo de Roberto Marinho.

Sob pressão, o jornal publicou que a "OAB em nota oficial rejeitava as conclusões do IPM", deixando para a entidade dos advogados a contestação que estava clara em toda a cobertura.

A *Folha de S.Paulo* recorreu também à Ordem dos Advogados do Brasil para contestar o relatório. A matéria "Para OAB, impunidade estimulará terror" ilustrava a burocracia que o jornal manteve durante toda a cobertura.

O destaque da imprensa naquele dia seriam o *JB* e *O Estado de S. Paulo*, que fizeram leituras de laudos e imagens já divulgados para contestar o relatório de Job Lorena de Sant'Anna.

O jornal paulista abriu a matéria "Laudo contradiz afirmação do coronel", produzida pela sucursal do Rio, de que o laudo cadavérico do sargento Guilherme Pereira do Rosário, divulgado em maio pelo *O Globo*, mostrava que o pênis do militar não tinha sido preservado na explosão, ao contrário do que disse Job. O laudo tinha sido feito pelos legistas Elias de Freitas e João Janini. A reportagem de Antero Luiz Martins Cunha confrontava o laudo conhecido com o relatório. O jornal paulista ainda questionava o fato de a bolsa com a bomba não caber no espaço entre o banco e a porta (cerca de cinco centímetros) e os dispositivos de detonação do artefato não serem de bomba caseira.

Por conta própria, o *JB* apresentou a mesma avaliação sobre a falta de espaço entre a porta e o banco, sem citar fontes — os repórteres tiveram assessoria de Sérgio Macaco. Construída no formato de uma "investigação" exclusiva do jornal, a matéria "Teste mostra que seria difícil não ver bomba no Puma" usou fotos do inquérito para ressaltar ainda que seria impossível o sargento não ter visto o objeto ao entrar no veículo. Na conta do jornal, o espaço entre o banco e a porta era de sete centímetros, e a bomba teria 23 centímetros.

A contestação ao relatório militar valeria à equipe do *JB*, composta pelos repórteres Fritz Utzeri e Heraldo Dias, o Prêmio Esso de Jornalismo. *O Estado de S. Paulo*, liderado por Antero Cunha, ficou com o Esso de Reportagem. Eles foram reconhecidos por trabalhos brilhantes de reportagem. Pesou sobretudo a contextualização da história no momento político.

De forma digna, *O Globo* mencionou, em matéria no dia 3, as contestações apresentadas pelos concorrentes. Ao longo da cobertura, o jornal tinha dado as reportagens exclusivas com informações mais decisivas nas páginas da imprensa. Esses furos nada representaram para o júri do prêmio.

Mesmo no mercado, a marca que ficava era a enfática linha editorial do diário na defesa de Figueiredo frente ao grupo dissidente na caserna. O jornal de Marinho mantinha, assim, a coerência de optar novamente pela ala castelista do regime, com discurso a favor da abertura, não necessariamente da queda de um governo. Agora, porém, o pragmatismo tinha um preço.

Durante o caso do Riocentro, Roberto Irineu chegou a ter conversas com a cúpula do governo, como o general Newton Cruz, o ministro da Educação, Rubem Ludwig, e o porta-voz, Carlos Átila. "Newton Cruz, Ludwig e Átila contavam versões completamente alucinadas dos fatos. Eles não falavam que tinham sido os milicos (responsáveis pelas bombas no Riocentro)", conta o empresário. "Eu é que dizia para eles: 'Segurem seus milicos.' Era a maneira de distender. Você tinha que arrumar alguma coisa para distender, buscar a calma, não botar fogo."

O atentado mudou o jogo político. Desgastes com a equipe econômica, divergências militares e disputas dentro do Palácio do Planalto resultaram na saída de cena de Golbery do Couto e Silva. O general caiu após defender a demissão do ministro do Exército, Otávio Medeiros, cotado para a sucessão. O impacto da notícia estava na manchete de *O Globo* em letras maiúsculas:

"GOLBERY SE DEMITE."

"O governo Figueiredo caiu de vez", observa Henrique Caban. No lugar do general, porém, entrou um velho conhecido de Roberto Marinho e de Nascimento Brito. Leitão de Abreu, que estava no Supremo

Tribunal Federal, foi nomeado para suceder a Golbery. Ele voltava ao Gabinete Civil, que ocupara no governo Médici. *O Globo* dava manchete para a escolha:

"LEITÃO DE ABREU
É O SUBSTITUTO E
GARANTE ABERTURA."

Rei morto, rei posto. Em editorial, o jornal afirmou que era "oportuno" lembrar que quem fez "juramento de fidelidade" ao programa de democratização não tinha sido Golbery, mas o presidente.[670]

Leitão era uma fonte influente. Roberto mantinha contatos diários com o novo chefe do Gabinete Civil. Em outra manchete, *O Globo* destacou:

"FIGUEIREDO
DECIDE TUDO."[671]

O presidente extinguira o cargo de "coordenador de área", função exercida por Golbery. A informação foi dada pelo próprio Leitão a "algumas das principais lideranças do PDS", segundo o jornal. Era uma forma de lavar uma informação obtida de forma direta.

O novo ministro atuou especialmente como intermediário na relação cada vez pior entre Figueiredo e Roberto Marinho. O ministro ligava para o presidente, ouvia, telefonava para o empresário, ouvia mais uma conversa, e, assim, tentava estabelecer um diálogo que não existia nos mesmos patamares de antes.

Pressões à parte, os jornais, desde o início da cobertura do Riocentro, mostraram que havia uma versão oficial e outra construída diariamente por meio do esforço de reportagem. O ceticismo em relação aos depoimentos do Exército e à versão militar de que a bomba foi jogada dentro do Puma, possivelmente por grupos de esquerda, e que não era transportada pelo capitão e pelo sargento foi uma constante. As redações alternaram o tom crítico com "desmentidos" oficiais e entrevistas de autoridades de Brasília. O grupo de Figueiredo argumentava ser vítima de quem não queria a democracia.

O Riocentro foi possivelmente a mais fascinante aventura política da imprensa brasileira no século XX depois da Segunda Guerra. A cobertura dos jornais, com suas equipes dispostas a virar o jogo, desgastou de vez os laços entre empresas de comunicação e governo militar. O rio caudaloso era piscoso para a reportagem. A história do atentado contada nas páginas dos diários ruiu o regime por dentro.

O tempo era outro, mais aberto. Roberto sabia disso. Ainda no auge do caso Riocentro, às sete da manhã de 6 de maio de 1981, depois de ler a edição de *O Globo* com o furo exclusivo do laudo que indicava a existência de duas bombas no Puma, o empresário entrou no carro e saiu de sua casa no Cosme Velho. Logo na rua em frente, o veículo foi parado por outro. Um homem saltou armado, se identificou como militar e avisou que o general Gentil Marcondes Filho, comandante do I Exército, intimava-o a comparecer ao Palácio Duque de Caxias, ao lado da Central do Brasil.

Gentil chamou também para a conversa o agente do SNI chefe dos oficiais envolvidos no atentado.

No encontro, esse oficial insistiu na versão de que havia apenas uma bomba no Puma do capitão Wilson e do sargento Guilherme, ao contrário do que sustentou o laudo divulgado pelo *O Globo*. Ele disse a Marinho:

"Eu tenho certeza de que o senhor não é o culpado disso, mas é responsável. Porque as pessoas que trabalham com o senhor estão criando um clima que não é verdadeiro, mas um clima de confronto."

O empresário virou para o agente e afirmou:

"Se a televisão mostrou, é verdade."

"Então, eu acho que o senhor, infelizmente, está completamente equivocado, perdeu a noção de quem é o senhor, de quem são as pessoas que trabalham com o senhor... isso é coisa de gente cretina."

Marinho manteve o mesmo semblante.

Gentil interveio:

"Por favor, me deixe aqui com o doutor Roberto Marinho."

O empresário deixou o I Exército por volta de 11 horas.

A TV e o jornal divulgaram nota oficial do I Exército negando a existência de artefatos no Puma além daquele que explodiu. O comunicado se baseava apenas na imagem do tubo de gás lacrimogêneo.

O agente do SNI que interpelou o dono da Globo tinha longa experiência no serviço de inteligência. Esteve nas operações contra a Guerrilha do Araguaia, agiu na perseguição a Lamarca e atuou no controle dos movimentos das lideranças políticas que voltaram do exílio.

No final da manhã, Roberto foi liberado. O empresário que apareceu em fotos ao lado de todos os generais da ditadura, sempre associado ao regime, precisou dar satisfações à ditadura. A máquina da repressão ainda estava em funcionamento. Manter a eterna vigilância era o caminho. A ária da ópera de Puccini cantada por Caruso no passado e, agora, por Luciano Pavarotti recomendava que ninguém dormisse.

À tarde, na redação de *O Globo*, ele encontrou o editor-chefe do jornal. Milton Coelho da Graça narra como foi o diálogo com o patrão:

"Milton, eu nunca tinha sido preso na minha vida. Você conseguiu isso, hein..."

No tempo do Estado Novo, o empresário tinha passado uma noite na cadeia na Vila Militar, no Rio.

"Mas o senhor não gostou da edição do jornal?", perguntou Milton.

"Gostei", respondeu Roberto Marinho.

Em julho de 1981, a estação do metrô no Largo da Carioca era aberta. O centro do rio antigo estava finalmente interligado pelas linhas dos trens rápidos. Dali era possível chegar em poucos minutos ao Theatro Municipal, na Cinelândia, um dos espaços frequentados por Irineu Marinho e seu filho Roberto, onde Enrico Caruso se apresentou no passado distante, onde Luciano Pavarotti cantara havia pouco tempo com um grande lenço branco na mão esquerda.

MA IL MIO MISTERO È CHIUSO IN ME

A cidade se transformava. Cinco milhões de pessoas viviam no Rio, um milhão a mais que na década anterior. No país eram 121 milhões — um crescimento de 30% desde a copa do México.

Se na década de 1960 a maioria dos brasileiros ainda vivia no interior, agora 64% estavam nas metrópoles e em seus subúrbios e periferias.

Na transição de um Brasil rural para urbano, o número de aparelhos de TV ligados só aumentava. Nos primeiros tempos da Tupi, nos anos 1950, eram apenas duzentos televisores; o número passou nos anos 1970 para 4,5 milhões; e chegava na década seguinte a 18 milhões, um salto sem precedentes na época do apogeu da Globo.[672]

Nesse começo dos anos 1980, 61% dos brasileiros acompanhavam diariamente os programas de televisão, especialmente a emissora de Roberto Marinho. A publicidade despejava praticamente o mesmo percentual de suas verbas no setor. Sobravam para os jornais 17% dos recursos; revistas, 11%; e rádios, 8%. O poder estava mais do que nunca no ar.

As cidades ficavam populosas. Antes da TV, túneis abertos nos morros e encostas diminuíram as distâncias das Zonas Sul e Norte. Mas as mudanças demográficas e estruturais não eliminaram diferenças sociais — nem culturais.

Em meio a tantas mudanças, o país permanecia, felizmente, um continente de identidades diversas. A polifonia de vozes era a linha editorial dos veículos de comunicação que sobreviveram.

A desigualdade de renda continuou um desafio no Rio e no Brasil. A violência ditava o tom da política, sem perspectiva de redução de tiros com um horizonte de democracia.

Uma das saídas da nova estação do metrô no centro da antiga capital federal dava para um grande edifício, construído na rua Bettencourt da Silva, no largo da Carioca, endereço do primitivo *O Globo* — naquela redação, após a morte do pai, Roberto trabalhou pela consolidação do jornal numa mesa próxima à de editores e repórteres, sem divisórias para separá-los.

Por quase trinta anos, ele atuou num ambiente barulhento e esfumaçado. Conviveu com os mais diferentes tipos humanos, jornalistas e gente que estava em busca de um registro nas páginas do matutino da composição de um samba, do sumiço de um parente, de um pedido de ajuda para voltar ao Norte. Viveu trocas de experiências e testemunhou o nascimento e o fim da ditadura de Getúlio — os tempos políticos começam e acabam.

Estava com mais de setenta anos quando passou a dividir o dia de trabalho entre a redação do jornal, desde 1954 instalado na rua Irineu Marinho, e a sede da Globo, no Jardim Botânico.

Com a expansão da TV, o homem que sempre decidia o rumo de seu jornal, impondo visões da política, da economia e dos costumes tornou-se uma peça, uma roldana, um eixo de uma engrenagem formada por milhares de profissionais das mais diversas áreas da produção.

Uma biografia de Marinho sem descrições detalhadas da emissora que ele criou pode atender ao modelo clássico do gênero. Entretanto, talvez, seja um retrato incompleto do homem. Dissociar a figura do empresário de sua emissora, possivelmente, permite uma imagem do seu pensamento individual. Mas o que pensava o dono de uma rede de televisão pode ser tão importante quanto saber como atuava a máquina montada por ele.

Em aproximadamente uma década, de 1972 a 1981, justamente o salto maior nos números de aparelhos ligados, a TV de porte médio construída para produzir noticiário havia se transformado num dos maiores fenômenos culturais e políticos do país. Nesse período, a Globo se transformou no maior núcleo de produção audiovisual da história brasileira, ultrapassando experiências televisivas e cinematográficas.

Foi um tempo sem concorrência. Nenhum outro grande empresário de mídia quis mergulhar na aventura da televisão.

A Globo era resultado de experiências de publicitários paulistas, artistas da Rádio Nacional e técnicos de emissoras pioneiras, em especial a Tupi, império com tentáculos nas capitais, que derreteu após a morte de seu fundador, Assis Chateaubriand, em 1967. Mas não era só isso. Havia a base de *O Globo*.

Marinho manteve e forçou a expansão da TV durante o regime militar, outro tempo de governos autoritários, em relações ambíguas — tanto fazia concessões de espaço aos donos do poder quanto aos críticos da ditadura com voz no parlamento e aos silenciados dos palcos de teatro e dos estúdios de outras emissoras de rádio e televisão. Nunca quis correr risco de perder o sinal, uma concessão pública, nem o rumo das mudanças sociais e políticas que garantiam de fato a audiência.

A hegemonia da Globo atraiu críticas que muitas vezes eram dirigidas ao jornalismo brasileiro em geral. As coberturas dos jornais tradicionais costumavam seguir modelos semelhantes, tanto numa análise positiva quanto crítica. No período militar, nem sempre a TV e Roberto Marinho tinham o poder que aparentavam. A própria emissora influ essa hegemonia na estratégia de conquistar fatias maiores do bolo publicitário. O panorama histórico complexo ficava ainda mais turvo.

Uma imagem de influência absoluta encobriu as ambivalências de Marinho, as relações tensas entre o empresário e a ditadura e as produções jornalística e artística de uma geração de impacto na vida brasileira. Por outro lado, esse domínio da emissora, ora superdimensionado, amplificou as críticas, formando um instrumento de pressão em toda a fase de expansão do canal, um ambiente de monitoramento social necessário.

A história da atuação da Globo e de seu dono no tempo do regime militar está em construção. Essa trajetória sinaliza, entretanto, a aposta de que o poder está no centro, num meio-termo.

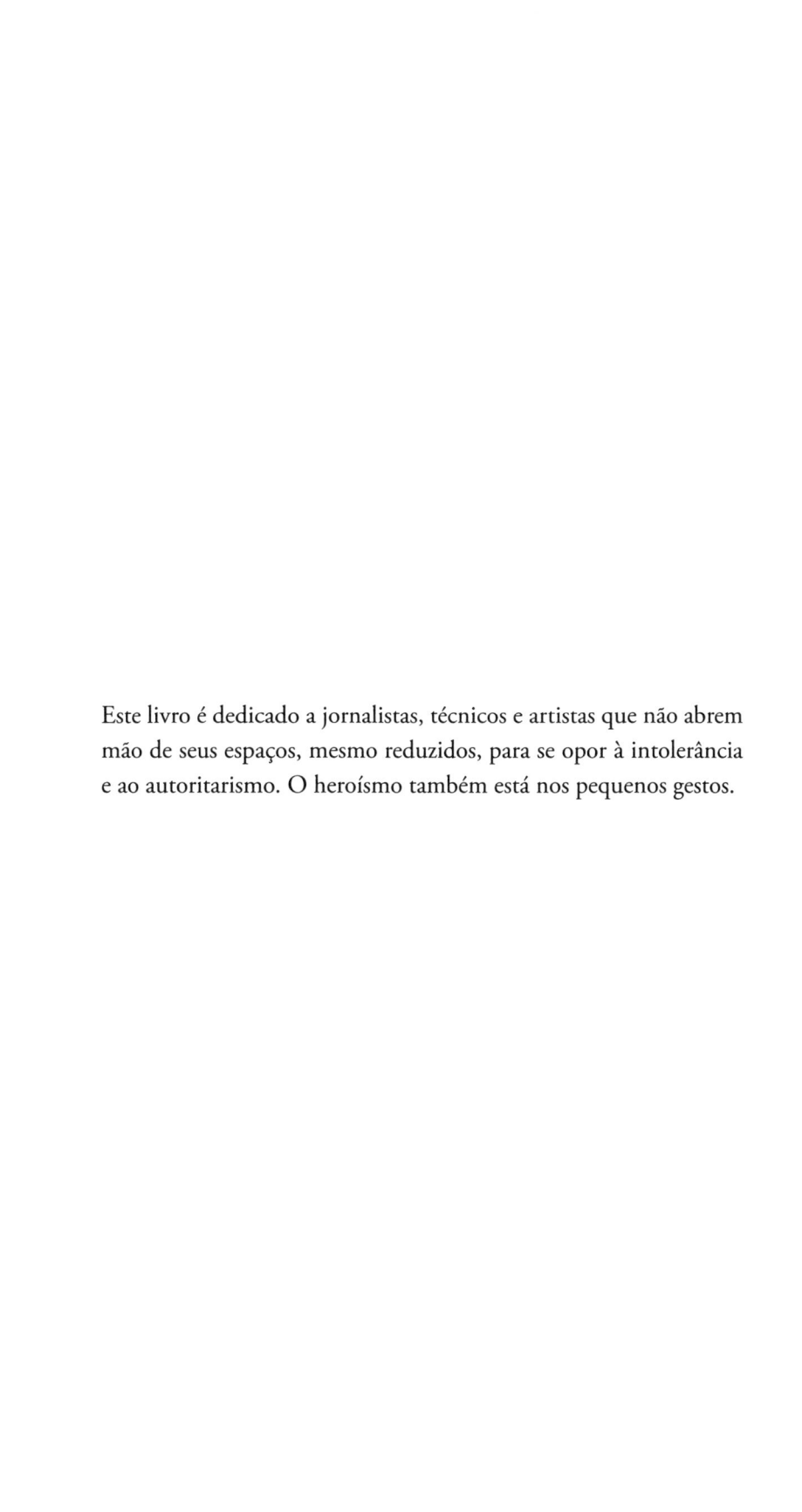

Este livro é dedicado a jornalistas, técnicos e artistas que não abrem mão de seus espaços, mesmo reduzidos, para se opor à intolerância e ao autoritarismo. O heroísmo também está nos pequenos gestos.

Notas

1 "Vandré leva flores para 'Sabiá'", *O Globo*, 30 de setembro de 1968.
2 "Festival, festival! Por que nos persegues?", Fausto Wolff, *Jornal do Brasil*, 2 de outubro de 1968.
3 *O campeão de audiência.*
4 "'Caminhando' leva 7 jovens à cadeia", *Jornal do Brasil*, 8 de outubro de 1968.
5 Coluna de Léa Maria, *Jornal do Brasil*, 8 de outubro de 1968.
6 "O Sabiá comanda o espetáculo", *Manchete*, 19 de outubro de 1968.
7 "Por trás da canção", Ibrahim Sued informa, *O Globo*, 5 de outubro de 1968.
8 "Ela dá sorte", *O Globo*, 5 de outubro de 1968.
9 *Condenado ao êxito*, Acervo Roberto Marinho.
10 "Ato 5 atinge STF e cassa mais 39", *O Globo*, 17 de janeiro de 1969.
11 "Depois do Ato", *O Globo*, 22 de janeiro de 1969.
12 Depoimento de Nelson Motta ao Memória Globo/Acervo Roberto Marinho.
13 "Volta de Chico Buarque deu festa para a noite inteira", *O Globo,* 21 de março de 1970.
14 Memória Globo. As gravações originais do especial foram perdidas no incêndio nos estúdios da Globo em 1976.
15 "Esse moço bem comportado", *O Globo*, 26 de novembro de 1970.
16 "TV GLOBO vai lançar 'show-debate'", *O Globo*, 26 de novembro de 1970.
17 A produção do Canal 4 da TV britânica virou febre nas redes de ensino brasileiras nos anos 1980 e 1990.
18 "Oligarquia de terroristas" e "Vandré leva flores para 'Sabiá'", *O Globo*, 30 de setembro de 1968.
19 *Até a última página, uma história do Jornal do Brasil*, de Cezar Motta, é um mergulho na trajetória de um dos mais influentes matutinos da imprensa do país.

20 A federalização da censura ocorreu em agosto de 1966.
21 "Situação de censura federal em relação às TVs", relatório de Duarte Franco, chefe da Divisão de Produção da Globo, Rio de Janeiro, 26 de janeiro de 1968. Acervo Roberto Marinho.
22 Carta de Roberto Marinho a Luiz Antônio da Gama e Silva. Rio de Janeiro, 1º de fevereiro de 1968. Acervo Roberto Marinho.
23 "Recomendações para a imprensa". Ofício de Paulo Fernandes Vieira, secretário-geral do Ministério da Justiça, a Roberto Marinho. Rio de Janeiro, 7 de junho de 1969.
24 As suspensões dos apresentadores ocorreram em setembro de 1969.
25 "A TV no Brasil e no mundo", especial, Juliano Palha, *Manchete*, 7 de abril de 1973.
26 "Fim de semana é na Globo", *O Globo*, 6 de fevereiro de 1971.
27 Ainda na década de 1970, o apresentador deixou a Globo. Com o *Cassino do Chacrinha*, nova versão de seu programa, retornou à casa em 1982, ficando até 1988.
28 *O Globo*, 6 de fevereiro de 1971.
29 *Jornal do Brasil*, 10 de dezembro de 1970.
30 *O Globo*, 19 de maio de 1971.
31 *O Globo*, 15 de setembro de 1971.
32 Depoimento de Marieta Severo ao Memória Globo. A volta de Marieta à emissora ocorreu, segundo ela, no programa humorístico *Chico Total*, de Chico Anysio, em 1981. Naquele mesmo ano, o cantor assinava a trilha sonora do especial *Vida e morte Severina*, inspirada em poema de João Cabral de Melo Neto, em dezembro.
33 "Os mais belos interiores do Rio, a Mansão dos chefes de Estado", Ibrahim Sued, *Manchete*, 10 de dezembro de 1966.
34 *O campeão de audiência*.
35 "O sucesso não se improvisa", *Visão* e *O Globo*, 10 e 16 de dezembro de 1979, respectivamente.
36 *Condenado ao êxito*, Acervo Roberto Marinho.
37 *Condenado ao êxito*, Acervo Roberto Marinho.
38 Depoimento de Ilka Soares ao Memória Globo/Acervo Roberto Marinho.
39 Carta datilografada de Nina Chavs para Moacir Padilha, de maio de 1969. Acervo Roberto Marinho.
40 "As mais sérias", Nina Chavs, *O Globo*, 23 de janeiro de 1971.
41 Carta datilografada de Nina Chavs para Roberto Marinho, 26 de maio de 1965. Acervo Roberto Marinho.
42 Carta datilografada de Nina Chavs para Roberto Marinho, 11 de maio de 1965. Acervo Roberto Marinho.
43 Carta datilografada de Nina Chavs para Roberto Marinho, 2 de abril de 1971. Acervo Roberto Marinho.
44 Carta datilografada de Nina Chavs para Roberto Marinho, 20 de junho de 1966. Acervo Roberto Marinho.

45 "Ibrahim Sued informa", *O Globo*, 25 de outubro de 1967, e carta datilografada de Nina a Roberto Marinho, novembro de 1967. Acervo Roberto Marinho.
46 Depoimento de Hildegard Angel ao Memória Globo/Acervo Roberto Marinho.
47 Carta datilografada de Nina Chavs para Roberto Marinho, 23 de agosto de 1966. Acervo Roberto Marinho.
48 *Enquanto houver champanhe, há esperança, uma biografia de Zózimo Barrozo do Amaral.*
49 Carta de Nina para Roberto Marinho, setembro de 1971. Acervo Roberto Marinho.
50 Carta manuscrita de Nina Chavs para Roberto Marinho, Lion, 30 de maio de 1966. Acervo Roberto Marinho.
51 *O Globo*, 2 de maio de 1968.
52 A comparação foi feita pelo Nobel argentino Adolfo Perez Esquivel, que disse ter sido influenciado por ele. *O Globo*, 14 de outubro de 1980.
53 "O sopro vital", *O Globo*, 12 de abril de 1969.
54 Foto-legenda publicada pelo *O Globo* no dia 19 de abril de 1969.
55 *O Globo*, 11 de abril de 1969.
56 "A chacina de Recife", *O Globo*, 5 de junho de 1969.
57 "Montoro sugere o tribunal para sequestradores", *O Globo*, 2 de outubro de 1970.
58 As análises e pesquisas do jornalista e cientista político Adriano Ceolin foram fundamentais na compreensão do papel do MDB no período da ditadura e sua relação com o Grupo Globo.
59 "O MDB e a plantinha", *O Globo*, 20 de junho de 1969.
60 *O Globo*, 21 de junho de 1969.
61 "Passos pede apoio para MDB anular a oposição extremista", *O Globo*, 21 de junho de 1969.
62 "Cassações não foram além da área estadual" e "Oscar Passos: situação gravíssima", *O Globo*, 2 de julho de 1969.
63 Depoimento de Daniel Filho ao Memória Globo/Acervo Roberto Marinho.
64 Depoimento de Mário Lago ao Memória Globo/Acervo Roberto Marinho.
65 Depoimento de Mário Lago ao Memória Globo/Acervo Roberto Marinho.
66 Depoimento de Daniel Filho ao Memória Globo/Acervo Roberto Marinho.
67 Depoimento ao Memória Globo/Acervo Roberto Marinho.
68 Depoimento de Glória Pires ao Memória Globo/Acervo Roberto Marinho.
69 Depoimento de Daniel Filho ao Memória Globo/Acervo Roberto Marinho.
70 Depoimento de Daniel Filho ao Memória Globo/Acervo Roberto Marinho.
71 Depoimento de Glória Pires ao Memória Globo/Acervo Roberto Marinho.
72 Depoimento de Daniel Filho ao Memória Globo/Acervo Roberto Marinho.
73 Depoimento de Ruth de Souza ao Memória Globo/Acervo Roberto Marinho.
74 "O reaparecimento do Teatro Experimental do Negro", *O Globo*, 3 de junho de 1946.
75 "Blackface e humilhações: o racismo nas telenovelas", *UOL*, Guilherme Machado.

76 Depoimento de Ruth de Souza ao Memória Globo/Acervo Roberto Marinho.
77 Depoimento de Ruth de Souza ao Memória Globo/Acervo Roberto Marinho.
78 Depoimento de Anna Davies, que ouviu o relato da própria Ruth.
79 Depoimento de Ruth de Souza ao Memória Globo/Acervo Roberto Marinho.
80 Depoimento de Glória Pires ao Memória Globo/Acervo Roberto Marinho.
81 "Globo é acusada de fraudar papéis em compra de TV", Evira Lobato e Daniel Castro, *Folha de S.Paulo*, 5 de julho de 2002.
82 No livro *Meu capítulo na TV Globo*, publicado pela Topbooks, Joe Wallach faz um relato sobre sua experiência no Brasil.
83 Depoimento de Ruth de Souza ao Memória Globo/Acervo Roberto Marinho.
84 Carta de Armando Falcão a Roberto Marinho, Quixeramobim, 18 de julho de 1969. Acervo Roberto Marinho.
85 "Sodré: incêndio nas TVs são obra dos terroristas", 17 de julho de 1969.
86 Ofícios enviados à Porto Seguro Cia de Seguros Gerais por Luiz Eduardo Bergerth, executivo da Globo, de São Paulo, 6 de fevereiro e 3 de maio de 1970. A emissora ainda interpelou à Vara Cível de São Paulo, em abril daquele ano, conforme documento assinado pelo advogado Josué Luiz Gaêta.
87 *Meu capítulo na TV Globo*.
88 Depoimento de Dionísio Poli ao Memória Globo/Acervo Roberto Marinho.
89 "Homem de visão, Roberto Marinho, 'O sucesso não se improvisa'", *Visão*, 10 de dezembro, e *O Globo*, 16 de dezembro de 1979.
90 Depoimento de Betty Faria ao Memória Globo/Acervo Roberto Marinho.
91 Depoimento de João Araújo ao Memória Globo/Acervo Roberto Marinho.
92 Depoimento de João Araújo ao Memória Globo/Acervo Roberto Marinho.
93 *O livro do Boni*, p. 391.
94 Depoimento de João Araújo ao Memória Globo/Acervo Roberto Marinho.
95 Depoimento de João Araújo ao Memória Globo/Acervo Roberto Marinho.
96 Depoimento de Paiva Chaves ao Memória Globo/Acervo Roberto Marinho.
97 Depoimento de Paiva Chaves ao Memória Globo/Acervo Roberto Marinho.
98 Depoimento de Paiva Chaves ao Memória Globo/Acervo Roberto Marinho.
99 Depoimento de Paiva Chaves ao Memória Globo/Acervo Roberto Marinho.
100 *Condenado ao êxito*.
101 "Francis, Heron e Walter Clark", Sebastião Nery, *Tribuna da Imprensa*, 17 de julho de 1972.
102 "Francis, Heron e Walter Clark."
103 "Majestade será sepultado às 16 horas", e "Multidão invade cemitério no enterro de 'Majestade'", *O Globo*, 7 de setembro de 1971.
104 "Eles fazem a boa notícia", *Manchete*, 19 de julho de 1969.
105 "Bola branca para Ibrahim Sued", *Manchete*, 9 de setembro de 1967.
106 "Autocrítica de Ibrahim Sued", *Manchete*, 22 de julho de 1967.
107 "Ibrahim Sued, oração aos moços", *Manchete*, 8 de junho de 1968.

108 Depoimento de Evandro Carlos de Andrade ao Memória Globo/Acervo Roberto Marinho.
109 Depoimento de Armando Nogueira ao Memória Globo/Acervo Roberto Marinho.
110 Depoimento de Armando Nogueira ao Memória Globo/Acervo Roberto Marinho.
111 Depoimento de Armando Nogueira ao Memória Globo/Acervo Roberto Marinho.
112 *Da voz-do-poste à multimídia*, p. 48 e 49.
113 Gravação do primeiro *Jornal Nacional*.
114 "1969 e 1973/1974: Duas sucessões presidenciais da ditadura", Elio Gaspari, texto da série "Minha eleição", *Folha de S.Paulo*, 1º de setembro de 2018.
115 Carta de Roberto Marinho a Yolanda Costa e Silva. Rio, 2 de setembro de 1969. Acervo Roberto Marinho.
116 "Revolução entrou em nova etapa", Coluna do Castello, *Jornal do Brasil*, 3 de setembro de 1969.
117 "Presidente se recupera além da expectativa", *Jornal do Brasil*, 4 de setembro de 1969.
118 "Presidente vai iniciar os exercícios de fisioterapia", *O Globo*, 4 de setembro de 1969.
119 *O Globo*, 10 de setembro de 1969.
120 "O rumo a seguir", *O Globo*, 12 de setembro de 1969.
121 "O Globo em Bagé com os Médici", 30 de setembro de 1969.
122 "Colégio dos dominicanos abrigava os terroristas" e "Carlos Marighela morto", *O Globo*, "Marighela morre metralhado em São Paulo", *Jornal do Brasil*, e "Marighella morto em S. Paulo", *O Estado de S. Paulo*, 5 de novembro de 1969.
123 Os escritores Mário Magalhães, biógrafo de Marighella, e Jacob Gorender descartaram a versão do tiroteio naquela noite. Todos os projéteis teriam sido disparados de fora do carro. *Marighella, o guerrilheiro que incendiou o mundo* e *combate nas trevas*.
124 Depoimento de Elizabeth Marinho.
125 Depoimento de Francisco Grael ao Memória Globo/Acervo Roberto Marinho.
126 Depoimento de Francisco Grael ao Memória Globo/Acervo Roberto Marinho.
127 Depoimento de Henrique Caban.
128 Essa descrição do acidente foi registrada pelo *O Globo* de 3 de janeiro de 1970.
129 Depoimento de José Aleixo.
130 *O Globo*, 3 de janeiro de 1970.
131 "Paulo Marinho é sepultado", *Jornal do Brasil*, 3 de janeiro de 1970.
132 Carta de Marinho a Stella. Rio de Janeiro, 15 de maio de 1971. Acervo Roberto Marinho.
133 Bilhete de Stella a Marinho. Rio de Janeiro, 4 de dezembro de 1978. Acervo Roberto Marinho.

134 Carta de Stella a Marinho. Rio de Janeiro, 28 de janeiro de 1979. Acervo Roberto Marinho.
135 "Paulo VI referiu-se ao Brasil", Rocco Morabito, *O Estado de S. Paulo*, 27 de março de 1970.
136 *O Globo*, 27 de abril de 1970.
137 *O Globo*, 9 de maio de 1970.
138 "Conversas brasileiras", Confissões de Nelson Rodrigues, *O Globo*, 9 de maio de 1970.
139 "O brado de Roma", *O Globo*, maio de 1970.
140 Bilhete datilografado de Barros a Roberto Irineu, Rio de Janeiro, 7 de maio de 1970. Acervo Roberto Marinho.
141 "Tendências", Nahum Sirotsky, *Jornal do Brasil*, 16 de junho de 1965, e "CTB liga 10 mil telefones na Zona Sul no início de junho", no mesmo jornal, 27 de maio de 1970.
142 Depoimento de Argeu Affonso ao Memória Globo/Acervo Roberto Marinho.
143 Depoimento de Armando Nogueira ao Memória Globo/Acervo Roberto Marinho.
144 *João Saldanha, uma vida em jogo*.
145 Depoimento de Jorge Lobo Zagallo ao Memória Globo/Acervo Roberto Marinho.
146 Depoimento de Armando Nogueira ao Memória Globo/Acervo Roberto Marinho.
147 "Autor de 'Pra frente Brasil' quer povo cantando nas ruas", *O Globo*, 23 de junho de 1970.
148 "Micro-ondas ligará o Sul a Salvador", *Jornal do Brasil*, 18 de fevereiro de 1970.
149 Depoimento de Ilka Soares ao Memória Globo/Acervo Roberto Marinho.
150 Depoimento de Armando Nogueira ao Memória Globo/Acervo Roberto Marinho.
151 Declaração de uma gravação exibida pelo *Globo Esporte*, 6 de novembro de 1996.
152 "Passa dos limites", *O Globo*, 4 de junho de 1970.
153 "Congresso aplaude *O Globo* pela tiragem recorde", *O Globo*, 11 de junho de 1970.
154 "MDB tenta derrubar a censura prévia", *O Globo*, 8 de junho de 1970.
155 "Resende: Decreto é inconstitucional", *O Globo*, 8 de junho de 1970.
156 "Bonn e o sequestro", *O Globo*, 17 de junho de 1970.
157 Depoimento de Luiz Mendes ao Memória Globo/Acervo Roberto Marinho.
158 "Vitória da arte", João Saldanha, *O Globo*, 22 de junho de 1970.
159 "A lição do Tri", *O Globo*, 22 de junho de 1970.
160 "Diálogo com o 'Rei'", *O Globo*, 22 de junho de 1970.
161 "Médici a Nelson Rodrigues: 'Vitória da Seleção é do povo'", *O Globo*, 22 de junho de 1970.
162 Depoimento de Roberto Buzzoni ao Memória Globo/Acervo Roberto Marinho.

163 Depoimento de Wilson Ibiapina ao Memória Globo/Acervo Roberto Marinho.
164 "Ex-subversivo aos jovens: a violência não é solução", *O Globo*, 3 de julho de 1970.
165 "Militares veem na rendição de Massafumi fim da esquerda", *Jornal do Brasil*, 4 de julho de 1970.
166 "Terrorismo tem tribunal que adota pena de morte", *Jornal do Brasil*, 9 de julho de 1970.
167 *O Estado de S. Paulo*, 9 de julho de 1970.
168 "Ex-terrorista diz que a VPR queria incendiar instalações da Petrobras", *Folha de S.Paulo*, 10 de julho de 1970.
169 As declarações foram tiradas do documento datilografado "*L'Express* entrevistando Roberto Marinho", de cinco páginas, de 7 de agosto de 1970.
170 Transcrição da matéria exibida a 24 de agosto de 1970, no *Jornal Nacional*, publicada no dia seguinte pelo jornal *O Globo*.
171 "Torturados lamentam o uso de suas fotos contra o Brasil", *O Globo*, 25 de agosto de 1970.
172 Carta de Dom Hélder Câmara a Roberto Marinho. Rio de Janeiro, 10 de setembro de 1970. Acervo Roberto Marinho.
173 "Ex-terrorista: se eu pudesse passaria borracha no passado", *O Globo*, 24 de julho e 1971.
174 "Aliciamento dentro da prisão", *O Globo*, 24 de julho de 1971.
175 "Brito dinamizará a ação da SIP na América Latina", *Jornal do Brasil*, 26 de outubro de 1970.
176 "O fim dos dias de ira e de porre", Wilson Coutinho, *Jornal do Brasil*, 1º de julho de 1987.
177 "Segurança não relaxa prisões", *Jornal do Brasil*, 15 e 16 de novembro de 1970.
178 "MDB perde seus líderes e tem bancada reduzida", *O Globo*, 19 de novembro de 1970.
179 *O Globo*, 26 de novembro de 1970.
180 "Brasil Grande, nós o conhecemos desde pequeno", *O Globo*, 26 de novembro de 1970.
181 "Relação de 72 já está em mãos das autoridades", *O Globo*, 12 de dezembro de 1970.
182 "Padre de Minas pede fuzilamento", *O Globo*, 11 de dezembro de 1970.
183 *O Globo*, 11 de dezembro de 1970.
184 "Novo Canal 12 foi presente da TV Globo a B. Horizonte", *O Globo*, 14 de dezembro de 1970.
185 "Diretora de jornal não está presa", *Jornal do Brasil*, 14 de dezembro de 1970.
186 *O Pasquim*, 14 a 20 de janeiro de 1971.
187 "São sete horas", Tarso de Castro, *O Pasquim*, 25 de fevereiro a 3 de março de 1971.
188 "A poluição está aí", *O Pasquim*, 7 a 13 de dezembro de 1971.
189 *Direito à Memória e à Verdade*, p. 145 e 146.
190 *Dicionário da TV Globo*, p. 22 e 23.

191 Depoimento de Daniel Filho ao Memória Globo/Acervo Roberto Marinho.
192 *Direito à Memória e à Verdade*, p. 155 e 156.
193 *O Globo*, 13 de abril de 1971.
194 "Líder terrorista morre em São Paulo durante tiroteio", *O Globo*, 13 de abril de 1971.
195 "Terrorista morre durante um tiroteio em São Paulo", *Jornal do Brasil*, 13 de abril de 1971.
196 "Os irmãos metralha: a trajetória da família Carvalho na luta contra a ditadura militar-civil."
197 "Voz do pastor", documento número 919, com carimbo da Cúria Metropolitana do Rio de Janeiro, 22 de janeiro de 1971.
198 Carta ao "Meu querido amigo e eminente Cardeal Câmara", sem assinatura, data ou local. Acervo Roberto Marinho.
199 *O Globo*, 19 de fevereiro de 1971.
200 *O Globo*, 27 de maio de 1971.
201 "Até o fim", *O Globo*, 28 de maio de 1971.
202 "STF nega *habeas* a Fleury", *Jornal do Brasil*, 27 de maio de 1971.
203 "Supremo nega *habeas corpus* a Fleury", *Folha de S.Paulo*, 27 de maio de 1971.
204 Lucia Grinberg fez o mais completo diagnóstico da ARENA no livro *Partido político ou bode expiatório, um estudo sobre a Aliança Renovadora Nacional, ARENA, 1965-1979)*, Mauad-Faperj, Rio, 2009.
205 "Tancredo: Oposição deve ser firme mas sem provocações", *O Globo*, 25 de março de 1971.
206 "STM indaga sobre prisão", *O Estado de S. Paulo*, 28 de janeiro de 1971.
207 18 de fevereiro de 1971.
208 "TV GLOBO na Amazônia."
209 "No ar, a TV Globo Brasília" e "TV Globo em Brasília", *O Globo*, 21 e 23 de abril de 1971.
210 "Inaugurada a TV Globo de Brasília", *O Globo*, 22 de janeiro de 1971.
211 Publicação de 18 de abril de 1973.
212 Carta de Roberto Marinho a Médici, Rio de Janeiro, 18 de abril de 1973. Acervo Roberto Marinho.
213 Carta de Otávio Costa a Roberto Marinho, Brasília, 3 de maio de 1973. Acervo Roberto Marinho.
214 *O Globo*, 27 de abril de 1971.
215 "Andreazza: Não destruiremos o que já está feito", *O Globo*, 13 de maio de 1971.
216 "Conselho dos Direitos vai reunir-se", *Jornal do Brasil*, 27 e 28 de junho de 1971.
217 *O Globo*, 14 de julho de 1971.
218 "Tancredo defende linha realista para Oposição", *O Globo*, 4 de agosto de 1971.
219 "Triste tema", *O Globo*, 5 de agosto de 1971.
220 *Direito à Memória e à Verdade*, Comissão Especial sobre mortos e desaparecidos políticos.

221 *O Globo*, 5 de julho de 1971.
222 12 de agosto de 1971.
223 14 de agosto de 1971.
224 "Até o fim, a mesma luta", *O Estado de S. Paulo*, 18 de novembro de 1971.
225 "Estudante é condenado a seis anos", *Jornal do Brasil*, e "Justiça militar condena à revelia 5 terroristas", *O Globo*, 18 de maio de 1971. No caso de Stuart, a pena foi de quatro anos de detenção.
226 "Arquivado o processo sobre o paradeiro de ex-deputado", *O Globo*, 11 de agosto de 1971.
227 Jair Bolsonaro, o capitão que deixou a Força na década seguinte, depois de movimentos sindicais e polêmicas, e que venceria as eleições presidenciais de 2018, era menino no Vale do Ribeira, no interior paulista, quando viu tropas chegarem para o primeiro combate a Lamarca.
228 *Roberto Marinho, o poder está no ar*, volume 1.
229 As referências aos textos de *O Globo* foram tiradas das edições matutina e vespertina do dia 20 de setembro de 1971. As declarações de Luiz Lobo foram dadas em depoimento ao autor.
230 Entrevista de Luiz Lobo.
231 Relatório "Irregularidades na difusão de notícias sobre a morte do ex-terrorista Carlos Lamarca pela empresa O Globo", produzido pelo CIE, 21 de setembro de 1971.
232 Carta datilografada de Nina Chavs para Roberto Marinho, 22 de outubro de 1971. Acervo Roberto Marinho.
233 Depoimento de José Augusto Ribeiro.
234 Carta datilografada de Roberto Marinho a Nina Chavs, Rio, 19 de novembro de 1971. Acervo Roberto Marinho.
235 *O Globo*, 9 de outubro de 1971.
236 Carta de Roberto Marinho a Ricardo Marinho. Portofino, junho de 1971. Acervo Roberto Marinho.
237 Depoimento de Henrique Caban.
238 Carta de Nina Chavs a Roberto Marinho, sem data. Memória Globo/Acervo Roberto Marinho.
239 *O Globo*, 28 de outubro de 1971.
240 *O Globo*, 16 de fevereiro de 1972.
241 Magalhães Lins e Evandro deixaram depoimentos com a versão de que a sugestão do nome foi mesmo do banqueiro. Luiz Lobo, em depoimento para este livro, relata que outros também deram a mesma indicação.
242 Depoimento de Paiva Chaves ao Memória Globo/Acervo Roberto Marinho.
243 Depoimento de José Sarney.
244 Carta de Evandro Carlos de Andrade a Roberto Marinho, Brasília, 22 de novembro de 1971. Acervo Roberto Marinho.

245 Depoimento de Evandro Carlos de Andrade ao Memória Globo/Acervo Roberto Marinho.
246 Depoimento de Evandro Carlos de Andrade ao Memória Globo/Acervo Roberto Marinho.
247 Depoimento de Evandro Carlos de Andrade ao Memória Globo/Acervo Roberto Marinho.
248 Carta datilografada de Roberto Marinho para Nina Chavs, 26 de janeiro de 1972. Acervo Roberto Marinho.
249 Depoimento de Argeu Affonso ao Memória Globo/Acervo Roberto Marinho.
250 Depoimento de Argeu Affonso ao Memória Globo/Acervo Roberto Marinho.
251 Depoimento de José Augusto Ribeiro.
252 "Boi amuado vira bicho no curral da morte", *O Globo*, 28 de agosto de 1969.
253 *O Globo*, 20 de dezembro de 1969.
254 "Zagallo tem poucas esperanças no Fla" e "Zagallo volta a confiar no Fla", *O Globo*, 23 e 25 de novembro de 1972.
255 Carta de Roberto Marinho a Armando Falcão, Rio de Janeiro, 28 de fevereiro de 1975. Acervo Roberto Marinho.
256 Informe confidencial do SNI, 6 de fevereiro de 1972.
257 Documento datilografado, sem título, de março de 1972. Acervo Roberto Marinho.
258 "À frente, o Passado", Nilson Lage. In: *Formação superior em jornalismo*: uma exigência que interessa à sociedade, Federação Nacional dos Jornalistas, 2002.
259 "Livro de Adriano conta segredos do Esquadrão da morte", "Porta de livraria", *O Globo*, 14 de julho de 1971.
260 Carta de Roberto Marinho a Armando Falcão, Rio de Janeiro, 28 de fevereiro de 1975. Acervo Roberto Marinho.
261 Depoimento de Evandro Carlos de Andrade ao Memória Globo/Acervo Roberto Marinho.
262 Carta de Roberto Marinho a Armando Falcão, Rio de Janeiro, 28 de fevereiro de 1975. Acervo Roberto Marinho.
263 Depoimento de Luiz Garcia.
264 Para a declaração de Evandro, depoimento ao Memória Globo/Acervo Roberto Marinho. E para afirmação de Mino, depoimento do jornalista para este livro.
265 Depoimento de Argeu Affonso ao Memória Globo/Acervo Roberto Marinho.
266 Carta datilografada de Nina Chavs para Roberto Marinho, de 9 de maio de 1967. Acervo Roberto Marinho.
267 Carta manuscrita de Nina Chavs para Lígia, Paris, 8 de fevereiro de 1972. Acervo Roberto Marinho.
268 Carta datilografada de Nina Chavs para Roberto Marinho, Paris, 14 de fevereiro de 1972. Acervo Roberto Marinho.
269 Depoimento de Roberto Irineu.
270 Depoimento de Luiz Garcia.

271 Depoimento de Armando Nogueira ao Memória Globo/Acervo Roberto Marinho.
272 "Leitura Dinâmica", Nelson Cunha, *Manchete*, 13 de março de 1971.
273 *Correio da Manhã*, 29 de março de 1969.
274 Depoimento de Betty Faria ao Memória Globo/Acervo Roberto Marinho.
275 Depoimento de Joe Wallach.
276 "Incêndio na TV Globo une autoridades e povo em solidariedade comovedora", *O Globo*, 30 de outubro de 1971.
277 "Multidão foi à TV Globo para assistir missa campal", *O Globo*, 1.º de novembro de 1971.
278 Parecer da Divisão de Censura de Diversões Públicas, da Polícia Federal, de 26 de julho de 1972.
279 Relatório sem data sobre a censura de *Selva de pedra*. Acervo Roberto Marinho.
280 "TV vive um clima de medo e cautela", *O Estado de S. Paulo*, 10 de maio de 1972.
281 "Júri será presidido por Nara Leão", *O Globo*, 16 de setembro de 1972.
282 "Manobras em Goiás começam amanhã" e "Em Xambioá, a luta é contra guerrilheiros e atraso", *O Estado de S. Paulo*, 17 e 24 de setembro; "Começam as manobras no Planalto" e "Governador a Médici: Arena ganha de muito", *O Globo*, 18 de setembro e 9 de novembro; e "B. Fortes forma a lista de promoções", *Jornal do Brasil*, 4 de outubro de 1972.
283 *Mata! O Major Curió e as guerrilhas no Araguaia*.
284 Depoimento de Sérgio Chapelin ao Memória Globo/Acervo Roberto Marinho.
285 "Ameaça à radiodifusão livre", *O Globo*, 6 de maio de 1973.
286 "Anunciada a revogação do decreto ameaçador à televisão", *O Globo*, 8 de maio de 1973.
287 Depoimento de Herbert Fiuza.
288 "TV Globo integra 5 milhões de nordestinos", *Manchete*, 13 de maio de 1972.
289 *Diário do Congresso Nacional*, Brasília, 11 de maio de 1974.
290 "Roberto Marinho recebe em Recife título de 'cidadão de Pernambuco'", *O Globo*, 24 de agosto de 1972.
291 *Jornal do Brasil*, 13 de maio de 1972.
292 *O Globo*, 2 de julho de 1972.
293 *Até a última página, uma história do Jornal do Brasil*.
294 *Até a última página, uma história do Jornal do Brasil*.
295 Depoimento de Gilberto Braga ao Memória Globo/Acervo Roberto Marinho.
296 Depoimento de Roberto Buzzoni ao Memória Globo/Acervo Roberto Marinho.
297 "Cemitério São João Batista", Prefeitura de Guarapari, disponível em: https://www.guarapari.es.gov.br/pagina/ler/2185/cemiterio-sao-joao-batista.
298 "Nascimento, vida e glória de Odorico", Mariza Cardoso, revista *Cartaz*, 21 de março de 1973, texto encontrado no Banco de Dados TV-Pesquisa, Documento 807, PUC-Rio.
299 *O Globo*, 13 de março de 1973.

300 "Os prêmios Personalidade Global 72". *Manchete*, 16 de junho de 1973.
301 "A TV no Brasil e no mundo", especial, Juliano Palha, *Manchete*, 7 de abril de 1973.
302 *O Pasquim*, 2 a 9 de junho de 1971.
303 "Dercy", *O Pasquim*, 3 a 9 de junho de 1971.
304 "A TV no Brasil e no mundo", especial, Juliano Palha, *Manchete*, 7 de abril de 1973.
305 "Censura suspende por dois meses Flávio e o programa", *Jornal do Brasil*, 16 de março de 1973.
306 Depoimento de Wilson Ibiapina ao Memória Globo/Acervo Roberto Marinho.
307 A volta trágica do cantor foi relatada pelos biógrafos Vitor Nuzzi, autor do livro *Geraldo Vandré, uma canção interrompida*, Kuarup Editora, São Paulo, 2015, e Jorge Fernando dos Santos, *Vandré, o homem que disse não*, Geração Editorial, São Paulo, 2015.
308 "Vandré volta e diz que é para ficar", *O Globo*, 19 de agosto de 1973.
309 Depoimento de Wilson Ibiapina ao Memória Globo/Acervo Roberto Marinho.
310 A carta de Faro foi enviada aos jornais a 6 de novembro de 1975 e publicada pelo *O Globo* nos dias 8 e 9.
311 Depoimento de Cláudio Mello e Souza ao Memória Globo/Acervo Roberto Marinho.
312 *O Pasquim*, 23 a 29 de julho de 1974.
313 *O Pasquim*, 21 a 27 de agosto de 1973.
314 *O Pasquim*, 25 de setembro a 1.º de outubro de 1973.
315 *O Pasquim*, 14 a 20 de agosto de 1973.
316 Depoimento de Henrique Caban.
317 "Bom gosto em forma de torre", Maria Cristina Brasil, *Jornal do Brasil*, 2 de setembro de 1966.
318 "Médici assina outorga de canal de TV ao JB", *Jornal do Brasil*, 4 de agosto de 1973.
319 "Corsetti firma contrato de implantação da TV JB", *Jornal do Brasil*, 5 de agosto de 1973.
320 Anotação de Heitor Aquino, de 19 de janeiro de 1967, Fundo Ernesto Geisel, CPDOC/FGV.
321 Anotação de Heitor Aquino, de 25 de julho de 1965, Fundo Ernesto Geisel, CPDOC/FGV.
322 Anotação de Heitor Aquino, de 28 de novembro de 1965, Fundo Ernesto Geisel, CPDOC/FGV.
323 Anotação de Heitor Aquino, de 6 de abril de 1966, Fundo Ernesto Geisel, CPDOC/FGV.
324 "Desconfiança marca os debates", *O Globo*, 23 de setembro de 1973.
325 "Convenção do MDB homologa nomes de Ulisses e Barbosa", primeira página do *Jornal do Brasil*, "MDB lança candidaturas de Ulisses e Barbosa Lima", página

interna da *Folha de S.Paulo*, e "Ulisses reclama fim do AI-5", também página interna de *O Estado de S. Paulo*.
326 "Discurso de Ulysses", *O Globo*, 23 de setembro de 1973.
327 Depoimento de Roberto Buzzoni ao Memória Globo/Acervo Roberto Marinho.
328 "TV não transmite os discursos da oposição", *O Globo*, 23 de setembro de 1973.
329 Entrevista ao "Programa do Jô", 3 de abril de 2000.
330 Depoimento de Roberto Arruda ao Memória Globo/Acervo Roberto Marinho.
331 Marinho foi apontado como financiador do templo pelo publicitário Edson Ernesto Coelho, em depoimento ao CPDOC/FGV e Associação Brasileira de Publicidade. Rio de Janeiro, 2005.
332 Depoimento de Henrique Caban.
333 Depoimento de Luiz Paulo Vasconcelos ao Memória Globo/Acervo Roberto Marinho.
334 Entrevista de João Roberto Marinho.
335 "Ato de legitimação", *O Globo*, 15 de janeiro de 1974.
336 Bilhete manuscrito de José Sarney a Golbery, Brasília, 22 de agosto de 1975. Fundo Ernesto Geisel, CPDOC/FGV.
337 "Geisel, primeiro Presidente eleito pelo Colégio Eleitoral", *O Globo*, 15 de janeiro de 1974.
338 Depoimento de Márcia Clark ao Memória Globo/Acervo Roberto Marinho.
339 Depoimento de Henrique Caban.
340 Carta de Roberto Marinho a Ernesto Geisel. Rio de Janeiro, 14 de março de 1974. Acervo Roberto Marinho/Memória Globo.
341 Depoimento de Léo Batista ao Memória Globo/Acervo Roberto Marinho.
342 Depoimento de Armando Nogueira ao Memória Globo/Acervo Roberto Marinho.
343 Documento de 19 de setembro de 1974. Acervo Roberto Marinho.
344 Depoimento de Antonio Carlos Drummond ao Memória Globo/Acervo Roberto Marinho.
345 *O Globo*, 17 de novembro de 1974.
346 *O Globo*, 19 de novembro de 1974.
347 *O Globo*, 19 de novembro de 1979.
348 "Sociais de Brasília", *Correio Braziliense*, 23 e 26 de maio de 1974.
349 "Explosão e desabamento nas obras da Rede Globo deixa saldo de mortos e feridos na 702 Norte", *Correio Braziliense*, 3 de setembro de 1975.
350 *Até a última página, uma história do Jornal do Brasil*.
351 Despacho do ministro das Comunicações, Euclides Quandt, 29 de abril de 1975. CPDOC/FGV.
352 Despacho do ministro das Comunicações, Euclides Quandt, 22 de julho de 1975.
353 Para o momento de mudança no *Jornal do Brasil* e em *O Globo*, ler "Do testemunhal ao virtual: transformações no fotojornalismo no *Jornal do Brasil* e em *O Globo*",

Soraya Venegas Ferreira, Encontro Nacional de História da Mídia, Fortaleza, Ceará, 19 a 21 de agosto de 2009.
354 A impressão só passou totalmente para *offset* a 13 de abril de 1978.
355 Depoimento de Marcelo Beraba.
356 Despacho de Mario Henrique Simonsen com Geisel. Fundo Ernesto Geisel, CPDOC/FGV.
357 Depoimento de Evandro Carlos de Andrade ao Memória Globo/Acervo Roberto Marinho.
358 Entrevista de Roberto Marinho ao "Programa do Jô", 3 de abril de 2000.
359 "Conselho abre seminário de telecomunicações pedindo maior recurso humano", *Jornal do Brasil*, 7 de agosto de 1973.
360 "Governo criará nova empresa para coordenar telégrafos, telex e transmissão de dados", *Jornal do Brasil*, 14 de abril de 1974.
361 "Gíria em TV e rádio já é proibida", *Jornal do Brasil*, 22 de maio de 1974.
362 "Filólogo contesta decisão que proibiu uso de gírias na televisão e no rádio", *Jornal do Brasil*, 5 de junho de 1974.
363 "Nota do Ministério das Comunicações", documento enviado por Quandt a Geisel, a 24 de abril de 1974. Fundo Ernesto Geisel, CPDOC/FGV.
364 Diário de Euclides Quandt de Oliveira, 24 de abril de 1974. CPDOC/FGV.
365 "Sadie Hauache, ou 'a dama da radiodifusão brasileira'", entrevista a Liliana Alberti, *Panorama*, Caxias, 30 de setembro de 1978.
366 Depoimento de Wilson Ibiapina ao Memória Globo/Acervo Roberto Marinho.
367 *Meio século de Correio do Povo, glória e agonia de um grande jornal*, p. 12.
368 *Meio século de Correio do Povo, glória e agonia de um grande jornal*, p. 29.
369 *Meio século de Correio do Povo, glória e agonia de um grande jornal*, p. 29 e 30.
370 *Meio século de Correio do Povo, glória e agonia de um grande jornal*, p. 31.
371 *O campeão de audiência*, p. 212.
372 Depoimento ao Memória Globo/Acervo Roberto Marinho.
373 "Walter Clark, o doutor Roberto não vai gostar", de José Carlos Couto. *O Estado de S. Paulo*, 17 de maio de 1987.
374 "TVs de Pimentel vão perder os programas", *O Estado de S. Paulo*, 23 de abril de 1976.
375 *O campeão de audiência*, p. 284 e 286.
376 *O livro do Boni*, p. 329 e 330.
377 *Meu capítulo na TV Globo*, p. 141 e 142.
378 *Quem e como fizemos a TV Globo*, p. 141 a 143.
379 Entrevista concedida a José Wille, publicada no Portal JSW, disponível em: http://www.jws.com.br/2011/04/a-versao-de-ney-braga-sobre-a-briga-com-paulo-pimentel-nos-anos-1960-e-70
380 Depoimento de Roberto Buzzoni ao Memória Globo/Acervo Roberto Marinho.
381 A palestra ocorreu em setembro de 1975. "Walter Clark, o doutor Roberto não vai gostar", de José Carlos Couto. *O Estado de S. Paulo*, 17 de maio de 1987.

382 "Walter Clark, o doutor Roberto não vai gostar", de José Carlos Couto. *O Estado de S. Paulo*, 17 de maio de 1987.
383 A novela foi ao ar em abril de 1974.
384 *Jornal do Brasil*, 6 de dezembro de 1974.
385 Carta datilografada sem assinatura e data. Acervo Roberto Marinho.
386 *O Globo*, 4 de maio de 1975.
387 "Relatório da viagem ao Chile", ministro das Comunicações, Euclides Quandt, 5 a 8 de novembro de 1974. CPDOC/FGV.
388 "Parecer 80/9/75", de 20 de agosto de 1975, escrito por Gilberto Pereira Campos e Maria José Bezerra de Lima, técnicos da Divisão de Censura de Diversões Públicas, da Polícia Federal. Fundo Ernesto Geisel, CPDOC/FGV.
389 "Apreciação sumária", número 3/GAB/75, SNI, Brasília, 8 de setembro de 1975. Fundo Ernesto Geisel, CPDOC/FGV.
390 Documentário "Roberto Marinho, o senhor do seu tempo".
391 "Apreciação sumária", 02/GAB/75, SNI, Brasília, 1.º de setembro de 1975.
392 Carta para Evandro Carlos de Andrade, 22 de setembro de 1975. Acervo Roberto Marinho.
393 "Foi uma sensação de perda, de trabalho jogado fora", depoimento de Betty Faria a Natália Castro, *O Globo*, 23 de março de 2014.
394 *Roque Santeiro*, *O Globo*, 28 de agosto de 1975.
395 Depoimento de Daniel Filho ao Memória Globo/Acervo Roberto Marinho.
396 Depoimento de Jorge Adib.
397 Depoimento de Daniel Filho ao Memória Globo/Acervo Roberto Marinho.
398 Carta de Roberto Marinho a Armando Falcão. Rio de Janeiro, 28 de fevereiro de 1975. Acervo Roberto Marinho.
399 "Festa em Brasília da Personalidade Global de 1974", *O Globo*, 23 de abril de 1975.
400 "Apreciação sumária", número 02/GAB/75, SNI, Brasília, 1.º de setembro de 1975. Fundo Ernesto Geisel, CPDOC/FGV.
401 Depoimento de Lauro César Muniz ao Memória Globo.
402 "O discurso de Roberto Marinho", *O Globo*, 21 de agosto de 1975.
403 Bilhete manuscrito de José Sarney a Golbery, Brasília, 22 de agosto de 1975. Fundo Ernesto Geisel, CPDOC/FGV, e "Sarney: Atos não serão revogados", *O Globo*, 10 de agosto de 1975.
404 "Apreciação Sumária", número 12/GAB/75, SNI, Brasília, 10 de novembro de 1975. Fundo Ernesto Geisel, CPDOC/FGV.
405 "Despacho do ministro Armando Falcão com o presidente Ernesto Geisel", Brasília, 9 de julho de 1974. Fundo Ernesto Geisel, CPDOC/FGV.
406 "De Monroe para uma fazenda", *O Globo*, 8 de janeiro de 1976.
407 Depoimento de Henrique Caban.
408 Depoimento de Paulo Totti.
409 Depoimento de Herbert Fiuza.

410 *Pedro Pomar, uma vida em vermelho*, p. 339.
411 Depoimento de Albeniza Garcia ao Memória Globo/Acervo Roberto Marinho.
412 Carta de Marinho a Stella. Rio de Janeiro, 17 de julho de 1970. Acervo Roberto Marinho.
413 *Jornal do Brasil*, 13 de outubro de 1976.
414 "Novos equipamentos para a miniestação provisória", *O Globo*, 8 de junho de 1976.
415 Depoimento de Khaled Hauache Júnior.
416 Depoimento de Adilson Pontes Malta.
417 Carta de Armando Falcão a Roberto Marinho, com cópia para Geisel. Brasília, 21 de junho de 1976. Fundo Ernesto Geisel, CPDOC/FGV.
418 "Aprovada no Congresso a lei da propaganda", *O Globo*, 25 de junho de 1976.
419 "Televisão", "1977, a esfinge", David Nasser, *Manchete*, 15 de janeiro de 1977.
420 Antes de assumir o governo, a 16 de fevereiro de 1974, Geisel disse ao general Dale Coutinho: "Esse troço de matar é uma barbaridade, mas eu acho que tem de ser", segundo livro *A ditadura derrotada*, de Gaspari, publicado em 2003, e o podcast do jornalista *A ditadura recontada*, no portal G1. Um memorando da CIA, de 11 de abril daquele ano, relatou que Geisel, já no governo, decidiu, no dia 1.º de abril, que "a política deveria continuar, mas que extremo cuidado deveria ser tomado para assegurar que apenas subversivos perigosos fossem executados". O documento foi divulgado em 2018 pelo professor de relações internacionais da FGV Matias Spektor.
421 Uma cópia de cinco páginas do documento secreto ficou guardada no arquivo de Marinho, numa sala ao lado do escritório onde trabalhava no jornal, até a morte, em agosto de 2003. Apenas ele e a secretária Lígia Egídio de Souza Melo tinham acesso. O documento foi localizado pela equipe do Memória Globo, chefiado pela historiadora Sílvia Fiuza, integrado pela também historiadora Christiane Pacheco e a professora de jornalismo Ana Paula Goulart.
422 "Documento Confidencial, para uso exclusivo do presidente Geisel", 30 de agosto de 1976, com cinco páginas datilografadas. Acervo Roberto Marinho/Memória Globo.
423 *Movimento*, 3 a 9 de dezembro de 1979.
424 "Declaração de Roberto Marinho", *O Globo*, 24 de setembro de 1976.
425 "Polícia não tem pista terroristas", *Jornal do Brasil*, 24 de setembro de 1976.
426 DOC 1976_09_23, telegrama de 23 de setembro de 1976, disponível em: http://aad.archives.gov/aad/createpdf?rid=330058&dt=2082&dl=1345
427 Ver DOC 1976_09_30, telegrama de 30 de setembro de 1976, disponível em: http://aad.archives.gov/aad/createpdf?rid=330130&dt=2082&dl=1345
428 Ver DOC 1976_09_30, telegrama de 30 de setembro de 1976, disponível em: http://aad.archives.gov/aad/createpdf?rid=329883&dt=2082&dl=1345
429 "Apreciação sumária", número 38/GAB/76, SNI, Brasília, 4 de outubro de 1975. Fundo Ernesto Geisel, CPDOC/FGV.
430 "Assim agem as patrulhas ideológicas", *O Estado de S. Paulo*, 22 de abril de 1979.

431 "Uma minoria excessivamente excitada", *O Estado de S. Paulo*, 22 de abril de 1979.
432 "Cartão do advogado, garantia de emprego", *O Estado de S. Paulo*, 22 de abril de 1979.
433 "Uma minoria excessivamente excitada", *O Estado de S. Paulo*, 22 de abril de 1979.
434 "As patrulhas ideológicas", *O Estado de S. Paulo*, 2 de maio de 1979.
435 "Um grupo de traidores", *O Estado de S. Paulo*, 2 de maio de 1972.
436 *O Globo*, 23 de agosto de 1976.
437 "Bandeirante do futuro", *O Globo*, 24 de agosto de 1976.
438 Depoimento de Wilson Ibiapina ao Memória Globo/Acervo Roberto Marinho.
439 Depoimento de José Sarney.
440 Depoimento de José Augusto Ribeiro.
441 "Julgamento post-mortem", *O Globo*, 7 de dezembro de 1976.
442 *O Globo*, 7 de dezembro de 1976.
443 Depoimento de José Augusto Ribeiro.
444 "Tancredo diz que convidaram o MDB para um massacre", *O Globo*, 23 de novembro de 1970.
445 "Oposição luta agora pela sobrevivência", *O Globo*, 23 de novembro de 1970.
446 Depoimento de José Augusto Ribeiro.
447 "Posto de escuta", Murilo Melo Filho, *Manchete*, 9 de julho de 1977.
448 *O Globo*, 27 de março de 1977.
449 "Decisão do MDB sobre reforma da Justiça preocupa Governo", *O Globo*, 29 de março de 1977.
450 *O Globo*, 30 de março de 1977.
451 "Golpe de minoria", *O Globo*, 31 de março de 1977.
452 "Geisel convoca conselho de Segurança Nacional e falará à nação hoje à noite" e "Presidente garante que a reforma será feita", *O Globo*, 1.º de abril de 1977.
453 *O Globo*, 2 de abril de 1977.
454 "Nova etapa", *O Globo*, 15 de abril de 1977.
455 "Homem de visão, Roberto Marinho, 'O sucesso não se improvisa'", *Visão*, 10 de dezembro, e *O Globo*, 16 de dezembro de 1979.
456 Documento 1685, CINF, de 2 de setembro de 1977.
457 *O Globo*, 22 de maio de 1977.
458 Anotação de Heitor Aquino, de 16 de março de 1965, Fundo Ernesto Geisel, CPDOC/FGV.
459 Anotação de Heitor Aquino, de 18 de março de 1965, Fundo Ernesto Geisel, CPDOC/FGV.
460 Anotação de Heitor Aquino, de 18 de março de 1965, Fundo Ernesto Geisel, CPDOC/FGV.
461 Anotação de Heitor Aquino, de 22 de março de 1965, Fundo Ernesto Geisel, CPDOC/FGV.
462 Anotação de Heitor Aquino, de 28 de abril de 1965, Fundo Ernesto Geisel, CPDOC/FGV.

463 Anotação de Heitor Aquino, de 1.º de maio de 1965, Fundo Ernesto Geisel, CPDOC/FGV.
464 Anotação de Heitor Aquino, de 24 de julho de 1965, Fundo Ernesto Geisel, CPDOC/FGV.
465 Anotação de Heitor Aquino, de 9 de setembro de 1965, Fundo Ernesto Geisel, CPDOC/FGV.
466 Anotação de Heitor Aquino, de 24 de setembro de 1965, Fundo Ernesto Geisel, CPDOC/FGV.
467 Anotação de Heitor Aquino, de 29 de setembro de 1965, Fundo Ernesto Geisel, CPDOC/FGV.
468 Anotação de Heitor Aquino, de 22 de março de 1966, Fundo Ernesto Geisel, CPDOC/FGV.
469 Anotação de Heitor Aquino, de 29 de novembro de 1966, Fundo Ernesto Geisel, CPDOC/FGV.
470 Depoimento de Cláudio Mello e Souza ao Memória Globo/Acervo Roberto Marinho.
471 *Notícias do Planalto*, p. 33.
472 *Veja*, 8 de junho de 1977.
473 "Gabriela conquista Portugal", *Manchete*, 11 de junho de 1977.
474 "Um regresso como os anteriores", *Jornal do Brasil*, 29 de maio de 1977.
475 "Walter Clark traz o último filme e deixa a TV Globo", *Jornal do Brasil*, 29 de maio de 1977.
476 "Walter Clark traz o último filme e deixa a TV Globo", *Jornal do Brasil*, 29 de maio de 1977.
477 *Veja*, 8 de junho de 1977.
478 Depoimento de Henrique Caban.
479 "Minha namorada era a televisão", José Bonifácio de Oliveira Sobrinho, *Época*, 25 de abril de 2015.
480 Depoimento ao Memória Globo/Acervo Roberto Marinho.
481 *Veja*, 8 de junho de 1977.
482 *Folha de S.Paulo*, 31 de maio de 1977.
483 *Folha de S.Paulo*, 31 de maio de 1977.
484 "Militares portugueses advertem PC", *O Globo*, 3 de agosto de 1977.
485 "Cardeal Cerejeira morre em Lisboa aos 88 anos", *O Globo*, 3 de setembro de 1977.
486 "O Cardeal Cerejeira faz história", *O Globo*, 30 de agosto de 1960.
487 A história de Henrique Tenreiro e da pesca do bacalhau foram contadas por Álvaro Garrido, autor de "Henrique Tenreiro, 'patrão das pescas' e guardião do Estado Novo", Análise Social, volume 36, Lisboa, 2001, e Joana Patrícia Simões Carvalho, "Os Pescadores bacalhoeiros nos anos 60", *In*: *Omni Tempore*: atas dos Encontros da Primavera 2018, Porto, Faculdade de Letras da Universidade do Porto, 2019.
488 Carta "Reservada", de Armando Falcão a Golbery do Couto e Silva, Brasília, 9 de maio de 1974. Acervo Roberto Marinho.

489 Carta de Roberto Marinho a Henrique Tenreiro, Rio de Janeiro, 11 de junho de 1975. Acervo Roberto Marinho.
490 "Tenreiro, o almirante que fugiu está no Rio", *Jornal da Tarde*, 19 de dezembro de 1975.
491 "Tenreiro poderá ficar no Brasil", *O Estado de S. Paulo*, 20 de dezembro de 1975.
492 Carta de Henrique Tenreiro a Roberto Marinho, Rio de Janeiro, 31 de dezembro de 1975. Acervo Roberto Marinho.
493 *O Globo*, 26 de abril de 1975.
494 *O Globo*, 27 de abril de 1975.
495 *O Globo*, 28 de abril de 1975.
496 *O Globo*, 27 de abril de 1975.
497 "A missão de Mário Soares", *O Globo*, 15 de dezembro de 1976.
498 "Soares fará debate com congressistas", *O Globo*, 15 de dezembro de 1976.
499 Despacho do ministro Euclides Quandt, de 27 de setembro de 1977, Ministério das Comunicações. CPDOC/FGV.
500 Depoimento de João Araújo ao Memória Globo/Acervo Roberto Marinho.
501 "Pressão em Madeira contra Gabriela", *Jornal do Brasil*, 29 de maio de 1977.
502 "Brasil, uma opção para a esquecida Guiana Francesa", *O Globo*, 9 de setembro de 1971.
503 "O português herdou duas mil palavras tupis. Poucas permanecem vivas", *O Globo*, 13 de abril de 1976.
504 "O carioca" e "Lapa", *O Globo*, 23 de março e 23 de fevereiro de 1975.
505 "Arena conta Zumbi, a luta do negro pela liberdade", Clovis Levi, *O Globo*, 6 de julho de 1976.
506 "Sociólogos analisam a questão racial no Brasil", *O Globo*, 6 de julho de 1976.
507 "O mito da democracia racial e a relação entre raça e política no Brasil: reflexões a partir de Carlos Hasenbalg", Luciana Garcia de Mello, *Revista Argumentos*, julho a dezembro de 2018.
508 "Índios, missionários e civilizados: um sofrido triângulo", *O Globo*, 6 e 7 de fevereiro de 1977.
509 "Em discussão, os direitos dos índios", *O Globo*, 4 de março de 1977.
510 Diagnóstico da situação orçamentária do MEC, 1970-1979. Fundo MEC. Arquivo Nacional, Brasília.
511 Em 1963, os Estados investiram 159 milhões de cruzeiros na educação, valor acima dos 150 milhões investidos pelo MEC. Em 1969, os Estados investiram 2,3 milhões de cruzeiros no setor e o governo federal, 1,1 milhão. Em 1975, esses valores chegam a 13,8 bilhões por parte dos Estados e 7,7 bilhões por parte do MEC. "Planilha da Evolução da aplicação dos recursos do MEC e dos Estados a preços correntes. Brasil, 63-75", Ministério da Educação. Fundo MEC. Arquivo Nacional, Brasília.
512 "Teleducação: a eletrônica para educar milhões". Reynaldo Valinho Alvarez, secretário de Aplicações Tecnológicas, do Ministério da Educação, 1979. Fundo MEC. Arquivo Nacional, Brasília.

513 "Teleducação: a eletrônica para educar milhões". Reynaldo Valinho Alvarez, secretário de Aplicações Tecnológicas, do Ministério da Educação, 1979. Fundo MEC. Arquivo Nacional, Brasília.
514 *O Estado de S. Paulo*, 5 de abril de 1983.
515 *O Globo*, 5 de junho de 1977.
516 "Balanço de 1976", *Jornal do Brasil*, 20 de dezembro de 1976.
517 Depoimento de Renato Aragão ao Memória Globo/Acervo Roberto Marinho.
518 "No ar, na tela, ao vivo, há 15 anos Os Trapalhões e seu mundo mágico", Mara Caballero, *Jornal do Brasil*, 14 de junho de 1981.
519 Reportagem de Mara Caballero no *Jornal do Brasil*.
520 A biografia *Mussum Forévis, samba, mé e Trapalhões*, de Juliano Barreto, aprofunda o debate sobre os impactos do programa na vida brasileira.
521 As declarações de testemunho do ex-ministro neste capítulo foram retiradas da série de entrevistas que ele concedeu ao CPDOC/FGV ao longo de 2005.
522 Despacho do ministro das Comunicações, Euclides Quandt, de 19 de outubro de 1974. CPDOC/FGV.
523 Despacho do ministro das Comunicações, Euclides Quandt, 20 de dezembro de 1977. CPDOC/FGV.
524 Documento reservado do Ministério das Comunicações, de 25 de setembro de 1977. Fundo Euclides Quandt. CPDOC/FGV.
525 Despacho do ministro das Comunicações, Euclides Quandt, de 19 de dezembro de 1974. CPDOC/FGV.
526 Diário de Euclides Quandt e Oliveira , 14 de março de 1978. CPDOC/FGV.
527 Despacho de 14 de março de 1978. Fundo Euclides Quandt. CPDOC/FGV.
528 Encontro ocorrido a A 13 de julho de 1978, registro do ministro Euclides Quandt. Fundo Ernesto Geisel, CPDOC/FGV.
529 Despacho do ministro das Comunicações, Euclides Quandt, 18 de julho de 1978. CPDOC/FGV.
530 Depoimento de Daniel Filho ao Memória Globo/Acervo Roberto Marinho.
531 Carta de Roberto Marinho a João Batista Figueiredo. Rio de Janeiro, 12 de novembro de 1976. Acervo Roberto Marinho.
532 Carta de João Batista Figueiredo a Roberto Marinho. Rio de Janeiro, 10 de março de 1975. Acervo Roberto Marinho.
533 Cartão e fotografia enviados por João Batista Figueiredo, com timbre do SNI, sem data. Acervo Roberto Marinho. O salto ocorreu a 18 de junho de 1977.
534 "Roberto Marinho recebe a mais alta condecoração do Chile", *O Globo*, 3 de junho de 1977.
535 *O Estado de S. Paulo*, 8 de janeiro, *O Globo*, 9 de janeiro de 1977 e Nota do SNI para Geisel, do mesmo mês. Fundo Ernesto Geisel, CPDOC/FGV.
536 "Presidente da CEF prefere o Gen. Figueiredo", *Jornal do Brasil*, "Humberto diz que Barreto é seu candidato", *O Estado de S. Paulo*, ambos de 12 de julho de 1977.

537 "Figueiredo foi o primeiro escolhido por Geisel" e "O duro encontro com Goulart", *Jornal do Brasil*, 17 de julho de 1977.

538 "Dez anos depois, a obra e ação de Castello" e "Figueiredo herdou do pai as ideias constitucionalistas", *O Estado de S. Paulo*, 17 de julho de 1977.

539 Depoimento de Paulo Totti.

540 "Se voltar ao Brasil será preso", *O Globo*, 19 de setembro de 1977.

541 *O Globo*, 13 de outubro de 1977.

542 Discurso de Roberto Marinho na Universidade Gama Filho, Rio de Janeiro, 21 de novembro de 1977, publicado na edição de *O Globo*, do dia 22.

543 "Tancredo ganha liderança de Nobre por dois votos", *Jornal do Brasil*, 3 de março de 1978.

544 Essa análise do espaço do MDB em *O Globo* e nos demais jornais também teve a contribuição de Adriano Ceolin, profissional de olhar historiográfico aguçado.

545 "Entre as críticas, um voto de confiança", *O Globo*, 9 de março de 1978.

546 Depoimento de Paulo Totti.

547 "Magalhães afirma que vai governar sem AI-5 porque reforma garante o regime", *Jornal do Brasil*, 9 de setembro de 1977.

548 "Os biombos da Oposição", *O Globo*, 11 de agosto de 1978.

549 "As revelações de Euler", *O Globo*, 12 de agosto de 1978.

550 "Dissidente estreia em novela e é censurado", *Jornal do Brasil*, 15 de agosto de 1978.

551 *Jornal do Brasil*, 9 de agosto de 1978.

552 "Arte e poder", coluna "Acontece", Tárik de Souza, *Jornal do Brasil*, 18 de novembro de 1978.

553 "A decisão eleitoral", *O Globo*, 14 de novembro de 1974.

554 "Padrão Globo de televisão cria o modismo cultural", *Jornal do Brasil*, 28 de janeiro de 1979.

555 "A carta de Roberto Marinho à direção do 'Jornal do Brasil'", *O Globo*, 25 de fevereiro de 1979.

556 *O Globo*, 25 de fevereiro de 1977.

557 "Operários da Scania entram em greve", *O Globo*; "DRT poderá agir contra metalúrgicos", *Jornal do Brasil*; "Trabalhadores em greve paralisam porto de Marselha"; e "Operários paralisam Scania; querem 20% de reajuste", *O Estado de S. Paulo*, 13 de maio de 1978.

558 *O Globo*, 26 de junho de 1978.

559 Depoimento ao Memória Globo/Acervo Roberto Marinho.

560 *O Globo*, 17 de maio de 1978.

561 *O Globo*, 17 de setembro de 1978.

562 *O Globo*, 23 de junho de 1978.

563 *O Globo*, 17 de setembro de 1978.

564 "Greves", *O Globo*, 23 de março de 1979.

565 "Direitos humanos: CPI divide Oposição", *O Globo*, 13 de maio de 1979.

566 "Globo publica em primeira mão Projeto de Lei da Anistia", Merval Pereira, *O Globo*, 7 de julho de 2015.
567 Carta de Evandro a Roberto Marinho, Rio de Janeiro, 27 de junho de 1979. Acervo Roberto Marinho.
568 "Excluídos da anistia os terroristas condenados" e "Beneficiados 5.300; ficam de fora 300", *O Globo*, 28 de junho de 1979.
569 "No poste", *O Globo*, 21 de agosto de 1979.
570 "Como Prestes reconquistou a liberdade", *O Globo*, 19 de abril de 1945.
571 "Marchezan: Anistia pode ser sancionada quinta-feira", *O Globo*, 21 de agosto de 1979.
572 "Denúncia vazia causa suicídio de casal de velhos", *O Globo*, 25 de abril de 1979.
573 "Entrevista exclusiva de Prestes", *O Globo*, a 1.º de julho de 1979.
574 "PTB quer ser oposição mais eficiente que o MDB", *Jornal do Brasil*, 18 de junho de 1979.
575 "Brizola define como socialista e democrático o novo PTB", *O Globo*, 18 de junho de 1979.
576 "As velhas sereias", *O Globo*, 19 de junho de 1979.
577 "Líder acha injusta crítica a militares", *O Globo*, 19 de junho de 1979.
578 "Brizola desembarca em São Borja", *O Globo*, 8 de setembro de 1979.
579 "Povo deseja a normalidade", *O Globo*, 9 de setembro de 1979.
580 "Maria Teresa: Brizola não é de S. Borja", *O Globo*, 10 de setembro de 1979.
581 *O Globo*, 27 de novembro de 1979.
582 "No laudo, as torturas que Aézio sofreu antes da morte", *O Globo*, 10 de julho de 1979.
583 *Jornal do Brasil*, 21 de outubro de 1979.
584 Discurso de Roberto Marinho ao receber o Prêmio Homem de Visão, em São Paulo, a 19 de dezembro de 1979, publicado na edição de *O Globo*, do dia 20.
585 "Rede Globo de TV – Roberto Irineu Marinho – Otto Lara Resende." Informação número 1021. CIE, Brasília, 13 de novembro de 1979. Arquivo Nacional, Brasília.
586 "TV Globo recebe com Salute o reconhecimento mundial", *O Globo*, 7 de março de 1979.
587 "A festa do Salute para a TV Globo", *Manchete*, 24 de março de 1979.
588 "Homem de visão, Roberto Marinho, 'O sucesso não se improvisa'", *Visão*, 10 de dezembro, e *O Globo*, 16 de dezembro de 1979.
589 *O Globo*, 7 de janeiro de 1980.
590 "O homem por trás da imagem", *O Globo*, 7 de janeiro de 1980.
591 *O Globo*, 20 de abril de 1980.
592 *O Globo*, 22 de abril de 1980.
593 "Aliados da falsa crise", *O Globo*, 24 de abril de 1980.
594 "Figueiredo: Dom Paulo Evaristo incita à greve", *O Globo*, 24 de abril de 1980.
595 "Uma ofensa ao trabalhador", *O Globo*, 13 de maio de 1980.

596 "Atuação de Roberto Marinho e Jorge Serpa", informe número 1573. Documento do SNI de 11 de julho de 1980. Arquivo Nacional, Brasília.
597 *O Globo*, 30 de maio de 1980.
598 *O Globo*, 7 de julho de 1980.
599 *O Globo*, 9 de julho de 1980.
600 *O Globo*, 10 de julho de 1980.
601 *Tribuna da Imprensa*, 4 de julho de 1980.
602 *Tribuna da Imprensa*, 9 de julho de 1980.
603 *Tribuna da Imprensa*, 14 e 15 de junho de 1980.
604 Carta de Dom Luciano Mendes de Almeida a Ricardo Marinho, Brasília, 14 de agosto de 1980. Acervo Roberto Marinho.
605 Carta de Ibrahim Sued a Roberto Marinho, Rio de Janeiro, 3 de dezembro de 1980. Acervo Roberto Marinho.
606 "Rede Globo, 50 anos de manipulação", especial da revista *Caros Amigos*, maio de 2015.
607 *O Globo*, 2 de abril de 1981.
608 *O Globo*, 16 de abril de 1981.
609 *O Globo*, 19 de abril de 1981.
610 *O Globo*, 24 de abril de 1981.
611 *O Globo*, 25 de abril de 1981.
612 O seriado estreou com "A ressurreição de Odorico Paraguassu", a 22 de abril de 1980.
613 "Instantâneo de João Figueiredo", *Jornal Amoroso, Edição Vespertina*, Pedro Rogério Moreira, Thesaurus, Brasília, 2007.
614 Carta de João Batista Figueiredo a Roberto Marinho. Brasília, 12 de novembro de 1979. Acervo Roberto Marinho.
615 Carta de Roberto Marinho a João Batista Figueiredo. Rio de Janeiro, 15 de março de 1980. Acervo Roberto Marinho.
616 Carta de João Batista Figueiredo a Roberto Marinho. Brasília, 19 de março de 1980. Acervo Roberto Marinho.
617 Depoimento de Francisco Dornelles.
618 Carta e bilhete de Evandro a Marinho, 5 e 6 de agosto de 1981. Fundo Evandro Carlos de Andrade. Acervo Roberto Marinho.
619 Entrevista de Marcelo Pontes e *O Globo*, 13 de outubro de 1980.
620 *O Globo*, 1.º e 20 de abril de 1980.
621 *O Globo*, 20 de abril de 1980.
622 *Tribuna da Imprensa*, 23 de abril de 1980.
623 *O Globo*, 24 de abril de 1980.
624 *O Globo*, 25 de abril de 1980.
625 *O Globo*, 12 de maio de 1980.
626 *Tribuna da Imprensa*, 12 de junho de 1980.
627 *Realidade*, dezembro de 1975.

628 Depoimento de Boni.
629 *Realidade*, dezembro de 1975.
630 "O Espantalho que assusta Silvio Santos e desmanchou o seu sorriso", Narciso Jaime, *Jornal do Brasil*, 7 de maio de 1977.
631 *O campeão de audiência*, p. 365 e 366.
632 *Tribuna da Imprensa*, 12 de agosto de 1980.
633 *Tribuna da Imprensa*, 14 de outubro de 1980.
634 *Tribuna da Imprensa*, 27 e 28 de setembro de 1980.
635 Nota de *O Globo* de 10 de março de 1979 e carta de Bloch ao jornal, publicada a 14 de março de 1979.
636 *O Globo*, 17 de maio de 1979.
637 Cartão de Ano-Novo de 1980 da *Manchete* para Marinho. Acervo Roberto Marinho.
638 *O campeão de audiência*, p. 367.
639 *O Globo*, 31 de março de 1981.
640 *O Globo*, 13 de novembro de 1981. O bilhete para a secretária está no Acervo Roberto Marinho.
641 Telegrama de Marinho para Adolpho Bloch. 20 de setembro de 1983. Acervo Roberto Marinho.
642 *Jornal do Brasil*, 16 de janeiro de 1990.
643 Entrevista de Edson Pimentel.
644 *O Globo*, 5 de agosto de 1980.
645 *O Globo*, 8 de agosto de 1980.
646 *O Globo*, 26 de agosto de 1980.
647 *O Globo*, 27 de agosto de 1980.
648 *O Globo*, 28 de agosto de 1980.
649 *O Globo*, 29 de agosto de 1980.
650 *O Globo*, 29 de agosto de 1980.
651 *O Globo*, 3 de setembro de 1980
652 *O Globo*, 12 de setembro de 1980.
653 "Morre aos 68 anos o teatrólogo Nelson Rodrigues", *O Globo*, 22 de dezembro de 1980.
654 "Meu irmão Nelson Rodrigues", Augusto Rodrigues, *Manchete*, 10 de janeiro de 1980.
655 "Sempre atual, polêmico e contraditório", *O Globo*, 22 de dezembro de 1980.
656 "Os dramas e o drama pessoal de Nelson Rodrigues", R. Magalhães Júnior, *Manchete*, 10 de janeiro de 1980.
657 *O Globo*, 27 de março de 1981.
658 *Tribuna da Imprensa*, 9 de abril de 1981.
659 O depoimento de Darcy Moreira da Silva foi dado a Belisa Ribeiro, autora de *Bomba no Riocentro*, Edições do Pasquim, Rio de Janeiro, Codecri, 1982.
660 Depoimento de Marcelo Pontes.

661 Marcelo deu um primeiro depoimento a Belisa Ribeiro, que reconstituiu em seu livro os três clichês de *O Globo*. A história do Riocentro na ótica dos jornalistas do Rio de Janeiro está descrito no clássico *Bombas no Riocentro*.

662 Desde 1972, Lula estava afastado da função de "contramestre júnior" por suas atividades no Sindicato dos Metalúrgicos. Em 1980, deixou o sindicato. A empresa pagou mais um ano de salário como forma de respeitar a estabilidade sindical dele.

663 "Fontes do I Exército: No Puma, só havia a bomba que explodiu", *O Globo*, 7 de maio de 1981.

664 *Jornal do Brasil*, 29 de junho de 1991.

665 "Ulysses diz que vítima do atentado é o governo", *O Globo*, 5 de maio de 1981.

666 "Solidariedade política", *O Globo*, 6 de maio de 1981.

667 Depoimento de Sílvia Fiuza.

668 "Neta de Tancredo levou o capitão Wilson ao Hospital", *O Globo*, 6 de maio de 1981.

669 Depoimento de Armando Nogueira ao Memória Globo/Acervo Roberto Marinho.

670 "O compromisso está de pé", *O Globo*, 8 de agosto de 1981.

671 *O Globo*, 29 de agosto de 1981.

672 Os dados sobre a expansão da TV foram obtidos no estudo *Um perfil da TV brasileira, 40 anos de história, 1950-1990*, Sérgio Mattos, Salvador, Associação Brasileira de Agências de Propaganda, 1990.

Fontes de consulta

DEPOIMENTOS E APOIOS:
Adriano Ceolin, Adilson Pontes Malta, Alaor Filho, Alberto Dines, Alcyr Cavalcanti, Almino Afonso, Almir Ghiaroni, Amicucci Gallo, Ana Arruda Callado, Ana Paula Goulart, Andreza Matais, Antonio Carlos Drummond, Anna Davies, Antônio Delfim Netto, Armando Strozenberg, Bechara Jalkh, Camila Amado, Carlos Henrique Ferreira Braga (Comandante Braga), Carlos Fernando Monteiro Lindenberg, Carlos Tavares, Cezar Motta, Christiane Pacheco, Cid Moreira, Danuza Leão, Délio de Mattos, Délio de Mattos Filho, Djalma Ferreira, Edson Pimentel, Elizabeth Marinho, Felipe Recondo, Ferreira Gullar, Florentina Lopes, Francisco Dornelles, Fuad Atala, Geneton Moraes Neto, Helena Chagas, Hélio Fernandes, Henrique Caban, Herbert Fiuza, Idyno Sardenberg, Israel Klabin, João Bosco Rabello, João Luiz Faria Netto, João Ricardo Moderno, João Roberto Marinho, João Vicente Goulart, Joel Coelho de Souza, Joe Wallach, Jorge Adib, Jorge Bastos Moreno, Jorge Serpa Filho, José Aleixo, José Amílcar, José Augusto Ribeiro, José Barros, José Casado, José Francisco Alves, José Luiz Alcântara, José Luiz de Magalhães Lins, José Machado Silveira, José Mario Pereira, José Roberto Marinho, José Sarney, José Silveira, Júlio Araújo, Júlio Barbero, Khaled Hauache, Lauro Cavalcanti, Licia Olivieri, Lúcio Neves, Luiz Alberto Bittencourt, Luiz Antonio de Almeida, Luís Edgard de An-

drade, Luiz Garcia, Luiz Gutemberg, Luiz Lobo, Luiz Macedo, Luiz Orlando Carneiro, Marcelo Beraba, Marcelo Pontes, Marluce Dias, Mariana Pereira Ceolin, Mario Sergio Conti, Mateus Bandeira Vargas, Milton Coelho da Graça, Miro Teixeira, Nadine Borges, Norma Cury, Orlando Brito, Paulo Jerônimo, Paulo Marcondes Ferraz, Paulo Totti, Pedro Paulo de Sena Madureira, Pedro Rogério Moreira, Pery Cotta, Raymundo Costa, Ricardo Amaral, Ricardo Jarrão, Roberto d'Ávila, Roberto Irineu Marinho, Roberto Saturnino Braga, Roberto Stuckert, Rodrigo Rangel, Ronald Levinsohn, Rui Nogueira, Sérgio Praça, Sílvia Fiuza, Tânia Monteiro, Theresa Walcacer, Vanda Célia, Vera Dias e Victor Gentilli e Wilson Figueiredo.

Agradeço, em especial, a Jorge Carneiro, Daniele Cajueiro e Janaína Senna, editores da Nova Fronteira, por apostarem neste projeto.

DEPOIMENTOS OBTIDOS NO ACERVO ROBERTO MARINHO:

Betty Faria, Cláudio Rubens de Mello e Souza, Daniel Filho, Evandro Carlos de Andrade, Fernando Segismundo Esteves, Francisco Grael, Gilberto Braga, Glória Menezes, Jorge Lobo Zagallo, Jorge Rodrigues, Luiz Paulo Jacobina da Fonseca Vasconcelos, Mauro Salles, Renato Aragão, Roberto Arruda, Roberto Marinho, Rodrigo de Campos Goulart, Rogério Marinho, Ruth de Souza e Tarcísio Meira. Estes depoimentos foram gravados entre 2000 e 2003. A equipe do Memória Globo, chefiada por Sílvia Fiuza, contou com Adriana Vianna, Ana Paula Goulart, Carla Siqueira, Flávio Kactuz, Karen Worcman, José Santos, Juliana Saba, Marcel Souto Maior, Maurício Parada, Mauro Malin e Rodrigo Linares.

ARQUIVOS DO RIO DE JANEIRO E OUTRAS CIDADES:

Arquivo da Câmara dos Deputados (Brasília), Arquivo do Estado do Rio de Janeiro, Arquivo do Museu da República, Arquivo Geral da Cidade do Rio de Janeiro, Arquivo Nacional (Rio e Brasília), Biblioteca do Senado (Brasília) Biblioteca da Associação Brasileira de Imprensa, Biblioteca Nacional, Biblioteca Presidencial Eisenhower (Kansas), Biblioteca da Universidade de Brasília, Biblioteca da Universidade Johns Hopkins (Baltimore), Fundação Casa de Rui Barbosa, Centro de Memória da Marinha – Ilha das Cobras (Rio), CPDOC/FGV, Instituto Histórico e Geográfico Brasileiro, Arquivo do jornal *O Estado de S. Paulo*, Memória Globo/Acervo Roberto Marinho e Museu da Imagem e do Som.

JORNAIS:

Correio da Bahia (Salvador), *Correio Braziliense* (Brasília), *Correio da Manhã, A Crítica, Diário Carioca, Diário da Câmara Federal* (Brasília), *Diário da Noite, Diário de Notícias, Diário do Congresso Nacional, Diário do Nordeste* (Fortaleza), *Diário Oficial da União* (Rio de Janeiro e Brasília), *Folha de S.Paulo, O Fluminense* (Niterói), *A Gazeta* (Vitória), *Gazeta de Notícias, Jornal da Telebahia* (Salvador), *Jornal de Brasília, Jornal do Brasil, Jornal Opção* (Goiânia), *O Globo, O Estado de S. Paulo, O Jornal, O Pasquim, A Pátria, O Povo* (Fortaleza), *A Tarde* (Salvador), *Tribuna da Imprensa, Movimento, Última Hora* (Rio de Janeiro) *e Última Hora* (Porto Alegre).

REVISTAS:

Caros Amigos (São Paulo), *Carta Capital* (São Paulo), *O Cruzeiro, Eu vi tudo, Fatos e Fotos, Isto É* (São Paulo), *Manchete, Política Externa* (Brasília), *Radiolândia, Realidade* (São Paulo), *A República, Revista da Associação Comercial do Rio de Janeiro* e *Veja* (São Paulo).

LIVROS:

Abreu, Maurício de A. *Evolução urbana do Rio de Janeiro*. Rio de Janeiro: Instituto Pereira Passos, 2013.

Aquino, Maria Aparecida de. *Censura, imprensa, estado autoritário (1968-1978). O exercício cotidiano da dominação e da resistência: O Estado de S. Paulo e movimento*. Bauru: Edusc, 1999.

Araujo, Antonio Luiz d'. *1937: o golpe que mudou o Brasil*. Rio de Janeiro: Quartet, 2016.

Arbex, José. *O poder da TV*. São Paulo: Scipione, 2008.

Arinos Filho, Afonso. *Mirante*. Rio de Janeiro: Topbooks, 2006.

Assis, Machado de. *Obra completa*. Rio de Janeiro: Nova Aguilar, 1997.

Associação Brasileira de Imprensa. *Herbert Moses na presidência da ABI*. Rio de Janeiro: Editorial Sul Americana, 1951.

Barreto, Juliano. *Mussum Forévis, samba, mé e Trapalhões*. São Paulo: Leya, 2014.

Bial, Pedro. *Roberto Marinho*. Rio de Janeiro: Jorge Zahar Editor, 2005.

Bloch, Arnaldo. *Os irmãos Karamabloch, ascensão e queda de um império familiar*. São Paulo: Companhia das Letras, 2008.

Bojunga, Claudio. *JK, o artista do impossível*. Rio de Janeiro: Objetiva, 2010.

Borelli, Silvia H. Simões e Priolli, Gabriel (organizadores). *A deusa ferida, por que a Rede Globo não é mais a campeã absoluta de audiência*. São Paulo: Summus Editorial, 2000.

Borgerth, Luiz Eduardo. *Quem e como fizemos a TV Globo*. São Paulo: A Girafa, 2003.

Brittos, Valério Cruz e Bolaño, César Ricardo Siqueira. *Rede Globo: 40 anos de poder e hegemonia*. São Paulo: Paulus, 2005.

Caldas, Breno. *Meio século de Correio do Povo. Glória e agonia de um grande jornal*. São Paulo: L&PM Editores, 1987.

Câmara, Jaime de Barros. *A nossa Catedral*. Petrópolis: Vozes, 1964.

Camargo, Iberê. *Gaveta de guardados*. São Paulo: Edusp, 1998.

Cardoso, Fernando Henrique. *Diários da presidência, 1995-1996*. São Paulo: Companhia das Letras, 2015.

_____. *Diários da presidência, 1997-1998*. São Paulo: Companhia das Letras, 2016.

Chagas, Carlos. *A ditadura militar e a longa noite dos generais*. Rio de Janeiro: Record, 2015.

Clark, Walter e Priolli, Gabriel. *O campeão de audiências*. São Paulo: Best-Seller, 1991.

Couto, Ronaldo Costa. *História indiscreta da ditadura e da abertura*. Brasil:1964-1985. Rio de Janeiro: Record, 1998.

Cotta, Pery. *Calandra: o sufoco da imprensa nos anos de chumbo*. Rio de Janeiro: Bertrand Brasil, 1997.

Cruz, Dulce Maria. *Televisão e negócio: a RBS em Santa Catarina.* Florianópolis: Editora da UFSC, 1996.

Dias, Lia Ribeiro e Cornils, Patrícia. *Alencastro, o general das telecomunicações.* São Paulo: Plano Editorial, 2004.

Dreifuss, René Armand. *A conquista do Estado.* São Paulo: Vozes, 2008.

Dufour, Dany-Robert. *Les Mystères de la trinité.* Paris: Gallimard, 1990.

Dulles, John W.F. *Sobral Pinto, a consciência do Brasil. A cruzada contra o regime Vargas (1930-1945).* Rio de Janeiro: Nova Fronteira, 2001.

Ferreira, Cláudio. *O beijo amordaçado, a censura às telenovelas durante a ditadura militar.* Ler Editora, 2016.

Fon, Antonio Carlos. *Tortura, a história da repressão no Brasil.* São Paulo: Global/Comitê Brasileiro pela Anistia, 1979.

Francis, Paulo. *Trinta anos esta noite, 1964, o que vi e vivi.* São Paulo: Francis, 2004.

Fundação Roberto Marinho e Ministério da Cultura. *O século de um brasileiro: coleção Roberto Marinho.* Rio de Janeiro, 2004.

Galvani, Walter. *Um século de poder. os bastidores da Caldas Júnior.* Porto Alegre: Mercado Aberto, 1995.

Gaspari, Elio. *A ditadura escancarada.* São Paulo: Intrínseca, 2014.

_____. *A ditadura derrotada.* São Paulo: Intrínseca, 2016.

Gomes, João Carlos Teixeira. *Memórias das trevas.* São Paulo: Geração Editorial, 2001.

Gorender, Jacon. *Combate nas trevas. A esquerda brasileira: das ilusões perdidas à luta armada.* São Paulo: Ática, 1990.

Grinberg, Lucia. *Partido político ou bode expiatório, um estudo sobre a Aliança Renovadora Nacional, 1965-1979.* Rio de Janeiro: Mauad/Faperj, 2009.

Kuhn, Christian Velloso. *Governo Figueiredo (1979-1985), política econômica e ciclo político-eleitoral.* Paco Editorial: São Paulo, 2020.

Laurenza, Ana Maria de Abreu. *Lacerda x Wainer, o corvo e o bessarabiano.* São Paulo: Senac, 1998.

Leão, Danuza. *Quase tudo.* São Paulo: Companhia das Letras, 2005.

Oliveira, Franklin de. *Morte da memória nacional.* Rio de Janeiro: Civilização Brasileira, 1967.

Machado, José Antônio Pinheiro. *Breno Caldas: meio século de Correio do Povo.* Porto Alegre: L&PM, 1987.

Magalhães, Antônio Carlos. *Política é paixão. Entrevistas a Ancelmo Gois, Marcelo Pontes, Maurício Dias, Míriam Leitão e Rui Xavier.* Rio de Janeiro: Editora Revan, 1995.

Magalhães, Mário. *Mariguella, o guerrilheiro que incendiou o mundo.* São Paulo: Companhia das Letras, 1995.

Marchi, Carlos. *Todo aquele imenso mar de liberdade, a dura vida do jornalista Carlos Castello Branco.* Rio de Janeiro: Record, 2015.

Marinho, Roberto. *Uma trajetória liberal.* Rio de Janeiro: Topbooks, 1992.

Mattos, Sérgio. *História da televisão brasileira.* Petrópolis: Vozes, 2002.

Maurício, Augusto. *Igrejas históricas do Rio de Janeiro.* Rio de Janeiro: Kosmos, 1977.

McDowall, Duncan. *Light, a história da empresa que modernizou o Brasil.* Rio de Janeiro: Ediouro, 2008.

Medeiros, Benício. *A rotativa parou: os últimos dias da Última Hora de Samuel.* Rio de Janeiro: Civilização Brasileira, 2009.

Memória Globo. *Jornal Nacional: a notícia faz história.* Rio de Janeiro: Zahar Editor, 2004.

Morais, Fernando. *Chatô, o rei do Brasil. A vida de Assis Chateaubriand, um dos brasileiros mais poderosos do século XX.* São Paulo: Companhia das Letras, 1994.

Moreira, Pedro Rogério. *Jornal Amoroso, edição vespertina.* Brasília: Thesaurus, 2007.

_____. *A vida misteriosa dos gatos.* Brasília: Vitália Livros, 2024.

Mota, Lourenço Dantas. *A história vivida – entrevistas.* Rio de Janeiro: Topbooks, 2014.

Motta, Cezar. *Até a última página, uma história do Jornal do Brasil.* São Paulo: Objetiva, 2018.

Neto, João Pinheiro. *Carlos Lacerda, um raio sobre o Brasil.* Rio de Janeiro: Griphus, 1998.

Pereira, Moacir. *Imprensa e Poder: a comunicação em Santa Catarina*. Florianópolis: FCC, 1992.

Pomar, Wladimir. *Pedro Pomar, uma vida em vermelho*. São Paulo: Xamã, 2003.

Prefeitura do Rio. *O Jornal, o órgão líder dos Diários Associados. Cadernos de comunicação, série memória*. Rio de Janeiro: Secretaria de Comunicação Social do Rio de Janeiro, 2007.

Prestes, Luiz Carlos. *Carta aos comunistas*. São Paulo: Alfa-Ômega, 1980.

Ramos, Roberto. *Grã-finos na Globo. Cultura e merchandising nas novelas*. Petrópolis: Vozes, 1986.

Ribeiro, Belisa. *Bomba no Riocentro*. Edições do Pasquim. Rio de Janeiro: Codecri, 1982.

_____. *Jornal do Brasil, história e memória*. Rio de Janeiro: Record, 2015.

Ribeiro, José Augusto. *Tancredo Neves, a noite do destino*. Rio de Janeiro: Civilização Brasileira, 2015.

Rose, R.S. *Johnny: a vida do espião que delatou a rebelião comunista de 1935*. Rio de Janeiro: Record, 2010.

Rouchou, Joëlle. *Samuel, duas vozes de Wainer*. Rio de Janeiro: UniverCidade, 2004.

Santos, Joaquim Ferreira dos. *Enquanto houver champanhe, há esperança, uma biografia de Zózimo Barroso do Amaral*. Rio de Janeiro: Intrínseca, 2016.

Schirmer, Lauro. *RBS: Da voz-do-poste à multimídia*. São Paulo: L&PM, 1987.

Secretaria Especial de Comunicação, Prefeitura do Rio de Janeiro. *Diário de Notícias, a luta por um país soberano*. Cadernos da Comunicação, Série Memória. Rio de Janeiro, 2006.

Sérgio, Renato. *Bráulio Pedroso, audácia inovadora*. Coleção Aplauso. São Paulo: Imprensa Oficial, 2010.

Siqueira, André Iki. *João Saldanha, uma vida em jogo*. São Paulo: Companhia Editora Nacional, 2007.

Sobrinho, José Bonifácio. *O livro do Boni*. Rio de Janeiro: Casa da Palavra, 2011.

Sodré, Muniz. *O monopólio da fala. Função e linguagem da televisão no Brasil*, Petrópolis: Vozes, 1978.

Sued, Ibrahim. *Em sociedade tudo se sabe.* Organização Isabel Sued. Rio de Janeiro: Rocco, 2001.

Taschner, Gisela. *Folhas ao vento: análise de um conglomerado jornalístico no Brasil.* Rio de Janeiro: Paz e Terra, 1992.

ÍNDICE REMISSIVO

Abdias do Nascimento 72
Abelardo Barbosa (Chacrinha) 32, 33, 39, 47, 49, 80, 216, 219, 220, 229, 239, 251
Abreu Sodré 78
A cabana do Pai Tomás 72, 81
Academia Brasileira de Letras 231
Adalberto Pereira dos Santos 263, 270
Ademar de Barros 150, 430
Aderbal Ramos da Silva 308
Aderval Alves Coqueiro 137, 138
Adib Jatene 524
Adilson Ponte Malta 39, 97
Adir Méra 163
Adolpho Bloch 257, 332, 345, 351, 399, 511, 513, 514
Adriano Barbosa 194
A escrava Isaura 13, 413
Afonso Frederico Schmidt 53
Afonso Paschoal 47
Afrânio de Mello Franco Nabuco 282
A gata de vison 71
A Gazeta 313, 314
A grande família 235
Aguinaldo Camargo 72
Aguinaldo Silva 197, 202, 204
A hora da estrela 411
A imitação da rosa 411
Albanisa Rocha Sarasate 484
Albeniza Garcia 348
Alberico de Sousa Cruz 253
Alberto Alcolumbre 416
Alberto Cavalcante de Gusmão 144
Alberto Dines 172, 248, 255
Alberto Maluf 315
Alberto Nepomuceno 18
Alberto Strozenberg 277
Alceu Ariosto Bocchino 16

Alcino João do Nascimento, 94
Aldir Blanc 22
Aldo Arantes 385, 386
Alexandre Dumas Filho 234
Alfredo Buzaid 30, 111, 114, 160, 239
Alfredo Stroessner 319
Alfredo Volpi 36
Alice Maria 166, 223, 248, 275, 344
Allen Klein 178
A Luta 413
Álvaro Pereira 470
Alves Pinheiro 406
Amador Aguiar 30
Amália Lucy 330, 363
Amália Rodrigues 35, 399
Amaral de Souza 453
Amaral Netto 129, 130, 224, 225, 226
Amaral Peixoto 133, 150, 380, 452
Amaury Monteiro 166, 168
Amilton Fernandes 68, 71
Ana Arruda 287
Anacyr Ferreira de Abreu 250
Anastácia, a mulher sem destino 70
Andy Warhol 487
Ângela Arroyo 346
Angela Davis 250
Ângela Maria 36
Aníbal Augusto Sardinha 83
Anjo mau 48, 351
A Noite 288, 328, 336
A noviça rebelde 219
Anselmo Duarte 212
Antero Cunha 539

Antonio Athayde 402
Antônio Britto 305
Antônio Bulhões 411
Antonio Callado 93, 194, 225
Antônio Carlos Bernardes Gomes (Mussum) 428
Antônio Carlos da Silva Muricy 59
Antônio Carlos de Andrada 241
Antonio Carlos Drummond (Toninho) 109
Antonio Carlos Magalhães 165
Antônio Carlos Marins 374
Antônio Carlos Marques 215
Antônio Carlos Muricy 102, 359
Antônio Carlos Yazeji 521
Antônio Conselheiro 315
Antônio Coutinho de Lucena 230, 256, 282
Antônio de Pádua Chagas Freitas 150, 526
Antônio de Spínola 406
Antônio Fagundes 447
Antônio Galotti 146
Antônio Henrique Pereira 60
Antônio Konder Reis 308
Antônio Pedro Sousa e Silva 215
Antônio Salazar 405, 406
Antônio Soares Amora 459
Antônio Souza Campos (Nego Sete) 145
A próxima atração 213
A rainha louca 67, 213
Argeu Affonso 186, 191, 200
Arildo Viana 334
Ari Vasconcelos 16

Armando Bogus 411
Armando Falcão 78, 309, 310, 311, 327, 328, 329, 332, 336, 355, 356, 379, 403, 407, 434, 440, 441, 507, 537
Armando Nogueira 84, 93, 97, 104, 117, 118, 166, 183, 191, 209, 221, 223, 224, 241, 242, 245, 248, 251, 273, 288, 305, 374, 375, 401, 404, 465, 507, 520, 533, 537
Armando Strozenberg 276
Arnaldo Baptista 154
Arnaldo Luís Calderari 398
Arnon de Mello 13, 315
Arthur de Almeida 286
Assis Chateaubriand 294, 297, 431, 452, 545
As três máscaras de Eva 140
Ataulfo Alves 399
Até a última página, uma história do Jornal do Brasil 259
Audálio Dantas 333, 334, 450
Augusto Boal 73, 420
Augusto César Vannucci 33
Augusto Frederico Schmidt 134
Augusto Marzagão 17, 22
Augusto Pinochet 253, 322, 365, 437
Augusto Rademaker 100
Augusto Trajano de Azevedo Antunes 237
A última valsa 212
Austregésilo de Athayde 231, 332

Baden Powell 84
Balança mas não cai 238, 239

Bandeira dois 48
Bandeirantes 11, 45, 77, 78, 118, 296, 316, 430, 506, 515, 524
Bárbara de Castro 135, 136
Barbosa Lima Sobrinho 270
Bar do Juan 194
Benedito Valadares 384
Benjamin Farah 150, 153
Bernard Campos 30, 255
Bernardo Guimarães 13, 413
Berto Filho 458
Beth Carvalho 17
Beth Mendes 319, 466, 467
Beto Rockfeller 213, 466
Betty Faria 82, 85, 213, 324, 327, 497
Bibi Ferreira 16
Billy Blanco 16
Bob Woodward 273
Boca de ouro 69
Brandão Filho 238
Bráulio Pedroso 213, 319
Bravo! 327
Brazilian Gazette 195
Breno Caldas 302, 303, 306, 307
Bruce Gordon 486
Bruno Liberati 530
Buddenbroks 355
Burle Marx 292
Buza Ferraz 319
Buzina do Chacrinha 10, 33

Cabrera Infante 345
Cacá Diegues 368, 370
Caetano Veloso 21, 23, 33, 84, 85, 251, 368, 421

Caio Mário de Castro 135
Caio Mourão 237
Calvário e porres do pingente Afonso Henriques de Lima Barreto 421
Câmara Cascudo 429
Camilo Torres 61
Cândido Mota Filho 210
Candido Portinari 36
Carl Bernstein 273
Carlos Alberto Augusto (Carlinhos Metralha) 141
Carlos Alberto Riccelli 510
Carlos Alfredo Hasenbalg 420
Carlos Átila 517, 540
Carlos Bastos 312
Carlos Braga 418
Carlos Caldeira 305
Carlos Campbell 470
Carlos Castelo Branco 180
Carlos Dornelles 305
Carlos Drummond de Andrade 194, 248, 251, 330
Carlos Eduardo Dolabella 346
Carlos Fehlberg 120, 242
Carlos Flores de Paiva Chaves 86
Carlos Lacerda 10, 20, 35, 38, 94, 103, 108, 189, 200, 209, 214, 224, 226, 258, 292, 371, 389, 391, 392, 420, 431, 482
Carlos Lamarca 12, 86, 127, 135, 162, 163, 164, 167, 170
Carlos Lemos 16, 283
Carlos Lindenberg 312, 313
Carlos Manga 42, 69
Carlos Marchi 232

Carlos Marighella 57, 103, 138, 169
Carlos Ramirez da Costa 271
Carmem Miranda 85, 273, 411
Carmem Silva 134
Carta Capital 200
Cartola 134, 251
Casos especiais 351, 461
Castro Alves 334
Catulo de Paula 324
Celestino Silva 47
Célio Borja 425
Celso Antunes 300
Celso Furtado 373
Celso Itiberê 191, 205
Celso Lungaretti 128
Celso Rocha Miranda 22
Cezar Motta 234, 259, 283
Charles Burke Elbrick 78, 100
Charles Wagley 421
Che Guevara 61, 114
Chet Huntley 41
Chico Anysio 22, 49, 252
Chico Anysio Show 69
Chico Buarque 10, 15, 16, 19, 21, 23, 34, 251, 422, 427, 429, 450
Chico Buarque Especial 21
Chiquinha Gonzaga 18
Chucho Narvaez 225
Cidinha Campos 77, 252
Cid Moreira 97, 98, 170, 221, 222, 326, 335, 345, 458
Clarice Herzog 333, 334
Clarice Lispector 248, 411
Cláudio Cavalcanti 70, 139
Cláudio Chagas Freitas 484

Cláudio Kuck 476, 477
Cláudio Marzo 68, 82, 139, 212, 213
Cláudio Mello e Souza 248, 396, 402
Cléber Paulistano 262
Clemente Netto 21
Clementina de Jesus 22, 134
Clóvis Bornay 219
Clóvis Ramalhete 432
Clóvis Stenzel 156
Correio da Manhã 20, 52, 90, 103, 191, 212, 257, 260, 268
Costa e Silva 10, 19, 20, 29, 62, 97, 98, 99, 100, 101, 204, 221, 259, 263, 358, 372, 390, 392, 430, 456
Craveiro Lopes 35
Cristina Guerra (avó) 18
Cynara e Cybele 15, 17

Dadá Maravilha 116
Dalmo Dallari 506
Dama das camélias 234
Dancin' Days 14, 447, 448, 459
Daniel Filho 41, 42, 66, 67, 68, 69, 70, 71, 82, 83, 139, 140, 212, 217, 234, 251, 320, 324, 325, 326, 327, 328, 355, 411, 437
Daniel Krieger 150
Danilo Darcy de Sá da Cunha Melo 127
Danton de Paula Avelino 127
Danton Jobim 150, 231
Darcy Moreira da Silva 528
Darcy Ribeiro 194, 480

David Brinkley 41
David Nasser 225
David Selznick 140
David Vetter 252
Décio Pignatari 461
Delfim Netto 29, 150, 226, 227, 230, 237, 255, 257, 260, 264, 283, 453, 523
Dennis Carvalho 355
Deodato Maia (Dedé) 185, 389
Dercy de verdade 31
Dercy Gonçalves 31, 39, 41, 238
Deus e o diabo na terra do sol 71
Devanir José de Carvalho 141, 142
Diário Carioca 93, 182, 183, 191, 194, 200, 276, 288, 344, 373, 492
Diário de Notícias 52, 185, 188
Diários Associados 10, 35, 154, 220, 231, 253, 315, 350, 431, 485, 511
Dias Gomes 70, 139, 212, 235, 236, 321, 323, 324, 325, 327, 345, 351, 413, 450, 459, 466, 500, 501
Di Cavalcanti 35, 90, 397
Dina Sfat 218, 319
Dino Cazzola 243, 245
Dionísio Poli 81, 402
Diophante Jorge Peter da Silva 188
Dirce Migliaccio 235
Discoteca do Chacrinha 33, 219
Divaldo Suruagy 425
Divino Ferreira de Souza 222
Djalma Bom 465, 491, 504

Djalma Falcão 120
Djalma Marinho 475
Djanira da Motta e Silva 397
Dom Adriano Mandarino Hypólito 365
Dom Agnelo Rossi 61, 238
Dom Aloísio Lorscheider 231
Dom Avelar Brandão Vilela 496
Dom Cláudio Hummes 489
Domenico del Corriere 130
Dom Eugênio Salles 61
Dom Hélder Câmara 26, 57, 61, 231, 350, 405
Domingos de Oliveira 234
Dom Ivo Lorscheiter 489
Dom Jaime de Barros Câmara 113
Dom José Newton 153
Dom Luciano Mendes de Almeida 497, 498
Dom Paulo Evaristo Arns 61, 231, 489
Dom Pedro Casaldáliga 422
Dom Tomás Balduíno 422
Dona Chica 349
Dona Ivone Lara 134
Donald Pierson 421
Dorinha Duval 235
Dorival Caymmi 17, 411
Douglas de Carvalho Merenchia 132
Duelo ao Sol 140

Edgardo Manoel Erichsen 91, 154, 240, 241, 245, 278, 279, 335, 397
Edmundo Bittencourt 20
Edmundo Monteiro 350, 431
Ednardo D'Ávila Mello 247, 335, 341, 360
Edsel Magnoli 506
Edson Luís 51
Eduardo Araújo 32
Eduardo Collen Leite (Bacuri) 57
Eduardo Gomes 232
Eduardo Portella 424
Edward Koch 487
Edward Murrow 43
Ehrenfried von Holleben 120
Elba Ramalho 529
Elias de Freitas 539
Elias de Jora 269, 270
Elias Freitas 482
Eli D'Ávila 215
Eli José de Carvalho 143
Elio Gaspari 98, 357, 374
Elis Regina 17, 33, 84, 154, 251, 304, 480
Elizabeth Campelo 107
Elizabeth Savalla 330
Elmano Cardim 332
Eloísa Mafalda 235
Elvira Lobato 76
Ely Moreira 529, 530, 535
Emerson Fittipaldi 83, 237
Emiliano Castor de Menezes 171, 172, 192, 368, 369
Emiliano Queiroz 70
Emilinha 17
Emílio Garrastazu Médici 101, 102, 103, 108, 112, 114, 116, 117, 120, 121, 124, 125, 126, 127, 134, 145, 151, 153, 154, 158,

173, 175, 178, 179, 211, 230, 357, 524
Emir Nogueira 483
Enia Petri 75
Enon Aleixo dos Reis 130
Enrico Caruso 18, 543
Erico Verissimo 355, 411
Ernane Galvêas 503
Ernani Satyro 475
Ernesto Geisel 261, 262, 263, 271, 275, 278, 283, 294, 296, 301, 302, 310, 320, 325, 331, 336, 355, 357, 363, 379, 392, 426, 438, 442, 444, 454, 502, 524
Ernesto Pereira Carneiro 258
Ernesto Rodrigues 416, 526
Escalada 331
Esquadrão da morte, um mal necessário? 194
Estela Borges Morato 104
Ester Gelman 459
Esther Campos de Carvalho 143
Esther de Figueiredo Ferraz 425
Etevaldo Dias 472, 474
Euclides Figueiredo 440, 501
Euclides Quandt 29, 282, 294, 296, 321, 330, 332, 379, 410, 430, 431, 433, 434, 509, 512
Eugene O'Neill 72
Eugênio Gudin 237
Eugênio Sales 231, 366, 417
Euler Bentes Monteiro 446, 449
Eunice Paiva 151
Eurico Andrade 351
Eurico Gaspar Dutra 27, 36
Eurico Resende 120, 159, 160

Eurycles de Mattos 175
Evandro Carlos de Andrade 12, 93, 180, 193, 205, 330, 368, 374, 478, 490
Evandro Lins e Silva 19
Evaristo de Morais Filho 136
Evita Perón 35
Excelsior 16, 22, 35, 41, 45, 68, 69, 70, 72, 75, 78, 82, 116, 305, 411, 428, 433, 512

Fábio Campana 458
Fábio Cardoso 510
Fábio Júnior 486
Fabio Sabag 32
Fantástico 13, 251, 252, 290, 331, 351, 356, 357, 428, 498
Faria Lima 332
Fausto Netto 530
Fausto Wolff 16, 497
Felicidade clandestina 411
Felix Augusto de Atayde 193
Feliz Ano Novo 411
Fernando Belfort Bethlem 442
Fernando Ernesto Corrêa 305, 306, 308, 311
Fernando Gasparian 54
Fernando Henrique Cardoso 416, 421, 450, 468
Fernando Jordão 333
Fernando Pedreira 180, 181
Fernando Sabino 248
Ferreira Gullar 344
Fidel Castro 65, 103, 130, 414
Fidélis Amaral Netto 224
Filinto Müller 153, 243

Flávio Cavalcanti 239, 510
Flávio Rangel 133
Flávio Tavares 338
Flora Strozenberg 276
Florentino Avidos 312
Florestan Fernandes 421
Fogo sobre terra 319
Folha de S.Paulo 35, 78, 103, 112, 128, 138, 142, 146, 156, 157, 160, 161, 263, 347, 350, 402, 444, 483, 492, 530, 539
Francelino Pereira 383, 434, 453
Francisca Marinho 349
Francisco Alves 85
Francisco Cuoco 49, 214, 217, 323, 436
Francisco Dornelles 502, 503
Francisco Grael 106, 207, 268, 290
Francisco Perazzo 230
Francisco Serrador Carbonell 47
Françoise Forton 330
Franco Montoro 62, 150, 161, 169, 381, 416, 445, 452
Franklin Campos 233
Franklin de Oliveira 103
Franklin Martins 101
Frans Krajcberg 36
Frei Henrique de Coimbra 406
Friedrich Adolf Rohmann 104
Fritz Utzeri 539
Fuad Atala 184

Gabriela 13, 14, 398, 399, 410, 411, 413, 459, 460
Gabriela, cravo e canela 411
Gabriel García Márquez 345
Gabriel Kondorf 119
Gaetano Segreto 47
Gal Costa 84, 412
Gama e Silva 16
Garrincha 116, 191
Gentil Marcondes Filho 531, 542
George Harrison 60, 178
Georges Gazale 501
George Vidor 503, 504
Geraldo Canali 305
Geraldo Costa Manso 374
Geraldo Del Rey 71, 83
Geraldo Freire 153
Geraldo José de Almeida (Gera) 118, 135
Geraldo Mauzerol 145
Geraldo Vandré 10, 15, 17, 18, 244
Germano Filho 324
Getúlio Vargas 112, 273, 331, 501
Giacomo Puccino 19
Gianfrancesco Guarnieri 420
Gilberto Braga 13, 14, 327, 413, 447
Gilberto Freyre 368
Gilberto Gil 19, 21, 23, 368, 422
Gilberto Martinho 140
Gildávio Ribeiro 165, 171, 172
Giovanni Enrico Bucher 129, 135
Giuseppe Perrota (Conde Perrota) 268
Glauber Rocha 84, 188
Gloria Magadan 32
Glória Menezes 49, 70, 71, 116, 154, 216, 235, 486
Glória Pires 69, 75, 447
Góis Monteiro 165

Golbery do Couto e Silva 271, 325, 333, 407, 436, 439, 456, 481, 504, 512, 540
Gonçalves Dias 23, 244
Gonzaguinha 22, 23, 154
Graça Aranha 429
Gracindo Júnior 355
Gregório Fortunato 94
Guilherme Pereira do Rosário 530, 539
Gustavo Capanema 150
Gustavo Moraes Rêgo Reis 301

Hailé Selassié 226
Haroldo Corrêa de Matos 306
Haroldo Lima 386
Harry Shibata 334, 347
Heitor Aquino Ferreira 260, 279, 380, 439
Hélio Araújo 129, 135
Hélio Beltrão 17, 29, 100
Hélio Bicudo 145, 146
Hélio Carvalho de Araújo 135
Hélio Costa 252, 274, 290
Hélio Fernandes 496, 506, 528
Hélio Gordo 196
Hélio Pelegrino 248
Hélio Polito 165
Hélio Prates da Silveira 154
Hélio Ramos (Hélio Maluco) 165
Henrique Caban 107, 185, 187, 193, 196, 198, 199, 201, 205, 232, 271, 285, 287, 341, 343, 374, 394, 513, 515, 540
Henrique La Roque 153
Henrique Morelenbaum 64

Henrique Pongetti 27
Henrique Santillo 453
Henrique Tenreiro 407, 408
Henry Maksoud 484
Henry Sobel 333
Heraldo Dias 539
Herbert Fiuza 211, 224, 239, 256, 352
Herbert Levy 481
Hermes Lima 19
Heron Domingues 94, 273, 274
Herval Rossano 413
Higino Germani 308
Hildegard Angel 53, 55, 93, 161, 163, 173, 202
Hilton Gomes 97, 215, 222
História da Imprensa no Brasil 46
Honestino Guimarães 51
Honorina Borges de Andrade (Nina Chavs) 52
Honório Netto Machado 189
Horácio de Carvalho 183
Hugo Abreu 218, 452
Hugo Carvana 70
Humberto Barreto 263, 279, 280, 438, 440
Humberto Castro 315
Humberto Guimarães (Tatá) 529
Humberto Lucena 230, 452
Hygino Corsetti 12, 30, 219, 220, 229, 239, 259

Iara Yavelberg 168
Iberê Camargo 36
Ibrahim Abi-Ackel 503, 531
Ibrahim Sued 17, 53, 178, 214, 252, 319, 498

Ida Gomes 235
Idálio Sardenberg 30
Ilka Soares 48, 118
Ilusões perdidas 75
Incidente em Antares 411
Indaiassu Leite 474
Irineu Marinho 19, 45, 112, 153, 189, 332, 350, 395, 402, 477, 484, 543, 544
Irmãos Coragem 139, 140, 151, 217, 351
Isaac Karabtchevsky 16
Ismar Cardona Machado 491
Itamar Franco 410
Ivani Ribeiro 510
Ivan Lins 22, 33, 154, 332, 450
Ivan Seixas 141
Ivete Vargas 482, 504
Ivo Pitangui 252

Jacinto Figueira Júnior 238
Jaime Canet 309
Jaime Wright 333
Jair Rodrigues 140, 450
Jairzinho 98, 119, 120, 123
James Joyce 319
Janete Clair 11, 12, 14, 70, 82, 83, 139, 141, 212, 214, 217, 319, 321, 323, 327, 413, 436, 447, 450, 486
Janete Emmer 217
Jarbas Passarinho 154, 301, 468
Jardel Filho 213, 320, 510
Jayme Portella 100, 259
Jayme Sirotsky 306, 308
Jean Manzon 225

Jean-Paul Sartre 488, 506
Jerônimo Bastos 124
Jimmy Carter 442, 486
J.J. Veiga 345
Joanna Fomm 447
João Antônio 411
João Araújo 84, 85, 412
João Batista do Amaral (Pipa Amaral) 28, 39
João Batista Franco Drummond (Evaristo) 346
João Cabral de Mello Neto 194
João Calmon 220, 231, 452
João Carlos Daniel 69
João Carlos Haas 492
João Carlos Magaldi 23
João do Rio 45
João Figueiredo 30, 360, 361, 379, 397, 398, 403, 436, 437, 438, 443, 449, 455, 488, 504
João Gilberto 23
João Goulart 9, 22, 27, 75, 103, 115, 148, 159, 177, 180, 194, 231, 257, 258, 294, 299, 304, 308, 313, 320, 337, 373, 375, 376, 377, 386, 440, 449, 479, 502
João Guimarães Rosa 103, 248, 258, 412
João Havelange 117, 190
João Janini 539
João Leitão de Abreu 30, 260
João Luiz Faria Netto 269
João Mello 374
João Paiva Chaves 86, 87

João Paulo dos Reis Velloso 332, 493
João Paulo I 450, 451
João Paulo II 451, 495, 496, 498
João Roberto Marinho 170, 316, 385, 442, 458, 484, 512
João Saad 77, 296, 430
João Saldanha 116, 117, 119, 123, 124, 186
Joaquim Câmara Ferreira 169
Joaquim Pedro de Almeida 365
Job Lorena de Sant'Anna 535, 536, 538, 539
Joel Oliveira Santos 215
Joel Silveira 92
Joe Wallach 9, 21, 36, 37, 38, 40, 44, 77, 85, 87, 88, 90, 95, 109, 204, 214, 296, 303, 307, 310, 330, 393, 394, 403, 414, 415, 447, 512, 519, 520
John Lennon 60, 178
John Travolta 447
Jorge Adib 39, 41, 42, 227, 327, 396, 447
Jorge Amado 13, 251, 368, 399, 411
Jorge Ben Jor 21, 133, 487
Jorge Curi 122
Jorge da Silva (Majestade) 91, 249
Jorge Dória 235
Jorge Lobo Zagallo 117
Jorge Pontual 274
Jornal da Pirelli 249
Jornal da Tarde 19, 350, 351, 370
Jornal de Santa Catarina 308
Jornal do Brasil 16, 30, 33, 52, 54, 97, 99, 102, 104, 106, 112, 113, 127, 133, 136, 138, 141, 146, 152, 156, 157, 159, 161, 180, 183, 185, 186, 188, 197, 202, 221, 232, 234, 241, 244, 248, 253, 255, 256, 257, 258, 259, 260, 261, 267, 269, 276, 283, 284, 288, 295, 296, 331, 336, 367, 374, 389, 391, 427, 430, 438, 440, 449, 458, 459, 464, 472, 478, 492, 493, 494, 503, 514, 528, 530, 536
Jornal do Commercio 51, 188, 303, 373, 503
Jornal dos Sports 189, 527
Jornal Hoje 12, 249, 250, 251
Jornal Nacional 11, 98, 104, 129, 166, 168, 170, 175, 180, 209, 211, 222, 229, 240, 241, 243, 244, 246, 247, 248, 278, 279, 281, 299, 300, 302, 305, 323, 326, 330, 335, 344, 345, 357, 404, 426, 451, 454, 465, 470, 530, 532, 536, 580
José Antônio Pinheiro Machado 303
José Antônio Prates 51
José Aparecido de Oliveira 183, 485
José Augusto Ribeiro 181, 186, 193, 247, 276, 338, 358, 371, 374, 375, 441, 507
José Azevedo Fortuna 133
José Bonifácio de Oliveira Sobrinho (Boni) 9, 23, 24, 33, 41, 42, 43, 44, 48, 49, 67, 69, 71, 77, 78, 80, 81, 82, 85, 88, 91, 94,

96, 104, 125, 211, 221, 225, 238, 239, 244, 245, 246, 247, 251, 288, 303, 316, 320, 323, 325, 326, 353, 357, 393, 394, 396, 397, 400, 401, 402, 403, 404, 411, 414, 427, 428, 432, 486, 508, 509, 517, 520, 521, 522
José Canavarro Pereira 79
José Carlos Bardawil 380, 384
José Carlos Burle 216
José Carlos de Oliveira (Carlinhos de Oliveira) 34
José Carlos Dias 506
José de Alencar 182
José do Patrocínio 45
José Esteves 153
José Figueiredo Costa 215
José Frejat 425
Josef Sirotsky 304
José Geraldo de Oliveira 474
José Gorayeb 202
José Grossi 133
José Guilherme de Araújo Jorge 160
José Guilherme Vilela 505
José Kairala 315
José Lewgoy 215
José Lindoso 153
José Lins do Rego 412
José Lopez Vega 436
José Luiz Alcântara 197
José Luiz de Magalhães Lins 95, 98, 109, 180, 351, 395, 520
José Matusalém Comelli 308
José Mindlin 134
José Miziara 510

José Olympio 237
José Pancetti 36
José Pessoa 29, 56
Joseph Noviski Hemy Johston 108
José Raimundo da Costa 159
José Ribamar Zamith 365
José Richa 311, 452
José Roberto Marinho 208, 439
José Sales Coelho 107
José Sarney 181, 188, 256, 271, 333, 406, 445, 482
José Sette Câmara 108
José Ulisses Arce 42, 44, 77, 88, 95, 296, 312, 393, 402
José Wilker 412, 510
Jô Soares 49, 292, 351
Juan Daniel 69
Juan Manuel Perón 436
Juan Rulfo 345
Juca de Oliveira 319, 346
Júlia Andrade 164
Júlio de Mesquita 257
Júlio de Mesquita Filho 350, 371
Júlio de Mesquita Neto 79, 351, 484
Juraci José de Souza 165, 167
Juscelino Kubitschek 9, 30, 53, 108, 148, 183, 332, 358, 371, 462
Jutahy Magalhães 452

Karl Marx 380
Khaled Ahmed Hauache 299
King Vidor 140

L'Express 128
Lago Burnett 232

Lauro César Muniz 331, 355
Lauro Eduardo Soutello Alves 163
Lauro Schirmer 98
Lavoura arcaica 411
Leandro Konder 416
Leão de chácara 411
Leila Diniz 70, 75, 133
Leite Chaves 309
Léo Batista 94, 273
Leonardo Villar 219
Leonel Brizola 60, 103, 181, 303, 304, 441, 481, 482, 504, 505
Leon Eliachar 85
Leonídio de Barros 196
Leonino Caiado 221
Le Ore 131
Líbero Miguel 75
Lima Duarte 235, 324, 466, 486
Linda McCartney 178
Lira Tavares 100
Lucélia Santos 413
Luciano Callegari 510
Luciano Pavarotti 19, 543
Lúcia Pontes 330
Lucíola 182
Lucy Amália 427
Luís Antonio Santa Bárbara 167
Luís Carlos Franco 337
Luís Carlos Maciel 133
Luís Carlos Prestes 138
Luís de França Oliveira 16
Luís Edgard de Andrade 183, 246, 344, 451

Luís Eulálio Bueno Vidigal 462
Luís Gallotti 146
Luís Gonzaga do Nascimento e Silva 332, 379
Luís Jatobá 249
Luís Pinto 165
Luiz Alberto Bahia 103, 195
Luiz Alberto Bittencourt 493
Luiz Carlos Barreto 84, 91
Luiz Carlos Miele 251
Luiz Edgard de Andrade 374
Luiz Eduardo Borgerth 311
Luiz Eduardo Rezende 233
Luiz Gonzaga 23, 154, 399, 450
Luiz Inácio Lula da Silva 462, 463, 464, 466, 467, 468, 469, 471, 482, 488, 489, 491, 504, 506, 530
Luiz Lobo 164, 166, 167, 171, 172, 174, 175, 185, 186, 187, 195, 328
Luiz Mendes 122
Luiz Orlando Carneiro 257, 259, 260, 261, 512, 514
Luiz Paulo Machado 341
Luiz Paulo Vasconcellos 187
Luiz Pinto 171, 172, 232, 348
Luiz Seixas 361
Luiz Viana Filho 314
Luiz Viana Neto 315
Luta Democrática 231
Luz del Fuego 69
Lywal Salles 283, 284

Mac Clarck 35
Madame Satã 420

Magalhães Pinto 64, 92, 98, 150, 241, 391, 446, 448, 449, 450, 481, 482
Mahatma Gandhi 58
Manabu Mabe 397
Manchete 231, 399, 511, 513, 514
Manfried Sant'Anna (Dedé) 428
Manoel Ananias dos Santos 233
Manoel Carlos 252, 498
Manoel do Nascimento Brito 30, 233, 248, 256, 259, 260, 262, 267
Manoel Francisco do Nascimento Brito 35
Manoel Maurício de Albuquerque (professor Maneco) 416
Manoel Rocha (Rochinha) 402
Manuel Bandeira 194
Manuel Fiel Filho 335, 360
Mao Tsé-Tung 130, 195
Marc Chagal 36
Marcelo Beraba 287, 419, 422, 476, 534
Marcelo Caetano 406
Marcelo Pontes 380, 384, 385, 386, 387, 425, 439, 479, 480, 505, 529
Márcia de Windsor 66
Márcio Moreira Alves 384
Marco Antonio Gonçalves 233
Marco Maciel 425, 453
Marco Nanini 216
Marcondes Alves de Souza 312
Marcos Pereira Vianna 493
Marcos Plínio 70
Marcos Tamoio 332
Marcos Vianna 493, 494
Marcus Pereira 134
Maria Aparecida Santos 475
Maria Callas 19
Maria Celi 165, 167, 172
Maria Clotilde Hasselmann 419
Maria das Graças Silva (Anna Davies) 249, 250
Maria do Carmo Mello Franco 282
Maria Helena Dutra 427
María Irma 69
Maria Nazareno 182
Marieta Severo 21, 34
Marília Pêra 216, 252
Mário Andreazza 64, 157, 227
Mário Covas 20, 62
Mário de Andrade 134, 429
Mário Filho 189, 527
Mario Henrique Simonsen 237, 289, 332, 454
Mário Lago 66, 67, 351
Mário Petrelli 308
Mário Soares 405, 409, 410, 411, 413, 442
Mário Wallace Simonsen 22
Marlene 17
Martin Luther King 57, 58, 61
Mary Cordeiro 482
Massafumi Yoshinaga Massa 127
Maurício Grabois 138
Maurício Sherman 411
Maurício Sirotsky 10, 96, 303, 304, 305, 306, 308, 310, 314, 484
Maurício Sobrinho 304
Maurina Dunshee de Abranches Pereira Carneiro (Condessa Pereira Carneiro) 258

Mauro Borja Lopes (Borjalo) 502
Mauro Faccio Gonçalves (Zacarias) 428
Mauro Mendonça 498
Mauro Salles 37, 431
Maysa Monjardim 251
Mazzaropi 69, 428
Merval Pereira 190, 472
Miguel Arraes 193, 230, 373, 480, 504
Miguel Gustavo 118
Miguel Lins 52, 286
Miles Davis 251
Milton Campos 150
Milton Coelho da Graça 329, 372, 529, 532, 534, 543
Milton Gonçalves 72, 73, 216, 221
Milton Moraes 323, 330, 448
Milton Nascimento 487
Milton Tavares (Miltinho) 149, 346, 523, 524
Mino Carta 198, 200, 350
Moacir Coelho 366, 532
Moacir Fenelon 216
Moacir Franco, especial 215
Moacyr Padilha 177, 179, 184, 199, 370
Modesto da Silveira 450
Mourão Filho 55
Moura Reis 197
Muito além do Cidadão Kane 23
Murilo Macedo 470, 490
Murilo Melo Filho 231
Murilo Rubião 250

Nara Leão 19, 23, 220, 251
Nathália Timberg 510
Negrão de Lima 17, 52, 92, 261, 332, 392
Nelson Carneiro 133, 150, 153, 155, 159, 453
Nelson Pereira dos Santos 344
Nelson Rodrigues 43, 60, 68, 69, 114, 124, 185, 190, 194, 204, 330, 368, 527
Nelson Werneck Sodré 46, 325
Nestor de Holanda 236
Nestor Gomes 312
Newton Cruz 517, 518, 519, 538, 540
Newton Quilichini 374
Ney Braga 309, 311, 312, 434
Nilson Lage 193, 194
Nilton Nunes Tavares 315
Nina Chavs 17, 51
Niomar Muniz Sodré Bittencourt 20
Nise da Silveira 330
Nobuo Okuchi 143
Nunnally Johnson 140

O Astro 436, 446
O bem-amado 13, 235, 236, 321, 324, 460, 500, 517
O bofe 213
O cafona 213, 214, 239
O Capital 380
O casamento na TV 238, 239
O Casarão 355
O Cruzeiro 103, 188, 225, 317
Octávio Florisbal 402
Octavio Ianni 421

O Dia 52, 203, 231, 253, 484, 526, 528, 529
Oduvaldo Vianna Filho (Vianninha) 212, 234
O espantalho 510
O espigão 318, 351
O Estado 308
O Estado de S. Paulo 19, 35, 79, 102, 104, 112, 113, 128, 138, 142, 146, 151, 156, 157, 159, 161, 180, 183, 187, 220, 257, 331, 334, 350, 368, 371, 374, 438, 440, 444, 464, 530, 539, 577
O feijão e o sonho 351
O Globo 12, 13, 14, 15, 19, 20, 21, 22, 26, 30, 33, 34, 36, 46, 49, 50, 51, 52, 53, 54, 55, 56, 57, 58, 59, 60, 61, 62, 63, 64, 66, 72, 79, 97, 99, 100, 101, 102, 103, 106, 107, 111, 112, 113, 114, 116, 119, 120, 121, 123, 124, 127, 130, 132, 133, 134, 135, 136, 137, 138, 141, 145, 146, 149, 150, 151, 152, 155, 157, 158, 159, 160, 161, 163, 164, 165, 166, 167, 168, 169, 171, 172, 173, 175, 177, 178, 179, 180, 181, 182, 183, 184, 185, 186, 187, 188, 189, 190, 191, 192, 193, 194, 195, 196, 197, 198, 199, 200, 201, 202, 203, 204, 205, 206, 207, 210, 214, 220, 221, 222, 223, 227, 232, 233, 234, 235, 237, 244, 246, 247, 248, 253, 254, 255, 256, 258, 259, 261, 262, 263, 266, 267, 268, 269, 270, 271, 272, 275, 276, 277, 281, 283, 285, 286, 288, 289, 290, 314, 319, 323, 325, 326, 329, 331, 332, 333, 334, 336, 337, 339, 340, 341, 342, 343, 347, 348, 350, 356, 358, 359, 363, 367, 368, 369, 370, 371, 372, 374, 376, 377, 379, 380, 381, 382, 383, 385, 386, 387, 388, 389, 391, 395, 402, 405, 406, 409, 410, 419, 420, 422, 425, 431, 437, 438, 439, 440, 442, 445, 446, 448, 449, 450, 451, 452, 453, 462, 464, 465, 467, 468, 469, 470, 472, 474, 475, 476, 477, 478, 479, 480, 481, 483, 487, 488, 489, 490, 491, 492, 494, 495, 496, 497, 499, 503, 505, 506, 513, 515, 520, 523, 524, 525, 527, 528, 529, 530, 531, 532, 533, 534, 536, 537, 538, 539, 540, 541, 542, 543, 544, 545, 549, 550, 551, 552, 553, 554, 555, 556, 557, 558, 559, 560, 561, 563, 564, 565, 566, 567, 568, 569, 570, 571, 572, 573
O homem do sapato branco 238
O homem que deve morrer 217
O Jornal 52, 188, 253, 577
Olavo Setúbal 481
Olga Benário 243, 477
O pagador de promessas 71, 212, 219

O Pasquim 133, 135, 136, 238, 239, 250, 256, 323, 522, 577
O Povo 484, 577
O primeiro amor 219
O rebu 319
Orestes Quércia 416
Orlando Brito 472, 474
Orlando Geisel 102, 524
Orlando Letelier 365, 442
Orson Welles 24
Os adoráveis Trapalhões 428
O santo mestiço 31
Os cafajestes 69
Oscar Passos 62, 63, 111
Oscar Pedroso Horta 150
Os embalos de sábado à noite 447
Os Insociáveis 428
Os Intocáveis 71, 486
Os Lusíadas 19
Os Mutantes 22, 154
Os Saltimbancos Trapalhões 429
Ossian Brito 301
Os Trapalhões 14, 428, 429, 461
Oswaldo Ortiz Monteiro 75
Otaviano Lage 458
Otávio Frias 35, 305
Otávio Medeiros 455, 512, 531, 540
O tempo e o vento 411
Othon Paulino 231
O Trapalhão nas minas do rei Salomão 429
Otto Lara Resende 44, 95, 241, 248, 249, 330, 336, 395, 400, 485, 506
Otto von Lucken 66

Pare a música, maestro 304
Paschoal Segretto 268
Passo dos ventos 71, 72
Paulinho da Viola 22, 154
Paul McCartney 178
Paulo Bittencourt 257
Paulo Brossard 306, 376
Paulo César Cechetti 521
Paulo César Ferreira 256
Paulo Coelho 319
Paulo de Tarso 133, 437
Paulo Egydio Martins 467, 481
Paulo Francis 133, 135, 136, 522, 523
Paulo Goulart 110
Paulo Gracindo 216, 235, 238, 412
Paulo Jerônimo (Pajê) 261, 262
Paulo Machado de Carvalho 35, 39, 512
Paulo Maluf 453, 524
Paulo Markun 333, 416
Paulo Mendes Campos 84, 248
Paulo Pereira Lira 332
Paulo Pimentel 13, 309, 310, 311, 312
Paulo Totti 197, 198, 202, 266, 289, 343, 344, 385, 386, 388, 425, 439, 445, 576
Paulo Vanzolini 134
Pecado capital 327
Pedro Aleixo 100
Pedro Grossi 30
Pedro Motta Lima 138, 139, 235, 474
Pedro Rogério Moreira 184, 500
Pedro Saiter 521

Pedro Simon 376, 425, 452, 453
Pedroso Horta 133, 150
Pedro Ventura Felipe de Araújo
    Pomar 346
Pelé 98, 116, 117, 119, 120, 123,
    124, 190, 368, 487
Peri Beviláquia 20
Pery Cotta 199
Pessoa de Queiróz 284
Peter Lorre 339
Petrônio Portella 150, 153, 154,
    280, 381, 425, 445, 453, 468,
    472, 487
Pinga-Fogo 152
Pixinguinha 19, 36
Plínio Marcos 72
Plínio Salgado 20
Portinari 35, 397
Pratini de Moraes 154

Quarup 194, 225

Rádio Globo 17, 20, 27, 117, 118,
    122, 188, 226, 249, 273, 390,
    396, 438, 529
Rádio Jornal do Brasil 91, 222, 259
Rádio Nacional 43, 75, 215, 223,
    249, 256, 372, 545
Rádio Tamoio 40
Rádio Vera Cruz 143
Raduan Nassar 411
Rafael de Carvalho 324
Raimundo Faoro 468
Raimundo Padilha 51, 173, 174,
    193
Raquel de Queiroz 194, 412

Raul Brunini 20
Raul Cortez 497
Raul Longras 238, 239
Raul Seixas 319
Raul Solnado 252
Raymundo Faoro 386
Record 11, 16, 35, 72, 77, 78, 118,
    300, 428, 508, 510, 515
Regina Duarte 49, 82, 83, 216, 217,
    218, 314, 466
Reginaldo Faria 75, 497
Régis Cardoso 70, 72, 82, 331
Reinaldo Jardim 90
Renan Miranda 416
Renato Aragão 428
Renato Castanhari 484
Renato Pacote 82
Repórter Esso 96
Revista Cláudia 236
Reynaldo Melo de Almeida 365,
    366
Ricardo Cravo Albin 16
Ricardo Serran 119, 189, 190, 368
Richard Nixon 195, 273
Ringo Star 178
Rita Birmann 304
Rita Lee 23, 154
Rivelino 123
Robert Kennedy 226
Roberto Arruda 267
Roberto Buzzoni de Oliveira 236
Roberto Carlos 13, 80, 323, 399, 508
Roberto Carvalho 477
Roberto Civita 198, 204, 373
Roberto Irineu Marinho 12, 14, 28,
    43, 44, 105, 107, 115, 176,

199, 203, 204, 222, 241, 268,
286, 293, 305, 315, 327, 328,
345, 356, 397, 404, 414, 415,
453, 485, 486, 503, 515, 516,
517, 518, 521, 522, 528, 537,
540
Roberto Montoro 38
Roberto Pompeu de Souza Brasil 94, 182
Roberto Talma 42, 498
Rogério Marinho 29, 55, 172, 178, 185, 195, 207, 343, 387, 537
Rogério Reis 531
Romulo Maiorana Chiapetta 301
Rômulo Villar Furtado 297, 511, 513, 516
Ronaldo Bôscoli 251
Ronnie Von 450
Roque Santeiro 13, 324, 326, 327, 345
Rosamaria Murtinho 32, 116, 219
Rouberdário Diniz Valério 132
Rubem Braga 248, 249
Rubem Fonseca 411
Rubem Ludwig 516, 540
Rubens Amaral 37
Rubens de Falco 413
Rubens Paiva 151, 157, 159, 160, 161
Rubens Vaz 94, 182
Rui Dourado 483
Rui Resende 220, 324
Ruth Albuquerque Marinho 107, 176, 349
Ruth de Souza 72, 78, 466

Ruth Guimarães 429
Ruy Guerra 69

Sadie Hauache 299, 352
Salvador Allende 253, 255, 365
Samuel Wainer 187, 288, 304, 373
Sandra Barsotti 355
Sandra Bréa 252
Sandra Passarinho 222, 374
Sangue e areia 70
San Martín de Porres 31
Sara Kubitschek 161
Saramandaia 345, 413
Saul Raiz 309
Sebastião Lino de Azambuja (o Sabá) 166
Selma Bandeira Mendes 475
Selva de pedra 12, 52, 217, 218, 327
Sérgio Cabral 133, 135, 239
Sérgio Cardoso 32, 72, 219
Sérgio Chapelin 97, 222, 330, 458
Sérgio Dias 154
Sérgio Fernando Paranhos Fleury 146
Sérgio Gomes Jaguaribe (Jaguar) 133, 333
Sérgio Mendes 252, 487
Sérgio Pasquale 425
Sérgio Ribeiro Miranda (Sérgio Macaco) 535
Sérgio Valle 534
Shigeaki Ueki 332
Sidney Magal 450
Silvestre Péricles 315
Silvia Buarque 21

Sílvia Fiuza 534
Silvinha 32
Silvio Santos 13, 33, 77, 233, 238, 508, 509, 511, 514, 516
Simon Hartog 23
Sinal de alerta 459, 466
Sinhá Moça 414
Sinval Boaventura 468
Siseno Sarmento 16, 64, 145
Sítio do Picapau Amarelo 487
Sobral Pinto 58
Solano Ribeiro 33
Sólon de Lucena 230
Som Livre Exportação 22, 33, 34, 84, 154
Sônia Braga 14, 346, 398, 411, 413, 447, 487
Sousa e Melo 100
Stanley Rous 190
Stella Goulart Marinho 105, 176
Sterling S. Jacques 487
Stern 130
Sumika Yamazaki 374
Suzana de Moraes 22
Sylvia de Castro 173
Sylvio Frota 162, 360, 365, 397, 437, 438, 442, 443

Tales Ramalho 150
Tancredo Neves 113, 159, 376, 379, 380, 381, 416, 446, 453, 532, 533
Tarcísio Meira 49, 70, 71, 139, 140, 154, 331, 351
Tarsila do Amaral 35, 397
Tarso de Castro 137
Tenório Cavalcante 231
Teotônio Vilela 150, 356, 410, 450
Tereza Batista cansada de guerra 411
Thales Ramalho 380
The Beatles 60, 178
Themístocles Cavalcanti 423
The New York Times 108, 259, 269, 285
Theresa Walcacer 249
Thomas Mann 355
Tieta do Agreste 411
Tim Maia 22
Tite de Lemos 419
Tito Costa 471
Tomie Ohtake 36
Tom Jobim 10, 15, 16, 17, 23, 24, 251
Toninho Drummond 278, 280, 374, 425, 455, 457, 486, 501, 513, 516
Tony Ramos 486
Tostão 123, 124
Tribuna da Imprensa 200, 224, 496, 506, 528, 577
Trio Tapajós 134
Triste fim de Policarpo Quaresma 421
Tupi 11, 14, 16, 35, 37, 39, 41, 45, 48, 67, 69, 70, 72, 73, 74, 79, 83, 96, 118, 122, 152, 213, 220, 224, 230, 239, 240, 243, 294, 297, 305, 316, 321, 411, 428, 466, 510, 511, 512, 514, 515, 516, 544, 545
TV Paulista 9, 33, 35, 74, 75, 106, 238, 508

TV Rio 9, 21, 39, 40, 41, 42, 43, 48, 69, 76, 85, 87, 93, 94, 218, 249, 256, 301, 305

Ueze Zahran 302
Ulisses Henrique de Oliveira 215
Última Hora 191, 577
Ulysses 319
Ulysses Guimarães 111, 113, 150, 263, 264, 270, 271, 379, 380, 425, 445, 446, 448, 451, 453, 468, 481, 482, 505, 533

Valério Andrade 34
Valter Lamarca 168
Vasco da Gama Fernandes 399
Vasco Leitão da Cunha 108
Veja 198, 200, 204, 440, 492
Vejo a lua no céu 351
Verão vermelho 321
Véu de noiva 11, 21, 68, 82, 83, 84, 85, 139, 217
Victor Civita 350, 511, 512
Victor Costa 9, 28, 35, 75, 230
Victor Nunes Leal 19
Victor Vasarely 397
Vila Sésamo 351
Vinícius Coelho 368
Vinícius de Moraes 319
Virgílio Espinoza 322
Virgílio Távora 150
Visão 45, 302, 331, 484
Vision 130
Vladimir Herzog 333, 334, 360

Waldick Soriano 22
Waldir Amaral 122
Walter Avancini 319, 412, 459
Walter Clark 9, 14, 16, 38, 40, 42, 43, 48, 49, 66, 69, 76, 78, 79, 82, 84, 86, 88, 90, 93, 95, 104, 118, 210, 211, 225, 229, 237, 238, 239, 241, 244, 248, 250, 264, 279, 288, 300, 301, 303, 304, 310, 313, 314, 330, 342, 357, 394, 395, 396, 397, 399, 400, 402, 404, 414, 511, 514
Walter Fontoura 234
Walter George Durst 412, 467
Walter Negrão 213
Walther Moreira Salles 108, 237, 445, 511, 512, 513
Washington Post 273
William Frejat 425
William Randolph Hearst 24
Willian Dieterle 140
Wilson Almeida de Aguiar 154
Wilson Brito 301
Wilson da Silveira 43
Wilson Ibiapina 126, 241, 245, 301, 372
Wilson Luís Chaves Machado 530
Wilson Simonal 154
Wilton Franco 240

Yoko Ono 60
Yolanda Costa e Silva 93
Yoná Magalhães 71
Yves Alves 300, 402

Zbigniew Marian Ziembinski 67, 68, 319
Zero Hora 484
Zezé Moreira 93
Zica 251
Ziraldo 16, 133, 135, 239
Zózimo do Amaral 53
Zuenir Ventura 401
Zuzu Angel 53, 161, 162, 163

LEIA TAMBÉM O VOLUME I DA BIOGRAFIA DE ROBERTO MARINHO

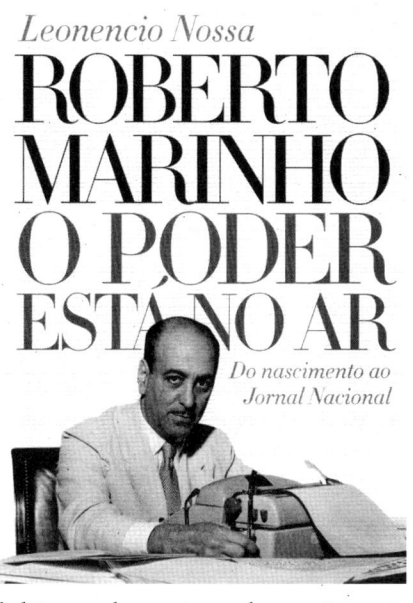

Roberto Marinho – o poder está no ar mergulha na vida do criador do maior império de comunicação da América Latina, o brasileiro mais poderoso de seu tempo. Ao herdar na juventude um jornal criado havia 23 dias pelo pai, Marinho buscou a sobrevivência do negócio que sustentava a mãe viúva e os irmãos menores. Era véspera da ditadura Vargas. Teve de aprender logo a se movimentar num Rio de Janeiro de agentes da repressão, espiões estrangeiros, militares afoitos, agitadores da direita e da esquerda, capitalistas em formação, lobistas, dançarinas de cassinos e compositores dos primeiros sambas. Aos 60 anos, criou a TV Globo sem apoio dos irmãos. Quando levou ao ar o Jornal Nacional, a 1º de setembro de 1969, tinha vivido bem de perto 18 golpes ou tentativas de tomada à força dos palácios do governo. Uma aventura épica para erguer e expandir, nas ventanias da instabilidade, a obra que até hoje desperta sentimentos distintos entre os brasileiros. Com documentos inéditos colhidos em arquivos do país e do exterior e depoimentos de figuras dos bastidores que por décadas se mantiveram em silêncio, o livro descreve a intimidade do biografado e o Brasil da transição do rural para o urbano, tempo de sucessivas rupturas das regras do jogo político.

Direção editorial
Daniele Cajueiro

Editora responsável
Janaína Senna

Produção editorial
Adriana Torres
Laiane Flores
Allex Machado

Revisão
Aline Rocha
Ana Clara Werneck
Anna Beatriz Seilhe
Georgia Kallenbach
Letícia Côrtes
Renata Gomes
Tiago Velasco

Indexação
Cultural Indexações

Projeto gráfico
Larissa Fernandez Carvalho

Diagramação
Alfredo Loureiro

Capa
Victor Burton

Imagens de capa e rosto
Acervo Roberto Marinho/Memória Globo

Este livro foi impresso em 2025, pela Leograf, para a Nova Fronteira.
O papel do miolo é Avena 70g/m².